DISNEY ET LA FRANCE

Questions Contemporaines
*Collection dirigée par J.P. Chagnollaud,
B. Péquignot et D. Rolland*

Chômage, exclusion, globalisation... Jamais les « questions contemporaines » n'ont été aussi nombreuses et aussi complexes à appréhender. Le pari de la collection « Questions contemporaines » est d'offrir un espace de réflexion et de débat à tous ceux, chercheurs, militants ou praticiens, qui osent penser autrement, exprimer des idées neuves et ouvrir de nouvelles pistes à la réflexion collective.

Dernières parutions

Francis JAUREGUYBERRY, *Question nationale et mouvements sociaux en pays basque*, 2007.
Sébastien BRUNET : *Société du risque : quelles réponses politiques,* 2007.
Jacques MERAUD, *Réinventer la croissance*, 2007.
Nils ANDERSSON, Daniel IAGNOLITZER, Vincent RIVASSEAU (dir.), *Justice internationale et impunité, le cas des États-Unis*, 2007.
Dan FERRAND-BECHMANN (dir.), *L'engagement bénévole des étudiants*, 2007.
Philippe HERBAUX, *Intelligence territoriale : repères théoriques*, 2007.
Henri GUNSBERG, *Une démocratie en trompe-l'œil*, 2007.
Olivier PINOT de VILLECHENON, *Pourquoi changer la Vème République ?*, 2007.
Delphine FRANÇOIS-PHILIP BOISSEROLLES DE ST JULIEN, *Cadre juridique et conséquences humaines d'un plan social,* 2007.
Clément DESBOS, *La gauche plurielle à l'épreuve de la mondialisation*, 2007.
Eric SOMMIER, *Essai sur la mode dans les sociétés modernes*, 2007.
Guy CARO, *De l'alcoolisme au savoir – boire,* 2007.
Richard SITBON, *Une réponse juive à l'anarcho-capitalisme, Judéo-économie*, 2007.

Sébastien ROFFAT

DISNEY ET LA FRANCE

Les vingt ans d'Euro Disneyland

L'Harmattan

Du même auteur :

Animation et Propagande : les dessins animés pendant la Seconde Guerre mondiale, Paris, L'Harmattan, 2005

© L'HARMATTAN, 2007
5-7, rue de l'École-Polytechnique ; 75005 Paris

http://www.librairieharmattan.com
diffusion.harmattan@wanadoo.fr
harmattan1@wanadoo.fr

ISBN : 978-2-296-02989-7
EAN : 9782296029897

Walt Disney n'était pas seulement un artiste et un homme
d'affaires génial, c'était aussi un visionnaire
habité par l'ambition étrange et démesurée
de créer de toutes pièces un royaume magique
qui porterait son nom et dont il serait le roi.

Yves Eudes, « La "culture Disney"
à la conquête d'un parc-tremplin en Europe »,
Le Monde diplomatique, 26 février 1988.

à Gilbert Chazeau,
mon grand-père, parti bien trop tôt.

SOMMAIRE

REMERCIEMENTS | 11

LES MEMBRES DE LA TROUPE | 13

PROLOGUE | 17

PARTIE UNE :
LE MONDE MERVEILLEUX DE DISNEY | 23

Disney et les parcs | 25
Disney sans Walt | 41
L'incroyable succès de Disney | 53
Le match France / Espagne | 59
D'âpres négociations | 71
La Convention de 1987 | 81
Marne-la-Vallée, ville nouvelle | 99
Mirapolis, Zygofolis, Futuroscope, Big Bang Schtroumpf, Parc Astérix | 107
Disneyland : un Tchernobyl culturel | 131
Un parc à 22 milliards | 151
Conception et création d'EuroDisneyland | 157
Dernière ligne droite | 181

PARTIE DEUX :
LE ROYAUME DÉSENCHANTÉ | 195

Premiers jours | 197
Fermer Euro Disney ? | 221
Il faut sauver Euro Disney | 241
Space Mountain | 261
Cinq ans | 267
Conflits sociaux à Euro Disney | 277
Disney's California Adventure et Tokyo DisneySea | 291
Walt Disney Studios, Vulcania, Cap'Découverte | 297
Val-d'Europe | 307
Nouvel échec | 325

ÉPILOGUE | 353

SOURCES ET BIBLIOGRAPHIE | 359

ANNEXE | 371

REMERCIEMENTS

Je tiens à remercier tout particulièrement Jeff Archambault, vice-président, communication et alliances stratégiques et Dominique Cocquet, directeur général adjoint, chargé du développement et des relations extérieures d'Euro Disney SCA pour les longs entretiens que nous avons eus ensemble. Toute ma gratitude à Delphine Dorison et Stéphanie Cocquet de la communication institutionnelle d'Euro Disney ainsi qu'à Christian Perdrier, directeur général adjoint parcs, sécurité et Disney Village.

Je remercie tout autant Bertrand Ousset, directeur général adjoint de l'EPA-Marne / EPA-France pour le temps qu'il m'a accordé pour répondre à mes questions. Toute ma gratitude à Christian Chapron, maire de Torcy, président du conseil d'administration d'EPA-Marne, à Denis Gayaudon, maire de Serris, président du conseil d'administration d'EPA-France, à Jean-Pierre Weiss, directeur général d'EPA-Marne / EPA-France et à Katia Bothemine de l'iconothèque.

Un grand merci à The Walt Disney Company (France) et tout particulièrement à Estelle Doumbé.

À la Bibliothèque Nationale de France à Paris, département de l'Inathèque de France, service de la consultation audiovisuelle, toute ma gratitude au personnel de l'INA pour les bandes d'actualités et documentaires que j'ai pu consulter.

Je remercie également le personnel
- de la Bibliothèque de la Sorbonne – Universités de Paris
- de l'Institut de géographie, Université Paris 1 – Panthéon-Sorbonne
- de la Bibliothèque Cujas de droit et de sciences économiques, Université Paris 1 – Panthéon-Sorbonne
- de la Bibliothèque de l'Université Paris 5 – René Descartes
- de la Bibliothèque de l'Université Paris 10 – Nanterre
- de la Bibliothèque de l'Université Paris 12 – Val de Marne
- de la Bibliothèque de l'Université Paris 13 – Nord
- de la Bibliothèque Publique d'Information du Centre Pompidou (Beaubourg)
- de la Médiathèque de Roanne

Je remercie mille fois Véronique Bélamie, Karine Janod et Florence Rieger pour leurs relectures, leurs judicieux conseils et leurs précieuses remarques.

Enseignant dans le secondaire, j'ai rencontré beaucoup de compréhension de la part de mes supérieurs pour obtenir un emploi du temps qui me permette d'allier la pédagogie à la recherche. Aussi je tiens à remercier Christian Belfort et Marie-Flore Borghèse.

Merci également à Jean-Pierre Bertin-Maghit, directeur de ma thèse de doctorat *Le dessin animé français sous l'Occupation*.

Merci à Anne-Laure Bois, Christophe Félix et Josiane Reboa pour certaines traductions.

Une pensée particulière à Emmanuel Putanier pour tout ce qu'il fait.

Merci à Alexandre Rosa du site internet dlrp.fr

Merci à toutes les personnes – résidents, employés, élus, syndicalistes – de Marne-la-Vallée et d'Euro Disney qui ont bien voulu répondre à mes questions.

LES MEMBRES DE LA TROUPE

LA FAMILLE DISNEY
Walt Disney (1901-1966)
    Lilian, son épouse (1899-1997)
    Diane Disney Miller, leur fille aînée
    Ron Miller, ancien directeur général de Disney, époux de Diane
    Sharon Disney Lund, leur fille cadette (1936-1993)
Roy O. Disney (1893-1971)
    Edna, son épouse (1890-1984)
    Roy E. Disney, leur fils

EURO DISNEY SCA – EQUIPE DE DIRECTION
Robert Fitzpatrick, président-directeur général (1988-1992)
James « Jim »Cora, directeur général (1988-1991)
Judson Green, directeur général – finance et immobilier (1988-1990)
John Forsgren, directeur général – finance (1990-1992)
Philippe Bourguignon, directeur développement immobilier (1988-1990), directeur général – développement immobilier (1989-1990), directeur général (1990-1991), président-directeur général (1992-1996)
Daniel Coccoli, directeur fonctionnement complexe hôtelier (1988-1991)
Thorolf Degelmann, directeur ressources humaines (1988-1991)
Gérard Degonse, directeur opérations financières et trésorerie (1988-1992)
William Gair, directeur infrastructures et services généraux (1988-1991)
Jean-Marie Gerbeaux, directeur communication et marketing (1988-1992)
Stephen Juge, directeur juridique (1988-1992)
Lee Lanselle, secrétariat général (1988-1990)
Steve Lewelling, directeur opérations parc à thèmes (1988-1991)
Sanjay Varma, directeur complexe hôtelier (1988-1991), directeur général, complexe hôtelier (1991-1992)
Jonathon Winder, participants et ventes (1988-1991)
Dan Brents, directeur architecture et planning, développement immobilier (1989-1991)
Mark Feary, directeur marketing (1990-1991)
Pierre Janier, directeur ressources humaines (1989-1991)
Jacques Lousteau, directeur construction et ingénierie, développement immobilier (1989-1991)
Jon Richmond, directeur parc à thèmes Disney MGM Studios-Europe (1989-1992), senior vice-président (1992-1993)
Dick Sargon, directeur gestion des programmes (1989-1991)
Geoffroy de la Bourdonnaye, directeur Vacation Club Europe, développement immobilier (1990-1992), vice-président boutiques et achats (1999-2001)
Rand Griffin, directeur développement, développement immobilier (1990-1991)
John McLeod, directeur planning et analyse, finance (1990-1992)
Malcolm Ross, directeur opérations, parc à thèmes Euro Disneyland (1990-1992), directeur parc, Disneyland Paris (1993-1994)
Stephen B. « Steve » Burke, directeur général, parc à thèmes (1991-1995)
Tim Wolf, directeur général, ressources humaines et administration (1991-1992)
Jean-Luc Choplin, directeur spectacles (1991-1992) directeur artistique (1993-1995)
Lee Cockerell, directeur Resort opérations, complexe hôtelier (1991-1992)
Dominique Cocquet, directeur relations externes (1991-1992), secrétaire général (1993-1995), directeur du développement (1994-1999), secrétaire général (1998-1999), directeur général adjoint développement et relations extérieures
Jürgen Fischer, directeur ventes, complexe hôtelier (1991-1992)
Alfredo Gangotena, directeur marketing (1991-1992), vice-président marketing (1992-1993)
Andrew Hibbert, directeur affaires juridiques, immobilier et construction, directeur juridique adjoint (1991-1992)
Tom Joyce, directeur logistique (1991-1992)
Bill Kistler, directeur développement commercial, Euro Disney développement (1991-1992)
Rami Ramadan, directeur finance, complexe hôtelier (1991-1992)
Michael Montgomery, directeur général, finances (1992-2001)

Michel Perchet, vice-président *cast members* (1992-1993), directeur des *cast members* (1993-1997), directeur général adjoint, *cast members*, produit et qualité (1995-1998)
Bertrand Gaillochet, directeur général adjoint marketing & ventes (1993-1998)
Xavier de Mézerac, directeur financier (1993-1996)
Christian Perdrier, directeur hôtels Disneyland Paris (1993-1996), directeur des opérations (1996-1997), support (1997-1998), Resort services (1998-1999), directeur général adjoint supports opérationnels (1999-2001), directeur général adjoint parcs, sécurité et Disney Village (2004-
Gilles C. Pélisson, directeur général adjoint (1994-1995), directeur général (1995-1996), président-directeur général (1996-1999)
Jeff Archambault, directeur, parc à thèmes (1995-1996), projets spéciaux (1996-1999), vice-président alliances stratégiques (1999-2001)
Laurence Clément-Berman, directeur, stratégie et alliances stratégiques (1996-1999)
Philippe Misteli, directeur financier (1996-1999)
Marc Robino, directeur restauration (1996-1999), vice-président restauration (1999-2001)
Jay Smith, directeur spectacles (1996-1998)
Philippe Spiette, directeur boutiques, achats, logistique (1996-1998)
James A. « Jay » Rasulo, directeur général adjoint (1997-1998), directeur général (1998-1999), président-directeur général (1999-2002)
Yann Caillère, directeur, hôtels et Disney Village (1998-1999), directeur général adjoint opérations (1999-
Philippe Laflandre, directeur, parc (1998-1999)
Dominique Dompnier, directeur *cast members* et qualité (1998-1999)
Jean Pochoy, directeur spectacles (1998-1999)
Serge Naïm, vice-président finance (1999-2000), directeur général adjoint finance et nouvelles activités (2000-2002)
Howard Pickett, directeur général adjoint marketing et ventes (1999-2001)
Jean Pochoy, vice-président spectacles (1999-2001)
Jean-Yves Remond, directeur général adjoint, ressources humaines (1999-2001)
Jean-Patrick Thiry, vice-président hôtels et centres de conventions (1999-2000)
Patrick Avice, vice-président hôtels et centre de conventions (2000-2001 et 2004-
Bruno Brocheton, vice-président systèmes d'information (2000-2001)
Philippe Labhard, vice-président parcs (2000-2001)
John Lund, vice-président chef de cabinet (2000-2001)
Pascal Quint, vice-président juridique (2000-2001), vice-président, directeur juridique
Caroline Raulet, vice-président communication (2000-2001)
Jean-Claude Olivier, directeur général adjoint, ressources humaines (2001-2002)
André Lacroix, président-directeur général (2002-2004)
Jeffrey R. Speed, directeur général adjoint et directeur financier (2002-2004)
Philippe Marie, vice-président communication et relations extérieures (2002-2003)
Philippe Gas, vice-président, ressources humaines
Karl L. Holz, directeur général (2003-2004), président-directeur général
François Pinon, vice-président juridique
Norbert Stiekema, vice-président ventes et distribution
Andrew de Csilléry, vice-président planification stratégique et politique tarifaire
Federico J. Gonzalez, vice-président marketing
Ignace Lahoud, directeur général adjoint, finances
Béatrice Mathieu de Lacharrière, vice-président corporate communication

EURO DISNEY SCA – CONSEIL DE SURVEILLANCE

Jean Tainttinger, président (1989-1994 et 1998-), membre du conseil (1994-1998)
John Forsgren, vice-président (1989-1990)
Judson Green, vice-président (1990-1994), membre du conseil (1994-1995)
Lord Grade of Elstree, membre du conseil (1989-1998)
Antoine Jeancourt-Galignani, membre du conseil (1989-1994), président
Dr. Jens Odewald, membre du conseil
Francis Veber, membre du conseil (1989-2000)
Sanford M. « Sandy » Litvack, membre du conseil (1994-2002)
Philippe Labro, membre du conseil
Sir David Paradine Frost, membre du conseil (1998-2003)
Dr. Claudio Calabi, membre du conseil (1999-2000)
Laurence Parisot, membre du conseil
Thomas O. Staggs, membre du conseil

James A. Rasulo, membre du conseil
Martin Robinson, membre du conseil

EURO DISNEY SCA – COMMISSAIRES AUX COMPTES
Pradeep Narain, Petiteau-Scacchi, membre de Price Waterhouse (1989-1992)
Marc Chauveau, suppléant (1989-1994)
Gérard Petiteau, Petiteau-Scacchi, membre de Price Waterhouse (1991-1992)
Patrick Seurat, suppléant (1991-1992)
Pascale Chastaing-Doblin, PSAudit, membre de Price Waterhouse (1992-1994)
Jean-Michel Peu Duvallon, suppléant (1992-1993)
François Martin, PSAudit, membre de Price Waterhouse (1993-1994), Befec Price Waterhouse (1994-1999)
Daniel Butelot, suppléant (1993-1994)
Brian Towhill, Befec Price Waterhouse (1994-1999)
Jean-Christophe Georghiou, PriceWaterHouseCoopers Audit (2002-2003)
Antoine Gaubert, Caderas Martin (2002-2003)

THE WALT DISNEY COMPANY
Card Walker, *chairman of the board* (1980-1983)
Donn Tatum, *president* (1968-1971), *chief executive officer* (1971-1976), *chairman* (1971-1980)
Michael D. Eisner, *chief executive officer* (1984-2006), *chairman* (1984-2004)
Frank Wells, *president, chief operating officer* (1984-1994)
Robert Iger, *president, chief operating officer* (2000-)
Larry Murphy, *chief strategic officer* (1989-1999)
Gary Wilson, *chief financial officer* (1984-1986), membre du conseil d'administration
Richard Nanula, *chief financial officer* (1986-1994, 1996-1998)
Sanford « Sandy » L. Litvack, *general counsel and vice chairman* (1991-2000)
George Mitchell, membre du conseil d'administration (2000-) et *chairman* (2004-2007)
Roy E. Disney, *chairman* Walt Disney Feature Animation (1984-2004), membre du conseil d'administration (1984-2003)
Stanley Gold, membre du conseil d'administration (1984-2003)
Robert A.M. Stern, membre du conseil d'administration (1992-2003)
Ray Watson, membre du conseil d'administration (1973-2004)
Jeffrey Katzenberg, *chairman* Walt Disney Studios (1984-1994)
Joe Roth, *chairman* Walt Disney Studios (1995-2000)
Peter Schneider, *president* Walt Disney Feature Animation (1985-1999), *chairman* Walt Disney Studios (2000-2002)
Richard Cook, *chairman* Walt Disney Studios (2002-)
Richard Nunis, *chairman* Walt Disney Parks and Resorts (1991-1998)
Judson Green, *president* et *chairman* Walt Disney Parks and Resorts (1998-2000)
Paul Pressler, *president* et *chairman* Walt Disney Parks and Resorts (2000-2002)
Jay Rasulo, *president* Walt Disney Parks and Resorts
Martin Sklar, *vice chairman* et *principal creative executive* Walt Disney Imagineering
Peter Rummel, *chairman* Walt Disney Imagineering (1985-1997)
Steve Burke, *executive vice president*, Disney Stores, Consumer Products (1986-1992)

Note.
Les dates de mandat doivent se comprendre du 1er octobre de l'année indiquée au 31 septembre de l'année suivante, soit une « saison ».
Ainsi, lorsqu'il est indiqué l'année 1994, il faut comprendre que la nomination a été comprise entre le 1er octobre 1994 et le 30 septembre 1995.
Ce système a été adopté afin de respecter l'année fiscale adoptée à la fois par Euro Disney SCA et The Walt Disney Company.

PROLOGUE

Depuis vingt ans, le nombre de parcs à thèmes en France connaît une croissance sans précédent : Futuroscope, Parc Astérix, Disneyland Park, Vulcania, Cap'Découverte, Bioscope, Nigloland, Walibi, Ardèche Miniatures, Bagatelle, Canyon Park, Cigoland, Cité de l'Espace, Cobac Parc, Dennlys Parc, Didi'land, Fami Parc, Festyland, Fraispertuy City, France Miniature, Grand Parc du Puy du Fou, Jardin d'Acclimatation, La Cité de la Mer, La Coccinelle, La Mer de Sable, La Petite Ferme du Far West, La Récré des 3 Curés, Labyrinthus Alsace, Le Pal, Le Petit Paris, Magicland, Marineland, Mini Châteaux, Ok Corral, Paléosite, Papea City, Parc Alsace Lorraine Miniature, Parc d'Attractions des Naudières, Parc Saint Paul, Playmobil Funpark Paris, Volcan de Lemptégy, Walt Disney Studios Park, Walygator Parc, Spyland... sans parler de ceux déjà fermés tels que Mirapolis, Big Bang Schtroumpf, Zygofolis ou bien encore, La Planète Magique qui n'a tenu que quinze jours.

En 2000, on recense en France, près de dix parcs à thèmes de dimension nationale, cinquante parcs régionaux, dix parcs aquatiques, cent parcs botaniques et mille écomusées. Une étude réalisée par Coface Scrl-Axétudes estime le chiffre d'affaires de l'ensemble du marché européen à deux milliards d'euros (dont la moitié réalisée par Euro Disney), et une croissance annuelle de 8 % pour une dépense moyenne par visiteur de 20 euros (entrée comprise) et 43 euros pour Euro Disney. Pour autant, le marché français n'a toujours pas atteint sa maturité : un Français sur trois va une fois par an dans un parc à thèmes, quand c'est un Européen sur deux et trois ressortissants du Benelux sur quatre... et un Américain se rend, au moins, une fois par an, dans un parc de loisirs... 75 % des Américains ont visité au moins une fois un parc Disney...

Selon les estimations fournies par l'Afit (Agence française d'ingénierie touristique), les parcs à thèmes français attirent chaque année 30 millions de visiteurs (depuis 2000) dont la moitié pour le seul Euro Disney ; soit dix fois plus qu'en 1990 et cinq fois plus qu'en 1995. Si le marché français est estimé à 30 millions de visiteurs, les 83 parcs français les plus importants déclarent cependant 44 millions d'entrées dont un quart de visiteurs étrangers en 2003. Sur ces 10 millions de visiteurs étrangers, sept millions vont à Disneyland Resort Paris. Selon l'enquête réalisée par le cabinet Contours pour le compte de l'Afit, la Caisse des dépôts et consignations, la Fédération des SEM et le Snelac (Syndicat national des espaces de loisirs, d'attractions et culturels) entre les mois de juin 2003 et 2004, 44 % des Français déclarent s'être rendus, au moins une fois, dans un parc de loisirs entre novembre 2002 et novembre 2003, avec une moyenne de 2,6 visites par an et par visiteur. Le véritable potentiel du marché français se situerait donc plutôt entre 55 et 70 millions de visiteurs annuels. Pour Olivier de Bosredon, ancien PDG de Grévin & Compagnie : « Le développement du divertissement familial est la conséquence directe d'un besoin de partager des moments de loisirs avec ses enfants et ces moments n'ont pas de prix. Le développement du marché repose là-dessus et comme les familles deviennent consommatrices et expertes, le marché se professionnalise ». Pour Sylvie Faujanet, ancienne présidente du Snelac : « Les ouvertures sont, certes, nombreuses [en 2002], mais il y en a également eu les années précédentes, telles celles de Micropolis dans l'Aveyron ou du nouveau Grévin à Paris. A Brest, Oceanopolis a été refait. Pour les années futures, on parle toujours de Bioscope en Alsace, et du parc du végétal près d'Angers. On peut légitimement penser que s'il n'y avait pas de potentiel, les investisseurs ne seraient pas assez fous pour retomber dans les tentatives malheureuses de la fin des années quatre-vingt, qui ont vu notamment la déconfiture de Mirapolis, à Cergy-Pontoise. (...) La palette de choix reste importante. Il n'y a pas que des parcs à 35 euros l'entrée. On peut aller dans des parcs de proximité, à moins de 10 euros l'entrée, qui sont la majeure partie du tissu français et un socle important pour le dynamisme du secteur ».

En 2005, Arnaud Bennet, nouveau président du Snelac, nuance : « Il y a encore en France de la place pour des projets de dimensions régionales, mais il n'y a plus de place, aujourd'hui, pour un grand parc généraliste ». En 2005, environ 25 000 salariés travaillent dans les parcs de loisirs, et plus de 50 000 en haute-saison. Pour Arnaud Bennet : « Cet aspect est très important. Les parcs créent des emplois, font travailler des entreprises locales. Ils sont souvent une porte d'entrée pour des jeunes sans qualification ». En 2005, les parcs de loisirs français ont accueilli 50 millions de visiteurs.

Pourtant, aussi surprenant que cela puisse paraître, au début des années quatre-vingt, la France est le seul pays d'Europe à n'avoir aucun parc à thèmes sur son sol alors que les Etats-Unis comptent près de deux mille parcs de loisirs. Et puis, une « souris aux dents longues » pour paraphraser le pamphlet de Carl Hiaasen, tend le bout de son museau en France à partir de 1983. C'est alors le signal de départ pour ce que chacun considère à l'époque comme une véritable ruée vers l'or. En 1989, un journaliste s'interroge sur cet étrange phénomène : « les Français seraient-ils atteints par une épidémie de « parcomanie » aiguë ? ». Il semble que la France succombe à l'effet « parcs de loisirs ». Les responsables du tourisme et les promoteurs semblent touchés par un coup de folie, une frénésie, une vague déferlante ludique, bref un raz-de-marée des loisirs.

A la fin des années quatre-vingt, on ne sait pas quel nom leur attribuer, on parle tantôt de parcs de loisirs ou de parcs à thèmes, de parcs récréatifs ou de parcs d'attractions, de parcs de divertissements ou de parcs à événements. C'est de Disney que vient le mot « parc à thèmes ». Le premier du genre a ouvert en 1955 en Californie à Anaheim, Disneyland (puis Disney's California Adventure en 2001). Ont suivi Walt Disney World, EPCOT Center, Disney-MGM Studios et Disney's Animal Kingdom à Orlando en Floride, Tokyo Disneyland et Tokyo DisneySea au Japon, Disneyland Park et Walt Disney Studios Park en France, et enfin le onzième, Hong Kong Disneyland. En 2012, il est prévu l'ouverture de Shanghai Disneyland en Chine. Partout, c'est le même incroyable succès. Chaque année, près de 100 millions de personnes se rendent dans un parc à thèmes Disney : 20 millions de visiteurs en Californie, 40 millions en Floride, 25 millions au Japon. En un demi-siècle, deux milliards de personnes ont visité un parc Disney dans le monde. Le 17 juillet 2005 a marqué les cinquante ans de Disneyland en Californie.

Un incroyable succès partout ? Non ! Un pays peuplé d'irréductibles Gaulois résiste encore et toujours à l'envahisseur. Et la vie n'est pas facile pour un parc à thèmes Disney en France...

Au XVIIIème siècle, le philosophe français Denis Diderot définit le mot « loisir » dans l'*Encyclopédie* comme étant un « un temps vide que nos devoirs nous laissent ». Pour occuper ce vide, l'aristocratie remplit ses jardins de décors et d'architectures éphémères. Les Folies préfigurent sur un mode confidentiel, les parcs d'attractions modernes. Citons ainsi Prater et son Luna Park aménagé à Vienne en 1766. Après la Révolution, les Folies sont vendues à des entrepreneurs de spectacles qui inaugurent un nouveau type de fêtes publiques et champêtres dont l'entrée est payante et l'accès quotidien. Les Tivoli sont considérés comme les premiers parcs d'attractions avec spectacles forains, bals, spectacles pyrotechniques, démonstrations équestres et orchestres. Les jardins de Tivoli ouvrent à Copenhague en 1843 et le Jardin d'acclimatation à Paris sous Napoléon III. A l'origine nomade et cyclique, la fête foraine se transforme progressivement. L'exemple vient des

Etats-Unis. A la fin du XIXème siècle, le Luna Park ou *trolley park* se trouve à portée de tramway des centres-villes. En 1887, le Sea Lion Park à Coney Island, près de New York, s'étend ainsi sur trois kilomètres le long de l'océan. Les *Amusement Parks* sont nés. En Europe, le plus ancien est le Blackpool Pleasure Island Beach, inauguré en 1896, suivi du Luna Parc de Paris en 1903, puis la Magic City en 1911. Enfin, l'industrialisation du parc de loisirs apparaît au début des années cinquante avec Disneyland en Californie. Les années soixante voient leur arrivée en Europe du Nord. Mais il faudra attendre 1987, pour que Mirapolis, premier parc à thèmes français, ouvre ses portes.

Si de vastes études ont déjà été menées et publiées sur Disneyland et Walt Disney World, ce n'est pas le cas pour Tokyo Disneyland (sauf *Riding the Black Ship : Japan and Tokyo Disneyland* de Aviad E. Raz) et Disneyland Paris (à part *Once Upon an American Dream : the Story of Eurodisneyland* de Andrew Lainsbury). On peut l'expliquer par le fait que les deux premiers sont plus anciens et plus accessibles aux chercheurs anglo-saxons. L'argument principal est de dire que la structure et l'organisation des parcs de Tokyo et de Paris ne sont que des copies des originaux. Ainsi, tous les parcs répliquent-ils les quatre lands de base, un château et une Main Street. Enfin, beaucoup des attractions sont semblables. Cependant, ce préjugé globalisant ignore les différences qui existent au sein même des deux parcs américains. Disneyland (30 hectares sur une superficie totale de 73,5) est aujourd'hui considéré comme un parc de « première génération » par les imagénieurs de Disney puisqu'il a été conçu dans les années cinquante et le Royaume Magique de Floride (43 hectares sur 11 300), construit à la fin des années soixante, est un parc de « deuxième génération ». Tokyo Disneyland (46 hectares sur 82,6) est un parc de « troisième génération » même si c'est une réplique de Walt Disney World. Plusieurs spécialistes ont discuté des différences entre Disneyland et Walt Disney World, certains reconnaissant à Disneyland plus de cohérence du simple fait de sa plus faible superficie. Mais, ce n'est pas le même public non plus. Disneyland a été conçu comme un parc local destiné aussi bien aux habitants de la région de Los Angeles (regroupant 10 millions d'individus) qu'aux touristes. La plupart des visiteurs se contentent d'y passer la journée. Walt Disney World a été envisagé, dès le début, comme une destination de vacances. La plupart des visiteurs s'y rendent en voiture ou en avion pendant plusieurs jours. On y retrouve le Royaume Magique (équivalent au Disneyland), mais aussi un petit parc aquatique (le premier aux Etats-Unis), plusieurs hôtels, un terrain de camping, trois parcours de golf et EPCOT Center ouvert en 1982. Il s'agit de faire de Walt Disney World un centre de vacances complet – un *resort* – pour attirer les visiteurs de loin. Pour le parc européen, l'idée de la Walt Disney Company est de reproduire fidèlement le schéma d'implantation et de croissance du parc de Floride. EuroDisneyland est un parc à thèmes de « quatrième génération ». C'est en 1987, que l'Etat français et la Walt Disney Company signent une convention de trente ans pour la construction d'un parc à thèmes et l'aménagement de 1 943 hectares à Marne-la-Vallée.

Marne-la-Vallée demeure un haut lieu d'histoire et de culture. Les terres de Brie sont parmi les plus fertiles du monde. La vallée de la Marne a été un centre de migration et de transit reliant les voies de Paris et Meaux à celles des duchés de Bourgogne ou des terres des Flandres. C'est l'histoire des bords de Marne, des guinguettes et du petit vin blanc, du chocolat Meunier ou des innombrables châteaux (Champs-sur-Marne, Guermantes). Marne-la-Vallée est le trait d'union entre passé et présent, entre modernité et tradition, entre urbanisme et ruralité. Marne-la-Vallée est un vaste et paradoxal ensemble sur lequel vont se crisper les mécontentements.

Le parc occupera 60 hectares. Un document d'août 1986 évalue le montant de l'opération à 45 milliards de francs. La Walt Disney Company empochera 200 millions de francs de royalties chaque année. Le profit annuel escompté s'élève à un milliard de francs par an pour la Walt Disney Company selon une source française d'août 1986. Pour Gilles Smadja, auteur de *Mickey l'arnaque* en 1988, c'est une « véritable capitulation nationale devant une puissance étrangère privée ». Le programme EuroDisneyland se divise en huit quartiers :

- le Quartier des Attractions. Royaume Magique, esplanade et extensions futures, 160 ha.
- le Quartier du Centre. 60 000 m² de commerces, 5 800 chambres d'hôtel catégorie quatre étoiles, 4 100 chambres 3 étoiles, un centre de congrès de 40 000m², 140 000 m² de bureaux, 500 logements.
- Le Quartier du Lac. 5 200 chambres d'hôtel 4 étoiles, 2 900 chambres trois étoiles.
- Le Quartier des Affaires. 520 000 m² de bureaux, 2 500 logements de standing, un centre commercial régional de 90 000 m².
- Le Quartier Nord. 1 350 résidences en multipropriété, 1 000 logements privés, 40 000 m² de bureaux, 50 000 m² de commerces.
- Le Quartier Est. Deux terrains de golf 18 trous. 1 400 maisons individuelles. 1 050 propriétés privées. Un hôtel de 200 chambres.
- Le Quartier des Bois. 2 100 emplacements de camping, caravaning, bungalows. Deux parcs aquatiques.
- Le Quartier des Activités. 750 000 m².

Total général :
- 18 200 chambres d'hôtel
- 700 000 m² de bureaux
- 750 000 m² d'activités financières ou commerciales.

C'est la plus gigantesque opération foncière et immobilière de la fin du XXème siècle après la Défense. Le succès est assuré. Disney bénéficie sans conteste d'un formidable capital sympathie. Selon une enquête de The Added Value Company, Mickey est ainsi immédiatement reconnu par 98 % des personnes et Donald par 96 %. L'Europe constitue pour la Walt Disney Company 52 % du chiffre d'affaires réalisé sur le marché international. Selon le bulletin de la Chambre de Commerce de 1987, l'Europe compte 350 millions d'habitants dont les salariés ont des congés payés de 4 à 6 semaines en moyenne. Le Vieux Continent attire les deux tiers des touristes du monde : 200 millions de visiteurs pour 50 milliards de dollars dépensés chaque année.

Pourtant, Mirapolis, Zygofolis et Big Bang Schtroumpf, tous des parcs à thèmes français, font faillite les uns après les autres à la même époque. N'est-ce pas un mauvais signe ? Que nenni ! Disney, c'est autre chose, la Walt Disney Company n'a jamais connu d'échec concernant ses parcs et, à cette époque, depuis la fin de l'année 1984, c'est une toute nouvelle équipe de direction menée par Michael Eisner qui compte bien faire de Disney une multinationale encore plus puissante qu'auparavant. Au milieu des années quatre-vingt, la Walt Disney Company, ce sont des cadres d'une arrogance peu commune. Ce sont surtout les « années fric », des milliards de dollars de chiffre d'affaires, en constante augmentation année après année. En 1990, Disney contrôle 40 % du marché des parcs à thèmes aux Etats-Unis, soit plus du double que son plus proche concurrent (18 %).

Pourtant, la fréquentation stagne et le besoin de nouveaux marchés semble essentiel à la poursuite de la croissance.

EuroDisneyland, comme on l'appelle alors, est un projet qui tient particulièrement à cœur au nouveau PDG de Disney. Eisner va grandement s'investir dans ce nouveau parc européen, quitte à prendre des décisions à l'encontre de l'avis de tous ses collaborateurs. Mais l'ouverture de ce parc en France déchaîne les passions. La controverse enfle à partir de 1985 pour atteindre son paroxysme en 1987 puis en 1992. Disney devient le symbole d'une culture de masse qui ne prend pas en compte les cultures locales, le symbole de l'impérialisme américain et de la standardisation du divertissement. Pour beaucoup, Disneyland, c'est une insulte au paysage urbain, un synonyme d'incohérence, de mauvais goût et d'imposture. Disneyland incarne tout ce que rejette l'art de l'architecture. Disneyland, c'est la personnification d'une certaine médiocrité culturelle, une sorte de monument national élevé à la vulgarité.

Mickey se trouve alors complètement diabolisé. Installer un parc en Europe est terrifiant. On a peur des multinationales qui veulent conquérir le monde. On a peur aussi de voir s'exporter les loisirs américains. C'est une certaine idée de la France opposée à l'*American way of life*. L'« invasion » de Disney en Europe représente à la fin des années quatre-vingt/début des années quatre-vingt-dix, la dégradation des cultures européennes. EuroDisneyland, c'est un « Tchernobyl culturel », « le dernier clou yankee dans le cercueil de la culture européenne » ou encore « le cheval de Troie de la culture américaine ».

Les dirigeants du plus grand empire médiatique du monde sont alors loin de se douter de ce qui les attend outre-Atlantique… Qu'est-ce qui a poussé la Walt Disney Company à construire un nouveau parc en Europe ? Pourquoi les dirigeants de Disney ont-il choisi la France ? Comment les négociations politiques ont-elles affectées la conception et le développement du parc à thèmes et des hôtels ? Quelles ont été les réactions de la presse et du public avant et après son ouverture ? Quelles ont été les raisons des difficultés financières de Disneyland Paris ? Quel est l'avenir de la plus importante destination touristique d'Europe ?

Ce sont les questions auxquelles ce livre répond. Il fait la synthèse sur près de vingt années, d'une extraordinaire saga à la fois humaine, technique, culturelle, financière et politique. C'est l'histoire aussi de ses échecs – ruine des actionnaires – et de ses réussites – première destination touristique d'Europe qui a accueilli près de 160 millions de visiteurs depuis son ouverture. Sans se contenter d'une lecture sociologique, cette étude ne néglige ni la production (12 000 employés ou *cast members* et 70 000 candidatures reçues chaque année) ni la réception (12 millions de visiteurs et clients ou *guests* chaque année) du spectacle Disney. Elle aborde aussi bien la question de la réalisation, de la construction, de la gestion, de la commercialisation, des attractions, des employés, de la direction, des concepteurs et des visiteurs de Disneyland Paris.

PARTIE UNE

LE MONDE MERVEILLEUX DE DISNEY

DISNEY ET LES PARCS

Le soleil émerge à peine de l'horizon en ce samedi 17 juillet 1955 que la foule commence déjà à se rassembler pour l'inauguration de Disneyland, à Anaheim, en Californie. En l'espace de quelques heures et sur un rayon de quinze kilomètres, les routes menant au parc sont obstruées. Comme le raconte Bob Thomas dans *Walt Disney : An American Original*, une multitude d'invitations ont été distribuées aux membres du studio, à tous ceux qui ont participé à la construction du parc, à la presse et aux élus locaux, aux fournisseurs et aux représentants des entreprises ayant parrainé des attractions du parc. Malgré toutes les précautions, trente mille personnes ont franchi les grilles du parc dont une majorité de resquilleurs car les billets gratuits avaient été parfaitement imités. La chaleur est accablante, la foule compacte se rue sur les manèges dont beaucoup tombent en panne, l'asphalte fraîchement déposé sur Main Street ramollit au passage des visiteurs, les fontaines d'eau potable sont insuffisantes du fait d'une grève des plombiers, une fuite de gaz oblige à fermer Fantasyland, les stands de ravitaillement sont pris d'assaut, une partie des décors seulement est peinte, Tomorrowland n'est pas terminé... La patience des Californiens est mise à rude épreuve en ce beau samedi de juillet ! La journée d'inauguration resta pour tous un « samedi noir ». Le lendemain matin, la plupart des critiques dans les journaux sont négatives. Mais des millions de personnes ont assisté, en direct à la télévision, à l'inauguration du parc... même si, sur les vingt-deux caméras prévues, plusieurs étaient mal synchronisées et quelques micros, de-ci de-là, refusaient de transmettre le moindre son.

Dans les jours qui suivent, Walt Disney demande à son équipe de régler les problèmes les plus urgents et convie à nouveau la presse pour des soirées spéciales. Aucun parc n'a bénéficié d'une telle publicité, et du jour au lendemain, Disneyland devient une attraction à l'échelle des Etats-Unis. On s'y précipite : en sept semaines (du 18 juillet au 30 septembre), un million de visiteurs franchissent les grilles du parc, et près de quatre millions au cours de sa première année d'exercice. Les prévisions d'entrées sont dépassées de 50 % et les clients dépensent 30 % de plus que prévu. Sur la place de Disneyland, une plaque porte les mots de son créateur : « Bienvenue à tous ceux qui arrivent dans cet endroit heureux, Disneyland est votre pays. Ici la vieillesse retrouve les bons souvenirs du passé... et la jeunesse peut goûter les promesses de l'avenir. Disneyland est dédié aux idéaux, aux rêves et aux épreuves qui ont fait l'Amérique... avec l'espoir qu'il sera une source de joie et d'inspiration pour le monde entier. »

On doit l'existence de ce parc à l'obstination d'un seul homme : Walt Disney. Dans les jours qui suivent l'ouverture, il passe tout son temps à Disneyland. Certains l'ont vu déambuler en robe de chambre en plein milieu de la nuit sur Main Street, d'autres, assis, un soir, au crépuscule, sur un banc, observant son parc. Dans la journée, il parcourt son œuvre et observe les gens et leurs réactions. Il insiste sans cesse sur l'absolue propreté des lieux. Walter Elias Disney a 54 ans. Il a créé Mickey Mouse vingt-sept ans plus tôt, premier dessin animé sonore. Puis ont suivi les Silly Symphonies en 1929 ; le premier dessin animé en Technicolor en 1932, *Flowers and Trees* ; *Les Trois Petits Cochons* en 1933 ; *Blanche-Neige et les Sept Nains* en 1937, premier dessin animé de long métrage, bientôt suivi de *Pinocchio* (1940), *Fantasia* (1940), *Dumbo* (1941), *Bambi* (1942). La période de l'après-guerre verra la naissance de *Cendrillon* (1950), *Alice au Pays des Merveilles* (1951), *Peter Pan* (1953) et *La Belle et le Clochard* (1955). En 1948, *C'est la vie* inaugure une série de films animaliers à succès ; *L'Ile au trésor* en 1950 est le premier film en prises de vues réelles produit par Walt Disney... Partis avec quarante dollars en poche, les Disney Brothers Studios (créés avec son frère Roy, renommés par la suite Walt Disney Productions) fondés le 16 octobre 1923 comptent six personnes en 1928, cent quatre-vingt-sept en 1934, mille six cents en 1940 pour ne plus cesser de croître par la suite.

Au début des années cinquante, l'idée d'un parc d'attractions se précise dans l'esprit de Walt. A chaque voyage à travers les Etats-Unis ou en Europe, il visite zoos, cirques, carnavals, parcs nationaux, festivités locales, commémorations nationales. Sa visite à Coney Island (île à l'est de Manhattan) est si désastreuse que l'idée d'un parc le rebute un moment. En revanche, il est émerveillé par les jardins de Tivoli à Copenhague : « C'est exactement ainsi que devrait être tout parc de divertissements ! ». Déjà, en 1948, il pense à un terrain de quatre hectares et demi, adjacent au studio, qui pourrait s'appeler *Mickey Mouse Park*. C'est à Ward Kimball qu'il fait part, un jour, de son raisonnement : « Tu vois, c'est une honte, les gens viennent à Hollywood croyant voir quelque chose. Ils pensent y trouver de l'enchantement et voir des vedettes, mais repartent déçus. Même ceux qui viennent ici, à ce studio. Que voient-ils ? Des dessinateurs penchés sur leurs planches à dessins. Ne serait-ce pas mieux que ceux qui viennent à Hollywood y voient réellement quelque chose ? »

Walt comprend très vite qu'il devra assumer seul le financement et l'agencement du parc car Roy s'y oppose formellement. Et non seulement son frère refuse d'accorder à Walt les crédits nécessaires (au final, 17 millions de dollars), mais il contacte même les banquiers et les investisseurs pressentis par son frère pour les convaincre de ne pas s'engager. Roy déclare que les Walt Disney Productions ne se lanceront pas dans une telle aventure et annonce qu'il ne consentira pas à l'utilisation du nom Walt Disney pour Disneyland. Walt Disney crée alors une nouvelle société Walt Disney Inc. pour développer le projet. Roy fait immédiatement valoir que ce nom appartient aux Studios. Walt rebaptise la nouvelle structure WED (Walter Elias Disney) Enterprises et en devient président. Walt Disney dépense tout son argent personnel dans ce projet, y compris son assurance vie qu'il rachète 100 000 dollars.

Walt constitue une équipe de planification qui étudie les longs métrages animés afin de puiser des idées d'attractions, visite d'autres parcs, mesure les allées, observe la circulation des visiteurs et les mouvements de foule. Walt décrit le déroulement des attractions comme s'il s'agissait de films. Croquis, schémas et plans de Disneyland ne cessent d'augmenter alors que Walt n'en a pas encore déterminé l'emplacement. Il abandonne l'idée de l'édifier près des Studios. L'argent venant à manquer, il vend sa maison de Palm Springs. Pour Walt, Disneyland est un véritable défi : « Le parc signifie énormément pour moi. Il représente quelque chose qui ne s'achèvera jamais, que je peux continuer à développer, améliorer, multiplier. Il est pour ainsi dire vivant, comme une chose en expansion qui respire, s'alimente et nécessite des apports nouveaux. »

A la fin de l'été 1953, il ne reste plus rien de l'emprunt contracté par Walt et il a encore besoin d'argent pour ouvrir Disneyland. Si Walt refuse toujours la diffusion des dessins animés de long métrage à la télévision, il signe un accord avec la chaîne américaine ABC pour financer son parc. Déjà en 1950, Walt avait produit une émission spéciale à Noël intitulée *One Hour in Wonderland* sur NBC regardée par 96,2 % des téléspectateurs… Avec le temps et devant l'engouement des employés des Studios, Roy s'est finalement rallié au projet. Disney produit pour la chaîne un ensemble de séries hebdomadaires (films de télévision, émissions spéciales, dessins animés, films animaliers) et ABC prend une participation dans Disneyland. Avec 500 000 dollars et l'engagement d'un prêt de 4,5 millions, ABC reçoit 34,48 % de Disneyland Inc. Les Walt Disney Productions détiennent également 34,48 %, Western Printing and Lithographing (éditeur associé à Disney depuis vingt ans) achète pour 200 000 dollars 13,78 % du capital, et Walt Disney se retrouve personnellement à la tête de 17,25 % du capital pour un investissement initial de

250 000 dollars soit 1 450 000 dollars au total. Les banques acceptent alors de soutenir le projet.

La première série d'émissions intitulée *Disneyland* débute le 27 octobre 1954. Elle offre à Walt Disney l'équivalent de soixante minutes de publicité pour ses films et ses parcs. Les thèmes traités sont souvent explicitement promotionnels : visite de Disneyland, bandes annonces des films, reportages sur les tournages. Un parfait exemple de synergie. La série permet aussi le succès colossal de *Davy Crockett* en 1955 : dix millions de disques *La ballade de Davy Crockett* et dix millions de bonnets de fourrure Davy Crockett sont vendus ! L'activité *Consumer Products* stagnait à trois millions de dollars. Card Walker, directeur du marketing, crée pour Vince Jefferds le poste de responsable des produits dérivés. Jefferds envoie dans tous les magasins de jouets des posters de Fess Parker affublé de la panoplie du pionnier, fusil inclus. En matière d'engouement collectif, ce fut la plus extravagante frénésie de *merchandising* jamais connue aux Etats-Unis. Le chiffre d'affaires est quadruplé pour atteindre les douze millions de dollars puis se stabiliser à plus de cinquante millions au début des années quatre-vingt.

En juillet 1953, le Stanford Research Institute propose un site pour le parc : Anaheim dispose de vingt terrains d'environ soixante hectares. Le plus approprié est une orangeraie de soixante-quatre hectares située non loin de la jonction de l'autoroute de Santa Ana et de Harbor Boulevard. L'institut, se basant sur l'expérience du zoo de San Diego, estime la fréquentation entre 2,5 et 3 millions de visiteurs par an dépensant entre 2,5 et 3 dollars. Anaheim est à 43 kilomètres au sud du centre de Los Angeles. La ville compte alors cinq hôtels et deux motels offrant un total de 87 chambres ainsi que 34 restaurants. Certains plans initiaux de Disneyland sont modifiés : « Lilliputian Land » et ses minuscules automates disparaissent, « Excursion Jungle » avec d'authentiques animaux sauvages paraît irréaliste. Si tous considèrent que la notion d'accès unique est une grave erreur, source d'embouteillages et de difficultés à se garer, Walt insiste pour que chaque personne soit orientée vers une seule entrée faisant de Disneyland la composante d'une expérience universelle. Walt insiste également sur la place circulaire autour de laquelle rayonnent les divers lands. Il exige que chaque land ait son point d'accroche, un élément visuel reconnaissable. Le château doit servir d'appât pour obliger les visiteurs à descendre Main Street, cette dernière étant construite à l'échelle cinq-huitième afin d'engendrer une sensation de nostalgie et de fantastique.

Afin d'aider les artistes maison, Walt fait appel à Sam Hamel, ingénieur du génie civil, spécialiste de l'électricité et de l'air conditionné, et à la société Wheeler & Gray pour suppléer aux travaux de structure. C.V. Wood devient chef de chantier et Joe Fowler supervise tous les travaux de Disneyland. Les travaux de terrassement commencent en août 1954. L'inauguration est prévue moins de onze mois plus tard.

Les bénéfices des films renflouent les Walt Disney Productions tout en demeurant insuffisants pour continuer à financer Disneyland. On sollicite alors les principales sociétés américaines pour obtenir participations ou subventions. Le budget passe de 7 à 11 millions de dollars alors même que l'instabilité économique du milieu des années cinquante n'incite guère à l'enthousiasme. Walt se défend : « On ne peut guère fixer le prix de la créativité ». Son frère, Roy, se démène corps et âme afin de trouver le financement nécessaire. Le 1er janvier 1955, Tomorrowland n'est toujours pas construit… Si un ingénieur insiste sur l'impossibilité de mener à bien une initiative, Walt riposte immédiatement : « On dirait qu'il vous est plus facile d'éliminer une idée plutôt que tenter de la réaliser. Sachez que nous visons toujours très haut. Voilà pourquoi nous accomplissons tant de choses. A présent, retournez sur le terrain et essayez à nouveau. » Quant aux inspecteurs du bâtiment du comté d'Orange, ils se montrent compréhensifs envers Disneyland et totalement rassurés en constatant l'indéniable souci de sécurité de Disney.

Mais M. Disney est très exigeant. Si un château d'eau est indispensable pour alimenter le système d'extinction et les bouches d'incendie, il est pour Walt hors de question de voir une citerne dans Disneyland : « Trouvez autre chose ! ». L'aspect inesthétique des lignes à haute-tension oblige à les déplacer sur le terrain voisin ce qui augmente encore la note. Walt refuse l'érection d'un bâtiment administratif prétextant : « Je ne veux pas vous voir plantés derrière des bureaux. Je veux vous voir dans le parc, observant les allées et venues des gens et cherchant ce qui pourrait améliorer leur bien-être. ». Il est également préoccupé par la végétation du parc, tout comme il l'est des plans des bâtiments ou du parcours des attractions qu'il fait modifier sans cesse. A la fin du printemps 1955, Disneyland est toujours très loin d'être achevé quand les plombiers et asphalteurs du comté d'Orange se mettent en grève. Plus la date d'ouverture approche et plus les ressources diminuent. Les plombiers reprennent finalement le travail et l'on fait venir des cargaisons de bitume en provenance de San Diego pour une somme astronomique. Tomorrowland n'étant toujours pas achevé début juillet, on le recouvre de ballons et de fanions. Le 17 juillet 1955 est arrivé et les investissements financiers sont tellement considérables qu'il est impossible de repousser l'inauguration plus longtemps.

Le parc est un succès immédiat. Après neuf mois, la société a remboursé tous ses emprunts et dégage des bénéfices. Cinq ans plus tard, les Walt Disney Productions rachètent pour 7,5 millions de dollars la part d'ABC tout comme elles l'avaient fait de celle de Western Printing and Lithographing quelques années plus tôt. Les cinq années qui suivent l'inauguration de Disneyland sont une remarquable période de croissance pour la société dans son ensemble. En 1950, le chiffre d'affaires atteint 6 millions de dollars, 27 millions en 1955 et 70 millions en 1960. En 1959, Walt consacre 6 millions de dollars à l'amélioration de Tomorrowland et ne va pas cesser d'ajouter des attractions au parc. En 1965, parti de vingt-deux attractions et d'un investissement de 17 millions de dollars, Disneyland totalise, dix ans plus tard, quarante-sept attractions et un investissement de 48 millions de dollars. Quarante-deux millions de personnes en ont franchi les grilles. Walt Disney avait déclaré dans son discours inaugural : « Disneyland ne sera jamais terminé. Il continuera à grandir et à ajouter de nouvelles attractions, aussi longtemps qu'il y aura de l'imagination sur terre. »

Des cinq thèmes originels, Main Street USA, Adventureland, Frontierland, Fantasyland, Tomorrowland, l'on passe à sept avec l'adjonction de New Orleans Square et de Bear Country. Au début des années quatre-vingt, on dénombre dans le parc pas moins de 100 000 ampoules, on utilise 76 tonnes de peinture par an tandis que 5 500 tonnes de déchets sont ramassées (jusqu'à trente tonnes certains jours de grande affluence). Et l'on peut continuer ainsi longtemps : 4,5 millions de hamburgers, 2 millions de hot-dogs, 4,5 millions de portions de frites, 3 millions de boîtes de pop-corn, 2,75 millions de glaces... 4 millions d'appels téléphoniques par an, la fanfare de Main Street a parcouru plus de 5 000 kilomètres depuis l'ouverture et a fêté son 50 000ème concert le 17 juillet 1982... On dénombre enfin 500 000 arbres et 20 000 nettoyages de costumes par semaine... Bref, c'est un succès ! Harry Truman, Dwight Eisenhower, Jimmy Carter, Richard Nixon ou John F. Kennedy ont honoré le parc de leur présence. Mais aussi l'Empereur Haïlé Sélassié d'Ethiopie, les présidents Sukarno et Suharto d'Indonésie, l'Empereur Hirohito du Japon, le premier ministre Nehru d'Inde, le premier ministre Pierre Trudeau du Canada, le Roi Hussein de Jordanie, le Shah d'Iran, les princesses Margrethe du Danemark, Astrid de Norvège, Margaretha de Suède, Anouar el-Sadate d'Egypte, le Prince Rainier de Monaco...

Le parc a aussi fait parler de lui quand l'entrée a été refusée à Nikita Khrouchtchev lors d'une visite officielle en septembre 1959 pour des raisons de haute sécurité.

* * *

Au cours des années soixante, l'opposition de Walt à un second Disneyland fléchit en proportion des progrès de WED Enterprises dont la compétence professionnelle ne cesse de s'affiner. Il entrevoit l'opportunité de réaliser une entreprise qui surpasserait la simple réplique d'un parc à thèmes. Il envisage la création d'une cité moderne où les gens vivraient au sein d'un complexe urbain impeccable, stimulant et harmonieux. De façon plus pragmatique, Walt assiste avec horreur à ce qu'il n'avait pas prévu : Disneyland s'entoure au fil des années d'horribles motels et d'attractions concurrentes : 130 hôtels et motels ont été construits entre-temps totalisant près de 12 000 chambres sans compter les 400 nouveaux restaurants. Il regrette de n'avoir pu acheter assez de terrain pour entourer le parc d'une ceinture de verdure qui l'aurait isolé, il regrette aussi de ne pas avoir construit d'hôtels à Disneyland, une source de revenus qu'il a négligée à l'époque.

Les investigations commencent dès 1958 quand Walt charge le cabinet Economics Research Associates de trouver l'endroit idéal pour implanter un autre parc Disney. Le choix se porte sur la côte est, en Floride, qui offre un climat ensoleillé toute l'année. En 1959, un site de 4 800 hectares à Palm Beach est rejeté par Walt Disney qui refuse de s'installer près des côtes, trop sujettes à l'humidité et aux fréquentes tempêtes. En 1961, deux sites retiennent l'attention de Walt : Ocala et Orlando. En novembre 1963, Walt entreprend un voyage aérien accompagné, entre autres, de Donn Tatum et Card Walker pour survoler les immenses forêts et marais de Floride. Le choix est fait : « Ce sera le centre de la Floride ». Walt et Roy décident de visiter des terres suffisamment vastes pour que le nouveau projet évite le désastre visuel d'Anaheim. L'acquisition des terrains se fait dans la plus grande discrétion afin d'éviter l'inflation des prix. D'incessantes rumeurs circulent sur l'identité de cette mystérieuse entreprise qui envisage d'acheter cette immense propriété : Ford ? Boeing ? McDonnell-Douglas ? Disney ? Avant que son identité ne soit révélée (le 17 octobre 1965, *The Sentinel Star* titre en première page : « C'est Disney ! »), Disney a déjà acheté 10 800 hectares pour 5 millions de dollars. Les 121 hectares qui lui restent à acquérir augmenteront de près de 400 %... Le 15 novembre 1965, le projet est présenté à la presse. Dans les années qui vont suivre, des parcelles de terrains sont encore revendues entre particuliers jusqu'à cinq cents fois leur prix de 1965.

La conception de ce deuxième projet est beaucoup plus poussée que celle de Disneyland. Ce sera un véritable centre de vacances protégé du monde extérieur, proposant des chambres d'hôtel et des camping accompagnés de divertissements de toute sorte. Le projet comprendra également un parc industriel destiné à la promotion des produits américains et un petit village, Lake Buena Vista, avec des villas de vacances à côté de résidences permanentes. A tous ces projets s'ajoutent une idée plus ambitieuse encore : elle a pour nom EPCOT, *Experimental Prototype Community of Tomorrow*, « Prototype expérimental de la communauté de demain ». Disney envisage de créer une communauté en constante évolution avec au moins vingt-cinq ans d'avance sur son époque, une espèce de laboratoire pour tester les villes de l'avenir, peuplée peut-être de 25 000 personnes vivant dans le monde de demain.

Walt Disney décide de commencer la première phase des travaux par les rives de Bay Lake, le plan d'eau naturel le plus vaste. Disney s'éteint six mois avant que le matériel de terrassement n'arrive sur place mais il a eu le temps de diriger la préparation de la première phase dans ses moindres détails et de fixer les principes généraux de la réalisation de l'ensemble.

Au printemps 1967, le gouverneur de Floride ratifie les décrets permettant à Walt Disney World de poursuivre son développement. Pour mener à bien tous ces travaux sur un tel territoire, il ne pouvait être question de demander au coup par coup les autorisations nécessaires à l'administration. Trois hommes de loi, Bob Foster, Paul Helliwell et Phil Smith travaillent alors sur la création d'un statut particulier permettant de régler les problèmes d'eau, d'électricité, de gaz et d'égouts. Le résultat est un document de 481 pages organisant ce qui est appelé *Reedy Creek Drainage District* (qui devient plus tard *Reedy Creek Improvement District*) et deux municipalités *Bay Lake* et *Reedy Creek* (plus tard transformés en *Lake Buena Vista*). Ce district a des pouvoirs très étendus : gestion des cours d'eau, des plans d'eau, protection contre les incendies, préservation de la faune et de la flore, construction des bâtiments, des routes et des ponts, prélèvement de certaines taxes, d'emprunts, d'émissions de titres, de droit et de redevances attachés aux produits Disney…. Jamais une entreprise privée n'avait obtenu un tel mandat.

En février 1967, les Walt Disney Productions projettent aux différentes autorités de Floride un film-hommage à Walt Disney au Park East Theater dans Winter Park, au nord d'Orlando. Walt explique à l'écran : « Ici, en Floride, nous bénéficions de quelque chose de spécial que nous n'avons jamais eu à Disneyland, l'avantage de l'étendue. Il y a assez de terrains ici pour contenir toutes les idées et tous les plans que nous pouvons imaginer. » Ce film joua beaucoup en faveur de la compagnie dans l'obtention du mandat qu'elle souhaitait en Floride.

Dans les années qui suivent, Roy se rend fréquemment sur place, observant les transformations de la propriété. Il promet à son épouse : « Dès que j'aurai achevé le rêve de Walt, je laisserai les jeunes reprendre l'affaire et je m'en irai. » Roy annonce que le projet aura pour dénomination Walt Disney World, « pour que les gens sachent qu'il s'agit du rêve de Walt. »

Roy a mis toute son énergie et toute sa compétence à réunir le financement nécessaire au projet, soit quatre cents millions de dollars. Il faut creuser soixante-dix kilomètres de canaux, remuer près de neuf millions de mètres cubes de terre, creuser un lac de cent quatre-vingts hectares et créer un lagon de quatre-vingts hectares. Une nouvelle filiale est créée, Buena Vista Construction Company, destinée à gérer les quatre vingt-sept entreprises et les dix mille ouvriers présents sur le chantier. Un centre d'exposition, ouvert à Lake Buena Vista en avant-première pour donner une idée des attractions à venir, est visité par un million de personnes. Afin de gérer les hôtels (Contemporary Resort Hotel, Polynesian Village, Fort Wilderness Campground Resort puis Golf Resort Hotel en 1973), une autre filiale est créée, la Walt Disney World Hotel Company.

Le Royaume Magique est construit sur une véritable ville souterraine. Tous les services, tous les ateliers et tous les accès se trouvent en sous-sol. Comme la nappe aquifère n'est qu'à un mètre de profondeur, on surélève toute la superficie nécessaire à ce parc d'environ cinq mètres avec toute la terre enlevée pour creuser le lagon voisin et aménager le *Bay Lake*. Et l'on installe sous les attractions, reliées par d'immenses corridors, tout ce qui est nécessaire à la bonne marche de l'ensemble et pour les employés. De nombreux tuyaux parcourent les couloirs servant aux lignes électriques, aux câbles téléphoniques, à l'eau chaude et à l'eau froide, à l'air comprimé et à l'air conditionné, ou encore au transport des détritus. Des véhicules électriques parcourent ces galeries empruntées par huit mille personnes chaque jour.

Le 1er octobre 1971, Walt Disney World ouvre ses portes au public, cinq ans après la mort de Walt. Le 25 octobre, date de l'inauguration officielle, toute la famille est présente : Lillian, la veuve de Walt, Edna, l'épouse de Roy, Diane et Ron Miller et leurs sept enfants, Sharon et son second mari et ses trois enfants, Roy E. Disney, sa femme Patricia et leurs quatre enfants. Roy O. Disney s'avance vers le micro : « Mon frère Walt et moi-même débutâmes cette entreprise il y a maintenant presque un demi-siècle. Il était à mon sens un réel génie créatif, doué d'une volonté implacable, d'une originalité de conception et d'une énergie à toute épreuve... » Deux mois tard, Roy meurt d'une hémorragie cérébrale.

En novembre 1971, on dénombre déjà 400 000 visiteurs, en décembre 600 000 dont 200 000 rien que pour les trois jours de Noël. La première année est un succès avec près de 10,7 millions de visiteurs. Walt Disney World employait 6 200 personnes à l'ouverture ; dès le début de l'année 1972, on en compte 10 500 pour 11,59 millions de visiteurs cette année-là. En juin 1971, Disneyland a, de son côté, accueilli son cent millionième visiteur.

A l'automne 1973, la guerre du Kippour amène de sérieuses restrictions d'essence. On constate aussitôt une chute du tourisme : sur les 24 000 chambres de la région occupée en moyenne à 64 %, on tombe à 37 %. Pour le quatrième trimestre 1973, Walt Disney World perd 17,2 % de visiteurs. Début janvier 1974, on débauche six cents employés mais cinq cents sont repris deux mois plus tard. En 1975, Card Walker annonce officiellement le projet de construction d'EPCOT. En 1976, Walt Disney World accueille son cinquante millionième visiteur. En 1979, son cent millionième. En 1982, 70 % du chiffre d'affaires des Walt Disney Productions proviennent des parcs (48 % pour Walt Disney World et 22 % pour Disneyland pour un total de près d'un milliard de dollars). En 1984, la proportion s'élève à 74 % (56 % pour Walt Disney World et 18 % pour Disneyland sur 1,35 milliard de dollars).

Quel a été l'impact de Walt Disney World sur Orlando, dont le Royaume Magique n'occupe que 0,36 % de la superficie ? En dix ans, la population des trois comtés formant cette zone a augmenté de 60 % passant de 453 270 habitants en 1970 à 640 475 en 1980. La bourgade d'Altamonte Springs a vu passer sa population de 4 391 habitants en 1970 à plus de 13 000 en 1972 ! Emplois et logements ont augmenté en moyenne de 7 % par an, les chambres d'hôtel ont été multipliées par cinq et demie, les surfaces de bureaux par sept, et les touristes (Walt Disney World non compris) par plus de huit. Le nombre de passagers à l'aéroport a été multiplié par six et demie nécessitant un agrandissement pour trois millions et demi de dollars pour l'aménagement des pistes et soixante-quinze millions pour la construction d'une nouvelle aérogare. L'investissement consenti pour le tourisme a atteint deux milliards trois cents millions de dollars. En contrepartie, les revenus de cette branche d'activité sont passés de trois milliards six cents millions à plus de dix-sept milliards de dollars. Les revenus des familles ont augmenté de 161 % toujours dans la décennie et les ventes de marchandises au détail de 283 %.

Les prévisions de l'institut californien chargé des études prospectives de la firme Disney, Economic Research Associates, ont été largement dépassées. On envisageait, par exemple, 65 millions de visiteurs à Walt Disney World pour la première décennie, il y en eut 126 millions. Taxes et impôts pour la société, pour la même période devaient être de 102 millions de dollars, on atteignit 191 millions. Grâce à Walt Disney World, le chiffre d'affaires des Walt Disney Productions qui était de 175 millions en 1970-1971 a atteint le milliard de dollars en 1980-1981.

La ville d'Orlando qui était tournée vers l'agriculture s'est reconvertie dans l'industrie du tourisme. Les conventions qui attiraient 80 000 personnes en 1970, en ont attiré 429 000 en 1980 dans la région. Tout le centre de la Floride est devenu le haut lieu des parcs d'attractions : Silver Springs, Cypress Gardens, Busch Gardens ont massivement investi pour se moderniser. Sea World a ainsi dépensé vingt-cinq millions de dollars. Un musée de cire, Stars Hall of Fame a ouvert ses portes avec ses 214 vedettes d'Hollywood et le Ringling Brothers and Barnum & Bailey Circus World a construit un immense chapiteau pour son cirque.

Mais ce n'est pas tout. L'implantation de Walt Disney World a aussi déclenché l'arrivée de près de quatre-vingts compagnies dont AT&T, Westinghouse, General Electric, Harcourt Brace Jovanovich, Martin Marietta, International Laser System… La plupart dans le domaine de la haute-technologie ce qui vaut à Orlando le surnom de Silicon Swamp.

* * *

Évidemment, un succès aussi extraordinaire ne pouvait laisser indifférent. Aussi, dès 1962, les responsables d'une société japonaise, Oriental Land Company, démarchent les Walt Disney Productions pour construire dans leur pays un parc à thèmes semblable à celui de Disneyland en Californie. Mais l'ouverture en 1961, sans aucune autorisation, de Dreamland à Nara, pure et simple contrefaçon du parc américain dans la banlieue d'Osaka avait échaudé Disney qui repoussa l'offre d'Oriental Land Company (Dreamland a définitivement fermé ses portes le 31 août 2006). Le 11 juillet 1960, deux grandes sociétés japonaises, Mitsui Fudōsan (immobilier) et Keisei Dentetsu (chemins de fer) décident de créer une filiale pour la mise en valeur de terrains appelée Oriental Land Company au capital de trois milliards de yens (12,75 millions de dollars).

En juillet 1962, l'administration de la préfecture de Chiba (à l'est de Tokyo, Chiba est le troisième port du Japon, derrière Kobé et Yokohama) charge l'Oriental Land Company de créer un terrain de 874 hectares en bordure de la baie de Tokyo. Ce terrain est en grande partie à gagner sur la mer. Les travaux commencent en 1964 et seront terminés en 1975. Plusieurs zones d'occupation sont prévues : habitat, loisirs, commerces et industries légères.

L'Oriental Land Company s'occupe d'abord du district résidentiel et en mars 1980, 6 500 logements sont terminés. Le but ultime est d'édifier une cité résidentielle de 70 000 habitants pour 1982. L'Oriental Land Company prend également en charge l'espace loisirs d'une surface de 211 hectares sur lequel les autorités de la région veulent construire un ensemble récréatif pouvant satisfaire à la demande croissante de la ville de Tokyo en ce domaine.

De son côté, les Walt Disney Productions aimeraient bien tirer profit de leur expérience dans les parcs d'attractions, particulièrement à l'étranger, auprès de populations ayant peu de chances de venir visiter ses installations de Californie ou de Floride. Après un tour d'horizon en Asie et en Europe, le Japon semble réunir les atouts pour qu'une entreprise de cette envergure y soit lancée. D'autant plus que les films et les produits Disney sont très prisés au Pays du Soleil Levant. Le Japon offre une forte population, un niveau de vie en constante amélioration et un climat économique très favorable.

Mitsui Fudōsan détient 48 % de Oriental Land Company et Keisei Dentetsu 52 %. Mais Mitsui, avec sa vaste influence politique et économique, est de loin le partenaire le plus actif. Oriental Land Company a été formée dans le but de gérer une partie de la baie de Tokyo près de la ville d'Urayasu dans la préfecture de Chiba. D'après Edo Hideo, président de Mitsui Fudōsan, la décision a été prise en janvier 1958. Dans une interview à *Business Japan*, il déclare : « Il y avait beaucoup d'oppositions internes et externes, mais comme notre but était de surpasser la société immobilière Mitsubishi, nous sommes allés au-devant d'eux. Le projet était dans la droite ligne de la forte croissance économique japonaise. [L'aciériste] Yawata, [l'énergéticien] Tokyo Electric Power [TEPCO], Idemitsu et d'autres grandes entreprises construisaient des lots dans les zones déjà asséchées. Tout le secteur s'est transformé en une zone industrielle moderne. Au final, la préfecture de Chiba, à l'origine pauvre et croulant sous les dettes, devint riche du jour au lendemain. »

Les autorités préfectorales de Chiba acceptent le projet de terre-plein en 1960 mais imposent, en contrepartie, que la surface ainsi gagnée soit utilisée pour des activités de loisirs. Le remblaiement commence en 1962 après que Takahashi Masamoto, président d'Oriental Land Company, obtient l'accord des pêcheurs locaux. Cependant, durant cette première période d'activités, l'Oriental Land Company est confrontée à deux scandales comme le rappelle Kano Yasuhisa dans *Tōkyō dizuniirando no shinso* (*L'histoire vraie de Tokyo Disneyland*) repris par Aviad E. Raz dans *Riding the Black Ship : Japan and Tokyo Disneyland*.

Le premier de ces scandales est lié à l'un des fondateurs d'Oriental Land Company, Tanzawa Saburō. Appelé « l'affaire du chemin de fer Bushu », ce scandale éclate en juillet 1961 quand la presse rapporte que plusieurs hommes d'affaires ont soudoyé des politiciens afin d'obtenir la permission d'un projet de voies de chemin de fer. Les personnages clés de cette affaire ne sont pas moins que le président de la Saitama Bank, le Ministre des transports et le président de la Daiei Kabushiki-gaisha (spécialisée dans le cinéma). Bien que Tanzawa soit lavé de tout soupçon, sa compromission dans le scandale laisse courir une rumeur persistante de malversations qui le suit jusqu'au sein d'Oriental Land Company. Pour y mettre un terme, Tanzawa vend, en 1964, toutes ses actions dans l'Oriental Land Company à Osano Kenji, l'un des hommes les plus riches du Japon, associé au monde de la politique, qui sera accusé de parjure dans l'affaire de corruption Lockheed – à Washington, en 1976, on apprend que la société Lockheed Aircraft a versé des pots-de-vin à des fonctionnaires, partis et dirigeants des Pays-Bas, du Japon, d'Allemagne fédérale et d'Italie pour que leurs pays achètent des avions Lockheed. Tanzawa croulant sous les dettes vend ses actions à un prix très bas, 700 yens chacune. Un an plus tard, Osano les revend à la firme Nichimen pour 1 200 yens chacune. Nichimen devient ainsi un actionnaire majeur de l'Oriental Land Company. Elle nomme par conséquent quatre directeurs (dont un de ses vice-présidents) pour travailler dans la société. La première demande du vice-président est que la société Nichimen obtienne les deux-tiers des travaux de construction de la zone A, la première zone remblayée. Le problème est finalement résolu quand Keisei et Mitsui rachètent les actions de Nichimen afin de reprendre le contrôle total d'Oriental Land Company. Plus tard, Nichimen se retire complètement d'Oriental Land Company.

Le second scandale éclate durant la phase de remblaiement quand l'Oriental Land Company se trouve embarquée dans une controverse politique à propos du développement de la zone. L'accusation officielle concerne une mauvaise application de procédure, mais il y a aussi des rumeurs selon lesquelles des membres du conseil d'administration de Mitsui, qui ont des relations privilégiées avec le parti libéral démocrate alors au pouvoir, auraient essayé d'obtenir la permission du gouvernement de changer les restrictions sur l'usage de la zone gagnée sur la mer. En novembre 1967, un membre de la Diète du Kōmeitō (le parti soutenant Sōka Gakkai) critique publiquement le Ministre de l'Equipement et de l'Aménagement du Territoire pour son implication dans le remblaiement d'Urayasu. Quatre entreprises – Mitsui Fudōsan, Keisei Dentetsu, Oriental Land Company et Asahi Fudōsan – sont accusées d'avoir remblayé rapidement des terrains sans autorisation. Ce remblaiement sans autorisation serait de la responsabilité de la préfecture de Chiba qui n'aurait pas respecté les procédures d'application normales en négociant avec le Ministère de l'Equipement. A la suite de ces critiques, le Ministre de l'Equipement promet une enquête approfondie. Ce qui cause un allongement des délais pour l'obtention du permis de mise en valeur de la zone C. Quand le Ministre de l'Equipement suivant donne finalement l'autorisation en mars 1969, il supprime 77,55 hectares aux 247,5 hectares de la zone originelle destinée à être remblayée. L'intégralité de cette zone était indispensable à la construction d'un grand parc de loisirs. Oriental Land Company ne peut rien construire dessus, mais refuse de l'abandonner. Son lobbying incessant finit par porter ses fruits cinq ans plus tard, en 1974, quand le Ministère de l'Equipement autorise un remblaiement supplémentaire « qui doit servir à une étendue de terres paysagères. »

De 1966 à 1974, période pendant laquelle ces deux affaires ont pris place, des représentants d'Oriental Land Company parcourent le monde à la recherche d'un modèle pour une implantation de parc récréatif, de loisirs ou de détente. En 1974, ils contactent à nouveau les Walt Disney Productions. Tout comme Mitsubishi, concurrent de Mitsui, sur un projet de terrain près du Mont Fuji. Ron Cayo de Disney visite le Japon en 1974 afin d'examiner les deux propositions. Au cours des négociations, Mitsuibishi abandonne mystérieusement la partie. Leonard Koren dans *Success Story : How II of Japan's Most Interesting Businesses Came to Be* pense que c'est le résultat de pressions gouvernementales.

L'atmosphère entourant les négociations entre les Walt Disney Productions et l'Oriental Land Company n'est guère détendue. En 1977, le président d'Oriental Land Company, Kawasaki Makoto, démissionne. C'est un coup dur pour les négociations puisque que Kawasaki – également dirigeant de Keisei – était un fervent soutien du projet Disneyland. La raison de cette démission trouverait son origine dans la situation difficile de Keisei après la première crise pétrolière d'octobre 1973. Edo Hideo, président de Mitsui Fudōsan, déclare qu'« avec la démission de Kawasaki et les difficultés internes à Keisei – qui étaient le moteur des négociations avec Disney – la balle était dans le camp de Mitsui… Nous étions obligés de continuer bien que nous n'eussions pas vraiment la volonté d'aboutir. » Mitsui Fudōsan est une entreprise conventionnelle de construction et de gestion immobilière sans aucune expérience dans la gestion des parcs d'attractions. Elle a construit le premier gratte-ciel de Tokyo, l'immeuble Kasumigaseki de trente-six étages et plus tard des immeubles encore plus hauts à Shinjuku. En plus de son aspect peu conventionnel, le projet Tokyo Disneyland exige des investissements de plus en plus lourds. Les coûts de constructions estimatifs pour Tokyo Disneyland passent ainsi de 50 milliards à 120 milliards de yens. Le plus gros problème est bien sûr d'obtenir un prêt bancaire de plus de 100 milliards de yens. Le nouveau président d'Oriental Land Company, Takahashi Masamoto, sauve la mise. Il négocie directement avec le gouverneur de la préfecture de Chiba et obtient le changement de statut du terrain concerné. Cela permet d'augmenter la valeur hypothécaire du terrain, rendant plus aisée l'acceptation du prêt auprès des banques. Il est vrai que le gouverneur de Chiba est alors impatient d'aboutir, puisque le projet Disneyland paraît être une bonne affaire pour toute la préfecture. Edo Hideo se souvient : « Le gouverneur de Chiba plaida en notre faveur pour faire aboutir le projet ». Takahashi réussit à changer le statut de 211 hectares destinés à des installations touristiques et 103 hectares destinés à une étendue de terres paysagères conçue pour l'édification de commerces et d'habitations. La municipalité de Chiba publie un arrêté autorisant la vente de certaines parcelles (qui resteraient libres après l'achèvement du parc) pour l'édification de lieux de résidences si la situation administrative l'exige. La préfecture de Chiba accepte de signer un contrat : Chiba est propriétaire des terrains jusqu'à ce qu'Oriental Land Company les achète « une fois les premières rentrées d'argent effectuées ». Edo se souvient : « Il était alors possible de vendre certains biens immobiliers. La valeur totale étant estimée à 200 milliards de yens, on nous a accordé le prêt demandé. »

Une fois l'aspect financier du projet résolu, Mitsui Fudōsan reprend les négociations. Oriental Land Company doit maintenant faire face aux exigences de Disney. Dans la plus pure tradition japonaise, Oriental Land Company dépêche quinze négociateurs face aux deux de Disney. Les représentants des Walt Disney Productions sont Ron Cayo (un avocat) et Frank Stanek, de Walt Disney Imagineering (une division de Disney spécialisée dans la conception des parcs et des attractions). Pour les Japonais, un tel investissement est risqué mais Disney se montre optimiste sur les profits escomptés. Cependant, la firme américaine est alors en pleine construction d'EPCOT et personne ne souhaite investir de l'argent à Tokyo. Les représentants de Mitsui Fudōsan, au sein d'Oriental Land Company, qui voulaient au départ construire des logements sur le site, demeurent sans enthousiasme. Le contrat avec Chiba stipule que si le projet récréatif échoue, le terrain doit être vendu à prix coûtant. Ron Cayo pense que Mitsui Fudōsan n'attend qu'une chose : l'échec du projet. La presse japonaise, tout en demeurant sceptique sur les réelles motivations de Mitsui, est unanime à prédire au parc un cuisant échec. Tsuboi Hajime, président de Mitsui Fudōsan à l'époque, déclare : « Le caractère très particulier d'une entreprise comme Tokyo Disneyland rend quasiment tout profit impossible ». Les discussions ont d'ailleurs failli échouer plus d'une fois.

Takahashi, devenu vice-président d'Oriental Land Company en 1975, est une fois encore la personne indispensable à la concrétisation du projet. A en juger par les interviews de Takahashi dans la presse, il apparaît comme le visionnaire qui voit au-delà du simple contrat, une personne qui souhaite un projet de grande envergure, qui laisserait au Japon sa marque.

En juillet 1976, un premier accord intervient entre les Walt Disney Productions et les trois sociétés japonaises : Oriental Land Company, Mitsui Fudōsan et Keisei Dentetsu. Ce sont des propositions financières qui permettent dans un premier temps d'engager les travaux sur plans. Les ingénieurs de chez Disney peuvent commencer à prévoir spectacles et attractions. On envisage, vu le climat de la région, qu'une partie de ce parc sera complètement à l'abri des intempéries, ce sera World Bazaar. Les Japonais, de leur côté, commencent les démarches nécessaires pour intéresser les grandes compagnies de leur pays à investir dans le futur parc. Tout se met petit à petit en route : plan, coûts de construction, administration, fonctionnement… et pourparlers sur le contrat définitif. A ce stade, il est bien stipulé que n'importe quel partenaire, y compris Disney, peut se retirer de l'aventure.

A la fin du mois de septembre 1977, les agents des Walt Disney Productions présentent à Tokyo, aux compagnies intéressées, les résultats de la deuxième phase des travaux menés directement par sa filiale, WED Enterprises. Ceux-ci portent essentiellement sur les grandes lignes suivantes : planification, conception générale, travaux préliminaires de construction et de mise en état du terrain. Des données concernant l'environnement, les conditions climatiques et la démographie sont prises en compte et incorporées dans les recherches. Mais, une réorganisation d'Oriental Land Company amène des retards sur les décisions à prendre. Le système autoroutier subit lui aussi des contretemps, la voie express de la baie de Tokyo n'étant opérationnelle qu'en 1982. Enfin, la construction de la ligne de chemin de fer Keiyo n'est pas encore décidée. Dans le meilleur des cas, le parc ne peut ouvrir avant 1982.

Quand les discussions s'arrêtent en 1977, Takahashi entre dans l'arène et utilise tous ses contacts et toute son influence pour remettre les deux parties à la table des négociations. Card Walker demande à Ron Cayo qu'il obtienne un pourcentage sur les droits d'entrée et 5 % sur la nourriture et les souvenirs. Takahashi propose 5 % pour les deux, car « le divertissement est une affaire difficile ». Walker remporte finalement la mise. L'arrangement est qu'en retour d'une utilisation des licences et du savoir-faire, Disney recevrait 10 % sur le prix d'entrée, 10 % des contrats de sponsoring et 5 % sur le chiffre d'affaires de la nourriture et des souvenirs. Le Ministère des Finances a fixé la durée maximum des contrats d'utilisation des licences étrangères à 20 ans au Japon. Disney insiste pour la prolonger jusqu'à 50 ans et obtient finalement 45 ans.

Cependant, le contrat définitif n'est signé qu'en avril 1979 entre les Walt Disney Productions et ses partenaires japonais, après plus de quatre ans de négociations. Deux mois plus tard, les Walt Disney Productions (Japan) sont créées. C'est le premier parc Disney construit à l'étranger et c'est un réel succès pour l'entreprise. Oriental Land Company met à disposition le terrain et les capitaux, Disney son savoir-faire, ses attractions, ses personnages, le nom « Tokyo-Disneyland » et la direction opérationnelle. Le projet est financé par un consortium de vingt-trois banques japonaises dont l'Industrial Bank of Japan et la Mitsui Trust and Banking Company Ltd.

Pour respecter les traditions du pays, le 3 décembre 1980, au matin, une cérémonie solennelle shintoïste de purification du terrain a lieu en présence de certains représentants du gouvernement et des principaux représentants des compagnies intéressées. Card Walker, président-directeur général et directeur général des Walt Disney Productions est présent, accompagné de Dick Nunis, vice-président chargé des parcs et Jack Lindquist, président adjoint pour les relations publiques et la publicité.

L'ouverture du parc est maintenant prévue pour 1983. La préparation du site est virtuellement terminée : plan d'ensemble, aménagement du sol, architecture paysagère, accès de service. Un bureau central, le Tokyo-Disneyland Project Center, s'est ouvert le 15 novembre 1980, rassemblant sous son toit les états-majors des Walt Disney Productions (Japan) et de l'Oriental Land Company. La construction des attractions ainsi que la formation des cadres (entretien du matériel, réception des visiteurs, services divers) sont en cours à la fois en Californie et au Japon. Plus de cent cadres de l'Oriental Land Company viennent à Disneyland pour apprendre comment gérer le parc et deux cents personnes de Disney viennent travailler au Japon. Roy Cayo : « Toutes les procédures concernant le parc sont décrites précisément dans les pages des manuels Disney et la stricte application de celles-ci est un gage de réussite du projet. »

La construction commence en décembre 1980. En octobre 1981, les quinze premiers sponsors (« participants ») sont choisis. En avril 1982, Tokyo Disneyland devient une réalité. Les premières constructions sortent de terre et certaines sont visibles du centre de Tokyo : Space Mountain, le château de Cendrillon, It's a Small World, Pirates des Caraïbes, la Maison Hantée, L'Extraordinaire Voyage de Pinocchio… en tout point semblables à ce que l'on trouve aux Etats-Unis (seul le nom Westernland remplace celui de Frontierland). Quatre ensembles sont toutefois propres à Tokyo : The World Bazaar remplace Main Street USA reprenant le thème d'une petite ville américaine du début du XXème siècle mais placée sous un dôme pour prévenir les intempéries ; Meet the World couvre l'histoire du Japon et ses relations avec le reste du monde à l'aide de films, dessins animés et automates ; The Eternal Sea présente la découverte du monde sous-marin par l'intermédiaire, entre autres, de projections sur écran de 200° ; enfin The Mickey Mouse Revue est une revue musicale où s'agitent des personnages sous forme de mannequins audio-animatroniques, revue précédée d'une rétrospective Mickey Mouse sur grand écran.

En mai 1982, le centre de recrutement ouvre ses portes et en septembre le haut du château de Cendrillon est posé. Deux ans avant son ouverture, on prévoit que ce parc pourra accueillir dix à douze millions de visiteurs par an soit une moyenne de 30 000 personnes par jour, 40 000 les dimanches et jours fériés. Avec plus de trente millions d'habitants dans un rayon de cinquante kilomètres (à moins d'une heure de transport), la situation paraît meilleure qu'en Californie ou qu'en Floride.

De ces lointaines destinations, différents matériels en pièces détachées arrivent sans cesse. Une campagne publicitaire de grande envergure se prépare à la télévision et dans différents grands centres du Japon. En novembre 1982, le jour de l'ouverture est annoncé. L'inauguration est fixée au 15 avril 1983. Quatre cents journalistes japonais ont été réunis à

Tokyo pour annoncer cette nouvelle. Tokyo Disneyland ne le cèdera en rien, au point de vue qualitatif, à ses deux prédécesseurs. A la fin de l'année 1982, plus de 80 % du travail est terminé sur le site même.

En janvier 1983, la formation du personnel permanent est poussée sur une grande échelle. On prévoit, en effet, pour l'ouverture, deux mille personnes à plein temps et quatre mille cinq cents à temps partiel.

En mars 1983, une nouvelle cérémonie religieuse a lieu pour l'achèvement de l'installation. Construit sur les 240 hectares gagnés sur la mer, le parc à thèmes à proprement parler s'étend sur 46 hectares, c'est le plus étendu des Royaumes Magiques Disney (32 hectares en Californie, 43 hectares en Floride).

Le 15 avril 1983, Tokyo Disneyland ouvre ses portes. Le parc reste la propriété de l'Oriental Land Company. Sa construction aura coûté 150 milliards de yens (environ 640 millions de dollars). Le conseil d'administration compte vingt-cinq membres et le président-directeur général est Takahashi Masatomo. Avec vingt-sept points de vente, le parc assure une restauration honnête et abordable. Sur les 12 000 articles que l'on peut se procurer, 2 500 sont totalement exclusifs à Tokyo Disneyland et sont introuvables ailleurs ; 3 500 sont des produits Disney et 3 500 autres sont importés du monde entier. Trois cents acteurs sont chargés de distraire le public aux quatre coins du parc.

Tokyo Disneyland est très facile d'accès : train, métro et bus desservent la ville d'Urayasu. Trente minutes suffisent pour venir de la gare centrale de Tokyo, cinquante minutes pour aller à l'aéroport international de Narita. Par l'autoroute, le cœur de Tokyo est à vingt minutes. Et la Compagnie nationale des chemins de fer japonais prévoit d'ouvrir une gare tout près de Tokyo Disneyland en 1986 ce qui mettra le centre de la capitale à quinze minutes.

Les conditions d'admission dans le parc sont exceptionnelles. C'est en effet la première fois au monde qu'il est nécessaire de réserver sa place pour ce type de distraction. Tous les billets sont vendus pour des dates bien précises. Cette structure d'accueil est à deux niveaux : pour les groupes, qui bénéficient de 10 % de réduction, les billets ont été mis en vente dès novembre 1982 et pour les individuels le 5 janvier 1983. En mars, deux millions de billets avaient déjà été vendus. Le jour de l'ouverture, il ne restait plus un seul billet pour les dimanches et les jours fériés pour le reste de l'année. En semaine, les billets sont délivrés dans la mesure des places encore disponibles. Cette stratégie a été mise en place afin d'éviter la congestion des voies d'accès et l'engorgement à l'intérieur du parc. Les attentes devant chaque attraction sont ainsi limitées pour que chaque visiteur profite de tout. Le parc est ouvert en hiver de 10 heures à 18 heures et l'été de 9 heures à 22 heures. Pour cette dernière période, des billets appelés « Starlight Tickets » sont vendus spécialement après 17 heures, heure à laquelle les foules de la journée commencent à se clairsemer. Mais il faut désormais réserver un an à l'avance ses billets ! La fréquentation de la première année d'exploitation a été le triple de celle de Californie et le record d'affluence journalière y a été battu pour l'ensemble des parcs Disney avec 111 467 visiteurs le 13 août 1984. Un peu plus d'un mois après son ouverture, le 23 mai 1983, Tokyo Disneyland accueille déjà son millionième visiteur. Tokyo Disneyland va devenir le parc à thèmes le plus fréquenté du monde. La veille du Nouvel An, le parc reste ouvert jusqu'à quatre heures du matin et pour la nouvelle année 1990, on a dénombré 50 000 personnes dans le parc. Son nombre de visiteurs équivaut à la fréquentation de tous les parcs d'attractions japonais réunis tout comme son chiffre d'affaires annuel. Les dépenses par visiteur y sont les plus élevées de tous les parcs Disney du monde.

Bien que Disney ait apposé son nom à Tokyo Disneyland, la plupart des profits vont ailleurs. Le parc japonais appartient à l'Oriental Land Company et Disney n'a investi que 2,5 millions de dollars dans le projet. Edo rappelle qu' « en incluant divers autres paiements, les royalties s'élèvèrent à 20 millions de dollars la première année... Nous avons grandement contribué à l'élimination des frictions entre la balance commerciale nippone et américaine » tout en oubliant de dire que ce sont des centaines de millions de dollars qui sont gagnés par ses propriétaires japonais. L'année suivante, le parc génère un profit de 40 millions de dollars pour Disney... Michael Eisner, nouveau président-directeur général des Walt Disney Productions à partir de 1984 regrette qu' « en n'ayant pas opté pour l'entreprise en participation, la compagnie sacrifierait une part potentiellement plus importante des profits, en cas d'accroissement de la fréquentation. Quatre ans plus tard, on arrivait aux 12 millions de visiteurs, et au bout de dix ans, à 16 millions. Les énormes profits engendrés par la vente de produits dérivés nous donnaient une petite idée de ce à quoi nous avions renoncé. Vers la fin des tractations [en 1979], les Japonais avaient envisagé de nous offrir tous les droits sur les produits du parc, contre la somme de vingt millions de dollars. La [Walt Disney] compagnie trouva ce prix trop élevé – et, à l'époque, elle avait sans doute raison. »

ANNEE	FREQUENTATION
1983	9 933 000
1984	10 013 000
1985	10 675 000
1986	10 665 000
1987	11 975 000
1988	13 382 000
1989	14 752 000
1990	15 876 000
1991	16 139 000
1992	15 815 000
1993	16 030 000

Fréquentation de Tokyo Disneyland

Au terme de la première année d'exploitation, l'Oriental Land Company a commandé au Mitsubishi Research Institute une étude sur l'impact économique du parc. Les visiteurs – 9 238 000 Japonais et 695 000 étrangers (soit 7 %) – sont principalement des adultes : 75 % d'entre eux ont plus de 18 ans, et 16 % seulement sont des enfants (4/11 ans). Ils ont dépensé une moyenne de 22 800 yens (1 140 francs, valeur 1986) pour leur journée à Disneyland. Dans le parc, 7 200 yens (360 francs) dont 3 300 yens (165 francs) pour les entrées, 1 200 yens (60 francs) pour la restauration et 2 700 yens (135 francs) pour les achats divers. A l'extérieur du parc, les visiteurs ont dépensé 15 625 yens (780 francs) dont 9 005 yens (450 francs) pour les frais de transports, 3 310 yens (165francs) pour l'hébergement, 1 407 yens (70 francs) pour la restauration et 1 903 yens (95 francs) pour les achats divers.

La stratégie marketing de Tokyo Disneyland depuis 1983 est toujours restée la même : être une copie fidèle de l'original californien. Les trois plats les plus consommés sont les hamburgers, les pizzas et le pop-corn. Les publicités n'utilisent que des jeunes personnes de race blanche. Pour Mary Yoko Brannen dans « Bwana Mickey : Constructing Cultural Consumption at Tokyo Disneyland » dans la revue *Re-Made in Japan* (1992) : « Disneyland est recontextualisé à Tokyo de deux façons : il s'agit d'abord de rendre l'exotique familier, ensuite de garder l'exotique exotique ». L'exotique étant dans ce cas précis l'Amérique et le familier, le Japon. Un porte-parole de Tokyo Disneyland déclare ailleurs : « L'Oriental Land Company a vraiment essayé d'éviter de créer une version japonaise de Disneyland. Nous voulions que les visiteurs japonais aient l'impression de prendre des vacances à l'étranger en venant ici, et pour nous, Disneyland représente le meilleur de l'Amérique que l'on puisse offrir. » Il faut tout de même préciser qu'au début des années quatre-vingt-dix, l'Amérique se démode quelque peu au Japon et que le parc adopte de plus en plus de particularités japonaises. Ainsi, face aux plaintes de beaucoup de visiteurs, un restaurant japonais appelé « Hokusai » s'est ouvert à World Bazaar. L'anglais y est largement utilisé sans que cela ne pose aucun problème même si, de la même façon, depuis les années quatre-vingt-dix, les signes katakana apparaissent de plus en plus. Le personnage Walt Disney est omniprésent par des citations, par sa conception des choses et par les mondes imaginaires qu'il a créés. L'obsession des Japonais pour la marque n'est d'ailleurs pas que consumériste mais aussi linguistique (les Japonais utilisent ainsi le mot *ray ban* pour parler des lunettes de soleil).

Michael Eisner se rappelle ainsi que « nous avions compté sans la tradition japonaise qui veut qu'un voyageur ramène des cadeaux à toute la famille. » Des études ont montré que les magasins du World Bazaar sont les boutiques japonaises dégageant le plus gros chiffre d'affaires aux mètres carrés. En 1990, la dépense moyenne par visiteur s'élève à 8 490 yens (80 dollars) dans le parc dont 3 290 yens (30 dollars) rien qu'au World Bazaar. Eisner poursuit : « Les produits dérivés constituaient donc une source de revenus considérable. La seule Confectory Shop, un magasin de 250 mètres carrés sur Main Street [World Bazaar], finirait par rapporter plus de 100 millions de dollars par an. En refusant de nous considérer comme les propriétaires de Tokyo Disneyland, nous avions commis une grave erreur qui allait nous coûter fort cher. C'est pourquoi Frank [Wells, président de la Walt Disney Company] et moi avons pris la ferme décision de posséder en propre notre parc à thèmes européen, si jamais nous parvenions à l'ouvrir. » Car le succès de cette transplantation renforce bien sûr la conviction des Walt Disney Productions de créer d'autres parcs à travers le monde : Amérique du Sud ou Europe ? « Nous savions alors que nous devions aller en Europe » se rappelle Nunis.

Le parc japonais aurait également créé cent mille emplois. En 1986, malgré ce succès, le maire d'Urayasu se montre déçu : « Les retombées économiques sur la ville se sont avérées moins importantes qu'on ne l'espérait. » En revanche, l'Oriental Land Company est devenue le plus gros contribuable d'Urayasu : elle apporte à son budget près d'un milliard de yens, soit près de 50 millions de francs (valeur 1986). Mais c'est un contribuable puissant et difficile à manier dont les intérêts sont parfois en contradiction avec ceux de la municipalité. Elle s'est par exemple opposée à un projet de la commune d'aménager un cimetière non loin du Royaume Magique. La ville d'Urayasu doit faire face également à des embouteillages monstrueux chaque dimanche d'été. Pour autant, Tokyo Disneyland a créé le marché des parcs à thèmes au Japon. Le premier, Kōrakuen avait ouvert ses portes dans la capitale au début des années cinquante mais il n'avait pas réussi à créer une telle demande.

DISNEY SANS WALT

Au faîte de sa notoriété, Walt Disney est l'un des hommes les plus riches de l'industrie du spectacle américaine. Les 263 000 actions qu'il détient dans les Walt Disney Productions valent plus de 18 millions de dollars en 1965. Le magazine *Fortune* estime son salaire annuel à 182 000 dollars, l'un des plus importants des Etats-Unis. Les Walt Disney Productions lui doivent, en outre, un peu plus de 650 000 dollars en arriérés de salaire. Par le biais d'une entreprise familiale Retlaw, Walt Disney touche 10 % du chiffre d'affaires réalisé par chacun des films les plus récents. *Mary Poppins* lui rapporte ainsi plus d'un million de dollars en 1965. Retlaw est également opérateur du monorail et du train de Disneyland qui dégagent un bénéfice considérable. *Fortune* évalue à plus de deux millions de dollars les revenus que tire Walt Disney de Retlaw en 1965, revenus auxquels viennent s'ajouter son salaire et les dividendes que dégagent ses actions dans les Walt Disney Productions. De plus, Walt Disney autorise, moyennant finances, l'exploitation commerciale de son nom. La famille Disney – Walt, son épouse Lilian, ses deux filles Diane et Sharon, leurs maris et leurs enfants d'une part, le frère de Walt, Roy O., son épouse Edna et son fils Roy Edward, d'autre part – possède 34 % des Walt Disney Productions. Contrairement au reste des dirigeants hollywoodiens, Walt Disney garde le contrôle absolu de chaque élément de son activité. A un journaliste du *Los Angeles Times* qui lui demande quelle a été son expérience la plus enrichissante, il répond : « Tout. Le fait que j'ai pu construire cette entreprise et en garder le contrôle. »

Le 16 décembre 1929, la firme Disney se subdivise en trois sociétés : les Walt Disney Productions et une filiale – la Disney Film Recording Company, Ltd. – pour la production des films ; les Walt Disney Enterprises pour les activités annexes (droits d'auteur, publications…) ; la Liled Realty & Investment Company pour s'occuper des biens immobiliers nécessaires à l'ensemble. Jusqu'en 1938, Walt et Roy travaillent comme partenaires et dix mille parts ou actions sont distribuées : trois mille à Walt, trois mille à Lilian et quatre mille à Roy. En 1938, la société est réorganisée et le capital compte cent cinquante mille actions dont quarante-cinq mille pour Walt, quarante-cinq mille pour Lilian, trente mille pour Roy et trente mille pour Edna, son épouse. Les premières offres publiques ont lieu en avril 1940. Cent cinquante cinq mille actions privilégiées sont proposées à vingt-cinq dollars et six cent mille actions ordinaires à cinq dollars.

Le 15 décembre 1966, Walt Disney, hospitalisé depuis plusieurs jours, est victime d'un « effondrement aigu du système circulatoire. » Walt Disney décède à neuf heures trente. Les médecins appellent Lilian. Le service de presse des Walt Disney Productions émet un communiqué à midi. Walt Disney est mort.

Incrédulité et affliction parcourent le monde. Le *Los Angeles Times* note qu'« aucune personnalité du monde du spectacle n'a jamais légué un plus généreux héritage », le *Times* de Londres écrit : « Walt Disney conçut une œuvre d'un talent artistique inégalé et d'une émouvante beauté », le *New York Times* commente : « il était somme toute une légende vivante de son temps, vouée par là-même à être révéré au-delà du temps », la presse parisienne déclare : « tous les enfants du monde sont en deuil. Et nous ne nous sommes jamais sentis aussi proches d'eux », un quotidien hollandais le compare à un « roi qui régna plusieurs décennies sur les rêves de tous les enfants de l'univers », un journal de Mexico ajoute qu'« une larme a brillé dans les yeux des adultes », un éditorialiste de Turin définit Disney comme « un magicien et un poète capable d'animer l'univers inanimé des contes » tandis qu'à Düsseldorf, une revue note que « les Oscars de Disney représentent peu de choses en regard des manifestations de joie qu'il déclenchait chez les jeunes comme chez les adultes ». Le président des Etats-Unis, Lyndon B. Johnson, écrit à Lilian de la Maison Blanche : « C'est un triste jour pour l'Amérique (…) Des millions d'entre nous ont vu leur vie éclairée et égayée par le talent de votre époux. Nous porterons son deuil et le pleurerons avec vous. [Nous] prions pour que vous trouviez quelque réconfort dans la pensée que la beauté, la joie et la sincérité sont immortelles. La magie de Walt Disney va au-delà d'une simple existence et les trésors qu'il a laissés contribueront à divertir et à enchanter les générations à venir. »

Roy O. Disney déclare : « Walt Disney est irremplaçable. (…) En tant que président-directeur général des Walt Disney Productions, je tiens à assurer à notre public, à nos actionnaires et à chacun de nos quelques quatre mille employés, que nous continuerons à gérer la compagnie comme elle le fut dans le passé. »

Les Walt Disney Productions ont beau être une grande stucture riche de plusieurs centaines de talentueux collaborateurs, la société n'est qu'une extension de la personnalité de son fondateur. Randy Bright note avec justesse : « Walt a laissé derrière lui une organisation totalement inapte à prendre des décisions où le refrain le plus souvent chanté disait : "Bon, Walt décidera si c'est bien ou pas". »

Contre toute attente, les actions de la compagnie gagnent dix points à la cotation au cours des semaines qui suivent sa mort. Wall Street réagissait probablement aux rumeurs selon lesquelles les Walt Disney Productions risquaient d'être rachetées par de grandes compagnies. Roy reconnaît qu'on l'a sollicité, mais « Dieu nous garde d'être absorbé par un groupe quelconque. Il faudrait que nous soyons particulièrement sinistrés pour accepter ce genre de calamité et nous sommes loin de l'être. » A l'âge de soixante-treize ans, Roy assume, à contre-cœur, le poste de président-directeur général. Donn Tatum est nommé président et Card Walker, vice-président chargé des opérations. Les Walt Disney Productions sont un ensemble confus de départements, de divisions, de projets que seules la personnalité et l'énergie de Walt Disney maintenaient ensemble. Roy fuit les responsabilités et s'efforce d'obtenir pour chaque décision un consensus voté par les innombrables comités qu'il met en place. Il se familiarise avec les travaux de WED Enterprises et veille à ce que le projet de Floride reprenne sans délai. La production cinématographique est assurée par un comité incluant Card Walker, Ron Miller, Roy E. Disney, Bill Anderson, Bill Walsh, Winston Hibler, Jim Algar et Harry Tytle. Roy n'ignore pas qu'une entreprise ne se dirige pas avec un comité « mais nous devons agir ainsi en attendant d'affermir la stabilité de la nouvelle direction ».

Ward Kimball, un des principaux animateurs du studio, s'exclame : « Jamais une entreprise créée par un individu et reposant exclusivement sur ses choix ne pourra s'adapter à ce régime de comités. L'avantage d'avoir un centre unique de décisions, c'est que celles-ci, bonnes ou mauvaises, sont effectivement prises, et que tout le monde doit suivre. » L'entreprise et les projets de Walt sont dorénavant entre les mains d'hommes dévoués à sa mémoire, déterminés à matérialiser ses rêves et incapables de décider quoi que se soit sans en passer par la formule : « Qu'est-ce que Walt aurait fait ? », certains voyant là de la nécrophilie à travailler pour un homme mort. Pendant plusieurs années, la magie Disney fonctionne toujours et Disneyland ne désemplit pas. Les studios respectent la formule de Walt à la lettre en produisant des comédies populaires, des dessins animés (*Les Aristochats*, *Robin des Bois* et *Les Aventures de Bernard et Bianca* connaissent une carrière limitée aux Etats-Unis), des films d'aventure. Le seul succès notable est *Un amour de coccinelle* en 1969 à la suprise même des producteurs…

Roy O. Disney s'éteint le 20 décembre 1971, à l'âge de soixante-dix-huit ans. Donn Tatum devient président-directeur général des Walt Disney Productions tandis que

Card Walker devient président. Ce dernier a le soutien de Diane, la fille de Walt, et de son époux, Ron Miller. Donn Tatum est soutenu par Roy E. Disney, neveu de Walt. Card Walker cumule ensuite les fonctions de président et de directeur général et nomme Ron Miller à la tête de toute la production cinématographique en 1976. Quant à Roy E. Disney, fils de Roy O., il est responsable des films animaliers, mais il est surtout le plus gros actionnaire de la compagnie à la mort de son père et ce faisant, membre de toutes les instances de direction. Cependant, Walker et Miller méprisent Roy E. Disney.

Hal Vogel remarque qu'ils « sont enfermés dans un moule qu'ils ne parviennent pas à briser. Ils ont peur de produire un film destiné à un public adulte, d'utiliser le moindre gros mot et d'être classé « R » [« Restricted », interdit aux moins de douze ans]. Vous imaginez la tempête de protestations. Ils seraient inondés de lettres. » Déjà, en 1962, Walt lui-même semble prisonnier de la marque Disney. Alors que Diane et Ron regardent *Du silence et des ombres* de Robert Mulligan avec Walt et Lilian dans leur salle de projection privée et qu'à la fin tout le monde se lève, Walt déclare : « J'aimerais pouvoir produire des films comme celui-là (...) J'ai travaillé toute ma vie pour créer l'image de ce qu'est *Walt Disney*. Ce n'est pas moi. Je bois et je fume, sans parler de toutes les choses que nous ne voulons pas que le public sache. »

A la fin des années soixante-dix, le monde a changé, mais les Walt Disney Productions continuent de produire des films insipides, sans violence et sans sexe. Tous les films à succès de l'époque sont produits par les autres studios.

Tout au long des années soixante-dix, Roy E. Disney va avoir l'ambition de prendre les choses en main, encouragé par son épouse Patty et par son conseiller financier, Stanley Gold. Richissime, le plus gros actionnaire individuel de l'empire Disney (3 % mais le côté de la famille de Walt avec sa veuve Lilian, ses deux filles, Diane et Sharon, Ron Miller et d'autres, contrôlent, eux, 11 %) est hostile à l'orientation que prend l'entreprise sous l'impulsion de Card Walker. L'usine à rêves se transforme petit à petit en promoteur immobilier. Le projet EPCOT est sorti des cartons mais il est transformé en parc de loisirs pour adultes dont les thèmes seraient le futur (Future World) et l'univers (World Showcase).

L'année 1977 est pour Roy le point de rupture. Stanley Gold conseille à Roy de quitter la compagnie mais de continuer à traiter avec la société en tant que producteur indépendant sur des films plus actuels. Gold a déjà permis à Roy d'acquérir un ranch dans l'Oregon avec Peter Dailey, le frère de Patty Disney, et ses enfants. Gold a également créé, pour son client, Shamrock Holdings, chargé de gérer les placements de Roy. Accompagné de Gold, Roy Disney propose à Card Walker et Donn Tatum de revoir les modalités de sa collaboration avec les Walt Disney Productions. Walker lui répond : « Qu'est ce que tu veux faire, Roy ? Produire *Gorge Profonde* ? » Roy Disney s'assied, outré de cette référence à la pornographie. Stanley Gold répond immédiatement : « Nous essayons seulement de ne pas faire *Un amour de coccinelle* pour la quinzième fois ! » Sa proposition est rejetée et, sur demande expresse de Ron Miller, sa place de parking couvert lui est immédiatement ôtée. Roy a toujours su que Walker ne l'aimait pas ni ne le respectait. Il savait qu'il était l'un de ceux qui le surnommait le « neveu débile ». Mais il ne comprend pas pourquoi Walker se sent obligé de l'insulter. Le *Los Angeles Times* rapporte le détail de l'altercation violente entre Roy Disney et Ron Miller, la taille imposante de Miller ne faisant hésiter Disney qu'une seconde avant de se jeter sur lui.

Le 4 mars 1977, Roy Disney, 47 ans, donne sa démission et exprime dans une lettre toute sa frustration : « L'atmosphère créative pour laquelle la Compagnie est depuis si longtemps célèbre et de laquelle elle tire toute sa fierté sombre, d'après moi, dans le marasme. (...) Je ne pense pas que ce soit le lieu dans lequel moi, et peut-être d'autres, je peux exercer mes talents artistiques. Les films et la source d'idées nouvelles qu'ils sont capables de générer ont toujours été les piliers de la Compagnie ; mais l'équipe de direction actuelle continue de faire et refaire le même genre de films avec plus ou moins de succès critique, plus ou moins de succès au box-office... La Compagnie n'est plus digne de son héritage créatif. Elle substitue les petits profits rapides à une vision créative sur le long terme. » Roy conserve toutefois toutes ses actions et son fauteuil au sein du conseil d'administration. Mais il jure qu'il ne retravaillera pas chez Disney avant que Ron Miller en ait été chassé.

Au cours des années qui suivent, Card Walker se fait le défenseur de la tradition Disney. Il maintient les prix d'entrée à Disneyland et à Walt Disney World à un niveau jugé artificiellement bas par les analystes parce qu'il craint que les visiteurs n'en aient pas pour leur argent ; il refuse également de faire de la publicité pour les parcs de peur qu'ils ne se remplissent trop vite. Les Walt Disney Productions restent totalement à l'écart du reste d'Hollywood et apparaissent de plus en plus comme incapables d'investir dans les projets d'avenir. L'idée de créer un « Disney Channel », un réseau de diffusion télévisée pour les émissions Disney, est rejetée. La proposition de lancer les longs métrages d'animation en cassettes vidéo ou de les diffuser à la télévision reçoit elle aussi une fin de non-recevoir. L'activité Walt Disney Home Video démarre toutefois en 1978 avec une certaine discrétion dans la location de vidéo-cassettes. Pour le monde entier, la branche dégage un chiffre d'affaire de 8 millions de dollars la première année, 9 millions en 1979, 10,5 millions en 1980, 22 millions en 1981, 37,7 millions en 1982 et 55 millions en 1983. La vente à proprement parler de vidéo-cassettes démarre en 1979 et atteint 45 millions de dollars en 1983 et 69 millions en 1984. Quand la société japonaise Keisei Dentetsu contacte Disney pour construire une réplique du Royaume Magique à Tokyo, la direction émet de sérieux doutes sur la viabilité du projet. Après bien des hésitations, elle se contente d'en assurer la conception et de percevoir 10 % des royalties sur le chiffre d'affaires et 5 % sur les concessions de terrains à d'autres entreprises. Erreur stratégique... au vue du succès que l'on connaît. Roy O. Disney prévoit de construire trois hôtels à Orlando mais Card Walker repousse à plus tard la construction d'une demi-douzaine d'hôtels suite au choc pétrolier de 1973. Dix ans plus tard, de nouveaux hôtels d'une capacité de 40 000 chambres sont construits à Orlando et engrengent la majeure partie des deux milliards de dollars que dégage le secteur hôtelier à Orlando. Mais aucun des nouveaux hôtels n'a été construit par Disney...

Notons tout de même que pour ce qui est de la télévision, les revenus mondiaux croissent régulièrement chaque année passant de 9 millions de dollars en 1972 à 43 millions en 1981. Mais le lancement long et coûteux de Disney Channel en avril 1983 vire au cauchemar. Onze millions de dollars ont été dépensés en équipement plus trente-six millions en coûts de production spécifique. On prévoit pour 1984, quarante millions de dollars de frais de production. On prévoit également cinq années avant que les dépenses ne soient amorties.

Lancé le 18 avril 1983, le Disney Channel qui émet seize heures par jour, compte 532 000 abonnés. Puis 800 000 en mars 1984, 1 million en juin et 1,4 million au 30 septembre 1984. Pour être rentable, il lui faudra 1,6 million d'abonnés, c'est chose faite le 18 avril 1985 avec 1,8 million d'abonnés deux ans après son lancement. La chaîne câblée est recommandée par la National Education Association et a reçu, d'autre part, une lettre officielle de félicitations du président Reagan.

Malgré ce succès, en 1979, en plein milieu de la production de *Rox et Rouky* (1981), Don Bluth et treize autres collaborateurs quittent le studio pour produire des dessins animés concurrents. Mais, c'est toute la branche cinéma d'animation qui est en crise face à la déferlante des films de science-fiction à effets spéciaux. En 1979, Disney produit *Le trou noir* en mobilisant tout son savoir-faire en matière de film fantastique spectaculaire et utilise certaines recettes des films à succès comme *Star Wars* ou *Star Trek*. Le film a coûté cher et il faut absolument que ce soit un succès. C'est pourtant un cuisant échec. Une revue qualifie le film de « navet de science-fiction réalisé par des débutants » et une autre de « compilation de clichés des films d'espace, sans aucune imagination. » En 1979, Disney ne représente que 4 % du chiffre d'affaires de l'industrie cinématographique aux Etats-Unis. La léthargie de la compagnie continue. En 1977, *Star Wars* a montré qu'il était encore possible de faire un film à succès sans sacrifier aux valeurs familiales. En 1979, George Lucas et Steven Spielberg sont en plein développement des *Aventuriers de l'arche perdue* mais se détournent rapidement de Disney qui leur refuse une quelconque participation aux bénéfices. En 1980, Spielberg reçoit la même réponse quand il propose *E.T. l'Extra-terrestre*. Le film, distribué par Universal Pictures, sera le plus rentable de tous les temps...

En 1980, Card Walker invite Donn Tatum à prendre sa retraite. Il prend le poste de président-directeur général et nomme Miller président des Walt Disney Productions. Walker nomme huit vice-présidents comme aides de camp de Miller car il annonce qu'il a l'intention de se retirer et de confier les commandes à Ron. En juin, son attention est accaparée par un problème bien plus grave que la production cinématographique. Les travaux de construction d'EPCOT en Floride vont mal. Des retards sur le chantier et des problèmes de conception même ont fait s'envoler les coûts. Estimé d'abord à moins de 600 millions de dollars, EPCOT Center est dorénavant budgété dans les documents officiels de la compagnie à 800 millions de dollars. Mais Walker sait que les coûts seront bien supérieurs. Des estimations internes parlent d'un milliard de dollars. Un slogan est adopté : « Le XXIe siècle commence le 1er octobre 1982 ! », mais après son inauguration, la compagnie a avoué avoir dépensé 1,2 milliard de dollars dans le parc pour sa construction et son ouverture. Pour financer le projet, la compagnie s'est endettée très fortement. Plus grave encore, l'entretien dans les deux autres parcs en a souffert. Les Walt Disney Productions ont dépensé 48 millions de dollars dans ce secteur pour Disneyland et Walt Disney World, un tout petit peu plus que cinq ans auparavant. Résultat : des attractions vieillissantes et une image de marque ternie. La situation s'aggrave encore avec la montée des prix du pétrole dans les années soixante-dix et le ralentissement économique du début des années quatre-vingt quand la fréquentation dans les deux parcs baisse. L'ouverture d'EPCOT Center arrête la tendance à Walt Disney World pendant seulement un an. En 1983, la fréquentation baisse à nouveau à Orlando. Card Walker campe sur ses positions : aucune augmentation de prix même si on lui démontre que l'inflation augmente plus vite que les prix d'entrée. Comme Walt, qui ne voulait à l'origine pas faire payer de ticket d'entrée, Card Walker pense qu'une augmentation ternirait la réputation de Disney d'« entreprise amicale ». Il est persuadé aussi que cela ne ferait qu'accroître le déclin du nombre de visiteurs. Et comme Walt Disney, Card Walker refuse de faire de la publicité pour les parcs à thèmes.

Au début des années quatre-vingt, aucun des efforts du studio Disney ne semble devoir être récompensé. Aucun des films ne remporte le succès escompté non plus. Un collaborateur explique cette série d'échecs : « Ce qui manquait à tous ses films, c'était le cœur. Les vieux films Disney faisaient beaucoup appel aux sentiments et les films concurrents en regorgeaient également. (...) En revanche, *Le trou noir* n'en avait pas, ni *Tron*. C'était pour nous, chez Disney, une parfaite ironie du sort. »

Lors de la réunion du conseil d'administration le 24 février 1983, Card Walker, 66 ans, annonce son intention de partir à la retraite. En mars, il cède son titre de directeur général à Ron Miller malgré les objections de Roy E. Disney. Avant de quitter son poste,

Walker se rend au Japon pour inaugurer Tokyo Disneyland. Le 1er mai, il cède son titre de président-directeur général à Ray Watson. Le chiffre d'affaires du studio est en chute libre passant de 34,6 millions de dollars en 1981 à 19,6 millions de dollars en 1982. Les pertes atteignent même 33,3 millions de dollars en 1983. Pour sauver le studio, Ron Miller met en place un second label, Touchstone, dont la vocation est de produire des films qui s'adressent à un public adulte et adolescent. Le premier film produit, *Splash* avec Darryl Hannah, est un succès rapportant près de 69 millions de dollars. C'est le jour de la sortie du film, le 9 mars 1984, que Roy E. Disney démissionne de son poste au conseil d'administration de Disney.

Les Walt Disney Productions n'ont aucun objectif précis et encore moins de moyens pour atteindre des objectifs. Il faut se rendre à l'évidence : avec un chiffre d'affaires de plus d'un milliard de dollars, Disney vit au jour le jour ! Ray Watson entreprend alors d'élaborer des plans prévisionnels pour le groupe et pour chacune de ses activités. Mais cette mesure semble insuffisante et tardive. Le bilan de l'exercice clos au 30 septembre 1983 fait apparaître un nouveau recul du chiffre d'affaires net de 7 % par rapport à l'année précédente et les spécialistes pensent que la situation va encore empirer. La valeur de l'action Disney a pratiquement baissé de moitié en un an passant de 84 dollars en 1983 à 45 au début 1984. Evidemment, le neveu de Walt, Roy Disney n'est pas content. Ses 1,1 million d'actions qu'il possède ne valent plus que 55 millions de dollars – 30 millions de dollars de moins qu'un an auparavant. Cependant, les Walt Disney Productions ne se sentent pas dans une situation de crise. Ainsi, en janvier 1984, Ron Miller invite-t-il l'équipe de direction dans sa propriété d'Aspen aux confins du Colorado sans qu'aucune réunion de travail ne soit au programme.

Ray Watson est cependant conscient que la société est exposée à une offre publique d'achat. Les Walt Disney Productions sont extrêmement vulnérables. La totalité des actions alors en circulation peut se négocier à deux milliards de dollars. Disneyland et Walt Disney World à eux seuls valent plus que cela. Saul Steinberg, président de Reliance Group Holdings, dirige un empire de plus de quatre milliards de dollars. Au fil des années, il s'est fait le promoteur de certaines techniques financières telles que les opérations de *greenmail* (chantage à l'OPA), les achats par effet de levier, les obligations à haut risque. Parmi les entreprises qui ont succombé, citons Chemical Bank et Quaker State Oil Refining. Et depuis quelques temps, Steinberg suit de près l'évolution de Disney, société fortement sous-évaluée dont les actifs valent bien plus que le prix auquel il pourrait racheter l'entreprise...

Le 9 mars 1984 semble être le moment opportun pour Steinberg. En quelques jours, un très grand nombre d'actions de la société sont achetées par une même personne... Au sein des Walt Disney Productions, c'est la panique. Selon les rumeurs, il s'agirait de Rupert Murdoch. Pour Ray Watson, c'est le signe annonciateur de l'OPA qu'il redoutait tant. Le 27 mars, la direction financière de Disney doit débloquer une ligne de crédit d'urgence de 1,3 milliard de dollars auprès de la Bank of America pour financer une éventuelle action anti-OPA. Le 29 mars 1984, soit en à peine vingt jours, Reliance Group Holdings possède 6,4 % du capital des Walt Disney Productions. Roy Disney, qui a acheté des actions en début d'année, n'en possède que 4,7 %.

Steinberg a déclaré plus tard qu'il n'avait pas l'intention de prendre le contrôle de Disney mais qu'il avait imaginé un plan d'action pour sortir l'entreprise de sa torpeur... Steinberg est, en outre, persuadé que l'ouverture d'un parc Disney en Europe serait un succès qui permettrait peut-être d'en ouvrir un deuxième. Pour faire monter la valeur de ses actions, Steinberg propose des orientations stratégiques pour Disney ! Ray Watson n'arrive pas à comprendre les véritables intentions de Steinberg. Pour lui, il n'est pas un actionnaire comme les autres. C'est un destructeur venu compromettre le rêve de Walt Disney et se faire beaucoup d'argent. Watson refuse désormais d'évoquer avec lui les affaires internes de la société. Le 9 avril 1984, Steinberg possède 8,3 % des parts. Le 11 avril, il en possède 9,3 %. Le 25 avril, il annonce vouloir acquérir 25 % des actions.

Pour sauver la société, les banquiers de Stanley Morgan à New York conseillent à Watson de réaliser une recapitalisation par des acquisitions complémentaires des activités de Disney. Cela permettrait d'accroître artificiellement l'endettement de la société pour rendre la structure financière dissuasive. Cette frénésie d'acquisition fait entrer en ligne de mire une société intéressante pour Disney : Arvida, société de promotion immobilière qui appartient à Bass Brothers Enterprises dirigé par Sid Richardson Bass qui s'est bâti une solide réputation de lanceur d'OPA et de spéculateur. Un échange d'actions avec Arvida placerait Bass en seconde place sur la liste des actionnaires de la société Disney, après Steinberg. Sid Bass réussit à convaincre Watson qu'il n'a pas de mauvaises intentions. En mai 1984, Disney achète Arvida par le biais d'un échange de 3,3 millions d'actions ou 8,9 % des Walt Disney Productions. Bass Brothers Enterprises devient ainsi le principal actionnaire de Disney. Le 25 mai 1984, Reliance Group Holdings intente un procès à Disney pour faire cesser l'échange d'actions avec Arvida et Steinberg annonce son intention d'acquérir 49,9 % des actions Disney. Cette tentative de reprise n'a rien d'affectif. Steinberg ne dispose pas d'une puissance financière suffisante pour acheter Disney sans procéder à son démantèlement. Steinberg souhaite conserver les parcs à thèmes et les licences tandis que Kirk Kerkorian se déclare prêt à acheter les studios et le catalogue des films. Steinberg veut fonder un nouveau Disney et il a déjà des plans pour un projet d'implantation d'un parc en Europe.

Le 8 juin 1984, Steinberg déclenche l'offre publique d'achat sur les Walt Disney Productions. Les actions s'échangent alors à 65 dollars, il en propose 67,5 dollars. Le conseil d'administration de Disney menace Steinberg de pratiquer la tactique de la terre brûlée selon Joe Flower dans *Prince of the Magic Kingdom* : « Nous allons faire une offre de rachat des actions à un prix beaucoup plus élevé que celui que vous proposez mais nous vous laisserons prendre le contrôle de la société. Nous ne rachèterons pas vos parts. Ainsi, vous détiendrez la société et vous devrez gérer les milliards de dollars de dettes. Nous avons fixé notre prix de telle sorte que cette opération soit un échec financier. » Saul Steinberg estime que le jeu n'en vaut pas la chandelle : « Je ne croyais pas vraiment les dirigeants de Disney capables d'aller jusqu'à saccager une si grande société mais cela s'était déjà vu. » Steinberg renonce. Le conseil d'administration de Disney lui rachète toutes ses actions pour 325,5 millions de dollars en juin 1984.

Le retrait de Steinberg ne marque pas, loin s'en faut, la fin des menaces qui pèsent sur Disney. L'investisseur Irwin Jacobs de Minneapolis achète aussitôt 6 % du capital profitant de la chute du cours des actions Disney de 50 à 15 dollars. Pendant tout l'été, des rumeurs d'une reprise imminente circulent. La direction ne prend aucune décision importante pour accroître le chiffre d'affaires dans les mois suivants. Tout continue comme d'habitude.

Le 22 juin 1984, Roy E. Disney réintègre le conseil d'administration des Walt Disney Productions. Son beau-frère, Peter Dailey et Stanley Gold siègent également. Roy obtient le titre de vice-président-directeur général. Card Walker et Donn Tatum quittent le comité exécutif. Pour Roy, c'est une première vengeance personnelle. Pour mettre fin aux tentatives de prise de contrôle extérieure, il faut changer complètement l'équipe de direction et redéfinir la stratégie du groupe. En septembre 1984, le conseil d'administration demande et obtient la démission de Ron Miller. Deuxième vengeance de Roy E. Disney.

Le 22 septembre, Michael Eisner est nommé président-directeur général et président du conseil d'administration des Walt Disney Productions tandis que Frank Wells est nommé directeur général. L'entreprise compte 30 000 salariés à travers le monde regroupés au sein de douze sociétés rassemblées en quatre grandes divisions. La société est en bien piteux état. Les dettes s'élèvent à 900 millions de dollars et les menaces d'OPA ne cessent pas. Eisner déclare dès son arrivée : « Qui était Walt Disney, à votre avis, sinon un dingue ? Les difficultés auxquelles la société est confrontée depuis vingt ans tiennent au fait qu'elle est dirigée par des hommes beaucoup trop rationnels. C'est pourquoi nous devons trouver de nouveaux fanatiques pour la redresser. A vous de revoir votre conception de la folie. Je vous parle de fous créatifs car ce sont les gens qu'il nous faut et ils sont beaucoup plus difficiles à trouver que des gens bardés de diplômes ».

La fréquentation des parcs, elle aussi, diminue depuis quelques années. Le nombre d'entrées à Walt Disney World avait atteint son maximum avec l'ouverture d'EPCOT en 1983, pour chuter l'année suivante de 10 %. Disneyland avait établi un record en 1980 avec 11,5 millions d'entrées pour se maintenir péniblement à 9,5 millions par la suite. Pour résoudre le problème de liquidités, Dick Nunis propose aux 1 800 personnes concernées une baisse de 17 % des salaires et une diminution importante des avantages sociaux, ce qui provoque immédiatement grèves et manifestations (le parc emploie en haute-saison 8 000 personnes). Nunis fait alors d'autres propositions : un gel des salaires pendant deux ans et une nouvelle grille de salaires pour les recrutements à venir. Les salariés votent la reprise de la grève.

Dans le même temps, Michael Eisner obtient du conseil d'administration un salaire de base de 750 000 dollars, une prime immédiate de 750 000 dollars, une option sur 510 000 actions et une prime annuelle de 2 % des profits excédents 100 millions de dollars...

A Anaheim, la grève s'enlise. L'image de Disney en prend un coup. Le 4 octobre 1984, Michael Eisner, Frank Wells et Jeffrey Katzenberg, président des studios Disney, se retrouvent en Floride pour une tournée d'inspection de Walt Disney World. Nunis leur sert de guide. Le 6 octobre, les grévistes de Disneyland reçoivent une lettre de Nunis les prévenant, qu'à défaut de se présenter sur leur lieu de travail avant le 10 octobre, ils seront licenciés. Le soir même, plusieurs milliers d'entre eux se réunissent devant les grilles du parc. A Disneyland, les manifestations n'en finissent pas. Toute la semaine, des piquets de grève battent le pavé. Un mot d'ordre de boycott des produits Disney est lancé. Des responsables syndicaux pénètrent à l'intérieur du parc et distribuent des tracts. La direction publie un communiqué et regrette que « son attitude soit qualifiée d'anti-syndicale, d'autant qu'elle a toujours entretenu d'excellentes relations avec les syndicats et a négocié des accords avec plus d'une vingtaine de centrales ». Eisner vient d'arriver et décide de faire un geste fort en faveur des grévistes. Les conditions de reprise des salariés sont sensiblement améliorées. La grève se termine immédiatement.

De son côté, Frank Wells a demandé à Nunis de lui établir un rapport détaillé de l'état des parcs. En décembre 1984, Eisner annonce l'association de George Lucas dans deux attractions ayant pour thèmes l'une *Star Wars*, l'autre *Les Aventuriers de l'Arche perdue*. A la fin du mois, Eisner et Katzenberg proposent à Michael Jackson, grand fan de Disney, de participer à une attraction. Le but est de créer de nouvelles attractions et d'améliorer les plus anciennes pour renouveler l'intérêt des visiteurs. Afin de relancer Disneyland, on décide la distribution de cadeaux à partir du 1er janvier 1985 afin de fêter le trentième anniversaire du parc : chaque trentième visiteur gagne une entrée gratuite, chaque 300e un jouet en peluche, chaque 3 000e une montre, chaque 30 000e une Chevrolet et chaque 300 000e une Cadillac. Le 250 millionième visiteur recevra une Cadillac, des billets d'avion pour parcourir 60 000 kilomètres et une carte d'accès gratuit à tous les parcs Disney. Cette loterie nécessitera au plus fort de la fréquentation de Disneyland, l'attribution d'un cadeau toutes les deux secondes et de deux voitures par jour. Il en coûtera à Disney un dollar par visiteur, mais la fréquentation atteindra le chiffre record de 12 millions.

ANNEE	FREQUENTATION
1972	9 646 000
1973	10 152 000
1974	9 694 000
1975	10 062 000
1976	10 211 000
1977	10 678 000
1978	10 807 000
1979	10 760 000
1980	11 522 000
1981	11 343 000
1982	10 421 000
1983	9 980 000
1984	9 869 000
1985	12 000 000
1986	12 000 000
1987	13 500 000
1988	13 000 000
1989	14 400 000
1990	12 900 000
1991	11 600 000
1992	11 600 000
1993	11 400 000

Fréquentation du parc Disneyland en Californie.

On a toujours cherché à Disneyland à célébrer quelque anniversaire, prétexte à de nombreux défilés et feux d'artifice : le bicentenaire des Etats-Unis en 1976, les 50 ans de Mickey en 1978, les 25 ans de Disneyland en 1980, les 60 ans des studios Disney en 1983, les 50 ans de Donald en 1984 et bien sûr, les 30 ans de Disneyland en 1985.

De son côté, fin 1984, Arvida-Disney annoncent les plans de développement des terrains d'Orlando : construction de maisons, de résidences haut de gamme, de commerces et d'hôtels. L'ensemble, jouxtant EPCOT comprendra non seulement des habitations – retrouvant ainsi l'idée originelle de Walt Disney – mais aussi des attractions. Frank Wells constate : « Chaque heure qui passe fait naître de nouvelles possibilités d'associer les personnages, les histoires et les rêves de Walt Disney d'une part, et le monde des affaires d'autre part... Personne ne mérite d'avoir autant de chance. C'est absolument incroyable. Il y a du travail pour toute une vie : produire des films, et des émissions de télé, développer le Disney Channel, fabriquer des poupées, trouver des projets immobiliers pour Arvida, étendre Disney World, construire EuroDisneyland. Mon seul regret, c'est d'avoir cinquante-deux ans au lieu de trente parce que j'aurais voulu faire ce métier toute ma vie. » A aucun moment, Eisner ou Wells ne vont dénigrer leurs prédécesseurs. Ils vont, bien au contraire, louer leur prise de risque dans EPCOT ou le lancement réussi de Disney Channel. Pourtant, ils se séparent de près d'un millier d'employés au cours de l'année 1985. Dans le même temps, Eisner engage plus de soixante cadres. Le siège social où régnait une ambiance décontractée et bon enfant devient une ruche bourdonnante remplie de cadres enthousiastes. Michael Eisner compte bien faire de Disney un grand groupe de niveau international construit sur des valeurs familiales. Il crée pour cela un département de planification stratégique dirigé par Al Checchi. Ce dernier organise en février 1985, une conférence sur l'utilisation future du domaine de Walt Disney World. Checchi veut associer Marriott, spécialisé dans la gestion hôtelière, à Disney dans la création d'un gigantesque complexe hôtelier qui disposerait de 20 000 chambres et d'un centre de congrès. Les chambres du complexe touristique connaissent, en effet, un taux d'occupation record de 98 % (45 % pour les hôtels américains, 68 % pour les hôtels d'Orlando) et présentent une marge bénéficiaire à 60 %. Eisner débauche le directeur financier de Marriott, Gary Wilson, lui propose un salaire annuel de 500 000 dollars et une participation aux bénéfices. Eisner voit en Wilson l'homme capable de jeter les bases d'une entreprise de dimensions mondiales : « C'est l'un des négociateurs les plus coriaces qu'il m'ait été donné de rencontrer. Il ne vous laisse aucun répit » se souvient l'un de ses collaborateurs. Wilson a fait son véritable apprentissage des affaires lors des parties de poker effrénées qu'il disputait pendant ses études et surtout, dans le négoce du sucre aux Philippines.

La stratégie d'Eisner consiste à étendre les activités de l'entreprise dans toutes les directions à la fois. Grâce à l'actif laissé par les frères Disney et leurs successeurs, la société a un immense potentiel de croissance. Grâce aux efforts conjugués de Eisner, Wells, Wilson et Katzenberg ainsi que ceux des autres cadres de la société, elle est entièrement tournée vers un fort objectif de développement. C'est à Gary Wilson qu'on doit le rythme et le caractère de cette formidable augmentation de chiffre d'affaires. Frank Wells note : « Notre éternel regret, le frein majeur de cette entreprise, c'est le manque de temps pour faire tout ce qu'il y aurait à faire. » Les parcs exigent à la fois des mesures à courts et longs termes. La nécessité immédiate est d'attirer davantage de visiteurs, sachant qu'il n'est pas possible de renouveler les sites et les attractions du jour au lendemain. La seule solution à court terme est d'en développer la publicité et la promotion. Eisner contacte l'agence de publicité Young & Rubicam. Il en résulte une vaste campagne médiatique en faveur de Walt Disney World et des réservations dans cent vingt villes pour des spectacles itinérants célébrant le trentième anniversaire de Disneyland. Malgré la remarque d'un cadre – « Nous sommes en train de brasser du vent, quelle entreprise fête son trentième anniversaire ? » – la campagne du trentenaire porte ses fruits. Dès février 1985, les réservations dans les hôtels d'Orlando atteignent à cette occasion des records sans précédent.

1985, c'est aussi l'année où Michael Eisner annonce officiellement son intention d'investir 300 millions de dollars dans la construction d'une nouvelle attraction à EPCOT axée sur Hollywood et signe pour cela un accord avec MGM/UA. On annonce aussi la mise en route du projet de film avec Jackson, *Captain EO* réalisé par Francis Ford Coppola. Le pavillon « Living Seas » à EPCOT est terminé ; Frank Wells annonce la signature d'un accord de 90 millions de dollars avec la compagnie d'assurance Metropolitan Life pour un autre pavillon à EPCOT consacré à la santé.

Le 17 juillet 1985, Disneyland fête ses trente ans. Le parc d'Orlando reste ouvert pendant vingt-quatre heures avec des spectacles non-stop : émissions télévisées, remises de prix, défilés, 30 000 ballons lâchés et des avions traçant « Joyeux Anniversaire » dans le ciel. Le record d'entrées est battu avec 82 000 visiteurs dans la journée. Cet événement est qualifié de « promotion la plus réussie dans l'histoire des parcs d'attractions. » Le 25 août, le 250 millionième visiteur franchit les portes du parc : c'est un petit garçon de trois ans.

Des études ont montré qu'une augmentation des prix entraînerait une chute de la fréquentation de 5 %, mais chaque dollar de plus demandé à l'entrée rapporterait, lui, 26 millions de dollars à la fin de l'année. Cela fait des années que Nunis demande que l'on augmente ces prix. Cheechi conseille de faire monter le droit d'entrée de cinq dollars. Eisner, plutôt d'accord, craint malgré tout qu'une augmentation trop brutale ne fasse une mauvaise publicité à son entreprise. Il décide de procéder de façon progressive et d'étaler la hausse sur deux ans. Les tarifs passent ainsi en 1986 à Disneyland de 15 dollars à 16,5 dollars la journée pour un adulte. Eisner annonce aussi que le parc sera ouvert toute l'année.

Entre 1985 et 1987, près de 600 millions de dollars par an ont été investis pour moderniser et agrandir les parcs existants. La diminution de la fréquentation a été ainsi enrayée pour augmenter de 10 % dès 1986. Les bénéfices des parcs ont augmenté de 38 % en un an. La même année, les revenus bruts de la Walt Disney Company s'élevaient à 2,5 milliards de dollars soit une hausse de 23 % par rapport à 1985. L'évolution des bénéfices est tout aussi positive : 247 millions de dollars nets pour 1986 en hausse de 42 %.

Dès février 1985, l'action Disney dépasse 75 dollars. Fin mai, elle dépasse 90 dollars contre 45 un an auparavant. Roy E. Disney voit sa participation dans Disney s'élever à 255 millions de dollars. Les frères Bass à 600 millions pour chacun d'eux. 1985, c'est vraiment l'année de la « Team Disney » !

ANNEE	FREQUENTATION
1972	10 713 000
1973	11 593 000
1974	10 834 000
1975	12 515 000
1976	13 107 000
1977	13 057 000
1978	14 071 000
1979	13 792 000
1980	13 783 000
1981	13 221 000
1982	12 560 000
1992	11 500 000
1993	12 000 000

Fréquentation du Royaume Magique de Walt Disney World en Floride.

Après 1987 et en dépit de l'étalage de luxe des hôtels Swan et Dolphin en Floride et des millions de dollars investis dans de nouvelles attractions, la fréquentation des parcs n'augmente pas beaucoup même si le soixantième anniversaire de Mickey est marqué par le chiffre record de 13,5 millions de visiteurs à Disneyland et de plus de 50 millions d'entrées pour l'ensemble des parcs. Si les trois années suivantes se révèlent assez moyennes, le chiffre d'affaires augmente pourtant. En fait, cette expansion rapide, ainsi que le développement de Disney en général, n'ont été rendu possible que grâce à un moyen très simple : l'augmentation du prix d'entrée. Une dizaine d'augmentations successives ont fait passer le tarif adulte de 21,50 dollars en 1988 à 25,50 dollars en 1990 pour Disneyland ; de 28 dollars à 31 dollars pour Walt Disney World. Les études de marché conduites par la Walt Disney Company ont mis en évidence que plus le prix d'entrée était élevé plus les gens avaient tendance à dépenser plus à l'intérieur des parcs. Les nouvelles attractions incitent les gens à rester plus longtemps, à manger et à acheter plus dans les boutiques et à l'hôtel. En 1990, le revenu médian des ménages qui fréquentent les parcs est de 44 500 dollars par an, c'est-à-dire 38 % au-dessus de la moyenne américaine. De plus, on compte assez peu d'enfants parmi ce public : si 62 % des visiteurs viennent en famille, on dénombre quatre fois plus d'adolescents et d'adultes que de jeunes enfants. Ce problème du prix d'entrée va à l'encontre même de ce que Walt Disney désirait faire. Joe Flower dans *Prince of the Magic Kingdom* relève la déclaration d'un visiteur interrogé à la sortie de Walt

Disney World : « Le prix des billets est trop élevé... J'ai payé, mais je ne reviendrai pas de sitôt. Ou je n'y resterai qu'un seul jour. Tout est beaucoup trop commercial ».

Les Américains désirent que Disney soit autre chose qu'une entreprise comme les autres, uniquement tournée vers son expansion et la recherche de profits. Une lettre adressée au *Los Angeles Times* résume bien la situation : « Disney, une entreprise dont la mission était autrefois de rendre les enfants heureux, est devenu un groupe égocentrique et intimidant, dont le but principal est de réaliser toujours plus de bénéfices aux dépens du reste. Au lieu d'être le maître d'œuvre des rêves des enfants, Disney s'est forgée une réputation de camp d'entraînement pour cadres rapaces, avides et sans cœur ».

L'INCROYABLE SUCCÈS DE DISNEY

En décembre 1983, à l'achèvement du Tokyo Disneyland, les imagénieurs (terme créé par Walt Disney lui-même à partir des mots « imagination » et « ingénieur ») sont prêts à affronter de nouveaux défis. « Nous avons commencé à nous demander quels seraient nos prochains projets, explique Jim Cora, nous avons étudié nos archives et constaté que dans le passé presque tous les pays du monde avaient proposé à Disney, à un moment ou à un autre, de venir bâtir un parc chez eux. »

La fascination de l'Europe pour Disney est étonnante. L'Europe est sans doute le continent sur lequel Disney rencontre le plus de succès. Rien qu'en France, des films comme *Le Livre de la Jungle* (1967), *Les 101 Dalmatiens* (1961) ou *Les Aristochats* ont réuni respectivement 12,5 ; 11,6 et 10,4 millions de spectateurs les plaçant en tête du box office. Tout comme *Bernard et Bianca* (1977), *Rox et Rouky* (1981), *Robin des Bois* (1973) ou *Merlin l'Enchanteur* (1964) qui ont réuni dans les salles obscures 7,2 ; 6,7 ; 6,5 et 6,1 millions de Français.

L'incroyable succès de Disney ne date pas d'aujourd'hui. Mickey Mouse a fait sa première apparition le 18 novembre 1928 au Colony Theater de New York. Immédiatement, la « Mickey-mania » envahit le monde. Un jour de 1929, dans le hall d'un hôtel de New York, un homme aborde Walt et lui demande la permission de mettre Mickey sur la couverture d'un bloc-notes dont il est le fabriquant. Il propose trois cents dollars. Walt accepte. Le succès commercial de Mickey vient de commencer. D'autres offres suivent. Pour gérer le label, on crée une filiale, les Walt Disney Enterprises. Mickey Mouse devient une vedette en Europe. Le début de la branche *merchandising* date de la fin des années vingt quand la compagnie George Borgfeldt de New York signe le premier contrat de diffusion et de commercialisation de personnages Disney. Il vend des jouets et des nouveautés puis des petits acrobates Mickey manufacturés au Japon. Mickey et Minnie apparaissent aussi sur des mouchoirs de la firme suisse Waldburger, Tanner & Co. à Saint-Gall. En juin 1930, William Banks Levy, londonien, obtient le deuxième contrat pour les jouets et objets divers griffés Disney. L'année 1930 voit paraître la première bande dessinée Mickey dans les journaux, le premier bloc-notes Mickey, la première chanson Mickey... En 1931, à Boston, David McKay publie avec succès le premier livre intitulé *Les aventures de Mickey*.

Walt Disney reste peu satisfait de ces contrats avant d'être séduit par un représentant de talent, Herman « Kay » Kamen de l'agence Kamen-Blair de Kansas City qui lui propose de reprendre à son compte ce secteur et de le développer. Il signe son contrat le 1er juillet 1932 avec les studios Disney. Dix millions de cornets à glace Disney sont vendus. Toujours en 1932, la bande dessinée quotidienne de Mickey plaît tellement qu'un journal du dimanche lui accorde une demi-page en couleurs ; décision à l'origine du premier journal de Mickey : *Topolino* qui commence à paraître en Italie à la fin de l'année. La Lionel Corporation qui fabrique des trains électriques vend en quatre mois 253 000 exemplaires d'une draisine mécanique actionnée par Mickey et Minnie alors que la société était au bord de la faillite. La société Ingersoll-Waterbury (fabriquant de montres et d'horloges depuis 1856) est, elle-aussi proche du dépôt de bilan. Elle sort alors une montre à l'effigie de Mickey sur son cadran et en vend 2,5 millions en deux ans. En 1948, Kay Kamen présentera à Walt Disney le cinq millionième exemplaire et en 1957, la vingt-cinq millionième montre. En 1968, l'astronaute Walter Schirra en porte une dans un vol Apollo et en 1969, c'est au tour de Gene Cernon d'en avoir une pour le vol Apollo 10. La Ingersoll-Waterbury voit passer son nombre d'employés de trois cents à trois mille en quelques semaines. En 1933, Kay Kamen crée le premier *Mickey Mouse Magazine*, un mensuel distribué porte à porte. En 1934, le premier *Journal de Mickey* paraît en France. En 1936, l'hebdomadaire *Mickey Mouse Weekly* est lancé en Grande-Bretagne. C'est en janvier 1930 qu'Ub Iwerks, créateur du personnage de Mickey avec Disney, dessine les premières bandes dessinées puis pendant trois mois son assistant, Win Smith lui succède. En mai 1930, Floyd Gottfredson en prend les commandes jusqu'en… 1975. L'agence King Features, du magnat de la presse William Randolph Hearst, s'occupe de la publication. En France, Paul Winkler s'en charge par le biais de l'agence Opera Mundi, d'abord dans *Le Petit Parisien* puis dans *Le Journal de Mickey*.

Charlotte Clark lance en 1930 une poupée rembourrée représentant Mickey. Elle allait en fabriquer sans discontinuer jusqu'à sa mort en 1960. Dès 1934, soixante-dix sociétés manufacturent des articles et des jouets créant ainsi près de dix mille emplois. En 1935, un énorme ballon captif Mickey de plus de quinze mètres de haut, fabriqué par la Goodyear Rubber Company, participe au défilé de Thanksgiving à New York pour la parade des grands magasins Macy's.

En quelques années, les consommateurs peuvent faire leur choix parmi toute une gamme de produits Mickey : mocassins en peau de mouton, service à thé en aluminium, déguisements, tricycles, boîtes à crayons et stylos plumes, cartes de vœux Hallmark, peignes de poches, mouchoirs, jouets à ressort, trains électriques, savons et brosses à dents, jeux de cartes, costumes d'Halloween, couvre-chaussures en caoutchouc et papier peint…

Né avec le cinéma sonore, Mickey reste pendant plus de dix ans le symbole précis du dessin animé. La plupart des spectateurs ne disent pas « Je vais voir un dessin animé » mais « Je vais voir un Mickey Mouse ». Au milieu des années trente, les Américains s'identifient à Mickey et le monde identifie Mickey avec l'Amérique. Il y a 1 500 Mickey Mouse Clubs aux Etats-Unis. Le président, F.D. Roosevelt, veut un *cartoon* Mickey Mouse en avant-programme de tous les films projetés à la Maison Blanche tout comme le roi d'Angleterre, George V qui refuse d'aller au cinéma s'il n'y a pas un Mickey. La Société des Nations (ancêtre de l'ONU) appelle Mickey « le symbole international de la bienveillance ». En 1931, le court métrage *Mickey's Orphans* est le premier dessin animé à obtenir un Oscar. En 1932, l'Oscar du meilleur dessin animé est créé et est attribué à *Flowers and Trees*, premier dessin animé Disney en couleurs. Walt reçoit également un Oscar d'honneur pour avoir créé le personnage de Mickey Mouse. L'industrie du cinéma reconnaît Walt comme l'un des siens. En 1933, autre Oscar pour *Les Trois Petits Cochons*. En 1935, *The Tortoise and the Hare* et *Three Orphan Kittens* obtiennent eux-aussi chacun un Oscar. La même année, à Paris, Walt Disney reçoit une médaille de la Société des Nations. En 1936, *The Country Cousin* reçoit un Oscar et Walt reçoit la Légion d'honneur des mains du Consul de France. En 1937, *The Old Mill* reçoit un Oscar et l'invention de la caméra multiplane reçoit un Oscar technique. Disney est encensé par les intellectuels du monde entier. Serguei Eisenstein dans *Méthode*, œuvre de théoricien du cinéma et qu'il laissa inachevé était composée notamment de trois monographies sur Griffith, Chaplin et Disney. A propos de ce dernier, le réalisateur russe avoue : « J'ai parfois peur à regarder ses œuvres. Peur de cette espèce d'absolue perfection dans ce qu'il fait. On dirait que cet homme connaît non seulement la magie de tous les moyens techniques, mais qu'il sait aussi agir sur les cordes les plus secrètes des pensées, des images mentales et des sentiments humains. C'est ainsi que devaient agir les prêches de saint François d'Assise ; c'est ainsi que nous envoûte la peinture de Fra Angelico. Il crée quelque part dans les tréfonds les plus purs et les imaginatifs. Là où, tous, nous sommes des enfants de la nature. Il crée au niveau d'une représentation de l'homme non encore enchaîné par la logique, la raison, l'expérience ». Disney est aussi encensé par la presse de tous les pays. En France, Pierre Scize dans *Jazz* en 1930 déclare : « … la prodigieuse série des Mickey. Des dessins animés. (...) Leur technique, leur fantaisie poétique, la liberté, l'imagination inouïes qui président à leur confection... Jamais on ne fit mieux en cette matière... » Lewis Jacob en 1939 dans *The Rise of the American Films* : « Disney est l'Esope moderne. (...) Aujourd'hui, alors que le monde est fertile en conflits impitoyables, il est significatif que les films de Disney plus que les films des autres (peut-être parce qu'il est le plus capable de tous) soient fertiles en conflits impitoyables. Leur violence, qui atteint les plus hauts sommets trouve son contrepoint dans la brutalité du monde moderne. » Gilbert Seldes dans *Movies for the Millions* en 1937 déclare : « Considéré comme un tout, l'œuvre de Walt Disney est de loin la plus satisfaisante création du cinéma sonore ; c'est la plus intelligente utilisation du son (...), c'est l'application la plus convenable de la couleur (...) aucun n'a inventé de personnages aussi attrayants que lui ».

Walt commence à mesurer l'impact commercial de ses personnages et comprend que les promouvoir en tant que produits ferait de la publicité pour les studios et pour les futurs dessins animés. Il déclare : « Je savais que c'était aussi important de tirer parti de l'aura des personnages que de gagner de l'argent ». Lorsque la production de dessins animés se diversifie, la commercialisation des produits dérivés suit rapidement. Les Trois Petits Cochons et Donald Duck remplissent les étagères des magasins.

Le département *merchandising* gagne en expérience et avant même la sortie de *Blanche-Neige et les Sept Nains* en décembre 1937, et pour la première fois dans l'histoire du cinéma, toute une ligne de produits se trouve déjà dans les magasins de jouets américains. Le film est un succès planétaire. Il reste à l'affiche cinq semaines au Radio Music Hall de New York et trente et une semaines à Paris et bat des records. *Blanche-Neige*, réalisé pour un coût de 1,5 million de dollars, en rapporte 4,2 millions rien qu'aux Etats-Unis et au Canada. Alors que la plupart des films hollywoodiens sortent avec des sous-titres, Disney décide que le film sera doublé en neuf langues (français, espagnol, italien, portugais, polonais, danois, suédois, néerlandais et tchèque). Mais pas en allemand puisque Goebbels et Hitler interdisent le film dans leur pays. Lire à ce propos notre ouvrage, *Animation et Propagande : les dessins animés pendant la Seconde Guerre mondiale*. Pour les versions arabe, chinoise et japonaise des sous-titres apparaissent en surimpression. Lors de sa première sortie, il a rapporté 8,5 millions de dollars dans le monde. Après sa huitième reprise au cinéma en 1993, le film en a rapporté 80 millions. En 1989, *USA Today* calcule qu'en l'ajustant à l'inflation et aux variations de prix, les gains s'élèvent en réalité à près de 6 milliards de dollars. Le film est sorti en vidéo en 1994 et a battu tous les records de vente à l'époque. Pour cause d'occupation nazie, aucun film Disney ne sort en Europe après *Blanche-Neige et les Sept Nains*. En 1946, la France est le premier pays européen à voir *Pinocchio* qui était en cours de doublage en mars-avril 1940 sous la supervision de Wally Feignoux.

La galerie d'art réputée de San Francisco, dirigée par Gurthrie Sayle Courvoisier, décide les frères Disney à mettre en vente les cellulos originaux de *Blanche-Neige et les Sept Nains*, véritables œuvres d'art. Huit mille sont mis en distribution et c'est un très grand succès. Parmi les acquéreurs, citons The Honolulu Academy of Arts, The Colorado Springs Museum, The San Francisco Museum ou encore the California State Library. Pour *Pinocchio*, ce sera six mille cellulos mis en vente.

Le succès planétaire de *Blanche-Neige et les Sept Nains* permet à Disney de construire un nouveau studio à Burbank dont l'inauguration a lieu à l'automne 1939. Ce studio, outre le symbole de sa réussite, reflète le paternalisme de Disney profondément battu en brèche par les mouvements de grèves. En 1940, l'équipe des studios Disney est la plus brillante, la plus surchargée de travail et aussi la moins bien payée de tout Hollywood. Malgré cela et contrairement aux autres studios, le personnel reste en dehors des grèves et demeure non syndiqué. Ceci est dû en grande partie à l'influence de Walt Disney lui-même. Ward Kimball, un animateur, se souvient : « Walt était comme notre père. Nous le respections et en même temps nous le craignions. » Ce qui pose le plus de problème à l'équipe est sans conteste le manque de reconnaissance professionnelle. Walt Disney insiste en effet pour que l'anonymat le plus complet règne sur les génériques de ses films sauf pour lui-même bien sûr. Tout doit être le fait de Walt Disney. Avec l'installation dans le nouveau studio de Buena Vista à la fin de l'année 1939, tout le monde pense que les choses vont changer, que Walt Disney leur offrira de meilleurs salaires et une reconnaissance bien méritée. C'est que les choses paraissent évoluer : *Blanche-Neige et les Sept Nains* contient un générique et l'on voit défiler sur l'écran tous les artistes qui ont participé au film. Ce qui n'est pas anodin. Cette nouveauté provoque des résultats inattendus. Soudain, venant de tous les Etats-Unis, des télégrammes félicitent les animateurs et techniciens de leur travail. La joie est de courte durée. Le studio fait immédiatement savoir que seuls les longs métrages sont concernés par cette mesure : pour ce qui concerne les cartoons, rien ne change, c'est le nom de Walt Disney seul, qui apparaît à l'écran. La déception est générale. De mai à septembre 1941, une violente grève secoue les studios. C'est à cette époque que Walt Disney devient agent de renseignement ponctuel pour le FBI. Lui qui accuse les grévistes communistes d'être responsables de tout ce qui vient d'arriver n'hésitera pas, durant la période du maccarthysme, à faire certaines déclarations à l'HUAC (House Un-American Activites Committee, de 1947 à 1954).

La Seconde Guerre mondiale est consacrée à la production de films didactiques et de propagande ; période guère propice au *merchandising*. Dès 1947-1948, on assiste à une spectaculaire remontée du chiffre d'affaires. Kay Kamen note dans ses rapports que deux mille articles Disney sont distribués ou fabriqués par cent cinquante firmes en Amérique et cinq cents dans le reste du monde. Face à la recrudescence des activités, le secteur doit se réorganiser. Kay Kamen s'occupe alors exclusivement de l'Amérique du Nord, le reste étant repris directement par les Walt Disney Productions sous la supervision de Roy O. et d'un fidèle de la maison, Oliver B. Johnston. Le 27 octobre 1949, Kay Kamen et sa femme meurent dans un accident d'avion aux Açores aux côtés de Marcel Cerdan, champion du monde des poids moyens en boxe et Ginette Neveu, violoniste. La firme Disney reprend l'intégralité de cette activité et crée une nouvelle filiale, la Character Merchandising Division. La même année, une autre filiale est lancée pour s'occuper de la musique (droits, reproduction, partition…) : la Walt Disney Music Company.

En 1948, la sortie de *Bambi* (1942) en Inde est mémorable pour deux raisons. C'est d'abord le premier long métrage doublé en hindi. C'est ensuite un changement radical dans la traduction et l'adaptation des chansons puisqu'on s'est rendu compte que les Indiens n'appréciaient pas la musique européenne ou américaine ; on a alors composé une toute nouvelle musique avec des rythmes et des mélodies indiennes interprétée par des musiciens et des chanteurs du pays. Disney reçut de la Hollywood Foreign Correspondents Association un prix spécial pour les efforts fournis et pour le vif succès du film. Ce dernier étant considéré comme « l'exemple le plus frappant de l'année de l'influence que peut avoir le cinéma sur le rapprochement entre les peuples. » De façon plus pragmatique, on peut dire aussi que Disney a augmenté son public potentiel de quatre cent millions d'Indiens ! Un tel marché valait bien quelques ajustements…

Jusqu'en 1955, les industriels attendent qu'un personnage Disney soit célèbre avant de le reproduire sur différents supports. Un tournant dans cette pratique est instauré par Oliver B. Johnston. Pour lui, il faut vendre systématiquement les nouveaux personnages au moment même de la sortie d'un film. Le principal bureau *merchandising* de Disney est installé à New York. En 1951, il y a trois annexes dans le pays et dix-huit représentants recouvrant vingt-trois pays étrangers. En 1962, il y a vingt-neuf succursales qui délivrent des autorisations de licences à plus de sept cents industriels. A la mort de Walt Disney, on a calculé que quelque quatre-vingts millions d'articles portant la marque « Disney » avaient été vendus. En 1966, les livres Disney sont imprimés dans vingt-six pays et publiés dans dix-neuf langues et sont même distribués dans certains pays communistes tels que la Yougoslavie, la Hongrie et la Roumanie.

Robert Tieman dans *The Disney Treasures* rappelle que le succès phénoménal des dessins animés Disney s'explique par le fait que leur fantaisie et leur univers imaginaire se heurtent rarement à des problèmes de traduction ou de compréhension. Walt Disney le sait presque naturellement et il prend soin dans ses *Mickey* et autres dessins animés d'éviter d'évoquer des sujets typiquement américains ou des thèmes chrétiens. Ainsi, aucun court métrage ne voit fêter Thanksgiving ou le 4 juillet, un ou deux seulement parlent de Noël et un seul de Pâques.

Mais à sa mort, Disney n'est plus perçu de la même façon et l'enthousiasme entourant sa personne et ses films semble avoir décliné dès la fin de la Seconde Guerre mondiale. En 1959, Georges Sadoul dans son *Histoire du cinéma mondial* écrit : « Disney avait conduit par sa suffisance et son extravagance le dessin animé dans une impasse ». Robert Benayoun dans *Le dessin animé après Walt Disney* en 1961 explique : « Sa signature, qui ne l'engage plus depuis belle lurette, orne en trademark des livres, des jouets, des journaux, des montres-bracelets, des dessins animés, des chapeaux, des documentaires, des savonnettes, des films historiques, des crayons, des émissions de télévision, des lames de rasoir, des jeux de société et des baudruches. Sa femme porte au poignet une breloque de vingt-deux oscars qui représentent tout à la fois ses œuvres personnelles, celles de ses employés, et au passage quelques livres classiques qu'on lui attribue par un beau ricochet, lequel s'exerce au détriment non contesté de la culture (*Blanche-Neige*, *Alice* ou *Peter Pan*) ». En 1970, Maurice Bessy dans *Walt Disney* suppose que « lors de son dernier passage au Festival de Cannes, Walt a peut-être perçu les ricanements des jeunes turcs de l'assistance pour qui ce vieux monsieur riche et décoré symbolisait une époque à jamais disparue. » Déjà en 1957, Richard Griffith et Arthur Mayer dans *Movies* s'excusent d'avoir exclu les dessins animés « même les plus délectables des Disney et des artisans de l'UPA ; ces maîtres ont créé leur propre monde cinématographique et méritent un livre différent ». Richard Schickel dans *The Disney Version* en 1967 n'hésite pas à écrire : « Ses créations manquaient de goût, étaient grossièrement commerciales, elles exaltaient le plus souvent la plus sommaire technologie de la sensibilité humaine ». Le responsable cinématographique de *Life* va plus loin encore : « La voix de la machine est si pénétrante, si persuasive qu'elle contraint d'abord l'enfant puis les parents à prêter attention et à payer en bon argent. En son essence, la machine de Disney a été conçue pour mettre en pièces les deux principales richesses de l'enfance – ses secrets et ses silences – obligeant ainsi chacun à partager les mêmes rêves orientés. Elle a placé un chapeau de Mickey Mouse sur chaque personnalité en voie de formation en Amérique. Du point de vue capitaliste, c'est génial ; du point de vue culturel, c'est surtout horrible ». Enfin, James Michener du *New York Time Magazine* écrit : « L'une des plus désastreuses influences culturelles qui ait jamais atteint l'Amérique fut le Mickey Mouse de Walt Disney, cet idiot optimiste ».

LE MATCH FRANCE / ESPAGNE

À ceux qui l'accusaient de faire de la carte postale, Disney répondait : « C'est peut-être vrai, mais je suis heureux de constater que 90 % du public n'est pas de cet avis. » En tout cas, depuis 1923, le succès de Disney ne s'est jamais vraiment démenti. Et au début des années quatre-vingt, l'Europe demeure le plus grand marché de la firme américaine. Peut-être est-ce dû au fait que la plupart des films sont des adaptations d'histoires européennes, en tout cas, près de 25 % des produits Disney sont vendus en Europe. Une étude de Landor Associates (San Francisco), *Image Power Study* montre que le nom de Disney se classe au sixième rang mondial en termes de marque préférée derrière Coca-Cola, McDonald's, Toyota et Sony. La Walt Disney Company espère aussi que toutes les barrières douanières, culturelles et économiques seront tombées en 1992 laissant ainsi un marché potentiel de 330 millions d'individus sur une superficie moitié moins grande que les Etats-Unis. Dans un marché aussi concentré, Disney n'a aucun mal à imaginer un flot continuel de visiteurs dans un parc à thèmes. Et puis le haut niveau de vie et le temps de vacances plus que substantiel (environ cinq semaines en France et en Allemagne) enjolivent encore le tableau.

Eisner et Wells répondent de façon positive à la présentation de septembre 1984 effectuée par Nunis et Cora. Il ne faut pas plus d'une heure aux dirigeants de Disney pour les autoriser à continuer leurs recherches d'un site approprié en Europe. Ce travail gigantesque est mené par Nunis et Cora, épaulés aussi par le président d'Arvida, Chuck Cobb. En réalité, depuis des années, les dirigeants de Disney mènent des enquêtes combinant à la fois des études de faisabilité, la visite des sites et les pourparlers avec les dirigeants politiques de toute l'Europe. Tout est pris en compte : les différences de climat et de géographie, les habitudes de vacances des habitants des principales agglomérations, les infrastructures existantes. Mais aussi la barrière linguistique, les différentes monnaies, la diversité des cultures et de vision du monde des pays européens. Disney doit relever un véritable défi : réussir à concilier les différents publics, les différentes attentes et les différentes réactions de près de 330 millions d'habitants. Et puis s'installer en Europe, c'est aussi exaucer le vœu de Walt Disney lui-même. A l'ouverture en 1955 de Disneyland, il n'a jamais fait mystère que son inspiration venait des jardins de Tivoli à Copenhague, du charme suranné de Paris et des châteaux de Versailles, Chambord, Vaux-le-Vicomte ou Pierrefonds. Et puis un parc Disney en Europe, ce serait un retour aux sources, puisque ses ancêtres viendraient d'Isigny-sur-Mer en Normandie et qu'il garde à titre personnel un souvenir ému de son premier voyage en France en 1918 en tant qu'ambulancier. Le succès du parc japonais ne fait que conforter ce point de vue.

Gilles Smadja dans son livre *EuroDisneyland : Mickey l'arnaque* en 1988 raconte sa rencontre avec Charles de Chambrun, député Front National du Gard depuis 1986, initiateur selon ce dernier de l'installation d'un parc Disney en France. De Chambrun a été secrétaire d'état au Commerce extérieur dans le troisième cabinet de Georges Pompidou de 1966 à 1967, puis vice-président de la commission des Affaires étrangères de l'Assemblée nationale de 1968 à 1969 et de 1970 à 1971. Né en 1930, Charles de Chambrun a été étudiant à l'université d'Harvard et à la faculté de droit de Paris. A 24 ans, il devient maire de Montrodat, puis député MRP de la Lozère de 1962 à 1973. Ses contacts tant aux Etats-Unis qu'en Irak sont précieux.

Un soir de 1983, de Chambrun reçoit un coup de téléphone d'un vieil ami qui souhaite vendre un terrain au sud de Montpellier. Il lui conseille alors de le céder aux Américains qui cherchent à installer en France un parc d'attractions. De Chambrun se propose de jouer l'intermédiaire et contacte Henry Seegerström, richissime promoteur californien, qui entretient une relation ancienne avec les Walt Disney Productions. C'est que depuis 1975, Mickey cherche à s'installer en Europe et les prospections se multiplient entre la France, l'Italie et l'Espagne. C'est Card Walker qui, le premier, proposa l'idée. Cependant, en 1976, la Délégation à l'Aménagement du Territoire et à l'Action Régionale (DATAR) décline la proposition de Disney. Jean-Louis Barthe en explique la raison : « A l'époque les Américains limitaient leur projet à la réalisation d'un parc d'attractions sur une centaine d'hectares. L'absence d'un volet immobilier dans ce projet ne permettait pas son intégration aux différentes opérations en cours. » Ce n'est alors que partie remise puisque, encore en 1982, Ron Miller, accompagné de responsables politiques français, effectue un tour d'hélicoptère au-dessus des régions nord et est de Paris.

A la demande de de Chambrun, Seegerström visite les lieux en Languedoc-Roussillon. Si l'idée d'un parc dans le sud de la France est plutôt séduisante, le terrain qu'il visite ne l'enchante guère : « Trop petit, trop isolé, mal desservi ». Seegerström conseille alors à de Chambrun d'effectuer d'autres recherches afin de monter un bon dossier pour Disney. Et c'est ce qu'il va faire. En quelques semaines, Charles de Chambrun assemble les éléments d'une nouvelle proposition : le nouveau site envisagé se situe dans un triangle délimité par La Grande-Motte, Nîmes et Arles. En suivant l'exemple des parcs de Californie et de Floride, rien n'a été laissé au hasard : un ensoleillement exceptionnel, un réseau routier très dense, une fréquentation touristique internationale. Et pour couronner le tout, le soutien politique du Conseil régional de Languedoc-Roussillon. En avril 1984, le président-directeur général des Walt Disney Productions, Ray Watson et Roy E. Disney, le neveu de Walt, débarquent en France et survolent le site en hélicoptère accompagné de Charles de Chambrun. Pourtant, Ray Watson n'est guère enthousiaste. De Chambrun raconte ainsi à Gilles Smadja : « Je voyais bien qu'il faisait la gueule et je ne comprenais pas pourquoi. » Si Ray Watson ne s'enflamme pas pour ce lieu, c'est tout simplement parce qu'avant de monter dans l'appareil il a reçu une autre proposition de site, à 32 kilomètres de Paris, dans le secteur IV de la ville nouvelle de Marne-la-Vallée. Il a également obtenu l'appui d'Edith Cresson, ministre du Commerce extérieur. Ce que Charles de Chambrun va découvrir, c'est qu'il s'est fait doubler par son ami, Patrick Subremon, chef de cabinet de Cresson. A Smadja, de Chambrun déclare : « Je devais me rendre en Californie pour un ultime rendez-vous avec Disney. Et voilà que quelques jours avant mon départ, une maladie des yeux m'oblige à être hospitalisé. Je ne voulais pas laisser passer l'affaire. J'ai donc demandé à Subremon d'y aller à ma place. Comme nous sommes originaires de la même région, je pensais qu'il jouerait le jeu. Malheureusement... » L'idée d'un parc dans le sud de la France fait long feu. Direction, l'Ile-de-France.

Bertrand Ousset, aujourd'hui directeur général adjoint et directeur d'aménagement du secteur IV de Marne-la-Vallée, travaille depuis 1971 à l'EPA-Marne, Etablissement public d'aménagement chargé par l'Etat d'une Opération d'intérêt national consistant à faciliter l'aménagement et impulser le développement de la ville nouvelle ; établissement créé par décret du 17 août 1972 pour succéder à la « Mission d'études et d'aménagement de la Vallée de la Marne » créée dès 1969. Au début des années 1970, Bertrand Ousset est chargé de la programmation des équipements publics intégrés, des équipements et services collectifs avant de devenir directeur d'aménagement du secteur II pendant huit ans. On lui demande alors de nouer les premiers contacts avec les Walt Disney Productions afin de leur faire des propositions pour un site d'implantation pour un parc d'attractions. La première rencontre date de 1984. Le but de l'EPA est d'accompagner Disney dans ses démarches politiques et administratives. La DATAR n'est guère favorable à une installation en région parisienne et fait savoir à l'EPA-Marne que « le projet est intéressant » mais que Disney devrait s'installer en Lorraine en raison de la grave crise économique qui touche alors la région.

Le président-directeur général des Walt Disney Productions est Ray Watson depuis le 1er mai 1983. Watson s'y connaît très peu en matière de films. Randy Bright raconte même que, lorsqu'on demande à Watson son feu vert pour un projet d'animation inspiré de *Star Wars*, il commence par demander : « D'abord, dites-moi : *Star Wars*, c'est quoi au juste ? » Watson a suivi des études d'architecture. Il a passé une grande partie de sa carrière chez Irvine Company, une des plus grandes sociétés américaines d'aménagement où son travail à consister à convertir, au sud de Los Angeles, des dizaines de milliers d'hectares de terres cultivées et de pâturages en centres commerciaux, en immeubles d'habitation, en bureaux et en résidences. En 1964, Walt Disney contacte Ray Watson, lui demandant de lui faire part de ses idées pour EPCOT. Disney apprécie alors Watson et lui demande de revenir pour discuter du projet de façon plus détaillée. Après la mort de Walt Disney, la société continue à faire appel à Watson. En 1973, il devient membre du Conseil d'administration avant d'occuper le poste de président dix ans plus tard. L'influence de Watson va être décisive dans le choix de Marne-la-Vallée.

Les Walt Disney Productions entrent en contact avec les pouvoirs publics français : Edith Cresson, Patrick Subremon, Jean Poulit. Ils engagent des démarches et établissent des dossiers. Michael Eisner se souviendra plus tard avoir « toujours eu confiance en l'EPA ». Le principal problème de Disney en Europe est son absence de points de repères. Il lui manque un pilote afin d'effectuer un choix décisif. Au début des années quatre-vingt, le développement de Marne-la-Vallée tourne au ralenti. Si l'aménagement est bien avancé dans les secteurs I et II, les plus proches de Paris, il n'y a encore rien dans le secteur III. Dans le secteur IV, les perspectives d'avenir sont encore plus incertaines si bien qu'on pense à revendre les 450 hectares de ZAD avant de changer d'avis en 1982 quand le projet Disney commence à être évoqué.

Si Disney intéresse tant l'EPA-Marne, c'est que le Schéma directeur d'aménagement de la région Ile-de-France prévoyait à la fin des années soixante l'aménagement d'une base de loisirs sur le site de la Haute-Maison (cité Descartes) dans le secteur III de Marne-la-Vallée. A la fin des années soixante-dix, l'EPA-Marne avait même contacté un partenaire américain, la société Taft, afin de concevoir un projet de parc à thèmes sur la cité Descartes. Aucune décision n'est prise avant 1981 et les élections présidentielles. Mitterrand élu, le directeur de l'EPA-Marne est remercié. Le gouvernement donne comme consigne d'abandonner le projet de parc de loisirs, la mairie communiste de Champs-sur-Marne sur laquelle était prévue l'installation, étant totalement opposée au projet. Le Schéma directeur d'aménagement est modifié. Gaston Defferre décide de faire de la cité Descartes un pôle d'enseignement supérieur.

Pourtant, à l'EPA-Marne, l'idée d'un parc de loisirs reste dans tous les esprits. De son côté, un consultant immobilier fait vingt propositions à Disney d'implantation de sites en Europe. Disney a conclu un accord avec Tokyo en 1979. Paris est alors visé tout en envisageant un site de rechange. Disney nomme Frank Stanek négociateur et les démarches continuent via un cabinet de consultants. Disney cherche entre 500 et 600 hectares. L'EPA-Marne revient à la charge et recontacte la firme américaine et lui propose le secteur IV de Marne-la-Vallée. Un débat interne à l'Etablissement public d'aménagement éclate alors : « l'implantation de Disney à la place du centre urbain ou les deux sont-ils compatibles ? ».

Le débat est vite tranché : le parc à thèmes créerait une dynamique permettant de surmonter la difficulté du développement du centre urbain du secteur IV. Pour l'EPA-Marne, c'est une opportunité à saisir. Un pôle urbain fort verrait alors le jour. L'EPA pense avoir remporté la mise quand, coup de théâtre, la tutelle de l'EPA impose un blocage total : « Vous compliquez les choses. Une station touristique et un pôle urbain, c'est trop. »

L'EPA-Marne ne renonce pas. Sans en référer à sa hiérarchie, il contacte Disney et lui expose le projet. Il y a dans le secteur IV un superbe enjeu de développement urbain. Si les Walt Disney Productions sont immédiatement séduites et adhèrent sans plus tarder à cette idée, c'est que son président, Ray Watson, est enthousiaste. Trois forces internes ont joué : d'abord, le passé de Watson au sein de Irvine Company, ensuite, l'équipe créée par Walt Disney pour réaliser la ville nouvelle d'EPCOT est restée en place, enfin, le rôle très important de Chuck Cobb, patron d'Arvida, société d'aménagement rachetée par Disney, qui fait partie de l'équipe de négociation. Tous sont très compétents en matière d'aménagement et tous sont prêts à relever le défi de ce centre urbain. Disney se déclare immédiatement intéressée mais demande à être partie prenante dans le projet afin d'assurer une conception harmonieuse du site. Le périmètre urbain est alors élargi, ce ne sera pas seulement un parc à thèmes. Disney accepte, la tutelle de l'EPA se voit alors, pour ainsi dire, obligée de suivre.

A l'automne 1984, les négociations peuvent commencer. Quand Michael Eisner et Frank Wells arrivent dans l'entreprise en septembre 1984, une équipe dirigée par le chef de la division parcs à thèmes, Dick Nunis, a déjà mené une enquête complète en Europe, incluant une analyse démographique sophistiquée et des projections de population. L'ancien président de Disney, Ray Watson, qui s'y connaît dans le domaine de la construction des parcs à thèmes a soutenu avec enthousiasme l'idée d'un parc en Europe quand il en a entendu parler à la fin de l'année 1983. Mais l'année 1984 a été difficile pour Disney et l'idée a été mise provisoirement en suspens.

Moins d'une semaine après la nomination de Eisner et Wells, Dick Nunis et Jim Cora leur parlent du projet. Cora, un vétéran de Disney depuis 29 ans a supervisé le développement du parc à Tokyo et leur présente un long développement puis leur donne des cassettes vidéo à visionner chez eux. Les raisons qui poussent Disney à venir s'installer en Europe sont simples. Au milieu des années quatre-vingt, deux millions de touristes européens visitent chaque année Disneyland ou Walt Disney World. Rien qu'en ce qui concerne les Britanniques, 200 000 visitent Disneyland chaque année et 600 000 Walt Disney World. Orlando en Floride est la troisième destination touristique des Européens aux Etats-Unis juste derrière New York et Los Angeles et devant San Francisco et Washington D.C.

Au début de l'année 1985, l'ensemble des deux cents sites sont épinglés sur une carte murale dans le bureau de Nunis à Anaheim en Californie : Allemagne, Espagne, France, Grande-Bretagne, Italie et Portugal ont été visités. Beaucoup sont éliminés du fait de leur petite taille. C'est que Disney a besoin de place pour le parc et les hôtels. Christopher Woodyard du *Los Angeles Times* note qu'un parc en Europe est très important pour Disney « parce qu'afin d'atteindre l'ensemble du monde industrialisé, ils ont absolument besoin d'avoir un accès privilégié au cœur de l'Europe. » Les dirigeants de la Compagnie ne s'en cachent d'ailleurs pas. Frank Wells, président, admet clairement son impatience de voir s'implanter des boutiques Disney de l'autre côté de l'Atlantique : « Si vous regardez les projections pour les années à venir, la croissance en Europe est bien supérieure à n'importe quel autre endroit dans le monde. » Michael Eisner acquiesce, estimant que le parc européen sera « le projet de la Walt Disney Company le plus important jusqu'à l'an 2000. »

L'Angleterre est rayée de la liste parce que le plus grand site proposé est une parcelle de 120 hectares en dehors de Londres. Cinq ans après, on en parle encore ! Martin Waller dans le *Times* du 14 septembre 1989 signe un article dans lequel il critique l'excuse fournie par Disney prétextant que les Docklands de Londres présentaient des « problèmes divers » à l'installation d'un parc à thèmes. Et même en 1993, le journal britannique *New Statesman and Society* déclare : « La Grande-Bretagne aurait été un meilleur choix pour Euro Disney que la France. » L'Italie est aussi éliminée en partie parce que les plus grandes parcelles de terrains disponibles près des grands foyers de peuplement sont trop montagneuses. L'Allemagne est rejetée car les Allemands préfèrent passer leurs vacances dans un pays étranger. La taille, la topographie et les habitudes touristiques ne sont pas les seuls facteurs pris en considération. Le groupe de travail se penche aussi sur le climat, l'accessibilité, la surface disponible, la coopération et la stabilité du régime politique, les infrastructures préexistantes, la présence d'une main-d'œuvre compétente et une solide base touristique.

Finalement le groupe réduit son choix à la France et l'Espagne. Chacun a des avantages : l'Espagne a un climat plus favorable, comparable à celui de la Floride, alors que la France offre une proximité plus grande des grands foyers de populations européens. Pendant quelque temps, la ville de Toulon est envisagée avant d'être abandonnée notamment à cause de son sol trop dur, ce qui aurait augmenté les coûts et fait virer au cauchemar la construction. Alicante est aussi sélectionnée avant d'être rejetée à cause du vent très fort qui souffle pendant plusieurs semaines chaque année sur la région.

Pendant ce temps-là, de l'autre côté de l'Atlantique, on commence à s'impatienter. En novembre 1984, un banquier français, discrètement envoyé en audit auprès des Américains, déclare : « Le projet Disneyland, ce n'est qu'un leurre pour faire remonter le cours des actions ! » Enfin, le 29 janvier 1985, Laurent Fabius, Premier ministre, rencontre Carl Bongrino, vice-président de Disney International. Le lendemain, Gaston Defferre estime qu' « une implantation de cette envergure représenterait un formidable coup de fouet économique pour l'Est de Paris, de nombreux investissements profitables à la région, un ballon d'oxygène pour le bâtiment et les travaux publics ». Il est vrai qu'à cette époque l'économie française ne se porte pas très bien.

La victoire socialiste de Mitterrand en 1981 se produit dans un contexte de crise économique et sociale, marqué par le second choc pétrolier et l'accroissement du chômage de masse, atteignant 1,8 million de personnes à l'heure des élections. La dissolution de l'Assemblée nationale du 22 mai 1981 a pour but d'obtenir une majorité parlementaire en conformité avec la majorité présidentielle. La mise en œuvre des « 110 propositions » est conditionnée par la réussite de cette dissolution. Les législatives de juin répondent aux attentes présidentielles : c'est une véritable « vague rose » puisque le PS obtient 285 députés et le PCF 44. Pierre Mauroy est nommé Premier ministre. Le gouvernement compte Robert Badinter à la justice, Jack Lang à la culture et quatre membres communistes. Il est chargé de « changer la vie » en réformant tous azimuts : abolition de la peine de mort, légalisation des radios libres, loi sur l'audiovisuel, abrogation des lois « anticasseurs » et « Sécurité et liberté », suppression du dernier délit du Code pénal (le « délit d'homosexualité »), augmentation des principales prestations sociales, création de 54 000 emplois publics et d'aides à l'embauche, cinquième semaine de congés payés, retraite à soixante ans, temps de travail réduit à 39 heures... Par les lois Defferre de 1982, l'exécutif des collectivités locales est confié à des pouvoirs élus et non plus aux préfets, représentants de l'Etat. Dès 1965, des régions administratives avaient été créées autour de « métropoles d'équilibre » dans le but de contenir l'attraction économique de Paris. Lors d'un des nombreux colloques organisés par la gauche intellectuelle, Michel Rocard présente un rapport au titre évocateur « Décoloniser la province ». La DATAR, créée en 1963, réfléchit également à l'aménagement du territoire hexagonal. L'expression « Hexagone » caractérise alors une France repliée sur la métropole, délestée ou privée, suivant les points de vue, de ses colonies. L'essentiel des réformes concerne le domaine économique et social avec un double objectif pour le gouvernement Mauroy : trouver des solutions à la crise de langueur de l'économie française tout en mettant en œuvre le projet idéologique d'une gauche revenue au pouvoir. Mais l'état de grâce du président Mitterrand ne dure pas plus de deux ans. Le bilan économique est mauvais : deux dévaluations successives du franc, une augmentation des dépenses publiques de 27 %, le chômage qui touche deux millions de personnes (9 % de la population active), une baisse de la production industrielle, un doublement du déficit commercial, un triplement du déficit de la balance des paiements... En juin 1984, la manifestation de défense de l'enseignement privé constitue le point d'orgue de la contestation des réformes socialistes. Un million de participants dénoncent « l'idéologie gouvernementale ». Dès mars 1983, les choix économiques du gouvernement Mauroy sont remis en cause par le « tournant de la rigueur ». La politique keynesienne de relance par la consommation est abandonnée. On est loin de l'esprit de 1981 et les électeurs ne s'y trompent pas, infligeant à la gauche ses premières déconvenues électorales. Observateurs et sondages prédisent une victoire de la droite aux législatives de 1986. Comme souvent dans une situation de crise, le Premier ministre sert de fusible : Pierre Mauroy est contraint de démissionner le 17 juillet 1984 au profit de Laurent Fabius, énarque de 37 ans. Les communistes, en désaccord avec le tournant « libéral » du pouvoir, quittent le gouvernement. Le nouveau et plus jeune Premier ministre de l'histoire s'engage à « moderniser la France et à rassembler les Français ». Il n'a que peu de temps. Les élections législatives auront lieu le 16 mars 1986. Fabius a vingt mois pour faire des annonces fracassantes, en matière d'emploi notamment.

La deuxième phase des négociations pour l'implantation de Disneyland en France commence dans cette période très particulière et il faut faire vite. Pourtant, les mois passent et aucun accord ne pointe à l'horizon. Les premiers tours de table réunissent Patrick Subremon, Michel Giraud et Dick Nunis. Subremon, 38 ans, est entré au cabinet d'Edith Cresson en mars 1982. C'est lui qui prend l'initiative de réunir en toute discrétion, à Matignon, Gilbert Trigano, PDG du Club Méditerranée et conseiller de Laurent Fabius ainsi que les deux représentants des Walt Disney Productions, Richard Nunis et Jim Cora. Michel Giraud, 56 ans, est maire du Perreux dans le Val-de-Marne, sénateur RPR, mais surtout président du Conseil régional d'Ile-de-France. Notre troisième homme, Richard (Dick) Nunis, 53 ans, qui rêvait de devenir footballeur professionnel a dû abandonner après une fracture des vertèbres cervicales. En mai 1955, il se retrouve employé à Disneyland. Il gravit un à un tous les échelons. Il devient responsable de la formation chez Disney. Il supervise ensuite l'implantation des nouveaux parcs de Floride à la fin des années soixante et de Tokyo au début des années quatre-vingt. Il est donc tout naturellement choisi pour superviser le parc français.

Le 15 février 1985, Frank Stanek, vice-président des Walt Disney Productions présente au Conseil régional d'Ile-de-France, le premier projet d'implantation d'un parc de loisirs à Marne-la-Vallée. Le 18, le quotidien espagnol *El País* titre : « Malgré les aides du gouvernement espagnol, les responsables de Walt Disney préféreraient le site de Marne-la-Vallée près de Paris ». Pour Matignon, « il ne s'agit pas de faire du Barnum mais un Disneyland à la française ». Enfin, le 8 mars 1985, FR3 annonce que « les Américains ont d'ores et déjà choisi la France et Marne-la-Vallée ». Et puis, coup de théâtre ! Disney annonce que rien n'est définitivement décidé et que trois sites sont en compétition : deux en Espagne (dont un près de Barcelone) et un en France. Coup de bluff de la part de Disney ? En tout cas, du côté français, c'est l'affolement général. Disney en rajoute et le 20 mars 1985, Frank Stanek envoie un télégramme à Michel Giraud : « Aucune date de prévue pour un voyage en France. Nous n'envisageons pas de retour à Paris jusqu'à ce que nous recevions une réponse du Premier ministre au sujet des propositions françaises. » Le 4 avril, Michel Giraud constatant que des investisseurs potentiels essaient de négocier sur deux tableaux (Etat et Région) écrit à Laurent Fabius pour lui demander de désigner un négociateur unique. Onze jours plus tard, Giraud demande aux Walt Disney Productions où en sont les négociations. Réponse : « On attend toujours une proposition ! »

Début mai, les Walt Disney Productions invitent Michel Giraud et Paul Séramy, sénateur-maire CDS de Fontainebleau et président du Conseil général de Seine-et-Marne à se rendre à Orlando en Floride. La visite est prévue pour les 8 et 9 juillet suivants. Le 13 mai, c'est la consternation côté français, *El Pais* déclare : « La décision est prise d'installer Disneyland en Espagne ! » Immédiatement, un porte-parole des Walt Disney Productions à Burbank en Californie réplique que « rien n'est encore décidé et que si le choix restait limité à la France et à l'Espagne, la décision serait annoncée d'ici septembre. » Armand Bigle, PDG de Disney France monte au créneau : « Tout cela est sans fondement comme d'ailleurs la plupart des informations sensationnelles parues jusque-là dans la presse tant espagnole que française ! » De son côté, Michel Giraud se déclare très étonné de l'information donnée par le quotidien espagnol. Patrick Subremon obtient également le soutien du président de la République, François Mitterrand, en mai 1985, lors d'un voyage officiel aux Etats-Unis.

Les semaines passent et chacun avance ses pions. En juillet 1985, les Espagnols font une proposition concrète à Disney. Les sites espagnols se situent près de magnifiques plages et les gouvernements catalan et espagnol, par la voix du directeur de l'institut touristique, Ignacio Vasallo, proposent des incitations fiscales qui pourraient abaisser le coût de construction de 25 % qui est alors estimé à près de deux milliards de dollars. Vasallo déclare au *Times* : « En fait, il est plus question de choisir entre deux concepts plutôt que de choisir entre deux pays. S'ils optent pour le projet d'un parc de loisirs dans une aire de population concentrée avec un niveau de vie relativement élevé, ils iront à Paris. S'ils veulent un grand complexe thématique, complet avec d'autres attractions telles que le golf, un bassin de yachts, des plages, des facilités pour des centres de congrès et un flot massif de touristes avec une infrastructure déjà en place, alors l'Espagne est le bon choix. » D'autant plus que lorsque que Jim Cora découvre le site de Marne-la-Vallée, il n'est guère emballé. Ses hôtes français l'ont emmené là-bas par les routes de campagne. « On se serait cru en pleine cambrousse, explique-t-il. Rien d'autre que des champs de maïs à perte de vue. » Une impression dissipée le lendemain quand ce dernier et son équipe retournent sur le site en hélicoptère : Paris n'est qu'à une trentaine de kilomètres et Marne-la-Vallée est reliée à la capitale par l'autoroute A4.

Le 10 juillet, Michel Giraud s'inquiète : « Il y a une faille dans le processus de négociation qui ne peut aller contre les intérêts de la France. Les Espagnols mettent tout en œuvre pour que le projet se matérialise sur leur territoire. Nous devons agir de même, et je suis décidé, pour ma part, à faire de cette opération un exemple des possibilités de coopération franco-américaine. Une coopération qui implique que le gouvernement français ait une approche capitaliste et que les concepteurs américains manifestent réellement leur sens du partage y compris pour le financement des investissements. » Matignon fait savoir en substance qu' « il faut que le parc ait une dimension culturelle. Il faut un parc culturel et non un parc de loisirs. » Le 7 août, en toute discrétion, Jean Peyrelevade est nommé négociateur unique Etat-Région par Laurent Fabius. Patrick Subremon se retire. Après des études à Polytechnique, Peyrelevade entre au Crédit Lyonnais, milite au PS dans le 18e à Paris et devient en 1981, conseiller économique de Pierre Mauroy alors Premier ministre. Le choix d'un financier (il est aussi président de la Compagnie financière de Suez) a été une des conditions recommandées par Michel Giraud en raison de l'âpreté des négociations. Il se souvient des exigences de Disney : « Il voulait une maîtrise complète du développement immobilier espéré sur une superficie extrêmement importante de l'ordre de 5 000 hectares ».

Le 15 août, le quotidien économique espagnol *Cinquo Dias* titre : « Le choix de l'Espagne est pratiquement fait. Nos chances sont de l'ordre de 90 %. Quant à l'offre de la France, elle est virtuellement dans le fossé ! » Démenti immédiat des Walt Disney Productions : « Nos paroles ont été mal interprétées. La décision n'est toujours pas prise. » Le 1er septembre, Abel Caballero, Ministre espagnol du tourisme et des transport, déclare : « Nous voulons obtenir Disneyland à n'importe quel prix ! » Concrètement quelles sont les propositions espagnoles ? L'Espagne se propose d'offrir les terrains qui appartiennent déjà à la force publique ce qui évite le recours pénible aux expropriations. Elle propose également des prêts sans intérêts sur la quasi-totalité des demandes de Disney. Bien sûr, Paris avec ses 109 jours de mauvais temps annuels ne peut concourir contre le soleil de Barcelone, un climat qui se rapproche plus nettement de celui de la Californie ou de la Floride. Le site est également proche des Baléares, trois aéroports (Barcelone, Valence et Alicante) et une autoroute le relient au reste de l'Europe. La situation géographique en « cul de sac » ne pose a priori pas de problème majeur puisque c'était le cas d'Orlando en Floride. Enfin, dernier élément en faveur du site espagnol, le gouvernement catalan est réputé plus souple que son homologue français. D'ailleurs, Jim Cora et Dick Nunis se prononcent en faveur de l'Espagne.

Les jours passent... Etant donné l'avancement des négociations, Richard Nunis déclare que le choix ne sera probablement pas fait avant 1986. Fin septembre, une délégation du Conseil général de Seine-et-Marne conduite par Paul Séramy est reçue en Californie par Nunis. On y apprend qu'aucune proposition française n'est, à ce jour, en possession des Américains. C'est que l'Etat français a la volonté, dès le départ, de mener des négociations secrètes écartant le Conseil général. Séramy tape du poing sur la table début octobre 1985 : « Nous devons en finir avec l'expectative dans laquelle nous sommes plongés et évacuer le rideau de fumée entourant cette affaire. » Le lendemain, le 8 octobre, on annonce officiellement le nom du négociateur unique (Jean-Pierre Peyrelevade) qui avait été tenu secret depuis deux mois ! La France adresse officiellement une proposition chiffrée aux Walt Disney Productions. L'offre française, tenue confidentielle, inclut un terrain de 2 000 hectares que le gouvernement s'engage à mettre à disposition au prix des terres agricoles. Il annonce également qu'il dépenserait plus de 2,2 milliards de francs pour améliorer et créer des autoroutes et étendre le RER de dix kilomètres. La France promet enfin des taux d'intérêt réduits sur près de 5,5 milliards de francs de prêt. Pour autant, Disney continue de maintenir la pression. La société est dans la position enviable de pouvoir rester en retrait et de laisser les deux hôtes potentiels présenter des offres de plus en plus généreuses. Pourtant, cette fois, le temps presse. Il faut absolument obtenir de Fabius un accord ferme avant les élections législatives de mars 1986 pour lesquelles tous les instituts de sondage annoncent un changement de majorité. Ainsi, le 9 octobre 1985,

Michel Giraud peut annoncer que « d'ici un mois, la firme Walt Disney devrait choisir entre la France et l'Espagne. » Pourtant, André Labarrere pense que « les négociations doivent être poursuivies d'une façon très vivante et même virulente ! » Avec l'annonce de la nomination officielle de Peyrelevade, les habitudes de négociations doivent changer et ce dernier est agacé par le comportement des Américains : « La France n'est pas une république bananière. Les garanties accordées par l'Etat et la Région sont aussi dignes de confiance que les tables de la loi. » Certains journalistes, dont Gilles Smadja dans *Mickey : l'arnaque*, n'hésitent pas à dire que des pots-de-vin ont été versées dans cette affaire. Pourtant, rien n'a jamais été prouvé et aucune enquête n'a jamais été ouverte… Les choses se précisent peu à peu. Le 16 octobre, un groupe de travail comprenant les maires des communes concernées par le projet est constitué. Ce qui n'empêche pas le département de l'Ardèche, le 28 novembre, de poser sa candidature à l'implantation d'un Disneyland sur son territoire.

En réalité, tout semble avoir été décidé depuis l'été. Aussi, fin août, Michael Eisner se prépare-t-il à partir en France pour signer le contrat. Afin d'améliorer son français, le PDG de Disney engage même un étudiant francophone pour conduire sa Jaguar bleue. Les deux parlent de tout et de rien mais en français durant les deux trajets quotidiens de vingt minutes entre sa maison de Bel Air et son bureau de Burbank.

Le 12 décembre 1985, Jean Peyrelevade et son équipe sont à la Compagnie financière de Suez, rue d'Astorg, dans le 8ème arrondissement à Paris afin de rencontrer les dirigeants de Disney. Seuls Laurent Fabius, Edith Cresson et Michel Giraud sont au courant. Il manque pourtant quelqu'un : Paul Séramy, président du Conseil général de Seine-et-Marne. Disney veut être certain que le département assumera ses responsabilités en matière d'infrastructures. Le rendez-vous est pris deux jours après, et pas n'importe où ! Paul Séramy rencontre les dirigeants de Disney au château de Vaux-le-Vicomte. Alors qu'au rez-de-chaussée se tient la cérémonie de remise des récompenses du prix départemental de l'architecture contemporaine, tout le monde se réunit dans les anciens bureaux de Nicolas Fouquet disgracié par Louis XIV en 1661. Le président du Conseil général leur confirme que le département ne sera pas un obstacle mais un partenaire prêt à prendre et à honorer ses responsabilités. « Vous avez sauvé l'opération » glisse Jean Peyrelevade à Paul Séramy à l'issue de cette réunion. La participation du département s'élèvera à 450 millions de francs affectés, pour partie, à la réalisation de voirie primaire et, pour partie, en moins value de charges foncières. Cet engagement repose sur le principe d'une affaire blanche sur dix ans pour le département, les dépenses devant être équilibrées par les recettes escomptées en matière fiscale.

Le 16 décembre 1985, Michael Eisner prend l'avion pour Paris. La veille de la signature, les négociations ne sont pas encore terminées. Dans l'après-midi, il va dans un cinéma des Champs-Elysées et regarde *Trois hommes et un couffin*, sorti en salles deux mois plus tôt. Bien qu'il ait des difficultés à comprendre les dialogues en français, Eisner est séduit par la comédie visuelle et les rires du public face à la maladresse d'André Dussollier, Michel Boujenah et Roland Giraud aux prises avec un bébé. Le jour même, en discussion avec Jean-François Lepetit, producteur du film et Coline Serreau, réalisatrice, Eisner demande à Jeffrey Katzenberg, président des Walt Disney Studios, d'obtenir les droits du film (malgré l'opposition de Katzenberg, Disney finira par débourser un million de dollars, ce qui est une somme considérable pour les droits d'un film étranger). *Trois hommes et un bébé* sortira le 25 novembre 1987 aux Etats-Unis dans plus de 1 100 cinémas. Katzenberg avait juré de danser sur une table si ce film rapportait plus de 4 millions de dollars. En six mois, il en a rapporté 168 millions… et Katzenberg a tenu sa promesse).

A 23 heures, ressentant les effets du décalage horaire, Eisner regagne son hôtel où son équipe l'attend. Les derniers détails de l'accord sur EuroDisneyland sont abordés mais tant de questions restent à résoudre qu'il est décidé de signer une lettre d'intention plutôt qu'un contrat.

Le 18 décembre 1985 à 18h05, Michael Eisner, Laurent Fabius, Edith Cresson et Michel Giraud signent une lettre d'intention pour l'implantation d'un parc d'attractions Disney en France. Souriant largement devant les photographes, Eisner et Fabius pensent que l'accord final sera signé dans les deux ou trois mois. C'est la fin de plus d'un an de négociations. Plusieurs journaux nationaux célèbrent l'événement. Le quotidien socialiste *Le Matin* montre Mickey Mouse dansant en Une ; *Libération* ajoute les oreilles de la célèbre souris à son logo pour ce jour-là. Il semble que toute la France se réjouisse de ce qu'un officiel du gouvernement appelle « le plus grand investissement dans l'histoire de la France actuelle ». Le magazine *Time* rejoint cette conclusion en déclarant : « Bien que d'autres vagues d'antiaméricanisme se soient soulevées dans d'autres régions de France, personne ne semble avoir quelque chose contre Mickey Mouse. » Jacques Attali, conseiller spécial de François Mitterrand, se contente d'un commentaire laconique dans son journal : « Mercredi 18 décembre 1985. Eurodisneyland s'installera à Marne-la-Vallée ».

A l'annonce de la nouvelle, Ignacio Fuejo, député, secrétaire au tourisme espagnol, déclare : « Ils ont fait une erreur en choisissant la France. La météo est épouvantable à Paris ». Ignacio Vasallo, directeur de l'Institut national de promotion du tourisme espagnol dit regretter le choix de la France, qui ne tient pas compte de la réalité touristique de l'Europe.

La candidature de l'Espagne a-t-elle jamais eue une chance d'aboutir ? N'était-elle pas tout simplement un moyen comme un autre de faire monter les enchères ? Ou d'accélérer le processus des négociations ? Cette question peut raisonnablement se poser. Les dirigeants ont admis plus tard que la proposition espagnole était un peu meilleure que la française. Peut-on y souscrire ? En réalité, l'Espagne n'a jamais été en mesure de proposer concrètement une parcelle assez grande, proche de Barcelone, pour contenir le projet global. Chuck Cobb se souvient : « Chaque fois que nous étions prêts à aller visiter le site, ils nous disaient qu'il y avait un problème. » Les conditions de financement posent également question. L'Espagne rejoignant la CEE le 1er janvier 1986, ces subventions ne devenaient plus possibles. Il lui fallait se conformer aux règles financières européennes et donc se retrouver à égalité avec la France. Dès octobre 1985, il était évident qu'aucune décision définitive ne pourrait intervenir avant 1986. La principale raison qui a poussé les stratèges de Disney à choisir le site français est sans conteste sa localisation. Parce qu'on prévoit que 90 % des visiteurs seraient Européens (55 % de Français, 14 % d'Allemands et 8 % de Britanniques), une position centrale sur le continent semble cruciale. Les estimations montrent que 50 millions de personnes vivent à deux heures de route du site français, plus de 68 millions à quatre heures, 109 millions à six heures et 310 millions à deux heures d'avion. En plus, sa proximité avec l'Eurotunnel mettra le parc à 2h30 de Waterloo Station à Londres dont l'ouverture est prévue pour 1993. La barre fixée par Disney était de 30 millions d'habitants dans un rayon de 600 kilomètres. La seule région parisienne, si l'on compte 10 millions d'habitants et 20 millions de touristes, y suffit à elle seule.

L'Espagne, au contraire, est loin du centre de l'Europe. Elle utilise des voies de chemins de fer différentes du reste de l'Europe et manque d'un réseau national d'autoroutes. Les dirigeants de Disney ont peur qu'en localisant le nouveau parc en dehors des axes de circulation cela ne restreigne, à la fois, la fréquentation et le chiffre d'affaires.

La France drainerait plutôt une clientèle du centre et du nord de l'Europe plus aisée alors que l'Espagne aurait une vocation plus méditerranéenne. Les projections de la première année d'exploitation pour un parc Disney en Espagne prévoient 6 millions de visiteurs contre 12 à 18 millions pour la France (selon les estimations des consultants américains Arthur D. Little International). L'inconvénient majeur de Paris est son climat pluvieux et froid en hiver. Pour Michael Eisner, d'origine new-yorkaise, cela ne semble pas poser un problème majeur contrairement à son équipe californienne. Et puis, il y a le précédent de Tokyo Disneyland. Dans cette région du Japon, les précipitations sont plus abondantes qu'à Paris et pourtant le parc atteint ses objectifs de dix millions de visiteurs annuels grâce à la couverture d'une bonne partie des attractions.

L'autre point essentiel dans le choix de la France, c'est sa relation avec Paris. Dans son autobiographie, Michael Eisner déclare : « Personnellement, mes préférences allaient vers la France depuis le départ. J'avais passé des vacances à Paris durant ma jeunesse. De toute façon, Paris était l'une des villes les plus belles et les plus romantiques du monde. » Selon Dick Nunis, le choix s'est fait grâce à « la proximité d'aéroports majeurs, de bonnes routes et bien sûr de l'attraction de Paris elle-même. » Plus de vingt millions de touristes passent chaque année par la ville-lumière sans compter les 10 millions d'habitants et les 55 millions de Français réputés « disneyphiles ». Les derniers facteurs qui ont joué en la faveur de Paris sont divers. Les Américains vont être persuadés jusqu'au bout que les Jeux Olympiques d'été de 1992, centenaire de la relance des Jeux modernes par le baron Pierre de Coubertin, se dérouleront en France, à Paris. Avec son afflux de visiteurs supplémentaires. L'inquiétude de Disney provenait aussi de l'alternance politique française. C'était oublier que certains des acteurs du projet restaient stables tels le Conseil régional et le Conseil général. Un dernier élément jouant en la défaveur de l'Espagne, c'est Michael Eisner qui nous le livre : « J'eus la désagréable surprise de recevoir un jour une lettre de menaces, envoyée par l'opposition basque qui se disait prête à tout pour empêcher l'implantation de Disney en Espagne. »

Pour tous, l'ouverture d'un parc à thèmes Disney de plusieurs milliards de francs, c'est le succès assuré qui ne sera jamais mis en doute. On attend une baisse du taux de chômage et une augmentation des revenus de la balance commerciale. Le soir même, Laurent Fabius est reçu par le journaliste Jean Lanzi dans *Parlons France* sur TF1 à 20h30 : « Ça fait plaisir. C'est une affaire sur laquelle on travaillait depuis maintenant plusieurs années. C'est un projet qui représente plus de dix milliards de francs et surtout, à terme, un rythme de croisière entre 20 000 et 30 000 emplois permanents. C'est quelque chose sur quoi il faut insister. Les décisions que nous prenons, quand elles sont positives, par exemple la signature de ce grand contrat, n'ont pas nécessairement d'effets immédiatement. Nous préparons ce que sera la situation de l'emploi et du commerce extérieur dans deux, trois, quatre, cinq ans. Mais c'est comme ça. Il faut le temps long de l'économie ».

D'ÂPRES NÉGOCIATIONS

Que prévoit le protocole signé le 18 décembre 1985 ? Il ne s'agit que d'une lettre d'intention portant sur la réalisation d'un parc d'attractions en France, mais il est annexé un document de quarante pages qui définit les orientations générales du projet et énumère l'ensemble des missions à venir. Il n'associe pas toutes les parties concernées puisque le département de Seine-et-Marne, les cinq communes concernées par l'implantation et l'organisme d'aménagement, l'EPA-Marne ne sont pas signataires. Il ne précise pas non plus les modalités de mise en œuvre des engagements envisagés par chacune des parties et renvoie à une convention élargie et plus détaillée à venir dans les trois mois. Toutefois, un certain nombre d'engagements sont pris par la société Disney et les collectivités publiques. Disney s'engage à la création d'un parc EuroDisneyland ouvrant début 1991, à la création d'une société de droit français dans laquelle Disney serait partie prenante au capital (environ 17 %) et dont la majorité des fonds propres seraient détenus par des investisseurs français. Disney s'engage également, à conditions de prix équivalents, à faire appel à 90 % à des entreprises françaises pour les bâtiments et approvisionnements du parc et de ses réalisations périphériques. Enfin, Disney s'engage à créer 23 000 emplois d'ici 1995. Les collectivités publiques s'engagent à consentir des prêts bonifiés sur une partie des emprunts, à appliquer le régime de droit commun en matière fiscale mais avec des adaptations législatives en faveur des parcs de loisirs de la TVA sur les entrées (7 % au lieu de 18,6 %). Elles s'engagent à céder des terrains aménagés à leur prix de revient (c'est-à-dire, le prix de revient avant aménagement augmenté de la part des dépenses primaires imputée par le concessionnaire plus les frais généraux de l'établissement public plus les frais financiers). Elles s'engagent à prolonger le RER, à réaliser deux échangeurs sur l'autoroute A4 et des infrastructures primaires de desserte du parc. Il est aussi pris l'engagement d'étudier une protection commerciale de Disney sur un rayon de dix kilomètres autour du parc. Enfin, deux nouvelles parties françaises seront présentes lors de la signature de la convention définitive : le département de Seine-et-Marne et l'Etablissement public d'aménagement. Le lendemain de la signature de l'accord, Dick Nunis déclare : « Nous avons pris la décision de venir en France et nous ne prendrons pas en compte de contre-propositions européennes. »

Le 25 décembre 1985, Joe Shapiro, 39 ans, prend un vol Pan Am pour Paris. Depuis le début de l'année, il est conseiller spécial pour les Walt Disney Productions. En tant qu'ancien partenaire de l'entreprise juridique basée à Wall Street, Donovan, Leisure, Newton & Irvine, il a aidé Michael Eisner et Frank Wells à tenir les rênes dans les premiers jours de leur arrivée chez Disney. Pendant les quinze prochains mois, la résidence de Shapiro à Paris sera l'hôtel Bristol. Il va faire la navette entre les quartiers généraux de Disney à Burbank et Paris. L'avocat de Disney est chargé de négocier la convention pour le plus grand projet que le géant du divertissement américain ait jamais eu à gérer : EuroDisneyland, un complexe de 2 000 hectares avec parc à thèmes, hôtels, bureaux à trente kilomètres de Paris. Les projections sont fabuleuses : le parc rapporterait au milieu des années quatre-vingt-dix, près d'un milliard de dollars de plus à la Walt Disney Company selon la brochure *International Offering of Shares for Euro Disneyland SCA* publiée le 5 octobre 1989 par S. G. Warburg Securities and Co.

Quand le protocole est signé le 18 décembre, chacun pense que d'ici mars 1986 tout sera réglé. Le 25 janvier 1986, Jim Cora déclare : « Nous redoublerons ici les auvents, les abris et les coupe-vents. Les principales attractions et la plupart des spectacles se feront à couvert. La date d'ouverture est bien fixée à 1991, 1990 si tout va bien. » Le 29 janvier 1986, Richard Nunis se rend à la mairie de Paris afin de rencontrer Jacques Chirac, pressenti nouveau Premier ministre. Chirac lui assure que « la politique n'est pas mêlée à ce projet » et apporte son soutien. Cependant, Joe Shapiro découvre bientôt qu'il est impliqué dans un bien complexe processus. Cela va prendre en réalité plus d'un an à Shapiro avant de pouvoir mettre en place l'accord dans sa forme finale. Il doit faire face à plusieurs difficultés. En février, la FDSEA confirme son opposition au projet. Le 13 mars, la signature du contrat est reportée à juin. Beaucoup de points restent à préciser sur le plan financier.

Deux mois après l'accord conclu, le 16 mars 1986, le parti socialiste de Fabius perd les élections législatives. Jacques Chirac remplace Fabius, et apporte avec lui une nouvelle équipe de négociateurs. Le 24 avril, Jean-René Bernard remplace Jean Peyrelevade au poste de négociateur unique. Jean-René Bernard a 54 ans. Inspecteur général des Finances, il a travaillé pendant douze ans avec le président Georges Pompidou et a été, notamment, secrétaire général adjoint de la Présidence de la République. Spécialiste des questions européennes, il a joué un rôle important dans les négociations d'adhésion de la Grande-Bretagne au Marché commun. Il a été ambassadeur de France au Mexique de 1977 à 1982. En 1985/1986, il a représenté le Ministre des finances dans les négociations qui ont abouti au traité franco-britannique relatif au tunnel sous la Manche. Dans sa mission, Jean-René Bernard est assisté de Jean-Noël Chapulut, ingénieur en chef des Ponts et Chaussées, secrétaire général adjoint du groupe central des villes nouvelles, Gérard Mestrallet, polytechnicien, délégué général adjoint pour les affaires industrielles de la Compagnie financière de Suez, ancien conseiller technique au cabinet de Jacques Delors ; et de Jean Poulit, directeur général de l'EPA-Marne.

Pour les Américains, le gouvernement français est réputé pour sa complexité, sa bureaucratie et ses organes administratifs décentralisés. Ensemble, il y aurait trente-six négociateurs différents du côté français de la table. « C'était comme venir aux Etats-Unis et d'essayer de conclure un accord avec le président américain, le secrétaire de la Défense, le secrétaire d'Etat, le secrétaire des Transports et qui doit être approuvé par la Chambre des Représentants et le Sénat » confie Joe Shapiro à Ron Grover en 1990 dans *The Disney Touch*. « Puis vous devez négocier avec le gouverneur de Californie, le comté de Los Angeles, la ville de Los Angeles, l'agence de développement de Burbank et vous devez aller voir les gens des chemins de fer de la Californie du sud. » Bernard n'a pas la tâche facile. Il lui faut non seulement représenter les différents niveaux de l'Etat mais le projet lui-même devient de plus en plus impopulaire. Le 5 mai 1986, Jacques Chirac écrit à Michael Eisner que le gouvernement français mènera les négociations à leur terme. Les déclarations se font rassurantes. Le préfet de région, Olivier Philip, confirme que « toutes les dispositions seront prises pour sauvegarder les intérêts des agriculteurs concernés ». A Chelles, Michel Giraud déclare : « Nous aurons les Jeux Olympiques à Paris si Disney vient à Marne-la-Vallée ! Agriculteurs et forains ne doivent pas souffrir de ce projet. »

Pour faire taire la polémique, le 12 juin 1986, Michel Giraud présente pour la première fois au public le dossier d'implantation de l'EuroDisneyland de Marne-la-Vallée. Jim Cora annonce qu'il n'y aura pas plus de 250 Américains durant la construction et 50 par la suite. Dans la foulée, Jean-René Bernard avoue que « nous ne sommes pas pressés de signer. Nous ne voulons pas signer n'importe quoi ! ». Le 23 juin, par 38 voix « pour » et 2 abstentions (le PC), le Conseil général de Seine-et-Marne autorise son président, Paul Séramy, à signer la convention Disney. Richard Nunis téléphone aussitôt ses félicitations.

L'opposition socialiste gronde. Elle déclare que l'argent servirait mieux au logement ou au besoin économique immédiat. Michel Debré publie un pamphlet anti-Disneyland et lance un appel contre le « renoncement national ». Michel Pinton, ancien secrétaire général de l'UDF, prend publiquement position contre le projet. La chambre d'agriculture de Seine-et-Marne se déclare hostile à la vente de 2 000 hectares d'excellentes terres à blé. Le « collectif contre EuroDisneyland dans le pays briard » mène une campagne pour dire « non à Mickey, destructeur de notre patrimoine, de notre environnement, massacreur de notre flore et chassant nos animaux. » Michel Moitre, maire de Villeneuve-le-Comte, déclare : « Disneyland va faire disparaître plus de villages que la bataille de Verdun n'en avait englouti en 1916. » (*Le Pays briard*, 26 novembre 1985).

Le 24 juin 1986, par 108 voix (Front National, Parti Communiste, Parti Socialiste), le Conseil régional renvoie le dossier Disney en commission. Michel Giraud n'obtient pas le mandat de ses pairs pour signer la Convention. Les Américains sont très déçus de la volte-face socialiste et se déclarent prêts à quitter Paris. Paul Séramy enrage : « Je crois qu'il faut restituer les choses dans leur contexte. Au Conseil régional, on est plutôt enclin à faire de la politique alors qu'au Conseil général, on pense à travailler concrètement. » Finalement, le 10 juillet, par 89 voix RPR/UDF et 22 voix Front National « pour » et 20 voix communistes « contre » (le PS n'ayant pas participé au scrutin), le Conseil régional donne délégation à son président pour signer la convention. Pourquoi le FN a-t-il changé d'avis ? Parce que le groupe a demandé, et obtenu, un amendement instaurant la notion de « préférence nationale » comme critère d'embauche du personnel employé sur le site. En outre, Giraud déclare qu'il ne signera pas n'importe quoi n'importe comment et exprime le refus de la région de participer à la garantie des prêts qui seraient consentis à la société pivot.

Le 5 août 1986, Joe Shapiro remplace complètement Richard Nunis dans les négociations. Shapiro garde un souvenir précis de Jean-René Bernard : « [Il] devait arbitrer. Il était fréquemment dans la position de déshabiller Pierre pour habiller Paul. » Shapiro et Bernard se sont rencontrés pour la première fois au château de Vaux-le-Vicomte. Rapidement, il devient évident que la lettre d'intention signée par Eisner et Fabius est sans valeur. Ecrite rapidement après que l'offre française fut acceptée contre l'espagnole, les concessions françaises sont vagues et parfois ambiguës. Pour compliquer encore les négociations, la direction de Disney a envoyé Joe Shapiro à Paris avec les ordres de la jouer serrée. Ni Eisner ni Wells ne veulent céder quoi que ce soit aux Français. Personne ne veut une répétition de la négociation japonaise de la fin de l'année 1978. Selon Eisner et Wells, les dirigeants de l'entreprise qui ont conduit la négociation étaient alors englués dans le projet d'EPCOT et leur ont donné trop de profits potentiels.

Fin août, un comité interministériel sous la présidence d'Edouard Balladur réunit tous les ministres concernés par le projet. Pour Pierre Méhaignerie, « Disneyland est une affaire trop importante pour la France, tant pour l'emploi que pour la balance commerciale et l'image de notre pays pour qu'elle soit menée à la légère. C'est une négociation commerciale et elle doit rester, de ce fait, confidentielle. » Pour Jean-René Bernard, le projet d'implantation d'EuroDisneyland est entré dans sa phase finale.

Début septembre, le PS et le MRG du Conseil régional déposent un recours devant le Tribunal administratif en vue de faire annuler la délibération du 10 juillet précédent au motif que la disposition prévoyant l'embauche prioritaire de Français ou d'Européens est raciste et discriminatoire. Michel Giraud s'étonne de ce recours « alors que la délibération du Conseil régional n'a fait l'objet d'aucune démarche analogue de la part du préfet de région chargé du contrôle de la légalité. Ce projet, à chaque étape de sa construction sera conforme aux dispositions des traités internationaux, à la loi française et, en particulier, au Code du travail. » Jim Cora assure de son côté que « permanent ou saisonnier, le personnel sera pris en main, pour le démarrage, par l'encadrement de Disney, environ 300 personnes, qui seront, en fin de formation, remplacés par les Français. A Tokyo, il ne reste à ce jour que cinq cadres américains. » Richard Nunis « tient à préciser qu'EuroDisneyland sera confié à des architectes français et à des entreprises françaises. »

Disney a bien l'intention de tirer tous les profits du parc parisien. Mais il faut aussi réduire les risques de la compagnie en partageant les coûts avec le plus de participants possibles. Cela nécessite un genre nouveau de structure capable de ramasser onze milliards de francs ou plus nécessaires pour la construction du parc sans que Disney n'investisse trop. Obsédé par le thème de la rentabilisation par l'actif et l'autodétermination économique, Gary Wilson, le directeur financier de la Walt Disney Company, élabore des négociations si complexes qu'un observateur fait le commentaire suivant : « Il arrive qu'on vous fasse des propositions qu'il est impossible de refuser, mais celles de Gary sont plus généralement impossibles à comprendre ». La structure financière d'EuroDisneyland est byzantine à l'extrême, présentant l'aspect d'une série de sociétés interdépendantes. Elle confère à Disney le contrôle effectif d'une entreprise dont elle ne possède en fait qu'une fraction. Janet Johnson, avocate chez Simpson Thatcher & Bartlett, rejoint Shapiro chez Disney en 1985. Elle a pour fonction de chercher dans le système juridique et financier français le meilleur moyen de mettre en place la structure. Elle a l'idée de créer une « société en commandite par actions », ce qui permet à Disney d'être un partenaire limité. C'est une structure juridique originale pour laquelle on distingue deux types d'associés : d'un côté, les « commanditaires » sont les actionnaires de la société, et ne sont responsables des dettes qu'à concurrence de leur participation au capital. Les actions sont nominatives. L'assemblée des commanditaires suit les mêmes règles que dans une société anonyme (SA). D'un autre côté, les « commandités » ont le statut de commerçants et sont nommés par les commanditaires. Ils sont indéfiniment et solidairement responsables des dettes sur leurs biens propres. Ils peuvent également être commanditaires. L'assemblée des commandités suit les mêmes règles que dans une société en nom collectif (SNC). Quelques rares entreprises françaises telles que Michelin ont adopté cette forme juridique. C'est un souci de sécurité qui a dicté le choix d'une SCA pour exploiter le parc (Euro Disney, société en commandite par actions, est régie par la loi n° 66-537 du 24 juillet 1966 et par le décret n° 67-236 du 23 mars 1967 sur les sociétés commerciales). En effet, ce type de société, historiquement très ancien, se caractérise par sa composition hybride et fut progressivement remplacée par la SA ou la SARL au point de faire figure d'anachronisme juridique. Pourtant, l'avocate de Disney, Janet Johnson, ne l'a évidemment pas choisi par hasard car, à l'inverse des autres formes de société, enserrées dans un carcan législatif, la SCA connaît un régime extrêmement libéral où la liberté des stipulations contractuelles permet de régler, entre autres, la nomination et le statut des gérants. Ainsi, peut-il être stipulé que le gérant (Euro Disneyland SA en l'occurrence) soit révoqué à l'unanimité des associés, ce qui revient en fait à poser les bases d'une quasi irrévocabilité, pour peu que le gérant possède une part du capital. Consciente que la véritable valeur d'EuroDisneyland ne réside pas dans les infrastructures matérielles mais plutôt dans l'inestimable richesse des concepts qu'abrite cette SCA, la Walt Disney Company a choisi une forme de société la mettant à l'abri de toute tentative de prise de contrôle extérieur devenant ainsi un excellent moyen de lutte anti-OPA et plus généralement la meilleure solution pour conserver la gestion d'une société même si l'apport en capital est minoritaire comme cela est le cas avec les 49 % détenus par la Walt Disney Company. Si cette structure est parfaitement adaptée à la réalité économique actuelle (possibilité de concilier les intérêts divergents de deux catégories d'associés : ceux qui aspirent uniquement à la réalisation d'un profit, les

« commanditaires » ; et ceux qui entendent avant tout gérer la société, les « commandités » ; possibilité de faire appel à l'épargne public tout en préservant la stabilité des dirigeants ; liberté des statuts quant au régime du gérant (nomination, révocation, rémunération), « arme de dissuasion » à l'égard des OPA) les principaux inconvénients d'une société en commandite par actions résident dans la lourdeur et la complexité de fonctionnement en raison de la superposition de deux catégories d'associés et dans la responsabilité indéfinie et solidaire des associés commandités. Euro Disney SCA est fondée initialement à Paris le 17 décembre 1985 sous la dénomination sociale Mivas SA détenue par des intérêts purement privés. En 1988, EDL Holding Company, une société de l'Etat de Delaware aux Etats-Unis, entièrement détenue par la Walt Disney Company, a acquis 99 % du capital de Mivas SA dont la dénomination est modifiée en Société d'Exploitation d'Euro Disneyland SA. Le 24 février 1989, une assemblée générale des actionnaires décide de modifier sa forme juridique de SA en SCA et de changer sa dénomination en Euro Disneyland SCA (le 4 février 1991, la dénomination sociale Euro Disney SCA est adoptée).

Les composantes de la structure juridique d'Euro Disney SCA sont au nombre de quatre :

- Le gérant d'une société est responsable en droit français de la gestion des affaires de la société à tout moment dans le meilleur intérêt de la société. Euro Disney(land) SA (« le gérant »), a été nommée en qualité de gérant unique dans les statuts de Euro Disney SCA. Le gérant est une filiale indirectement détenue par la Walt Disney Company (qui détient 99 % de Walt Disney Participations SA qui détient 99,8 % d'Euro Disney SA). En vertu des statuts d'Euro Disney SCA, le gérant est investi des pouvoirs les plus étendus pour agir au nom de la société dans la limite de son objet social et engager la société à tous égards. Si les fonctions du gérant sont interrompues pour quelque raison que se soit, l'associé commandité (une filiale indirectement détenue par la Walt Disney Company) dispose du droit exclusif de désigner son successeur. Le gérant peut démissionner avec un préavis de six mois donné au conseil de surveillance et, par ailleurs, peut également être révoqué dans les cas suivants : pour incapacité, y compris faillite ou redressement judiciaire, par l'associé commandité ; pour toute autre raison, avec l'accord conjoint de l'associé commandité et des détenteurs de la majorité des deux tiers du capital d'Euro Disney SCA en assemblée générale extraordinaire ; ou par un tribunal, pour fraude ou faute grave de gestion. Le gérant (Euro Disney SA), conformément aux statuts, a droit à une rémunération de base et à une rémunération de rendement annuelles ainsi qu'à une rémunération sur la vente des hôtels (35 % des plus-values avant impôts). En outre, les statuts prévoient que le gérant a droit au remboursement par Euro Disney SCA de toutes les dépenses directes ou indirectes qu'il aura supportées. La rémunération de base est à l'origine égale à 3 % (devant passer à 6 % en 1997) du chiffre d'affaires total d'Euro Disney SCA, diminué de 0,5 % du bénéfice de l'exercice considéré.
- Les membres du conseil de surveillance sont élus par les actionnaires. Les statuts exigent un minimum de trois membres, chacun d'entre eux devant être actionnaire. Son rôle est de contrôler la marche des affaires et la gestion d'Euro Disney SCA. Il donne son opinion sur la performance d'Euro Disney SA et soumet son rapport sur les comptes annuels d'Euro Disney SCA à l'assemblée générale des actionnaires. La durée des fonctions des membres du conseil de surveillance est de trois ans.

- L'associé commandité est responsable indéfiniment du passif d'Euro Disney SCA. Cet associé est EDL Participations SA contrôlée à 99 % par EDL Holding Company, une filiale indirectement détenue à 100 % par la Walt Disney Company. EDL Participations ne peut perdre sa qualité d'associé commandité sans son consentement et ne peut céder aucune partie de sa participation en tant qu'associé commandité sans que les détenteurs de la majorité simple du capital approuvent cette cession lors d'un vote en assemblée générale d'actionnaires. Un vote unanime des actionnaires est nécessaire pour autoriser le transfert de l'intégralité de la participation d'EDL Participations. Une résolution ne peut être adoptée par les actionnaires lors d'une assemblée générale qu'avec l'approbation préalable de l'associé commandité. L'associé commandité a le droit de recevoir chaque année 0,5 % des bénéfices d'Euro Disney SCA.
- Les actionnaires sont convoqués aux assemblées générales et délibèrent. Chaque actionnaire dispose d'un nombre de voix égal au nombre d'actions d'Euro Disney SCA qu'il détient ou représente. Les actionnaires en tant que tels ne sont pas responsables du passif d'Euro Disney SCA.

Euro Disney SCA exploite le parc à thèmes, le Disneyland Hotel, le Ranch Davy Crockett et le parcours de golf. EDL Hôtels SCA, une filiale détenue à 99 % par Euro Disney SCA qui exploite le Disney Village et tous les autres hôtels est régie par les mêmes principes que sa société-mère. Ainsi, l'associé commandité d'EDL Hôtels SCA est EDL Hôtels Participants SA, détenue à 99 % par Euro Disney SCA. Le gérant d'EDL Hôtels SCA est Euro Disney SA qui est également gérant d'Euro Disney SCA.

La deuxième société-pivot proposée par Janet Johnson est une société en nom collectif (SNC). La SNC, société de personnes où l'*intuiti personae* est très fort (les associés sont peu nombreux et se font mutuellement confiance) impose à tous les associés un certain nombre de règles particulièrement contraignantes, chacun d'eux ne pouvant céder ses parts que si la cession est autorisée par tous les autres associés. De cette manière, la Walt Disney Company est assurée, en ne détenant que 16 % des parts de ne pas voir le capital de sa société ouvert à des capitaux allogènes. Seule une dissolution judiciaire demandée par l'un des associés pourrait lui permettre de se retirer d'Euro Disneyland SNC. Ses principaux avantages se résument ainsi : pas de capital minimum, possibilité de libérer totalement le capital lors de la constitution, grande stabilité du ou des gérants associés (révocables à l'unanimité), possibilité de « fermer » la société (cessions de parts à l'unanimité), défiscalisation totale si l'entreprise rentre dans le champ d'application de la mesure d'exonération d'impôt sur les bénéfices des entreprises nouvelles. Ses principaux inconvénients demeurent tout de même la responsabilité solidaire et indéfinie de tous les associés, le formalisme du fonctionnement (décisions collectives), la difficulté pour quitter la société (cession des parts à l'unanimité). Cette structure convient donc surtout aux porteurs de projet qui désirent créer une société fermée composée uniquement de personnes qu'ils connaissent bien et en qui ils ont confiance. Au 30 septembre 1989, Euro Disneyland SNC est détenue à 21 % par la BNP, 20 % par le Crédit Agricole, 17 % par EuroDisneyland, 10 % par Kodak Pathé, 7 % par le Crédit National, 5 % par Indo Suez, 2 % par la Caisse Centrale Banques Populaires, 2 % par la BRED, 1 % par Casden Banques Populaires et enfin 1 % par la Société du Louvre.

Euro Disneyland SNC – puis, après la restructuration financière de 1994, Euro Disney Associés SNC – sont deux sociétés de financement de la phase IA. Euro Disneyland SNC est propriétaire du parc à thèmes et le loue à Euro Disney Associés SNC, une filiale intégralement détenue par la Walt Disney Company, en vertu d'un contrat de crédit-bail conclu dans le cadre de la restructuration financière de 1994. Euro Disney Associés SNC sous-loue à son tour le parc à thèmes à Euro Disney SCA. Les associés d'Euro Disneyland SNC sont des banques, des institutions financières et sociétés qui détiennent au total 83 % du capital, et Euro Disneyland Participations SA, filiale de la Walt Disney Company contrôlée indirectement à 100 %, qui en détient 17 %. Euro Disney SCA est solidairement responsable pour une grande partie de l'endettement d'Euro Disneyland SNC. Les associés sont indéfiniment et solidairement responsables des obligations financières d'Euro Disneyland SNC. Sa gestion est assurée par la Société de Gérance d'Euro Disneyland SA, filiale de la Walt Disney Company contrôlée indirectement à 99 %. Plus tard, six sociétés de financement seront crées pour le financement de la phase IB, c'est-à-dire des hôtels et du centre de divertissement.

Les deux sociétés-pivot sont constituées le 27 avril 1989. Le montage financier est astucieux : Euro Disneyland SNC réalise les investissements et rétrocède le droit de les exploiter sous forme de crédit-bail à Euro Disney SCA. Le loyer de ce crédit-bail, très inférieur à l'amortissement en dix ans des investissements, dégage des pertes fiscalement déductibles par les entreprises constitutives. Euro Disney SCA perçoit les recettes, assume les dépenses (y compris le loyer) et dégage un bénéfice pour ses actionnaires. En tout, ce sont près d'une trentaine de sociétés aux statuts très divers, filiales ou non de la Walt Disney Company, qui gravitent autour du projet Euro Disney.

Le potentiel pour la Walt Disney Company est énorme. Dans un prospectus destiné aux investisseurs privés, S.G. Warburg Securities estime que le parc générerait près de 5,5 milliards de francs de chiffres d'affaires dans sa première année. Les profits opérationnels s'élèveraient à 2 milliards de francs. Cela signifierait près de 390 millions de francs en royalties et frais de direction pour Disney sans compter sa part d'environ 300 millions de francs en dividendes que la nouvelle compagnie espère reverser. Au début des années 2000, Warburg estime que Disney collectera plus de 4 milliards de francs par an en frais de management et en royalties, sans compter le paiement des dividendes. Un profit supplémentaire viendra de l'opération immobilière. Euro Disney a racheté 600 hectares pour la première tranche et a trente ans pour racheter le reste à prix coûtant (terrain et viabilisation). On estime la plus-value à 10 milliards de francs.

Cependant, tout dépend des résultats la négociation que Joe Shapiro mène auprès des Français. Payer quelques francs de plus que prévu par hectare pourrait faire s'envoler les coûts pour Disney. Shapiro parle assez bien le français et Jean-René Bernard parfaitement l'anglais. Pourtant, les deux hommes, de peur que le moindre mal-entendu ne puisse affecter la négociation, discutent souvent par l'intermédiaire d'interprètes. Durant les quinze mois de discussions, la négociation a failli échouer plusieurs fois. Le problème le plus sérieux auquel les deux parties sont confrontées est le tarif préférentiel auquel Disney achèterait les 2 000 hectares. A la fin, le gouvernement français accepte pour un prix entre dix et onze francs le mètre carré, en gros le prix de 1971. Disney peut ensuite décider soit de revendre soit de louer ces terrains aux chaînes hôtelières, grandes surfaces ou entreprises. Ces locations ou ventes ne s'effectuent pas sur la base du prix agricole mais du mètre carré de bureau ou de commerce. Soit un bénéfice attendu de 200 millions de francs. Disney a aussi gagné une concession supplémentaire. Le contrat limiterait le prix du terrain à l'augmentation du taux d'inflation même si Disney met vingt ans à acheter tous les terrains.

Construire le parc créera probablement 30 000 emplois. Disney a l'intention d'embaucher 11 000 employés à son ouverture en 1992 et plus de 65 000 lorsque les parcs et les hôtels supplémentaires seront construits en 2011. En plus, les dirigeants français ont estimé que le nouveau parc Disney apporterait 3,85 milliards de francs de devises étrangères chaque année.

Mais Disney ne s'arrête pas là. Pour convaincre les derniers réticents, des visites tous frais payés sont organisées à Walt Disney World en Floride. Michel Giraud et Paul Séramy s'y étaient déjà rendu les 8 et 9 juillet 1985. Séramy y est retourné avec une délégation du Conseil général fin septembre. Le 9 mars 1986, à l'initiative de Séramy toujours, les maires des communes concernées sont également reçus. Le 4 octobre 1986 débutent les festivités marquant le quinzième anniversaire du parc d'Orlando couplées avec celles du Bicentenaire de la Constitution américaine. La fête s'étale sur plus de six mois. Le 2 novembre, Laurent Devillers, directeur du comité départemental du tourisme, suite à son séjour à Orlando en compagnie de responsables seine-et-marnais, déclare : « Nous avons été impressionné par l'importance donnée à l'environnement. Le site n'agresse jamais l'œil. ». Cinq jours plus tard, nouveau voyage à Walt Disney World à l'invitation de l'EPA-Marne d'un certain nombre d'élus des secteurs II et III de Marne-la-Vallée.

Le travail de Shapiro est harassant. Souvent, une bouteille de Coca-Cola est ouverte près de son lit de l'hôtel Bristol à Paris afin de rester éveillé. Quand il est trois heures du matin à Paris, l'équipe Disney à Burbank en Californie finit juste une de ses fréquentes réunions de l'après-midi. Quand Shapiro dort, c'est soit Gary Wilson soit Frank Wells qui lui téléphone. Souvent c'est Wilson. Quand Shapiro a commencé les navettes entre Paris et Burbank, Wilson a pris ses fonctions de directeur financier chez Disney. Petit à petit, EuroDisneyland est devenu le bébé de Wilson. C'est Wilson qui presse Shapiro de négocier plus durement quand les discussions s'embourbent sur le taux d'intérêt préférentiel du crédit se montant à près de 5,5 milliards de francs. Shapiro se souvient : « Je lui disais, je pense que 8 %, c'est le taux d'intérêt le plus bas qu'ils puissent accorder. Alors Gary Wilson disait : "Je pense que tu peux obtenir 6,75 %". » Les Français accorderont finalement le prêt pour un taux imbattable à l'époque de 7,85 %. Gary Wilson ne joue pas simplement serré. Chaque point de pourcentage gagné, c'est autant d'intérêt en plus pour les investisseurs. Et c'est la même chose pour le prix le plus bas possible du terrain. Eisner reconnaît qu'ils avaient mis en place une sorte de code permettant de noter leurs exigences sur une échelle allant de 1 à 10. « Une fois, nous avons insisté pour que Joe [Shapiro] obtienne un 10 sur un point précis – en faisant croire à la partie adverse que nous abandonnerions le jeu s'ils ne se rendaient pas à nos conditions. « J'ai décroché un 12 » nous annonça Joe d'un ton triomphal, lorsque nous l'avons appelé le lendemain. Au lieu de me réjouir, cette nouvelle me laissa sur ma faim. « Puisque tu as obtenu un 12 aussi facilement, dis-je, tu dois revenir à la charge et décrocher un 13 ». La plupart du temps, Joe et son équipe remportaient la mise. »

Avant même qu'Eisner et Chirac n'apposent leurs signatures sur le contrat final, Gary Wilson a commencé sa propre navette en Europe. Depuis des mois, Wilson travaille sur Finsbury Street à Londres dans les bureaux de S.G. Warburg, la société financière londonienne qui allait vendre les actions au public. Wilson est assisté dans sa tâche par deux autres financiers : John Forsgren et Judson Green.

Le 9 novembre 1986, Jim Cora déclare : « Si la signature n'est pas acquise pour le 18 décembre prochain, tout dépendra de la raison pour laquelle elle n'aura pu avoir lieu. S'il s'agit, par exemple, d'un problème n'ayant pu être encore étudié, les deux parties peuvent décider d'une nouvelle prolongation de 60 et même 90 jours de discussions. » Paul Séramy souhaite une signature rapide de la convention : « Nous sommes dans la dernière ligne droite et il ne s'agit pas de dire aux Américains « Je t'aime moi non plus », mais de prouver, une bonne fois pour toutes, que nous avons l'intention de les avoir chez nous. » C'est que chaque partie essaie d'obtenir des concessions de dernière minute. Ainsi, François Léotard assure-t-il qu' « un usage prioritaire du français sera respecté à l'intérieur du parc, notamment pour ce qui concerne la signalétique. En outre, la société Disney devra tenir compte des références architecturales françaises dans la conception de certains éléments du parc, et d'une façon générale, l'héritage et les traditions françaises seront pris en compte à travers la conception des attractions nouvelles. » Quant à Disney, il demande l'introduction dans le contrat de la notion de « zone de protection commerciale », inconnue en droit français. Après un léger flottement, la proposition est acceptée : Disney n'aura aucun concurrent dans les dix kilomètres à la ronde.

Reste à désigner le PDG d'EuroDisneyland pour le 12 mars 1987. Ce n'est pas Armand Bigle, patron des Walt Disney Productions France mais Robert Fitzpatrick. Né à Toronto, diplômé en philosophie et en langues romanes, c'est notamment grâce à une bourse du gouvernement français qu'il a pu faire une partie de ses études en France à partir de 1965. Ancien maître assistant de français à l'Université du Maine, il a dirigé, pendant douze ans le California Intitute of the Arts avant de fonder en 1985 le Festival de Los Angeles. Un de ses collègues remarque : « Ce n'est pas un Américain comme les autres. Il a lu Balzac et il sait que l'Espagne est en bas à gauche de la carte. » Il a occupé, de plus, entre 1980 et 1984, les fonctions de vice-président chargé des affaires culturelles du Comité d'organisation olympique de Los Angeles et de directeur du Festival des arts olympiques. En 1984, il a été nommé officier de l'Ordre des Arts et des Lettres ainsi que chevalier de l'Ordre National du Mérite. Il est, en outre, très apprécié de Chirac et de Giraud et parle parfaitement français. Il est marié à une française, Sylvie Blondet et ont trois enfants : John, Michael et Claire. Toute la famille s'installe alors à Paris à partir du 12 mars 1987. Cette nomination est bien sûr un signe de la bonne volonté de Disney de s'acclimater à la France. Pour pallier son manque d'expérience dans la direction d'une société de cette importance, Jim Cora est nommé directeur général. Eisner dit de Fitzpatrick : « Il n'avait rien d'un homme d'affaires, mais possédait le goût du risque et une remarquable force de conviction (…). Nous plaçâmes Jim Cora sous ses ordres. En tant que directeur du parc, il nous était très précieux, car il connaissait parfaitement chaque détail de nos installations. Jim était un homme rationnel. Américain jusqu'au bout des ongles, il refusa de se mettre au français et, durant les sept années qu'il passa à Paris, se débrouilla avec les quelques mots qu'il savait. Jim et Bob [Fitzpatrick] avaient des personnalités radicalement opposées, mais leurs compétences semblaient complémentaires. Malheureusement, ils ne s'entendaient pas. » A l'été 1988, Michael Eisner et Frank Wells font tout pour combler le fossé les séparant sans grand succès.

Le lendemain de l'annonce de cette nomination, Michel Giraud déclare que « l'issue est proche. La signature pourrait intervenir avant la fin de ce mois ou courant avril. Il ne reste à régler que quelques menus détails ». Il en profite pour présenter le sondage SOFRES effectué pour le compte du Conseil régional. Le sondage a été réalisé du 6 au 10 février 1987 auprès d'un échantillon national de 1 000 personnes âgées de 18 ans et plus. 84 % des Français savent qu'un parc d'attractions Disney doit s'installer en région parisienne et pensent que c'est une bonne chose pour le pays, notamment en matière d'emplois (82 %). Par contre, seulement 21 % des Français pensent que Disney entraînera la création d'un pôle d'activité important et 35 % estiment que cela accroîtra la rentrée de devises. Ce plébiscite est encore plus fort chez les personnes interrogées ayant des enfants de moins de 15 ans. Moins de 10 % sont contre l'implantation de Disney en France. Même les agriculteurs sont 70 % à être favorables tout comme 76 % des sympathisants communistes. Gilles Smadja en comprend le résultat : « En vérité, les dés sont pipés. Car qui est vraiment au courant du volet immobilier de ce projet, de l'infime partie que représente en réalité le parc d'attractions, de l'ampleur des concessions faites par la France, des fantastiques gâchis économiques d'une telle opération ? Poser la question suffit pour y répondre. Quand un sondeur demande à un Parisien ou à un banlieusard s'il est pour ou contre EuroDisneyland, dans l'état actuel des informations portées à la connaissance publique, et compte tenu de l'omniprésence médiatique de l'univers Disney, cela revient en fait à lui demander s'il est pour ou contre un parc où les enfants iront tirer les oreilles de Mickey, faire coin-coin avec Donald Duck ou espérer que Blanche-Neige échappe au destin tragique que lui promet la méchante reine. » Ce sondage nous apprend aussi que 86 % des Français ont de la sympathie pour les personnages Disney et que 65 % déclarent dès aujourd'hui qu'ils se rendront à EuroDisneyland principalement en voiture (53 %) et qu'ils dépenseront jusqu'à 300 francs par jour.

Cette fois tout est prêt. Le 24 mars 1987, la convention définitive peut être signée à l'Hôtel Matignon.

LA CONVENTION DE 1987

Jacques Chirac, Premier ministre, Michael Eisner, PDG de The Walt Disney Company (jusqu'au 6 février 1986, la dénomination était Walt Disney Productions), Pierre Méhaignerie, Ministre de l'Aménagement, Michel Giraud, Président du Conseil régional d'Ile-de-France, Paul Séramy, Président du Conseil général de Seine-et-Marne, Jean Poulit, Directeur général de l'EPA-Marne et le Président de la RATP sont tous réunis ce mardi 24 mars 1987 à l'Hôtel Matignon pour la signature de la convention définitive à 9h30. Tout a fini par s'arranger finalement. Il y a quand même une chose que Chirac refuse de la part de Disney : Eisner avait souhaité que ce soit le personnage de Mickey Mouse qui vienne signer la convention... Il reçoit quand même en cadeau un cellulo original montrant la Sorcière offrant à Blanche-Neige la pomme empoisonnée. Le Premier ministre déclare après la signature : « C'est la première fois que des personnes publiques françaises, l'Etat, la région et le département de Seine-et-Marne, s'engagent dans un contrat d'aménagement avec une société privée (...) Nous le faisons sans réticence et sans réserve. (...) Vous êtes un partenaire prestigieux, créatif, entreprenant et méthodique et réaliser avec Walt Disney Company une telle opération est, pour nous, une garantie de succès (...) Ailleurs, par tout le pays, des parcs de loisirs sont en construction ou en projet, ce qui veut dire que dans les cinq années qui viennent, notre pays a pour programme de moderniser son industrie touristique et des loisirs. (...) Les conditions financières sont favorables à la France et à Disney (...) Les avantages sont justifiés par l'importance de l'investissement et les gains financiers que nous en attendons. » Puis, Chirac déclare : « You know my English is not very good unfortunately but I try... This agreement with Walt Disney Company is a very, very interesting contract, an affair. »

Le dossier de presse diffusé par la mission de négociation lors de la signature évoque un contrat qui « marquera une étape dans l'évolution du droit français : il constitue en effet une synthèse des interventions des différents secteurs publics et privés en vue de réaliser dans le long terme un projet permettant de mettre l'intérêt privé au service de l'intérêt général. »

Michael Eisner prend à son tour la parole : « C'est au nom de plus de trente mille personnes travaillant pour Disney dans le monde que je voudrais vous remercier de vous associer à nous en ce jour historique. Laissez-moi seulement regretter que, pour le moment, mon français ne me permette pas de m'adresser à vous plus directement et qu'il me faille faire appel à un interprète pour répondre tout à l'heure à vos questions. Veuillez donc m'excuser de continuer à lire. Nous sommes ici, aujourd'hui, pour conclure l'accord sur lequel nous travaillons depuis un an avec le gouvernement français. Lorsque je dis « nous » je pense tout particulièrement à Robert Fitzpatrick, qui vient de nous rejoindre depuis peu pour présider au développement d'EuroDisneyland en France, après avoir été pendant treize ans le président de l'Institut des arts de Californie, fondé par Walt Disney en 1968. Parfait francophone, il est aussi un authentique francophile : sa connaissance de la France en même temps que la reconnaissance de ses efforts pour le développement de la culture lui ont valu deux décorations majeures de votre pays. Je crois que pour ce projet, il est vraiment l'homme de la situation. « Nous », c'est également le propre fils du fondateur de notre compagnie, Roy Disney, qui est aussi, avec sa femme Patti, notre ambassadeur bénévole à travers le monde, alors qu'il exerce la double fonction de vice-président et de directeur général du secteur de l'animation cinématographique. L'accord que nous allons sceller nous a demandé un an de longues et méticuleuses discussions. Il est donc très important pour les deux parties – car, pour notre part, nous espérons bien rester ici longtemps ! La longueur de nos discussions n'aura pourtant pas été inutile : nos échanges de vues se sont déroulés dans un esprit de coopération qui assure d'ores et déjà le succès de cette opération. Comme vous le savez, nous avons consacré beaucoup de temps et d'efforts à l'examen de sites européens propices à la construction d'EuroDisneyland. Mais durant tout ce temps, nos cœurs avaient déjà choisi Paris. Nous pensons que la France est le pays idéal pour accueillir EuroDisneyland. Il est difficile d'imaginer une terre plus riche en traditions artistiques. C'est en tant que respectueux bénéficiaires de cette richesse culturelle que nous venons en France. Nous sommes reconnaissants envers les Français et envers leur gouvernement de nous donner la possibilité d'apporter la magie Disney en Europe. Nous avons choisi la région parisienne pour plusieurs raisons : sa population, sa fonction de pôle d'attraction touristique, ses excellents équipements en autoroutes et en aéroports qui permettront d'accueillir les visiteurs venus de toute l'Europe. Mais avant tout, nous avons souhaité être à Paris parce que tout le monde a deux villes dans son cœur : la sienne et Paris. Nous sommes enchantés de notre emplacement à Marne-la-Vallée. Parmi les deux cents sites que nous avons examinés, il est le meilleur. Walt Disney était un homme vraiment unique, américain mais citoyen du monde, qui savait parler à toute la planète à travers ses dessins animés. La magie de ses films a franchi les côtes américaines, traversé toutes les frontières, effacé toutes les barrières linguistiques et culturelles. Il a conçu le parc d'attractions comme un film en trois dimensions. EuroDisneyland, une fois encore, sera notre ambassadeur, le témoignage vivant de la conception d'un grand visionnaire. En France, nous espérons devenir un point de référence international, et un symbole supplémentaire et durable de la longue tradition d'amitié et d'échanges qui unit nos pays. »

Robert Fitzpatrick prend à son tour la parole : « *Heureux qui, comme Ulysse, a fait un beau voyage*... Ce vers de du Bellay, l'un des premiers que j'aie appris en français, me semble particulièrement bien choisi, puisque cette occasion représente pour ma famille et pour moi-même la possibilité de retourner en France. Il y a vingt-deux ans, je suis venu en Europe et en France pour la première fois grâce à une bourse du gouvernement français. C'est ici que j'ai rencontré ma femme, et c'est ici que deux de mes enfants sont nés. C'est aussi ici, à Avignon, que j'ai découvert ce qu'est un festival et la possibilité de rendre les arts accessibles à un public vaste et divers. Pour moi, la présidence d'EuroDisneyland représente le croisement de plusieurs fils de ma vie – une affection pour la France et la culture française, un intérêt pour les arts et l'architecture, et la possibilité d'apporter aux différents peuples d'Europe un parc d'attractions de haute qualité. EuroDisneyland est un projet énorme. C'est un parc d'attractions international et un lieu de loisirs qui emploiera directement plusieurs milliers de personnes et qui attirera des millions de visiteurs chaque année. Dans les mois qui viennent, nous allons être totalement immergés dans les plans et la mise en état du site, aussi bien que dans la création d'une société-pivot, et dans le montage financier d'un projet qui approchera les dix milliards de francs. Quand toutes ces phases seront achevées, le premier coup de pelle sera donné au cours de 1988. En nous fondant sur notre expérience du Disneyland de Tokyo, nous pensons passer quatre ans à construire la partie du parc que nous appelons *Magic Kingdom*. Le dessin du *Magic Kingdom* est entre les mains très expérimentées de Walt Disney Imagineering, groupe qui a déjà été responsable de Disneyland et de Walt Disney World aux Etats-Unis, ainsi que du Disneyland de Tokyo. Plusieurs de ces attractions qui ont démontré leur popularité dans ces parcs seront construites à Marne-la-Vallée. Mais nous n'allons pas nous limiter seulement à ce que nous avons créé dans le passé. Nous allons apporter tous les changements nécessaires à la parfaite harmonisation d'EuroDisneyland en France avec la culture et les aspirations du peuple français. Comme à Tokyo, nous allons devoir tenir compte non seulement d'une culture différente mais d'un climat différent. La chaleur de l'accueil devra compenser les températures moins clémentes que celles de la Californie. Ce qui ne changera pas, ce sera l'atmosphère d'aventure et d'enthousiasme que l'on ressent lorsqu'on entre dans le *Magic Kingdom*. Jusqu'à présent, j'ai seulement parlé du *Magic Kingdom*, mais en fait, le parc d'attractions n'est qu'une petite partie de l'ensemble que nous voulons développer ici. EuroDisneyland sera une vraie station de séjour touristique, un endroit dans lequel les gens viendront et resteront plusieurs jours, et où ils pourront prendre part à un grand nombre d'activités. Pour assurer cela, nous avons l'intention de développer une large gamme d'aménagements pour compléter le parc. Il y aura des hôtels, des magasins, des restaurants et des attractions : golf, sports aquatiques et camping. Nous voulons aussi réaliser des salles de congrès et toutes les installations qui vont avec. Si ces projets réussissent, comme nous le pensons, nous envisageons d'aménager un deuxième parc à thèmes, totalement différent et séparé du *Magic Kingdom*. Nous sommes tout à fait conscients des questions légitimes qu'engendre un projet de cette taille sur le plan de l'environnement. Laissez-moi vous assurer que nous allons prêter la plus grande attention à toutes les questions qui ont été soulevées. Nous avons travaillé dur pour prouver notre bonne volonté à quatre administrations différentes. Nous leur avons démontré que Disney est une société responsable, animée d'un véritable esprit de coopération. Nous avons un immense respect pour l'écologie naturelle et pour l'environnement. Je suis sûr que vous nous trouverez dignes de votre confiance en voyant ce que nous faisons et comment nous le faisons. La réputation de Disney au sujet de l'environnement est excellente. Nous sommes de bons voisins. Marne-la-Vallée nous donne une impression confortable de déjà vu. En 1955, lorsque nous avons ouvert Disneyland à Anaheim, en Californie, cette ville était aussi une ville nouvelle. On aurait pu dire la même chose d'Orlando, en Floride, lorsque les portes de Walt Disney World se sont ouvertes en 1971. Aujourd'hui, ces deux villes sont des communautés actives et pleines de vitalité, économiquement aussi bien que culturellement. L'accord que nous venons de signer fait de nous les partenaires d'un projet qui, lui aussi, concerne des millions de personnes. Son impact économique se chiffre en plusieurs milliers d'emplois nouveaux. Mais son rayonnement échappera très vite aux statistiques. Car notre ambition, c'est, bien sûr, de divertir. C'est aussi de donner un peu plus de bonheur à des milliers de familles européennes. C'est, en un mot, de rêver ensemble… »

Michel Giraud confie qu'« après vingt ans passés au service de la Région, puisque j'ai été élu au district en 1967, je vois mes efforts d'aménagement couronnés. » Paul Séramy, plein de malice affirme : « Cette fois, c'est la souris qui accouche d'une montagne. » Il suffit ensuite de traverser la rue Barbet-de-Jouy pour aller à la réception donnée au Conseil régional d'Ile-de-France. Chablis, Bordeaux et Champagne sont accompagnés d'un gâteau de deux mètres de haut surmonté de deux grandes oreilles de Mickey et des pattes de Donald. Marie-Laure Augry ouvre le journal de treize heures sur TF1 avec sur le plateau Michel Giraud et Michael Eisner : « Bonjour. Un « ouf » dans l'actualité de ce matin. Le « ouf » que vient de soupirer Michel Giraud, président du Conseil régional d'Ile-de-France. Eh oui ! Ça y est ! Mickey à Marne-la-Vallée ! Le projet est dans la main. Tout a été signé ce matin. » Un reportage consacré au parc indique : « Cinq cents hectares pour une première tranche en 1992. Deux mille au total. Il y aura le parc de Mickey bien sûr mais aussi des hôtels, des résidences, un centre commercial et même des logements, un camping, des bureaux, des golfs, un parc aquatique et un centre technologique. Tout cela pour la bagatelle de 45 à 55 milliards de francs. Au cœur de ce dispositif, une société-pivot dont le capital est détenu à 40 % par Disney et les Américains, 60 % par les Français et les Européens. Mais pour attirer Mickey, il aura fallu en passer par Oncle Picsou. Beaucoup de discussions serrées et des concessions importantes de l'Etat, de la région Ile-de-France et du département Seine-et-Marne : 1,6 milliard pour prolonger RER et autoroutes et aménager l'accès au site, un prêt de 4 milliards à un taux préférentiel, une TVA réduite pour la plupart des activités sans compter l'expropriation de 2 000 hectares de terrain. Il faudra donc que le parc tienne ses promesses, des promesses suffisamment alléchantes pour convaincre deux gouvernements successifs de faire aboutir le projet : 4 000 emplois par an pendant la construction, 30 000 permanents pour l'exploitation. Et puis on attend 10 millions de visiteurs par an et 6 milliards de francs de devises. » Michel Giraud précise dès le début de l'interview : « C'est une bonne affaire pour les deux parties. » Eisner poursuit : « Ce sera un produit Disney et ce sera un produit Disney français parce que c'est avec le plus vif intérêt pour la culture française et aussi pour l'héritage de Walt Disney qui est représenté d'ailleurs dans la culture européenne que ce soit Blanche-Neige, Cendrillon, Pinocchio. Tous ces grands spectacles en Amérique sont venus de légendes européennes. » Michel Giraud revient sur la genèse du projet : « La décision d'installer un EuroDisneyland est venue de la Walt Disney Company. Il y avait deux cents sites possibles et il s'est trouvé que Marne-la-Vallée a été choisi parce qu'il est apparu comme le meilleur site en Europe : la densité de population rayonnante, le passage international, les aéroports et puis, permettez-moi de le dire, l'environnement culturel de Paris, de l'Ile-de-France. » Eisner affiche une sereine confiance : « Nous avons réussi à Tokyo, en Californie, en Floride. Il n'y a pas de meilleur site que Marne-la-Vallée dans le monde. (...) Nous avons visité l'Italie, l'Espagne, la France et rien ne semble égaler la qualité de l'environnement, du transport, des hommes et des femmes. Ce sera d'abord un *Magic Kingdom*. » Giraud conclut : « A partir de demain va se constituer une société-pivot de droit français. Il va y avoir aussi un comité de suivi associant l'Etat, la région, le département, la société-pivot. » Pour terminer, il évoque bien sûr le plébiscite populaire des Français. Eisner : « Nous commençons cet après-midi ! » et rassure les parcs d'attractions locaux. A vingt heures, Bruno Masure sur TF1, ne consacre qu'une brève minute au sujet, placé en huitième position. Sur Antenne 2, William Leymergie place l'information en troisième position à treize heures. A l'antenne, Jean-René Bernard se justifie presque : « Il y avait des promesses qui avaient été faites lorsque le précédent gouvernement avait avalisé les propositions qui avaient été faites par mon prédécesseur. Ces promesses ont été tenues, ce qui était bien naturel, parce que ça faisait partie d'un équilibre d'ensemble. » Leymergie accueille ensuite Robert Fitzpatrick sur le plateau et l'interroge sur la part très limitée de la participation financière de la Walt Disney Company dans le projet. Fitzpatrick élude la question : « La question est complexe. Nous n'allons pas que être gérants comme au Japon mais partenaires. Nous espérons même aller en bourse... Tout cela, c'est un peu tôt. Restent six à huit mois pour décider du financement, de la société-pivot. (...) Jules Verne a été notre professeur de rêves. Il a eu une influence extraordinaire sur notre imagination. (...) Il y a dans les mois à venir des décisions essentielles à prendre sur le contenu du parc. » Leymergie cite ensuite le contrat : « Dans le protocole, il est dit qu'une ou plusieurs attractions devront évoquer l'héritage culturel et historique français et européen » Fitzpatrick répond immédiatement : « Ce n'est pas seulement par contrat mais par affection et par amour et par respect pour la culture française qu'il y aura une partie très importante pour la culture française dans le parc. » Leymergie évoque pour finir les plaintes des agriculteurs auxquelles Fitzpatrick répond par : « Nous sommes tous partenaires. »

  Sur Antenne 2, Bernard Rapp au journal de vingt heures, évoque le sujet en cinquième position : « C'est la première fois que les pouvoirs publics signent avec une entreprise privée un contrat d'équipement ». Un reportage dépeint ensuite « le système Disney » à Orlando. Le journaliste demande à des Français travaillant à EPCOT s'ils pensent qu'il est possible d'adapter ce système en France [barbe rasée, etc.] : « Non !!! Ce sera difficile. Les Français ne pourront jamais s'adapter à ça ! Manque de discipline ! »

Au micro de FR3, Odette Pasqualini, maire de Chessy, commente la nouvelle de la signature : « Etonnement, surprise, inquiétude au départ. Mais aujourd'hui, nous sommes satisfaits. »

Le lendemain, le 25 mars, Jacques Chirac est l'invité de *L'heure de vérité* et se réjouit de la signature tout comme Fabius l'avait fait dans *Parlons France* quelques mois plus tôt.

Que contient exactement cette convention ? Gérard Burlet, conseiller général de Seine-et-Marne, dans *Euro Disney : Marne-la-Vallée* en dresse un premier inventaire en avril 1987. La signature du contrat n'est qu'une première étape, nécessaire mais non suffisante avant la mise en œuvre réelle du projet. Elle va permettre la mise en place du cadre financier (recherche du capital nécessaire à la réalisation du projet) et juridique (constitution de la société-pivot qui réalisera et exploitera le projet). Ce n'est que lorsque ceci sera achevé que pourront débuter les grands travaux d'infrastructures pour une ouverture prévue à l'horizon 1992. Néanmoins, le contrat du 24 mars 1987 détermine très précisément quels sont et seront les droits et devoirs de chacune des parties.

Si les travaux ne peuvent commencer que sous certaines conditions, c'est que l'urbanisation du secteur IV de Marne-la-Vallée a conduit – afin de ne pas bouleverser les équilibres prévus au SDAU, d'éviter tout aménagement anarchique, d'assurer une grande cohérence à l'aménagement de l'ensemble du secteur et de permettre la réalisation du projet dans les meilleures conditions possibles – les pouvoirs publics à anticiper cette urbanisation en prenant un certain nombre de mesures appropriées. Ont donc été successivement engagées les procédures suivantes : création de la ZAD du secteur IV permettant d'assurer une maîtrise foncière sur ce territoire ; création d'une agglomération nouvelle englobant les cinq communes directement concernées par le projet et qui confère à la zone la qualification d'Opération d'intérêt national ouvrant droit à un certain nombre de financements privilégiés au bénéfice de la collectivité support ; mise en place d'une structure de coopération intercommunale, le Syndicat d'agglomération nouvelle (SAN) ; mise en place d'un établissement public d'aménagement destiné à acheter, viabiliser, aménager et revendre les terrains ; établissement d'un Projet d'intérêt général (PIG) fixant l'aménagement d'ensemble du secteur IV afin d'en garantir l'harmonie et de préserver le caractère briard des bourgs existant au sein de cette partie de la ville nouvelle.

En dehors de ces actions « d'anticipation », les pouvoirs publics français interviennent par le biais d'actions « d'accompagnement ». Les actions d'accompagnement post-contrat concernent le prolongement de la ligne A du RER jusqu'à l'entrée du parc (750 millions de francs répartis entre l'Etat, la région et la RATP) ; la réalisation de deux échangeurs sur l'autoroute A4 (140 millions de francs entre l'Etat et la région) ; les infrastructures primaires et la desserte du site (700 millions de francs entre l'Etat, la région et le département) ; la cession des terrains aménagés dans les mêmes conditions que dans toutes les villes nouvelles. Les actions d'accompagnement de « négociation » concernent une TVA à 7 % sur les tickets d'entrée (cette mesure, votée par le Parlement est valable pour tous les parcs à thèmes) ; des prêts à des conditions particulières (taux et différé d'amortissement) pour un maximum de 3,85 milliards de francs ; le recours à une procédure d'arbitrage en cas de litiges.

La Walt Disney Company s'engage, de son côté, à créer à Marne-la-Vallée, un parc à thèmes similaire à ceux des Etats-Unis et du Japon, ainsi qu'une zone importante de développement en périphérie du parc. Pour ce faire, la Walt Disney Company mettra à la disposition de la société-pivot les licences, brevets, dessins ainsi que les droits de propriété intellectuelle et industrielle nécessaire à la réalisation et à l'exploitation du projet. Il y aura une programmation régulière des phases d'aménagement afin de respecter l'équilibre entre les investissements publics destinés au financement des infrastructures et les investissements privés des superstructures. La Walt Disney Company, pour assurer la construction et l'exploitation du parc, constituera une société de droit français dite société-pivot, dont le capital sera détenu par au moins 50 % de personnes physiques ou morales françaises ou de la CEE et au moins à hauteur de 16,67 % par la Walt Disney Company. En attendant la constitution de cette société, la Walt Disney Company, à titre de garantie en cas d'abandon du projet de sa part, fera, sur un compte bloqué, un dépôt en numéraire de l'ordre de 550 millions de francs sur trois ans. La société pivot s'engage, à des conditions de prix équivalentes, à faire appel à des entrepreneurs ou fournisseurs français ou de la CEE à hauteur de 60 % pour l'ingénierie et l'architecture, et de 90 % pour l'approvisionnement du parc. De même, elle s'engage à poursuivre un objectif minimum de créations d'emplois et à faire bénéficier l'environnement local de retombées favorables. Une garantie de trafic, indexée sur l'indice transport de l'INSEE, au profit de la RATP, ainsi qu'une garantie de recettes au département de Seine-et-Marne sont accordées. La Walt Disney Company s'engage à ne pas participer à la réalisation d'un projet concurrent dans un autre pays européen pendant une certaine période. La langue française sera utilisée pour la signalisation et les attractions. Enfin, la société-pivot devra prendre en compte les thèmes de la réalité et de l'héritage culturel et historique français et européen lors de la conception et de la réalisation du parc. Une nouvelle attraction sera imaginée et réalisée à cet effet.

Dès juin 1986, l'Etat a engagé une procédure d'agglomération nouvelle et a facilité le regroupement des cinq communes du projet sous la forme d'un Syndicat d'agglomération nouvelle. Trois ZAC sont créées. Le parc et le centre de divertissement se trouvent dans une Zone d'aménagement concerté de 350 hectares sur les communes de Chessy et de Coupvray, avec trois quartiers d'une surface de 216 hectares, en dehors des infrastructures publiques. Le quartier des attractions (150 hectares) comprend le parc à thèmes, les aires de services, un parking pour les visiteurs de 11 000 places et un parking pour les employés de 2 500 places ; le quartier du centre de tourisme (42 hectares) accueille un centre de divertissement et 3 200 chambres d'hôtel trois et quatre étoiles ainsi que des installations nautiques ; le quartier du lac (24 hectares) compte 2 000 chambres d'hôtels et une station-service. La seconde Zone d'aménagement concerté regroupe 296 hectares sur les communes de Magny-le-Hongre et Bailly-Romainvilliers. Il est prévu d'y réaliser un quartier résidentiel de 1 000 logements, de deux golfs et d'équipements publics (centrale téléphonique), des bâtiments commerciaux et administratifs, des équipements scolaires. La troisième Zone d'aménagement concerté couvre une superficie de 55 hectares sur la commune de Bailly-Romainvilliers. Elle comprend un camping, un centre sportif et de loisirs, des parkings, un poste de contrôle ainsi que des aires de service. L'objectif de cette opération immobilière est de créer à proximité du parc un véritable centre urbain, le Val-d'Europe (mais en réalité, le programme de la phase II ne sera signé que le 9 décembre 1997).

La première phase du projet à l'horizon 1991/1992 comprend un parc à thèmes appelé « le Royaume Magique » sur 60 hectares, soit 3 % de l'emprise totale de Disney. Les aménagements d'accompagnement à l'ouverture du parc visent à ne pas concurrencer les programmes de développement qui se déroulent pendant la même période sur les trois autres secteurs de Marne-la-Vallée, mais au contraire, d'en permettre la poursuite harmonieuse. Ainsi, dès l'ouverture du parc, il y aura un golf de 18 trous ainsi qu'un Club House (200 chambres) ; 5 000 chambres d'hôtel (2 à 4 étoiles) ; 22 000 m² de commerces, restaurants, spectacles ; 30 000 m² de bureaux ; 500 logements dont 300 collectifs ; 500

places de camping ; un parc d'activités de 5 000 m². Le terrain de camping dénommé *Fort Sauvage* sera d'une conception tout à fait nouvelle (un univers de forêts et de ruisseaux avec des clairières aménagées pour les campeurs, dotées de tous les équipements). Tous ces aménagements constituent l'amorce du centre-ville et du centre des affaires dont la réalisation s'étalera sur vingt ans. Les aménagements prévus à l'horizon 2017 prévoient, en chiffres cumulés depuis l'ouverture, l'extension du parc à thèmes ou la réalisation d'un deuxième parc, 18 000 chambres d'hôtel, 2 400 résidences hôtelières en multipropriété, deux golfs plus un Club House de 200 chambres ; un parc aquatique ; 5 400 logements dont 2 400 individuels ; 65 000 m² de commerces de détail, restauration, spectacles ; 90 000 m² de centre commercial régional ; 40 000 m² de centre de conférence ; 700 000 m² de bureaux ; 2 100 places de camping, caravaning, bungalows ; 750 000 m² de parcs d'activités.

La première phase du projet sera terminée quatre ans après le début des travaux prévu pour 1988. Cela représentera un investissement privé d'environ 15 milliards de francs. A terme, la réalisation du projet représentera 40 milliards d'investissements privés. Le conseiller général, Gérard Burlet, rappelle « qu'en comparaison le TGV Atlantique représente 10 milliards et le tunnel sous la Manche, 30 milliards [en réalité, 105 milliards de francs...]. » Avant d'évoquer l'impact national, régional et local, Burlet rassure ses administrés : « Ainsi Orlando (Walt Disney World) est-elle devenue le troisième site hôtelier des Etats-Unis après New York et Los Angeles. Ainsi s'est-il créé, depuis 1971, plus de 300 000 emplois ! Ainsi Tokyo Disneyland a-t-il entraîné une augmentation de visiteurs étrangers au Japon de l'ordre de 13 % ! Ainsi le comté d'Orange (Disneyland) a-t-il touché de Disney en trente ans plus de 30 milliards de centimes ! » Sans doute, le conseiller général essaie-t-il de semer le trouble en parlant tantôt en francs pour les dépenses, tantôt en centimes pour les recettes... Alors que le journaliste de *l'Humanité*, Gilles Smadja fait le contraire dans son livre *Mickey l'arnaque* !

Quelles sont exactement les retombées attendues (qui ne sont pas incluses clairement dans la convention mais qui sont des estimations) ? Le secteur des BTP est le plus concerné durant la construction. L'emploi « sera particulièrement privilégié pendant les quatre années de chantier avec une prévision de création de plus de 4 000 emplois par an dont les trois quarts en région Ile-de-France ». Pendant la période de fonctionnement, « création de 30 000 emplois permanents liés non seulement au parc mais à tous les aménagements (commerces, hôtels...) répartis entre 18 000 emplois directs dans les équipements fréquentés par les visiteurs dont 6 000 pour le parc lui-même et 12 000 emplois induits n'incluant ni les bureaux, les industries localisés sur le site. » Les dix millions de visiteurs attendus (dont 55 % d'étrangers) permettent d'espérer une recette touristique supplémentaire de l'ordre de 7 milliards de francs donnant un solde positif sur la balance des paiements d'environ 4 à 5 milliards par an. Une incidence sur l'activité par une augmentation de l'ordre de 0,25 à 0,30 % du PIB. Quant aux rentrées fiscales, elles devraient être importantes tant pour l'Etat que pour les collectivités locales (TVA, impôt sur les bénéfices, augmentation des impôts fonciers et des bases de la taxe professionnelle). Gérard Burlet rassure ses lecteurs : « Pour mémoire, rappelons que les 450 millions « mis » dans le projet par le Conseil général de Seine-et-Marne ne « coûteront » rien au contribuable puisque le département, en prévision des rentrées fiscales supplémentaires, a pris l'option de faire une affaire « blanche » sur dix ans ». Ouf !

Quel est l'impact au niveau régional et local ? Le projet EuroDisneyland entre parfaitement dans les objectifs de la politique de rééquilibrage de l'Est parisien. Ce projet doit accélérer de façon décisive ce processus et permettre de résister à la concurrence de l'Ouest parisien. Il sera le pôle extrême du grand axe tertiaire régional Est-Ouest, de Cergy à Marne-la-Vallée en passant par la Défense et doit contribuer à structurer le développement tertiaire de l'Ile-de-France. L'essentiel des bureaux construits ou aménagés le sont dans l'Ouest alors que l'Est accueille plus de logements que la moyenne. Ceci doit avoir deux conséquences directes : une meilleure utilisation des investissements régionaux par la rentabilisation des infrastructures telles que le RER et l'autoroute de l'Est ; un élargissement du bassin d'emploi pour les actifs résidents, ce qui doit contribuer ainsi à la réduction des migrations alternantes. « Sur le plan purement local, les retombées de la taxe professionnelles seront très importantes. » Enfin, la préfecture de Seine-et-Marne publie en 1987, *L'Eurodisneyland à Marne-la-Vallée* et constate que le parc « de par sa dimension médiatique apportera à Marne-la-Vallée, à la Seine-et-Marne et plus généralement à l'est parisien une image de marque, une notoriété, sans laquelle une région, un territoire ne peut plus espérer réussir dans un contexte d'aménagement du territoire concurrentiel. » Cependant, certains estiment que le développement ne peut être que linéaire, on ne pourra dès lors envisager raisonnablement des bureaux à EuroDisneyland que lorsque l'est de Paris (Gare de Lyon, Bercy, Tolbiac) aura achevé sa reconversion, que la banlieue proche sera tertiairisée jusqu'à Noisy-le-Grand, que les zones d'activités et de bureaux des secteurs II et III de Marne-la-Vallée seront en voie de saturation. On s'interroge alors. Peut-on réellement créer de toutes pièces et en quelques années un des pôles majeurs du développement de la région Ile-de-France ? Peut-on si rapidement renverser une tendance de développement vieille de plusieurs décennies ? Tel est l'objet du défi lancé par les promoteurs d'EuroDisneyland.

Denise Ragu et François Dugeny dans leur synthèse sur les *Effets prévisibles de l'Eurodisneyland dans son environnement de Seine-et-Marne* publiée par l'IAURIF en 1988 restent prudents dans leurs conclusions : « La réalisation de l'Eurodisneyland devrait contribuer à atténuer ce déséquilibre par les emplois qu'il offrira [la population a doublé en vingt ans, mais fort déséquilibre emploi/habitat créant un déficit de 100 000 emplois sur l'ensemble du périmètre étudié] dans ses composantes « loisirs-tourisme » qui correspondront essentiellement à des créations d'emplois ; dans ses composantes « extensions de la ville nouvelle » qui seront vraisemblablement, et pour une bonne part, constitués d'emplois desserrés de l'agglomération centrale ou induits par les urbanisations nouvelles. (…) Le projet de l'Eurodisneyland ne comporte que relativement peu de logements. Il y a pourtant tout lieu de croire que leur construction va continuer à se développer dans ce secteur de la région. (…) On a estimé à quelque 5 000 logements par an les besoins qu'il serait nécessaire de satisfaire. La ville nouvelle limitant sa participation à 1 200 ou 1 400 logements par an, le reste du périmètre devrait en absorber 3 600 à 3 800, c'est-à-dire un accroissement de 50 % du rythme constaté ces dernières années, alors que les capacités des documents d'urbanisme sont limitées, en particulier dans les zones agglomérées bien équipées. »

L'EPA-France a, de son côté, commandé à JLM Etudes fin 1987 une étude d'évaluation de l'*Impact de l'implantation d'Eurodisneyland chez les entreprises* réalisée entre octobre et décembre 1987 auprès de 180 chefs d'entreprises de la région Ile-de-France. L'implantation du parc, si elle est connue par toutes les entreprises et spontanément associée à Marne-la-Vallée par 36 % d'entre eux, « ne semble avoir, pour l'instant, que des effets relativement restreints dans l'imaginaire des chefs et cadres d'entreprises (…) On imagine que les voies de communication seront développées, mais on craint parallèlement qu'elles ne soient saturées. (…) La dimension prestigieuse liée à l'entreprise Walt Disney Company est contrebalancée par la crainte de loisirs populaires suscités par le complexe de loisirs ». Les entreprises craignent également qu'au contraire Euro Disneyland ne nuise à Marne-la-Vallée en détruisant ce qui la rend attractive : la qualité de vie liée à la ruralité et aux espaces verts.

Mais, revenons au 24 mars 1987. La Walt Disney Company remet ce jour-là un dossier de presse complet présentant le *Royaume Magique* et les différentes attractions s'inspirant de la culture européenne. Le *Royaume Magique* répondra aux critères de qualité, de prestige et d'originalité qui sont devenus la marque d'un parc à thèmes Disney. Cinq domaines – centrés chacun sur un thème, organisés autour d'une aire centrale dont le château de Cendrillon sera le point focal – le composeront. Les créatifs de Disney ont pris bien soin de traduire chaque mot, chaque nom. D'abord, *La Grand Rue*. Sitôt entré, le visiteur sera dans l'ambiance des années folles. La Grand rue résonne des accords endiablés du charleston et du fox trot. La vie s'y déroule au rythme des voitures à chevaux, des autobus à impériale et des anciens tacots rutilants de cuivres. Dominant le carrefour, le *Palais du cinéma* passe les derniers films de stars en vogue et, sur la place principale, une fanfare égrène des mélodies d'autrefois. De part et d'autre de la rue, les arcades abritent clubs de jazz, restaurants et boutiques. Les attractions s'inspirant de la culture européenne sont l'ambiance de l'Est américain avec un point de vue sur l'immigration européenne, son influence sur les habitudes alimentaires ; une boulangerie française et une librairie allemande. Ensuite, direction le *Pays de l'aventure* où tout est possible : embarquer pour une croisière mouvementée en compagnie d'une bande de joyeux pirates, visiter, dans l'Île au Trésor, la maison dans les arbres des Robinson suisses, explorer le Rocher du Crâne, dîner sur un vaisseau de flibustiers, franchir des ponts suspendus, se risquer dans des grottes mystérieuses et des cavernes perdues, visiter le Grand Bazar d'Orient ou se reposer à l'ombre des palmiers en sirotant un café turc. Les attractions s'inspirant de la culture européenne sont l'évocation de la légion française ; Lawrence d'Arabie ; l'île au trésor ; les Robinson suisses et l'île de Peter Pan. Notre visite continue par le *Monde de l'Ouest*. Des trottoirs en bois ramènent le visiteur plus d'un siècle en arrière au temps héroïque et légendaire de l'Ouest américain, pays des pionniers et des chercheurs d'or. Un majestueux bateau à aube remonte le fleuve. Sur les rives, on aperçoit les premières installations des colons aux prises avec la nature indomptée. Au milieu du fleuve se dresse le profil fauve et tourmenté de la *Montagne Grand Tonnerre*, évocation des paysages de l'Ouest ; de hautes falaises, souvenir du Grand Canyon, dominent la rive tandis qu'au loin miroite la chatoyante palette des déserts aux sables multicolores. Sans oublier la ville du Far-West sans laquelle le monde de l'Ouest ne pourrait pas exister. Les attractions s'inspirant de la culture européenne seront les trappeurs français et une revue de French Cancan. Direction ensuite le *Pays Imaginaire*. Ici l'impossible devient réel. Il suffit de passer le pont-levis du château de Cendrillon et le visiteur entre dans le monde merveilleux des magiciens et des fées, des animaux qui parlent et des enfants qui refusent de grandir. Toutes sortes d'attractions font revivre les meilleurs moments des films de Walt Disney dont la plupart proviennent des contes et légendes d'Europe. Les attractions s'inspirant de la culture européenne seront l'évocation de Cendrillon, de la Belle au Bois Dormant, de Blanche-Neige, de Peter Pan, et du Monde miniature (attraction à thèmes internationaux avec une ouverture sur l'Europe et l'accueil des visiteurs par des enfants français). Pour finir, rendons-nous au *Pays de la découverte* dont l'ambition est de retracer les progrès passés de l'humanité en s'interrogeant sur les fascinantes possibilités du futur. Une aventure spatiale propulse le visiteur à travers les galaxies à des vitesses hallucinantes. Dans des salles de cinéma futuristes, les spectateurs tentent de prendre dans leurs mains les flots d'images mouvantes et se laissent envelopper par un monde étrange, mystérieux et saisissant. Le *Pays de la découverte* permet d'explorer, à travers l'espace et le temps, l'infiniment petit et l'infiniment grand, le visiteur y revit le passé, s'émerveille du présent et rêve au futur. Les attractions s'inspirant de la culture européenne seront l'entrée elle-même centrée sur l'univers de Jules Verne, un film en trois dimensions utilisant les techniques européennes et plus spécifiquement françaises (écran panoramique), enfin, le restaurant sous-marin du capitaine Némo.

* * *

Le lendemain de la signature de la convention, la délégation de la Walt Disney Company est reçue par Paul Séramy et le Conseil général de Seine-et-Marne à Melun. Sont présents Michael Eisner, Roy Disney, Robert Fitzpatrick et leurs épouses respectives, Joe Shapiro et Dick Nunis. Fitzpatrick déclare à cette occasion : « C'est en Seine-et-Marne que nous chercherons d'abord nos employés. Nous sommes désormais des voisins et nous voulons agir comme tels. » Déjà en décembre 1985, les chiffres les plus variables ont circulé. Edith Cresson parlait de 15 000 emplois, Michel Delebarre en annonce 30 000. Pierre Bérégovoy, 60 000 alors que Laurent Fabius en estime le nombre à 170 000. La fédération du PS de Seine-et-Marne ira même jusqu'à déclarer : « EuroDisneyland, c'est la fin du chômage dans notre département. » Pourtant l'étude de la SETEC Economie/Tourisme international intitulée *Projet Euro Disneyland : étude macro-économique de l'implantation du projet à Marne-la-Vallée* commandée par le Ministère du redéploiement industriel et du commerce extérieur, le Ministère du plan et de l'aménagement du territoire et le Conseil régional d'Ile-de-France en mars 1985 évoque le « caractère tout à fait exceptionnel de ce projet (...) par la dimension des investissements mis en jeu : 37,7 milliards de francs dans sa globalité dont un tiers à réaliser avant l'ouverture. (...) 12 000 emplois pendant les quatre ans nécessaires à sa réalisation avant l'ouverture, 5 000 à 6 000 pendant encore au minimum cinq ans et peut-être quinze ans après son ouverture pour la poursuite des travaux. (...) Mais encore davantage par le nombre d'emplois permanents créés lors de la mise en exploitation du projet : 31 000 soit deux fois et demi le nombre atteint pendant la période des travaux, sans limite de durée. Cet aspect différentie l'EuroDisneyland de la plupart des autres grands projets, qui génèrent aussi de nombreux emplois lors de leur réalisation mais des nombres très inférieurs voire infimes lors de leur mise en service. (...) Par la concentration des impacts sur la région Ile-de-France qui recevra plus de 80 % de la valeur ajoutée et des emplois créés, soit 9 600 emplois pendant la période d'investissement initial et plus de 26 000 emplois permanents dont la plus grande part s'adressera à des personnes sans qualification préalable dès la mise en exploitation du parc. (...) Par des recettes brutes en devises apportées par les visiteurs étrangers (plus de 6 milliards par an en période de croisière, soit 10 % du total actuel des recettes en devises du tourisme étranger en France) qui permettent de dégager un excédent net en devises de 4,6 milliards de francs par an. » L'étude de la SETEC poursuit en indiquant les phases successives de constructions et le nombre d'emplois prévus : « Le projet se réalisera en plusieurs phases : Phase I : réalisation du parc à thèmes, de quelques attractions complémentaires (monorail, golf), d'une première tranche d'hébergement (3 000 chambres d'hôtel, 700 emplacements de camping, 300 bungalows), d'un village commercial. (...) Investissement de 12,5 milliards francs. (...) Coût des infrastructures : 2 milliards de francs. (...) Si on prolonge le RER de Torcy plutôt que le système prévu d'autobus : 800 millions en plus. (...) Quatre ans. (...) Phase II : Réalisation du Parc du Futur, de nouvelles attractions, d'un volume important d'hébergement (plus de 10 000 chambres d'hôtels, 1 500 villas en copropriété), d'un centre de conférence, d'un centre d'exposition industrielle, de centres commerciaux, d'une université et de bureaux. (...) Investissement hors infrastructures : 6,8 milliards de francs. » L'étude en conclut que « la réalisation des infrastructures et des équipements liés à l'EuroDisneyland nécessitera le travail de 47 760 hommes-an jusqu'au jour de l'ouverture. Les travaux devant s'étaler sur quatre ans environ, on peut considérer que ces hommes-an correspondent à 11 940 emplois maintenus pendant quatre ans. (…) Le prolongement du RER au cours de ces quatre ans se traduirait par 900 emplois additionnels. La poursuite des chantiers après l'ouverture devrait permettre de maintenir 5 330 emplois pendant encore cinq ans. (…) La phase II permettrait de maintenir entre 5 000 et 6 000 emplois au cours de cette période sur les chantiers, soit pendant 15 à 17 ans au-delà de l'ouverture du parc. (…) La mise en service du parc et des équipements périphériques s'accompagnera de la création de 31 000 emplois permanents dès le départ. Le parc emploierait lui-même 7 500 personnes. » On peut donc tirer les chiffres que l'on veut de cette étude suivant de quel point de vue l'on se place. En tout cas, deux ans plus tard, l'annexe 23 du contrat du 24 mars 1987 est claire sur le sujet : 10 975 emplois sont prévus sur le site, 6 550 à temps plein, 2 400 à temps partiel et 2 025 à titre saisonnier tout en précisant que « ces chiffres sont donnés à titre d'illustration et pourront être sujets à variations. ». La Walt Disney Company a préféré ne pas trop s'aventurer sur un terrain bien glissant. Pourtant, Christian Cambon, vice-président du Conseil régional d'Ile-de-France, chargé du dossier emploi et formation, fait une déclaration fracassante le 14 décembre 1987, devant la commission spéciale EuroDisneyland : « Selon les chiffres tout à fait estimatifs et aléatoires, on peut estimer que 6 000 emplois seront créés en 1992 sur le site : 4 500 employés et 1 500 emplois liés à la restauration. » C'est sans compter la fermeture de 43 exploitations. Certains estiment la disparition de 800 emplois agricoles. Dans un article d'*Etudes foncières*, « Un projet sans intérêt public ? » de mars 1987, Alain Lipietz du Centre d'études prospectives d'économie mathématique appliquée à la planification (Lipietz est également vice-président de l'Association des citoyens contre le développement d'Eurodisneyland, ACIDE) pense que l'évaluation de la SETEC est faussée, parce qu'elle ne déduit de son calcul ni les emplois qui ne seront pas créés mais délocalisés, ni ceux qui seront supprimés par l'implantation d'EuroDisneyland. Il considère de la même façon que la plupart des dépenses auraient été effectuées de toute manière si le parc n'avait pas existé ; les touristes auraient bu, mangé, dormi, acheté des souvenirs ailleurs en France quand même. L'impact du parc est ainsi considérablement amoindri : dans le domaine de l'emploi, Lipietz ne prend en compte ni les emplois transitoires liés aux travaux ni les emplois de bureaux et d'activités qu'il juge simplement délocalisés et estime que le parc à thèmes créera 3 500 emplois directs et l'hôtellerie 4 000 emplois induits, soit un total de 7 500. Lipietz considère aussi qu'un quart seulement des visiteurs étrangers prolongeront leur séjour en France pour EuroDisneyland. Il déduit également du solde des échanges les intérêts et royalties qui seront reversés aux investisseurs étrangers. Ainsi, EuroDisneyland ne devrait apporter que 400 millions de francs par an en devises étrangères. Aussi conclut-il à la « nuisibilité publique » du projet : l'amélioration de la balance des paiements ne se monte qu'à environ 9 % de la dotation publique qu'il estime à 4,4 milliards de francs et le coût de la création d'un emploi revient à 586 000 francs pour la puissance publique. Lipietz conclut sa démonstration : « Ces chiffres sont tellement astronomiques qu'ils permettent de conclure à la « nuisibilité publique » du projet, à l'heure où les deniers publics accordés à la création d'emplois se font rares. Injustifiable par la création d'emplois, peu justifiable voire dangereuse quant à la balance des paiements, l'opération Eurodisneyland n'a qu'une « utilité privée » évidente : elle apportera à la firme Disney qui n'aura misé que 400 millions de francs, des royalties annuelles de 200 millions plus une part des profits éventuels du *Magic Kingdom* et surtout les considérables plus-values foncières ».

Les grands titres de la presse française restent plutôt neutres lors de la signature de la convention. *Les Echos* évoquent « l'avènement d'une nouvelle industrie de loisirs »,

Libération « Film en Disneycolor pour Chirac », *Le Monde* « la signature du contrat EuroDisneyland », *Le Figaro* « La relance de l'industrie touristique », *Le Quotidien de Paris* « Disneyland : le dessein animé »... Cependant, le 30 mars 1987, Bruno Frappat, dans les colonnes du *Monde*, parle d'un véritable « Munich culturel » n'hésitant pas à faire référence aux accords de Munich du 30 septembre 1938 signés entre Chamberlain, Daladier, Mussolini et Hitler : en cédant une nouvelle fois à la menace, les Occidentaux confirment le dictateur allemand dans la conviction que tout lui est permis. En 1988, Gilles Smadja dans *Mickey l'arnaque* s'insurge largement : « Que le contrat qui, depuis le mardi 24 mars 1987, lie la France à la Walt Disney Company s'apparente à un marché de dupes, cela est désormais aveuglant. Que ce marché de dupes ait été délibérément accepté par les gouvernements de Laurent Fabius et de Jacques Chirac, cela ne fait plus aucun doute. Ce n'est donc pas jouer avec les mots ou les formules ronflantes que de parler de véritable capitulation nationale devant une puissance étrangère privée. » En décembre 1989, dans la revue *Etudes*, Bernard Poupard s'interroge : « Qu'est-ce qui a poussé l'Etat, la Région, le Département à dérouler un tel tapis rouge aux Américains ? Tout se passe comme si Disney était invité par la France. » John Forsgren, directeur financier de la Walt Disney Company explique que « cet arrangement financier a été possible parce que Disney a une solide réputation. » A Londres, le *Times* du 9 octobre 1989 dans un article intitulé « Disney Looks to Be the Clear Winner in Magic Kingdom », considère le gouvernement français comme le grand perdant de cette opération.

Les *Actualités régionales d'Ile-de-France* sur FR3 ouvre le journal sur la signature de la convention et annonce « 12 500, 15 000, 20 000 emplois créés pour le chantier, 9 000 emplois dans les hôtels. En 2010, 6 000 personnes travailleront à Mickeyville. Quatre milliards de devises chaque année, 4 000 emplois dans le parc en 2000. Au total : 20 000 emplois créés durant la phase de construction et 30 000 jusqu'en 2010. »

Un mois après la signature, le 23 avril 1987, Christian Cardon devient, par décret, délégué interministériel au projet EuroDisneyland chargé de la bonne exécution de la convention : « Le délégué anime et coordonne les activités des différentes administrations et des établissements publics de l'Etat concourant à la réalisation de ce projet. Il veille à l'harmonisation des actions conduites, dans le cadre de cette opération, par l'Etat, les collectivités territoriales et les autres personnes morales (...) Il suscite et encourage toutes initiatives de nature à valoriser les conséquences économiques, sociales et culturelles de la réalisation et de l'exploitation d'EuroDisneyland en France. » Cardon est né en 1944 à Lille. Il est conseiller référendaire à la Cour des comptes. Il a fait l'IEP de Paris puis l'ENA. En 1969, il est auditeur à la Cour des comptes. En 1973, il est chargé de mission au Secrétariat général du comité interministériel pour les questions de coopération économique, puis directeur de cabinet de Pierre Méhaignerie, secrétaire d'état à l'agriculture en 1976, directeur adjoint (1978) puis directeur (1980) de cabinet de Pierre Méhaignerie, Ministre de l'agriculture. Il est également maire de Trouville depuis 1983.

En novembre 1991, un groupe de travail de l'ENA, animé par ce même Christian Cardon, la promotion « Condorcet », effectue une étude de vingt pages sur *Le projet EuroDisneyland en France* en s'intéressant largement à la convention du 24 mars 1987. Nous reprenons ici de larges extraits. Au moment de la signature de la convention, le gouvernement adopte une doctrine libérale en matière de politique d'aménagement urbain. On envisage que le relais de l'Etat et des entreprises publiques soit pris de plus en plus par des entreprises privées qui devraient assumer les risques financiers des développements urbains. Ainsi la loi du 19 août 1986 a ouvert la voie à la participation d'une entreprise, même étrangère, dans l'aménagement du territoire. Le projet EuroDisneyland s'accorde parfaitement à cette philosophie.

La grande originalité de la convention réside dans la clause d'arbitrage énoncée à l'article 32. Cet article a requis une loi spéciale (n° 86-972 du 19 août 1986). Sur FR3, Jean-René Bernard répond le jour de la signature à un journaliste qui lui demande qui tranche en cas de conflit du travail : « [Le Conseil d'Etat tranche.] En cas de litige, et ça, c'est également une innovation, une loi nous a permis d'appliquer une procédure d'arbitrage, c'est-à-dire que pour l'exécution du contrat, les parties françaises désigneraient un arbitre, la société française créée par Disney désignerait un arbitre et ces deux arbitres en désigneraient un troisième et ces trois arbitres jugeraient. » Aux termes de cette législation, « l'Etat, les collectivités territoriales et les établissements publics sont autorisés dans les contrats qu'ils concluent conjointement avec les sociétés étrangères pour la réalisation d'opération d'intérêt national » à prévoir un recours dérogatoire à l'arbitrage. Pour résoudre les litiges pouvant survenir entre les contractants publics et privés, l'article 32 prévoit que tous les différends liés à l'application ou à l'interprétation de la convention seront tranchés définitivement par la voie de l'arbitrage suivant le règlement de la Chambre de commerce international par trois arbitres. Le demandeur et le défenseur désigneront chacun un arbitre. Les deux arbitres étant désignés auront 45 jours pour choisir le président du tribunal qui ne pourra être ni citoyen américain ni citoyen français. Par ailleurs, le siège de l'arbitrage sera à Paris et la procédure sera conduite en langue française. Disney n'a pas perçu comme une garantie d'indépendance la dualité fonctionnelle de l'ordre juridictionnel administratif français (contentieux du droit administratif et rôle de consultant pour le gouvernement) et semblait penser qu'il aurait peu de chance de remporter un litige devant ces institutions dans le cas d'un conflit avec un des signataires publics de la convention. La demande originelle de Disney était d'avoir recours au mode de règlement des différends utilisé par la Banque mondiale. Or, ce mécanisme étant principalement utilisé pour le règlement des différends entre entreprises multinationales et les pays en voie de développement n'a pas rencontré l'approbation de l'Etat. Une autre proposition, celle d'un recours à la Cour internationale de justice de la Haye a reçu le même accueil peu enthousiaste.

Le titre III de la convention prévoit une série d'investissements publics pour assurer la desserte du projet EuroDisneyland par les différents réseaux (route, métro, TGV, eau potable, assainissement). Environ 3 milliards de francs seront consacrés par les partenaires publics au financement de ces opérations d'infrastructure liées à la phase I. Outre les fonds publics utilisés pour la desserte du parc, il faudrait ajouter des fonds de la région et de l'Etat consacrés à la formation professionnelle et au logement. L'article 11 prévoit l'extension de la ligne A du RER depuis la gare de Torcy jusqu'au parc. Cette extension avait déjà été prévue par les pouvoirs publics, mais devait initialement être réalisée sept ou huit ans plus tard. Le projet n'a donc fait qu'accélérer cet investissement. Dans le cas où le trafic réel constaté en 1997 serait inférieur de 25 % au niveau prévu par an, la société EuroDisneyland devrait verser à la RATP une indemnité forfaitaire compensatoire pour insuffisance de trafic. Mais « au cas où le trafic annuel (à la gare terminale) excèderait de 25 % le nombre 9 130 000, la RATP affecterait, pendant cinq ans, à la promotion du projet quatre francs par voyage aller simple pour chaque voyage excédant de 25 % ce nombre de 9 130 000. »

D'après la convention, l'Etat avait la faculté de réserver une emprise pour la ligne de TGV et celle d'une gare de correspondance TGV/RER. Etant donné que les nouvelles voies ferrées entre les gares TGV de Massy et de l'aéroport Roissy Charles de Gaulle devaient passer par Marne-la-Vallée et que la SNCF avait prévu dans une étude interne que la gare TGV EuroDisneyland serait la gare la plus rentable du nord de la France à partir de

1994, la décision a été prise avec une forte pression de la part de Disney, de la faire construire. C'est le seul cas où Disney ait menacé de faire appel à la clause d'arbitrage, en raison de l'ambiguïté de la convention. Il a été enfin décidé que Disney prendrait en charge une partie du financement équivalent à celle des acteurs publics. L'article 12 prévoit la construction d'échangeurs autoroutiers (600 millions de francs) et l'article 13 le traitement de l'eau (600 millions de francs).

La Phase II nécessitera des investissements publics moins importants : 1,2 milliard de francs. Le financement des divers acteurs publics français reste à confirmer.

L'Etat, par l'intermédiaire de la Caisse des dépôts et consignations (CDC), finance 18 % du coût total de la Phase I soit 4 milliards de francs sur un coût total de construction de 22 milliards de francs. Ces prêts viennent des sections d'épargne de la CDC qui gèrent, pour le compte de l'Etat, notamment les fonds des livrets d'épargne. La convention prévoit un prêt total de 3,85 milliards de francs valeur 1986 (ce qui serait de l'ordre de 4,4 milliards de francs valeur 1991 mais ce montant est lié à l'indice du coût de la construction publié par l'INSEE et celui-ci a évolué moins vite que prévu ce qui a réduit la somme totale à 4 milliards de francs).

Le taux d'intérêt des prêts est de 7,85 % alors que le taux d'un prêt bancaire normal à l'époque était de 10,3 %. EuroDisneyland a donc pu bénéficier d'une économie d'un milliard de francs sur la durée des prêts. Les prêts ont une durée de vingt ans, avec cinq ans de différé d'amortissement. 40 % du montant de ces prêts (1,76 milliard de francs) sont considérés comme des prêts ordinaires et 60 %, soit 2,64 milliards de francs, prennent la forme de prêts participatifs. Le statut du prêt participatif est le dernier dans la hiérarchie des créanciers. En cas d'échec, les prêts ordinaires de la CDC seront remboursés au même titre et en même temps que les prêts de banques ordinaires.

Une lettre du Ministre des finances à la Walt Disney Company datée du 24 mars 1987 prévoit plusieurs incitations fiscales :
_ les charges fiscales locales sont notablement réduites pour Disney en ce qui concerne l'achat des terres pour l'installation du projet. La transaction est considérée comme un achat de terrains agricoles et non de terrains à bâtir ce qui a donné un avantage énorme à Disney au regard du paiement des taxes locales.
_ l'article 22 de la loi de finances rectificative pour 1986 dispose que le taux de TVA applicable au billet d'entrée des parcs à thèmes serait de 7 %, taux réduit applicable aux musées et spectacles (en 1989, la France a pris la décision d'avoir un seul taux réduit de TVA de l'ordre de 5,5 %). Cet avantage est très important pour Disney, le prix du billet étant fixé à 200 francs. En revanche, les attractions, manèges, restaurants et autres divertissements présentés à titre accessoire sont soumis au taux normal de 18,6 %.
_ le volet fiscal du montage financier est une opération compliquée mais pour sa plus grande partie très classique. Son originalité tient à ce que Disney a été autorisé à considérer les avances d'associés comme des fonds propres à l'instar du droit fiscal américain, ce qui lui est très favorable. En effet, au cours de la période de construction et des premières années suivant l'ouverture du parc, les charges d'intérêts et des amortissements des actifs devraient entraîner des déficits fiscaux pour la société de financement. La structure de la société permet aux associés de celle-ci de prendre en charge ces déficits fiscaux. En conséquence, les associés se sont engagés à consentir des avances d'associés à un taux d'intérêt préférentiel à EuroDisneyland (2,2 milliards de francs). En revanche, la convention prévoit que 25 % du coût du parc doit être financé sur fonds propres. Cette clause constitue quant à elle une contrainte pour Disney : les projets de ce type ne sont en général pas soumis à une telle obligation. A part les avances d'associés, le reste de fonds propres, environ 4 milliards de francs, doit être obtenu par un appel public à l'épargne.

_ une durée d'amortissement réduite à dix ans sur les actifs du parc EuroDisneyland permet à Disney, par le jeu des déficits fiscaux, d'abaisser la charge de l'impôt sur les sociétés. Il s'agit là plutôt d'une dérogation à la tradition fiscale qui prévoit une durée d'amortissement normale comprise entre vingt et trente ans, que d'une exception au droit français. Le seul précédent pour une telle dérogation en France est l'exemple du financement des avions Airbus.
_ dernier exemple d'avantage fiscal accordé à Disney : exemption de toute taxe parafiscale applicable aux droits d'entrée des parcs Disney. Disney craignait que des taxes spéciales soient créées pour lui. L'exemption vise surtout la taxe spéciale additionnelle (TSA) qui est appliquée à l'entrée de tous les spectacles de cinéma (à un taux d'environ 11 % du billet d'entrée) et qui est versée au CNC pour soutenir la production du cinéma français. Le deuxième parc Disney, qui aura une forte composante d'attractions à base cinématographique, sera donc exempté de cette taxe.

La ville nouvelle de Marne-la-Vallée est la plus étendue de France et le secteur IV en est la partie la plus éloignée de Paris. C'est pourquoi ce secteur n'a pas été mis entièrement sous la compétence de l'EPA-Marne (l'Etablissement publique pour l'aménagement des secteurs I, II et III) et son aménagement n'était pas prévu avec celui des autres secteurs. Cette situation a permis à l'Etat d'engager successivement toute une gamme de dispositifs afin d'assurer l'entier contrôle du site dans le but d'accueillir Disney dans les meilleures conditions possibles. En juin 1986, l'Etat a engagé une procédure d'agglomération nouvelle sur les cinq communes directement affectées par le projet : Bailly-Romainvilliers, Chessy, Coupvray, Magny-le-Hongre et Serris. Cette procédure a donné lieu à un regroupement des communes sous la forme d'un Syndicat d'agglomération nouvelle (SAN). Parmi les compétences de ce syndicat se trouve celle de la délivrance des permis de construire au nom de l'Etat (dans le contexte d'une opération d'intérêt national). Un nouvel établissement public d'aménagement (l'EPA-France) a été formé pour aménager le seul secteur IV de Marne-la-Vallée. La direction et l'équipe technique de l'EPA sont partagées avec l'EPA-Marne mais les conseils d'administration sont séparés et de structure différente : tandis qu'à l'EPA-Marne les élus des secteurs concernés sont majoritaires, la représentation de l'Etat et des communes dans l'EPA-France est paritaire. L'existence depuis 1972 des zones d'aménagement différé (ZAD) recouvrant la quasi-totalité de la ville nouvelle de Marne-la-Vallée a constitué un des éléments qui ont attiré Disney sur le site du secteur IV, en raison du prix bas des terrains destiné à prévenir la spéculation foncière. La création de nouvelles ZAD à l'échéance de celles de 1972, donnant le droit à l'Etat de préempter l'achat de terrains, a permis le maintien d'un bas niveau de prix et a aussi permis à l'Etat de remplir une obligation de protection commerciale d'environ dix kilomètres autour du site de Disney prévue par la convention.

Pour compléter cet ensemble de dispositifs, tout le secteur IV a été érigé en projet d'intérêt général (PIG) par un décret de mars 1987. Ce dispositif déroge à l'application des lois de décentralisation en matière d'urbanisme en permettant à l'Etat de faire valoir, dans le cadre des aménagements locaux, des prescriptions d'intérêt général, et donc d'assurer la cohérence de l'aménagement du secteur. Par exemple, par l'adaptation obligatoire de plans d'occupation des sols (POS) locaux aux dispositifs du PIG. Conçu à l'origine pour la construction des grandes infrastructures, le PIG appliqué au secteur IV limite les possibilités d'occupation des sols en excluant notamment la construction de grands complexes hôteliers ou sportifs.

Le document de l'ENA de 1991 concède que « les avantages accordés par l'Etat à Disney ont pu paraître excessifs. » Au premier rang de ceux-ci, la clause d'arbitrage de la convention a « suscité malaise et méfiance de la part des acteurs publics (…). Elle traduit une « complaisance » française devant les insinuations de Disney selon lesquelles le juge administratif français ne serait pas impartial (…). [Cette clause] montre plus que toutes les autres concessions faites, la volonté politique d'accueillir le projet EuroDisneyland. » Une autre particularité est l'absence de représentants des communes lors des négociations et de la signature de la convention. Parmi les infrastructures primaires que les contractants publics doivent réaliser (article 13) figure le traitement de l'eau qui, par définition, fait partie des compétences communales. Or, les communes ne sont pas signataires de la convention. Par ailleurs, le SAN n'a été créé qu'après la signature. Ceci entraîne évidemment des questions sur la légalité de la convention.

Les avantages fiscaux accordés à Disney sont difficiles à évaluer. Par exemple, si Disney n'avait pas choisi la France, les terrains auraient peut-être été vendus comme terrains agricoles. Il est également impossible de chiffrer la baisse du taux de TVA pour Disney et les autres parcs français parce que le prix du billet d'entrée a une influence sur la décision des visiteurs potentiels. En revanche, six mois après l'entrée en vigueur de la loi, le ministère des finances a décidé que les parcs forains étaient également des parcs à thèmes, ce qui entraîne, selon le service de la législation fiscale, une perte annuelle de recettes pour l'Etat de 170 millions de francs entre 1987 et 1990.

Le document de l'ENA évoque ensuite les prêts de la CDC en écrivant cette surprenante remarque : « On peut critiquer le « cadeau » d'un milliard de francs de la CDC à Disney, mais si la CDC avait utilisé l'argent pour financer le logement social, ce qui a été réclamé par de nombreuses personnes, sa « perte » interne par rapport au taux du marché aurait été de l'ordre de 2 milliards de francs puisque le taux pour les prêts au logement social est de l'ordre de 5 %. Ce n'est pas la première fois que la CDC investit dans l'aménagement du territoire, et des engagements précédents ont même porté sur les parcs de loisirs ; mais ces investissements se sont faits sur les fonds propres de la CDC et non pas sur les sections d'épargne comme c'est le cas pour Disney. »

On peut aussi évaluer le montant des investissements publics et avantages financiers accordés à Disney en considérant le ratio d'investissements publics/privés qui, dans d'autres villes nouvelles, est d'environ 1 à 7-10. Les investissements publics liés à l'infrastructure de la Phase I atteignent un montant de 3 milliards de francs par rapport à un coût de construction du parc de l'ordre de 22 milliards de francs (un ratio 1 à 7,3). En revanche, il faut observer que 18 % du coût total du projet EuroDisneyland (soit 4/22 milliards de francs) est financé par les prêts de la CDC et ne peut donc pas être considéré comme investissement privé. Si l'on ajoute les 4 milliards de prêts CDC aux 3 milliards d'investissements publics directs, le ratio serait de l'ordre de 1 à 2,6. Par ailleurs, le ratio pour la Phase II est de 1 à 13 : investissements publics de 1,2 milliard de francs, investissements privés de 16 milliards de francs. Si l'on prend les deux phases ensemble, le ratio serait de 1 à 4, ce qui est bien inférieur au ratio pour les autres villes nouvelles. Les acteurs publics ont donc investi deux fois plus pour l'aménagement du secteur IV de Marne-la-Vallée que pour d'autres villes nouvelles. « En calculant ces ratios, l'Etat et Disney ne considèrent pas les 4 milliards de prêts de la CDC comme un investissement public, ce qui est une façon de voir contestable » poursuit l'étude de l'ENA.

Autre élément, l'ensemble des dispositifs d'urbanisme mis en place laissent une marge de manœuvre étroite aux maires, qui ne gardent effectivement que la prérogative d'organiser une concertation préalable à l'aménagement. Ils ont tout de même un certain pouvoir de levier par rapport au SAN dont les membres sont désignés par les conseillers municipaux qui peuvent à tout moment retirer cette délégation. Le SAN a des droits par rapport à l'urbanisation et l'autorisation des permis de construire mais ceux-ci sont donnés au nom de l'Etat ce qui permet au préfet d'intervenir là où le SAN se montre réticent (ce sera le cas pour l'aménagement des deux golfs et le choix de la couleur de l'hôtel Disneyland). Il faut bien avouer aussi que le positionnement initial anti-Disney du SAN n'a pas franchement favorisé sa capacité de négociation vis-à-vis de l'EPA-France et de Disney.

Disney avait aussi réclamé une zone d'exclusion de dix kilomètres autour du site interdisant l'implantation de tout parc de loisirs et d'hôtels concurrents. Concrètement comment cela est-il possible ? Pour tenir son engagement, l'Etat a crée une ZAD qui permet l'utilisation du droit de préemption. L'EPA s'engage à préempter systématiquement tout grand terrain mis sur le marché susceptible d'être utilisé pour un projet concurrent. C'est la première fois que cet instrument anti-spéculation est utilisé au profit d'une entreprise privée. Les élus locaux avaient bien attaqué cette mesure devant le Conseil d'Etat mais ce dernier a tranché en faveur de l'Etat en faisant valoir que rien ne l'empêchait de créer une nouvelle ZAD sur un territoire qui en avait fait précédemment l'objet en 1972.

Pour conclure, le projet EuroDisneyland a-t-il une utilité sociale ? D'aucuns ont objecté que les pouvoirs publics auraient de toute façon encaissé les diverses taxes qui leur sont dues même s'ils n'avaient pas apporté leur soutien moral et financier au projet, et quoi qu'il en soit, leur rôle n'est pas de faire du profit, encore moins d'en faire faire à une multinationale américaine même s'ils en récoltent les dividendes, mais d'assurer le bien-être, au moindre coût, de leurs administrés. Tous les parcs à thèmes ou presque bénéficient d'une façon ou d'une autre de financements publics alors qu'ils obéissent dans leur fonctionnement à une logique de marché fortement inégalitaire : le coût élevé pour l'usager de la fréquentation de ces parcs qui s'adressent par là même uniquement à des clientèles aisées en fait des équipements dont le subventionnement par les pouvoirs publics devrait être réduit à des aides légères à l'installation. C'est que les collectivités locales en attendent des retombées favorables considérables : création d'emplois, rentrée d'argent pour les collectivités locales, apport de devises grâce au séjour des étrangers, emplois indirects… On attend surtout que l'implantation d'un parc à thèmes crée un effet d'entraînement, dynamisant et favorisant l'implantation d'entreprises dont l'activité est liée ou non au parc. L'utilité sociale du projet EuroDisneyland résiderait certes dans la réussite du parc mais surtout dans le succès de l'opération d'aménagement qui l'entoure. Après l'héliotropisme, assiste-t-on à l'émergence d'un ludotropisme ?

MARNE-LA-VALLÉE, VILLE NOUVELLE

C'est en 1972 que la ville nouvelle de Marne-la-Vallée est créée. En 1969, l'urbaniste Pierre Merlin dans *Les Villes Nouvelles : Urbanisme régional et aménagement* faisait une synthèse des expériences étrangères en la matière. Le choix d'une localisation est le premier qui se pose aux promoteurs des villes nouvelles. On en distingue trois sortes. La première est représentée par des villes nouvelles implantées hors des régions urbanisées. La politique officielle d'aménagement du territoire vise à assurer un développement équilibré de toutes les régions du pays. Certaines de celles-ci étant très rurales ou très peu peuplées. Dans ce cas, leur localisation est choisie le plus souvent en fonction d'impératifs économiques liés à la disponibilité des matières premières : charbon, fer ou pétrole. C'est le cas de la Hongrie, de la Pologne, de la Sibérie ou du Brésil central. Cela l'est aussi en Europe occidentale notamment en Allemagne. Ainsi, la ville de Wolfsburg en Basse-Saxe a-t-elle été créée en 1937 avec les usines Volkswagen. En Grande-Bretagne, on souhaite freiner le déclin économique du nord du pays ou restructurer des zones minières. On trouve aussi de nouvelles capitales implantées à l'écart des grandes zones urbaines, soit pour accélérer le développement économique des régions où elles sont créées, soit pour dépasser une rivalité politique entre plusieurs grandes villes ou parties du pays (Canberra, Washington) soit pour ces deux raisons à la fois (Brasilia).

Deuxième catégorie : les villes nouvelles situées dans l'environnement d'une métropole sans continuité. Le plan du Grand Londres, établi par sir Abercrombie, prévoit une ceinture verte et une couronne de villes nouvelles à l'extérieur de celle-ci situées à quelques cent kilomètres de la capitale anglaise. Même chose pour Budapest.

Enfin, troisième catégorie, les villes nouvelles situées en continuité avec une grande agglomération. L'école d'urbanisme de Stockholm préfère, depuis le plan de 1952, localiser les opérations concertées d'urbanisme le long de lignes radiales desservies par des transports en commun en site propre, sans discontinuité spatiale. On désire limiter la durée des migrations alternantes entre ces zones résidentielles nouvelles et le centre ancien, ce qui conduit à ne pas créer de zone-tampon. Outre Stockholm, un principe analogue est adopté pour Copenhague (« plan de doigts » de 1947), Helsinki, Amsterdam, Rotterdam, Francfort et Paris.

En France, après l'expérience des grands ensembles et des zones à urbaniser en priorité (ZUP), la tendance à la fin des années soixante est, tant en région parisienne qu'en province, de prévoir des villes nouvelles de grande taille. En région parisienne, on admet alors que les centres urbains nouveaux qui en constitueront le cœur, doivent être conçus pour desservir des populations de l'ordre de 500 000 habitants au moins. On pense ainsi assurer une diversité des emplois. On pense aussi que le nombre d'établissements sera plus nombreux, offrant un choix plus large aux personnes cherchant un emploi et que les activités centrales (bureaux) accepteront plus facilement de s'y implanter si elles pensent pouvoir y trouver un large éventail de services, d'autres entreprises de même nature et des équipements attractifs (université, équipements culturels).

La diversité de situations entre les villes nouvelles est encore très grande sur le plan administratif. Ce n'est qu'en Grande-Bretagne qu'une législation spéciale a été adoptée pour permettre la réalisation des villes nouvelles confiée à des *development corporations*. A Amsterdam, à Rotterdam, à Stockholm, c'est la ville qui réalise les quartiers nouveaux sur des terrains qu'elle a précédemment acquis. La construction est confiée à des sociétés qui sont sans but lucratif. En revanche, aux Etats-Unis, ce sont des sociétés privées qui s'en chargent alors qu'en Europe de l'Est, c'est l'Etat, par l'intermédiaire d'établissements publics (en réalité, les grandes sociétés responsables de la branche d'activités pour laquelle la ville a été conçue) qui prend directement en charge la réalisation des villes nouvelles. Seule la Grande-Bretagne a également institué, par la loi de 1946, un mode de financement particulier qui permet à la *development corporation* (qui assure la conception, la planification, la réalisation et la gestion de la ville nouvelle) d'emprunter les sommes nécessaires à la réalisation de la ville nouvelle à un taux d'intérêt modéré (il a été en moyenne de 5 % environ) pour une durée très longue (60 ans) avec un mécanisme de différé d'amortissements qui facilite la période initiale. Ce mode de financement très avantageux a permis aux *development corporations*, après une quinzaine d'années, de devenir bénéficiaires. La prise en charge des équipements généraux de la ville nouvelle par les entreprises (à travers les loyers qu'elles versent à la *development corporation* pour le terrain ou les locaux) permet, en outre, de pratiquer des loyers très modérés pour les logements. Ailleurs, ce sont des mécanismes classiques de financement qui ont été adaptés aux villes nouvelles.

On peut ainsi retenir trois catégories de villes nouvelles. La première est constituée par des villes réalisées hors des régions urbaines pour des raisons économiques (soit par suite de la présence de matières premières, soit pour créer un nouveau foyer d'industrialisation dans une zone rurale). Une seconde catégorie est constituée par les villes nouvelles visant à créer un cadre de vie complet avec des fonctions de résidence, de travail, d'enseignement, de loisirs, de commerce, etc. Une troisième catégorie est constituée par les quartiers nouveaux qui sont conçus en continuité avec la ville ou même dont ils ne sont que les satellites. Les villes nouvelles françaises entrent dans la seconde catégorie (on ne saurait qualifier certaines ZUP françaises telles le Mirail ou Caen-Hérouville de villes nouvelles mais bien plutôt de villes satellites tout comme la construction des grands ensembles dans le cadre des agglomérations existantes).

L'interruption presque complète de la construction pendant plusieurs décennies, conséquence de la politique de limitation des loyers, de la crise économique et de la Seconde Guerre mondiale, jointe à la reprise de la natalité et à la poursuite de l'exode rural avait créé au lendemain de la Libération une crise du logement très grave. La réaction des pouvoirs publics fut de chercher à construire vite le plus grand nombre de logements sans se soucier autant qu'il eût été souhaitable de choisir leur localisation, d'améliorer leur qualité, de financer les équipements nécessaires. En novembre 1964, l'Institut nationale d'études démographiques (INED) estime qu'il existe 200 grands ensembles de plus de 1 000 logements (95 en région parisienne et 105 en province) représentant 365 000 logements. Leur développement est très rapide, de l'ordre de 60 000 logements par an. En 1969, près de deux millions de personnes vivent dans de grands ensembles dont la moitié en région parisienne. Les logements des grands ensembles sont plus grands que la moyenne du parc français mais sont souvent surpeuplés. Pourtant, leur niveau de confort est en général satisfaisant : WC, salle de bain, chauffage central et ascenseur sont présents. Les habitants sont souvent de jeunes ménages et des familles nombreuses, pour la plupart en activité professionnelle. En 1969, Pierre Merlin dans *Les villes nouvelles* rappelle qu' « on a souvent critiqué les grands ensembles en tant que cadre d'habitat en raison de leur monotonie, de la banalité de leur architecture, de l'insuffisance des équipements, de commerces et d'activités, ces différentes insuffisances étant rendues responsables de l'absence manifeste d'animation de la vie urbaine, voire de tares diverses (prostitution, jeunes adolescents vivant en bandes et commettant divers méfaits, etc.). On a même inventé un terme pour désigner ce phénomène : la « sarcellite » du nom du plus connu des grands ensembles de la région parisienne. Si beaucoup de ces critiques sont exactes, encore que les promoteurs tendent à y remédier en créant des équipements et des emplois, certaines oubliaient le caractère inéluctable des déséquilibres signalés. Une population jeune, composée de familles nombreuses pour l'essentiel, travaillant hors de son cadre de résidence, n'est pas propre à créer une animation vespérale. » Pourtant, 75 % des ménages vivant dans ces grands ensembles estiment que « les avantages l'emportent sur les inconvénients » et 90 % s'estiment logés convenablement. En fait, ce n'est pas au niveau des logements que se situe la faiblesse des grands ensembles mais dans sa localisation. En effet, la nécessité de disposer de terrains de grande surface, l'occupation dense à proximité des gares, l'étroitesse des limites des périmètres d'agglomération (le PADOG approuvé en 1960 a enserré l'agglomération parisienne dans un véritable carcan) ont conduit les promoteurs à localiser les grands ensembles sur des plateaux mal desservis par les voies ferrées, comblant les rares espaces libres dans le tissu urbain de la banlieue. Les grands ensembles de la région parisienne se concentrent à une distance moyenne de dix kilomètres des portes de Paris, essentiellement dans la banlieue nord et sud-ouest (à l'est, les terrains vastes sont rares et à l'ouest, ils sont chers). Aussi, la plupart des grands ensembles ne sont-ils pas à une échelle suffisante pour justifier un large éventail d'équipements que leurs promoteurs ne souhaitent pas financer s'ils peuvent l'éviter.

En 1962-1963, la Compagnie d'études industrielles et d'aménagement du territoire (CINAM) mène une enquête intitulée *La vie des ménages de quatre nouveaux ensembles de la région parisienne* effectuée à Sarcelles, Chevilly-Larue, Maisons-Alfort et Châtenay-Malabry. En trois volumes et 450 pages, les auteurs relient les besoins et les aspirations des habitants tels qu'ils les ont perçus à des notions d'aménagement :

- la nécessité d'une liaison avec Paris, tant pour les migrations alternantes que pour les achats et les loisirs, le rôle des centres intermédiaires de banlieue apparaissant très limité ;
- la nécessité d'une insertion dans le milieu urbain environnant, pour pouvoir utiliser ses équipements ;
- la possibilité de susciter un véritable attachement des habitants à leur cité à condition de rompre la monotonie architecturale, de recomposer des rues et des passages, d'augmenter le caractère de spectacle et de symbole des équipements, d'assouplir le zonage entre les fonctions urbaines, de structurer l'ensemble en petites unités résidentielles afin de recréer des espaces familiers ;
- l'insuffisance des équipements est surtout ressentie dans le domaine des espaces collectifs (insuffisance des terrains de jeux, rigidité d'affectation des espaces et contraintes liées à leur utilisation) ;
- le désir de disposer dans le logement d'un espace individuel qui ne soit pas préaffecté ;
- la volonté des habitants de participer à l'aménagement de leur cadre de vie qui s'est traduite par le mouvement des associations de résidents et leurs revendications vis-à-vis des promoteurs des grands ensembles pour obtenir un droit de regard sur la gestion de ceux-ci.

Les grands ensembles ne peuvent être assimilés à des villes nouvelles parce qu'ils ne remplissent qu'une fonction de la ville : l'habitat (ils ont eu au moins le mérite de répondre à leur objectif initial de participer à la réduction de la crise du logement). Pour créer une véritable vie urbaine, la présence d'emplois (leur diversité autant que leur nombre), la création d'équipements commerciaux, administratifs, socio-culturels, de loisirs, etc. apparaissent indispensables. Celle d'un cadre chargé de spectacle et de symbole également.

Le Schéma directeur d'aménagement et d'urbanisme (SDAU) de la région de Paris, rendu public le 22 juin 1965 par Paul Delouvrier, délégué général au District de la région de Paris, marque l'accomplissement de la première phase de l'action entreprise par le District, dont le rôle, défini par la loi du 2 août 1960, est « l'étude des problèmes qui ressortissent à l'aménagement et à l'équipement de tout ou partie de la région ». Les études d'aménagement et d'urbanisme ont en fait été confiées à l'Institut d'aménagement et d'urbanisme de la région parisienne (IAURP), organisme dont la mission est l'étude à long terme de l'aménagement de la région parisienne. Les travaux du groupe 1985 du Commissariat général au Plan conduisent à prévoir que le pouvoir d'achat sera multiplié par près de 2,5 vers 1985, par 3,5 à la fin du siècle ; que les emplois de bureaux vont augmenter deux fois plus vite que les emplois industriels ; que le temps libre va augmenter sensiblement et que la demande de loisirs quadruplera en valeur avant l'an 2000 ; que la demande de transports urbains par personne augmentera de 30 %.

L'INSEE, quant à elle, prévoit que la population française passera de 50 à 75 millions d'habitants entre 1965 et 2000 et que la population urbaine doublera. Le Grand Paris aurait 12 millions d'habitants en 2000, voire 14 millions, voire plus... On prévoit aussi, que le nombre de voitures particulières sera multiplié par 2,5, que le nombre de déplacement fera plus que doublé, que le nombre de logements doublera aussi, que l'espace de loisirs devra être multiplié par 5 ou 10. En haut-lieu, on s'interroge. Cinq millions d'habitants nouveaux, deux millions d'emplois supplémentaires, vingt millions de déplacements de plus à assurer chaque jour pour Paris ? La croissance de la capitale française est dominée par son monocentrisme (pas de centres secondaires) et la vétusté du système de transport (50 ans pour le métro, 100 ans pour le chemin de fer de banlieue). Au début des années soixante, il n'y a pratiquement pas d'équipements collectifs ou d'espaces verts. Paris est alors la ville la plus dense des pays développés du monde. La solution est trouvée : il faut donner au Paris de l'an 2000 une dimension nouvelle. Il faut faire éclater le monocentrisme en créant des centres urbains nouveaux, tant au sein de la banlieue existante que dans les urbanisations à prévoir et canaliser l'expansion de Paris le long d'axes préférentiels d'urbanisation permettant la sauvegarde de secteurs d'équipements et surtout de loisirs.

Comment ont été choisis les axes préférentiels ? Où a-t-on décidé de localiser les centres urbains nouveaux qui doivent permettre de restructurer la banlieue et de constituer les cœurs de véritables villes nouvelles ? Quelques impératifs : préserver les grandes forêts (Saint-Germain, Rambouillet, Sénart, Fontainebleau, Montmorency) ; inscrire le développement de la région parisienne dans celui de la nation ; organiser et choisir les axes préférentiels à équiper le long des vallées déjà desservies, faciles à équiper, voies naturelles de liaison avec le reste du pays (la Haute-Seine et la Marne). Le choix des centres urbains sur ces axes a été guidé par les considérations de site, de transport et par la volonté de les faire participer à la restructuration de la banlieue existante. Par exemple, est décidé sur l'axe nord, le centre de Bry-sur-Marne, Noisy-le-Grand en tête, d'une urbanisation linéaire le long de la Marne. On espère que 3 millions d'habitants seront localisés dans les villes nouvelles en 2000. Une population élevée apparaît comme la condition nécessaire pour attirer les emplois de bureau, les grands magasins, les commerces, les théâtres, les lieux de distractions de toute sorte, bref, comme le souligne Pierre Merlin, « tout ce qui différencie une grande ville d'un immense grand ensemble. » A l'époque, on imagine aussi la création d'un « Paris *bis* », ou alors une dizaine de villes satellites de 60 000 habitants chacune ou bien encore de faire accroître les agglomérations secondaires existantes telles Meaux.

Un important réseau de voies rapides (1 600 kilomètres) et de voies ferrées rapides (réseau express régional, RER) desservant en particulier les villes nouvelles et les aéroports et traversant Paris de part en part avec plusieurs points d'arrêt assurant une bonne diffusion des usagers à travers le réseau de métro sont les deux piliers de la solution au problème des transports prévus par le schéma directeur de 1964. Ce dernier prévoit aussi une croissance très rapide des loisirs et exige la préservation des forêts, leur aménagement et l'utilisation des rares plans d'eau comme bases nautiques.

Si la décision de créer des villes nouvelles a été prise avec l'adoption du schéma directeur en 1964 et concrétisée par la désignation de responsables et par les premières acquisitions foncières, aucune structure administrative spéciale, comparable à la *development corporation* britannique n'a été créée. Les missions d'étude et d'aménagement sont chargées de poursuivre les études d'urbanisme, d'aménagement et d'équipement, d'animer et de coordonner les premiers achats de terrains, d'élaborer le programme et l'échéancier de réalisation des villes nouvelles. La politique des zones d'aménagement différé (ZAD) a permis, en donnant à l'Etat (représenté par l'Agence foncière et technique de la région parisienne) le droit de préemption en cas de déclaration des propriétaires de leur intention de vendre et la possibilité d'acquérir le terrain à la valeur qu'il avait avant l'institution de la ZAD, de maîtriser le problème foncier. Les ZAD recouvrent la zone centrale des villes nouvelles.

La France compte neuf villes nouvelles (dont quatre en province : Villeneuve d'Ascq, l'Isle d'Abeau, Val de Reuil et les Rives de l'Etang de Berre et cinq en Ile-de-France : Cergy-Pontoise, Saint-Quentin-en-Yvelines, Evry, Sénart et Marne-la-Vallée). Elles ont accueilli plus de 160 000 logements et 475 000 habitants nouveaux en vingt ans (1968-1990). Elles devraient, conformément au nouveau Schéma directeur régional, accueillir encore plus de 140 000 logements entre 1991 et 2015. Les objectifs qui paraissaient utopiques au départ sont en passe de réussir en équilibrant l'habitat et l'emploi, le parc de logement et la mixité sociale. Entre 1968 et 1990, 89 % des habitants des villes nouvelles parisiennes venaient d'Ile-de-France.

Chaque ville nouvelle se caractérise par l'existence de deux types d'institutions :
- pour la conception générale, les études, la conduite des programmes d'aménagement, l'achat et la revente des terrains, et les travaux d'aménagement, un Etablissement public d'aménagement (EPA) à caractère industriel et commercial qui associe l'Etat, la région et les collectivités locales.
- pour la coopération intercommunale, un ou plusieurs Syndicats d'agglomération nouvelle (SAN). Chaque SAN exerce les compétences intercommunales et perçoit directement la taxe professionnelle. Les périmètres des SAN sont constitués de communes entières, tandis que certains périmètres d'EPA contiennent des parties de communes.

Les villes nouvelles parisiennes regroupent en 1990, cinquante-huit communes : 26 pour Marne-la-Vallée, 11 pour Cergy-Pontoise, 10 pour Sénart, 7 pour Saint-Quentin-en-Yvelines et 4 pour Evry.

La ville nouvelle de Marne-la-Vallée, d'une superficie totale de 15 220 hectares et d'une population totale en 1990 de 210 835 habitants, est partagée en quatre secteurs. Le secteur I appelé « Porte de Paris » regroupe les communes de Bry-sur-Marne, Villiers-sur-Marne et Noisy-le-Grand. Le secteur II appelé « Val-Maubuée » regroupe les communes de Champs-sur-Marne, Emerainville, Noisiel, Lognes, Croissy-Beaubourg et Torcy. Le secteur III appelé « Val-de-Bussy » regroupe les communes de Collégien, Bussy-Saint-Martin, Saint-Thibault-des-Vignes, Ferrières, Gouvernes, Conches, Chanteloup-en-Brie, Lagny-sur-Marne, Guermantes, Bussy-Saint-Georges, Jossigny et Montévrain. Le secteur IV appelé « Val-d'Europe » regroupe les communes de Chessy, Coupvray, Magny-le-Hongre, Serris et Bailly-Romainvilliers.

Si le Schéma directeur d'aménagement et d'urbanisme de la région parisienne de 1965 prévoyait de concentrer au maximum la construction dans les villes nouvelles afin d'éviter une urbanisation anarchique de l'ensemble de la région Ile-de-France, dans la version plus réaliste de 1976, plusieurs des sites retenus seront abandonnés ou « réservés ». Les villes nouvelles ne seront pas huit mais trois. En 1983 encore, les communes non directement concernées par l'urbanisation nouvelle auront la possibilité de sortir des périmètres « villes nouvelles ». Or, à aucun moment les communes du secteur IV de Marne-la-Vallée n'ont saisi l'occasion de se retirer. Le projet EuroDisneyland ne fait que précipiter une urbanisation qui aurait eu lieu de toute façon quelques années après l'achèvement du secteur III, c'est-à-dire vraisemblablement vers la fin des années quatre-vingt-dix.

En février 1971, la Chambre de commerce et d'industrie de Paris chargée de l'aménagement régional publie un document de huit feuillets intitulé *Les grandes opérations d'aménagement et d'urbanisme en région parisienne : la ville nouvelle de Marne-la-Vallée*. Sa localisation précise qu'elle est dans l' « axe d'urbanisation nouvelle de la vallée de la Marne (…) d'une conception linéaire discontinue de quatre secteurs correspondant aux périmètres des schémas directeurs d'aménagement et d'urbanisme plus un secteur annexe, la base régionale de loisirs de Jablines. » Les objectifs globaux en terme d'évolution démographique sont de passer de 97 000 habitants en 1968 à 510 000 en 2000 ; pour le secteur IV de 1 829 habitants à 120 000… On prévoit aussi la création de 170 000 emplois dans la phase finale pour une population active de 210 000 personnes et un taux d'emplois sur place de 80 %. Le rapport indique que « les perspectives d'évolution pour les secteurs III et IV sont peu précises. » Pour ce qui concerne le logement, aucun programme n'est prévu pour le secteur IV ; pour les bureaux, il est précisé la « possibilité d'implanter à long terme dans le centre du secteur de Magny-le-Hongre un second centre urbain régional, relais entre Noisy-le-Grand et Meaux. Besoins à préciser en fonction de l'évolution à venir. » ; pour les commerces, rien de prévu en secteur IV ; enfin pour les zones d'activité, on évoque 300 hectares environ mais la localisation précise reste à déterminer.

L'EPA-Marne a été créé par décret du 17 août 1972 pour aménager les secteurs I, II et III. Pour le reste, il ne peut intervenir qu'en matière d'études et d'opérations foncières. La question se pose alors de savoir qui aurait la responsabilité de l'aménagement du secteur IV. Avant mars 1986, l'Etat soulève l'inutilité de créer des structures en double emploi : en effet, la ville nouvelle est aménagée par l'EPA-Marne et l'EuroDisneyland est prévu à l'intérieur de ce périmètre. De plus, les services techniques de l'EPA-Marne ont établi tous les dossiers d'études et d'approches de l'opération Disney à l'entière satisfaction des Américains.

Le 10 janvier 1986, Michel Giraud et Paul Séramy demandent « la création immédiate d'un nouvel établissement public d'aménagement spécifique à Disneyland, opération qui n'a aucun précédent et qui va bien au-delà de l'extension de la ville nouvelle. » Le Conseil régional, le Conseil général et les communes font valoir que la nature de l'opération qui est projetée est en complète rupture avec l'idée de base ayant conduit à la création de la ville nouvelle. Évidemment, au début des années soixante-dix, le Schéma directeur d'aménagement de la ville nouvelle de Marne-la-Vallée n'avait pas prévu un EuroDisneyland. Paul Séramy, président du Conseil général de Seine-et-Marne précise : « Chacun voit bien ce qui sépare EuroDisneyland d'une ville ordinaire. Les logiques administratives et commerciales en sont bien différentes et même tout à fait spécifiques. De plus, il paraît nécessaire que ce soit les élus du secteur d'implantation qui disposent du contrôle de l'outil d'aménagement. » Michel Giraud, président du Conseil régional d'Ile-de-France ajoute qu' « un élargissement de territoire et de compétence d'un établissement public existant pour un objet différent de celui pour lequel il a été créé, ne s'est encore jamais vu. Chacun des grands projets du Président a toujours été doté d'un EPA spécifique (La Villette, Orsay, le Grand Louvre...) ». Tous réclament un établissement spécifique sans forcément multiplier les doubles emplois puisqu'on pourrait faire appel aux équipes techniques de l'EPA-Marne.

Gérard Burlet dans *Euro Disney : Marne-la-Vallée*, raconte les manœuvres de l'Etat. Malgré l'avis contraire de ses principaux partenaires, l'Etat soumet néanmoins à l'approbation de l'ensemble des communes de la ville nouvelle ainsi que des collectivités départementales concernées un projet de décret visant à modifier le périmètre d'intervention, en tant qu'aménageur, de l'EPA-Marne. Le projet est plutôt habile dans sa rédaction. L'Etat nie tout caractère spécifique à l'opération EuroDisneyland et en profite pour y inclure deux propositions sans rapport avec cette opération mais dont l'une d'entre elles est très importante pour le développement harmonieux du secteur III. Elle consiste à faire entrer dans la Conseil d'administration de l'EPA-Marne des représentants de l'agglomération nouvelle de Bussy-Saint-Georges créée par décret du 15 octobre 1985 (soit quatre mois avant le projet de décret relatif à l'extension du périmètre d'intervention de l'EPA-Marne). Voter contre ce projet d'extension, c'est voter contre la représentation logique et souhaitée des élus du secteur III au sein du Conseil d'administration. Le projet est repoussé à une grande majorité. Les élus socialistes s'insurgent. Mais à y regarder de plus près, ce projet de décret prévoyait la représentativité des élus des communes concernées au sein d'un Conseil du secteur IV par voix consultative et non délibérative. L'aménagement du secteur IV aurait été décidé par un Conseil d'administration ne comportant aucun élu local. Les compétences communales étaient ainsi clairement niées. Le problème reste en suspens pendant près de dix mois.

Ce n'est qu'en janvier 1987 que le Conseil général et les communes concernées ont à se prononcer sur un nouveau projet de décret prévoyant la création d'un établissement public d'aménagement du secteur IV de Marne-la-Vallée. Toutes les assemblées consultées ont approuvé ce projet. L'Etablissement public a pour but d'aménager le secteur IV en vue de la réalisation d'un parc de loisirs et de ses aménagements spécifiques. Il est administré par un Conseil d'administration de dix-neuf membres répartis entre neuf représentants de l'Etat et dix représentants des collectivités locales : deux (dont le président) du Conseil régional ; deux (dont le président) du Conseil général, cinq (un par commune) des communes concernées et le Président du Syndicat d'agglomération nouvelle (SAN). Les fonctions de directeur de l'EPA-IV ainsi que de l'EPA-Marne sont assurées par la même personne. Une convention passée entre les deux établissements devra définir les conditions selon lesquelles la gestion de l'EPA-IV sera assurée par l'EPA-Marne et, notamment, quelles sont les modalités d'exercice des missions techniques, urbanistiques, culturelles, commerciales, administratives et de gestion financière ainsi que de mise à disposition des personnels nécessaires. L'EPA-IV sera implanté au même endroit mais dans des locaux distincts de l'EPA-Marne. Enfin, le président de l'EPA-Marne assistera en tant qu'auditeur au Conseil d'administration de l'EPA-IV et vice-versa pour le président de l'EPA-IV. Le jour de la signature de la convention, le 24 mars 1987, paraît le décret portant création d'un établissement public chargé de l'aménagement du secteur IV de Marne-la-Vallée. Il prend le nom d'EPA-France.

MIRAPOLIS, ZYGOFOLIS, FUTUROSCOPE, BIG BANG SCHTROUMPF, PARC ASTÉRIX

Les prévisions de croissance de EuroDisneyland en France sont faramineuses et ses prédécesseurs en Californie, en Floride et à Tokyo connaissent un succès jamais démenti. Aussi, à la même époque, les parcs à thèmes français sont-ils en pleine effervescence... Au milieu des années quatre-vingt, l'Allemagne fédérale compte pas moins de vingt-cinq parcs récréatifs parmi lesquelles trois reçoivent chaque année plus d'un million de visiteurs. C'est le pays d'Europe le plus équipé en la matière. En tout, ce sont près de 20 millions de visiteurs qui sont accueillis chaque année. Leur proximité avec la frontière en fait bien évidemment de sérieux concurrents pour leurs homologues français. Très clairement, en Europe, les parcs récréatifs sont des équipements urbains et leur absence dans le sud du continent signifie que ces parcs jouent un rôle de compensation dans des régions ne disposant ni de façades maritimes ni de montagnes, un site touristique et de loisirs artificiel pour des citadins éloignés des régions touristiques naturelles. En 1985, la DATAR effectue un sondage qui révèle que « la fréquentation des parcs récréatifs intéresse 15 % de la population française de plus de quinze ans. » Le créneau retenu est la famille dotée d'enfants jeunes et les célibataires, les classes aisées et les citadins. L'INSEE prévoit que d'ici l'an 2000, les Français consacreront 10 % de leurs revenus aux loisirs et le BIPE pense que les grandes vacances vont laisser la place à de courts séjours et des loisirs de proximité. En 1986, la DATAR publie une étude de Franck Bauer intitulée *Les parcs récréatifs* et évalue la clientèle potentielle des parcs français à venir entre 25 et 30 millions de visiteurs par an et la création de quinze mille emplois directs et cent mille emplois indirects. On notera au passage que Franck Bauer est en même temps, dirigeant de la société Récréatec spécialisée dans le conseil aux parcs à thèmes... En France, Denise Ragu dans *Les cahiers de l'IAURIF* de mars 1988 reprenant les chiffres pour 1983, cite la fréquentation des parcs récréatifs hexagonaux : le Jardin d'acclimatation à Paris (1,5 million de visiteurs par an), le parc animalier de Thoiry dans les Yvelines (600 000), la Mer de Sable à Ermenonville dans l'Oise (500 000), OK Corral à Cuges-les-Pins à trente kilomètres de Marseille et le parc animalier de Saint Vrain dans l'Essone (400 000 chacun), le parc Bagatelle dans le Nord-Pas-de-Calais (305 000), le Pal près de Moulins dans l'Allier (240 000) et Walibi Rhône-Alpes, ex-Avenirland dans les Abrets en Isère. En Allemagne, on peut citer les parcs à thèmes suivants : Traumland, Phantasialand, Minidom, Taunus Wunderland, Hollywood Park, Fort Fun, Holiday Park et Europa Park. En Grande-Bretagne, citons Ramsgate, Yarmouth, Blackpool, Alton Towers. Aux Pays-Bas, Flevohof, De Efteling et Madurodam. En Belgique, Walibi et au Danemark, les jardins de Tivoli.

Les chiffres de fréquentation en 1983 sont tout à fait différents de ceux que l'on observe à l'époque aux Etats-Unis. Les huit principaux parcs américains reçoivent à eux seuls plus de 50 millions de visiteurs, mais ce sont bien les 1 800 parcs d'intérêt local qui drainent la majeure partie de la clientèle. Ainsi, Walt Disney World et EPCOT reçoivent-ils près de 23 millions de visiteurs, Disneyland près de 10 millions, Knotts Berry, 4,4 millions, Universal, 3 millions, Six Flags, 3 millions, Sea World, 2,9 millions, Cedar Point et Kings Island 2,7 millions chacun. Le premier parc récréatif européen accueille péniblement 1,9 million de visiteurs aux Pays-Bas, c'est le parc De Efteling. En seconde position,

Phantasialand en RFA draine 1,8 million de touristes, enfin, en troisième position, le Jardin d'acclimatation en France avec 1,5 million de curieux ferme la marche. Ainsi seuls six parcs européens dépassent-ils le million de clients en 1983 (en comptant Europa Park et Holiday Park en RFA).

Pour le cas français, la DATAR a créé une typologie regroupant la catégorie de parcs récréatifs, la fréquentation, l'investissement initial, le chiffre d'affaires, les emplois directs créés et la localisation optimale. Pour un parc d'intérêt international dont la fréquentation attendue s'élève à 10 millions de visiteurs par an et un investissement initial de 15 milliards de francs, un seul parc est retenu : EuroDisneyland. La DATAR retient ensuite trois ou quatre parcs d'intérêt national situé en Méditerranée, dans la région Est et la région Nord qui pourrait ouvrir leurs portes. La fréquentation ne dépasserait pas 1,5 à 2,5 millions de visiteurs, le montant de l'investissement s'élèverait entre 600 et 800 millions de francs pour un chiffre d'affaires de 150 à 200 millions de francs et de 800 à 1 000 emplois créés. Quatre parcs d'intérêt régional pourraient être envisagés : dans les Pyrénées, l'Ouest, Rhône-Alpes et Paris/Normandie pour une fréquentation de 750 000 à 1 million, de 300 à 500 millions de francs d'investissement, un chiffre d'affaires de 70 à 100 millions de francs et de 500 à 700 emplois créés. Pour finir, la DATAR estime la possibilité de création de cinq à sept parcs d'intérêt local, de petits parcs régionaux et des parcs locaux situés dans le Sud-Ouest, en Auvergne, à Poitiers et dans toutes les régions en appui des autres parcs dont la fréquentation est comprise entre 300 000 et 500 000, un investissement initial de 60 à 150 millions de francs, un chiffre d'affaires de 15 à 50 millions et de 100 à 250 emplois créés.
L'étude de la DATAR préfigure bien sûr le Futuroscope et Vulcania, mais les chiffres concernant le nombre d'emplois créés paraissent résolument optimistes. Ainsi, l'Holiday Park en RFA qui accueille 1 250 000 visiteurs n'emploie que 350 personnes et Flevohof aux Pays-Bas avec 1 150 000 clients à peine 200. Ces 13 à 16 parcs de dimensions variables seraient capables d'accueillir entre 20 et 25 millions de visiteurs chaque année. Il faudrait ainsi que chaque Français, si l'on fait abstraction des visiteurs étrangers, passe une journée dans un parc une fois tous les deux ans. L'auteur de l'étude envisage une répartition assez uniforme des parcs sur le territoire : les parcs d'intérêt national seraient situés dans les régions denses du Nord et de l'Est ainsi que sur la Côte d'Azur. Les régions urbaines de Lyon, Toulouse, Rennes et l'axe Paris-Rouen-Le Havre se verraient dotées d'un parc régional.

En décembre 1986, le premier forum international des équipements de loisirs s'ouvre à Cannes. Divers spécialistes interviennent dont l'auteur du rapport de la DATAR, Frank Bauer, très optimiste sur l'avenir des parcs à thèmes en France. La France apparaît petit à petit comme un vaste marché inexploité. Michel Giraud, Président du Conseil régional d'Ile-de-France vient présenter le projet EuroDisneyland et évoque les retombées probables pour sa région : « Un parc est une machine d'entraînement de l'économie et de l'emploi dont tout le monde peut bénéficier » déclare-t-il au *Moniteur du BTP*. Personne n'évoque les parcs existants (pas même Ok Corral organisé autour du thème du Far West) prétextant qu'il ne s'agit pas du même produit. Denise Ragu dans *Les parcs de loisir, un nouveau pôle de développement local ?* dans *Les cahiers de l'IAURIF* en mars 1988 semble comprendre que « l'on changerait moins de produit que de façon de les produire. » Les concepteurs de ces nouveaux parcs viennent pour la plupart du monde du spectacle. Ces nouveaux parcs nécessitent aussi des moyens financiers considérables et relèvent donc d'une véritable industrie et non plus d'une entreprise familiale. Les investisseurs restent pourtant prudents et les promoteurs, toujours enthousiastes, n'apportent que le terrain en garantie. La DATAR estime que 8 à 10 milliards de francs d'investissement seront nécessaires durant les cinq prochaines années pour la création de parcs récréatifs.

En dix ans, entre 1979 et 1989, le temps de travail a baissé de 12 %. Entre 1989 et 1999 on s'attend à ce que les sommes affectées aux distractions augmentent elles aussi de 12 %. Pourquoi alors laisser ce marché aux Américains ? Il a fallu attendre que Disney se penche sur ce *no man's land* récréatif pour que les investisseurs français se lancent dans une course folle. Tous se jettent à l'eau : grandes banques, géants du bâtiment, sociétés de service... En quelques années, on passe du sous-équipement à la pléthore. Sans compter les safaris et zoos, on dénombre une quarantaine de parcs terrestres et une bonne douzaine d'*aquacenters*. Les projets déclarés ou en début de réalisation à la mi-1989 sont de l'ordre d'une quinzaine. Quinze milliards de francs ont été dépensés en dix ans dans les parcs en France.

Trois ans après, en 1989, l'enthousiasme des premières années fait place à une prudence plus réaliste. La région parisienne avec EuroDisneyland, le parc Astérix et Mirapolis semble saturée. Il faut ajouter aussi pour l'Ile-de-France, les deux parcs animaliers de Thoiry et de Saint-Vrain, les parcs nautiques Aqualand à Gif-sur-Yvette et Nautiland à Yerres, la Mer de Sable n'est pas très loin non plus... S'y ajoutent aussi, dans les départements centraux, le Jardin d'acclimatation, l'aquacenter de Levallois, l'Aquaboulevard dans le XVe à Paris ou le zoo de Vincennes. Au contraire, les régions du sud et de l'ouest de la France restent quasiment vierges. Les concentrations urbaines de Lyon et de Marseille ne semblent pas avoir non plus convaincues les promoteurs. Faut-il y voir ici l'influence de l'implantation plus ancienne de Walibi pour Lyon et de Ok Corral pour Marseille ? Ou l'attraction plus forte de la montagne et de la mer ?

En 1989, pour le reste de la France, seul Le Nouveau Monde des Schtroumpfs peut être classé en parc d'intérêt national. Zygofolis et le Futuroscope obtiennent le rang de parcs d'intérêt régional. Bagatelle, Gayant (Douai), le Pal, Walibi Rhône-Alpes, Peaugres et Ok Corral celui de parc d'intérêt local. Les projets ne manquent pas dans cette dernière catégorie puisqu'on évoque un parc à Nîmes, « l'Ile Mystérieuse » dans le nord de la France, « les Vikings » en Normandie, « Les Celtes » en Bretagne ou « la Toison d'or » à Dijon.

Mais le premier véritable parc à thèmes français de dimension nationale ouvre ses portes en 1987. Mirapolis, situé à Cergy-Pontoise dans le Val d'Oise, est inauguré par Jacques Chirac, Premier ministre et Pierre Méhaignerie, Ministre du Tourisme, le 20 mai 1987, deux ans après la création de la société Paris-Parc et la signature du permis de construire relatif aux premières infrastructures. Les travaux auront duré dix-huit mois seulement durant lesquels 55 hectares de champs ont été transformés en parc avec collines, lacs et rivières. Le thème retenu est celui des contes et légendes de France. Le parc s'étend sur 35 hectares pour une superficie totale de 90. Il accueille huit zones d'attractions (pour 29 manèges), dix restaurants, des mini-snacks et cinq boutiques plus une représentation géante du personnage de Rabelais, Gargantua, haute de 35 mètres. L'investissement initial s'élève à 500 millions de francs débloqués par le Groupe Pharaon, la CDC, Sodex-Parc, A. Alshohaill, J. Jawa et CGE entre autres. C'est une opération-test pour ses investisseurs en partie saoudiens et pour un savoir-faire susceptible d'être exporté. La fréquentation prévue à terme se monte à deux millions de visiteurs annuels et 1,2 million pour 1988 puis 1,5 million pour 1989. Le *Bulletin de l'AFVN* (Association française des villes nouvelles) claironne : « Mirapolis est une première, réalisée dans les coûts et les délais avec 90 % d'équipements et de réalisations français. »

C'est la jeune architecte, Anne Fourcade qui a l'idée de ce parc. Elle tend à s'éloigner de la formule américaine en cherchant une voie française dans sa conception. En 1982, elle se rend à Disneyland en Californie pour puiser l'inspiration d'un parc français avec pour toile de fond la forêt de Brocéliande ou les aventures de Dame Tartine. Les investisseurs français demeurent sceptiques face au projet de Fourcade. Il lui faut en fait attendre 1984 et la rencontre avec Gaith Pharaon, un homme d'affaires saoudien, pour pouvoir se lancer dans l'aventure. La société Paris-Parc dont il détient 30 % est ainsi créée dans le but de concevoir et gérer le parc. La Banque arabe et internationale d'investissement assure l'ingénierie financière et bientôt, le Club-Méditerranée, l'entreprise de BTP Jean Lefebvre, la Compagnie générale des eaux et la SCIC deviennent actionnaires de Paris-Parc. Le budget est fixé à 500 millions de francs dont 60 % couverts par emprunts notamment auprès du Crédit national. En 1985, Guy de Boisgrollier prend la direction de cette société après être passé par Wagons-Lits et Hachette. Pour lui, le pari a été difficile à relever. Le 23 mai 1987, il se confie au *Monde* : « Contrairement aux autres parcs, les Schtroumpfs, en Lorraine, par exemple, sans parler d'EuroDisneyland, nous n'avons reçu aucune aide de l'Etat. Quant à la région, elle a seulement financé la moitié de la bretelle qui relie l'autoroute à Mirapolis, soit une subvention de 3 millions de francs, qui correspond à 0,6 % du montant total des investissements ». Paris-Parc a acheté les 50 hectares et les a viabilisés, elle a aussi réalisé 250 millions de francs de travaux coordonnés par Coteba International. 500 000 mètres carrées de terre ont été terrassés et 60 000 arbres plantés. Le parc souhaite vulgariser la culture française tout au long des attractions : ville d'Ys, château des sortilèges, palais des merveilles, etc. Le ticket d'entrée est fixé à 100 francs pour les adultes et 70 francs pour les enfants. Ce premier parc à thèmes français est ouvert dix heures par jour et deux cents jours dans l'année. Ce projet se veut aussi créateur d'emplois : 250 permanents et un millier au total. Guy de Boisgrollier poursuit : « La ville nouvelle de Cergy-Pontoise va bénéficier de cet important équipement et des nouveaux emplois créés. En outre, nous allons contribuer à la rentabilité du RER qui sera connecté avec le réseau SNCF en septembre prochain et permettre également le financement des équipements routiers. Seul avantage : le parc bénéficiera de la baisse de 8 % du taux de la TVA applicable aux billets d'entrée ».

Quarante-huit heures après l'inauguration, le jeudi après-midi 21 mai 1987, des forains s'introduisent dans le parc pour protester contre la prolifération des parcs de loisirs en région parisienne et contre le taux préférentiel de TVA à 7 % qui leur est accordé. Ils s'inquiètent enfin de constater que de plus en plus de maires interdisent les fêtes foraines. Gilles Smadja dans *Mickey l'arnaque* raconte cette journée : « Ces hommes qui se présentent au guichet pour acheter leur billet d'entrée ont l'air de visiteurs tout à fait ordinaires. Ils sont arrivés en car, comme des touristes. Ils sont environ cent cinquante. Des jeunes, des vieux, des gros, des maigres, des petits, des grands, et beaucoup de moustachus. Pas une seule femme. Tenue plutôt sportive. Jeans, baskets, blouson de cuir ou anorak. Ils sortent chacun la somme de cent francs, ramassent leur coupon magnétique, le glissent dans l'appareil, et franchissent le portillon automatique. Une fois dans le parc, ils se répartissent en plusieurs groupes, en veillant à ne pas attirer l'attention sur les matraques, manches de pioches, barres de fer, qui gonflent les poches intérieures de leurs blousons. Un vent froid rougit le nez et les oreilles des gosses. 15h30. Les six groupes passent à l'action. Ils cisaillent les câbles électriques, bloquent les tapis roulants, coupent les canalisations, répandent de la lessive dans les chutes d'eau, versent du sable dans les pompes, les machineries, les tuyaux, les mécanismes hydrauliques. Et selon un scénario parfaitement mis au point, pendant qu'une partie du groupe s'acharne sur le matériel, l'autre fait rempart pour empêcher le personnel d'intervenir. Dans son beau costume d'Arlequin, un animateur du parc se rend compte, effrayé, que le liquide rouge qui gicle maintenant de son arcade sourcilière, ce n'est pas du maquillage, mais du sang. Les mains sur le ventre, un vendeur de boissons se tord de douleur. Affolés, parents et enfants s'écartent des attractions et se précipitent vers la sortie. 17 heures. Plusieurs compagnies de gendarmes et de CRS arrivent sur les lieux. Après avoir bouclé toutes les issues, ils chargent les manifestants à l'intérieur du parc, transformé en camp retranché. Le choc est violent. 18 heures. Les sirènes des dernières voitures de pompiers et des ambulances s'éloignent. Le bilan est lourd. Dix blessés graves, et un million de francs de dégâts [650 000 francs de dégâts plus un million de francs de préjudice commercial]. » Dans un souci d'apaisement, aucune interpellation n'est effectuée dans la soirée mais les identités de plusieurs forains sont relevées ainsi que les numéros d'immatriculation de leur véhicule. La préfecture du Val-d'Oise indique ce soir-là que des poursuites seront engagées ultérieurement.

Samedi 23 mai 1987, au soir, de faux cartons d'invitation gratuite pour quatre personnes sont distribués dans toute la banlieue nord de Paris. Dimanche 24 mai, au matin, environ 1 500 personnes se présentent à Mirapolis munies de ces cartons. Entre 12h et 12h30, des forains parsèment la chaussée de clous à la sortie de l'autoroute A15 qui mène en direction du site. Sur ces 1 500 visiteurs, tous sauf vingt acceptent d'acheter les billets. Malgré ces incidents, entre mercredi, jour de l'ouverture et dimanche soir, 12 000 personnes visitent le parc. Jeudi, lors des affrontements, 3 000 visiteurs étaient présents. Le lendemain, le parc enregistre 500 désistements de scolaires sur 2 000 prévus et 300 tickets individuels vendus. Samedi, la fréquentation s'élève à environ dix mille. Deux attractions sont alors inutilisables : la tour Léonard et la descente des rapides qu'il faut remettre en état. Parallèlement, la préfecture du Val-d'Oise organise la surveillance du site nuit et jour. Guy de Boisgrollier parle « d'un manque d'imagination totale ». Dans le *Monde* du 26 mai, il remarque que « toute innovation entraîne un bouleversement des habitudes qui seul permet d'évoluer. Si les forains souhaitent des aménagements fiscaux, c'est auprès du gouvernement qu'ils peuvent les obtenir, pas auprès de moi. »

En outre, très rapidement, la fréquentation inquiète l'entreprise. Si en quinze jours, 100 000 personnes ont visité le parc sur les 150 000 attendues, ce sont essentiellement des scolaires. En semaine, sur une moyenne de 5 000 entrées quotidiennes, seules 300 sont des clients individuels. Et même si le directeur du parc, Guy de Boisgrollier explique que « pour un prix forfaitaire, les visiteurs de Mirapolis disposent d'une telle quantité d'attractions, qu'ils ne pourront jamais tout visiter en une seule journée et que leur fatigue, plus que le budget familial, limitera leurs activités », les visiteurs n'arrivent que vers 11 heures du matin et ne passent que trois heures en moyenne dans le parc, armés de leur goûter et ne déboursent en moyenne que 45 francs par personne. Le parc est pourtant ouvert de 10 heures à 19 heures, le pique-nique interdit et la dépense moyenne par personne était prévue entre 200 et 300 francs par les études de marché. Bars, restaurants et boutiques de cadeaux, filiales communes de Paris-Parc et de la Compagnie internationale des Wagons-Lits et de Hachette, restent désespérément vides. Guy de Boisgrollier se refuse à envisager le pire : si le nombre des entrées ne dépasse pas 800 000, l'entreprise ne pourra faire face à ses frais. Alors deux objectifs sont fixés : faire connaître le parc aux habitants de la région par une vaste campagne de publicité et s'adapter au marché français en aménageant une aire spéciale de pique-nique et la construction d'une attraction à sensation d'un coût de 45 millions de francs. Enfin, les animateurs du parc sont formés à la sauce Disney. Marc Tombez, psychologue, ancien du Club-Méditerranée, leur demande d'être enthousiastes, positifs, de s'adapter à toutes les situations, « ils doivent être capables de créer le bien-être des visiteurs par des gestes d'amour ordinaire ». Ils porteront le badge sur lequel est inscrit leur nom sur le côté gauche, « sur le cœur ». Le salaire est fixé à 6 000 francs par mois et tous les contrats sont à durée déterminée jusqu'en octobre. Mais Marc Tombez répète dans les colonnes du *Monde* du 9 juillet que « nous offrons à des jeunes la possibilité d'entrer dans la vie sociale et professionnelle. Nous leur donnons de l'assurance. Bref, nous les armons pour l'avenir. »

Le parc ferme ses portes à la mi-octobre 1987 et la fréquentation a été très décevante. Sur les 2,5 millions de visiteurs attendus seulement moins de 600 000 personnes se sont rendues à Mirapolis. On annonce vingt millions de francs de perte. Le Club-Méditerranée prend alors la direction du parc, remercie Guy de Boisgrollier, promet de nouvelles attractions pour les adolescents l'année suivante et demande une augmentation de capital de 92,5 millions de francs. Quel est le problème ? Peut-être ne s'agit-il que d'un démarrage un peu plus lent que prévu, de difficultés conjoncturelles, de simples « erreurs de jeunesse » : mauvais temps, grogne des forains, prix d'entrée trop élevé… On cherche à montrer que les concepteurs de Mirapolis ont commis des erreurs. Ce n'est dès lors plus le produit générique « parc à thèmes » qui est mauvais ou inadapté au marché, c'est le produit spécifique « Mirapolis » voire « Mirapolis 1987 » qui n'est pas assez performant. Premier grief, son thème n'est pas assez défini ni assez connu. Il s'agit notamment de personnaliser davantage ce premier parc à la française en insistant sur le côté « contes et légendes » autour de personnages mythiques comme Gargantua, dame Tartine ou encore la ville d'Ys. Deuxième problème, la campagne de publicité n'a pas été assez performante alors qu'il aurait fallu en faire beaucoup pour réellement créer une demande. Des pannes techniques ont, en outre, obligé la direction à différer la campagne de publicité de 15 millions de francs qui avait été prévue. Troisième problème, les Français, bien sûr ! Mirapolis étant le premier parc à thèmes français, les autochtones n'ont pas l'habitude de fréquenter ce type de parc. Quatrième point : le parc a ouvert trop tôt et n'est guère peaufiné. Cinquième explication : le bouche-à-oreille cinglant et les critiques acerbes des journalistes. Caroline Brizard du *Nouvel Observateur* publie un article « Mirapolis : drôle de manège » le 5 juin 1987 dans lequel elle raconte sa visite : « Il crachine sur le premier parc à thèmes consacré aux légendes françaises. Les fausses collines plantées d'arbres de pépinière font pauvrettes sous le ciel gris. Chacun avance le nez sur la carte, dans des allées trop larges, à la recherche des animations. Je me garde Gargantua (le géant de 35 mètres) pour la fin, mais en deux heures, j'ai tout essayé et je reste sur ma faim. La ville d'Ys, malgré l'hydre et la méduse, ressemble à une station orbitale bon marché ; le coin des impressionnistes a tous les attributs souhaités (son petit pont de bois et son limonaire), mais il lui manque l'esprit ! Mirapolis, ce n'est pas si « superdanferdacier-démondinguedément » que ça. » Gilles Smadja corrobore ce sentiment : « Et puis il y a cette drôle d'impression – exprimée par beaucoup de visiteurs dans les enquêtes et sondages effectués sur place – de déambuler dans une grande surface à attractions, sans surprise, sans rêve, sans coup de cœur. Tout est codifié, programmé, répertorié. »

Pour sa réouverture en mai 1988, Mirapolis frappe un grand coup avec un programme de 100 millions de francs d'investissements nouveaux (les exploitants doivent aussi réduire leur coût de 40 % tout en améliorant les installations). Font ainsi leur apparition dans le parc, afin d'éviter cette désagréable sensation de vide, un cinéma en relief, le seul permanent en France, un simulateur de vol géant, un manège de montgolfières, un drakkar sur le lac et dès juillet, le plus grand *roller coaster* d'Europe avec double looping à 35 mètres de hauteur et 80 kilomètres à l'heure. Au total, plus de quarante-cinq attractions et, en prime, en fin de semaine, le chanteur Carlos pendant quatre mois. C'est le maire de Courdimanche, Rémy Allain qui a convaincu ce dernier de venir à

Mirapolis. Allain est d'ailleurs très enthousiaste : « On viendra à marier des gens à Mirapolis. Courdimanche deviendra une ville très connue grâce à son parc. » Les surfaces abritées ont été augmentées pour faire face aux intempéries et les places de restaurants passent de trois mille à cinq mille trois cents. Enfin, la ligne A du RER est prolongée jusqu'à Cergy-Saint-Christophe d'où une navette dessert Mirapolis. La saison 1988, avec un peu plus d'un million de visiteurs et 85,9 % de gens satisfaits les jours de grande fréquentation semble de bon augure pour 1989.

Mirapolis saison III ouvre ses portes le 1er avril 1989 tous les week-ends, puis toute la semaine à partir du 1er mai pour les refermer en novembre. Mirapolis a choisi de se démarquer de ses grands frères américains en incluant dans son programme des animations « bien de chez nous » comme le grand huit et la grande roue. Changement d'importance puisque cette vingtaine de nouvelles attractions d'un coût de 30 millions de francs est tenue par des forains. Pourtant, à la fin de la saison, Mirapolis n'est pas parvenu à assurer son équilibre et prépare une nouvelle restructuration. L'assemblée générale des actionnaires se tient en décembre 1989 et un administrateur provisoire, Me Hubert Lafont, est nommé. En effet, en 1989, et un printemps de rêve, seulement 640 000 visiteurs sont venus à Mirapolis (fréquentation en baisse en partie à cause d'un petit gaulois dont nous allons reparler...) et le déficit cumulé s'élève à 85 millions de francs bien qu'on ait approché l'équilibre sur l'année. Le conseil d'administration propose de reconvertir le parc dont le thème « les légendes et contes de France » est constamment resté flou en parc d'attractions et de jeux à clientèle régionale (le taux de fréquentation est estimé à 15 % pour les clientèles situées à moins d'une heure et 3 % pour les autres). Il propose également de séparer la société d'exploitation de la société propriétaire du foncier afin de réduire les frais financiers. Une réorganisation de l'actionnariat est enfin envisagée. Le 21 décembre 1989, le tribunal de commerce de Pontoise (Val-d'Oise) nomme Me Bertrand Jeanne, administrateur judiciaire de Mirapolis. Au terme d'une procédure d'observation, il sera décidé un redressement judiciaire ou une liquidation. En janvier 1990, Marc Tombez reconnaît qu' « il y a eu une énorme erreur d'évaluation : partout on a surestimé les chiffres de fréquentation par rapport à la réalité du marché. » Tombez réussit à ramener de 90 à 50 millions de francs le coût d'exploitation et en décembre 1989, il parle d'abaisser le « point mort » à 450 000 entrées. Les dirigeants du parc réservent également des terrains pour permettre au RER d'arriver de Cergy jusqu'au parc en 1993.

Le 22 janvier 1990, la société Paris-Parc dépose le bilan avec un passif de 330 millions de francs (dont 285 millions de charges d'emprunts). Le 4 avril, malgré l'incertitude de la situation, les forains, associés depuis un an à l'animation du parc, tiennent à l'ouvrir pour la nouvelle saison 1990. Le 26 avril, ils obtiennent du tribunal de commerce de Paris la reprise de Mirapolis. Les juges donnent la préférence au projet présenté par le groupe Campion-Concorde, composé à 75 % du GIE Mira-fête, formé par les forains et à 25 % par le groupe Concorde, de l'homme d'affaires saoudien Gaith Pharaon déjà premier actionnaire (à 32,29 %) de l'ancienne société Paris-Parc. Pour le tribunal, ce projet « répond mieux aux besoins économiques et à la pérennité de l'entreprise » que celui présenté par la société Cergy-Parc, constitué par le Crédit national, principal créancier du parc pour 108 millions de francs, avec notamment le Crédit d'équipement des PME. Parallèlement, une société immobilière Mirapolis (SIM) prend en charge le développement touristique (golf, hôtels) des 32 hectares de terrains entourant le parc et placés jusqu'ici en option d'achat. Le holding Pharaon y détient 67 % du capital, le GIE des forains 17,5 % et la société GOBTP 15 %. Echaudée par deux déconvenues successives, à Mirapolis comme à Zygofolis, la Caisse des dépôts et consignations, estimant avoir joué son rôle d'institutionnel d'avant-garde, abandonne le secteur des parcs à thèmes. Tout comme le Club-Méditerranée, qui, décidé à « se recentrer sur son métier », passe par « pertes et profits » sa participation de 4 % dans Mirapolis.

A l'origine, le parc compte 47 hectares, parking compris (surmontés en plus de lignes à haute tension). Le futur Mirapolis n'en comptera qu'une vingtaine. Sur la partie restante, un certain nombre d'hectares sont cédés à la région Ile-de-France pour l'extension du RER. Pour la saison 1990, l'objectif n'est que de 500 000 visiteurs. Marcel Campion, président du GIE précise que « si on y parvient, on aura gagné le pari ». Le montant de la reprise est de 95 millions de francs auquel il faut ajouter 30 millions de francs de matériel. Le Crédit national, lui, proposait 115 millions de francs, dont un versement de 27 millions, le reste correspondant à des nantissements. Le prix d'entrée est fixé à 100 francs pour les adultes, 75 francs pour les enfants et l'entrée gratuite pour les plus de soixante ans.

Le 14 mai 1990, coup de théâtre. Le parquet fait appel de la décision du Tribunal de commerce de Paris. Cet appel est motivé par l'ambiguïté du jugement au sujet des terrains entourant le parc, dont la valeur dépasse l'offre du GIE. En outre, le groupe Pharaon, déjà principal actionnaire de l'ancienne société Paris-Parc, ne peut pas présenter de plan de reprise. Le 19 octobre 1990, la Cour d'appel de Paris confie Mirapolis à la société Cergy-Parc. Celle-ci signe un contrat de location-gérance pour 1991 et 1992 avec les forains. Le groupe Pharaon se désiste quand l'Etablissement public d'aménagement (EPA) de Cergy déclare inconstructibles les réserves de terrains. Le groupe Cergy-Parc étudie avec les collectivités locales les possibilités de resserrer la superficie du parc et d'installer des aménagements de loisirs sur les terrains libérés comme le prévoyait le groupe Campion-Concorde. A la fin de l'année 1991, avec seulement 400 000 visiteurs annuels, le Crédit national abandonne, estimant impossible d'investir les 100 millions de francs nécessaires pour faire face au choc de l'ouverture d'EuroDisneyland en avril 1992. Ayant investi 30 millions, ils doivent récupérer le matériel et être indemnisés par les propriétaires.

Le 1er janvier 1993, Mirapolis cesse définitivement de vivre malgré ses 700 millions de francs d'investissement. Le 31 décembre 1992, les forains quittent les lieux, fin du bail. Mais cela fait plusieurs mois que Mirapolis ressemble à un vaste désert, un repaire de lapins sauvages dans la commune de Courdimanche. Le propriétaire, le Crédit national associé au CEPME et au Comptoir des Entrepreneurs, espère un jour rentabiliser et valoriser ce terrain de 47 hectares par des opérations immobilières. Mais en ce début d'année 1993, rien ne presse car la situation économique n'est guère favorable et le schéma directeur de la ville nouvelle de Cergy-Pontoise signé par Edith Cresson, Premier ministre, en septembre 1991 a classé ce secteur en zone de loisirs aux deux tiers inconstructibles. Le schéma directeur de la région Ile-de-France qui doit être adopté en 1993 entraînera alors une révision des schémas locaux. C'est que l'Etat pousse à l'extension de la ville nouvelle. Une option que ne rejette pas le président du Syndicat d'agglomération nouvelle (SAN), Alain Richard (PS), même s'il juge préférable dans *Le Monde* du 20 décembre 1992 « de terminer la ville avant de penser à l'étendre ». Tous les terrains sont en effet loin d'être occupés. Mirapolis fermé, ce sont 500 employés au chômage. Les manèges et les attractions sont vendus à des sociétés de parcs de loisirs en Allemagne, en Belgique et aux Pays-Bas. Le 12 octobre 1993, la société Cergy-Parc obtient de la préfecture du Val-d'Oise et de la ville nouvelle de Cergy-Pontoise un permis de démolir ce qui a été laissé à l'abandon comme la haute statue de Gargantua.

La tête de Gargantua est mise à prix entre juillet et août 1995 avant d'être dynamitée à la base en septembre. Le parking est devenu un immense terrain vague sur lequel s'installent pendant plusieurs mois les gens du voyage avant d'être grillagé et coupé par une route longeant l'ancienne entrée principale du parc. Tout ce qui n'a pu être démonté est resté à l'abandon avant d'être pillé et saccagé. Les boutiques à l'entrée du parc servent aujourd'hui à héberger des voitures d'une auto-école et le matériel nécessaire au gardien des lieux. Le lac est asséché, la végétation a, partout, pris le dessus. Seul le Mur Vauban est encore debout. Mirapolis est devenu le lieu privilégié des squatteurs en tout genre. En 2001, le terrain est racheté par un promoteur parisien. En septembre 2003, une immense *rave party* est organisée sur le site de Mirapolis. En avril 2005, un permis de construire pour un lotissement est déposé en mairie de Courdimanche. L'agonie de Mirapolis aura duré près d'une quinzaine d'années.

* * *

Quelques semaines après l'ouverture de Mirapolis, c'est au tour de Zygofolis à Nice d'être inauguré le 1er juillet 1987. L'investissement initial s'élève à près de 350 millions de francs (100 millions de plus que les 250 prévus) financé par Real Holding (société libanaise), la CDC, Paribas, Sodexho, Société Générale et Jean Lefebvre, entre autres. La gestion du parc dont le thème, plutôt vague (« un monde fou, fou, fou »), est confiée à la SPAN, Société du parc d'attractions de Nice, groupe libano-suisse dirigé par quatre hommes d'affaires libanais. Le député-maire de Nice, Jacques Médecin, a tout fait pour faciliter l'implantation du parc. La SPAN obtient de la ville de Nice l'usage d'un terrain communal contre un franc symbolique et une série de cautions auprès des banques. La SPAN bénéficie également d'une exonération fiscale de cinq ans et les infrastructures environnantes ont été financées par les collectivités publiques. Le parc s'étend sur 24 hectares, on attend à terme 1 million de visiteurs et 500 000 pour la saison 1987. Près de 950 salariés sont engagés contre six cents nécessaires (mais seulement 60 permanents). Comme Mirapolis, le parc Zygofolis a contribué à la mauvaise image des parcs à thèmes français. Comme son prédécesseur, il a certainement ouvert trop précipitamment : des plantations chétives, des attractions encore en travaux, des tarifs et des horaires d'ouverture flottants ont contribué indubitablement à rebuter les visiteurs potentiels. La présence du parc OK Corral tout proche a sans aucun doute fait ombrage au nouveau-venu. La fréquentation en 1987 est catastrophique avec seulement 310 000 visiteurs. La saison 1988, débutée le 21 mai, l'est tout autant. Rajoutons à cela un terrible orage qui a rendu une partie du parc impraticable et obligé à sa fermeture pendant une semaine avant la fin de la première saison. Le nombre d'employés tombe à 450, les impayés s'accumulent (le paiement des travaux qui n'a pu être réglé en 1987 fait l'objet d'une procédure de conciliation), la SPAN fait une nouvelle fois appel aux fonds publics. Malgré l'augmentation de capital en mai 1988 souscrit par Paribas, le Crédit national et la Caisse des dépôts et consignations (le principal investisseur, Real Holding se retire alors de la SPAN), le parc dépose le bilan en octobre de la même année.

En décembre 1988, le tribunal de commerce de Nice engage une procédure de redressement judiciaire à l'encontre de la SPAN. Cette décision suspend la mesure de liquidation judiciaire qui risquait d'entraîner une cessation d'exploitation du parc, dont l'exercice financier, après moins d'un an d'existence a révélé un passif de 200 millions de francs. La société dispose d'un délai de six mois pour proposer des solutions financières qui pourraient permettre un maintien de son activité. Le président du tribunal de commerce de Nice décide aussi d'utiliser la procédure confidentielle prévue par l'article 38 de la loi du 1er mars 1984 et confie à Pierre-Louis Ezavin, administrateur judiciaire, la mission de « favoriser le redressement de cette entreprise » par la conclusion d'accords à l'amiable avec les créanciers de la SPAN qui obtient de payer ses dettes en trois fois jusqu'au 31 octobre 1990. L'administrateur établit le bilan de l'entreprise et en contrôle la gestion. Si aucune solution viable n'est trouvée, la mise en liquidation judiciaire paraît inévitable. Le PDG de la SPAN, Philippe Massonnaud, estime alors que les perspectives sont meilleures et que le montant du chiffre d'affaires de la dernière saison 1988 est en progression de 30 % par rapport à celui de la saison précédente. Mais la SPAN est mise en liquidation judiciaire le 31 janvier 1989. Le parc rouvre pour la saison 1989 avant de faire définitivement faillite. Le tribunal donne un mois aux liquidateurs pour trouver une solution. Mi-février, une société se manifeste, CAP-INVEST. Elle est disposée à racheter le fonds, à assurer le financement de la saison 1989 et à investir dans de nouvelles attractions, le tout pour une somme de 80 millions de francs. Selon ses calculs, fondés sur 410 000 entrées par an, l'opération dégagerait un bénéfice de 10 millions. Mais elle ne veut pas du passif de 300 millions de francs, et les créanciers, qui avaient pourtant accepté de renoncer à 50 % de leurs créances, sont amers devant la nouvelle situation et dans l'attente de ce que pourrait décider la ville de Nice, propriétaire des terrains et qui a garanti les prêteurs à hauteur de 41 %. Zygofolis est finalement racheté 50 millions de francs en juin 1989 par un financier britannique, Paul Bloomfield, PDG du groupe Alton Towers International, qui exploite près de Liverpool, sur deux cents hectares, le parc d'attractions Alton Towers. Le parc est renommé Alton Park et reste fermé jusqu'à Pâques 1990. Tout doit être repensé et agrandi. Les travaux, estimés à 200 millions de francs, commencent à l'automne 1989. Bloomfield engage une équipe de designers anglais et américains pour donner un nouvel aspect aux installations et notamment à l'environnement qui laisse beaucoup à désirer. Alton Park serait ouvert toute l'année et emploierait sept cents personnes à plein temps. Bloomfield affirme alors qu'Alton Park deviendra le centre de loisirs le plus attractif d'Europe du Sud avant de jeter l'éponge.

En 1991, on accuse le parquet de Nice de s'être fourvoyé. Aiguillonné par un article du *Canard enchaîné*, le fisc saisit la justice le 31 mai 1991. En dépit d'instructions écrites du parquet d'Aix requérant l'ouverture d'une information judiciaire, le procureur-adjoint juge les dirigeants libanais du parc (la SPAN) par la voie d'une simple citation directe devant le tribunal correctionnel. En l'absence de toute investigation, les prévenus sont relaxés sans que le parquet interjette appel.

Le 31 octobre 1991, le parc Zygofolis ferme définitivement ses portes et est vendu à la Chambre de commerce de Nice. Il est devenu aujourd'hui le PAL de Nice, un parc d'entrepôts et de transferts de marchandises.

* * *

Un mois avant l'inauguration de Zygofolis, c'est au tour du Futuroscope de Poitiers, ou plutôt de Jaunay-Clan, d'ouvrir ses portes le 1er juin 1987. Le projet a été porté à bout de bras par le président du Conseil général de la Vienne, René Monory, qui déclare à l'époque qu' « il n'y a rien de semblable au monde. » Pour ce dernier et pour Thierry Breton, chef du projet, le parc n'est pas seulement un lieu de loisirs car, à l'aspect ludique, s'ajoute l'aspect pédagogique. Tout les deux ont eu l'idée en visitant le parc d'attractions japonais de Tsukuba. L'originalité du projet tient aussi à son financement. La moitié du coût du projet, soit 500 millions de francs pour la partie récréative et un milliard de francs au total, est prise en charge par le Conseil général de la Vienne. L'autre moitié est constituée des fonds de la région Poitou-Charentes et d'investisseurs privés. Le parc s'étend sur une soixante d'hectares non loin de la ligne SNCF Paris-Bordeaux-Madrid, de la RN 10, de l'autoroute Aquitaine (A 10) et du futur TGV. Voilà deux ans que le « shérif », comme on appelle Monory à Poitiers, a présenté le projet dans ses grandes lignes quand il était président du Conseil régional de Poitou-Charentes puis Ministre de l'Education nationale un an plus tard. Il est vrai que Monory s'est comporté comme un despote pour convaincre ses collègues du Conseil général de financer le Futuroscope. Il est sans cesse sur le chantier, veillant personnellement au moindre détail. « C'est notre meilleure hôtesse » plaisantent les employés. Sur 1 500 hectares, dont le Futuroscope n'est qu'une partie, s'élèvent l'Institut international de l'innovation, le Kinémax, le théâtre alphanumérique, le lycée innovant pilote (100 millions de francs à lui tout seul, 400 élèves ou auditeurs à la rentrée 1987, 1 000 à terme) et un téléport. Dans les trois années suivantes, sont prévus les pavillons de l'agriculture, du temps, de la santé et de la communication, le monde des enfants et les galaxies du futur. C'est une véritable technopole qui doit se mettre en place. Durant cette pré-ouverture, 225 000 personnes visitent le Futuroscope. Le parc ferme ensuite ses portes afin de permettre l'accélération des travaux et sa réouverture complète pour la saison 1988. On attend un million de visiteurs par an. A ceux qui disent que ce chiffre de fréquentation est trop élevé, René Monory répond : « Vous verrez que j'aurais raison d'avoir voulu ainsi vulgariser l'inévitable. (…) Il n'y a que ceux qui ne tentent rien qui ne se trompent pas. » Dans un département de la Vienne en perte de vitesse, sans industrie, sans richesse touristique ou naturelle remarquable, Monory est persuadé qu'un parc récréatif sera d'abord et avant tout une locomotive commerciale et le noyau dur d'un aménagement plus ambitieux. Si la fréquentation n'est que de 500 000 visiteurs pour la saison 1988, en dix ans, elle sera multipliée par treize pour atteindre près de 2,7 millions de visiteurs en 1998 avant de connaître une érosion de fréquentation à partir de 1999. La stratégie du décalage a donc réussi. Le pari du Futuroscope n'aurait pu se faire sans la volonté de René Monory et l'implication des pouvoirs publics. Et pourtant, celui-ci était risqué : tout miser sur les nouvelles technologies, une esthétique très audacieuse (tapageuse ?), des attractions (ou plutôt des spectacles) très différentes les unes des autres mais toutes tournant autour du cinéma, une implantation dans une région a priori peu attrayante… Le premier parc européen de l'image apparaît, au début des années quatre vingt-dix du moins, comme une spectaculaire réussite. En tout, l'investissement s'élève à 1,3 milliard de francs et en 1997, le chiffre d'affaires s'élève à 688 millions de francs et le résultat net à 23 millions de francs. René Monory déclare : « Même si le parc a été créé avec de l'argent public, je l'ai toujours géré comme une entreprise privée ». Mais il ne dit pas que le coût du parc a été supporté par le Conseil général, ce qui embellit les comptes… On prévoit enfin la construction de deux hôtels et de 5 000 m² de bureaux ainsi que l'aménagement sur un site voisin, d'une base de loisirs de 300 hectares comprenant plan d'eau, bungalows, terrains de camping, hôtels et golf.

* * *

En 1987, on attendait 4,2 millions de visiteurs dans les parcs à thèmes en France. Il en est venu 1,15 million soit seulement 37 % des objectifs. Mirapolis, Zygofolis et Futuroscope ont pourtant investi 1,3 milliard de francs en trois ans sans compter les 188 millions de francs supplémentaires injectés dans Zygofolis. Ce qui caractérise ces parcs est l'insuffisance de fonds propres, ce qui a conduit à un lourd endettement et à un retard dans la rentabilisation. Les spécialistes tablent désormais sur dix ans. Pour autant, les ouvertures de parcs à thèmes en France ne s'arrêtent pas là ! Le 9 mai 1989, c'est au tour du Bing Bang Schtroumpf à Hagondange en Lorraine d'être inauguré par Jacques Delors et Laurent Fabius. L'idée remonte au début des années quatre-vingt lors des premières discussions entre la France et Disney. L'EPA-Marne tenait absolument à ce que Disney installe un parc à Marne-la-Vallée mais le Ministère de l'Equipement et la DATAR pensaient que la Lorraine serait un lieu idéal pour sortir la région du marasme économique (20 000 suppressions d'emplois depuis 1981). Si la firme américaine préférera la région parisienne, l'idée ne sera jamais vraiment abandonnée. Elle est reprise en 1985 par deux commerçants d'Hagondage en Moselle, Gérard Kleineberg et Didier Brenneman. Ils prennent contact avec le cabinet Economics Research Associates basé en Floride à qui est commandée une étude de faisabilité. Le site paraît avoir de nombreux atouts : la région est densément peuplée avec 52 millions d'habitants dans un rayon de 240 kilomètres, elle est proche de l'Allemagne, de la Belgique, des Pays-Bas et du Luxembourg, pays qui concentrent des populations à fort pouvoir d'achat et qui fréquentent déjà des parcs récréatifs dans leurs pays respectifs. La desserte en direction de ces pays est relativement bonne : autoroute A31 Luxembourg-Dijon et A4 Paris-Strasbourg vers l'Allemagne. On envisage également l'implantation d'une gare TGV sur ou à proximité du site. Le parc s'étend sur 20 hectares pour une superficie totale de 450 hectares consacrés au monde des Schtroumpfs et aux technologies du futur. Les promoteurs du projet souhaitent faire du parc une « véritable vitrine de la modernité européenne en présentant les dernières nouveautés technologiques sous forme amusante par le biais d'automates et de jeux. » Des psychologues ont été consultés pour étudier l'impact du thème choisi pour ce complexe de loisirs. Et l'image de marque des *Schtroumpfs*, choisie en accord avec leur créateur, le belge Pierre Culliford dit Peyo, a été jugée valorisante. Le cabinet américain suggère d'utiliser le vieux laminoir comme décor naturel et d'implanter le parc d'attractions au cœur de l'usine. Le cabinet d'architectes HCP (Helman Hurley Charvat & Pearcot) d'Orlando qui a assuré la conception de Walt Disney World et construit un parc en Arabie Saoudite est sollicité. L'architecte américain Chris Miles se rend sur les lieux et prend quatre mille photos du site. Installé au Novotel de Metz, il conçoit les plans du *Nouveau monde des Schtroumpfs* autour de quatre grands thèmes : l'image avec « le royaume des illusions », la mémoire et l'intelligence avec « la planète métal », le geste et le mouvement avec « le continent vert » et enfin le son avec « la ville de cristal ».

    C'est la société Solodev, filiale du groupe Sacilor, qui a en charge la reconversion d'une partie du bassin sidérurgique lorrain. Pierre Jullien, énarque, normalien de 42 ans, ex-directeur de Sacilor est chargé par cette dernière de transformer cette friche industrielle en parc à thèmes. C'est à l'abri de sociétés écrans qu'il fait faire des études de faisabilité : « Sauver les convenances, ne pas effaroucher les vieux sidérurgistes lorrains, tel était le mot d'ordre » se souvient-il. Le montage financier réunit Sacilor, Publicis, Bouygues, Sodexho, la Compagnie financière de Suez, Paribas, CIAL, Société générale, Crédit Mutuel et l'Etat du Koweit pour un investissement initial de 720 millions de francs. Henri Baché de la société Success liée à Publicis se félicite quand il déclare au *Matin de Paris* le 27 mars 1985 : « Pour une fois, avec ce projet ambitieux, nous raisonnons au-dessus de nos bérets basques. Disneyland a été un moteur pour la Floride. Les Schtroumpfs le seront pour la Lorraine. Mais pas question que nous soyons récupérés par la gauche. Mon parti, c'est celui du business. » C'est que depuis 1974-1975, le sud de la région est touché durement par la crise du textile et le nord par la crise de la sidérurgie. La concentration géographique des activités industrielles et leur imparfaite diversification, le développement encore insuffisant du secteur tertiaire sont les raisons, parmi d'autres, de l'aggravation de sa situation économique dans le milieu des années quatre-vingt. Lors d'une visite en Lorraine, Laurent Fabius, Premier ministre (du 17 juillet 1984 au 20 mars 1986), apporte la caution du gouvernement au montage financier du parc et annonce que l'Etat prendra en charge les infrastructures du *Nouveau monde des Schtroumpfs*, accorde divers avantages fiscaux au parc et désigne comme coordinateur de l'opération, l'ancien dirigeant de la CFDT, Jacques Chérèque. En 1985, Gérard Kleineberg et Didier Brenneman, les deux promoteurs du projet annoncent : « Nous allons créer trois mille emplois. » *Le Matin de Paris* n'hésite pas à déclarer que « les petits lutins vont sauver la Lorraine » tandis que *Libération*, plus prudent, constate qu'à

« Hagondange, on se veut confiant, on rêve et on y croit. » A terme, on attend trois millions de visiteurs annuels. L'originalité du *Nouveau monde des Schtroumpfs* par rapport à ses prédécesseurs réside dans les espoirs placés dans la réussite du parc. A moins de se voiler la face, chacun est bien conscient que les retombées économiques du parc ne suffiront pas à faire de la Lorraine une région riche ou une grande région touristique comparable à la Floride, ni ne créera guère plus que quelques centaines d'emplois. L'enjeu n'est finalement pas là. Il s'agit clairement de montrer que le déclin industriel est une réalité à transcender et à accepter. Les terrains et les bâtiments des usines ne retrouveront pas un usage industriel. Le parc a une forte valeur symbolique qui doit prouver aux Européens que la Lorraine est capable d'utiliser des technologies de pointe tout en prouvant que le Nord-Est de la France peut être une région touristique.

En 1986, le cabinet Economics Research Associates annonce des chiffres de fréquentation bien inférieurs à ceux annoncés un an plus tôt. Le nombre des emplois créés ne s'élèverait plus qu'à mille quatre cents. En 1987, année de bouclage du dossier, on ne parle plus que de 600 à 800 emplois au maximum.

En 1989, on prévoit une fréquentation de 1,8 million de visiteurs. Pour la générale, début avril, c'est un succès, 17 000 visiteurs en une journée à guichets fermés pour le *Nouveau monde des Schtroumpfs*... uniquement avec le personnel de Sollac... Le parc ouvre au public le 9 mai 1989 sous le nom de *Big Bang Schtroumpf*. Le parc s'articule au final autour de plusieurs zones : « le continent sauvage » avec *Anaconda*, la plus haute montagne russe en bois d'Europe et également la plus rapide (110km/h) ; la « Metal Planet » avec *Comet Space* le *coaster looping* le plus compact d'Europe et également *Reaktor* ; « la Cité des Eaux » avec *Odissea*, un raft en bouées construit par Alsthom et *Sismic Planet* simulant un tremblement de terre, construit par une entreprise spécialisée dans les appareils de levage des plates-formes pétrolières, « La place de l'Europe » avec parade chaque soir ; « le village des Schtroumpfs » avec *Embarcadère* une promenade sur le lac des Schtroumpfs. Des spectacles aussi sont prévus dont le *Tunnel du temps* joué dans le théâtre « Métamorphoses » qui propose des cascades à moto réglées par Rémy Julienne ainsi qu'un monstre géant en animatronique réalisé par Sequoia, la société qui a fabriqué King Kong des studios Universal. La chanteuse Alix interprète la chanson du parc qui paraît en complet décalage avec la prétention scientifique du lieu : « Rendez-vous au Big Bang Schtroumpf ! Avec une bande de Schtroumpfs ! Petits lutins super malins qui s'éclatent au Big Bang Schtroumpf ! (…) Voici la planète Métal, je m'arrête et je m'installe, et ça fait glouk dans la soucoupe (…) Et voici la Cité des Eaux, et vous les sirènes : hello ! (…) Sur la plus jolie des îles, nos amis vivent tranquilles, et l'on évoque dans toute l'Europe les belles années 2000. Tout le monde au Big Bang Schtroumpf dansera pareils aux Schtroumpfs sur une musique, ce qui s'explique, par l'amour et Big Bang Schtroumpf ! » …

Fin août 1989, le parc n'a accueilli que 550 000 entrées et n'atteint pas son seuil d'équilibre fixé à 1,1 million de visiteurs. Sorepark visait les 800 000 entrées. La saison 1989 est catastrophique. Sur les 1,8 million de visiteurs prévus quelques mois plus tôt, seulement 700 000 se sont déplacés. Pour le premier mois, on tablait sur une moyenne de 8 500 clients par jour. Il en est entré 3 000 de moins. On attendait 55 % d'étrangers et 45 % de Français : malgré une campagne de promotion en Allemagne, en Belgique et au Luxembourg, ils n'ont représenté que 15 % des visiteurs malgré un splendide mois de mai. La société d'exploitation du parc, Sorepark, se veut alors rassurante. Elle explique ce mauvais démarrage par le choix du mois ! Il y a trop de mariages et des communions solennelles à cette époque ! Pierre Jullien se défend : « On a enregistré 40 000 entrées par jour cet été et même une pointe à 55 000 en août. (…) Walt Disney, le père fondateur, n'avait reçu que 1,2 million de personnes l'année de l'ouverture de son premier parc en Californie. »

La saison 1989 se solde par un trou d'exploitation de près de 40 millions de francs, plus 90 millions d'amortissements et frais financiers. Les actionnaires du Big Bang Schtroumpf sont invités à apporter une avance de fonds propre de 100 millions de francs afin de combler ce déficit d'exploitation, de régler les derniers travaux d'aménagement et de financer de nouveaux manèges. Une opération en deux temps : incorporation des pertes puis augmentation du capital. Sorepark est assignée en justice par la société de travaux publics Demathieu et Bard qui réclame 946 000 francs de factures impayées. Pierre Jullien assure que fournisseurs et salariés seront bien payés.

Si la fréquentation n'est pas au niveau des espérances, le public visé déroute quelque peu les dirigeants : 40 % des visiteurs sont des couples de 20 à 49 ans sans enfant ; 15 % des cadres ou des professions libérales ; 8 % des ouvriers (dans une région qui en compte 40 %…). Si les dépenses de restaurant par visiteur ont doublé entre mai et septembre 1989, c'est parce que le service est plus rapide et mieux organisé. Erreur de jeunesse dira-t-on. En tout, et c'est un bon point pour les Schtroumpfs, 80 % des visiteurs se disent prêts à revenir.

Pour la saison 1990, Pierre Jullien, PDG de Sorepark, fixe le « point mort » à 800 000 visiteurs. Il innove également en organisant des concerts. Mais Jullien reconnaît cependant qu'il devra « investir beaucoup plus l'an prochain » dans les attractions aquatiques notamment qui connaissent un vif succès. En mai 1990, Jullien doit encore trouver 25 des 100 millions de francs prévus. Seuls les actionnaires français, quelque peu sollicités par les pouvoirs publics, ont finalement versé leur contribution ce qui a porté leur part du capital à plus de 60 %. Les étrangers se font attendre… Pierre Jullien est obligé parallèlement de réduire de moitié le nombre des travailleurs permanents du parc qui passe de 180 à 90. Pour la saison 1990, le parc emploie un volant de 250 à 300 saisonniers payés 3 600 francs mensuels. La CFDT réclame aussitôt des « actes concrets pour les salaires, les statuts, la formation et la stabilité de l'emploi. »

La saison 1990 est encore plus catastrophique que la première avec seulement 380 000 visiteurs. Le 5 octobre 1990, le conseil d'administration de la Sorepark décide « la poursuite de l'exploitation » du parc afin « de faciliter la recherche de toute solution ultérieure », donc pas de dépôt de bilan pour le moment. Mais Pierre Jullien confirme que les actionnaires du parc excluent de procéder à une nouvelle augmentation de capital.

Le 26 octobre, Jullien reçoit des actionnaires l'autorisation de déposer le bilan de la société le 30 octobre. Pour éviter une liquidation prématurée, ce dépôt de bilan est accompagné de deux lettres d'intention de groupes prêts à déposer auprès de la Chambre commerciale du tribunal de grande instance de Metz (équivalent du tribunal de commerce dans le droit local d'Alsace-Moselle) des propositions de reprise. L'une émane d'un pool bancaire luxembourgeois associé à un opérateur de tourisme, l'autre d'un gestionnaire de parcs de loisirs, Walibi. Deux administrateurs judiciaires de Metz, Me Nicolas Koch et Patrick Lorbat, sont chargés d'examiner la situation financière de la société et les éventuels candidats à la reprise.

Le parc est racheté par Walibi pour 55 millions de francs. Le *Big Bang Schtroumpf* et ses 700 millions de francs d'investissement n'aura tenu que deux saisons. Le parc rouvre en 1991 sous le nom de Walibi Schtroumpfs. De nombreux ajouts d'attractions sont effectués tels *Mistral* ou *Aquachute*. Walibi investit 81 millions de francs dans sa modernisation. Il a gardé ce nom jusqu'en 1998. En 2003, les Schtroumpfs disparaissent du parc qui prend ensuite le nom de *Walibi Lorraine* jusqu'en 2006. En 2007, il est rebaptisé *Walygator Parc*.

* * *

Mirapolis, Zygofolis, Big Bang Schtroumpf : trois parcs à thèmes français, trois échecs retentissants. Un autre parc est trop avancé pour pouvoir faire marche arrière, c'est l'un des derniers parcs d'attractions français créé avant l'arrivée de Disneyland en France, il s'agit du parc Astérix. Situé à Plailly-sur-Oise, dans l'Oise en Picardie près de Paris, ce parc de 18 hectares sur une superficie totale de 160 a coûté la bagatelle de 850 millions de francs financés par le Crédit agricole, Accor, CGE, Barclays, SAIGE, les éditions Albert René, Dumez, Ofivalmo Développement, Exor, le tout géré par la CIPAL, Compagnie internationale des parcs d'attractions et de loisirs. Le parc est inauguré le 30 avril 1989. Le thème, c'est bien sûr les aventures d'Astérix. On attend 2 600 000 visiteurs chaque année et l'on prévoit la création de 1 200 emplois équivalents temps-plein dont 300 permanents. C'est de loin le projet le plus ambitieux de cette fin des années quatre-vingt, celui aussi qui semble s'appuyer sur le thème le plus fort. Depuis 1961, les albums d'Astérix ont été traduits en 40 langues et vendus à plus de 310 millions d'exemplaires dans le monde dont 110 millions en France. C'est le personnage de bande dessinée le plus connu dans l'hexagone.

René Goscinny et Albert Uderzo comprennent très tôt le potentiel de leurs personnages Astérix et Obélix, gaulois luttant contre l'occupation romaine. Parmi les idées évoquées au début des années soixante-dix, ils parlent d'un parc à thèmes conçu suivant le modèle de Disney. Bien que Goscinny décède en 1977, Uderzo garde à l'esprit leur idée de parc bien que le marché français ne semble, à l'époque, pas mature pour ce genre de projet.

Tout commence en 1984 par la rencontre d'Albert Uderzo et d'Eric Licoys, directeur général de la Compagnie financière de Suez. Uderzo lui présente son projet et réussit à le convaincre. Licoys justifie ainsi son soutien : « Le rôle d'une banque d'affaires est de financer la création d'entreprises. L'idée d'un parc récréatif m'a paru bonne. »

En 1985, la Société du parc Astérix au capital de 250 millions de francs est créée, regroupant vingt et un actionnaires autour d'Accor, de Dumez, de la Banque Barclays, de la Caisse nationale du crédit agricole et de la Compagnie générale des eaux. L'équipe de conception du parc Astérix regroupe un financier, Eric Licoys et un spécialiste de l'immobilier, Patrick Tournier, président de la Sferg. Deux architectes, Jean-Michel Ruols, concepteur de parcs aquatiques et Michel Kalt, expert dans la construction de villes nouvelles en site vierge (il a construit Kourou) autour d'une équipe de quarante architectes. Sont également présents, Albert Uderzo, Pierre Tchernia, Raoul Franco (réalisateur de clips publicitaires), Gotlieb et Fred pour la préparation des scénarios des attractions. D'Ouido, qui a longtemps travaillé pour Robert Hossein, conçoit les décors. L'équipe s'est attachée les services reconnus de Ira West, conseiller auprès du cabinet américain Duell and Associates. Le travail de l'équipe de conception est ensuite remis à deux consultants américains, spécialistes de la gestion des flux de foule dans les parcs de loisirs. Marie-François Laget, responsable de la communication pour le parc, se souvient : « Ils nous ont déjà fait refaire le parc plusieurs fois ».

La construction proprement dite commence en 1987. Deux ans de travaux seront nécessaires à l'édification du parc Astérix. La visite commence par la *via antiqua* puis *le village d'Astérix*, *la cité romaine*, *le lac des dauphins* et enfin *la rue de Paris*. L'entrée du parc et ses deux premiers thèmes sont les clins d'œil qu'attendent les adeptes de la bande dessinée. Il est vrai que cela est un peu court. On décide alors de rajouter le Delphinarium et *la rue de Paris* qui retrace mille ans d'histoire. Si, à la presse écrite, Pierre Tchernia reconnaît « qu'importe, si de près ou de loin on reste fidèle à l'esprit qui se dégage de la bande dessinée, si particulièrement française », il déclare à Michel Drucker sur Antenne 2 le 20 mai 1989 dans

Champs Elysées chez Astérix : « Il y a le village, qui est évidemment le cœur du parc Astérix, et puis on se balade dans l'histoire de France, on part du Moyen-Age et on va jusqu'à l'époque 1900, en s'efforçant d'offrir au public des choses qui soient cocasses et qui en même temps lui laissent, si possible, une petite graine de réflexion ». Cette vocation pédagogique est très tôt affirmée par le parc qui y fera référence à de multiples reprises par la suite. Didier Bailleux, responsable des relations publiques, prend bien soin d'indiquer qu' « on joue le côté *petite France*, mais sans l'aspect franchouillard ». Conscient, après l'expérience des premières ouvertures de parcs récréatifs en France en 1987, que la seule clientèle des familles qui se déplacent durant le week-end (sans compter les enfants qui vont à l'école le samedi matin, reportant ainsi le jour libre uniquement le dimanche) et les vacances ne permettent pas d'assurer la rentabilité d'un parc sept mois par an, les responsables du parc Astérix visent une nouvelle clientèle : les scolaires, les comités d'entreprise, les touristes qui y trouvent des programmes adaptés. Ainsi, Monique Benoit a-t-elle rédigé un guide pédagogique destiné aux enseignants. Suivant leur âge, les élèves doivent colorier ou compléter une carte des tribus et des villages gaulois, etc.

Le parc Astérix a clairement plusieurs atouts que ses prédécesseurs ne réunissaient pas forcément. Il faut dire aussi qu'étant le petit-dernier, il a profité de l'expérience (ou de l'inexpérience ?) de ses aînés. Bien sûr, un thème porteur est clairement défini : Astérix (et, c'est un peu tiré par les cheveux, l'histoire de France) et un principe d'aménagement qui a fait ses preuves. Le visiteur est immédiatement plongé dans le thème par la *via antiqua* et par un Astérix géant à l'entrée. C'est à la fois, la voie d'entrée et de sortie du parc, avec boutiques et restaurants. Les attractions sont véritablement attractives, denses et permanentes. C'est à la suite des difficultés des parcs en 1987 que les actionnaires du parc Astérix ont consenti à investir 150 millions de francs supplémentaires dans de nouvelles attractions soit un total de 800 millions de francs (en comptant aussi sur le fait que le parc a financé lui-même la bretelle qui mène au parc car la société concessionnaire de l'autoroute du Nord faisait la sourde oreille). Eric Licoys le reconnaît à l'époque : « A la suite du printemps 1987, nos choix d'investissements, de marketing, nos enquêtes prévisionnelles étaient discutés plus sévèrement par le Crédit national, principal banquier du parc ». Par exemple, le Delphinarium (bassin réservé aux dauphins) est l'un des plus grands d'Europe. Des attractions majeures sont disséminées dans le parc afin de donner du rythme à la visite : le grand huit Goudurix, un Grand Splatch et un cinéma en 3D dans *La rue de Paris*. Le souci éducatif, déjà évoqué, est aussi un bon point pour le parc. Dans la construction, surtout dans la partie BD, un grand soin a été apporté à chacun des éléments du parc. Une équipe travaille constamment à la propreté du site. Didier Bailleux, responsable des relations publiques, déclare à ce propos dans *L'Humanité* du 7 avril 1990 « Ça choque un peu les Français, mais ça plaît beaucoup aux étrangers ». Quinze comédiens, vingt danseurs, vingt musiciens, trente animateurs, autant de régisseurs, techniciens et costumières pour une cinquantaine de spectacles et d'animation contribuent enfin à l'ambiance générale de dépaysement. Dernier atout et non l'un des moindres, le parc a dépensé 40 millions de francs en publicité. Si l'inauguration n'a pas été télévisée, Michel Drucker lui a consacré une émission spéciale de *Champs Elysées* le 20 mai 1989 au cours de laquelle une dizaine de vedettes de la chanson sont intervenues.

Pour Marie-France Laget, chargée de communication du parc, il s'agissait « d'implanter dans l'environnement français un parc européen complémentaire d'un parc Disney. Pour réussir, il fallait avoir les mêmes normes de qualité, il fallait construire un parc ayant sa propre personnalité » déclare-t-elle dans *Les cahiers d'Espaces* en février 1988. Les normes de qualité passent donc par un personnel formé et compétent. Le parc a ainsi rédigé un programme modulable de formation qui comprend la mise à niveau générale en fonction des bases des stagiaires ; une formation technique dans l'une des quatre spécialités (restauration ; accueil/commerce ; administration ; maintenance) ; une formation spécialisée correspondant aux postes de travail existant dans le parc Astérix. Dès 1987, les responsables du parc négocient des conventions de jumelage avec des lycées de la région, à Senlis, Creil, la Chapelle-en-Serval et Nogent-sur-Oise. Des promotions d'élèves formées en fonction des besoins spécifiques du parc en matière de robotique, mais aussi d'habillement. Le but est d'assurer le fonctionnement des 1 400 automates, la confection de leurs costumes, et celle des 2 000 employés. Quant aux cadres du parc Astérix, l'Université Disney semble être passée par là : « Chacun participera en acteur au grand *show* permanent que constitue la vie du parc et fera vivre le projet d'entreprise. Pour entretenir le niveau d'implication et de spécialisation de l'ensemble du personnel (…) un gros effort de communication interne sera maintenu tout au long de l'année » assure Marie-France Laget. Didier Bailleux indique de son côté qu'à l'Université Astérix : « On y apprend la qualité de l'accueil dans un esprit de service-loisir, qui passe par la responsabilisation et le sens des initiatives. »

Dès 1988, le parc Astérix revoit ses ambitions à la baisse. Au lieu des 2,5 millions de visiteurs annuels attendus, on ne parle plus que de 2 millions. Le temps de retour sur investissements a été allongé pour atteindre huit à dix ans. Les nouveaux investissements ont nécessité une augmentation de capital de 50 millions de francs. La société anonyme Parc Astérix est créée pour gérer le parc. Elle est dirigée par Olivier de Bosredon, un ancien de chez Accor. Le 30 avril 1989, tout est fin prêt. Et c'est la bousculade !

Le jeudi de l'Ascension, le 4 mai 1989, le parc Astérix reçoit vingt-cinq mille visiteurs et limite volontairement ses entrées le dimanche suivant, 7 mai, à dix-sept mille. Très vite, la gestion des foules pose problème. La bretelle autoroutière est un peu courte, les parkings de 8 500 places sont trop longs à garnir, les places assises à l'heure du déjeuner sont insuffisantes (contrairement aux habitudes américaines, les Français mangent à heure fixe et à table et non pas tout au long de la journée et de manière informelle), les attractions ne tournent pas suffisamment vite. Le dimanche 7 mai, on enregistre un embouteillage monstre de 30 kilomètres sur l'autoroute du Nord. Les responsables du parc Astérix se défendent d'être la seule cause de cet afflux sur l'autoroute A1 : le beau temps et la proximité des forêts de Senlis et Ermenonville y ont pris leur part. Le parc est victime de son succès et les visiteurs sont excédés. Conséquence : la semaine suivante, les chiffres de fréquentation s'effondrent. Les dirigeants réagissent immédiatement et corrigent les défauts constatés. En deux mois, les 500 000 entrées sont dépassées malgré un prix d'entrée de 120 francs par adulte et 90 francs par enfant. Eric Licoys reste malgré tout inquiet. Au train pourtant fort soutenu où vont les choses, on ne dépassera pas 1,5 million d'entrées en 1989.

Ainsi, le parc Astérix finit-il sa première saison en manquant l'équilibre d'exploitation de 3 millions de francs (pour un chiffre d'affaires de 230 millions de francs), mais on doit y ajouter 50 millions de francs d'intérêts. Le parc a finalement enregistré 1 340 000 visiteurs. Il est classé malgré tout, en mai 1990, meilleur de sa catégorie en Europe *ex aequo* avec Europa-Park par le magazine consumériste allemand *Test*. Dominique Bègles se rend dans le parc pour rédiger un article de *L'Humanité* en avril 1990 : « (…) Pas vraiment de rêve, ni de féerie là-dedans. Des décors en carton-pâte, du trompe l'œil sur fond de patrimoine historique pour un succédané de foire aux attractions qui aurait perdu le sens de la fête (…) ouvrent surtout sur de multiples restaurants, bars, guinguettes et kiosques ambulants, ainsi qu'à des magasins de souvenirs offrant des étalages entiers de poupées « Astérix » made in Taïwan. Passé le temps de la découverte, cette ville provoque un sentiment de malaise. Tout y est, par définition, artificiel : le sourire des « opérateurs »

(…), l'atmosphère de bonne humeur garantie. Un peu comme le feuilleton américain *Le prisonnier*. (…) Après une heure de promenade, s'installe une impression diffuse d'un manque. Cette fête n'a pas d'âme. Pas d'odeurs de frites ou de nougats, pas de musique, pas de klaxons, pas de poussières. Même le pop-corn est pré-emballé. »

Le directeur du parc, Olivier de Bosredon, reconnaît que « les touristes étrangers ont été notre grosse déception, malgré la couverture des médias (…) Notre marché primaire, c'est une zone à deux heures de voiture du parc au maximum. Cela fait déjà 25 millions de personnes. Mieux vaut la rentabiliser sans compter sur les étrangers, sauf ceux qui séjournent dans la région. Pour eux, le parc ne sera jamais une destination à lui seul. » On évite d'évoquer tout chiffre de fréquentation mais l'objectif de 2 millions d'entrées est maintenu pour… 1992.

Il n'empêche que le parc est en proie à des difficultés financières à la fin de l'automne 1989. La société exploitante achève l'augmentation de son capital en décembre. La totalité des vingt-un groupes composant l'actionnariat y ont souscrit manifestant ainsi leur soutien au parc. Les six groupes actionnaires, Accor, Générale des Eaux, Barclays Bank, Dumez, Garantie mutuelle des fonctionnaires et l'UAP détiennent désormais 70 % du capital, qui passe de 325 millions à 479 millions de francs. Les deux tiers de l'argent apportés servent à accroître la capacité d'accueil du parc, saturée certains week-ends. Elle passe ainsi de 18 000 à 23 000 personnes. Le reste des capitaux apportés sert à combler le déficit d'exploitation du premier exercice. Eric Licoys assure : « Nous avons semé à long terme. Nous savons qu'il faudra attendre plusieurs années. » Gérard Pélisson, co-président du groupe Accor, est persuadé que ce « sera une bonne affaire dans dix ans ».

Le parc Astérix rouvre ses portes le 4 avril 1990. Soixante millions de francs ont été consacrés à son aménagement, aux attractions ou aux restaurations ainsi qu'aux réparations nécessaires après une tempête. Pour la deuxième saison, on s'est appliqué à professionnaliser le service, à faciliter les circulations pour éviter les arrêts et les queues, à prévoir un « espace de défoulement » pour les 6 à 10 ans, clientèle d'élection du parc. Olivier de Bosredon affirme : « Nous ne pouvons évidemment rivaliser avec Euro Disney, qui est démesuré en tout. Mais nous pouvons essayer d'offrir un même rapport qualité-prix. Senderens et Bocuse ne tuent pas les bons bistrots de quartier. En Californie, Nutts Farm et Magic Mountain et son grand huit prospèrent à côté de Disneyland. En contribuant à créer une habitude, nous travaillons pour Disney. Mais celui-ci, à son tour, travaillera pour nous. » La saison 1990 est plutôt bonne avec 1 453 000 visiteurs et un chiffre d'affaires de 260 millions de francs, soit une progression de 22 % par rapport à 1989. Olivier de Bosredon déclare : « Le bénéfice d'exploitation devrait avoisiner les 30 millions de francs, mais, en raison des frais financiers, des profits ne pourront commencer à être dégagés qu'à partir de 1993 ou 1994. » Il n'oublie pas l'ouverture de EuroDisneyland en 1992 mais il parle de « complémentarité dans un marché en expansion. » Didier Bailleux, responsable des relations publiques, est confiant : « Nous avons un avenir. La France étant d'ores et déjà la deuxième destination touristique d'Europe [derrière l'Espagne], et en passe de devenir la première. Nous jouons la carte d'un parc situé dans l'Europe du Nord, étape sur des trajets nord-sud. L'Ile-de-France a Paris, la tour Eiffel et Notre-Dame ; elle aura désormais aussi les parcs à thèmes, Astérix étant inscrit dans les circuits de cent tours-opérateurs ».

Le choc EuroDisneyland est terrible pour Astérix : en 1992, la fréquentation chute de 30 % malgré l'investissement de 19 millions de francs l'hiver précédent, et le chiffre d'affaires de 19 % passant de 210 millions de francs à 170 millions. La banqueroute n'est pas loin. Olivier de Bosredon pensait pourtant en avril 1992 : « A long terme, nous devrions bénéficier de l'arrivée d'un million de familles européennes attirées par Euro

Disney » même s'il convient alors qu'il y a difficilement place pour deux parcs dans le budget d'un ménage. En six cents jours d'ouverture, entre son inauguration en avril 1989 et avril 1993, le parc a accueilli cinq millions de visiteurs venus en grande majorité d'Ile-de-France, du Nord-Pas-de-Calais, de Belgique et des Pays-Bas.

Olivier de Bosredon prend le taureau par les cornes. La société restructure sa dette, réduit ses coûts, se sépare d'un tiers de ses employés et adopte une fermeture à la saison hivernale (le parc n'est ouvert que d'avril à novembre). Le parc tente également de réduire le temps d'attente aux attractions et adapte ses offres dans les restaurants au marché français en autorisant notamment ses visiteurs à apporter leur pique-nique. Paradoxalement, EuroDisneyland contribue à la renaissance du parc Astérix. D'abord par sa campagne marketing sans précédent, les Français se familiarisent au concept de parc à thèmes. Ensuite, la campagne anti-américaine lancée contre Disney favorise la résistance gauloise. Astérix n'hésite pas à mettre en avant la culture « artificielle » de Disney par laquelle les employés sont forcés de sourire constamment, ce « qui contraste grandement avec les employés « plus naturels » d'Astérix, qui, si ils sont parfois grincheux, restent familiers au client français. » En 1993, le parc dépense vingt millions de francs pour ouvrir un nouveau village à thématique grecque basé sur le mythe d'Icare qui contribue à augmenter la fréquentation et qui permet à Astérix d'être rentable pour la première fois. A la fin de la saison 1994, la fréquentation atteint 1,5 million et les ventes ont bondi de 32 %, à près de 270 millions de francs. En 1997, le Parc Astérix est introduit en Bourse sur le second marché de Paris et la fréquentation atteint pour la première fois, les deux millions de visiteurs. En 1998, Parc Astérix SA achète l'aquarium de Saint-Malo pour 37 millions de francs, obtient la gestion de la Maison de la Magie dans la Vallée de la Loire, puis achète le Musée Grévin et Paris Miniature à Paris en 1999. La société change alors de dénomination et devient Grévin & Compagnie SA. Les acquisitions continuent. En 2001, le parc Bagatelle rejoint le groupe tout comme le Delphinarium de Hardewijk aux Pays-Bas, première acquisition à l'étranger. En 2002, l'Aquarium de Touraine, les sites Mini-Châteaux du groupe Durand Allizé sont rachetés tout comme Avonturenpark à Hellendoorn près d'Amsterdam aux Pays-Bas et Fort Fun dans la vallée de la Ruhr en Allemagne.

La même année, la Compagnie des Alpes (CDA) fait savoir son intérêt pour l'acquisition du groupe Grévin & Cie. La CDA ayant atteint les limites de sa propre expansion et son activité principale se limitant à la saison des sports d'hiver est particulièrement intéressée par la possibilité de lisser son *cash flow* tout au long de l'année. Les deux entreprises partagent en outre un même actionnaire principal, C3D de la Caisse des dépôts et consignations qui détient près de 54 % de CDA et plus de 30 % de Grévin & Cie. Malgré le refus initial de l'offre de la CDA par Grévin, les deux parties signent un accord en mai 2002 par lequel CDA s'engage non seulement à maintenir Olivier de Bosredon comme PDG de Grévin mais encore d'injecter de l'argent pour des expansions futures dans les parcs d'attractions. Après l'OPA achevée le 29 juillet 2002, la CDA détient 95,87 % du capital et des droits de vote du groupe Grévin. La CDA tient parole et Grévin s'engage dans de nouveaux projets : restauration du Delphinarium pour 9 millions d'euros, restauration complète de Bagatelle en remplaçant le thème vieillissant du Far West par une thématique plus locale ; rénovation de l'aquarium du Val de Loire pour un million d'euros ; adjonction d'un certain nombre d'attractions à Avonturenpark et lancement d'une nouvelle attraction à sensations au parc Astérix, Transdemonium, en 2003 pour un coût de 6 millions d'euros, acquisition en 2003 de l'Aquaparc sur le Lac Léman en Suisse. Projet du Bioscope en Alsace…

* * *

Mais revenons au début des années quatre-vingt-dix. Mirapolis, Zygofolis, Futuroscope, Big Bang Schtroumpf, Astérix sont des parcs à thèmes, les premiers du genre en France. Mais toujours à la même époque, l'explosion des parcs récréatifs en projet ou en construction est stupéfiante. C'est une véritable frénésie qui s'empare alors de la France. Contentons-nous de citer quelques noms : un parc aquatique à Fleury-Mérogis, Nautiland à Yerres, Aqualand au Cap d'Agde, Aquasplash à Antibes, Nautiland à Haguenau, Aquatica à Fréjus, Océa à Rouen, Aqualud au Touquet, Aquaboulevard à Paris, Colonie Terre à Melun-Sénart, Chinaland à Alfortville, Geopolis à Gevrey-Chambertin en Bourgogne... On évoque en Seine-et-Marne un parc avec dragons, volcans et bateaux pirates ; en Normandie, un parc consacré aux Vikings ; à Guingamp un parc consacré aux celtes ; à Aubenas en Ardèche, un parc des Aventuriers... En tout, près de trois cents projets de parcs d'attractions voient le jour. Tous datent d'après 1984, année où l'on commence à parler d'un éventuel Disneyland en France. Et tous souffrent des mêmes maux révélés dans un rapport du cabinet américain Economics Research Associates, *A Bumpy Road Building the European Theme Park Industry* rédigé par John Robinett et Raymond Braun avant l'ouverture d'EuroDisneyland.

Dans l'excitation de l'ouverture du marché commun européen en 1992, beaucoup de projets ambitieux font leur apparition au travers de nouvelles entreprises. L'Europe a un faible équipement en matière de parcs à thèmes. Beaucoup des parcs existants ont été ouverts à la fin des années soixante et dans les années soixante-dix comme parcs à orientation plutôt familiale. Les attractions, les spectacles, la restauration et les possibilités d'achat de souvenirs sont extrêmement réduits. L'attrait des Européens pour ce type de loisirs est donc plutôt faible. Dans les années quatre-vingt, plusieurs parcs s'engagent dans des campagnes d'investissements pour ajouter des attractions à sensations, des spectacles et tout ce qui peut générer du profit. Deux parcs ont particulièrement réussi leur reconversion. Il s'agit d'Alton Towers en Angleterre et De Efteling aux Pays-Bas, qui après d'importants travaux, attirent 2,5 millions de visiteurs chaque année. Mais on est encore loin des standards américains. La pénétration du marché et les dépenses par visiteur, deux mesures essentielles pour mesurer la performance d'un parc à thèmes sont bien inférieures aux chiffres enregistrés outre-Atlantique. Une partie de l'explication de ce différentiel réside dans la jeunesse de l'industrie du parc à thèmes en Europe, un marché encore immature. L'Europe accuse un retard de quinze ans. Si les Etats-Unis ont un rapport de 1,1 parc à thèmes pour 10 millions d'habitants, l'Europe n'en compte que 0,5 pour 10 millions.

Plusieurs raisons expliquent le niveau plus faible de performance des parcs européens :

- En général, les parcs européens ont des niveaux d'investissements plus faibles que leurs confrères américains.
- Les Européens n'ont pas conscience de la valeur pécuniaire des parcs d'attractions et ne sont pas prêts à payer cher ce qu'ils considèrent comme du simple loisir. Les Européens dépensent dans les parcs 80 francs par visite, les Américains 160.
- Les marchés européens sont plus étendus et plus densément peuplés que les marchés américains. Dans de telles conditions, il est plus difficile d'obtenir de forts taux de pénétration.
- Les dépenses de marketing sont bien plus basses en Europe qu'aux Etats-Unis.

- Beaucoup de parcs à thèmes européens sont situés très proches les uns des autres (nord-ouest du continent). Ils empiètent chacun sur le marché de l'autre.
- Beaucoup des grands foyers de peuplement européens ne sont pas pourvus en parc à thèmes (sud et est du continent).
- Le faible niveau d'équipement en automobiles des Européens limite l'accessibilité aux parcs.
- Enfin, et c'est important, Disney n'a pas encore ouvert son parc. Le gigantesque parc à thèmes Disney, de par son ampleur et le fort intérêt du public, aura un impact direct sur le marché des parcs à thèmes en Europe en éduquant le public au produit « parc à thèmes », créant un appel d'air marketing et établissant des standards dans la valeur des loisirs.

On pourrait rajouter aussi que les Français hésitent à se marier et ont de moins en moins d'enfants. Le marché n'est donc pas appelé à se développer rapidement...

Voulant profiter de l'implantation de Disney, la création de la plupart des nouveaux parcs à thèmes s'est concentrée sur la France : Astérix, Mirapolis, Big Bang Schtroumpf, Zygofolis. Un cinquième parc, le Futuroscope n'est pas à proprement parler un parc à thèmes bien qu'il en ait incorporé certains éléments. La plupart des parcs français n'ont pas connu le succès escompté. La différence entre la fréquentation réelle et les prévisions est de 25 % à 70 % en moins. Les raisons avancées pour expliquer ces médiocres performances accusent pêle-mêle, la direction et la gestion des parcs, les concepteurs, les consultants (ici Economics Research Associates se sent particulièrement visé !) et même le public français.

Le rapport du cabinet américain évoque également « les suites » et les « leçons apprises » dans cinq domaines : l'investissement et la conception ; l'équipe de direction et de gestion ; l'évaluation du marché ; l'éducation du public ; et le marketing. Les auteurs, John Robinett et Raymond Braun, pensent avoir trouvé pour chacun de ces domaines des « causes spécifiques identifiables ». Ils rejettent l'idée que les Français soient totalement réfractaires au concept de parcs à thèmes et citent le sociologue Jean Baudrillard, qui trouve Disneyland en Californie « banal », comme un point de vue isolé.

La plupart des investissements de capitaux dans les parcs français ont été soit dépensés au-delà des moyens soit dépensés de façon inefficace. Entre 550 et 1 100 francs par visiteur ont été dépensés pour le développement de ces nouveaux parcs quand, aux Etats-Unis, ce ratio s'élève généralement à 550 francs au maximum. Dans le cas de Zygofolis, l'investissement final a dépassé de 50 % l'investissement prévu. Les projets de développement d'un parc à thèmes consistent généralement en coûts *hard* qui s'appliquent à la construction en elle-même, la fabrication et l'installation des attractions et des spectacles et en coûts *soft* pour le financement, la conception, les dépenses fiscales et autres, les dépenses de pré-ouverture et autres imprévus. Dans l'industrie américaine des parcs à thèmes, les coûts *hard* représentent 70 % du montant total du projet et les coûts *soft* 30 %. Ce ratio permet de s'assurer, qu'à un certain niveau de budget donné, le produit « parc à thèmes » prévu aura l'impact ludique et le marché nécessaire permettant d'atteindre les projections de fréquentation. Dans beaucoup de parcs français, les coûts *soft* ont grimpé à des niveaux complètement disproportionnés par rapport au montant total de l'investissement initial. Pour Astérix, les changements dans la conception et autres problèmes ont élevé les coûts *soft* à près de 40 % de l'investissement total ; à près de 55 % pour Big Bang Schtroumpf.

Les coûts *hard* de développement d'un parc se répartissent entre le terrain et l'infrastructure, les structures, les attractions et les spectacles ; la thématisation par le paysage, le décor, les accessoires et l'équipement. Ce sont ces composants qui ont le plus d'impact sur le visiteur et qui sont le plus susceptibles de provoquer l'attrait pour le parc. Dans les phases terminales d'un projet qui dépassent son budget, ce sont bien les dernières choses à éliminer. Or, dans les parcs français, ces éléments essentiels ont été sacrifiés pour faire des économies et ce qu'il restait n'était pas suffisant pour susciter l'intérêt du public. Zygofolis, par exemple, a ouvert ses portes avec le strict minimum. Les détails sur une attraction sont très importants. Le développement d'un parc à thèmes nécessite donc de la part de l'équipe de direction qu'elle s'assure d'un budget suffisant pour financer ces éléments essentiels. Ainsi, la marge brute (avant frais financiers, impôt et amortissement) représente-t-elle 55 % du chiffre d'affaires des parcs américains, alors qu'elle ne représente que 35 % en Europe.

Des problèmes de conception doivent également être mentionnés. La plupart de ces parcs ont été conçus par des *designers* américains et un manque de connaissance et de compréhension de la différence des marchés européen et américain ont pu contribuer à créer certains problèmes. Il faut absolument prendre en compte les habitudes particulières du marché : les Français mangent à table à heures fixes et préfèrent aller dans des parcs d'attraction le dimanche. Le parc Astérix n'a pas été conçu avec une capacité suffisante de chaises et de tables en cas d'affluence pour les repas de midi. Mirapolis a directement souffert du manque d'expérience dans la conception d'un parc à thèmes. Il a été conçu par des personnes totalement étrangères au milieu. Mirapolis n'avait qu'un nombre limité d'attractions étalées sur le site, avec une thématique limitée ou inefficace et un décor sommaire. Le rapport du cabinet ERA note que cette même tendance peut être relevée dans la plupart des parcs français. Les thèmes retenus sont trop intellectuels, scientifiques, culturels ou éducatifs. Ils ont tous reçu un accueil mitigé de la part du public ; ils sont difficiles à promouvoir par le marketing ; et ils ont un potentiel limité pour une seconde visite. Big Bang Schtroumpf en est l'archétype tout comme Planète Magique près de Paris fermé rapidement après son inauguration. L'attrait principal d'un parc à thèmes doit être de proposer une journée de divertissement pour toute la famille. Des thèmes trop intellectuels rendent difficile l'expérience émotionnelle nécessaire pour attirer un public familial.

Une équipe de direction expérimentée est une autre clé du succès. Aux Etats-Unis, la direction des cinq plus grands parcs est assurée par des personnes ayant une expérience de 14 à 34 ans dans ce domaine. Bien sûr, le manque d'expérience des Français mais aussi le fort *turn over* des équipes expliquent les problèmes de planification des phases opérationnelles. Si les Français se sont adjoints des consultants américains dans les premières phases de développement, ceux-ci ne sont pas restés par la suite. L'erreur a été de changer d'équipe de direction après la première année de fonctionnement sous la pression des investisseurs et des banquiers mécontents des résultats. Or, les équipes de départ avec une année d'expérience ont été remplacées par des équipes nouvelles sans aucune expérience du tout comme ce fut le cas avec Mirapolis géré après la première année par le Club-Méditerranée. Au Big Bang Schtroumpf, la moitié du personnel a été licenciée avant la fin de la première année d'exploitation dont le directeur des opérations et le directeur de l'équipement qui étaient les deux initiateurs du parc.

La mauvaise évaluation du marché est la troisième cause de l'échec des parcs français. Consultants, concepteurs et promoteurs ont chacun leur part de responsabilité. Les habitudes culturelles du marché n'ont, à aucun moment, été prises en compte lors de l'évaluation du marché. L'exemple le plus flagrant est le pic de fréquentation du dimanche, inconnu aux Etats-Unis, qui a obligé le parc Astérix a limité le nombre de visiteurs certains week-ends. La seconde année, le parc Astérix a dépensé 60 millions de francs pour augmenter sa capacité de 20 %. Les goûts du public n'ont pas non plus été pris en compte. Mirapolis qui a choisi comme figure centrale Gargantua, fils de Grandgousier et père de Pantagruel, a peu d'attrait pour le public parisien. De façon similaire, les thèmes trop intellectuels n'atteignent pas les masses. Enfin, la capacité d'attirer des marchés étrangers a été, à chaque fois, surestimée. Big Bang Schtroumpf, au nord est de la France, attendait 45 % d'Allemands. En tout, la fréquentation étrangère n'a jamais dépassé les 8 %.

Une quatrième cause de l'échec peut être imputée au « manque d'éducation du public français ». Si les jardins de Tivoli ont ouvert à Copenhague en 1843, De Efteling aux Pays-Bas en 1951 et Phantasialand en Allemagne en 1965, la France est restée complètement en retrait du phénomène. Seul un modeste parc fondé à l'emplacement de sa maison de vacances par une famille de lainiers du Nord s'ouvre à Berk sous le nom de Bagatelle. Au début, ce n'est qu'une guinguette avec mini-golf et quelques animaux en cage. François Parent y a ajouté au gré des rentrées d'argent des manèges, des jeux, puis des attractions plus élaborées. Bagatelle a fêté ses 33 ans en 1989, et accueille une clientèle familiale. Le père fondateur qui dirige le parc avec pragmatisme et circonspection a été élu président du Syndicat national des parcs de loisirs et d'attractions français.

Les parcs de loisirs en France sont les héritiers des carnavals et les forains jouent un rôle essentiel dans le divertissement des Français. Le rapport américain de ERA note que « le public français, habitué à cette espèce d'approche basique du carnaval ne comprenaient pas certains des principes fondamentaux des nouveaux parcs à thèmes ». Parmi ces principes figurent un prix unique d'entrée pour toutes les attractions, l'interdiction de pique-niquer dans le parc et le rapport entre le prix du ticket d'entrée relativement élevé et une journée complète de divertissements. Mais Disney peut jouer le rôle de locomotive dans le développement des parcs à thèmes en France comme cela a été le cas aux Etats-Unis (à la fois en Californie et en Floride) et au Japon.

La cinquième et dernière explication se trouve peut-être dans la stratégie marketing. Les parcs à thèmes sont très sensibles au marketing. Une visite dans un parc à thèmes est un événement ponctuel qui requiert un marketing intense pour arriver à exister aux côtés des autres formes de loisirs et de divertissements. Pour les marchés émergents, de lourds investissements en marketing sont nécessaires pour constituer une identité et éveiller la curiosité du public. Dans un marché mature tel qu'aux Etats-Unis, il y a un fort besoin de susciter l'envie de revenir pour lutter contre l'érosion naturelle de la fréquentation. Cette érosion est traditionnellement stoppée par un réinvestissement dans de nouvelles attractions et la présentation de nouveaux spectacles. Un investissement massif dans le marketing sans un investissement dans de nouvelles attractions peut avoir des effets dramatiques. Ainsi, la fréquentation à Disneyland en Californie au milieu des années quatre-vingt, est-elle passée de 11 à 9 millions par an. La nouvelle équipe de direction menée par Michael Eisner et Frank Wells comprit qu'il fallait à la fois intensifier la campagne publicitaire et promotionnelle et financer un plan à long terme de réinvestissement dans de nouvelles attractions. En un an, de 1984 à 1985, la fréquentation de Disneyland est passée de 9,9 millions à 12 millions. Pour se fixer ensuite à 13 millions de visiteurs annuels.

Les parcs américains consacrent en moyenne 10 à 15 % de leurs dépenses de fonctionnement en marketing ; en France, on situe plutôt entre 8 et 10 %. Dans le domaine publicitaire, les parcs français ont eu des approches très différentes les uns des autres. Le parc Astérix a diffusé des spots télévisés qui ont eu un impact positif sur la fréquentation. Big Bang Schtroumpf a eu une approche philosophico-intellectuelle qui s'est soldée par un échec. Situé dans une région a priori peu attirante, la Lorraine, le parc aurait dû insister sur le plaisir des loisirs en famille. Mais il est vrai que l'équipe de direction, soutenue par le gouvernement, considérait le parc comme « un laboratoire social et culturel pour la région » et non comme un parc à thèmes traditionnel. Un concept certes intéressant, mais difficile à promouvoir.

Les visites de groupes (comité d'entreprises, écoles) contribuent pour une large part à la fréquentation des parcs américains (entre 35 et 50 %). Une utilisation efficace de cette approche marketing est cruciale pour le succès d'un parc. Dans la plupart des cas, les parcs français n'ont pas approché cette cible essentielle. A Zygofolis, rien n'a été prévu pour les groupes et la campagne de promotion, lors de l'inauguration, a été négligée. Ce fut la même chose pour Mirapolis et Big Bang Schtroumpf. Au contraire, le parc Astérix a mené une intense campagne publicitaire en direction des groupes qui ont représenté près de 50 % de la fréquentation.

Le rapport d'ERA note enfin que « certaines difficultés et des problèmes imprévisibles ont eu un impact négatif direct sur les parcs français. Ces déconvenues auraient été difficiles à surmonter même avec un bon marketing et d'efficaces relations publiques ». On parle, bien sûr, du cas des forains pour Mirapolis et d'un orage terrible à Zygofolis.

DISNEYLAND :
UN TCHERNOBYL CULTUREL

Les déboires des parcs à thèmes en France n'inquiètent pas la Walt Disney Company outre mesure. La firme américaine a une longue expérience dans ce domaine et ne peut pas commettre de fautes de jeunesse aussi stupides. En 1989, les flux touristiques mondiaux ont concerné 360 millions de personnes. Quatre-vingt-dix pour cent sont des flux intracontinentaux surtout à l'intérieur de l'Europe.

Et puis Disney ne se rend pas compte immédiatement de l'ampleur de l'opposition au projet qui se fait jour depuis la fin de l'année 1985. Très vite, le « rat vorace » devient la cible de plusieurs groupes de protestations, dont les fermiers et les villageois mécontents de perdre leurs terres et d'avoir Disney pour voisin ; les forains et les petits parcs d'attractions inquiets d'une possible compétition déloyale ; et les intellectuels mobilisés face à la menace de l'impérialisme culturel américain rampant à travers la campagne française.

Beaucoup de journaux et de magazines présentent Disney comme le diable incarné. Un journal montre un énorme Mickey sur toute la première page, souriant sadiquement avant de dévorer Paris, prêt à tout détruire sur son passage. Un autre le montre dans le cockpit d'un avion américain survolant Paris avec une pancarte « site d'invasion ». Pour certains Français, Mickey Mouse est devenu un rongeur à exterminer.

Le statut de Mickey comme icône dans la vie des Français ne doit pas être surestimé. Sa célébrité est utilisée par les adversaires du projet EuroDisneyland qui ont besoin d'une figure emblématique sur laquelle déverser leur colère anti-Disney et par-là même anti-américaine.

Dès 1973, Louis Marin dans *Utopiques : Jeux d'espaces* analyse Disneyland. Pour lui, le parc est la « projection fantastique de l'histoire de la nation américaine ». Le Royaume Magique est une utopique « scène de représentation de l'idéologie », idéologie comprise comme « représentation du rapport imaginaire des individus à leurs conditions réelles d'existence. (...) Disneyland est une utopie saisie par l'idéologie en ce qu'elle est la représentation du rapport imaginaire que la classe dominante de la société américaine entretient avec ses conditions réelles d'existence, et plus précisément avec l'histoire réelle des Etats-Unis et avec l'espace extérieur ».

Umberto Eco et Denis Lacorne sont parmi les premiers à publier des charges « anti-Disney » basées sur leurs expériences américaines. Dans *La Guerre du Faux*, « la Cité des automates », Eco raconte : « C'est le lieu de la passivité totale. Ses visiteurs doivent accepter d'y vivre comme des automates : l'accès à chaque attraction est réglé par des mains courantes et des barrières de tubes métalliques, disposés en labyrinthe, qui découragent toute initiative personnelle... Les fonctionnaires du rêve, correctement vêtus dans leur uniforme adapté à chaque lieu spécifique, n'introduisent pas seulement le visiteur au seuil du secteur choisi, mais en règlent chaque pas : « Voilà, maintenant attendez ici, maintenant montez, attendez avant de vous lever », toujours sur un ton courtois, impersonnel, impérieux au micro. » Plus loin, Eco qualifie Disneyland de monde « hyperréaliste (...) la quintessence de l'idéologie de la consommation (...) Comme la théâtralité est explicite, l'hallucination se produit parce que les visiteurs deviennent acteurs et donc participants de cette foire commerciale qui semble faire partie de la fiction mais qui, en réalité, constitue le but lucratif de toute cette machinerie imitative. (...) Les façades de Main Street se présentent comme des maisons de jouets et nous donnent envie d'y pénétrer, mais leur intérieur est toujours un supermarché déguisé dans lequel on achète de façon obsessionnelle alors qu'on a l'impression de continuer de jouer ».

Denis Lacorne, dans la revue *Esprit* en juin 1986 rapporte : « Disneyland reflète surtout les valeurs conservatrices de son fondateur, républicain de tendance goldwatérienne, puis reaganienne, à savoir : le patriotisme, le populisme, l'Ordre moral, la foi dans la science, la passion dans l'économie de marché. La première vertu disneyenne est peut-être cette forme particulière d'Ordre moral qui a pour nom « hygiène » en Californie du Sud. La cité ludique, malgré les foules qui l'envahissent, est une ville propre : des centaines de balayeurs, fort bien vêtus, souriants et discrets, se précipitent sur le moindre papier gras pour l'enfouir dans de petites pelles à couvercle. La nuit, des équipes de gratteurs arrachent les milliers de chewing-gum qui parsèment le sol des attractions, avant de laver à grande eau, cinq heures durant, le pavé de la Grande-Rue. Les règles de l'hygiène s'appliquent à tous. Les consommations alcooliques sont interdites sur la voie publique comme dans les cafés et les restaurants du parc. Le code vestimentaire, triste et asexué, s'applique à tous les employés, y compris aux musiciens de rock, chargés de distraire la foule à intervalles réguliers. Les visiteurs jugés excessivement débraillés sont interdits de séjour (bonne façon dans les années 1960 d'interdire la présence d'étudiants et hippies contestataires). Michel-Souris est le premier à donner l'exemple, lui qui ne quitte jamais ses curieux gants blancs à quatre doigts. Tout comportement déviant est sanctionné par l'intervention immédiate d'un des nombreux gardes civils qui circulent incognito dans la cité ludique. On prétend même qu'un touriste qui eut l'audace de photographier en gros plan le crottin bien naturellement évacué par le seul et unique cheval du parc se vit confisquer son appareil photo... Microcosme de la réalité sociale, Disneyland n'ignore pas les minorités raciales qui sont cependant prudemment tenus « à leur place ». Il y a bien quelques Noirs qui s'agitent au square de la Nouvelle-Orléans, mais ils sont en représentation. Leur tâche unique et répétitive consiste à ressasser quelques vieux airs de jazz et de dixieland. La vraie place du Noir, on le comprend vite, est dans la jungle, où des sauvages vêtus de pagnes grimpent sur des cocotiers et se promènent avec leur lot de crânes humains, question de faire peur aux gentils touristes. Disneypolis, curieusement, n'a pas de place pour les Asiatiques, peu populaires, il est vrai, au lendemain de la Deuxième Guerre mondiale. Quant aux Indiens, ils sont faiblement représentés par un mannequin qui trône au cœur de l'île de Tom Sawyer ».

Marc Augé dans *L'impossible voyage. Le tourisme et ses images* remarque : « C'est tout une question d'échelle. Tout est grandeur nature, mais les mondes qu'on découvre (Fantasyland, Adventureland, Frontierland, Discoveryland) sont des mondes en miniature. La ville, le fleuve, la voie ferrée sont des modèles réduits. Mais les chevaux sont de vrais chevaux. Les voitures sont de vraies voitures, les maisons de vraies maisons ; les mannequins ont des tailles d'homme. (...) Les adultes, eux, apprécient la stricte contiguïté des petits mondes qui se juxtaposent comme les décors dans un studio de la grande époque. Ils y sont aidés par la musique qui paraphrase incessamment le paysage, comme pour leur rappeler avec insistance où ils sont : musique de Western, musique « orientale » (Mustapha), refrain de *Blanche-Neige* ou de *Mary Poppins*. *Le tour du monde en 80 jours* les accompagne d'un point à un autre, se superposant fugitivement dans les zones frontières. (...) Soudain, je crus comprendre. Je crus comprendre ce qu'il y avait de séduisant dans l'ensemble de ce spectacle, le secret de la fascination qu'il exerçait sur ceux qui s'y laissait prendre, l'effet de réalité, de surréalité, que produisait ce lieu de toutes les fictions. Nous vivons une époque qui met l'histoire en scène, qui en fait un spectacle et, en ce sens, déréalise la réalité. (...) A Disneyland, c'est le spectacle lui-même qui est mis en spectacle : le décor reproduit ce qui était déjà décor et fiction – la maison de Pinocchio ou le vaisseau spatial de *La Guerre des étoiles*. Non seulement nous rentrons dans l'écran, inversant le mouvement de *La rose pourpre du Caire*, mais derrière l'écran, il n'y a qu'un autre écran. (…) Le voyage à Disneyland du coup, c'est du tourisme au carré, la quintessence du tourisme, ce que nous venons visiter n'existe pas. Nous y faisons l'expérience d'une liberté, sans objet, sans raison, sans enjeu. Nous n'y retrouvons ni l'Amérique ni notre enfance, mais la gratuité absolue d'un jeu d'images où chacun de ceux qui nous côtoient mais que nous ne reverrons jamais peut mettre ce qu'il veut. Disneyland c'est le monde d'aujourd'hui, dans ce qu'il a de pire et de meilleur : l'expérience du vide et de la liberté. »

Pour Yves Eudes dans *Le Monde diplomatique*, « Disneyland est le miroir embellissant où l'Amérique s'attendrit sur elle-même. (…) Elle vient y contempler son passé idéalisé et imaginer un avenir rose et rassurant où les progrès de la science viendront résoudre tous les problèmes, tout en préservant les valeurs traditionnelles. »

Richard Nunis de la Walt Disney Company explique : « Disneyland, c'est tout un art. Prenons les files d'attente. (…) Pour masquer l'affluence, l'attente est rythmée comme un ballet. La foule est toujours maintenue en mouvement, zigzaguant entre des cordes et des barrières. Elle se croise, se reconnaît et devient un élément de spectacle comme les personnages qui surgissent régulièrement pour la distraire. »

Pour Jean-Marc Courtine, dans *Les cahiers de Médiologie*, Disney est « l'héritier direct de Barnum ». Il a le « même sens de l'organisation, [le] même talent de la publicité. » Courtine voit aux succès des parcs à thèmes Disney un moyen, une solution au problème de distraction et de divertissement des habitants des villes.

Dès 1981, Jean Baudrillard dans *Simulacres et simulation* pense que « Disneyland est là pour cacher que c'est un pays « réel », toute l'Amérique « réelle » qui est Disneyland. (…) Disneyland est posé comme imaginaire afin de faire croire que le reste est réel, alors que tout Los Angeles et l'Amérique qui l'entoure ne sont déjà plus réels, mais de l'ordre de l'hyperréel et de la simulation ». Le sociologue poursuit dans *Amérique* et qualifie Disneyland de « microcosme de l'Occident. » La culture n'est pas « cette délicieuse panacée que l'on consomme chez nous dans un espace mental sacramental », mais quelque chose de l'ordre du savoir commun qui maintient ensemble les communautés, « c'est l'espace, c'est la vitesse, c'est le cinéma, c'est la technologie. » Les valeurs nobles européennes classiques ont disparu en Amérique donnant lieu à cette nouvelle culture baroque du kitsch et de l'hyperréalité. Ainsi pour G. Faye, « La Californie n'a rien inventé : elle a tout pris à l'Europe, et le lui a resservi défiguré, privé de sens, repeint aux dorures de Disneyland. »

Le reproche essentiel formulé à l'encontre d'EuroDisneyland par l'opinion publique porte sur le manque total d'information officielle, la plupart des négociations s'étant déroulées dans le plus grand secret. Ce manque de concertation autour du projet génère un climat de défiance qui peut expliquer les réactions hostiles au projet, d'autant que lorsque des informations ont été divulguées par la presse, elles ont été contradictoires, ce qui a plongé nombre de personnes dans la confusion. L'Union des amis et protecteurs de la nature pousse un cri d'alarme dans *La Marne* de février 1986 : « Nous nous élevons avec force contre la campagne d'intoxication menée en faveur d'un gigantesque parc de loisirs, sous les couleurs d'un certain intérêt national qui reste à prouver autrement que d'une façon évasive sans aucun respect ni aucune information vis-à-vis des personnes concernées ! ».

Les personnes qui vivent et travaillent à Marne-la-Vallée sont bien sûr plus profondément affectées par la décision de localiser EuroDisneyland en France. Et les communes touchées par l'implantation du parc sont rurales : Coupvray ne compte que 2 403 habitants, Chessy 1 137, Serris 925, Bailly-Romainvilliers 609, et Magny-le-Hongre

338. Parce que les attachements familiaux à la terre remontent à plusieurs générations dans beaucoup de cas, leur émotion est profonde. Le malaise provient de deux facteurs : l'utilisation future de leurs propriétés et le sentiment certain d'avoir été vendus par leur propre gouvernement. Les habitants ne comprennent pas le sacrifice d'excellentes terres agricoles qui ont été utilisées par les agriculteurs et les chasseurs depuis des siècles. La seule idée de transformer ce site en parc d'attractions – un parc américain qui plus est – semble à la fois relever du blasphème et du gaspillage. Depuis le XIXe siècle, le paysan représente l'être national par excellence. La paysannerie est perçue en France comme une sorte de musée vivant des origines nationales qui aurait maintenu, grâce à ses traditions, une sorte de fil direct avec les ancêtres. Il n'est dès lors pas étonnant que l'implantation du parc revête des dimensions symboliques très fortes (puisque ce ne sont en réalité que quarante trois agriculteurs qui sont concernés et que la plupart des terrains appartient déjà à la force publique). Dans *Le Quotidien de Paris*, un agriculteur s'inquiète : « J'ai appris par la presse, la suppression de mon outil de travail. Quand je me suis installé il y a huit ans, pour succéder à mon père, on m'a dit que j'étais tranquille jusqu'à l'an 2000. J'ai investi beaucoup pour remplacer les cultures traditionnelles : blé, maïs, betterave par des cultures légumières pour les conserveries. Tous les sols sont équipés d'un arrosage, la surface de la ferme a été drainée. » M. Haasquenoph, représentant cantonal des agriculteurs, est plus clair : « Pour nous, c'est une catastrophe, c'est soixante pour cent de la surface agricole du canton de Lagny qui va disparaître. Au total, dans le secteur, c'est vingt-cinq pour cent des fermes qui vont être touchées, mais cinquante à soixante qui le seront indirectement. Notre premier objectif sera de conserver nos terres, ensuite si vraiment on ne peut pas lutter, nous nous regrouperons pour nous défendre. Avec nous, c'est cinquante mille tonnes de blé qui vont disparaître ». Les syndicats d'exploitants agricoles de Lagny, Crécy et Chelles éditent un tract intitulé *Mickey, fous le camp !* : « Il est venu le temps où chaque paysan cherchera en vain un coin de terre arable. Est-ce au Mexique ? Est-ce au Bengal ? Puisqu'en France, seul le béton ou parc d'attractions auront droit de séjour. Alors paysan cours, cours… Et toi, villageois ! Tu paieras… Les poubelles tu ramasseras, les toilettes tu videras, tickets, tu poinçonneras… Mais aussi, n'oublie pas le bruit que tu subiras, l'air pollué que tu respireras ! Et le stress qui te détruira… » Michel Giraud, président du Conseil régional d'Ile-de-France note qu' « il est normal de prendre en compte les préoccupations respectables des propriétaires fonciers. Chacun devra être bien traité. Il n'y aura pas de formule expéditive contre les intérêts légitimes, pas d'extension sauvage. » Paul Séramy, président du Conseil général de Seine-et-Marne concède qu' « il convient de résoudre les problèmes au cas par cas en tenant compte de chacune des situations particulières et d'éviter les expropriations administratives telles qu'elles ont été pratiquées jusqu'à présent par la puissance publique. »

L'expropriation est vécue difficilement par les paysans. Une propriétaire expropriée d'une ferme d'Orsonville se souvient : « Pour nous, la rupture a été brutale. Nous avons été la ferme la plus touchée parce que c'est sur nos terres que s'est installé le parc. Alors, nous ici, du jour au lendemain, c'était terminé. » Un autre déclare : « Nous n'avons pas vendu, nous avons été expropriés ! On ne nous a pas demandé notre avis. On prenait des biens privés pour les allouer à d'autres privés mais on déclarait ça d'utilité publique. Ça, du point de vue de la loi, il faut le faire ! » Mais les agriculteurs (exploitants et propriétaires) ont tous été largement indemnisés grâce à la lutte menée par des représentants professionnels et l'Association des propriétaires et agriculteurs concernés par l'implantation d'EuroDisneyland au tarif de 10,70 francs/m² pour le propriétaire-exploitant (soit 6,86 francs pour le propriétaire et 4,14 francs pour l'exploitant, au lieu des 5,14 à 5,39 francs pour le propriétaire-exploitant au prix officiel des terres agricoles en Seine-et-

Marne). Le désintérêt a été croissant pour la sauvegarde des terres agricoles et forestières puisque nombre d'agriculteurs ont demandé rapidement une emprise totale, c'est-à-dire une expropriation totale, à partir de 30 à 40 % des terres concernées par le tracé du projet EuroDisneyland. Le prix de référence des terrains a été négocié par un avocat. Tous les propriétaires fonciers ont adhéré au protocole d'accord sauf un. Les expropriations ont été réglées à l'amiable et les agriculteurs ont, en outre, bénéficié d'une majoration automatique de réemploi et d'exonérations fiscales. Ceux qui sont restés agriculteurs ont acheté de grandes propriétés dans l'Aisne (Picardie).

Très tôt, une certaine spéculation foncière s'est fait ressentir, entraînant une augmentation générale des prix. La spéculation immobilière des années quatre-vingt-dix est alors alimentée en France par les promoteurs et marchands de biens qui font tourner le marché à toute vitesse anticipant des loyers astronomiques et pariant sur une reprise de l'inflation qui ne s'est pas produite. Les attentes de l'époque dans l'immobilier de bureaux paraissent aujourd'hui particulièrement irréalistes. Sur le secteur IV de Marne-la-Vallée, on passe de 125 à 250 francs le m^2 en 1986 à 400 voire 600 francs le m^2 en 1990. Le prix des maisons a connu une augmentation de 25 % en trois ans. Dans le secteur III, sur la commune de Saint-Thibault-des-Vignes, les prix ont été multipliés par trois ; à Chanteloup-en-Brie, par cinq. Au nord du secteur IV, les prix ont été multipliés par quinze par endroits entre 1986 et 1990. Sans connaître de telles extrémités, le prix du foncier a été multiplié par quatre sur la commune de Villeneuve-Saint-Denis, et au nord du secteur IV, les prix ont augmenté en moyenne de 35 % chaque année. Cette augmentation du prix du foncier a bien évidemment des répercussions sur le montant des loyers et le prix de vente des appartements et des maisons. Cette pression foncière pose des problèmes avec les propriétaires qui refusent le droit de préemption urbaine des collectivités locales dans l'attente d'un meilleur prix. EuroDisneyland suscite des convoitises aussi dans le domaine hôtelier. Ainsi, à Montry, la construction d'un hôtel deux étoiles sème-t-il la zizanie dans le village entre la majorité municipale et l'opposition soutenue par les défenseurs de l'environnement. La construction de cet hôtel de 2 700 chambres, étendu sur 33 hectares en 15 bâtiments s'inscrirait dans la phase II du projet EuroDisneyland. Pour financer les travaux, la ville veut faire construire un autre hôtel de 600 suites avec commerces, piscine et cinéma... Trente millions de francs tomberaient ainsi dans les caisses de Montry.

Les habitants sont également choqués de l'indifférence affichée par le gouvernement envers ses concitoyens. Non seulement, les autorités françaises ne les consultent ou informent pas des procédures qui vont durablement changer leur vie, mais elles leur demandent en plus une totale et immédiate coopération pour s'accommoder de Disney. Que les habitants de ces petits villages n'aient pas leur mot à dire quant à leur propre avenir devient évident quand l'Etat révèle son intention d'acheter et si nécessaire de confisquer leurs propriétés « dans l'intérêt général ». Le sentiment de trahison généré par cette annonce alimente de forts sentiments d'hostilité envers le gouvernement français et envers le futur parc Disney. Le maire de Villeneuve-le-Comte confie au *Pays briard* de janvier 1986 : « l'annonce de l'installation d'Euro Disney dans notre région (...) si certains s'en réjouissent, d'autres, dont je suis, s'en effraient. C'est tout le paysage et le style de vie de nos communes rurales qui vont être bouleversés. Nous allons subir pendant des années, voire des décennies, les nuisances d'un énorme chantier. Combien d'entre nous vont regretter la vie tranquille et, somme toute, heureuse que nous connaissions jusqu'alors ! » Michel Geres, maire de Croissy-Beaubourg, s'insurge : « Les établissements publics d'aménagement sont chargés d'animer la construction des villes nouvelles, dans l'intérêt des habitants de ces villes et en accord avec les élus... EPA-Marne n'échappe donc pas à la règle : c'est un organisme qui doit être au service des habitants de Marne-la-Vallée et non une officine boulimique faisant tout et n'importe quoi, derrière le dos des élus, et plus encore, contre leur volonté. Comment comprendre alors que dans le plus grand secret (ce secret qui, en matière d'urbanisme, on ne le sait que trop, favorise les magouilles et irrégularités de toute nature), on cherche à nous imposer, contre notre volonté, contre la volonté des habitants, un projet délirant de gare routière internationale s'étalant sur cent cinquante hectares autour de la ferme de l'Amirault (soit deux fois Garonor). » Olivier Bourjot, maire de Chessy : « Chessy, c'est une petite commune qui, jusqu'en 1987, était une commune plutôt rurale et puis qui s'est vue confronter d'un coup au projet Disney... et qui avait commencé à grandir dans les quatre ou cinq années qui ont précédé en accueillant des gens qui déménageaient de Paris, de la grande couronne pour venir chercher la campagne à l'Est de Paris... Moi, personnellement, je suis venu vivre ici parce que je trouvais que c'était un petit village sympathique. J'ai trouvé le calme. C'était encore des arbres naturels... Disney va mettre des arbres en plastique... La tranquillité, c'est fini ! (...) Le pari, c'est de faire développer Chessy pour la faire passer de 1 100 habitants à 4 500 habitants de façon douce, sans rupture. Deux contraintes : 60 % de la commune est occupée par Euro Disney et puis la déviation de la RN 34. (...) Disney, c'est à peu près 25 000 emplois « extraordinaires ». Nous, on cherche à créer des emplois ordinaires sur ce qui reste de la commune. (...) Quelques avantages bien sûr. Une relance économique dans le secteur, l'arrivée du TGV et du RER. » Une gare à laquelle les habitants de Chessy pourront accéder, mais à pied ! Car il n'existait à l'origine aucun parking autour de la gare. Le maire de Chessy a même refusé de signer le permis de construire de la gare, c'est le préfet lui-même qui s'en est chargé. Pour le RER, un supplément de tarif était prévu pour Chessy : c'était clairement une gare réservée aux touristes...

Bruno Aubé, président de l'Association pour la protection des populations concernées par EuroDisneyland (APPE), créée le 13 février 1986, qui regroupe une centaine de membres, se forme pour défendre les intérêts des populations locales consternées par le manque de soutien de la France pour ses administrés : « L'APPE a pour objet la défense du droit souverain des populations concernées à se prononcer pour ou contre l'accueil d'un Disneyland. Notre association ne prend donc pas parti. Elle veut veiller à ce que la volonté des populations puisse s'exprimer et soit respectée. Elle veut également veiller à la sauvegarde des droits et des biens des personnes, et veut être partie prenante dans les discussions. » Il remarque l'ironie de confisquer des terres françaises pour des intérêts privés dans un pays qui prône la justice pour tous. Aubé déclare : « Dans une société démocratique, c'est une étrange façon de faire. C'est une façon de faire complètement opposée à l'attitude américaine de droit et de propriété » (rappelons tout de même que des lois d'expropriation existent également aux Etats-Unis).

Il est effectivement question de savoir si oui ou non l'esprit de cette mesure d'expropriation pour construire « une base militaire, un chemin de fer ou une centrale nucléaire » est légitime pour construire un parc d'attractions privé. Aubé promet que l'APPE s'imposera « d'elle-même » comme partenaire dans le projet EuroDisneyland. L'association s'engage à fournir des garanties qu'à ceux qui perdront leur emploi auront des propositions de formation, à demander que tous les besoins créés par le projet (telles que des nouvelles routes et davantage de policiers) ne causeraient pas une augmentation des impôts et utiliseraient au maximum des procédures légales. Pour se faire entendre, des manifestations ont été organisées : en décembre 1986, un barrage routier à Serris et une opération escargot sur la RN34. Il y a bien eu des réunions avec l'EPA mais les modifications demandées sur le tracé des routes, l'emplacement des échangeurs ou des murs anti-bruit n'ont pas été entendues. Lors des enquêtes publiques de mai 1987, l'APPE recueille des centaines de signatures de protestation et porte l'affaire en justice. Toutes les actions des différentes associations ont été déboutées par le tribunal administratif dans un seul arrêt. Le recours au Conseil d'Etat n'a rien donné non plus. Selon l'APPE, le combat était perdu dès la signature de la convention de mars 1987. Il ne restait qu'à participer aux commissions d'urbanisme de l'EPA-France en 1988 et d'essayer de soutenir des listes d'opposition aux élections municipales. A la fin de l'année 1988, le désintérêt des adhérents et sympathisants est flagrant. Alors qu'à son apogée en 1987, l'association comptait près de cent membres, trois ans plus tard, il ne reste plus qu'un noyau dur.

Parallèlement au Collectif contre l'EuroDisneyland (CCE), l'Association des citoyens contre le développement d'EuroDisneyland (ACIDE) se forme au début de l'année 1986 et se présente comme un lobby anti-EuroDisneyland. Elle n'est pas une association de riverains mais une association nationale de tendance écologiste qui a regroupé au plus fort du mouvement d'opposition près de trois cents adhérents. L'action entreprise par l'ACIDE est de sensibiliser les décideurs politiques à partir de décembre 1985 – par la constitution de dossiers sur les effets économiques, par la parution d'articles dans la presse – aux effets désastreux de l'implantation d'un parc Disney en France. Ainsi, en parlant des coûts cachés, Alain Lipietz n'hésitera-t-il pas à écrire ce qui peut faire sourire aujourd'hui : « Il s'agit de coûts subis par la collectivité et ne correspondant pas à une dépense monétaire. Indépendamment des dépenses en infrastructures supplémentaires, il faut en effet compter la surcharge sur les installations existantes que provoquera le passage de dix millions de visiteurs par an, soit 30 000 par jour en moyenne. Cette surcharge se concentrera sur le tronçon central de la ligne A du RER et sur le tronçon commun aux autoroutes A4 et A86. Il est difficile d'évaluer ce coût. Admettons par exemple que 200 000 personnes perdent, du fait de ces tensions sur le réseau, un quart d'heure de plus sur le trajet domicile-travail, 200 jours par an. Cela représente 10 millions d'heures perdues que l'on peut évaluer à 100 francs de l'heure, soit un milliard par an. » Après la signature de la convention, l'association a déposé trois recours devant le Conseil d'Etat, sans succès.

Le Collectif contre l'EuroDisneyland (CCE) a publié un communiqué le 13 mars 1986 intitulé *Les Mickey dehors !* : « Pour nous, EuroDisneyland, c'est la destruction complète de vastes espaces naturels, de vastes espaces agricoles (et ces terres sont les plus riches de France), une atteinte très grave à notre patrimoine naturel, à notre patrimoine commun à tous ; le bouleversement total d'une région avec la perte de son identité et la mort de son caractère rural ; un appel à une urbanisation effrénée sur les communes limitrophes dans les années à venir… »

L'Association seine-et-marnaise pour la sauvegarde de la nature (ASMSN), créée en 1972, a donné naissance à France-Nature-Environnement et soutient les associations de riverains comme l'APPE et l'ACIDE. L'association ne considère pas le parc en lui-même comme un danger mais elle craint des effets négatifs sur l'environnement. Toutefois, dans un communiqué, l'association déclare : « Disneyland : un monstre à votre porte ? Les associations de protection de la nature sont prêtes à entamer le combat pour la préservation du patrimoine naturel de cette zone et pour le respect de la loi. Elles ne se laisseront pas intimider par un coup de force à caractère électoral. » Entre 1987 et 1988, l'association organise une conférence publique de façon régulière avant de suspendre son activité faute de relais à la fois parmi la population et parmi les municipalités.

L'Association briarde intercommunale pour le maintien de l'environnement (ABIME), créée en 1988, lutte contre les méfaits du passage du TGV. En effet, initialement le tracé prévu suivait la francilienne A 104 avant d'être dévié pour desservir EuroDisneyland. Avec près d'un millier d'adhérents, l'ABIME a obtenu quelques concessions de la part de la SNCF concernant les protections phoniques. L'association a veillé aussi aux travaux afin d'éviter des déboisements sauvages.

Dès août 1987, l'EPA-France a réalisé une étude sur l'*Impact de l'Eurodisneyland sur le secteur IV de Marne-la-Vallée* en trois tomes. Le premier constitue une synthèse des données disponibles ainsi que des différentes études réalisées à cette date sur les conséquences probables du projet (intérêt archéologique, enquête historique, analyse du milieu naturel, du paysage, du cadre bâti, etc.). Un second tome est consacré à « l'impact sur le milieu humain et économique » (impact économique, fiscal, socio-démographique, etc.) tandis que le troisième s'attache à évaluer les conséquences du projet sur le milieu physique (eaux, sol, flore, faune, bruit, etc.). Très tôt, Disney est soucieux de soigner son image. Les abords du parc bénéficieront d'un traitement paysager afin de réduire les nuisances visuelles. L'étude montre que la situation dans les cinq villages concernés est critique : chômage généralisé des jeunes et tensions entre « anciens » et « nouveaux » habitants (près de la moitié de la population est arrivée après 1975).

Dans l'ensemble, si la sensibilisation et la mobilisation ont été efficaces au début, très vite, les personnes concernées ont abandonné la lutte. Il faut dire que les grands partis politiques sont restés silencieux, que le soutien des municipalités a fait défaut et que la multiplication du nombre des associations avec des revendications similaires n'a pas arrangé les choses. Et puis, les associations entre elles n'arrivent pas à s'entendre, l'APPE et l'ACIDE étant franchement hostiles l'une envers l'autre. Petit à petit, le mouvement d'opposition de la population locale s'est transformé en passivité, en indifférence et parfois même en enthousiasme comme le montre les sondages locaux de 1989 et 1990. L'EPA-Marne s'agace d'ailleurs de telles oppositions : « Sur le plan politique, tout le monde semble d'accord avec le projet Euro Disney ; mais, il existe, à côté, des gens qui y sont opposés. Il faut les réunir en association nationale pour briser cette belle unité ! » Inutile ! Lors des enquêtes d'utilité publique, cinq personnes au maximum sont présentes…

Les habitants des cinq communes environnant le site du parc établissent également un syndicat pour résister aux effets pervers du développement de Disney : le Syndicat d'agglomération nouvelle des Portes de la Brie (SAN). Dirigé par Charles Boetto, sa mission est de protéger la vie rurale contre le flot de touristes et autres « délinquants » : « Nous voulons devenir une ville qui accueille les parcs Disney ». Un maire local acquiesce, déclarant qu'il refuserait de servir d'élu pour une ville nommée « Mickeyville ». Le bouleversement le plus visible est le tracé du périmètre d'EuroDisneyland et les demandes formulées par les communes de Serris, Bailly-Romainvilliers et Magny-le-Hongre pour apporter quelques modifications au plan d'affectation des sols ont été entendues. Pour ces communes, il s'agit d'éviter la coupure physique totale afin de ne pas devenir des « réserves d'indiens ». Le SAN veut à la fois préserver l'identité des bourgs par la réhabilitation de l'habitat et éviter les clivages avec la zone d'implantation d'EuroDisneyland. Mais leur bataille est difficile. Dans les années suivantes, la population de ces cinq villages allait être multipliée par trois à mesure que les employés d'EuroDisneyland et d'autres s'installeraient sur le site. Et leur main-mise sur la région se réduirait considérablement. Bailly-Romainvilliers à elle seule allait perdre un tiers de sa superficie pour le développement du projet.

Le 18 novembre 1989, le Syndicat intercommunal d'études des conséquences induites par EuroDisneyland (SIE) est formé par treize des vingt-et-une communes du canton de Crécy-la-Chapelle, à l'est du secteur IV. Son but est de peser sur les discussions en cours sur le SDAURIF qui envisage une « constructibilité obligatoire dans les zones constructibles ». Le SIE souhaiterait arrêter l'urbanisation du Grand Morin de façon à créer des espaces agricoles et naturels protégés.

L'Association des maires de la zone d'implantation d'EuroDisneyland (AMZIED) qui regroupe les représentants des communes de Bailly-Romainvilliers, Chanteloup-en-Brie,

Chessy, Coupvray, Coutevroult, Jossigny, Magny-le-Hongre, Montévrain, Montry, Saint-Germain-sur-Morin, Serris et Villeneuve-le-Comte n'émet aucun avis positif ou négatif sur le projet mais souhaite être consultée.

L'Association des élus de Marne-la-Vallée et du nord Seine-et-Marne pour la contribution à la maîtrise de Disneyland regroupe quatorze communes du site. Dépourvus d'information sur l'implantation du parc dans leurs communes et conscients qu'ils n'en obtiendront aucune s'ils restent isolés, les élus se réunissent.

Autour de Marne-la-Vallée, l'opposition au parc est également visible. Les habitants affichent des pancartes le long des autoroutes et collent des effigies de Mickey sur des fourches lors de manifestations. Des graffiti anti-Disney sont peintes et des affiches sont placardées partout sur les murs. « Pas d'indiens pour Disney ! ». Certaines dépeignent Mickey dans un trench-coat, saisissant brusquement son entrecuisse à la Michael Jackson, dans une défiance manifeste au bon goût. D'autres représentent une souris attristée réagissant aux déclarations « Reste à la maison, Mickey ». Peut-être la plus caustique de toutes montre Oncle Picsou, le canard milliardaire avec ses poings serrés. La bulle au-dessus de sa tête dit : « Je m'en fiche complètement des habitants. J'achète la terre, j'achète les villages, j'achète les résidents. J'achète tout. » Les villageois en colère ne tardent pas à surnommer EuroDisneyland « EuroPicsouland ». Le jour de la signature de la convention en 1987, FR3 se rend dans un bistrot à Chessy. Le journaliste rappelle que le village compte cent trente écoliers et trois agriculteurs. Un client déclare : « Tout le monde est inquiet. Ça déclenche un tas de questions. » Pour calmer le jeu, la Walt Disney Company invite plusieurs dizaines d'habitants tous frais payés à Orlando à Walt Disney World…

Si les nuisances dues au parc à thèmes feront l'objet d'un contrôle assez strict, l'urbanisation et la fréquentation massive du site entraîneront immanquablement une transformation totale de celui-ci ainsi que la disparition de ses attributs ruraux. Disparition des écosystèmes, disparition de la faune et de la flore ; transformation progressive des paysages et du bâti traditionnel puisque l'EPA-France prévoit d'accélérer l'urbanisation des villages afin de mieux les intégrer au projet ; disparition ou transformation des traces de l'histoire régionale. Ainsi, l'enquête réalisée par la Direction des Antiquités Historiques et Préhistoriques de la Région Ile-de-France a-t-elle mis à jour vingt-six sites susceptibles de faire l'objet de fouilles (des fouilles approfondies réalisées sur quelques-uns de ces sites n'ont permis aucune découverte importante). Enfin, la fréquentation accrue des villages et l'intensification de la circulation transformeront ce calme plateau agricole en un centre d'activités frénétiques.

Mais tous les habitants de la région ne se joignent pas à la croisade. Quelques années plus tard, Jean-Paul Balcou, maire de Magny-le-Hongre, se souvient : « Quand on a eu vent de tout cela, cela a été quand même angoissant… Pourquoi ? Parce qu'il s'agissait de petites communes à vocation agricole de trois cents habitants, et d'un seul coup, on nous annonce qu'il va falloir que vous passiez en quelques années de trois cents habitants à neuf mille. Paris ne s'est pas fait en un jour… L'Etat nous imposait une urbanisation assez rapide. (…) Je me souviens quand on nous a annoncé la signature de 1987. On était venu ici pour profiter du calme de la campagne. Moi, j'étais pilote à Air France, ce n'était pas très loin des plates-formes, c'était une commune tranquille à la campagne mais avec la proximité de Paris. Et tous les gens qui sont venus habiter ici dans les années 70-75 sont venus pour ce cadre. Notre première réaction a été une réaction de défense : on garde le village, et – je caricature – on met des fils barbelés autour, on plante des thuyas et on reste dans notre truc comme ça, pour être tranquilles, pour ne pas voir ce qui va se passer à l'extérieur… En plus, on entendait parler de béton partout, des immeubles de quarante deux étages, etc. Et puis, après avoir digéré, on s'est dit, puisque c'est imposé – on est dans un secteur de ville nouvelle – au lieu de ne pas accompagner ce projet, pourquoi ne pas le devancer ? On a un nombre imposé d'habitants par l'Etat, d'accord. Mais, on va faire en sorte qu'on ne construise pas tout d'un seul coup... qu'on ne refasse pas les mêmes erreurs que les autres villes nouvelles. » Philippe Mancel, maire de Serris, observe la futilité d'essayer de bloquer le nouveau développement : « Chacun réalise que c'est une cause perdue d'être contre EuroDisneyland ». Michel Colombe, maire de Bailly-Romainvilliers, est du même avis, ajoutant : « Nous préférons obtenir le maximum de bénéfices de cette opération qui, dans tous les cas, nous sera imposée ». Et Olivier Bourjot, maire de Chessy, village où la majeure partie d'EuroDisneyland sera localisée réserve son jugement : « D'après la presse, Chessy sera bientôt la commune la plus riche de France. Mais je vais attendre avant de le croire [le budget ne dépassait alors pas les trois cent cinquante mille francs]. » En effet, le budget des cinq villages concernés sont promis à de gros changements. Selon le *Quotidien du maire,* un hebdomadaire publié par le groupe de presse Tesson, chacun collectera 83 millions de francs d'impôts dans les cinq premières années. Le SAN collecterait quelque 170 millions de francs chaque année en taxe professionnelle. Mais ces projections sont basées sur une estimation de 11 millions de visiteurs la première année dans le parc. Si la fréquentation descend en dessous et si EuroDisneyland échoue à générer assez d'impôts, seul le département de la Seine-et-Marne sera remboursé complètement. Les villages n'ont pas de telles garanties. Jean-Claude Thoenig, un expert des politiques locales, observe qu'EuroDisneyland a servi de catalyseur au développement de l'Est parisien et déclare que, même si le parc échoue, les nouvelles infrastructures bénéficieront aux résidents locaux : « Elles auraient été faites de toute façon – la banlieue Ouest est saturée – mais le développement aurait été beaucoup plus long ». En janvier 1986, Julien Morin, conseiller général, déclare au *Pays briard* : « Disneyland dans cet Est parisien, c'est une chance pour notre département ; c'est une révolution économique pour ce secteur, c'est un rééquilibrage du secteur jusqu'à ce jour bien défavorisé par rapport à l'Ile-de-France. »

Les communes alentour espèrent bien profiter des millions de visiteurs attendus pour développer leur tourisme. Meaux, « ville d'art et d'histoire », cité médiévale avec remparts, propose un spectacle annuel « Meaux en marche vers la Liberté » que la commune compte bien promouvoir. Coulommiers possède un château et une ancienne commanderie de Templiers et envisage de créer un camping et de petits hôtels. Provins qui organise régulièrement des « fêtes médiévales » et qui reçoit chaque année entre 70 000 et 100 000 visiteurs, a signé une « loi-programme » de cinq ans pour la restauration des remparts. Château-Thierry, Moret-sur-Loing, Château Landon attendent aussi des retombées touristiques tout comme Fontainebleau, Vaux-le-Vicomte et Barbizon. L'enthousiasme des élus est pourtant limité, car les voies d'accès sont très défectueuses et ni Fontainebleau, ni Coulommiers ni Provins ne bénéficient de bonnes dessertes directes.

Parmi les partisans du projet, on trouve également le Groupement d'Intérêt Economique Ile-de-France Loisirs (GIE regroupant plusieurs entreprises de BTP décidées à conjuguer leurs efforts pour faire partie prenante de l'aménagement du site) ou encore le SERIVALM (société d'études, de réalisation et d'investissements des parcs de la vallée de la Marne). Cette société anonyme, fondée à part égale par sept grandes sociétés françaises d'ingénierie, de bâtiment, de promotion et d'investissement (Dumez, Immobilier Surène Montalivet, Lyonnaise des Eaux, Meunier-Promotion, Ofivalma Développement, SAE et SPIE Batignolles) est créée au milieu de l'année 1986 pour aider les autorités publiques et Disney. Elle souhaite contribuer à la réussite du parc.

Un dernier groupe à se plaindre de l'implantation de Disney, ce sont les forains et les petits parcs de loisirs français qui voient EuroDisneyland comme une menace et un « coup de poignard dans le dos ». Marcel Campion, président du Syndicat des Parcs de Loisirs de France, craint que la présence d'EuroDisneyland en France n'extermine les fêtes foraines traditionnelles et menace la survie des parcs français. La Foire du Trône fait travailler deux mille personnes et accueille quatre millions de visiteurs en 1985. Quel avenir face à EuroDisneyland à trente kilomètres de Paris ? Campion a également peur que la pollution générée par un développement aussi massif, des détritus aux gaz d'échappement et à la contamination de l'eau, laisse des traces sur la région. Mais la chose qui perturbe le plus Campion, c'est le sentiment que lui et ses compatriotes ont été trompés par leur propre gouvernement. Déclarant qu'ils avaient été assurés par les officiels français en décembre 1985 que « rien ne serait signé » avec Disney sur le projet du parc à thèmes, il a été choqué d'apprendre plus tard que dans le même mois Fabius et Eisner s'étaient arrangés et avaient conclu un arrangement officiel préliminaire. Certains ont voulu voir ici l'occasion de se débarrasser d'une population gênante puisque les forains parlent à leur égard de « racisme ». Les forains réclament la mise à disposition d'un terrain de vingt hectares à l'intérieur de l'emprise d'EuroDisneyland et que leur soit consentie la TVA à taux réduit sur les billets d'entrée comme c'est le cas pour Disney. Ils ont proposé aussi la création d'un parc de loisirs à l'ouest de Paris sur des terrains appartenant à la Ville. La veille de la signature de la convention de 1987, ils manifestent leur colère devant la mairie de Michel Giraud au Perreux. Le 24 mars 1987, lors de la signature avec Disney, Jacques Chirac déclare : « Ces méthodes nouvelles d'animation ne doivent nullement mettre en cause l'activité de nos foires traditionnelles qui datent du Moyen-Age et qui apportent aussi à notre civilisation un charme particulier et que nous connaissons bien un peu partout et à Paris même » laissant sous-entendre que l'Etat allait étudier un aménagement de la TVA en faveur des forains. « J'ai demandé que l'on veille tout particulièrement à ce qu'il n'y ait pas dans ce domaine de concurrence déloyale et à ce que les conditions, bien entendu, soient pour les uns et pour les autres analogues. »

Quant aux partis politiques, leurs positions, sans être clairement opposées au projet, sont changeantes. RPR et UDF sont pour, le PS était pour puis contre après le changement de majorité (même si sa position est à nuancer avec celle de la CGT), le FN était pour puis contre. Le PC a toujours été opposé au projet. Quant au parti écologiste, l'Union écologiste publie une déclaration dans le quotidien *La Marne* : « Vers une nouvelle politique des loisirs... Le centralisme autoritaire des loisirs est en marche avec la garantie d'un nouvel abaissement intellectuel, mais nous pourrons nous distraire (au nez et à la barbe des sans-emplois), soit au *Nouveau Monde des Schtroumpfs* avec ses trois cent trente hectares soit à l'EuroDisneyland avec ses deux mille hectares d'emprise dont quarante-cinq attractions réparties sur soixante hectares, sans oublier qu'en visitant le royaume des petits hommes bleus (près de Metz) nous pourrons nous rendre à l'« Aquadrome » (qui prévoit trois cent cinquante mille entrées par an) et à « Happyland » où nous ferons connaissance d'Astérix et Obélix. Mickey go home ! Le rêve s'installe dans notre pays sans d'autre motivation que l'argent et notre devoir est de mettre en garde les seine-et-marnais contre le projet Disney dont le contrat définitif sera signé à Paris le 18 mars prochain [24 mars 1987]. L'EuroDisneyland en tant que tel dévastera une partie appréciable de notre patrimoine naturel déjà bien menacé par une urbanisation effrénée (et, rassurez-vous, réglementée... par des textes contradictoires les uns aux autres) ». Les Verts / Ecologie Seine-et-Marne déclarent dans *La Marne* du 2 avril 1987 : « L'influence des hamburgers et des boissons gazeuses va être accentuée par l'entrée dans la vie quotidienne (et non plus à la télé) d'un mode de vie et de pensée venu d'outre-Atlantique. Le cheval de Troie s'appelle Mickey et, un jour, Marne-la-Vallée s'écrira : « The Marne Valley ». Loin des pleurs des enfants affamés d'Ethiopie et des orphelins du Liban, retentiront les cris bruyants des enfants d'EuroDisneyland. »

En plus de tous ces cris de protestations, se rajoutent ceux des journalistes et des membres de l'élite intellectuelle sans compter le Commissariat de la Langue Française qui déclare dans *Le Quotidien de Paris* le 13 juin 1986 : « Disneyland, par son prestige, rattache notre capitale quasi directement au système d'obédience américaine. Paris se trouve, d'un coup, ravalé au rang de Tokyo, ville vaincue lors de la Seconde Guerre mondiale ». Gérard Blain, Gilles Perrault, Guillevic, Willy Ronis, Robert Escarpit, Antoine Vitez, Chantal Montellier ainsi que plusieurs ingénieurs, architectes, chercheurs, syndicalistes, journalistes, enseignants s'insurgent : « EuroDisneyland, c'est une multinationale qui pourra faire progresser son projet culturel mondial en France. C'est le règne de M. Picsou, de la rentabilité financière... Une démarche culturelle nationale, c'est défendre et promouvoir notre identité, ce qui ne veut pas dire le repli sur l'hexagone, mais, au contraire, une amitié avec toutes les autres cultures : mais pour que cette amitié soit possible et s'épanouisse, encore faut-il que notre imaginaire national y trouve son compte. Une démarche culturelle nationale, c'est vivre mieux une responsabilité publique et nationale, c'est agir pour la liberté de la culture sous toutes ses formes, en refusant tout étatisme et affairisme. Or, Disneyland, c'est une série d'obstacles supplémentaires à tout cela : financement public pour firme privée, privilège de l'argent, mainmise des grandes industries culturelles, culture identifiée à consommation, modèle standard... Pour toutes ces raisons, nous, intellectuels de toutes disciplines, disons notre opposition au projet EuroDisneyland parce qu'il constitue un élément supplémentaire de la perte de notre identité nationale. Ce coûteux projet qui fait l'objet de financements publics est établi dans un moment où interviennent des abandons de secteurs entiers de ce qui constitue notre patrimoine... L'emploi industriel se dégrade, les technologies nouvelles sont sous-utilisées, le droit à la santé est mis à mal, les équipements insuffisants, la formation en décalage avec les besoins (insuffisance criante de lycées, collèges, lycées professionnels, absence totale de structures universitaires), l'Etat se désengage vis-à-vis de la culture, de la création artistique, de l'aide aux associations concernées. Les besoins sont énormes et l'argent existe pour les satisfaire. Il faut ainsi intervenir réellement contre la ségrégation culturelle, nécessitant des choix, impliquant une politique de croissance, de justice sociale... C'est pourquoi, nous en appelons à se rassembler pour établir d'autres priorités. Au-delà des opinions et des convictions, agir ainsi, c'est permettre que la démocratie s'exprime, qu'elle soit le levier pour servir l'intérêt général. »

On dénonce le parc comme « le 51e état américain » et « une souillure noire dans l'âme de la France ». C'est « l'usurpation d'une civilisation étrangère près de la ville lumière » et « la cellule souche d'un virus américain qui va souiller le sang de la culture française ». L'écrivain Alain Finkielkraut décrit EuroDisneyland comme « un pas de géant terrifiant vers l'homogénisation du monde » et se lamente qu'il va détruire l'imagination des enfants de France en les réduisant à de simples spectateurs et consommateurs du divertissement américain. Le romancier Jean-Marie Rouart renchérit en argumentant que le parc représente la transformation de la culture de l'art en industrie. « Si nous ne résistons pas à ça, prévient-il, le royaume du profit créera un monde qui aura toutes les apparences de la civilisation et toute la réalité sauvage de la barbarie. » D'autres vont encore plus loin. « J'espère de tout mon cœur, insiste Jacques Juillard dans *Le Nouvel Observateur*, qu'en mai 1992 il y ait un incendie à EuroDisneyland. ». Paul-Marie Couteaux dans *Le Monde* du 10 juillet 1986 prévient : « Tous les peuples dominés rêvent que leurs enfants partagent l'imaginaire du maître. La France fera bientôt des ménages pour que ses enfants connaissent mieux le XIXe siècle américain des westerns que sa propre histoire. » Jean-Marie Vernochet dans *Le Pays briard* du 23 décembre 1986 pense que « tout conduit à penser que l'Euro parc sera, à terme, un échec économique à l'instar des abattoirs de la Villette, du Concorde et, même, des halles de Rungis. » Dominique Jamet dans *Le Quotidien de Paris* du 25 mars 1987 regrette que « Jeanne-la-Pucelle, le Chevalier Bayard, Louis XIV et Napoléon reculent devant un rat d'Amérique. Les personnages des contes de Grimm et de Perrault reviennent sur les lieux qui les virent naître, grotesques, méconnaissables comme s'ils étaient passés devant la glace déformante du commerce ; enflés, obèses comme s'ils avaient trop mangé d'ice-cream, de corn-flakes, de pop-corn. » Le 28 mars 1987, dans le *Figaro Magazine*, Jean-Edern Hallier déclare : « Si on construisait le pont de Brooklyn au-dessus de la Garonne, ça ferait vingt mille emplois. Si on mettait la Maison-Blanche à Jarnac, lieu de naissance du président de la République, ou l'Empire State Building à Castelnaudary, ça en ferait bien cinquante mille. Il paraît que Disneyland à Marne-la-Vallée, au cœur de la douce Ile-de-France des poésies de Nerval, va nous amener trente mille emplois. Ne lésinons pas sur ce remède miraculeux au chômage. Avec quatre mille Auvergnats déguisés en Indiens, ça en ferait encore plus. Sans oublier les emplois dans l'industrie de la plume… De qui se moque-t-on ? La touchante unanimité avec laquelle la presse, toutes opinions confondues, a applaudi la perspective mirobolante d'un remake du célèbre parc d'attractions califorrno-floridien ne m'a pas surpris. En plus, ça pue à plein nez la corruption politicienne, sans oublier ce matraquage journalistique, notamment à la télévision, qui rappelle même pour un observateur peu attentif, la pire époque de la publicité clandestine. Combien les partis politiques ont-ils touché ? Ou certains journalistes ? Non, je ne tremperai pas mes mains dans la bassesse de ce monde. Qu'importe ! Se faire corrompre par les Yankees, c'est notre pente naturelle ! La France rêve d'être gouvernée par une commission de contrôle américaine, écrivait déjà Paul Valéry en 1945. Depuis, les choses ont empiré. Colonisés dans nos têtes, nous nous condamnons désormais à devenir Portoricains, les banlieusards de la Rome impériale d'outre-Atlantique, dont nous avons hérité tous les défauts, moins les qualités, le sens civique, la morale, le courage. Il était inévitable que Disneyland, l'imaginaire le plus éculé des Etats-Unis, qui ne fait même plus recette là-bas, s'implante ici comme poubelle culturelle des Américains. Nous n'acceptons plus notre propre patrimoine français – notamment celui des contes de Perrault – que revu, corrigé et boursouflé au caoutchouc harmonisé, façon mascotte pour GI de la Seconde Guerre mondiale. Déjà, pendant celle du Vietnam, l'armée américaine avait changé de fantasme. Nous aurons droit à Blanche-Neige engraissée au fast-food, aux biches aguichantes remuant du croupion, battant des cils, en plein anthropomorphisme à air conditionné. C'est l'enflure, la cellulite mentale, la régression infantile, le contraire même du merveilleux enfantin. Alors n'arrêtons pas le progrès de la crétinisation universelle ! Anticipons ! Devenons sans plus tarder le cinquante et unième état des Etats-Unis après Hawaï ! »

Peut-être les mots les plus dommageables de tous furent ceux de la directrice de théâtre Ariane Mnouchkine qui parla à propos d'EuroDisneyland de « Tchernobyl culturel », une épithète qui sera reprise très souvent dans la presse durant le développement du projet. Que Mnouchkine, une amie personnelle du président d'EuroDisneyland, Robert Fitzpatrick, fasse une telle remarque à la presse choque sans doute. Mais elle vient aussi comme une terrible surprise. Peu de temps avant, elle avait en effet, accepté une invitation pour visiter Disneyland en Californie et d'après tous les commentateurs, elle avait passé un bon moment. Mnouchkine avait même posé pour une photo avec Mickey Mouse. Quand ses mots s'affichèrent dans la presse, Fitzpatrick avoua qu'il faillit tomber de sa chaise...

Le commentaire de Mnouchkine reflète la peur que le nouveau parc à thèmes ne contribue à la « coca-colonisation » des paysages français. Mais il semble aussi montrer une joie coupable de pouvoir prendre du plaisir dans un lieu conçu et dirigé par des capitalistes américains. Admettre que l'on s'amuse, c'est admettre la défaite dans la bataille continuelle pour asseoir une identité culturelle française supérieure. Le journaliste du *Time*, Richard Corliss, dans « Voilà ! Disney Invades Europe. Will the French Resist ? » se moque de Mnouchkine et des autres critiques : « (...) quand les enfants (qui achètent dix millions d'exemplaires du *Journal de Mickey*) de l'intelligentsia française voient une souris, les intellectuels français y voient un rat. » André Glucksman dans « American Magic, in an Homage to Its Roots » publié dans l'*International Herald-Tribune* du 9 avril 1992 trouve cette explosion de haine risible : « Le fait que Mickey et Minnie parviennent à allier contre eux la sainte alliance des progressistes et des conservateurs bien-pensants, devrait leur octroyer l'attribution d'un Oscar d'humour. (...) Quand le grincheux Allan Bloom compare Disneyland à la caverne de Platon, cet enfer d'ignorance et de servitude, j'ai envie de rire... A la haine que la petite souris (ou le rat comme ses détracteurs l'appellent) réveille, enveloppé dans un élitisme ridicule et présomptueux, il y a aussi des figures de rage et parfois de provincialisme dévastateur ».

Beaucoup d'intellectuels français ignorent l'optimisme sans limite des dirigeants de la Walt Disney Company et condamnent l'ouverture du nouveau parc à thèmes comme un nouvel exemple de la culture populaire américaine : clinquant mais finalement creux. L'écrivain Jean Cau méprise le parc en construction comme « une horreur faite de cartes à jouer, de plastique et de couleurs criardes, une construction de chewing-gum et de folklore stupide empruntée aux BD écrites par des Américains obèses. » L'écrivain britannique Stephen Bayley dans « In This Sterile Diorama, Life Is But a Theme » paru dans l'*International Herald-Tribune* du 9 avril 1992 fait écho au dédain de Cau : « On serait de mauvaise foi d'ignorer l'optimisme, l'implication et la qualité d'Euro Disney. C'est indubitablement une très brillante leçon de management des loisirs de masse. Mais il n'y a pas de mot pour décrire la vulgarité grotesque de cet esthétisme fastidieux parce que sans effort à consommer... Tout cela ne requiert aucune exigence intellectuelle, le Prince de Galles aurait pu d'ailleurs en être le maître d'œuvre. Il n'y a pas de sable dans les rouages, pas de mouche dans la soupe, pas d'employés agressifs, pas d'exaltation et pas d'ennui non plus. Oubliez l'aventure et ses dangers, Euro Disney offre une version de la culture faisant autant d'effet qu'une piqûre de Valium ou qu'une musique d'ascenseur. Euro Disney, c'est kitsch ; c'est l'art à son plus mauvais goût (...) Ce n'est pas pour autant qu'il ne sera pas immensément populaire parce que, comme le dit H.L. Mencken, personne n'oserait jamais sous-estimé le goût du public. Avec sa liste d'architectes post-modernes et son séduisant catalogue de thèmes sans risque – ici pas de port de Liverpool ou de ruelles napolitaines – Euro Disney élève la médiocrité à de nouveaux sommets. (...) J'aime à penser qu'au tournant de ce siècle, Euro Disney sera une ville déserte semblable à Angkor Wat. »

Beaucoup de critiques similaires indiquent que leur révulsion pour le projet « EuroLugubre » comme ils l'appellent alors, n'est pas emprunt d'anti-américanisme primaire mais plutôt d'un dégoût général pour l'industrialisation de la production des « simulations de la réalité ». Il se trouve seulement que beaucoup viennent des Etats-Unis ! Jean-François Revel, auteur de *Ni Marx, Ni Jésus*, argumente que l'antiaméricanisme n'a jamais vraiment était un sentiment populaire en France : « La société française n'a jamais été viscéralement américano-phobique, explique-t-il. Elle a toujours emprunté de la vitalité et de la créativité à nos alliés ».

En 2004, Philippe Roger dans *L'ennemi américain : généalogie de l'antiaméricanisme en France* explique que « l'antiaméricanisme n'est pas la critique des Etats-Unis. Ce n'est ni une idéologie, ni une doctrine. L'antiaméricanisme se présente comme une stratification de discours négatifs qui forment en France une tradition, au sens où ils passent, enrichis, d'une génération à l'autre et où ils forment un lien entre des Français idéologiquement divisés. » Ce discours ne date pas de la guerre du Vietnam mais est bien antérieure. Roger le situe lors de la guerre de Sécession et de la guerre hispano-américaine de 1898 : « la guerre de Sécession est une lutte à mort voulue par la race anglo-saxonne pour établir sa suprématie sur le continent américain. (...) Quand on considère l'avenir de l'Europe, il s'agit pour cette partie du monde civilisé de bien autre chose que d'esclavage et d'émancipation des nègres dans cette lutte déjà trop prolongée. Les Américains du Nord établiront-ils sur tout le continent transatlantique une domination semblable à celle que les Romains firent peser sur le monde ? » Roger poursuit, « l'antiaméricanisme suscite, en France, une forte adhésion en tant que récit, sans que cette adhésion soit nécessairement accompagnée d'animosité ressentie (...) Le ressort d'un tel discours est la répétition. Sa force, c'est son entêtement. » L'expression « Vieux Monde », attestée depuis 1837, utilisée de plus en plus par les Américains pour désigner l'Europe n'arrange pas le discours antiaméricain. Emile Barbier écrit dans *Voyage au pays des dollars* en 1893 : « L'Amérique envahit la vieille l'Europe, elle inonde, elle va la submerger. » Frédéric Martel dans *De la culture en Amérique* paru en 2006 tente de balayer les clichés et renvoie dos à dos une France qui défend mordicus le financement public de la culture et des Etats-Unis qui abandonneraient les arts au « privé ». Non, les Etats-Unis lui consacrent même autant d'argent public que la plupart des états européens. Simplement, ils le font indirectement, à travers des exemptions d'impôts. Si le budget du National Endowment for the Arts (NEA, équivalent du ministère de la Culture) est maigre (126 millions de dollars), les *non-profit organisations* consacrées à la culture brassent quelque 17,5 milliards de dollars chaque année grâce aux dons, aux revenus des fondations et au mécénat. Ainsi, les Etats-Unis comptent-ils huit fois plus de bibliothèques par habitant que la France... Martel rappelle que les systèmes culturels français et américain s'ignorent mutuellement : « D'un côté, l'Amérique s'imagine être tout ce que l'Europe n'est pas : simple, sympathique, positive, les yeux ouverts sur la création de l'avenir et non pas rivés sur l'art du passé, produisant une culture multiforme, jeune et populaire. De l'autre, les Européens imaginent la « culture américaine » comme un oxymoron et pensent, avec Jean-Luc Godard dans le film *Bande à part*, qu'un Américain se rendant au musée du Louvre cherche nécessairement à battre le record en le visitant en moins de 9 minutes et 43 secondes. »

Force est de constater que nombre d'intellectuels ont beaucoup de mal à trouver une quelconque qualité à un parc Disney. Denis Lacorne dans *Esprit* exprime son intolérance avec sarcasme : « Il est à présent possible de mesurer avec précision le retard culturel de la France puisque 31 ans se sont écoulés entre la création de Disneyland à Anaheim en Californie et la décision d'en implanter un en France qui ne serait rien de plus, pour reprendre l'expression de Jacques Julliard, que la copie d'une imitation. »

L'écrivain Frédéric Ferney appuie cette citation en argumentant que « dans la caverne du pirate ou sur Main Street, la simulation s'oppose à la représentation. L'image n'est plus le reflet de la réalité, elle masque l'absence de réalité. » Que les parcs Disney aux Etats-Unis soient des « faux » mondes qui semblent vrais est une chose affreuse pour beaucoup d'intellectuels français. Mais l'idée qu'EuroDisneyland ne sera rien d'autre qu'une réplique de ces faux lieux déjà existants aux Etats-Unis le rend encore plus déplorable aux yeux des cercles intellectuels. *Libération* du 21 avril 1992 note : « Pour un Japonais, un Français ou un Allemand, le Disney World d'Orlando (Floride) fait partie du circuit touristique aux Etats-Unis comme la baie de Naples, Venise et la place Saint-Pierre font partie du circuit italien. Seulement, ceux qui viennent à Paris pour visiter le Louvre, Notre-Dame ou le musée d'Orsay ne sont-ils pas justement ceux qui cherchent autre chose qu'un Western en carton-pâte ou un château d'opérette ? Pourquoi aller perdre son temps dans une reconstitution bidon inspirée des *Très Riches Heures du duc de Berry* dans un continent où l'on peut, en quelques heures de train ou de voiture, visiter le palais des Doges, Chambord et les remparts de Carcassonne ? »

Alors que beaucoup en France considèrent le futur parc à thèmes comme un phénomène culturel important, les dirigeants de Disney essaient de le présenter comme un simple divertissement familial. « Nous n'essayons de vendre rien d'autre que du plaisir » commente un porte-parole de la compagnie. Michael Eisner invite les sceptiques à visiter le parc avant de l'attaquer et leur offre une garantie : « S'ils emmènent leurs enfants à Disneyland, ils passeront un bon moment. » Fitzpatrick rajoute, réfutant l'argument d'un directeur d'un musée parisien qui avait dit qu'aucun amateur de Beaux Arts ne prendrait le train pour Marne-la-Vallée pour voir Mickey Mouse : « La diversion est aussi une forme de culture, répondit-il. Les Français le savent bien. L'ont-ils oublié ? » Même Christian Cardon, chef de la délégation gouvernementale interministérielle supervisant le projet Disney, se tient au côté de l'équipe Disney : « La culture française ne doit pas être effrayée par Disney. Ce n'est pas parce qu'un parc d'attractions va ouvrir que les étudiants des universités vont cesser d'étudier Sartre. »

D'autres répondent à la résistance française avec agacement. Un porte-parole de Disney se demande : « Qui sont ces Français après tout ? Nous leur offrons le rêve de toute une vie et un paquet d'emplois. Et ils nous traitent comme des envahisseurs. » James Lileks, éditorialiste au *Minneapolis Star Tribune* dans « The French Turn Up Their Noses at Disney ? Well, Excusez Mouse ! » est d'accord : « Si j'étais Donald Duck, je me demanderais comment donner à quelqu'un mon majeur quand j'ai seulement quatre doigts... Beaucoup de nations seraient heureuses d'avoir une entreprise de quatre milliards de dollars s'installant sur son territoire, mais pas la France. » Il sait bien que tout ce qui vient des Etats-Unis ne peut pas être accueilli favorablement par la critique : « La culture américaine peut être tape-à-l'œil, excessive, pleine d'une énergie animale vulgaire, un camion gigantesque qui écrase toute culture sur son passage. Mais Euro Disney ne fera rien qui n'a pas été déjà commencé il y a bien longtemps. Ce n'est pas comme si nous avions forcé les Français à adorer des has-beens décrépis comme Mickey Rourke ou que nous ayons forcé le gouvernement à décerner des médailles à des idiots qui racontent n'importe quoi comme Jerry Lewis. Ils sont parfaitement capables de détruire leur culture sans l'aide de Disney. »

Robert Fitzpatrick remarque : « Toutes ces critiques par rapport aux peurs bien connues de la culture française me semblent un petit peu théâtrales. (...) Certains en France voudraient instaurer une ligne Maginot à l'imagination. A ceux-là, je réponds, « Vous avez tenu pendant plus de cent ans et avez résisté à de nombreuses invasions, si aujourd'hui l'arrivée d'une souris vous effraie, c'est votre problème. » Même Revel concède que l'arrivée d'Euro Disney ne marquerait pas la fin de la civilisation en France : « que la culture française puisse être évincée par Mickey Mouse, ou plus exactement en déménageant simplement Mickey géographiquement, semble peu probable. »

Malgré une résistance très médiatisée, les dirigeants de Disney ne sont pas inquiets. Fitzpatrick note qu' « en Amérique, on accepte facilement ce qui vient des autres cultures... En France, on réfléchit, on débat. C'est curieux cette différence de mentalité. Quand j'étais aux Etats-Unis, on s'attendait à ce que je fasse la conversation. En France, à participer aux débats. Cette réflexion à haute-voix, cette manifestation bien française, c'est une certaine façon d'aborder les choses. C'est pourquoi toute cette contestation qui se manifeste régulièrement dans les journaux ne m'effraie pas. » Eisner avoue que la situation est moins périlleuse qu'il n'y paraît. Evoquant le projet d'un parc à thèmes de trois milliards de dollars en Californie du Sud, il constate : « Nous avons moins de problèmes en France qu'à Long Beach. »

Mais la confiance des dirigeants de la Walt Disney Company est fondée sur autre chose. Les sondages d'opinion publique commandés par Michel Giraud et le Conseil régional d'Ile-de-France indiquent que près de 85 % des personnes interrogées approuvent le parc, confirmant leur sentiment que les partisans de Disney sont bien supérieurs à ses opposants. Ne doutant jamais un seul instant que les Français et les Européens dans leur ensemble seraient disposés à dépenser leurs francs, leurs marks, leurs livres et leurs lires une fois le parc inauguré, ils se forgent la conviction de construire le plus beau parc à thèmes jamais édifié. Fitzpatrick s'explique sur toute la mauvaise presse que le projet suscite : « En France, plus qu'aux Etats-Unis, il y a un petit groupe, une mafia des arts, qui voit tout ce qui est populaire, tout ce qui est américain, comme une menace pour la culture française. Je ne pense pas que se soit l'opinion des Français dans leur majorité. » Guy Sorman, auteur et économiste, renchérit : « L'antiaméricanisme en France mobilise seulement les élites. Les gens, ils ont toujours aimé Walt Disney. »

Les classes sociales supérieures sont-elles brouillées avec l'art Disney ? Le Ministre français de la culture, Jack Lang, s'insurge : « Je réfute cette distinction entre le peuple et les intellectuels. C'est aussi insultant pour les uns que pour les autres. Les gens ne sont pas des moutons et sont capables de répondre avec enthousiasme à des œuvres belles et d'une grande qualité artistique. Beaucoup d'artistes français s'adressent au grand public sans démagogie ni vulgarité. J'admire le génie de Walt Disney mais je dois admettre que ma préférence va à l'Amérique de Faulkner, Coppola, Pollock et pas à une Amérique standardisée. Je préfère l'Amérique audacieuse, je préfère son innovation à l'Amérique des clichés et à une société consumériste. »

Jack Lang n'en est pas à son premier galop d'essai contre la culture américaine. En 1981, il boycotte le festival du film américain au nom « de la supériorité des intérêts du cinéma français ». En 1982, il s'adresse à la conférence mondiale de l'UNESCO à Mexico en déclarant : « Nous appelons à une véritable croisade contre... l'impérialisme financier et culturel. » Et en août 1985, il explique que « si il y a une invasion de la culture américaine en France, c'est aux Européens et plus spécialement aux Français qu'en revient la cause par leur passivité. » Il n'est donc pas surprenant qu'il décline l'offre d'inaugurer le parc. Il fait également savoir qu'il n'a pas l'intention d'assister à la cérémonie. Les journalistes anglo-saxons ne ratent donc pas l'occasion d'épingler un Jack Lang rayonnant décorant Sylvester Stallone Chevalier des Arts et des Lettres pour sa contribution au cinéma. Un observateur remarque l'ironie de voir Lang, le chien de garde de la culture le plus agressif de France, fréquenter Rambo : « L'envie et le snobisme vont souvent de pair ». Mais Lang se défend dans une interview au *Monde* du 12-13 avril 1992 : « Je n'ai jamais, jamais dénoncé l'invasion culturelle de l'Europe par l'Amérique. Cette expression n'est pas de moi, elle m'horrifie. Je suis le principal défenseur de la culture américaine moderne. » Le 29 novembre 1999, dans l'émission *Mots croisés* consacrée à « Disneyland : sept ans après », Jack Lang se souvient de façon très laconique : « Pour ne rien vous cacher, j'ai été très réservé à l'égard de l'installation de Disneyland dans la région parisienne mais c'est là maintenant et ne menons pas un combat d'arrière-garde sur ce point. »

Le comportement de Lang est typique de la longue relation passionnelle de la France avec la culture américaine populaire. Depuis des décennies, les Français sont fascinés par tout ce qui vient des Etats-Unis : le cinéma, la télévision, la mode, les comportements alimentaires... Le journaliste Richard Corliss met les choses en perspective : « Quand les Français prennent Mickey Rourke pour saint-patron et Mickey Mouse pour l'antéchrist, ils prouvent tout simplement leur obsession de tout ce qui est américain. La culture populaire américaine est leur péché mignon. Les Français adorent la culture américaine même s'ils adorent la détester. Quatre des cinq plus gros succès cinématographiques viennent d'Hollywood, des versions tiédasses de jeux américains envahissent la télévision française et il n'y a pas que des touristes américains au Burger King des Champs-Elysées. Ceux qui disent non à tout, ceux qui approchent quelqu'un de retour d'un voyage et qui demandent avec anticipation « C'était grotesque, hein ? » ne sont tout simplement pas des clients d'Euro Disney. Doit-on leur rappeler qu'il ne s'agit que d'un parc d'attractions, un endroit de divertissements pour enfants et parents indulgents ? La présence n'est en rien obligatoire. »

Le philosophe Michel Serres concède : « Ce n'est pas l'Amérique qui nous envahit. C'est nous qui l'adorons, qui adoptons ses modes et par-dessus tout, ses mots. » La preuve : beaucoup de Français sont enthousiastes à l'annonce du projet Disney. Mais pour Max Gallo : « Le parc bombarde la France de créations importées qui sont à la culture ce que le *fast food* est à la gastronomie ». Quant à André Glucksmann, il défend le parc : « Cela peut surprendre. Mais je ne me sens attaqué ni par un ennemi étranger ni pas un étranger hostile. Disney ne va pas violer notre culture séculaire ; il atterrit en bonnes compagnies avec Charles Perrault et les frères Grimm. L'Europe envoie de beaux textes de l'autre côté de l'Atlantique, par le biais des contes de fées, Pinocchio, Alice ; et ils reviennent en films. (…) Hollywood n'est pas le haut-lieu de l'impérialisme culturel américain mais celui de l'Europe ! Le Vieux Continent a envoyé Charlie Chaplin, Fritz Lang, Marlene, Garbo et beaucoup, beaucoup d'autres qui colonisèrent l'imagination du Nouveau Monde. Alors pardonnez-nous d'être durs à propos des frères Warner, de Broadway, de Satchmo, de la chanteuse Lotte Lenya et de son tube *Mack the Knife*. Nous reprenons simplement notre dû avec en plus un bonus, Orson Wells, Marilyn, Tex Avery, des frères, des sœurs. Et Walt Disney. » Pour Glucksmann, Euro Disney n'est pas une intrusion étrangère. C'est un retour à la maison et une importation très attendue du divertissement américain : « Chers sept nains, sentez-vous chez vous. Ici vous ne serez jamais des envahisseurs, vous rentrez simplement à la maison. » Glucksmann évoque le « dédain aristocratique » des intellectuels et sourit des charges contre Euro Disney qui allait selon eux « contaminer des millions d'enfants… détruire leur imagination et manipuler leurs rêves (…) Les esprits sérieux qui prennent la tête de la croisade oublient le côté provisoire et plein d'imagination du lieu (…) Le visiteur lui-même ne confondra pas le rêve et la réalité ; en achetant le ticket d'entrée, il sait bien que celui qui s'amuse le dimanche, travaille le lundi. Le promeneur n'épousera pas Cendrillon ni ne vivra dans le château de la Belle au Bois Dormant. Parfois, il s'autorisera lui-même un peu d'humour et savoura, avec son pop-corn, la fin de l'histoire qui fait tant cogiter les professeurs et leur fait couper les cheveux en quatre. »

Pour Philippe Labro, « L'imagination d'un enfant est sujette à toutes sortes d'influences mais elle est aussi sans limite. Il faut avoir un peu confiance dans l'intuition et l'intelligence des enfants. » Peter Mikelbank du *Washington Post* observe : « Les Français sont un peuple confondant. Arrogant, charmant, enfantin, mélancolique et poétique ; joyeux, grossier, intuitif, donneur de leçons, fier, pétulant, plein de principes, plutôt xénophobes et ils manquent d'humour depuis Molière. Ils sont souvent contrariés par leur propre malheur ; en France, vous pouvez jouer à pile ou face et vous en sortir avec une controverse. Et il y a peu de sujets aussi controversés en France que l'état de la culture du pays. » Pour Adam Gopnik du *New Yorker* : « Les Français ne sont pas chauvins. Mais ils restent chauvins à propos de leur jugement. De plus en plus, leur jugement est toute la culture qui leur reste. » James Lileks est sans pitié : « Les Français sont différents... Ils ont un certain panache, de la hauteur, de l'esprit et un tel dédain envers le reste du monde qu'on a l'impression qu'ils ont vraiment accompli quelque chose d'important depuis 1789. »

Michael Eisner se défend de façon maladroite : « Nous ne voulons ni entrer en compétition avec la culture française, la dévaluer ou l'ignorer, mais être en harmonie avec elle. EuroDisneyland sera complémentaire au Louvre, à la Tour Eiffel, à la Cité des sciences. On parlera par ailleurs français et anglais dans le parc. »

UN PARC A 22 MILLIARDS

Le travail du négociateur américain Joe Shapiro sur le projet EuroDisneyland se termine le 24 mars 1987 quand Michael Eisner et le Premier ministre Jacques Chirac signent la convention. Le travail de Gary Wilson, lui, ne fait que commencer. Au début de l'année 1987, Wilson a nommé Judson Green directeur financier d'Euro Disneyland SCA, la compagnie française qui développera l'opération du parc à thèmes. Le projet nécessite un investissement de vingt-deux milliards de francs dont dix pour le parc.

L'habile montage juridique assure à la Walt Disney Company une maîtrise totale du processus décisionnel alors que son investissement reste limité. La contribution de la Compagnie se limite au dix sept pour cent de la SNC ainsi qu'aux quarante neuf pour cent de la SCA. Le risque est rationalisé au maximum. Le reste du financement des deux sociétés est assuré pour la SNC par des investisseurs institutionnels et par l'appel au marché public pour la SCA. Officiellement, la Walt Disney Company justifie la modestie de sa participation pour des raisons fiscales. Robert Fitzpatrick explique qu' « une jeune société comme la nôtre est lourdement taxée dans ses premières années d'existence. »

Si la Walt Disney Company possède 49 % du capital d'Euro Disneyland SCA, les autres 51 % sont mis en vente aux actionnaires comme cela est exigé par le gouvernement français dans la convention. Au début de l'année 1989, Gary Wilson, Judson Green et John Forsgren commencent à rassembler une équipe pour promouvoir la vente de millions d'actions pour un montant de plus de 5,5 milliards de francs. Aux côtés de Warburg, l'équipe Disney a en vue la plus grande banque de France, la Banque Nationale de Paris (BNP) et General Bank NV à Bruxelles pour vendre les actions dans ces pays.

Le contrat négocié par Shapiro a été savamment pesé pour plaire aux investisseurs internationaux. La clause autorisant la dépréciation du projet estimé à 14,5 milliards de francs dans les dix ans est une concession primordiale. Avec les autres abattements fiscaux, les investisseurs de Disney peuvent espérer se partager plus de 759 millions de francs de bénéfices pour 1993, puis près de 3 milliards de francs en 2001. En plus, les investisseurs pourront se partager le milliard de francs que la société paiera chaque année pour louer le parc.

La complexité de la négociation a repoussé l'offre de plusieurs mois. Pour permettre de vendre les actions aux investisseurs de plusieurs pays européens, Gary Wilson arrange des voyages tous frais payés à Orlando pour plus de deux cents banquiers et investisseurs accompagnés de leurs épouses.

La BNP devient agent pour un syndicat international de banques qui fournit prêts et lettres de créance d'un montant total de 7,7 milliards de francs. Quatre de ces banques deviennent actionnaires d'EuroDisneyland investissant près de 1,4 milliard de francs. La Walt Disney Company investit 726 millions de francs. Agissant au travers d'une filiale détenue à 100 % appelée EDL Holding Company, les 465 000 actions que la Walt Disney Company achète sont converties en 49 % de part du capital de l'entreprise. C'est un coup magistral pour la Walt Disney Company. Pour moins d'un milliard de francs en actions ordinaires et autres dépenses, l'entreprise a acheté presque la moitié d'une société qui vaut 16,5 milliards.

Le gouvernement français a restreint volontairement la part de la Walt Disney Company à 49 % et exige que les actions soient d'abord et avant tout achetées par des Européens. Ce n'est qu'après une période de 90 jours, que les actionnaires européens pourront les revendre à des investisseurs américains. La Walt Disney Company accepte ces termes et dévoile ses plans le 12 septembre 1989 dans une brochure annonçant la mise à disposition de 51 % du capital d'Euro Disneyland SCA, soit 85,99 millions d'actions pour les marchés européens.

Au 30 septembre 1989, le capital social de Euro Disneyland SCA se répartit comme suit :
- 49 % EDL Holding Company (filiale à 100 % de la Walt Disney Company)
- 20,4 % Banque IndoSuez
- 15,3 % Banque Nationale de Paris
- 10,2 % S.G. Warburg & Co. Ltd.
- 5,1 % Caisse Nationale de Crédit Agricole

Cette répartition évolue compte tenu de l'augmentation de capital. Euro Disneyland SA décide le 5 octobre 1989 d'augmenter le capital social de 858,8 millions de francs pour le porter de 10 millions de francs à 868,8 millions de francs par l'émission de 85 880 000 actions nouvelles d'une valeur nominale de dix francs chacune à souscrire en numéraire au prix de soixante douze francs par action : 42 940 000 actions, soit 50 % de l'émission, constituant la tranche de placement domestique sont offertes à la souscription en France et 42 940 000 actions, soit le solde de l'émission, constituant la tranche de placement international sont simultanément offertes à la souscription au Royaume-Uni, en Belgique et dans d'autres pays membres de la CEE. A l'issue de cette émission, les obligations remboursables en actions souscrites par EDL Holding Company sont remboursées par la création de 82 810 000 actions et la Banque Indosuez, la Banque Nationale de Paris, S.G. Warburg & Co. Ltd et la Caisse Nationale de Crédit Agricole exercent leurs bons de souscription d'actions et souscrivent 310 000 actions. Ainsi le capital social de Euro Disneyland SCA est-il de 1,7 milliard de francs (170 000 000 actions d'une valeur nominale de dix francs chacune, entièrement libérées), détenu à hauteur de 49 % par EDL Holding Company et de 51 % par le public. Pour Gary Wilson, cela représente « la première offre publique d'actions simultanée dans tous les pays d'Europe. »

Afin d'accroître l'excitation, la Walt Disney Company entreprend un tour dans dix pays d'Europe pour les analystes financiers et les médias. De la publicité s'affiche dans près de quarante journaux européens et une campagne publicitaire télévisée est diffusée sur plusieurs chaînes du continent. Disneyland et Walt Disney World atteignent des records de fréquentation en cette année 1989. Le 1er mai, les Disney MGM Studios, d'un coût de 500 millions de dollars ouvrent (avec six mois de retard et un budget largement dépassé, contrairement à ce que déclare Eisner dans son autobiographie). Le public se presse aux guichets. Toutes les prévisions de la Walt Disney Company volent en éclats : devant l'incroyable fréquentation, on est obligé de fermer les portes du parc certains jours tandis qu'aux vacances de Noël, la fermeture est reculée de 18 heures à minuit. On annonce immédiatement que la capacité du parc sera doublée d'ici 1992. Les milliers de chambres d'hôtel installées à Walt Disney World sont occupées à plus de 90 %.

Le 8 octobre 1989, Disney met en vente les actions d'Euro Disneyland SCA. C'est un mélange de haute finance et de pure folie Disney. La couverture du document d'introduction en bourse montre un dessin du château de la Belle au Bois Dormant tandis que la quatrième de couverture présente des dessins des personnages Disney. La brochure de 79 pages inclut des descriptions élaborées des attractions qui montrent des pirates et des cow-boys. Au Broadgate de Londres, l'offre tourne à la célébration. Des apparitions de Minnie, Dingo et Donald Duck provoquent des tonnerres d'applaudissements. L'offre est un formidable succès puisque les 42,94 millions d'actions sont vendues dans la journée. Aux Etats-Unis, l'action de la Walt Disney Company grimpe de 6 %.

Le mode de placement adopté pour la France est l'offre publique de souscription (OPS), un processus plus arbitraire que l'offre publique de vente (OPV), retenue habituellement lors des introductions sur le marché. Les demandes sont reparties entre les établissements assurant la souscription. La BNP, IndoSuez et vingt-un autres établissements s'engagent à placer eux-mêmes les titres émis. C'est dire la confiance placée par chacun dans le succès de l'opération. Pour lancer l'offre en France, la Walt Disney Company orchestre une cérémonie sur les marches de la Bourse de Paris, au Palais Brongniart. Le podium est décoré d'images des personnages Disney comme Donald Duck ou Blanche-Neige. Michael Eisner, Gary Wilson et d'autres officiels de la Walt Disney Company arrivent à la cérémonie en voitures conduites par Mickey et Pluto. Une troupe de danseurs Disney, habillés en rouge et blanc, applaudit poliment.

Soudain, un groupe d'une dizaine de jeunes membres du parti communiste cachés derrière des masques de Mickey bon marché brandissent des pancartes « Oncle Picsou à la maison ! », « Nous ne voulons pas être les Indiens d'Euro Disney ! », « L'argent pour les chômeurs pas pour les spéculateurs ! », « Non à la sous-culture ! » ou encore « Mickey, go home ! ». Les manifestants dénoncent dans un tract écrit par le leader du groupe, le secrétaire général des jeunes communistes, Jacques Perreux, les concessions de près de 41 milliards de francs que le gouvernement français a faites. Ils proclament que l'argent servirait mieux à l'éducation, aux banlieues et aux chômeurs. Alors qu'Eisner fait son discours, les communistes jettent des œufs, de la farine et du ketchup. Le PDG de la Walt Disney Company exprime sa surprise : « C'est la première fois que je me trouvais de ce côté-ci de la manifestation. J'ai grandi pendant l'ère de protestation de la guerre du Vietnam. » Il indique que des dizaines de milliers d'emplois nouveaux seront créés par Euro Disney et que cela bénéficiera à la fois à la France et à l'Europe. Quant à Robert Fitzpatrick, il déclare avec arrogance : « De toute façon, ces gars [les jeunes communistes] seront nos clients, car tout le monde succombe au charme de Mickey. »

A l'annonce de ces perturbations, les journalistes du monde entier laissent entendre que l'opposition au parc est généralisée. Pour Marc Fumaroli, professeur au Collège de France, tout l'attention portée par les médias, positive ou négative, est inutile car elle ne sert finalement qu'à une chose : la promotion du parc. Dans *Le Nouvel Observateur* du 2-8 avril 1992, Fumaroli appelle les opposants au silence : « La tentation est vivace de tirer contre Euro Disney. Admettons que c'est un peu tard. Il aurait été nécessaire de se mobiliser avant que l'accord ne soit conclu. Les grands notables de gauche comme de droite qui construisent cette « affaire culturelle » et qui prêchent ses vertus n'avaient rencontré aucune résistance quand c'était nécessaire. Plus on l'attaque maintenant, plus on augmente les décibels de publicité pour Disney et plus on lui rend service. » Eisner s'agace : « Ce n'était qu'une petite manifestation, mais la presse lui donna une ampleur imméritée, éclipsant le succès remporté par cette opération boursière. »

Malgré ces oppositions, l'activité de l'investissement européen montre un réel enthousiasme et une confiance sans limite dans le succès du nouveau parc Disney. A la fin de la première journée de cotation, le prix de l'action atteint 89 francs, 20 % au-dessus de sa valeur initiale. A son taux le plus haut, l'action s'échange à 166 francs. Les 85,88 millions d'actions trouvent acquéreurs. Le 11 octobre 1989, soit six jours après son lancement, l'offre publique à travers l'Europe est déjà souscrite onze fois. Il semble que chacun parie sur le succès du parc. La cotation en bourse de la société commence à Londres, Paris et Bruxelles le 6 novembre 1989. Les traders attribuent cette « demande sans précédent » à la campagne publicitaire massive de la Walt Disney Company qui laisse littéralement les investisseurs potentiels quémander des actions.

L'enthousiasme pour EuroDisneyland n'est pas contenu à l'Europe de l'Ouest. Les pays de l'autre côté du rideau de fer sont également touchés par la fièvre Disney. En juillet 1988, après une visite de dix jours aux Etats-Unis, le premier ministre hongrois, Karoly Grosz, formule une proposition formelle pour accueillir un parc Disney en Europe de l'Est. Comme les officiels espagnols, portugais et britanniques quelques années plus tôt, il mène une intense campagne de négociations, soulignant l'expansion rapide du tourisme hongrois et l'introduction de réformes économiques dans le bloc de l'Est. Il évoque même le fait que son pays est le premier d'Europe de l'Est à accueillir un McDonald's (en avril 1988), preuve, selon lui, de la sympathie des Hongrois pour les entreprises américaines. Tout s'arrête avec la chute du mur de Berlin, le 9 octobre 1989. Dave Kher du *Chicago Tribune* note : « Si le mur de Berlin était le symbole parfait de la vieille Europe – divisée, défaite, déprimée – EuroDisneyland promet d'incarner la nouvelle Europe des années 1990... En même temps que tombe le mur de Berlin, emportant avec lui le discrédit du système communiste, s'élève le château de la Belle au Bois Dormant : l'emblème du dessin animé du capitalisme triomphant, du style américain. » Quant à John Forsgren, directeur financier d'EuroDisneyland, il se frotte les mains ! Il prévoit, avec la chute du mur de Berlin, deux millions de visiteurs en plus chaque année !

Mais même ces projections semblent frileuses. D'après l'*Amusement Business Magazine*, les parcs Disney aux Etats-Unis attirent une moyenne de 41 millions de personnes chaque année. Si les Européens de l'Ouest visitent EuroDisneyland dans les mêmes proportions, l'affluence annuelle du parc pourrait dépasser les 60 millions – un calcul qui ne prend pas en compte l'Europe de l'Est ! A la lumière de ces projections, six fois supérieures à celle prévues par Disney, les officiels de la Compagnie commencent à avoir peur que la taille du parc prévue (qui a été conçu pour accueillir une capacité maximum de 50 000 personnes par jour) ne soit pas adéquate. Gary Wilson commente le problème : « Une peur se développait parmi les analystes selon laquelle les prévisions d'avenir concernant EuroDisneyland étaient trop frileuses ». Peut-être n'avaient-ils pas prévu assez grand ? Aussi, les dirigeants de la Walt Disney Company décident-ils de faire quelques ajustements. Ils augmentent leurs investissements dans le parc de 9,4 % et annoncent la construction d'un certain nombre de nouvelles attractions qui permettraient au moins 15 % de visiteurs supplémentaires. Ils acceptent aussi d'avancer la date d'ouverture du second parc à thèmes prévu en 1996 (les Disney-MGM Studios Europe, modelé d'après celui de Floride) à 1995 voire 1994, cela dépendant de l'avancement des travaux d'infrastructures. Tout cela fait partie d'une tentative consciente de calquer le développement d'EuroDisneyland sur celui de Walt Disney World. Le deuxième parc, d'un coût de 4 milliards de francs, devrait accueillir 11 millions de visiteurs par an. Pour les deux parcs réunis, la Walt Disney Company attend 21 millions de visiteurs en 1996 dont 8 millions pour le deuxième parc. Si ces projections se révèlent justes, cela signifierait plus de 9,9 milliards de francs de chiffres d'affaires annuels pour les deux parcs. Aussi impressionnant que le montant puisse paraître, c'est seulement un peu plus que les 7 milliards de francs de chiffres d'affaires attendus pour les hôtels ! Car, en 1992, la Compagnie prévoit d'ouvrir non seulement le parc à thèmes, mais aussi 5 200 chambres d'hôtel, deux parcours de golf, des bureaux et 570 maisons individuelles. Le développement à long terme jusqu'en 2011 prévoit 15 hôtels de plus, soit plus de 13 000 chambres supplémentaires.

En novembre 1989, la Walt Disney Company annonce un bénéfice colossal de 703 millions de dollars, ce qui représente sa cinquième année consécutive de gains record, sept fois supérieurs aux chiffres de 1984. Le chiffre d'affaires s'établit à 4,6 milliards de dollars. Les analystes prédisent pour 1995, un chiffre d'affaires de l'ordre de 11 milliards de dollars faisant de la société un géant du divertissement. Eisner annonce pour les cinq années suivantes, un rythme de production annuelle de trente films, une centaine de Disney Stores au total, beaucoup de publications de livres et de disques et le contrôle d'une trentaine d'hôtels totalisant près de 26 000 chambres sous la marque Disney. En décembre 1989, l'action de la Compagnie atteint les 131 dollars, soit presque 800 % d'augmentation depuis 1984. Malgré l'expansion prévue dans les cinq années, beaucoup d'analystes s'inquiètent que les bénéfices de la Walt Disney Company dépendent pour près de 64 % des parcs d'attractions. *Business Week* dans un article du 25 juin 1990 pense que « Disney paraît bien fragile » (en effet, l'hiver 1989 a été particulièrement rigoureux en Floride et la fréquentation du parc a baissé, et les bénéfices aussi... Tout comme l'invasion du Koweït par Saddam Hussein le 2 août 1990 a fait chuter les actions Disney à 92 dollars, les traders craignant qu'une augmentation des prix du pétrole entraîne une baisse de l'activité touristique. Pourtant, fin 1990, les revenus des parcs atteignent à eux seuls 800 millions de dollars alors qu'en 1984, ils n'étaient que de 250 millions, soit 220 % de croissance avant de connaître une baisse sensible à partir de 1991).

A l'automne 1989, après avoir obtenu le financement du parc, l'un des cadres dirigeants est interviewé par *Le Figaro économique* et déclare : « Il y a un monde entre Disney et les autres parcs. Il y a Disney, Disney, Disney, Disney... et puis les autres. Nous sommes incontestablement les meilleurs. » Michael Eisner s'inquiète aussitôt et écrit à tous les cadres d'EuroDisneyland : « Je pense que nous devrions changer notre stratégie de relations publiques. Il faut nous montrer moins sûrs de nous. Ou alors, nous allons nous faire éreinter. Nous n'avons pas les moyens de jouer l'arrogance. Contentons-nous de dire : "Nous ferons tout notre possible pour que vous aimiez" ». Pourtant, six mois plus tard, un autre cadre d'EuroDisneyland déclare : « Nous bâtissons quelque chose d'immortel, comme les pharaons ont construit les pyramides. » A la fin de l'année 1989, Gary Wilson quitte la Walt Disney Company. Il est remplacé par ses deux aides de camp, Judson Green et Larry Murphy qui se partagent ses responsabilités. La plupart des autres membres de la direction restent en fonction et signent des contrats courant pour les dix années suivantes. Eisner et Wells eux-mêmes signent des avenants à long terme de leur contrat de 1984, de neuf ans pour Eisner et cinq pour Wells. Joe Shapiro signe pour six nouvelles années et Jeffrey Katzenberg, président des Walt Disney Studios, pour huit ans supplémentaires.

Pour EuroDisneyland, les dirigeants de la Walt Disney Company mettent en place des projets pour lancer, certains jours de très grande affluence, des messages d'urgence à la radio et des annonces dans le métro pour prévenir les gens que le parc est complet. Robert Fitzpatrick ne plaisante pas quand il déclare : « Ma plus grande peur soit que nous ayons trop de succès » avant de conclure, « L'Europe est en train de devenir aussi importante pour la Walt Disney Company que les Etats-Unis. » Mais le plus grand défi n'a pas encore commencé. Reste la conception et la construction du complexe touristique EuroDisneyland.

CONCEPTION ET CRÉATION D'EURO DISNEYLAND

À partir de janvier 1986, Tony Baxter, qui dirige la création du parc à thèmes rassemble une équipe de concepteurs pour un tour en Europe. « Notre groupe se rendit en Europe pour un voyage d'étude. Nous avions baptisé cette équipe *Blanche-Neige et les Sept Nains* car elle incluait sept hommes et une femme. » Leur point de départ est l'Allemagne. Après avoir loué un van, ils se rendent à Paris par la route pendant plusieurs semaines. Baxter continue : « A Paris, nous avons visité les Tuileries, le Louvre, le musée d'Orsay et tous les grands centres touristiques. A Versailles comme aux Tuileries, les superbes jardins constituent une entrée en scène et représentent un contraste essentiel avec les merveilles architecturales. » Quittant Paris, le groupe regagne l'Allemagne, puis passe par la Suisse (Rothenburg, Lucerne), les Pays-Bas où ils visitent les jardins de Keukenhof et enfin le Danemark pour découvrir les jardins de Tivoli. Ce long voyage permet aux imagénieurs de faire le plein d'inspiration pour la création du plus beau parc à thèmes Disney de la planète.

Un document de la Walt Disney Company présente ainsi le projet en 1986 : « Qu'il s'agisse des vacances en famille, d'une sortie en week-end, d'un voyage d'une journée ou d'un congrès professionnel, EuroDisneyland possèdera quelque chose d'original, d'amusant, de stimulant, de créatif à offrir à chacun. Quelque chose que l'on ne saurait trouver nulle part ailleurs dans le monde. EuroDisneyland : une station touristique pour toute l'Europe, une station passionnante où vous trouverez ce bonheur merveilleux que seul Disney est capable de vous offrir. »

Le 21 septembre 1987, le premier contrat d'étude est signé avec le bureau Veritas. Robert Fitzpatrick déclare à cette occasion : « Je n'ai aucune inquiétude. Les études de marché montrent qu'EuroDisneyland arrive à point nommé. Le public est mûr. Comme d'habitude, le succès dépassera nos espérances. »

Le 15 décembre 1987, Fitzpatrick annonce à Radio Tour-Eiffel que le premier coup de pioche sera donné en mai 1988 : « EuroDisneyland est un bon investissement. » A la suite de cette annonce, un Comité de vigilance sur la réalisation de l'EuroDisneyland en France (COVIREF) se met en place à l'initiative de Jean-Pierre Fourré, député socialiste de Seine-et-Marne et conseiller régional d'Ile-de-France. Selon lui, le projet comporte des « risques de dérapage ». Le comité défend donc quelques grands principes :

- observation des règles du droit social français
- maintien de l'identité culturelle
- préservation de l'environnement
- priorité des transports en commun
- rééquilibrage harmonieux de l'Est parisien

Jean-Pierre Fourré déclare : « Nous formulerons des propositions pour concrétiser ces principes. Loin de nous opposer à EuroDisneyland, nous voulons dialoguer avec ses promoteurs et apporter un plus au projet ». Le comité se compose de Robert Le Fol, député PS de Seine-et-Marne ainsi que de plusieurs maires des communes riveraines, M. Renaud Vigié le Sage, ancien délégué aux risques majeurs, Lucien Mayodoux, président du syndicat d'agglomération de Marne-la-Vallée, de syndicalistes, de représentants d'associations, d'intellectuels (Edmonde Charles-Roux, Dominique Jamet et Max Gallo).

Le 28 mars 1988, le premier contrat de travail pour la construction d'EuroDisneyland est décroché par l'entreprise Moser, filiale de l'entreprise routière Jean Lefebvre, pour l'aménagement paysager du site.

En juin 1988, alors que la BNP, dirigée par René Thomas, est choisie comme agent global de l'opération, les conseillers financiers sont Lazard Frères pour la Walt Disney Company et la Banque IndoSuez pour EuroDisneyland. Le cabinet anglo-américain Leahrer McGovern Bovis s'active pour organiser et superviser le déroulement des travaux. Une antenne de soixante personnes est installée depuis fin 1987 à Bry-sur-Marne. Le cabinet recherche des fournisseurs qui doivent remplir un questionnaire long et complexe.

Le 2 août 1988, les premiers travaux de terrassement sont entamés.

Le 5 août, la CGT rappelle sa « totale opposition à EuroDisneyland ». Elle publie un communiqué dans lequel, elle déclare : « Il est prévu un investissement total de cinquante milliards de francs. Prudente, la société américaine Walt Disney n'investit pour l'heure que 450 millions. Par contre, à ce jour, les financements publics de l'Etat, de la région et des collectivités représentent 1,6 milliard de francs auxquels il convient d'ajouter les dégrèvements fiscaux et les prêts bancaires à faibles taux d'intérêt. » Pour la CGT, c'est un « mauvais choix » qui entraînera le « dépérissement économique » de la région. Enfin « précarité et bas salaires » seront caractéristiques des emplois.

Un ouvrage d'une ampleur inégalée se fait pourtant jour à Marne-la-Vallée pendant près de quatre ans. Désirant garder le leadership de l'opération, la Walt Disney Company choisit minutieusement les entreprises de BTP. Sa stratégie consiste à atomiser le marché des 14 milliards de francs d'investissement de la phase initiale en les répartissant en petits lots entre les entrepreneurs français petits et moyens, plutôt qu'aux majors de la construction tels que Bouygues, Dumez ou Spie. Son premier choix se porte sur une grosse PME bordelaise, Les Chantiers Modernes, pour accomplir des travaux de terrassement préalables aux constructions du parc d'attractions. En février 1986, afin de participer à la réalisation des travaux, un GIE dénommé « Ile-de-France Loisirs » est constitué. Celui-ci est formé de cinq entreprises de travaux publics : Chantiers Modernes, Léon Ballot BTP, Léon Chagnaud, Sylvain Joyeux, Desquenne & Giral. Au total, Euro Disney contracte avec environ 400 entreprises pour la réalisation des chantiers. Par ailleurs, la Walt Disney Company est assistée par le bureau de contrôle de qualité Veritas et de cinq bureaux d'études : SFICA SA, OTH International, Sodeteg SA, Sofresid et Renault Automation / Sériconstruction SA. Le bureau Veritas a pour mission d'assurer la sécurité des personnes et des biens, vérifier l'application de la réglementation technique et contrôler les constructions immobilières (fiabilité des matériaux et des structures, conseil et assistance en matière de maintenance et de réhabilitation) ainsi que les ouvrages de génie civil (adduction, traitement et épuration des eaux, routes, ponts, équipements de loisirs).

Mille sept cents sociétés, plus de dix mille ouvriers et artisans venus de France, d'Italie, d'Allemagne, des Pays-Bas, du Royaume-Uni, d'Irlande, d'Espagne, du Portugal, de Suisse, de Tchécoslovaquie, d'Extrême-Orient et des Etats-Unis font face aux intempéries, à la pluie, au gel et à la boue. Quatre millions de mètres cubes de terre déplacés, cent vingt mille arbres et arbustes plantés, trente-deux kilomètres de routes, vingt ponts et cinq carrefours construits... Un tel chantier, comparable aux Jeux Olympiques de Barcelone, n'est pas exempt de quelques bavures. Ainsi, le 25 avril 1991, la Fédération nationale des travaux publics (FNTP) proteste-t-elle contre l'attitude sociale des entreprises italiennes qui participent au chantier : « Ces sociétés italiennes contribuent à détourner de la profession des personnes incitées à croire que leurs droits peuvent être bafoués dans l'indifférence ».

La FNTP s'insurge de l'image déplorable qui s'ensuit. L'Union locale de la CGT de Noisiel avait démontré la semaine précédente que le droit du travail n'était pas toujours respecté par les sociétés sous-traitantes sélectionnées par EuroDisneyland, pour la plupart italiennes. A la fin de l'année 1991, on dénonce les conditions de travail rigoureuses, les abus de sous-traitance pour faire face aux contraintes de coûts et de délais et l'emploi d'une main d'œuvre clandestine.

Mais revenons au point de départ. Car tout a commencé quatre ans plus tôt...

Un jour de 1988, Michael Eisner passe un coup de fil à son assistant personnel, Arthur Levitt III. Ils se sont rencontrés en 1984 à Knoll International, un magasin sur Melrose Avenue à Hollywood qui vend du mobilier haut de gamme. Eisner était venu chercher des meubles pour son nouveau bureau à Disney. Récemment diplômé de l'Université de Long Island, Levitt, 27 ans, dont le père dirigeait l'American Stock Exchange travaillait à Knoll International en tant que vendeur. Eisner n'acheta pas de nouveau bureau mais un mois plus tard, il engagea Levitt. En ce début d'année 1988, le PDG de Disney est chez lui, malade. Mais Eisner apprend que certains des plus grands architectes américains (Michael Graves et Robert A.M. Stern entre autres) ont prévu de dîner ensemble le soir même dans un restaurant de Venice en Californie au 72, Market Street, le Rebecca. Eisner demande à Levitt de contacter le groupe et de les persuader de venir dîner aux quartiers généraux de Walt Disney Imagineering à Glendale.

Il faut dire que les premiers plans de EuroDisneyland ont été conçus entièrement en interne. Robert Stern les a vus à Burbank alors qu'il venait assister à l'avancement de chantiers dont il était l'architecte. Il déclara que ces plans ressemblaient à une banlieue du comté d'Orange en Californie : « On dirait une enclave américaine en plein terroir normand [briard]. Vous avez prévu un espace immense pour les hôtels et de nombreuses voies d'accès, mais les éléments s'intègrent mal. Ça fait très, très banlieusard. » Wing Chao, responsable de l'architecte chez Walt Disney Imagineering, prend la critique très à cœur : « Je lui ait dit : "Bob, ce n'est pas le plan définitif du site". » Pourtant, il reste un mois à l'équipe pour proposer un maître-plan à l'approbation des autorités françaises. Robert Stern rappelle avec justesse que ce n'est peut-être qu'une ébauche, « mais quand nous aurons entamé les négociations avec le gouvernement, il sera trop tard pour faire marche arrière. » En tout cas, cette remarque spontanée et négative eut un impact décisif pour la suite.

Ce soir là, les architectes – Frank Gehry qui a dessiné le restaurant et qui habite dans le coin, l'architecte de Chicago, Stanley Tigerman et Michael Rotondi, architecte au sein de l'agence Morphosis de Los Angeles – acceptent l'invitation de Michael Eisner et renoncent à la soirée organisée par Elizabeth McMillan, éditrice du *Architectural Digest*. Alors que des serveurs du restaurant chinois voisin Fung Lum apportent le repas, les architectes réfléchissent à quoi EuroDisneyland pourrait ressembler. Arthur Levitt III n'a pas réussi à joindre Stern à temps et ce dernier se retrouve seul au restaurant pour apprendre que la soirée a été déplacée à Glendale et qu'Elizabeth McMillan a gracieusement accepté de renoncer à son dîner. Fou de rage, Stern rejoint quand même le groupe à Walt Disney Imagineering. Les discussions sur le projet sont si enflammées qu'ils restent tard dans la nuit, débattant des avantages et des inconvénients des différentes propositions pendant plus de cinq heures. Ce qui ressort surtout de cette soirée est la création d'un comité d'architectes chargé de la conception d'EuroDisneyland.

Une deuxième séance de travail a lieu lors du week-end de Pâques 1988 à New York cette fois, dans les bureaux de Robert A.M. Stern. Wing Chao se souvient : « Nous avions réuni une équipe de cinq très grands architectes bientôt baptisée avec humour le Gang des Cinq : Robert Stern, Frank Gehry, Stanley Tigerman, Michael Graves et Robert

Venturi. C'est lors de ce week-end de Pâques qu'ils développèrent le plan final du complexe de loisirs. » En tout cas, avant le dimanche soir et après bien des idées avancées puis rejetées, les Cinq se mettent d'accord sur un plan comprenant cinq hôtels autour d'un lac et le long d'une rivière. Stern raconte : « Le concept de base est un lac évoquant l'expérience architecturale américaine. Bien sûr, nous savons que beaucoup d'architectures américaines ont leurs racines en Europe, mais nous avons choisi les exemples les plus typiques et les plus limpides de ce que nous étions tous, c'est-à-dire des Américains. » Les idées d'hôtels à thèmes autour des Mondes, Ancien et Nouveau, des mondes futurs, des mondes du cinéma ont été avancées avant d'être écartées. Le plan du complexe touristique échafaudé en ce week-end d'avril est présenté à Eisner et Wells le dimanche matin. Ils l'approuvent sans réserve mais le temps est compté. « Nous avions le fusil sur la tempe » se souvient Wing Chao.

Bien sûr, planifier le deuxième plus grand projet de construction d'Europe, après Eurotunnel, requiert une grande perspicacité architecturale. Les décisions concernant le genre d'attractions à construire et les façons dont elles seraient réinventées pour plaire à une clientèle multinationale demandent de la créativité, une bonne connaissance des cultures européennes et un audacieux pari sur l'avenir. Après tout, personne à la Walt Disney Company (ni ailleurs) n'a jamais créé un ensemble mêlant divertissements et hôtels à une telle échelle, et ce, sur un territoire étranger. Tokyo Disneyland, le projet le plus récent, est minuscule en comparaison. Et Walt Disney World en Floride a pris des années avant de devenir le complexe touristique gigantesque que l'on connaît. Stanley Gold, avocat de Roy Disney, s'inquiète : « Frank et Michael n'ont pas vraiment d'expérience sur des projets aussi grands. Ils ont construit des hôtels, mais rien à cette échelle. Il y a peu de personnes ayant l'expérience d'une construction de deux milliards de dollars. C'est le genre de chose avec laquelle ils peuvent être en difficulté. » C'est pour cette raison que Frank Wells, directeur général de la Walt Disney Company, fait beaucoup d'aller et retour entre Burbank et Marne-la-Vallée. Il sait que la construction d'EPCOT avait tourné au cauchemar. Les nombreux dépassements de budget avaient gravement endetté la Compagnie ; les profits avaient alors chuté et Ron Miller fut obligé de démissionner. Ni Eisner ni Wells ne souhaitent évidemment que cela recommence.

Les imagénieurs de Disney doivent mettre en place le projet et déterminer la part de chacun dans le parc, américain et européen. Cela signifie, réinventer et concevoir des attractions nouvelles à partir d'anciens succès déjà éprouvés dans les autres parcs Disney. Le processus créatif tend à concevoir un parc avec une cohérence qui séduirait les Européens. Pour Michael Eisner, c'est « le parc Disney le plus excitant du monde ». Il va s'adonner sans relâche à la mise en œuvre du parc, passant des jours à Glendale. Son enthousiasme pour le cinéma est éclipsé par celui du parc : « Contrairement à la production d'un film, ici, vous êtes à la fois producteur, réalisateur, monteur et même acteur à chaque mètre de votre film. Concevoir des parcs est bien plus excitant que tout ce que vous pouvez faire dans le monde du cinéma, où la deux dimensions est la règle. » Le parc est le fruit de plusieurs visions du passé et du présent. Tous essaient d'honorer le rêve de Walt d'un nouveau parc en France. Dès le départ, les Français insistent pour que les visiteurs n'entrent pas totalement dans un monde américain contrairement à Tokyo. EuroDisneyland doit être original, avoir sa propre identité et une saveur continentale. D'après Léon Mercadet, le gouvernement français a souhaité ériger un protectionnisme culturel : « Les Français avaient peur que le paysage culturel français soit changé trop vite. Ils avaient l'impression que la France devenait une partie de l'empire américain. Après des décennies de pénétration culturelle, nous savons que la culture est dictée par l'économie et, en France, nous avons appris à être suspicieux de tout ce qui vient d'Amérique ». Jean-René Bernard, a déclaré s'être toujours assuré qu'EuroDisneyland respectait à la fois « la culture européenne et française. » Michael Eisner tient bon : « Nous fîmes quelques concessions mais pour l'essentiel, nous étions déterminés à ne pas céder trop de terrains. EuroDisneyland serait aussi américain que le Disneyland de Tokyo ou nos parcs nationaux – pas de bistrots enfumés, mais des fast-foods, pas de vin, mais du Coca Cola et autres sodas, pas de films policiers, mais des dessins animés. » En même temps, Tony Baxter, chargé du développement créatif à Walt Disney Imagineering, est bien conscient des enjeux : « Il ne faut pas se contenter de copier le Disneyland de Tokyo. Nous envisageons de construire un complexe touristique à deux pas d'une des villes les plus raffinées du monde. Paris est la capitale de la culture. Nous devons nous montrer à la hauteur de l'art et de l'architecture européens. Il faut imaginer quelque chose d'unique. » Il faut toutefois bien reconnaître que qui connaît Disneyland ou Walt Disney World ne trouvera à Disneyland Paris rien de vraiment novateur.

Les imagénieurs doivent donc créer ce qui ne s'est jamais vu ailleurs en prenant des risques artistiques. Ils ne doivent pas simplement appliquer une recette. Ce nouveau concept ne doit pas être une simple transplantation. Mais éliminer toute trace d'Amérique reviendrait à supprimer Main Street et Frontierland. Ce qui fait le succès du parc dans le monde n'est-ce justement pas son côté américain ? Faut-il supprimer hot-dogs et hamburgers ? Faut-il associer Mickey à des héros de la bande dessinée européenne comme Tintin ? A partir de là, est-ce encore un parc Disney ? Le gouvernement français ne demande pas d'aller aussi loin. Il réclame simplement que le parc puisse célébrer par endroit la richesse et la beauté des cultures européennes. Le défi est de trouver le bon équilibre entre les attractions ayant pour thème l'ancien et le nouveau monde. Il faut aussi prendre garde à la redondance. A quoi cela servirait-il d'apporter de l'Europe en Europe ? Le défi est simple à formuler mais complexe à résoudre : il faut créer un environnement assez différent pour être excitant, mais à la fois familier pour ne pas être déroutant, un lieu qui ait assez de charme pour amuser des gens de tous âges et de toutes nationalités.

Après avoir traversé les *Fantasia Gardens*, le visiteur se trouve au pied du Disneyland Hôtel. On entre alors dans Main Street USA dont l'inspiration première est la rue principale de la ville natale de Walt Disney, Marceline dans le Missouri. Les imagénieurs se sont d'abord demandé s'il fallait garder Main Street USA, symbole américain par excellence. Si Main Street est conservée, faut-il la relooker ? Après mûres réflexions, on se dit que le lieu serait en opposition totale avec l'architecture de Paris et pourrait rester charmant et insuffler la joie et l'optimisme d'une petite ville américaine. Au contraire, les imagénieurs décident de donner un côté « ultra-américain » pour capturer l'esprit du lieu et plonger les visiteurs dans un autre monde. Mais il faut donner à Main Street sa touche personnelle. Quelle période américaine a le plus intéressé les Européens ? Eddie Sotto, concepteur de Main Street, se rappelle qu'ils ont tout de suite pensé aux années vingt, les années folles, le jazz, etc. : « Cette version de Main Street devait inclure de très nombreux éléments Art Déco. C'était l'Amérique vue par le cinéma, celle de Chicago et de New York, embellie et idéalisée par les grands films hollywoodiens. » Tony Baxter se souvient qu'« il nous semblait que concevoir Main Street sur le thème du Hollywood des années vingt pourrait être intéressant. Les Européens étaient fascinés par l'Amérique des années vingt : par le jazz, le cinéma, les gangsters et la naissance de la révolution industrielle. Les Etats-Unis cessaient d'être un simple reflet de l'Europe et faisaient rêver le monde entier. » Mais ce serait complètement changer l'esprit de Main Street. Didier Ghez, dans *Disneyland Paris : de l'esquisse à la création*, rappelle que les imagénieurs avaient décidé d'inclure de très nombreux éléments nouveaux : un train surélevé parcourant l'une des façades de la rue, une salle de cinéma à 360°, des publicités gigantesques sur les façades, des limousines et un *speakeasy*, bar clandestin de l'époque de la Prohibition. Car les années vingt aux Etats-Unis, c'est aussi la période de la prohibition et l'ère du gangstérisme... Ce qui donnerait un air par trop sinistre au lieu ! Michael Eisner ajoute : « A la même époque, le film *Les Incorruptibles* sortit sur les écrans, confirmant mes pires frayeurs. Pourquoi enfermer la culture américaine dans des images négatives, comme le gangstérisme ou la corruption ? demandai-je à Eddie [Sotto] et Tony [Baxter]. Je pense que ce n'est pas le bon message. » Les imagénieurs optent pour un retour à quelque chose de moins urbain et de plus enfantin, un esprit d'innocence plus convenable pour les familles qui visiteraient le parc. Retour donc au style victorien des années 1890 mais en consultant cette fois des livres britanniques et français pour voir comment cette période était perçue en Europe. Quel genre d'histoire conceptuelle devrait être raconté pour Main Street ? Comment serait-elle le mieux racontée ? On choisit la période de l'Amérique en transition : les voitures remplacent petit à petit les voitures à cheval, l'électricité vient de faire son apparition à l'aube du XXe siècle. On met en place de grands panneaux d'affichage de style rétro en haut des constructions, on pave Main Street de 580 000 briques rouges précisément disposées comme à New York au début du siècle (alors qu'on s'est contenté d'asphalte dans les autres parcs Disney) pour donner du son et de la texture à la rue. Main Street doit donner le goût du dynamisme américain de la fin du XIXe. Don Lewis, qui supervise la bande son du parc fait remarquer qu' « il y a deux versions de la bande son (...) l'une pour le matin, plus douce, plus accueillante, l'autre pour le soir, plus tonique. » Ainsi l'oreille avertie reconnaîtra-t-elle, entre autres, des airs musicaux de l'Amérique du début du siècle. On accorde également beaucoup d'attention aux détails. Baxter s'explique : « Le parc français demandait plus de profondeur et de sophistication [car] les Français considèrent toujours l'Amérique de façon superficielle ». Tout ici est décoré. Un journaliste notera plus tard qu' « Euro Disney est décoré avec tant de minutie que d'un certain point de vue, cela fait ressembler les parcs Disney de Californie et de Floride à des boutiques bon marché ». Comptez le nombre d'étoiles sur le drapeau américain présent : vous n'en compterez que quarante huit. Sachez également que quatre cent-cinquante-cinq visuels ont été dessinés pour le parc lors de son ouverture incluant ceux apposés pour les spectacles, les attractions, les affiches ou les menus.

Pour renforcer les sensations et l'imagination des futurs visiteurs, les imagénieurs travaillent sur le côté muséal. Plus de 10 000 accessoires d'époque ont été achetés en vente aux enchères, sur les marchés aux puces, à des particuliers ou à des collectionneurs (une des rares exceptions de Main Street sont les lampes à gaz recréés spécialement pour le parc). Ainsi, dans les vitrines de *Discovery Arcade* peut-on admirer cinquante-deux pièces originales de la collection du milliardaire Cliff Petersen présentant des maquettes du Bureau américain des brevets datant de 1790 à 1907. Trois véritables plaques d'égout ont été offertes par les villes de Baltimore, New York et Boston. Les imagénieurs utilisent des matériaux comme du vrai bois, de vraies briques et de vraies lampes à gaz. Rien ne doit sonner faux contrairement aux structures de Main Street en Floride qui sont en fibre de verre. Main Street Europe doit charmer de près comme de loin. Des bruitages sont également diffusés : bruits du cabinet dentaire ou aboiement d'un chien au niveau de l'agence du détective privé, par exemple.

Michael Eisner commence à s'inquiéter du budget : « Aucun détail ne manquait et le résultat était hallucinant de réalisme. Seulement voilà, ces deux études successives [Main

Street années vingt et Main Street style victorien] firent augmenter considérablement le budget alloué à la conception de Main Street. Les rues principales de nos autres parcs nous avaient coûté bien moins cher. Ce genre de tâtonnements se répéterait bien trop souvent. »

Des maquettes de différentes tailles sont construites pour tester l'expérience visuelle du visiteur. Eddie Sotto avait remarqué que les visiteurs américains dans les parcs Disney marchaient très souvent du côté droit de Main Street quand ils entraient dans le parc. L'habitude de conduire à droite sans doute… Ce serait sans doute différent en Europe avec la Grande-Bretagne. Mais pour être certain que chacun soit satisfait – et surtout que toutes les boutiques soient également visitées – il est décidé de « sexuer » les magasins de façon évidente de chaque côté de la rue en alternant les lieux tantôt masculins tantôt féminins. Ainsi Casey's Corner, un restaurant de hot-dog sur le thème du base-ball fait-il face au Gibson Girl Ice Cream Parlour, une boutique féminine. Si on continue de descendre la rue jusqu'à la sortie, Cable Car Bake Shop fait face à Disney & Co. ; Harrington's à Lily's Boutique ; Market House Deli à Walt's Restaurant ; Main Street Motors à Bixby Brothers ; enfin Disney Clothiers, Broadwalk Candies Palace et Town Square Photography à la plus grande boutique de Main Street, Emporium qui – pour ne perdre aucun client et ne faire fuir personne – est asexuée. Par contre, les imagénieurs n'ont rien trouvé pour empêcher les visiteurs de parcourir le parc dans le sens des aiguilles d'une montre. Ainsi, est-il flagrant que Frontierland, situé à gauche de Main Street quand on arrive, est bien plus visité le matin avant de se vider au cours de la journée au profit de Discoveryland situé à droite… Un truc que les habitués connaissent bien et qui commencent donc leur visite par le Land à droite, le Pays de la découverte.

Les imagénieurs comparent la rue commerçante de Main Street à une grande table sur laquelle chacun vient picorer. On regrettera tout de même qu'aucun cinéma n'ait été installé comme c'est le cas ailleurs et comme c'était prévu au départ car tout le bruit des tiroirs-caisse en entrant dans le parc est plus que désagréable… de plus, une attraction aurait été la bienvenue.

En cas de mauvais temps, on a aussi prévu les arcades « Liberty » (métaphore de l'union de la France et des Etats-Unis au travers de l'histoire de la Statue de la Liberté) et « Discovery » (transition entre le passé et l'avenir de Discoveryland) parallèles à Main Street des deux côtés. Robert Fitzpatrick exprime son espoir de voir un jour le parc comme le lieu le plus chaleureux de France : « Nous espérons qu'il y aura des gens qui se réveilleront le matin sous la pluie à Paris, regarderont par la fenêtre et se diront : "Tiens, c'est un jour affreux, allons à EuroDisneyland". »

Frontierland se situe à gauche après Main Street. Après s'être appelé Westernland comme à Tokyo, le land reprend son titre original qui semble plaire davantage aux Européens. Les enquêtes de marché conduites à travers la France et l'Europe deviennent des outils critiques indispensables pour de telles décisions. Les Européens associent les Etats-Unis au « Wild West », notre Far-Ouest. Les sondés l'associent à la vie américaine comme New York et… Disneyland. Les Français ont toujours été attirés par la conquête de l'Ouest. Tony Baxter se souvient qu' « avant de commencer à travailler sur le parc, j'ai visité à Paris de très nombreuses librairies pour savoir ce qui faisait rêver les Français. L'Ouest faisait partie de ces rêves, de manière évidente. Les cow-boys, les indiens, les *desperados*, les déserts du Far West représentaient un tel contraste avec l'Europe qu'ils fascinaient. » Le succès des westerns comme *La Caravane vers l'Ouest* (1923), *La Piste des Géants* (1929), *Le Cheval de Fer* (1924), *Pacific Express* (1939), *La Chevauchée Fantastique* (1939), *Les Pionniers de la Western Union* (1941), *La Rivière Rouge* (1948), *Convoi de Femmes* (1952), *Le train Sifflera Trois Fois* (1952), *L'Homme qui tua Liberty Valance* (1962), *Il était une fois dans l'Ouest* (1968), *La*

Horde Sauvage (1969)... ne fait que le confirmer. Les imagénieurs agrandissent Frontierland et en font la plus grande section du parc et le place plus près de l'entrée (dans les autres parcs, c'est l'emplacement d'Adventureland). Ici, tout doit faire américain. On trouve donc les Rivers of Far West, la Rustler Roundup Shootin' Gallery et le Lucky Nugget Saloon. Tout doit évoquer le Far-Ouest y compris dans la prononciation. L'époque dans laquelle le visiteur pénètre se situe entre les débuts de la ruée vers l'or (1849) et 1885. Les concepteurs ont remplacé les scènes traditionnelles de Frontierland – des montagnes à la vallée du Mississippi – par le désert ton rouge du grand Sud-ouest. Tony Baxter s'explique : « Nous avons remarqué la fascination que le sud-ouest américain exerce sur les Français et les Européens. Le Grand Canyon ou Monument Valley, ces images qui sont devenues familières à travers les westerns de John Wayne et qui sont symboliques pour les Européens de l'ouest américain tout entier, même si on sait qu'en réalité ces régions sont aussi variées et diverses que l'Europe. C'est pourquoi nous avons créé un environnement rouge qui est beaucoup plus en contraste avec Marne-la-Vallée ici que la verdure de notre rivière de Disneyland l'est avec le climat aride de la Californie du Sud. Notre but est de donner aux gens une impression saisissante. »

Les imagénieurs ont donné volontairement aux paysages de Frontierland un côté « Marlboro », la légende des cow-boys et des indiens. On fait place aussi aux Amérindiens et à la culture mexicaine car on sait que les Européens y sont sensibles. A la fin des années quatre-vingt, les restaurants Tex-Mex connaissent un grand succès à Paris. On crée donc le Fuente del Oro Restaurante dans une atmosphère de fiesta avec piñatas, sombreros, groupes de mariachis et cuisine épicée. On le regrettera d'autant plus, qu'il est aujourd'hui devenu un vulgaire fast-food.

Au Lucky Nugget Saloon, on prévoit un spectacle avec Miss Lil' et son ami français, Pierre Paradis, histoire de suggérer que les cultures européennes ont eu une réelle présence dans le Far-Ouest. L'attraction la plus appréciée, Big Thunder Mountain, est installée au centre de Frontierland comme point de repère du land. Phantom Manor apparaît vieux et décrépi et rappelle de façon tout à fait volontaire la maison de *Psychose* (1960) d'Hitchcock. Jean-Marie Gerbeaux, porte-parole français d'Euro-Disney, note : « Nous avons donné une vision simple et naïve de l'Amérique, reflétant ainsi l'idée d'Amérique qu'ont les Européens. »

Adventureland est le land le plus petit avec le moins d'attractions. Il ne reprend pas la thématique de la jungle mais reflète un nouveau mélange géographique, une nouvelle vision du paradis. Le land évoque également la fascination des Français pour l'Orient. Adventureland offre ainsi un mélange de l'Afrique du Nord française, de safari parmi les bambous, d'exotisme méditerranéen, d'un bazar, des nuits d'Arabie ou de l'île aux pirates. L'attraction, The Jungle Cruise, est abandonnée mais on construit la cabane des Robinson avec ses 300 000 feuilles artificielles comme point central du land. Pirates de Caraïbes est repensée et fait partie des attractions les plus appréciées des visiteurs.

Fantasyland est le cœur traditionnel des parcs à thèmes Disney puisque c'est dans ce land que les dessins animés prennent vie en trois dimensions. Tom Morris, directeur artistique : « Dans ce land, les personnages de Walt Disney et leurs univers prennent vie. Nous voulions créer un land qui reflète les très nombreuses émotions qu'évoquent les grands dessins animés de Walt Disney. Au fur et à mesure que nous découvrions l'Europe, nous nous apercevions qu'au lieu de mettre l'accent sur l'architecture, il nous fallait renforcer les éléments mythiques de Disney. Nous avons donc ajouté le haricot géant, les tasses d'Alice, le Labyrinthe, le dragon et le manège médiéval. » Avec à son centre le château. Immédiatement un problème se pose pour les imagénieurs : beaucoup d'histoires viennent d'Europe et il ne faudrait pas présenter le lieu comme un étalage de la façon dont Disney a trahi les contes de fées européens originels... On célèbre donc l'héritage de l'ancien monde, une espèce de retour aux sources. Fitzpatrick s'explique : « L'Europe n'est pas l'Amérique du Nord. Il semble judicieux et politiquement astucieux de comprendre que Pinocchio est italien, que Peter-Pan volant au-dessus de Londres est anglais et que Cendrillon est française. Nous avons essayé de mettre l'emphase sur les racines européennes de ces histoires ». Pour éviter les problèmes linguistiques, on crée également tout un code visuel qui limite au maximum les problèmes de traduction. Chaque attraction prend la nationalité de son personnage : l'attraction de Pinocchio parle italien, celle de Peter Pan anglais et le restaurant de Cendrillon français. On conserve It's a Small World en y intégrant des détails sur certains pays européens et on rajoute des tableaux ayant trait à la culture populaire américaine. Le temps de parcours de l'attraction est raccourci, influence de la télévision et de son zapping permanent, semble-t-il.

Mais c'est bien la conception du château de la Belle au bois dormant qui est l'étape la plus difficile. Il est hors de question de refaire un château existant dans les autres parcs surtout dans un pays où les Français ont l'habitude d'en voir. On construirait donc un palais totalement original qui surprendrait même les Européens. On avait d'abord pensé à un château totalement futuriste avant de se décider pour un château de conte de fées. Tom Morris revient sur cette période délicate : « Pendant un an, nous nous sommes demandés quel serait l'aspect du château de Disneyland Paris. Un grand château, un petit château, un château de sable ou tout simplement un château très réaliste ? Nous avions aussi pensé à reproduire le château de Disneyland en Californie ou celui de Walt Disney World en Floride, mais leur style architectural, provenant à l'origine des châteaux de la Loire, aurait, en France, été trop familier. Nous avions enfin développé un incroyable concept de tour futuriste qui aurait totalement renouvelé le genre. » Les imagénieurs ont aussi envisagé de recourir aux esquisses de Gustaf Tenggren dessinées pour le film *Blanche-Neige et les Sept Nains* au milieu des années trente. L'inspiration est venue à l'équipe en regardant le manuscrit des *Très Riches Heures du duc de Berry* (consultation suggérée par I.M. Pei, architecte de la pyramide du Louvre et par Robert Fitzpatrick) et en se rendant au Mont Saint Michel. Les imagénieurs ont été fascinés par « sa manière de grimper vers le ciel en s'enroulant sur lui-même. ». Tom Morris est resté amoureux de « cette impression incroyable de force, de spiritualité et de fantaisie ». Les imagénieurs ont remarqué que les vrais châteaux étaient orientés horizontalement pour exprimer la défense contre l'ennemi alors que les châteaux de contes de fées tendaient à être orientés verticalement pour symboliser l'inspiration créatrice. En tout, près d'une vingtaine de châteaux a été visité (Pierrefonds, Chaumont, Chambord, Azay-le-Rideau...), les colonnes en spirale de l'église Saint-Severin à Paris ont aussi inspiré les imagénieurs. On thématise ensuite le château en l'attribuant à la Belle au Bois Dormant. Mais les imagénieurs sont moins inspirés par le château tel qu'il apparaît dans le film que par l'angularité des formes créée par Eyvind Earle, une réminiscence de la tapisserie française et de l'art de la Renaissance que l'on retrouve dans la façon dont sont taillés les arbres. « La Dame à la Licorne » du musée de Cluny a bien sûr servi de référence au film. Le château est au final assez différent de celui du dessin animé et encore plus de celui du modeste château de Disneyland en Californie. Enfin, pour renforcer son côté conte de fées, on construit au sous-sol un dragon audio-animatronique. David Todd qui supervise la création du château reste stupéfait de la qualité du travail des artisans : deux français pour les girouettes en cuivre, Paul Chapman qui avait travaillé pour Elisabeth II et la cathédrale de Notre-Dame pour les vitraux, une société bourguignonne pour les toits de briques de Fantasyland et un groupe d'Espagnols pour les structures en bois des toits...

Les tours, dont la plus lourde pesait 15 tonnes et mesurait 17 mètres, ont été fabriquées en Italie et posées sur le Château le 2 août 1991. Une fois de plus Michael Eisner est inquiet : « Le découragement me submergea. Cette entreprise me parut soudain phénoménale ; c'était comme si nous avions décidé de faire concurrence à Paris. (...) Une fois adopté, le projet [du château] s'avérerait fort onéreux. L'originalité coûte cher, comme nous avions déjà eu l'occasion de le constater dans ce parc. Au lieu de colonnes et d'arches, nous avons utilisé de gros arbres dont les branches, agrémentées de lumières scintillantes, supportaient le plafond du château. (...) A l'arrivée, le bâtiment nous coûta plusieurs millions de dollars de plus que celui de Tokyo. »

Discoveryland rend hommage à la tradition européenne d'anticipation. Mais, comme les Tomorrowland des autres parcs étaient dépassés au bout de quelques années, les imagénieurs décidèrent de changer de temporalité. Tomorrowland est le gros point faible des autres parcs Disney. Tony Baxter s'explique : « La technologie n'a rien d'excitant. Ce sont les rêves qui passionnent l'imagination, rêves que cette technologie pourrait permettre de réaliser. » Discoveryland n'évoque pas le futur actuel mais le futur d'autrefois. Il reflète les visions passées du futur. Discoveryland est une nostalgie du futur. Il s'agit de créer une atmosphère de beauté atemporelle qui ne se démoderait pas tout en rendant hommage aux visionnaires européens. Tim Delaney, directeur artistique du land confirme : « Je voulais développer un lieu hors du temps, un lieu qui réunisse de très nombreuses versions du futur tout en évoquant chez les visiteurs le sentiment d'un passé dans lequel ils se sentiraient à l'aise. Pour y arriver, nous avons décidé de réunir dans Discoveryland différentes visions de l'avenir : celles de Jules Verne, H.G. Wells, Léonard de Vinci et George Lucas par exemple. Ces visions permettent de créer une histoire de la perception du futur, une sorte d'histoire de la science-fiction, qui évoque un univers vraiment atemporel. Un univers un rien isolé du reste du parc qui, au premier abord, renforce l'impression de départ pour la découverte d'horizons étranges. » L'idée avait déjà été évoquée en 1974 par Tony Baxter lors du développement de Discovery Bay, une sorte de poste avancé scientifique du siècle dernier dans le style du Barbary Coast de San Francisco : les visiteurs devaient expérimenter les mondes des auteurs de science-fiction comme... Jules Verne et H.G. Wells en explorant les profondeurs océaniques à bord du sous-marin du Capitaine Némo, le Nautilus ou les secousses d'une montagne russe. Discovery Bay a été construit à Frontierland à Disneyland en Californie le long des Rivers of America tandis que le Nautilus et l'Hyperion se retrouvent en France. Mais l'architecture serait plus audacieuse que dans les autres parcs où ce land était très « concret ». L'attraction Orbitron doit rappeler la stylisation de Buck Rogers et Flash Gordon des années 1930. Le Visionarium, construit dans un style art-déco, projette le film « From Time to Time » et retrace le développement culturel de l'Europe sur des milliers de kilomètres et de siècles. Nathalie Baye joue le rôle de Madame de Pompadour, Michel Piccoli est Jules Verne, Jean Rochefort, Louis XV, Franco Nero, Léonard de Vinci et Jeremy Irons joue H.G. Wells. Gérard Depardieu fait une apparition dans le rôle d'un bagagiste. Quant au robot-présentateur, Timekeeper, il a la voix de Michel Leeb. Le film célèbre « les habitants, l'héritage et la beauté époustouflante de la France et de l'Europe. » Enfin, le café Hyperion avec son zeppelin de trente mètres représente le plus vieux rêve de l'humanité : voyager à travers le temps. En avril 1990, soit deux ans avant l'ouverture, il est décidé d'ajouter deux nouvelles attractions : Videopolis et Autopia qui s'ajoutent aux vingt-sept autres prévues. Cette adjonction permet d'augmenter la capacité d'accueil de 15 % mais accroissent les dépenses d'investissement de 9,4 % passant de 14,9 milliards de francs à 16,3 milliards. John Forsgren, directeur financier, s'explique : « Cette hausse est permise par le succès d'Euro Disney auprès de la communauté financière, constaté lors de son introduction en bourse [en octobre 1989]. Elle est justifiée aussi par les perspectives de développement économique en Europe. »

En dehors des portes du parc à thèmes, s'érige la deuxième partie d'EuroDisneyland appelée le quartier des hôtels et ses 5 200 chambres, le Festival Disney (devenu par la suite Disney Village, copie de Walt Disney World Pleasure Island) et un golf 18 trous. Sur le papier, les dirigeants de la Walt Disney Company ont prévu grand. Concrètement, ils espèrent décourager les promoteurs d'hôtels parasites à s'installer autour d'EuroDisneyland comme ce fut le cas à Disneyland à Anaheim et à Walt Disney World en Floride. Ils sont persuadés que c'est le meilleur moyen pour développer les terrains. Gary Wilson déclare : « Nous pourrions attendre que le second parc ouvre pour construire plus de chambres mais dans ce cas, cela serait plus cher et créerait des perturbations. Autant tout faire en même temps. » En fait, les dirigeants de Disney souhaitent faire un geste fort en faveur de l'Europe : EuroDisneyland n'est pas qu'un autre parc à thèmes pour des visites d'une journée mais bien une réelle destination de vacances qui prendrait durablement racine en France.

Les imagénieurs de Disney sont moins impliqués dans la conception du quartier des hôtels que dans celle du parc à thèmes car ce n'est pas la même chose de passer quelques minutes dans une attraction et passer plusieurs heures dans un hôtel. Michael Eisner explique : « Je ne voulais pas, pour les hôtels à l'extérieur du parc, d'un thème global ou réaliste. Je voulais séparer esthétiquement l'extérieur et l'intérieur, de manière à ce que le parc soit un joyau au centre d'un splendide complexe de loisirs. » Eisner dépêche une équipe d'architectes de renom pour la France. Robert Fitzpatrick partage le sentiment d'Eisner que le quartier des hôtels doit requérir sa propre identité : « Disney est une entreprise de divertissements, elle procure du plaisir et de l'amusement. Nous voulions faire quelque chose de compatible mais de différent du parc à thèmes capable de porter le thème au-delà de ses murs. »

Pour cette raison, les dirigeants de Disney (en collaboration avec les architectes consultants Frank Gehry, Michael Graves, Robert A.M. Stern, Stanley Tigerman et Robert Venturi) décident très tôt que le quartier des hôtels doit avoir un thème exclusivement américain. Après tout, cela n'a guère de sens d'offrir des logements dans un style français classique ou de magnifiques châteaux quand les vrais sont à moins d'une heure de train ou de voiture. Stern, qui a conçu deux hôtels pour EuroDisneyland, explique ce choix : « Le quartier des hôtels devait être vu comme totalement différent de Paris ou de n'importe quelle autre ville européenne… Nous devions concevoir des bâtiments qui étaient très thématisés dans le style Disney mais autour de l'Amérique. C'est un complexe touristique que vous atteignez de Paris en métro en trente-cinq minutes. Vous devez sortir du métro et avoir une perception du monde complètement différente. Disney ne peut prétendre être français, c'est une idée américaine qui est devenue internationale, mais elle doit conserver son identité, autrement ce serait comme un mauvais restaurant français à Kansas City. » Odile Fillion dans *Le Moniteur* de septembre 1989 ajoute que l'ambition de Disney est « d'inventer, pour leurs hôtels, une architecture familiale de vacances, pas des boîtes à dormir, rien qui fasse référence à la vie quotidienne. »

Les dirigeants de Disney décident que chaque hôtel doit recréer l'ambiance d'une région particulière ou d'une ville des Etats-Unis. Chacun doit raconter une histoire unique avec son esthétique propre, assez simple pour que chacun comprenne et y trouve de l'intérêt. Les dirigeants de Disney sont persuadés qu'un tel complexe touristique sera irrésistible pour les touristes de toute l'Europe (et du monde entier). « Le plus excitant à propos d'Euro Disney, note Daniel Coccoli, vice-président des opérations du complexe hôtelier en France, c'est que les *guests* pourront aller du parc à leur hôtel à pied sans rompre le charme plutôt que de retourner dans un hôtel qui interrompt le charme. » Le quartier des hôtels d'EuroDisneyland promet de fournir une alternative imbattable au logement sur Paris. Michael Eisner est heureux de relever que le quartier des hôtels est « une attraction pour adultes. »

Après le week-end de Pâques 1988, Wing Chao a très peu de temps – trois jours – pour fournir à Eisner une liste d'architectes d'Europe, du Japon ou des Etats-Unis pour une compétition de projets. Sélectionner les architectes est difficile. Une fois le concept approuvé, la taille de chaque parcelle définie, les dirigeants de Disney invitent quinze architectes de renommée mondiale à participer à une compétition. Chacun doit soumettre une idée pour les six sites des hôtels et chaque site a deux ou trois architectes en compétition. L'Hôtel New York donne lieu à une lutte entre Michael Graves et Arata Isozaki ; l'hôtel Cheyenne entre Robert Stern et Jean-Paul Viguier et l'hôtel Santa Fe entre Antoine Predock et Stanley Tigerman. « Nous avons essayé d'être international, note Wing Chao, avec des Américains en compétition avec d'autres nationalités pour chaque site. Chacun avait trois semaines pour proposer un premier concept. » Citons également Bernard Tschumi, architecte franco-suisse doyen de l'Ecole d'architecture de l'Université de Columbia, Hans Hollein d'Autriche, Rem Koolhaas des Pays-Bas, Jean Nouvel de France, Aldo Rossi d'Italie ou Peter Eisenman des Etats-Unis.

L'équipe Disney menée par Michael Eisner, Robert Fitzpatrick, Peter Rummel et Wing Chao étudient avec attention chaque projet. Les présentations ont lieu au domicile d'Eisner à Bel Air durant quatre jours, les uns après les autres. Ils invitent même les architectes à commenter et critiquer le travail de leurs collègues qui ont une heure et demie pour présenter leur concept. A part Isozaki qui propose ses explications de l'autre côté du Pacifique par téléphone, tous les architectes sont présents. A la fin, Eisner élimine quelques propositions pour des raisons conceptuelles ou financières. Mais la compétition est loin d'être terminée. Les dirigeants de Disney invitent deux autres architectes supplémentaires, Christian de Portzamparc et Aldo Rossi (tous deux européens) pour étudier les plans de développement d'EuroDisneyland et donner leur avis. On demande également à Antoine Grumbach, chargé alors d'une étude sur les abords du lac du quartier des hôtels, de soumettre une idée pour un hôtel.

Mais malgré l'effort d'inclure des architectes européens dans le processus de conception, la plupart de leurs propositions furent jugées trop avant-gardistes au goût de Disney. *L'Hôtel de la Pensée Rationnelle*, abstraction de métal et de verre de Jean Nouvel, donne l'exemple du style intellectuel des offres européennes. « Je pense que nous devrions être candides » observe Stern, « et dire que beaucoup d'architectes européens sont très mal à l'aise avec l'idée de construire une architecture à thème, à moins que le thème ne soit la technologie ou la modernité. De mon point de vue, et ce n'est pas le point de vue de la Compagnie, l'architecture européenne est souvent mal à l'aise avec le thème du passé ou avec l'imagerie régionale. » Beaucoup d'architectes européens sont aussi peu familiers avec ce que Peter Rummel, président de Walt Disney Design and Developpment Company, appelle l'« architecture de divertissements » quand il exprime ce qu'il recherche pour le quartier des hôtels. Michael Eisner ajoute : « Les architectes européens, portés vers le modernisme un tantinet rigide, nous fournirent des plans très abstraits, froids, stylisés et souvent high-tech. D'instinct, je préférais mélanger les styles. En outre, nos parcs faisaient la part belle au fantastique et au ludique et j'estimais que les hôtels devaient suivre cette tendance. Je me sentais donc plus attiré par des projets empreints d'un certain romantisme, de fantaisie et de spectaculaire. Je voulais offrir à EuroDisneyland des bâtiments évoquant l'Amérique et l'héritage américain. »

Ainsi, l'équipe d'architectes embauchée par Disney est finalement majoritairement américaine. Michael Graves, Robert A.M. Stern et Frank Gehry sont engagés les premiers. Graves allait concevoir l'Hôtel New York, Stern allait faire le Newport Bay Club et l'Hôtel Cheyenne et Gehry serait responsable du Festival Disney, le centre de divertissements. L'architecte Antoine Predock est plus tard engagé pour faire l'Hôtel Santa Fe. Le projet de Rossi pour un hôtel Nouvelle-Orléans est aussi accepté par l'équipe Disney mais abandonné du fait de changements trop nombreux dans sa conception. Eisner avoue que l'architecte italien décédé tragiquement en 1997 dans un accident de la route « avait beaucoup de mal à admettre nos façons de procéder. Ayant découvert son travail en Europe, nous avions aussitôt compris que Rossi était l'un des plus grands architectes de son temps. Après maintes tractations, il accepta de participer au concours. Nous nous rencontrâmes à plusieurs reprises. Il dessina et redessina puis jeta ses crayons. » Rossi, dans une lettre adressée à Michael Eisner, écrit : « Je ne suis pas personnellement vexé et ne peux ignorer les points négatifs qui ont été soulevés au sujet de notre projet, lors de notre dernière entrevue à Paris. Le Bernin qu'on avait appelé à Paris pour réaliser le Louvre, se trouva en butte aux tracasseries d'une multitude de fonctionnaires qui lui demandèrent inlassablement de modifier son projet afin de le rendre plus fonctionnel. Bien sûr, je ne suis pas Le Bernin, mais vous n'êtes pas non plus le roi de France. Ceci étant dit, je n'ai pas l'intention de m'exposer aux critiques minables que tout architecte d'intérieur doit affronter chaque jour dans son métier. Je crois fermement que notre projet, quoi qu'en disent les spécialistes, est une œuvre magnifique qui connaîtra son heure de gloire lorsqu'il sera construit quelque part ailleurs. » (Rossi se réconciliera plus tard avec Disney puisqu'il dessinera les plans des quartiers généraux de la Disney Developpment Company à Orlando). Le plan de Grumbach pour une montagne à la Wright nichée dans une forêt, le Sequoia Lodge, est aussi sélectionné : c'est le seul hôtel d'EuroDisneyland à être conçu par un architecte européen.

Un autre hôtel est prévu à l'écart des autres, à la fois d'un point de vue conceptuel et géographique : il s'agit du Disneyland Hôtel, 500 chambres et un budget de plus de 900 millions de francs. C'est le premier hôtel de tous les parcs à thèmes à être situé à l'entrée du parc. C'est aussi le seul hôtel que les imagénieurs de Disney (Tony Baxter, Eddie Sotto, Wing Chao et l'architecte Dana Aiken) ont conçu parce qu'il fait partie de l'expérience du parc à thèmes ; il sert à la fois de toit pour la vente des tickets et de puissant décor visuel pour Main Street USA. La décision d'implanter ou non l'hôtel a fait l'objet de débats houleux. Frank Wells craignait que les visiteurs du parc ne voient les clients de l'hôtel en petite tenue. Robert Venturi avait peur qu'il empêche les visiteurs pénétrant dans le parc d'apercevoir le château de la Belle au Bois Dormant. Tony Baxter prétendait le contraire et, à l'appui de ses dires, produit une maquette physique et des vues générées par ordinateur. La discussion s'envenima et chacun pensa qu'ils allaient en venir aux mains. Mais Baxter se contenta de faire sortir Venturi de la pièce. D'autres avançaient le problème des coûts très élevés de la conception et des besoins d'un autre hôtel. Quand un vote eut lieu parmi le groupe de travail, ils étaient dix-neuf à être contre la construction de l'hôtel. L'un des deux votes favorables fut celui d'Eisner, l'autre celui de Gary Wilson. Alors le Disneyland Hôtel a été construit.

La firme spécialisée dans l'architecture, Wimberly, Allison, Tong and Goo de Newport Beach en Californie collabore sur le Disneyland Hôtel et aide les imagénieurs à combiner la nécessité fonctionnelle et une construction pleine de fantaisie dans le style de l'Hotel Del Coronado de San Diego (hôtel où fut filmé *Certains l'aiment chaud* et qui avait déjà inspiré le Grand Floridian Beach Resort à Walt Disney World). A l'origine, le Disneyland Hôtel était conçu pour être haut de six étages, mais il fut ramené à quatre quand les imagénieurs réalisèrent l'effet pesant qu'il aurait eut sur une Main Street à échelle déjà réduite. Eddie Sotto se souvient : « En ce qui concerne le Disneyland Hôtel, notre plus grand souci était sa taille : il fallait éviter que Main Street ne soit écrasée par les proportions du bâtiment. Je me souviens avoir travaillé des heures avec Dana Aiken pour répondre à cette question. La solution a consisté à inclure assez de détails pour donner l'impression que l'ensemble de l'hôtel est plus petit qu'il ne l'est en réalité. C'est l'un des grands hôtels d'Europe mais cela ne se voit pas. » Ensemble, les deux équipes apportent à l'intérieur l'ambiance d'un hôtel de gare du XIXe siècle (l'Euro Disneyland Railroad Station est située derrière lui à l'intérieur du parc, alors que les lignes de RER et de TGV qui desservent Paris et toute l'Europe sont justes à l'extérieur du parc), tout un esprit de raffinement qui sied bien à un palace cinq étoiles. Pour Tony Baxter, « il a été conçu pour être chaleureux et accueillant ». John Hench ajoute qu'« en France, la lumière est si diffuse que nous avons peint le Disneyland Hôtel en rose avec un toit rouge, et non en blanc comme le Grand Floridian [à Orlando] qui est superbe à neuf heures du matin quand le soleil est un peu rouge. Tout le monde, même les plus grands architectes, redoute le rose. »

Les hôtels des autres architectes sont disposés autour d'un lac artificiel et d'une rivière après Disney Village. Si pour certains membres de l'équipe Disney sa construction ne presse pas, Michael Eisner y est favorable pour une raison simple : « Nous comptions bâtir et remplir des milliers de chambres d'hôtel. Comment ces gens passeraient-ils leurs soirées ? Quels genres de distractions aurions-nous à leur offrir ? Ils auraient sans doute envie de s'amuser et de dîner après la fermeture du parc. » Deux projets sont en compétition pour le Disney Village : un village de la Nouvelle Angleterre ou une série de bâtiments aux formes étranges reliés par des hauts pylônes d'aluminium surmontés d'un filet lumineux qui donne l'illusion d'un ciel étoilé… Tous les membres de l'équipe, sauf deux dont Eisner, votent pour le premier projet. C'est bien sûr le choix du patron qui l'emporte ! Frank Gehry, architecte californien se met alors au travail. Cette arcade piétonne, qui est aussi un centre de divertissements, est censée créer un tourbillon d'excitation pour l'Amérique dans l'atmosphère de la Route 66. Des restaurants sont implantés comme le Los Angeles Bar and Grill, Key West Seafood, Carnegie's (de style new-yorkais) Deli et l'Annette's Diner (avec des voitures de sport des années 1960 à l'extérieur pour renforcer l'identification du Disney Village avec la route américaine). Des boutiques comme Disney Store et Hollywood Pictures sont installées pour vendre des souvenirs des différentes régions des Etats-Unis (ce n'est plus le cas aujourd'hui). Et un dîner spectacle conçu par Jean-Luc Choplin, réinvente la version du Buffalo Bill's Wild West Show (qui captiva le public européen à Paris lors de l'Exposition Universelle de 1889) offre un divertissement avec cow-boys, indiens, chevaux, bisons, un metteur en scène en fuite, une tireuse hors-pair nommée Annie Oakley et bien sûr, Buffalo Bill Cody. Disney Village a pour but de rassembler les différents thèmes du complexe hôtelier dans un pastiche d'imagerie régionale qui doit divertir et encourager les visiteurs à rêver aux Etats-Unis. Il est conçu pour être une extravagance post-moderne en exagérant et en juxtaposant différents styles architecturaux de la culture américaine d'est en ouest. Pour Eisner, « sa construction et sa gestion nous reviendraient fort cher mais le jeu en valait la chandelle. (…) Dix ans plus tard, j'en suis toujours fou ! » Gehry fait remarquer que l'arcade « a la même largeur que la rue de Rivoli, mais c'est une coïncidence. »

L'Hôtel New York est un hôtel quatre étoiles de 575 chambres situé juste derrière Disney Village. Il doit recréer la vitalité et la beauté de la Grosse Pomme dans son âge d'or.

Des tours multicolores rappellent les différentes parties de Manhattan, des pierres brunes aux gratte-ciel. Un défi très complexe à relever. Michael Graves : « D'un point de vue esthétique, le problème était qu'étant donné le thème, il me fallait utiliser des gratte-ciel, or la taille du bâtiment était limitée. Il a donc fallu les styliser. Nous avons aussi divisé l'hôtel en zones qui aident les visiteurs à s'orienter, tout en rappelant des quartiers de New York : Grammercy Park, Midtown, Brownstone ». Une patinoire du style du Rockfeller Center (transformée en fontaine aux beaux jours) et un restaurant, Rainbow Room, évoque aussi le New York des années trente. Les clients ont droit à un papier peint couvert de pommes rouges et de battes de base-ball sans oublier les lampes en forme de gratte-ciel. Pour Graves, l'imagerie américaine « peut aussi bien être décodée par un gamin de 8 ans qu'un homme de 68 ».

Adjacent à l'Hôtel New York, s'élève le Sequoia Lodge, 1 011 chambres, une montagne de sept étages que Michael Eisner considère comme « le plus romantique et le plus américain de nos hôtels ». L'architecte français Antoine Predock qui passait ses vacances sur la côte Ouest, l'a conçu en écho à son souvenir de Yellowstone, Yosemite ou des parcs nationaux américains. Le Sequoia est un hommage à l'architecture de Frank Lloyd Wright dans les Rocheuses. L'hôtel a été construit en pierres et pour créer ce paysage forestier, deux mille arbres ont été plantés (dont 400 jeunes séquoias venus exprès des Etats-Unis). Un arbre centenaire est même planté dans le lobby.

Le Newport Bay Club, hôtel 3 étoiles, est conçu dans le style Nouvelle-Angleterre par Robert A.M. Stern qui avait créé auparavant le Yacht and Beach Club à Walt Disney World en Floride. L'hôtel recrée l'ambiance de la côte Est en 1900, le thème de l'été en bord de mer. Avec ses 1 098 chambres, c'est l'un des plus grands hôtels d'Europe. Si on a critiqué le Disneyland Hôtel pour son rose bonbon, le New Port Bay Club est comparé à « une grosse dame en tutu ». Robert Stern se défend : « Pour le Newport Bay Club, nous nous sommes inspirés des hôtels de plaisance de la fin du XIXème siècle. Ces hôtels étaient des hôtels gigantesques qui rappelaient un peu la structure et l'autarcie d'un bateau de croisière. Le style « bardeaux » est utilisé ici sur une très grande échelle puisque l'hôtel comporte 1 098 chambres. Je n'étais pas intimidé, toutefois, par la taille du bâtiment car les ailes permettent de casser l'aspect massif. Les porches gigantesques contribuent aussi à résoudre ce problème de la taille, en étant à la fois immenses et accueillants. La peinture blanche, la forme douce des toits, les gigantesques colonnes sont les divers éléments qui contribuent à la création de cet agréable contraste. Nous avons, en outre, inclus des chaises à bascule pour renforcer la chaleur de l'accueil. Le toit à deux pentes, lui, donne un aspect très humain au bâtiment malgré sa taille. Enfin, le phare et sa relation avec l'hôtel en terme de perspective, atténuent aussi l'aspect massif. »

L'Hôtel Cheyenne est également conçu par Stern comme une ville du Far-Ouest, un Far Ouest de westerns tels *Le train sifflera trois fois* avec Gary Cooper et Grace Kelly. L'hôtel, 2 étoiles, 1 000 chambres, est planifié pour être un mini parc à thèmes à lui tout seul que les visiteurs peuvent explorer dans chaque coin et recoin. Le *guest* doit avoir l'impression d'être sur un plateau de tournage.

Enfin, l'Hôtel Santa Fe a été dessiné par Antoine Predock et nous offre une version très poétisée du sud-ouest des Etats-Unis et de sa mosaïque de cultures. Pour Michael Eisner, « la plupart des hôtels de Disneyland Paris ont un thème très clair. Le Santa Fe est probablement le plus abstrait. Il invite d'ailleurs à la controverse. C'est volontaire. Ce concept est excellent dans le cadre de ce qui l'entoure. Il crée un contraste intéressant. » L'hôtel se donne un air de motel avec ses chambres dispersées dans différents bâtiments. Dans son atelier d'Albuquerque au Nouveau-Mexique, Predock tire son inspiration du film de Wim Wenders *Paris, Texas* : culture pop et désert. « Je voulais obtenir l'authenticité de l'Ouest en m'éloignant de la nostalgie. Sinon cela revient à une ambiance de magasins de souvenirs d'aéroport ». Predock poursuit : « Je ne voulais pas représenter l'Ouest de manière littérale, c'était trop facile, trop évident. Je voulais évoquer l'énergie et l'aspect surréel de l'Ouest américain qui m'excitaient. Je ne connaissais pas encore le terrain, je ne pouvais donc pas créer un bâtiment. Du coup, j'ai présenté un concept, plus qu'une création littérale. Pour moi, les projets architecturaux vivent grâce au concept, au contenu spirituel, pas grâce au design, qui malgré son importance ne peut leur conférer la vie. » Antoine Predock souhaite s'éloigner d'un message simple et nostalgique à la Disney et ne veut pas que son concept se transforme en une série de clichés. Michael Eisner a été convaincu par la conviction de Predock de lui laisser créer des défis intellectuels pour les visiteurs. Au gré de sa visite, par le biais d'un système de cinq pistes (piste des artefacts, des espaces, des monuments, des légendes et de l'eau) le promeneur verra ainsi des voitures rouillées, des satellites écrasés, un serpent à sonnette, un *roadrunner* en néons, un cactus sous verre, une ligne jaune d'autoroute (« à la fin de cette piste se trouve l'inconnu, l'énigmatique »), des lignes télégraphiques, un disque d'acier (vaisseau spatial écrasé ?), un viaduc, etc. On relèvera également les nombreux hommages au cinéma. Un large écran de drive-in figure au-dessus du bâtiment de la réception. Bien qu'il perdît la bataille de le laisser blanc (figure à la place l'image glacée du visage de Clint Eastwood dans *Pour une poignée de dollars* « S'il devait y avoir quelqu'un, c'était Clint » déclara Predock), il réussit à capturer la complexité de sud-ouest américain. Toutefois, le caractère purement conceptuel de l'hôtel eut malheureusement tendance à effrayer plus d'un visiteur et des éléments disneyens furent ajoutés au fil des années.

Le problème, une fois de plus concerne le budget. Eisner reconnaît que « l'excellence coûte cher ». Les coûts de la grande majorité des chambres restent très abordables car « nous savions, grâce à nos études marketing, que tel était le souhait de nos futurs clients ». C'est le coût des bâtiments qui grimpe considérablement du fait d'ajouts et de changements incessants : création d'un lac artificiel, importations de centaines de cèdres et de pins pour le Sequoia Lodge, (trop ?) grande attention portée aux détails. L'ambition de Disney ne fait que croître au fil des mois. Ainsi, l'on ajoute à la dernière minute trois cents chambres au Newport Bay Club. Gary Wilson s'en justifie : « L'accueil, la nourriture, la boisson, tout est fourni sur place, ces chambres supplémentaires représentent donc un pur profit. Si nous attendons, leur construction nous reviendra bien plus cher. » Petit à petit, il apparaît à beaucoup que le prix de location des chambres n'est pas assez élevé étant donné la qualité des hôtels et il semble raisonnable d'envisager un supplément de cent vingt ou cent quatre-vingt francs par nuit. Il faut dire que l'équipe financière d'EuroDisneyland se montre de plus en plus optimiste quant aux bénéfices escomptés. Eisner avoue : « Nous sommes entrés dans un cercle vertueux où l'enthousiasme le disputait à l'euphorie. (…) J'estimais, comme Walt l'avait fait pour Disneyland, que l'engagement à l'excellence se verrait récompensé. »

Il est vrai qu'entre l'arrivée de Michael Eisner et de Frank Wells à la tête de la Walt Disney Company en 1984 et 1987, le chiffre d'affaires de l'entreprise est passé de 300 millions à 800 millions de dollars. Bien que les films en prises de vues réelles et les dessins animés concentrent le plus l'attention, curieusement une faible part de la croissance du chiffre d'affaires vient réellement d'initiatives plus originales de la société. Une analyse interne commandée par Gary Wilson pour aider à comprendre les profits croissants de la Compagnie prouve que la majeure partie de ceux-ci proviennent de seulement trois sources : l'augmentation du prix d'entrées dans les parcs à thèmes ; l'expansion croissante du nombre d'hôtels détenus par la société ; et la distribution des grands classiques de l'animation en vidéo (*Pinocchio* s'est vendu à 1,7 million de copies, *La Belle au Bois Dormant* à 3 millions et *Cendrillon* à 6 millions). En 1987, dans sa lettre aux actionnaires, Eisner a du mal à contenir sa satisfaction : « Qui pourrait prétendre qu'une augmentation de 80 % du chiffre d'affaires n'a rien de spécial ? Je voudrais dire que la seule raison du temps qu'il m'a fallu pour écrire cette lettre réside dans ma difficulté à exprimer combien nous sommes heureux sans paraître trop suffisants, trop confiants et certainement trop fiers ! » En 1988, Eisner recevait un salaire de 750 000 dollars, plus un bonus de 6,8 millions (2 % des profits dépassant 100 millions de dollars) et il a gagné 32,6 millions en exerçant certaines de ces stocks options (il lui reste un profit non réalisé de 50,5 millions de dollars sur le reste de ses options). En tout, il a gagné 40 millions de dollars cette année-là, faisant de lui le dirigeant le mieux payé des Etats-Unis.

Durant l'été 1988, Michael Eisner et Frank Wells passent de longs mois à Paris avec leurs familles. Eisner en profite pour écrire une lettre d'intention aux membres du conseil d'administration de la Walt Disney Company : « Comment réagirons-nous si la chance tourne ? Pourrons-nous faire marche arrière ? Je suis allé en Europe pour éviter justement que la chance ne tourne. EuroDisneyland représente un grand danger. Et s'il existe un endroit où nous devons faire preuve de prudence, c'est bien là. (…) On ne peut résoudre en un mois les problèmes de dépassement de budget d'EuroDisneyland mais en un mois on a largement le temps de comprendre qu'ils existent. » La construction du parc à proprement parler vient juste de débuter qu'Eisner continue à être préoccupé. Au conseil d'administration, il assure que « Frank [Wells] tient fermement les rênes, mais il n'est pas sûr que nous pourrons contrôler les coûts. Avant même d'avoir commencé, nous dépassons notre budget de 300 millions de dollars. C'est bien sûr inacceptable. Nous ne cessons de tourner les choses en tout sens. Il est encore temps. Mais ce n'est pas drôle. »

Lors d'une visite sur le site, Eisner et son entourage sont convoyés par quatre Land Rovers à travers les champs de Marne-la-Vallée. Eisner demande à Frank Wells : « Pourquoi n'a-t-on pas des jeeps plutôt que des Land Rovers ? » Wells lui répond : « C'est juste le haut de l'iceberg. Les dépenses s'accumulent et je peux te dire franchement que maintenant on doit garder le contrôle. »

Fin 1988, tandis que les problèmes immobiliers s'accumulent, Frank Wells suggère de faire appel à Mickey Steinberg, vice-président exécutif de Walt Disney Imagineering, qui avait collaboré avec l'architecte John Portman pendant vingt-sept ans, dirigeant sa société et supervisant la construction de ses hôtels. L'avis de Steinberg est cinglant : la structure organisationnelle d'EuroDisneyland est bancale. Eisner dans *Profession magicien : la passion Disney* rapporte les paroles de Steinberg après avoir visité Marne-la-Vallée : « Vous allez au-devant du plus gros échec que j'aie jamais connu dans le domaine de la construction. Soit vous changez certaines choses, soit vous ne finirez jamais à temps. Nous avons surtout besoin de gestionnaires de projets [et non de gestionnaires immobiliers], de gens qui soient capables d'analyser l'ensemble du processus, de la construction jusqu'à l'architecture en passant par l'exploitation. Si vous voulez dépenser davantage sur certains aspects architecturaux, les gestionnaires de projets sont censés vous aider à économiser de l'argent par ailleurs. Tout cela n'est qu'une question de concessions. Mais ce que je vois n'en prend pas le chemin. » L'analyse de Steinberg est sans concession : le budget du parc a été sous-estimé et la Walt Disney Company doit investir d'urgence 825 millions de francs pour le terminer. Pour Michael Eisner, le temps est compté, « en termes simples, cela signifiait que l'impossible serait tenté pour achever le travail dans les temps, peu importaient les heures passées à la tâche. Résoudre rapidement les problèmes d'architecture et de construction coûtait cher, mais d'un autre côté, il n'était pas question de repousser la date d'inauguration [printemps 1992]. Les coûts supportés par le parc étaient déjà énormes. »

La véritable aventure d'EuroDisneyland peut commencer. Dès juin 1987, les premiers employés européens sont embauchés. En août 1988, les travaux de terrassement du Royaume Magique commencent avec le déplacement de 1,4 million de mètres cubes de terres (merlons, plan d'eau, plate-forme pour la voirie et pour les structures principales). En janvier 1989, un accord est signé avec la SNCF et EuroDisneyland pour la construction d'une gare TGV reliant le site au réseau TGV européen en juin 1994. Le 24 février 1989, la société, Euro Disneyland SA devient une société en commandite par actions, Euro Disneyland SCA. La clôture de l'exercice de la société est ramenée au 30 septembre. Au titre d'un contrat de développement conclu entre Euro Disney SCA et Euro Disney SA le 28 février 1989, Euro Disney SA fournit et fait en sorte que d'autres filiales de la Walt Disney Company fournissent à Euro Disney SCA un certain nombre de services techniques et administratifs. Ces services, distincts de ceux qu'Euro Disney SA est tenue de fournir en sa qualité de gérant, comprennent, entre autres, la réalisation de dessins conceptuels pour le parc à thèmes et l'ensemble des installations et attractions futures, la fabrication et l'installation des éléments spéciaux de spectacle, une formation spécialisée pour le personnel d'exploitation, la préparation et la mise à jour des manuels d'exploitation, d'entretien ou de nature technique et le développement et l'aménagement d'ensemble et d'une stratégie de développement immobilier. Euro Disneyland Imagineering SARL (EDLI), une filiale indirecte de la Walt Disney Company, est responsable de la gestion et de l'administration du design global ainsi que la construction du parc à thèmes et de l'équipement destiné aux attractions et spectacles. La plupart des autres installations du site ont été conçues sous la supervision d'Euro Disney SCA avec l'assistance technique et administrative de sociétés affiliées à la Walt Disney Company spécialisées dans le développement hôtelier et autres projets immobiliers commerciaux tels que le commerce de détail aux Etats-Unis. Le même jour, le 28 février 1989, The Walt Disney Company (Netherlands) BV, une filiale de la Walt Disney Company, concède à la société une licence d'utilisation des droits de propriété intellectuelle et industrielle présents et à venir incorporés dans les attractions et installations conçues de temps à autre par la Walt Disney Company et mises à la disposition d'Euro Disney SCA pour le projet EuroDisneyland. En outre, le contrat de licence permet la vente sur le site de marchandises incorporant ou basées sur des droits de propriété intellectuelle appartenant à la Walt Disney Company ou dont l'utilisation lui est autorisée. Les redevances dues par Euro Disney SCA pour l'utilisation de ces droits sont fixées comme suit :

- 10 % du chiffre d'affaires (hors taxes) générés par les attractions et les droits d'entrée, ainsi que certaines recettes annexes (telles que celles tirées des droits d'accès au parking, du prix des visites guidées et d'autres services similaires) pour tous les parcs à thèmes et autres attractions ;
- 5 % du chiffre d'affaires (hors taxes) générés par la vente de marchandises, de nourritures et de boissons dans ou à proximité de tout parc à thèmes ou autres attractions ou installation (à l'exclusion du Disneyland Hôtel) dont le concept général est fondé de façon prédominante sur un thème qui est la propriété de la Walt Disney Company ;
- 10 % des redevances payés par les Participants (American Express, Banque Nationale de Paris, Coca-Cola, Esso, France Telecom, Hertz,

IBM, Kodak-Pathé, Mattel, McDonald's, Nestlé, Philips et Renault versent environ 100 millions d'euros chaque année) ;
- 5 % des produits bruts (hors taxes) générés par la location des chambres d'hôtels et des recettes connexes perçus par les installations à thèmes Disney (à l'exclusion du Disneyland Hôtel).

Le contrat de licence est conclu pour une période de trente ans, renouvelable trois fois à l'option de l'une ou l'autre des parties pour une nouvelle période de dix ans. Le contrat de licence confère à la Walt Disney Company des droits substantiels et discrétionnaires à l'effet d'approuver, contrôler ou faire respecter l'utilisation des propriétés de la Walt Disney Company à l'échelle du site. Le contrat de licence peut être résilié par la Walt Disney Company dans certains cas, notamment dans l'hypothèse où le gérant, Euro Disney SA est révoqué ou remplacé, en cas de changement de contrôle direct ou indirect d'Euro Disney SCA ou de certaines sociétés affiliées ou de leur liquidation, en cas de cession par Euro Disney SCA de certains de ses droits et obligations au titre du contrat de licence, en cas de modification de lois ou de réglementations qui empêchent Euro Disney SCA ou certaines de ses sociétés affiliées de satisfaire à l'une ou l'autre de ses obligations essentielles en vertu du contrat de licence ou en cas d'imposition d'impôts, droits ou taxes dont l'effet serait de diminuer substantiellement les actifs, les excédents ou le bénéfice distribuable d'Euro Disney SCA.

En mars 1989, 52 000 arbres et arbustes sont plantés sur les collines entourant le Royaume Magique. Le 15 mars, lors d'une assemblée générale extraordinaire, le capital social est porté au cours de l'exercice clos le 30 septembre 1989 de 250 000 à 10 000 000 de francs divisé en 1 000 000 d'actions d'une valeur nominale de dix francs chacune. Euro Disneyland SCA ainsi transformée est une des deux sociétés-pivot prévues à la *Convention pour la création et l'exploitation d'Euro Disneyland en France* conclue le 24 mars 1987. Euro Disneyland SCA a pour objet principal la construction et l'exploitation d'Euro Disneyland, parc à thèmes et complexe de villégiature avec l'ensemble du développement immobilier qui y est associé.

Le 17 mai 1989, Euro Disneyland SCA signe avec la Caisse des dépôts et consignations des contrats permettant l'obtention de prêts ordinaires et participatifs pour un montant total d'environ 4,8 milliards de francs. Les premiers permis de construire pour le Royaume Magique sont reçus et deux cents *cast members* sont embauchés dont cent quatre-vingt-six Français et Européens. En juin, débutent les travaux de terrassement pour le RER, le lac et le quartier des hôtels. Euro Disneyland SCA signe l'acte authentique de vente du lot du Royaume Magique, première acquisition de terrains (pour 10,84 francs le mètre carré, majoré de 25 % pour frais de fonctionnement de l'EPA et 8 % pour frais financiers). En juillet, le premier échangeur autoroutier entre l'A4 et la D231, en avance sur les prévisions, est mis en service alors que débutent les travaux de terrassement de la voie d'accès Est à l'autoroute A4 puis les travaux de terrassement du TGV en août. Le 5 septembre 1989, Euro Disneyland SCA signe le contrat d'ouverture de crédit bancaire pour la Phase IA avec la BNP comme agent pour un syndicat international de banques – dont BNP, Citibank, Caisse nationale de Crédit Agricole, Deutsche Bank, Long Term Credit Bank of Japan et Morgan Guaranty – pour un montant total de 7 milliards de francs (4,5 milliards de crédit principal et 2,5 milliards de crédit complémentaire). Quant à IndoSuez, elle signe un contrat de crédit-bail de 10,4 milliards de francs à Euro Disneyland SA ainsi qu'un contrat d'avances subordonnées de deux milliards de francs à Euro Disneyland SNC. En octobre 1989, débute l'offre publique de souscription dans les pays de la Communauté européenne à l'augmentation de capital de Euro Disneyland SCA. L'offre publique est close par anticipation dans la plupart des pays car la demande est largement excédentaire. Enfin, en novembre 1989, Euro Disneyland SCA entre en cotation en bourse sur les marchés de Bruxelles, Londres et Paris. La société acquiert le lot de terrains pour l'Hôtel Disneyland et choisit le thème du deuxième parc d'Euro Disneyland, les Disney MGM Studios Europe dont l'ouverture est prévue pour 1996, il sera inspiré des Disney-MGM Studios qui a ouvert ses portes en mai 1989 en Floride.

Le 21 novembre 1989, Euro Disneyland SCA franchit une étape importante dans le financement du Royaume Magique. La société vend à Euro Disneyland SNC le terrain ainsi que les structures et les installations qui constitueront le Royaume Magique sous forme d'une Vente en l'Etat Futur d'Achèvement (VEFA) pour un montant de 7,4 milliards de francs. Une fois le Royaume Magique achevé, Euro Disneyland SNC le mettra à la disposition de Euro Disneyland SCA sous forme d'un crédit-bail, signé en avril 1989, d'une durée envisagée de vingt ans. Euro Disneyland SNC paiera le prix d'achat, au fur à mesure de la construction, avec des fonds provenant des avances des associés et des prêts bancaires (Euro Disneyland SNC est signataire en tant qu'emprunteur des contrats de prêts avec la Caisse des dépôts et consignations et de la convention de crédit bancaire avec un syndicat international de banques). A partir de l'ouverture du parc, Euro Disneyland SCA paiera à Euro Disneyland SNC des loyers mensuels calculés principalement de façon à couvrir le service de la dette et des coûts associés de Euro Disneyland SNC. Il est envisagé que lorsque Euro Disneyland SNC aura remboursé l'ensemble de ses dettes, Euro Disneyland SCA rachètera le Royaume Magique à Euro Disneyland SNC pour une valeur résiduelle et qu'à l'issue de ce rachat, Euro Disneyland SNC sera liquidée et dissoute.

A la fin de l'année 1989, Euro Disneyland SCA et son gérant, Euro Disneyland SA comptent quatre cents employés dont trois cent soixante-cinq Français et Européens.

Robert Fitzpatrick dresse le bilan de l'année 1989 dans le rapport annuel remis aux actionnaires : « Lorsque Walt Disney traversa la Marne à l'âge de 17 ans, comme engagé volontaire dans le Corps expéditionnaire américain, il était loin de pouvoir imaginer qu'un jour il y aurait, sur les bords de cette même Marne, une entreprise qui porterait son nom... Il était loin, aussi, d'imaginer que les personnages des légendes classiques européennes trouveraient une personnalité et une renommée mondiale grâce à ses films... et que ces films inspireraient des parcs à thèmes, d'abord en Californie, puis en Floride et même au Japon. Walt Disney était loin de pouvoir imaginer à cette époque que, dans ce pays, 71 ans plus tard, se réaliserait l'un des plus grands centres européens de détente, de joie et de loisirs familiaux : EuroDisneyland. Mais au fil des années, ce rêve a commencé à prendre forme pour devenir, peu à peu, une merveilleuse réalité. Et aujourd'hui, nous voici réunis pour marquer une étape tout à fait réelle dans le développement d'EuroDisneyland. L'année 1989 a été particulièrement importante pour l'évolution d'EuroDisneyland. L'avancement des travaux, l'organisation et le financement du projet, les relations avec les investisseurs et les partenaires ainsi que la collaboration étroite avec les organismes publics sont autant de signes concrets des progrès réalisés l'année dernière. Sur le site, à Marne-la-Vallée, des collines, des chemins de fer et des rivières ont été modelés. Les travaux de terrassement pour les hôtels, pour le centre de loisirs, pour le lac et les gares RER et TGV sont achevés. La conception et la préparation de la construction des six hôtels à thèmes, du centre de loisirs, du golf et du terrain de camping ont été mises au point en 1989. Les premières constructions verticales du Magic Kingdom et des hôtels sortent de terre et illustreront bientôt ce que sera EuroDisneyland en 1992. La mise en place durant l'année 1989 des structures financières et juridiques a été aussi importante que l'avancement des travaux réalisés. Comme le prévoyait la convention signée en mars 1987 avec les pouvoirs publics, deux « sociétés-pivot » ont été créées en 1989 : Euro Disneyland SCA et Euro Disneyland SNC. Le financement de la phase IA qui, nous le rappelons, comprend le Magic Kingdom, le Magic Kingdom Hotel et les 595 premiers emplacements du terrain de camping, a été mise en place en 1989. De plus, notre introduction en Bourse a rencontré un vif succès dans tous les pays de la Communauté européenne. Votre société est désormais bien capitalisée. Nous avons plus de 250 000 actionnaires provenant de tous les pays de la Communauté européenne, et nous sommes cotés sur les Bourses de Paris, Londres et Bruxelles. Nous avons également poursuivi une politique de partenariat avec de grandes sociétés européennes et internationales. Europcar et Kodak-Pathé nous ont ainsi rejoint en 1989 comme partenaires, après Renault et la BNP en 1988. D'autres contrats, qui portent tous au-delà de l'an 2000, seront annoncés très prochainement. Ces partenaires seront présents en tant que sponsors d'attractions dans le Magic Kingdom et le développement des campagnes de publicité et de communication en association avec nous partout en Europe. Nous avons signé avec EPA-France le programme détaillé d'aménagement de la première phase, ce qui a conduit à l'achat des premiers terrains en juin 1989. Nous avons également conclu avec la SNCF un accord pour la construction d'une gare TGV située à l'entrée du Magic Kingdom. Cette gare reliera en 1994 le site au réseau TGV européen et permettra à une famille anglaise de se rendre de Londres au site d'EuroDisneyland en trois heures quinze minutes sans changer de train. De plus, les travaux de terrassement du prolongement du RER ont commencé en juin 1989 et la mise en service du premier échangeur autoroutier a eu lieu en juillet 1989, en avance sur les prévisions. Comme pour tous les projets entrepris par Disney, la qualité et le professionnalisme du personnel constituent l'élément fondamental de ce projet. Dans ce contexte, nous sommes heureux de vous informer que Judson Green, qui était notre directeur général finance et immobilier jusqu'à la fin de 1989, a été nommé directeur financier de The Walt Disney Company. John Forsgren, qui a joué un rôle clé dans la stratégie financière du projet devient notre directeur général finance le 2 janvier 1990. Plus de 300 collaborateurs européens hautement qualifiés, que nous appelons « cast-members » pour souligner l'esprit d'équipe et notre vocation théâtrale, ont été engagés dans tous les domaines d'activités. Ils participent, dès leur arrivée, à une solide formation interne aux traditions et au savoir-faire Disney. Nos principaux responsables européens bénéficient en outre d'une formation opérationnelle intensive à Walt Disney World et à Disneyland. D'autre part, un nombre limité de cadres Disney, ayant acquis une longue et précieuse expérience des parcs en Floride, en Californie et au Japon, sont venus en France pour une période de deux ou trois ans afin de travailler aux côtés de leurs homologues français et européens pour leur transmettre leur savoir-faire. Notre investissement le plus important ne réside donc pas dans la construction des bâtiments mais dans la sélection et la formation des hommes et des femmes de nos équipes. Ils constituent la vraie richesse de notre société et sont les meilleurs garants de la réussite de notre projet. Bien que nous consacrions la plupart de nos efforts à l'ouverture en 1992, nous travaillons d'ores et déjà sur de nouvelles attractions qui seront ajoutées au Magic Kingdom dans les années qui suivent. De plus, nous venons d'annoncer les thèmes de notre deuxième parc, les Disney MGM Studios-Europe, dont l'ouverture est prévue en 1996. EuroDisneyland sera toujours un merveilleux mélange de rêve et de réalité. Nous vous proposons aujourd'hui un peu des deux... le rêve car c'est uniquement avec de bonnes idées que l'on peut avancer et envisager l'avenir... et la réalité car sans une exécution parfaite et profondément réfléchie, le rêve resterait dans le domaine de l'imaginaire. Ces deux éléments fondamentaux, par leur union, forment une base solide sur laquelle nous bâtissons notre avenir... pour contribuer au vôtre. »

Le rapport annuel 1989 est accompagné de photos montrant le spectacle à Londres à l'occasion de l'introduction en Bourse de la société en octobre 1989 (mais pas celle de Paris…). Une annonce publicitaire concernant l'introduction en Bourse à travers l'Europe montre une carte du monde avec les quatre parcs Disney. On peut y lire, USA : 240 millions d'habitants. Entrées : près de 40 millions. Japon : 110 millions d'habitants. Entrées : 13 millions. Europe : plus de 330 millions d'habitants. Entrées : Imaginez. Puis repris en très grand en bas de l'affiche : « Imaginez… »

Les travaux entrepris par Euro Disneyland SA en qualité de gérant pour le compte de la société Euro Disneyland SCA sont facturés à Euro Disneyland SCA ou provisionnés par elle et correspondent à des immobilisations en cours autres que celles liées au Royaume Magique pour 234 millions de francs ; des encours de construction liés directement au Royaume Magique pour 1,4 milliard de francs ; les coûts de pré-ouverture de 625 millions de francs ont été considérés comme des charges différées en attente d'une production déterminée à venir. Euro Disneyland SCA a acheté le 30 juin 1989 auprès d'EPA-France le lot de terrains sur lesquels doit être édifié le Royaume Magique pour un montant de 522 millions de francs. Les 85 millions de francs de dépenses liées à l'offre publique de souscription d'octobre 1989 ont été considérés comme des charges à répartir pour Euro Disneyland SCA et viendront en diminution de la prime d'émission dégagée lors de cette augmentation de capital. Euro Disneyland SCA n'ayant employé aucun personnel, n'a a supporté aucune charge de personnel. Mais afin de poursuivre la construction et préparer la future exploitation d'EuroDisneyland, deux cent quarante-cinq collaborateurs d'Euro Disneyland SA sont transférés le 1er octobre 1989 à Euro Disneyland SCA.

Au cours de l'année 1990, près de quatre-vingts grues sont sur le chantier en même temps tandis que 5 000 personnes s'activent. Trente-sept entreprises travaillent sur le site du parc tandis que 1 100 travailleurs représentant soixante-dix entreprises sont à pied d'œuvre sur les hôtels et le reste pour construire les 300 000 mètres carrés de bâtiments nécessaires. Lors du rapport annuel, Robert Fitzpatrick se veut rassurant : « Grâce à ces professionnels de la Magie Disney, nous sommes confiants en ce qui concerne la maîtrise des coûts à venir et nous approchons, avec sérénité, de l'ouverture du parc, prévue au printemps 1992. » A la fin septembre, 1 200 personnes sont employées tandis que deux cent soixante-dix cadres sont envoyés en formation aux Etats-Unis et au Japon et que deux cents professionnels et vétérans Disney travaillent en France.

La décision est prise de construire un ensemble de bureaux qui serait le siège européen des filiales de The Walt Disney Company dans les domaines du cinéma, des disques, de la télévision, de la vidéo et de la distribution de produits sous licences. Le deuxième parc espère ouvrir en 1995 voire en 1994. Le concept d'un troisième parc est d'ores et déjà défini : ce sera un EPCOT européen pour l'an 2000. La phase II comprendrait les Disney-MGM Studios-Europe, un complément d'hôtels, un parc aquatique, des bureaux et des développements industriels, commerciaux et résidentiels. Au 30 septembre 1991, les plans des Disney MGM Studios-Europe et des nouveaux hôtels sont presque achevés. Les architectes ont été sélectionnés pour la réalisation des autres programmes immobiliers et les négociations sont en cours afin de signer le second programme détaillé avec les pouvoirs publics. Fitzpatrick : « Nous avons aussi commencé à réfléchir sur la troisième phase et nos Imagineers ont bien assez de rêves en tête pour nous mener très loin dans le prochain millénaire. »

Le PDG propose, en outre, un nom plus court pour la société, ce sera « Euro Disney SCA ». En mai 1990, on annonce comme prévu une augmentation de 15 % de la capacité du parc. Une fois de plus, Fitzpatrick assure que « le coût total de la Phase I est estimé à 22 milliards de francs et Euro Disneyland SA est satisfaite de l'efficacité des procédures de maîtrise des coûts de Euro Disneyland SCA ». Au 30 septembre 1990, Euro Disney(land) SCA détient des participations significatives dans deux sociétés :

- EDL Services. Créée le 20 septembre 1990, société anonyme au capital de 250 000 francs dont l'objet social principal est la réalisation d'opérations commerciales, financières, industrielles ou immobilières en rapport avec le projet Euro Disney.
- Demarem. Euro Disneyland SCA en a acquis la totalité des actions le 27 septembre 1990. Société anonyme aux capitaux propres de 275 000 francs. Rebaptisée EDL Hôtels, elle a pour objet social notamment l'acquisition de terrains et la prise de participations dans toutes opérations ou entreprises concernant l'hôtellerie, la restauration, le tourisme et les loisirs. On prévoit de transformer EDL Hôtels en SCA. Son acquisition et sa transformation s'inscrivent dans le cadre de la préparation du financement de la phase IB (hôtels et Disney Village).

Le 29 septembre 1990, EDL Hôtels a procédé pour un prix total de 373 millions de francs à l'acquisition auprès de l'EPA-France des terrains sur lesquels les hôtels Cheyenne, Santa Fe, Newport Bay Club, Sequoia Lodge ainsi que Disney Village sont en cours de construction. Les terrains et les constructions en cours de l'Hôtel New York ont été cédés par Euro Disneyland SCA à EDL Hôtels pour 202 millions de francs.

Si 1989 a été surtout consacrée à l'activité souterraine avec la fondation des hôtels et des attractions, des kilomètres de câbles et de conduits posés créant une infrastructure pouvant desservir l'équivalent d'une ville de 200 000 habitants, 1991 voit, après quatre millions de mètres cubes de terre remuées, des entreprises, des fabricants et des fournisseurs mobilisés pour la touche finale : 10 000 ouvriers pour 900 entreprises différentes sont employés aux finitions parmi lesquelles 30 000 accessoires posés, 4 000 enseignes et panneaux d'information vissés, 7 000 lampes, lampadaires et appliques mises au mur et 500 000 pièces de costumes créées faisant d'Euro Disney la plus importante garde-robe d'Europe. Avec 10 000 employés, ce sera bientôt cinquante tonnes de linges à blanchir chaque jour.

Le 25 mars 1991, Euro Disney SA et ses filiales concluent le programme de financement pour la construction et le développement de la phase IB dont le budget s'élève à 5,7 milliards de francs. La principale filiale d'Euro Disney SA, qu'elle détient entièrement, est EDL Hôtels SCA, dont le gérant est également Euro Disney SA. EDL Hôtels SCA assure le financement des cinq hôtels et du centre de divertissements constituant la phase IB d'Euro Disney. Six sociétés de location, filiales à 100 % d'EDL Hôtels SCA sont créées pour les besoins du financement de la phase IB. Ces six sociétés (Hôtel New York SA, Newport Bay Club SA, Sequoia Lodge SA, Cheyenne Hôtel SA, Hôtel Santa Fe SA, Centre de Divertissements SA) sont constituées sous la forme de « sociétés anonymes », chacune disposant d'un capital social de 250 000 francs. Six sociétés de financement sont également créées pour les besoins du financement de la phase IB. Ces sociétés, gérées par EDL Services SA, filiale à 100 % d'Euro Disney SA, seront propriétaires des installations de la phase IB qu'elles loueront aux sociétés de location. Par ailleurs, EDL Hôtels SCA louera aux sociétés de financement de la phase IB les terrains sur lesquels les installations de la phase IB sont en construction. Les sociétés de financement de la phase IB sont détenues par des institutions financières qui n'ont aucun lien avec Euro Disney SA.

En septembre 1991, Euro Disney Vacances SA est constituée avec un capital de un million de francs. Cette filiale, entièrement détenue par Euro Disney SA fait office de tour opérateur, proposant toute une gamme de forfaits vacances dans l'Euro Disney Resort. Elle commence par proposer ses services sur le marché français puis étendra ses activités aux autres marchés européens. En novembre 1991, Euro Disney signe avec Havas Voyages le premier « accord privilégié » en France. Suivront des accords avec DER en Allemagne, Rabobank et Tourcop aux Pays-Bas. Rien qu'en France, Euro Disney est en relation avec 500 agences de voyage.

Pour les phases IA et IB qui comprennent principalement le parc à thèmes Euro Disney, les six hôtels, le centre de divertissements Disney Village, le Camp Davy Crockett, un parcours de golf ainsi que les infrastructures et les aménagements qui en dépendent, le montant total des coûts ne dépasse pas les budgets globaux prévus de 22 milliards de francs. Le 27 juin 1991, Euro Disney lance 3,9 milliards de francs d'obligations convertibles en actions. L'ouverture du deuxième parc est désormais avancée à 1994. On prévoit en plus un nouvel hôtel classe économique de 2 700 chambres, un centre de congrès de 31 000 m² et un autre hôtel de 700 chambres, une extension du terrain de camping, de 75 000 à 88 000 m² de bureaux, des centres commerciaux, un parc aquatique et mille logements. Le second parc devrait attirer 8 millions de visiteurs soit un total de 20 millions pour les deux parcs. Euro Disney est extrêmement confiant puisque 40 000 nuitées sont déjà réservées dans les 5 200 chambres des hôtels.

En septembre 1991, le nombre d'employés des entreprises travaillant dans le parc à thèmes Euro Disney s'élève à 6 000. Les travaux de structure du parc étant presque achevés, le travail consiste désormais à installer et tester les attractions. La structure des six hôtels et du centre de divertissements est quasiment achevée et sont hors d'eau. Fin septembre 1991, plus de 1 000 des 5 200 chambres sont entièrement équipées de moquette, de meubles, d'appareillage électrique et d'accessoires de salles de bains. Au Camp Davy Crockett, 150 bungalows sont déjà occupés depuis août 1991. Au 1er octobre 1990, Euro Disney SA et ses filiales comptent 735 employés. Au 30 septembre 1991, ce chiffre s'élève à 2 316. Par ailleurs, 162 *cast members* sont employés par Euro Disney SA et 521 par la société Euro Disneyland Imagineering SARL.

Au cours de l'année 1991, les conflits se multiplient entre Euro Disney et la Délégation générale à la langue française qui dépend du Premier ministre. Ils concernent la place du français dans la dénomination des attractions et des enseignes des boutiques. Réunions, lettres, et consultations d'experts juridiques se succèdent. La Délégation déclare : « Un tel parc de loisirs au cœur de l'Ile-de-France, la province historique, ne peut ignorer la culture environnante ». L'équipe d'Euro Disney chargée de ce dossier rétorque que la raison d'être du parc est justement un dépaysement total et une immersion dans un autre monde. Elle rappelle que Walt Disney est un créateur américain « nourri de concepts de son propre pays ». Euro Disney renvoie la Délégation à l'article 6 de la Convention de 1987 alinéa 3 : « Il est entendu que les noms en langue anglaise des attractions célèbres ne nécessiteront pas de traduction ». S'en suit alors des discussions interminables pour savoir si une attraction célèbre aux Etats-Unis est considérée de la même manière en France... En tout cas, le temps passe, les travaux avancent et Euro Disney ne prend en considération aucune des remarques de la Délégation.

DERNIÈRE LIGNE DROITE

Si les travaux ont commencé en août 1988, l'introduction en bourse d'Euro Disney SCA en octobre 1989, la date d'ouverture a été prévue bien longtemps à l'avance par Michael Eisner : le 12 avril 1992, à 9h01, de manière à profiter de la foule des vacanciers de Pâques et du début de la période estivale. La promotion de ce parc de vingt-deux milliards de francs a été planifiée sur plusieurs années pour une dépense totale d'un milliard deux cent dix millions de francs ! Pour beaucoup d'analystes, cette campagne de promotion est restée comme une leçon de chose dans la maîtrise de la synergie, dans le contrôle absolu des informations et la culture du secret propre à la Walt Disney Company. Cinéma, vidéo, radio, journaux, magazines, affiches, sponsors : tout doit contribuer à répandre la fièvre Disney. Il faut dire que la firme américaine s'entoure de mille précautions après les échecs de Mirapolis, Zygofolis, Big Bang Schtroumpf et les difficultés du parc Astérix. Si Disney est présent en Europe depuis cinquante ans, il faut éduquer les Européens à l'art du parc à thèmes. Fitzpatrick annonce que « l'ampleur de cet événement [le 12 avril 1992] dépassera tout ce qui a déjà été réalisé chez Disney. »

Première leçon en deux temps. Le 3 novembre 1990 s'ouvre le premier Disney Store d'Europe en Angleterre sur Regent Street. En trois ans, Disney en a ouvert 77 dans le monde (en 2000, à son plus haut niveau, on en comptera 742). La boutique propose près de quatre cents produits différents, tous licenciés Disney.

Deuxième temps. 6 décembre 1990. Un bâtiment de 260 m² surmonté d'un chapeau de Mickey dans *Fantasia* de vingt mètres s'érige à Serris, construction que le maire du village avait pourtant refusée... Le bâtiment présente des dessins, des maquettes du parc, un film 35mm et un clip vidéo sur l'avancement des travaux. Sur la terrasse se dresse un comptoir de vente de chili con carne et une boutique de souvenirs pour un prix d'entrée de quinze francs. Selon John Wenders, vice-président marketing pour Euro Disney, c'était indispensable : « Nous avons reçu tellement de lettres et de coups de téléphone que nous devions absolument l'ouvrir. » Et c'est un franc succès avec chaque semaine plusieurs milliers de visiteurs. En moins d'un an, un million de curieux s'y sont rendus.

Deuxième leçon : engager des bureaux de publicistes à Londres, Paris, Francfort et Amsterdam, puis publier des articles de presse sur le nouveau parc à thèmes à travers le continent. Les catalogues de La Redoute et de Quelle proposent pas moins de vingt pages de marchandises consacrées à Euro Disney. Une maquette géante de la façade du château de la Belle au Bois Dormant circule de ville en ville en Europe lors d'un tour appelé « En route pour la magie ». Quatre cents enfants français sont invités au goûter d'anniversaire de Mickey Mouse tandis que des dizaines d'élus sont embarqués à Walt Disney World en Floride pour voir par eux-mêmes comment la nouvelle entreprise fonctionnerait en Europe. Disney Publishing dans ses magazines décrit le parc comme une merveille. En France, la littérature Disney est éditée par le groupe Edimonde, filiale d'Hachette. Chaque année, ce sont près de 36 millions d'exemplaires qui sont vendus dont les titres phares restent *Le Journal de Mickey*, *Picsou Magazine*, *Mickey Parade* ou *Mickey Poche* pour un chiffre d'affaires de 230 millions de francs. Buena Vista Home Video qui distribue les films Disney, accole un *trailer* publicitaire de cinq minutes consacré à Euro Disney au début de *La Petite sirène*, de *Bernard et Bianca au Pays des Kangourous* et d'autres titres porteurs. En 1989, les recettes liées au cinéma ont rapporté 400 millions de dollars à la Walt Disney Company. Dennis Hightower de Disney Consumer Products, Europe/Middle East, déclare que sa division allait dépenser entre 220 et 230 millions de francs pour promouvoir le parc et espère toucher 162 millions de téléspectateurs, « des gens que nous n'aurions pas atteints autrement » note-il. Toujours en 1989, le *merchandising* a rapporté 550 millions de francs à Disney. Et dès 1990, la production de T-shirt Mickey commence au Portugal pour remplir les boutiques d'Euro Disney. Un analyste du divertissement prédit que la campagne basée sur la synergie aura un impact majeur : « Le public n'a pas entendu parler ou ne prête pas attention à Buena Vista ou à Disney Consumer Products, mais il a certainement entendu parler et a prêté attention à un parc à thèmes de cette taille. »

La partie la plus puissante de la campagne est sans aucun doute la télévision. En plus de l'énorme succès populaire de Disney Channel en Europe (et de Sky Movies, un système satellite qui diffuse des programmes Disney auprès d'un million de foyers en Angleterre et en Irlande), des spots TV conçus par WPP Group's Ogilvy & Mather sont diffusés au Royaume-Uni, aux Pays-Bas, en Belgique, en Allemagne et en France début janvier 1992. Les membres de l'équipe du marketing Euro Disney ont mis en place des accords avec les plus grandes chaînes européennes de télévision pour diffuser chaque semaine du Disney pour les enfants. Chaque programme est accompagné d'images des attractions du futur parc.

Dès 1988, durant son séjour parisien, Michael Eisner fait plus ample connaissance avec Etienne de Villiers. Ancien étudiant d'Oxford, il a travaillé autrefois pour une compagnie sud-africaine et a été recruté par Richard Frank au poste de président pour la télévision à Buena Vista International ; en d'autres termes, il est chargé de diffuser les programmes Disney sur les télévisions étrangères. Le but de cette rencontre est la mise en place d'une stratégie télévisuelle sur les cinq ans. Au conseil d'administration de la Walt Disney Company, Eisner est, on ne peut plus clair : « L'Europe, avec ses 320 millions d'habitants, est le marché phare des dix prochaines années. Nous devons être présents dans tous ces pays. Et de manière régulière. Il faut que nous devenions une télévision payante. Nous devons exporter Disney Channel. Nous devons produire en Europe. Et cet objectif doit se réaliser en 1990. De la sorte, lorsque notre parc ouvrira ses portes en 1992, le public nous sera déjà acquis. »

En 1988, au Portugal et en Italie, les émissions Disney ont déjà atteint des taux d'audience record. La Walt Disney Company s'associe à la société anglaise GMTV, dont les programmes passent de 6 heures à 9 heures 30, sept jours par semaine. Le week-end, GMTV diffuse essentiellement des programmes Disney, et surtout des dessins animés.

En 1989, Disney a signé des accords négociés par Etienne de Villiers avec des chaînes de télévision en Grande-Bretagne, en France, aux Pays-Bas et en Scandinavie pour la diffusion du *Disney Club* le dimanche matin. L'émission est une version modernisée du *Mickey Mouse Club* des années cinquante durant laquelle sont diffusées des séries comme *La bande à Picsou*, *Tic et Tac : les rangers du risque* ou *Super Baloo* doublées en version étrangère. A la Noël 1989, Disney s'est joint à cinq chaînes de télévision pour produire une émission spéciale de onze millions de francs. Et bien entendu, un morceau de l'émission montre des téléspectateurs de quinze pays européens faisant un tour dans les coulisses de la construction d'EuroDisneyland. Un épisode du *Disney Club* est spécialement programmé depuis le parc juste avant son ouverture. Les trois animateurs parcourent les coulisses, essayaient les costumes des *cast members* et annoncent un concours pour gagner un voyage pour quatre à Euro Disney. Un animateur dit à la fin de l'émission : « J'aurais bien aimé rester plus longtemps ! ». Etienne de Villiers rejette les insinuations selon lesquelles le *Disney Club* serait surtout une publicité pour Euro Disney : « Nous sommes très attentifs sur la dose de promotion que nous faisons dans l'émission parce que s'il y en a trop, les gens commencent à se sentir exploités. » Des études de marché ont montré que les extraits sur le parc étaient parmi les plus appréciés. Dans tous les cas, les chaînes de télévision européennes ne considèrent pas le *Disney Club* comme une publicité déguisée. La plupart étaient déçues de la médiocrité des programmes jeunesse. Il reste que le *Disney club* est une grande source de profit pour la Walt Disney Company. Disney Channel et FR3 avaient conclu un accord dès le 26 janvier 1985 pour diffuser une émission en France qui fut un grand succès et dans laquelle certains ont voulu voir une première préparation mentale à l'univers disneyen. Ce qui est certain, en tout cas, c'est que la fréquence des reportages concernant le parc européen dans le *Disney Club* n'est aucunement fortuite... Jean Rochefort a présenté *Les Aventures de Winnie l'Ourson* sur FR3 de 1985 à 1987 chaque samedi à 20h05. Toujours sur FR3, dans le cadre de l'émission *Amuse3* est diffusé *Mickey, Donald et Compagnie* et le mercredi matin, vers 10 heures, rediffusion d'un *Disney Channel* de l'année précédente. Car le titre phare de FR3, c'est bien le *Disney Channel* proposé par Gérard Jourd'hui et présenté par Vincent Perrot diffusé chaque samedi entre janvier 1985 et décembre 1988. L'année 1988, dernière saison de l'émission, bénéficie d'un lifting complet : nouveau générique, nouveau jingle, nouvelle formule en deux parties ; la première de 17 heures à 19 heures, la seconde à 20 heures 35 après le *19/20* et *La Classe* animée par Fabrice. La série *Winnie l'Ourson* est diffusée en première partie du *Disney Channel* suivie par un *Festival de dessins animés classiques*, la *Minute Disney* et une série (*Diligence Express*). Mais TF1 passe par là et réussit à ravir à FR3 le contrat avec Disney. La chaîne privée propose à la Walt Disney Company une large diffusion dans *Le Club Dorothée*, *Disney Samedi*, *Disney Dimanche* et *Disney Parade* (proposé par Gérard Louvin et présenté par Jean-Pierre Foucault). Dès la dernière semaine de décembre 1988, TF1 propose déjà deux émissions Disney. Le dimanche 25 décembre, Dorothée anime *Joyeux Anniversaire Mickey*. Quant à Jean-Pierre Foucault, il nous propose une émission spéciale à... Walt Disney World le jeudi 29 décembre à 20 heures 35. *Le Disney Channel* s'arrête définitivement le 31 décembre 1988. *Disney Dimanche* débute le 1er janvier 1989 à 8 heures dans *Le Club Dorothée* et l'après-midi, c'est au tour de *Disney Parade* avec Jean-Pierre Foucault et Pilou (puis Anne), « en direct de la maison de Mickey » d'émettre pour la première fois. Mais la stratégie de la Walt Disney Company ne s'arrête pas là. En septembre 1990, le *Disney Club* débarque sur TF1, animé par Julie, Philippe et Nicolas, entourés de cent à cent cinquante enfants tous les dimanches et mercredis matin et tous les matins des vacances scolaires. Dans une récente interview, Julie se remémore avec nostalgie cette époque en déclarant : « Que de bons souvenirs me restent à l'esprit de ces cinq années chez Disney ! Les reportages, les enregistrements des plateaux, les nombreux enfants et leurs lettres d'encouragement, les voyages aux Etats Unis avant l'ouverture du parc Disneyland Paris. Bref, rien que d'y repenser, j'ai le sourire aux lèvres et les yeux qui pétillent. (...) Dès les premiers jours de ma collaboration avec Disney, nous nous sommes envolés pour la Floride afin de commencer les reportages de l'émission. C'était génial ! Se retrouver au soleil et dans l'univers Disney... Je garde du tout premier voyage un souvenir particulièrement émouvant... Lorsque le *Disney Club* a commencé sur TF1, l'émission était toute nouvelle en France mais existait dans d'autres pays. Et d'ailleurs, souvenez-vous, nous avons souvent fait des reportages avec les autres membres des autres *Disney Club*. Et c'était super sympa lorsque nous nous retrouvions tous en Floride. » La jeune fille ne semble pas du tout être consciente d'avoir participé à l'une des plus impressionnantes campagnes de marketing du début des années quatre-vingt-dix, et ce, à l'échelle européenne. Julie animera le *Disney Club* jusqu'en juin 1995 avant d'être remplacée par Billy. Durant toute l'année 1991, on peut dire que la Walt Disney Company mène une véritable « campagne de France ». Il faut dire que le marché hexagonal représente un quart du chiffre d'affaires de Disney en Europe, soit près de 1,6 milliard de francs par an. Disney est présent dans le pays au travers de quatre filiales : The Walt Disney Company (France), Euro Disney, Disney Hachette Editions et Walt Disney Animation France. Cette dernière unité sort le 14 août 1991, le premier dessin animé de long métrage Disney produit en grande partie en France à Montreuil-sous-Bois : *Le Trésor de la Lampe perdue* avec la bande à Picsou (Riri, Fifi, Loulou, Zaza, etc.) partie dans le désert égyptien à la recherche du trésor légendaire de la pyramide de Calli Baba. Le film réalise plus de 700 000 entrées en France (c'était l'objectif) mais il est d'une médiocrité sans nom. Ce studio s'est installé en France en septembre 1989. Selon Roy Disney : « Pour notre compagnie, il s'agit d'un merveilleux retour aux sources, car il ne faut pas oublier que la plupart de nos grands classiques, notamment *Blanche-Neige*, *Pinocchio*, *Cendrillon* et *La Belle au Bois Dormant* sont issus de contes européens. Nous nous félicitons donc de pouvoir travailler avec ce nouveau groupe d'auteurs de dessins animés et de leur permettre d'enrichir, chacun avec son style culturel particulier, le monde de l'animation ». Bonnes paroles qui ne seront jamais vraiment suivies des faits. Cette filiale restera une annexe américaine et produira des morceaux de films « Disney » ne laissant pas à Paul ou Gaétan Brizzi l'occasion réelle de montrer leur savoir-faire. Après s'être installée au Japon et en Australie, la Walt Disney Company jette son dévolu sur l'Europe. Le Vieux Continent est certes riche en graphistes et animateurs de talent, ce n'est pas ce qui intéresse Disney. La société a peur que la CEE constitue un marché commun audiovisuel en tentant de s'opposer, par des quotas, à l'invasion des productions américaines. Pour contourner cette menace de protectionnisme, la Walt Disney Company a tout intérêt à avoir un pied à l'intérieur de l'Europe. La firme hésite ensuite entre la Grande-Bretagne et la France. Si la première offre une main-d'œuvre moins coûteuse, la deuxième séduit par son régime d'aides à la production cinématographique et audiovisuelle. Lors du Festival de Cannes 1989, Jeffrey Katzenberg rencontre Jack Lang et entame des négociations avec le CNC. Un accord est vite trouvé : les dessins animés Disney fabriqués en France avec des techniciens français bénéficieront du compte de soutien. Pierre Sissmann, PDG de la Walt Disney Company (France), note : « Walt Disney Animation France est beaucoup plus qu'une simple filiale. C'est le plus gros studio d'animation du continent, c'est l'unique chance pour des talents européens d'avoir un accès immédiat au marché mondial ». En près de quinze ans, le studio participe à la réalisation de films tels *Les Aventures de Super Baloo*, *Myster Mask*, *Dingo et Max*, *Mickey perd la tête*, *Le Bossu de Notre-Dame*, *Hercule*, *Tarzan*, *Kuzco, l'Empereur mégalo*, *One by One* ou *Destino*. Le studio aurait dû déménager à Marne-la-Vallée et servir « d'attraction » à Art of Disney Animation du parc Walt Disney Studios mais il a définitivement fermé ses portes en 2003.

    L'accord avec Hachette permet d'écouler 25 millions d'exemplaires annuels de magazines. Ainsi *Le Journal de Mickey* se vend-il à 184 978 exemplaires chaque semaine et *Super Picsou Géant* ou *Picsou Magazine* connaissent également de grands succès. Le 25 juillet 1991, Disney lance son dixième titre, le *Disney Club Vacances* tiré à 120 000 exemplaires cinq ou six fois par an. Sissmann pense que « ce lancement devrait nous aider à conforter notre première place sur le marché de la presse enfantine en France ». Faut-il rappeler que Disney détient 85 % du marché des produits dérivés en France ? « Nous sommes vraiment tirés par le marché. Alors que depuis la guerre du Golfe, l'activité économique internationale est morose, notre problème serait plutôt de faire face à la demande, de sélectionner les propositions qui nous sont faites et d'éviter l'emballement de notre activité. »

    Troisième leçon : sponsoriser le rêve. Dans le jargon Disney, on ne parle pas de sponsors mais de « participants ». Cela existe depuis 1950 et Disneyland en Californie. Euro Disney utilise le logo de ses sponsors et les marques utilisent les personnages Disney. Depuis longtemps Euro Disney a signé des accords avec douze participants : Renault (le premier en septembre 1988), Banque Nationale de Paris (deuxième en décembre 1988), Europcar (troisième en mars 1989), Kodak (quatrième en avril 1989), Nestlé, Coca-Cola, Philips, Esso, France Telecom, American Express, IBM et Mattel (le dernier, le 12 novembre 1991) : chacun a accepté d'aider le parc par de la publicité. Les participants bénéficient du prestige de Disney alors qu'Euro Disney reçoit des fonds pour ses attractions et de la visibilité dans les campagnes publicitaires destinées à un public familial. Le constructeur automobile Renault est le premier participant à embarquer. Il célèbre le nouveau partenariat en dédiant sa vitrine d'exposition sur les Champs-Elysées à Mickey Mouse. Renault dépense beaucoup d'argent en campagne d'affichage. « En 2328, grâce à Renault, vous arriverez à Euro Disney à bord de la dernière Reinastella. Après avoir pris l'autoroute du ciel A4, tournez à gauche au prochain cumulo-nimbus, descendez le strato-cirrus sur la droite de l'anticyclone Minnie, vous atterrirez doucement au pied du château de la Belle au Bois Dormant. Dans le temps présent, à partir du 12 avril 1992, vous pourrez visiter Euro Disney à bord de votre Renault Espace. » Aventure, fantaisie, futurisme, nouvelles frontières, esprit imaginatif de Renault et d'Euro Disney sont clairement affichés dans cette campagne. Renault encourage les visiteurs à visiter le parc où un prototype de la Reinastella « la seule voiture du monde capable de lire dans votre esprit » est en démonstration au Visionarium à Discoveryland. « Comme vous vous en rendrez compte, aujourd'hui Renault vous emporte dans un monde de rêve, mais demain les rêves pourraient bien devenir réalité. »

Le sponsor le plus zélé pendant cette pré-campagne d'ouverture est Nestlé qui s'est assuré l'usage exclusif de l'image Disney dans le secteur de l'agro-alimentaire. Il voit le partenariat comme une grande opportunité marketing et montre le parc dans les publicités de tous ses produits, du fromage au chocolat. Aux Pays-Bas, Nestlé a mené la plus grande campagne de promotion de toute l'histoire du pays.

Quatrième leçon. En mars 1991, Euro Disney SA ouvre son centre de réservation à Marne-la-Vallée. Il a pour vocation de fournir des renseignements et d'effectuer des réservations pour les six hôtels d'Euro Disney Resort, le camping-caravaning et le dîner-spectacle proposé au Disney Village. Au 30 septembre 1991, 19 agents de réservation sont totalement opérationnels et plus de 18 500 demandes ont été traitées. La vente de tickets marche très fort, un journaliste déclare : « Mickey peut dormir sur ses deux oreilles. » Pour couronner le tout, Euro Disney a conclu des accords avec plus de vingt tour-opérateurs et a créé son propre opérateur : Euro Disney Vacances, filiale détenue à 100 % par Euro Disney SA, qui a pour vocation de promouvoir l'Euro Disney Resort en France, en Allemagne, en Italie et aux Pays-Bas. Le 12 avril 1991, soit un an jour pour jour avant l'ouverture, Euro Disney SA commence à vendre des passeports commémoratifs. Il s'agit de billets spéciaux à tirage limité donnant droit à une entrée pour une journée au parc à thèmes. Quelques chambres ont été réservées pour le passage à l'an 2000.

Cinquième leçon. Le 12 octobre 1991, lancement de la campagne marketing « Le Rendez-vous au Château ». Deux mille journalistes et invités peuvent découvrir le Château de la Belle au Bois Dormant. Jean-Marie Gerbeaux, directeur de la communication, avoue : « Mille journalistes : on a des objectifs qui ne sont pas seulement français ! » Michael Eisner, Robert Fitzpatrick et Roy Disney sont présents. Le PDG de la Walt Disney Company déclare : « J'ai le plaisir d'ouvrir le rideau » mais Philippe Bourguignon, directeur général du parc (en remplacement de Jim Cora), s'empresse de dire aux journalistes : « Vous savez, il faut créer le suspense. Et à partir d'aujourd'hui, le parc est fermé et vous ne pourrez le revoir que le 12 avril 1992. ». Fitzpatrick note : « Cet événement médiatisé a eu pour effet de renforcer considérablement notre notoriété dans toute l'Europe. Cette journée a marqué non seulement le point de départ de nos activités de marketing mais aussi le lancement d'une campagne de promotion paneuropéenne, réalisée en collaboration avec nos Participants. » La division des ventes a lancé un programme afin d'encourager les familles européennes à inscrire Euro Disney Resort sur l'agenda de leurs prochaines vacances. Une politique d'alliances avec les plus importantes entreprises de l'industrie du voyage est conclue afin de maintenir une forte présence sur les principaux marchés du tourisme : P&O European Ferries, SAS Leisure Group, Société Nationale des Chemins de Fer Belges. Ainsi, Woolworth au Royaume-Uni développe-t-il des idées vacances autour d'Euro Disney. Juste après l'inauguration, McDonald's engage une campagne publicitaire de quarante-quatre millions de francs dans ses 1 388 restaurants d'Europe, P&O European Ferries Ltd. signe un accord de quatre ans avec Euro Disney pour des liaisons trans-Manche, Travel Europe, une compagnie de onze bus, a acheté deux nouveaux véhicules pour 2,75 millions de francs et a distribué 100 000 exemplaires d'une brochure de 12 pages pour effectuer des tours à Euro Disney. Margo Vignola, analyste chez Salomon Brothers, est impressionnée par l'ampleur du plan marketing : « Je ne pense pas qu'il puisse rater. Ils sont les maîtres du marketing. Quand le parc ouvrira, ce sera parfait. Et ils savent comment faire rire les gens – même les Français. » Certains se plaignent que la campagne de promotion soit trop agressive. Deux ans avant, et on en parle déjà !

Le 2 septembre 1991, un centre de casting, le *Casting Center*, ouvre dans l'immeuble Vendôme III à Noisy-le-Grand et des bureaux de recrutement à Londres, Amsterdam et Francfort sont installés. La majorité des contrats de travail proposés prévoient que les nouveaux candidats prendront leurs fonctions dans Euro Disney SA à partir du début de l'année 1992. Le dossier de presse indique : « Walt Disney savait que le casting jouerait un rôle vital pour assurer le succès de Disneyland tout comme le choix des acteurs est essentiel pour le succès d'un film ou d'une pièce de théâtre. (…) Walt Disney voulait une équipe de personnes courtoises qui, non seulement prennent leur travail à cœur, mais aient aussi le sourire facile et se soucient réellement des autres. » Il s'agit de trouver, sélectionner et former 12 000 employés dans 1 200 métiers différents. Pendant quelques mois, Euro Disney devient le plus grand recruteur d'Europe. C'est le deuxième volet de la campagne de recrutement la plus importante jamais réalisée en France depuis bien longtemps : « L'ogre Disney recrute à tour de bras » lit-on dans les journaux. La tâche est immense pour créer et forger une équipe homogène mais internationale qui refléterait la proportion attendue des visiteurs : 45 % de Français, 30 % d'autres Européens et 15 % en dehors de l'Europe. Le but du *Casting Center* est de recruter 10 000 personnes dans les six mois pour « jouer un rôle dans le spectacle Disney ». Une équipe de 60 recruteurs doit rencontrer 750 candidats par jour, six jours par semaine et retenir 70 personnes chaque jour (soit 10 % des candidats). En un mois, le centre de Noisy-le-Grand reçoit 13 707 candidats. La France est dans une période de récession économique. Le salaire s'élève à 15 % de plus que le SMIC (entre 6 000 et 7 000 francs par mois) mais on promet des pourboires. Les recruteurs font également le tour des écoles hôtelières, des écoles de restauration et des chambres de commerce. On lance la campagne « It's Time to Come Home » qui doit recruter du personnel ayant de l'expérience dans le secteur du tourisme nord-américain (y compris des anciens des parcs Disney). On passe des publicités dans les journaux à Los Angeles, San Francisco, Dallas, Chicago, Montréal, New York et Orlando. Début 1992, près de 8 000 postes sont pourvus. Disney visite encore 28 villes dans douze pays d'Europe afin d'obtenir la saveur internationale du casting. Les nouveaux *cast members* viennent de 35 nationalités différentes : 61 % de Français ; 9 % de Britanniques ; 3 % d'Hollandais ; 3 %

d'Irlandais ; 2 % d'Allemands ; 1 % de Danois ; 1 % de Belges ; 1 % de Portugais. Les 19 % restants viennent du reste du monde, du Maroc en passant par la Nouvelle-Zélande. Robert Fitzpatrick explique que « les critères de sélection vont au-delà des qualifications professionnelles et prennent en compte la volonté d'offrir un service de qualité, l'enthousiasme naturel et un sens de l'accueil. Bien avant le jour de l'ouverture, les 12 000 *cast members* prévus auront rejoint l'équipe. Chacun d'eux passera beaucoup de temps dans notre Université Disney pour apprendre, non seulement ce qu'est le travail du *cast member* en coulisse et sur scène, mais aussi pour bien comprendre combien l'accueil et le bien être de nos visiteurs sont importants à nos yeux. Nos cadres les plus qualifiés ont aussi suivi une formation en costume à notre centre d'information, l'Espace Euro Disney (j'ai moi-même travaillé à la billetterie et fus chargé de gérer les entrées). Au cours de l'année, nous avons reçu des centaines de milliers de visiteurs et des sondages ont confirmé qu'ils étaient particulièrement touchés par la courtoisie et l'attention que leur portaient nos *cast members*. Cela s'est encore vérifié récemment lors d'une mésaventure vécue par un couple en vacances dans la région. Après avoir perdu la totalité de leurs papiers et de leur argent, ils s'arrêtèrent à l'Espace Euro Disney pour demander de l'aide. « Vos employés », m'ont-ils écrit, « nous ont aidés au-delà de tout ce que l'on pouvait attendre. Bien que cela puisse s'expliquer par les qualités personnelles de chacun d'eux, je soupçonne que cela soit aussi lié à la formation qu'offre Euro Disney à tous ses employés. Si tous les autres *cast members* d'Euro Disney réagissent de la même manière, vous devriez rencontrer un triomphe. » Notre objectif est que chacun de nos visiteurs nous quitte avec cette même impression. »

Pierre Janier, vice-président des ressources humaines, insiste sur FR3 le 2 septembre 1991 : « Nous sommes en train de préparer un grand spectacle avec 12 000 acteurs, 12 000 acteurs qui auront bien sûr un métier à exercer. Ce seront des gens à qui l'on demandera d'avoir des qualités d'accueil vis-à-vis du public, d'avoir un minimum de courtoisie, des qualités de communication et d'enthousiasme. »

Un programme de formation de deux jours « Tradition » introduit en effet les nouveaux *cast members* à la culture Disney. Des brochures sont distribuées afin de renforcer l'idée que travailler à Euro Disney, c'est vraiment unique : « La Magie c'est Vous ! ». Le guide du *cast member* explique l'importance du rôle de chaque personne dans le spectacle. « La courtoisie selon Disney » expose comment communiquer verbalement ou non pour fournir un bon niveau de service au *guest*. Mais c'est « The Euro Disney Look » qui provoque des remous dans la presse et au sein des syndicats français : anglais indispensable et look aseptisé. Il concerne les apparences physiques dont la tenue. Pour les hommes, pas de longs cheveux, pas de boucles d'oreilles, pas de tatouages visibles, pas de jeans. Pour les femmes, pas de maquillage trop voyant, pas de longs ongles, etc. Extrait du film diffusé aux candidats : « ... Les cheveux devront être d'une seule couleur, pas de balayage ou de mèche... les boucles d'oreilles ne doivent pas excéder deux centimètres... les hommes doivent avoir les cheveux bien coupés... le col de chemise et les oreilles dégagés... Tout comme les femmes, les hommes devront limiter les bijoux à une bague par main... Barbes et moustaches ne font pas partie du look Disney. » Thorolf Degelmann, vice-président du personnel, martèle : « Nous voulons un look professionnel ». De plus, les candidats sont prévenus avant de signer le contrat et Air France applique déjà de telles règles.

La CFDT attaque Euro Disney, estimant qu'elle impose des règles répressives d'apparences et de comportement à ses employés. Isabelle Perrin-Boucher mène l'attaque en disant qu'elle bafoue la liberté individuelle (même si le code du travail autorise les employeurs à imposer certaines règles vestimentaires) : « Il est vrai que certaines entreprises imposent un certain nombre de critères. Mais Disney va trop loin. Ils imposent une taille pour la longueur des ongles féminins et ils ont interdit le rouge à lèvres et le maquillage. Les talons des femmes doivent être compris entre deux et dix centimètres. Les jupes doivent être huit centimètres au-dessus du genou pas plus pas moins ».

Très vite, Euro Disney apparaît comme un lieu oppressif. En France, ces règles ont du mal à passer alors que le look Disney s'impose en Amérique et au Japon sans problème. Pierre Janier : « Je sais qu'on a quelquefois dit que la société avait un style de management un petit peu dur mais je crois que, dans une organisation comme la nôtre, on ne peut rien laisser au hasard. Et à partir de dimanche prochain [12 avril 1992], ce ne sera pas le management qui fera la critique mais ce sera le public lui-même. Et je pense que le public sera encore beaucoup plus dur que le management. » La brochure « Euro Disney Look » rappelle qu'« Euro Disney est un spectacle... un spectacle immense en trois dimensions dans lequel nos visiteurs sont le public... et dans lequel nos *cast members* sont les acteurs... Le Look Euro Disney est conçu pour s'assurer qu'il n'y ait pas d'extrême dans l'apparence qui pourrait contrarier la mise en scène soigneusement élaborée. En fait, le spectacle tout entier est la star et chaque *cast member* joue un rôle important. » Les Français ne comprennent pas que c'est un « show » et qu'il faut être costumé comme dans un spectacle. L'attitude aussi est importante, tout comme la façon de s'habiller. Des règles strictes créent aussi une culture commune à une équipe multiculturelle. Chaque employé sait ce qu'il a à faire et est jugé là-dessus. Robert Fitzpatrick est agacé par ces polémiques : « Le Français remet tout en question. »

En janvier 1992, certains journaux s'interrogent : « Euro Disney tiendra-t-il ses engagements ? ». Les 12 000 emplois prévus ne sont pas au rendez-vous et quelques entreprises attendent d'être payées. Trois mois avant l'ouverture, seulement 3 000 emplois sont créés. Robert Fitzpatrick assure : « Ce qui est important, c'est que nous avons aussi recruté 3 800 personnes, contrat signé dans leur poche, mais qui ne commencent à travailler qu'à partir du 1er février. » Il reste tout de même près de 4 000 personnes à recruter et à former en trois mois. « Mais chez Mickey, l'optimisme est toujours de mise » entend-on à la télévision. Fitzpatrick poursuit : « Je crois que les retombées espérées par les citoyens d'Ile-de-France, ils vont la trouver une fois que notre parc est ouvert, voir les employés sur place. Emplois indirects créés aussi en hôtellerie, restauration, toutes sortes d'autres entreprises. Je crois que nous avons beaucoup plus que rempli nos obligations. » Les cuisiniers se méfient de Mickey : Euro Disney ne trouve pas assez de chefs. Paradoxalement, malgré le chômage, Disney a du mal à recruter et au centre de recrutement de Noisy-le-Grand, ils sont encore nombreux à s'inscrire pour des emplois d'accueil ou de maintenance. A deux mois de l'ouverture, il manque trois cents personnes devant les fourneaux et dans les salles de restaurant. Sylvia Oglesbee, recruteur chez Euro Disney, n'hésite pas à promettre aux futurs cuisiniers de changer de vie : « Ils peuvent travailler dans un restaurant qui sera perdu dans la jungle, donc ils seront explorateurs, c'est super ! Ou alors, ils seront très romantiques dans l'auberge de Cendrillon. » La restauration-spectacle n'est pas au goût de tous. En Ile-de-France, 30 % des emplois en restauration ne sont pas pourvus. A Euro Disney, le salaire de base n'est pas supérieur à la moyenne : 6 000 francs brut sur treize mois. Robert Gafner, délégué national emploi hôtellerie, constate : « Il est bien certain qu'avec les salaires qu'offre EuroDisneyland, 6 000 francs, c'est un salaire de commis-débutant en cuisine par exemple. Et si des gens qualifiés ont d'autres propositions, ils vont vers la proposition qui correspond le plus à leur attente. » Cuisiniers et serveurs ont peur de se retrouver dans un vulgaire fast-food. Michel Grobon, chef-cuisinier, rectifie : « On pense tout de suite, quand on parle de l'Amérique, qu'on va manger que des hamburgers et des hot-dogs mais ce n'est pas le cas ici. Pour 90 %, ce sera des spécialités américaines. »

Le 13 février 1992, lors de l'Assemblée générale des actionnaires, on se demande pourquoi il y a des problèmes avec certaines entreprises. Tout remonte à un mois plus tôt. Le 6 janvier, le PDG de GABO Eremco, Claude Millot, évoque le cas d'une société qui accuse un déficit de 21 millions de francs pour le Bazar à Adventureland : « Devant la complexité [du projet], nous avons été obligés de demander un surcoût. Et c'est ce surcoût qui est demandé. Disney ne veut pas payer. Ce qui entraîne des complications au niveau du paiement des artisans. En ce moment, j'ai une quarantaine d'entreprises qui sont au bord du dépôt de bilan. » L'affaire est portée devant la justice, six cents emplois seraient menacés. Les entrepreneurs mécontents veulent créer une association. Le 13 janvier, seize entreprises créent une coordination et réclament 850 millions de francs d'impayés. Les entreprises sous-traitantes sont menacées de dépôt de bilan. Ainsi l'entreprise Le Carlier, qui emploie 45 salariés, spécialisée dans l'agencement de magasins réclame-t-elle trois millions de francs d'impayés. Ainsi l'entreprise Roiret avec 380 salariés, spécialisée dans les installations électriques, l'audiovisuel et les automatismes est-elle placée en redressement judiciaire. Elle réclame dix millions de francs d'impayés à Euro Disney. Selon les patrons des entreprises eux-mêmes, ils ont été trop crédules, trop confiants dans le patronage de l'Etat, peu au fait des méthodes commerciales anglo-saxonnes et pour obtenir les marchés, ils ont dû d'abord signer une convention de trente pages puis, plus tard, un contrat de quatre-vingt-dix pages avec des clauses restrictives dont Euro Disney aurait abusé. Par exemple, le droit de modification, utilisé à répétition, aurait entraîné des frais supplémentaires, des retards, des recours multiples à des sociétés sous-traitantes de secours pour faire respecter les délais et enfin des pénalités. Le *Los Angeles Times* rapporte en avril 1992 : « Ils [Disney] sont tellement durs en affaires, qu'ils estiment vous faire un honneur par le simple fait de traiter avec vous, car ils se croient meilleurs que tout le monde dans le métier. » Martine Mariez, de la coordination des entreprises, déclare aux *Actualités régionales d'Ile-de-France* sur FR3 : « C'est maintenant que les décomptes définitifs arrivent, que Disney nous dit « Non » aux sommes que nous leur demandons, alors que pendant la durée du chantier, ils nous laissaient toujours supposer que peut-être, ils allaient arranger les choses et que peut-être, ils allaient nous payer nos décomptes définitifs. » Autre grief : le savoir-faire affiché par Disney ne correspondrait pas à la réalité : les plans auraient été insuffisants et entraîneraient des retards dont auraient été victimes les entreprises. Martine Mariez poursuit : « On a cru qu'ils n'appliqueraient pas à la lettre ce contrat qui avait beaucoup de clauses léonines et on a été très légers, parce qu'en France, aucun maître d'ouvrage n'a jamais appliqué ce genre de contrat. » Euro Disney relativise le conflit par rapport aux sept cents sociétés qui ont travaillé sur le chantier : « La réception des travaux n'est pas terminée. Il faut chercher des compromis. » Le 5 février, Fitzpatrick assure que « le parc ouvrira bien le 12 avril comme prévu ». Le conflit qui l'oppose à seize entreprises est en voie de règlement assure-t-on chez Disney. Le 11 février 1992, un incendie se déclenche au Sequoia Lodge. En effet, une bâche couvrant une partie de l'hôtel s'est soulevée laissant la pluie s'infiltrer et provoquant un court-circuit dans les combles. La toiture a été détruite sur 10 m^2 : vingt chambres sont sérieusement endommagées et soixante-dix autres touchées par la fumée.

Lors de l'Assemblée générale du 13 février, Robert Fitzpatrick déclare : « Tout va bien. Côté financier, côté marketing et côté technique. » Tout sera prêt y compris les personnels pour l'ouverture. La société a lancé ses opérations financières pour la phase II des travaux. Les premières fiscalités locales ont été versées. « Les contrats ont été respectés. » Certains actionnaires demandent des explications sur les problèmes avec quelques entreprises. Fitzpatrick balaie les critiques d'un revers de la main : « Litiges normaux en fin de chantier. Il n'y a que huit sociétés en procédure sur le fond, trois en arbitrage. Et puis, ce type de situation est prévu dans les réserves. Si c'est justifié, on paye au cas par cas. » Faux ! répond la coordination contestataire. Euro Disney ne paie pas directement mais utilise les cautions bancaires. Les arguments pleuvent : « Disney veut ici plus qu'aux Etats-Unis, plus qu'au Japon. Elle veut aboutir à date fixe. » Aux menaces de perturbations, Euro Disney répond que la sécurité appartiendra aux autorités françaises le jour de l'ouverture : « Nous serons prêts à l'intérieur. » Le 5 mars, une opération escargot est organisée par les entreprises du bâtiment en litige avec Euro Disney. La coordination déclare avoir rassemblé 150 personnes et 50 véhicules, provoquant un embouteillage de vingt kilomètres sur la RN 34. Quant à la police, elle n'a compté que quinze voitures et camionnettes entre 7 heures et 9 heures du matin. Qu'importe la mobilisation, le 7 avril, cinq jours avant l'ouverture, Euro Disney réussit à résoudre une partie du contentieux avec les entreprises mécontentes. La Fédération nationale du bâtiment obtient un accord avec les gros sous-traitants du groupement CGCE.

Toujours en février 1992, seize licenciements sont plutôt passés inaperçus. Il s'agit de seize employés de la SARL Euro Disneyland Imagineering. Un architecte, licencié et désabusé, raconte : « Quand on m'a embauché il y a trois ans, on m'avait promis du travail jusqu'en 2017. Nous devions enchaîner sur un second *gate*, le deuxième parc, Disney-MGM Studios Europe et on nous avait dit que, chaque année, il faudrait renouveler 30 % des attractions. Mais il est vrai que depuis quelques temps, aucune date n'était fixée pour le début de ce nouveau projet primitivement annoncé pour 1996 ». Enfin, lors de la troisième édition du Marché international des professionnels de l'immobilier qui se déroule à Cannes du 14 au 17 mars, Robert Fitzpatrick est primé « homme de l'année ».

Le jour de l'inauguration approche. *Les Actualités régionales d'Ile-de-France* titrent : « Mickey : l'overdose. » Pour l'ouverture, on s'attend au plus gigantesque embouteillage qu'ait jamais connu la région parisienne. Près de 90 000 voitures sont attendues, soit dix fois plus que la capacité d'accueil du site qui peut recevoir 11 383 voitures. On parle de 500 000 visiteurs le 12 avril dont près de 300 000 comptent y aller en voiture ! Ce qui signifierait que seulement 11 % pourrait entrer... Le poste de commandement de Champigny-sur-Marne crée une cellule de crise spéciale au sein du Centre de régulation autoroutier de l'Est parisien. Pour couronner le tout, le RER A risque d'être fermé pour cause de grève. Le 26 mars 1992, les autonomes du GATC, les syndicats CGT, FO, CFDT et CFTC appellent les personnels du RER A à des arrêts de travail les 30 mars, 31 mars et 12 avril. Les syndicats estiment que « l'exploitation de la ligne A est en danger » en raison des « incidences » qu'aura le trafic de « la ligne la plus fréquentée du monde ». En haut-lieu, c'est l'affolement général. Le survol du site est interdit, 152 policiers assureront la sécurité aux portes du parc. Georges Sarre, Secrétaire d'état chargé des transports, exhorte les Français à ne pas se rendre dans le parc : « Je dis à tous ceux qui avaient l'intention d'aller le 12 à EuroDisneyland de différer cette visite. » Mille gendarmes et CRS sont prévus afin d'inviter les automobilistes à rebrousser chemin une fois le parking plein. Jean Poulit, Directeur régional de l'équipement (Ile-de-France) depuis juillet 1991, ancien directeur général de l'EPA-Marne, déclare : « Il est prévu que dès que la capacité du parking est atteinte, la barrière de péage d'accès au parking est fermée et on procède à des mesures de renvoi des automobilistes qui ne peuvent accéder au parking. » Le 10 avril 1992, Pierre Verbrugghe, Préfet de police de Paris, intervient en direct à la télévision : « Les Ministres de l'Intérieur et de l'Equipement, le Secrétaire d'état aux transports m'ont demandé de prévoir un dispositif pour assurer dans les meilleures conditions la circulation et la sécurité des personnes qui se rendent non seulement à l'EuroDisneyland mais dans l'Est parisien et même au-delà. On a mis en place un dispositif à base de CRS, de gendarmes, de sapeurs-pompiers de Paris, d'agents d'équipement, ce qui représente un peu plus de mille personnes. Et si les parisiens et les franciliens veulent bien être raisonnables, c'est-à-dire ne pas se précipiter tous le même jour, jour d'ouverture à EuroDisneyland, ça ne devrait pas trop mal se passer... Je conseille d'attendre la fin du mois d'avril et puis les beaux mois de l'année qui vont venir... EuroDisneyland ne se déplacera pas... Nous avons prévu un certain nombre d'itinéraires de déviations pour éviter de trop surcharger l'autoroute de l'Est... Mais à certains moments de la journée nous serons sans doute amenés à interdire un certain nombre d'accès à l'autoroute et peut-être même au périphérique de Paris... Les responsables d'Euro Disney n'ont pas intérêt à avoir une journée du 12 avril qui se transforme en une pagaille générale... » Le 10 avril, la nouvelle est confirmée : le RER A sera en grève. On martèle alors qu'il est inutile de prendre sa voiture après neuf heures le 12 avril.

Le maire de Chessy monte au créneau pour une autre raison. Depuis quinze jours, à vingt-deux heures, des essais de feux d'artifice sont effectués. Le niveau sonore s'élève à 108 décibels soit autant qu'un avion à l'atterrissage. Olivier Bourjot : « Comme depuis l'origine du projet on constate assez souvent des passe-droits, on s'était dit qu'il y avait un point marquant sur lequel on pourrait au moins essayer de faire respecter la réglementation, parce que c'est un point justement sur lequel on nous entendrait, c'était celui des feux d'artifice. Sans compter, que c'est quand même une forme de qualité de vie à préserver, le silence. » L'expert doit rendre son rapport au tribunal administratif de Versailles. On espère que le préfet va limiter ou interdire la centaine de feux d'artifice prévus chaque année. Les Verts ont rappelé leur opposition à Euro Disney qui « a détruit des terres agricoles parmi les meilleures d'Europe. »

Charles Boetto, président du SAN des Portes de la Brie est reçu sur FR3 le 11 avril. Le journaliste lui demande :
« Est-ce que Mickey vous fait peur ?
_ Mickey est un véritable partenaire. Il ne nous fait pas peur mais il s'agit de travailler sérieusement à ses côtés pour éviter toute forme de dérapage éventuel.
_ Est-ce que vous pensez que les cinq communes qui accueillent Euro Disney sur leur territoire pourront rester maîtres chez elles ?
_ Nous étions informés de la venue de Mickey. Nous le connaissons mieux aujourd'hui. Il nous appartient de conserver avec les pouvoirs publics, de nous donner les moyens d'accompagner Mickey dans son développement tout en préservant notre identité et notre volonté.
_ Comment vous êtes-vous préparés à la venue d'EuroDisneyland sur les cinq communes ?
_ Nous considérons que l'arrivée de Mickey sur le secteur est une bonne chose. Une bonne chose pour l'Est parisien, une bonne chose pour la région et l'Etat qui auront des recettes fiscales, une bonne chose en termes de création d'emplois. Mais il faut dire que ce n'est pas un projet simple et que c'est un projet inachevé. Ce n'est pas un projet simple parce que, pour nos cinq communes, il y a aujourd'hui un véritable traumatisme, elles subissent de plein fouet un développement touristique extrêmement important conjugué à une urbanisation de type ville nouvelle. Ce sont cinq communes rurales qui passent à une société de troisième type dans un laps de temps extrêmement réduit. Dans sa première phase de développement, Disney est d'abord un intervenant sur le thème du tourisme et du parc d'attractions. Et je crois qu'il n'est pas sain de subordonner tout un secteur à une forme de mono-activité gérée par une seule et même entreprise. D'autre part, Disney, de par sa logique d'entreprise aboutit à une forme d'urbanisation qui n'est pas nécessairement celle que nous souhaitons, pas plus que celle que souhaite l'Etat. Et il nous appartient de

trouver des points d'équilibre pour faire une ville, une vraie ville au sens noble de ce terme même si celle-ci aura, par définition, un caractère particulier... Pour les quinze prochaines années, au niveau de nos cinq communes, les ressources fiscales seront telles qu'il existera entre les communes de très fortes inégalités dans un rapport de 1 à 15. Je ne parlerai pas de l'endettement du SAN, puisque nous investissons d'ici 1995, 1,5 milliard de francs et que nous aurons une dette fiscale extrêmement lourde à porter. »

Le vendredi 10 avril 1992, au soir, plusieurs associations se retrouvent à Bailly-Romainvilliers pour trouver une parade à Mickey. Baroud d'honneur. Michel Bonnemayne : « On pense que Disney a tout intérêt d'une manière directe ou indirecte à entrer dans nos communes, à faire pression sur la politique communale et c'est évident qu'il faut aujourd'hui mobiliser la population pour éviter que ça ne se concrétise. »

Enfin, tout est fin prêt pour l'inauguration du dimanche 12 avril 1992 à 9h01. Une grande fête a lieu le 11 avril au soir. Jean-Marie Gerbeaux, vice-président d'Euro Disney, intervient dans la matinée du 11 pour désamorcer le conflit avec la presse : « Les intellectuels français, je ne sais pas très bien qui c'est... C'est vrai, que sur un projet aussi gros, on ne peut pas laisser indifférent. Disney a une image forte. Nous, on a pas une ambition extraordinairement intellectuelle. On a l'ambition de faire un produit de qualité qui plaise à tout le monde et qui permette aux gens de bien s'amuser. » Claude Sarraute dans les colonnes du *Monde* du 11 avril déclare d'ailleurs : « Ne venez pas me parler de colonisation à propos d'un simple parc d'attractions ouvert jusqu'à présent aux seuls Européens assez friqués pour s'offrir le voyage aux USA ».

Ce sont près de deux heures de spectacle produit par Don Mischer et Buena Vista Productions diffusé sur quatre continents, dans vingt-deux pays et sur cinq chaînes en Europe : TF1 en France ; RAI en Italie ; TV1 en Espagne et ARD en Allemagne. Dix mille invités sont présents : 2 800 journalistes, agents de voyages, tour-opérateurs et tout ce qui pourrait jouer un rôle dans la publicité future du parc, 200 radios, 160 chaînes de télévision. Tout ce qu'on souhaite, c'est de ne pas revivre le désastre de l'ouverture de Disneyland en Californie. Quand on demande à Philippe Bourguignon, directeur général d'Euro Disney, comment il accueille les critiques négatives, il répond sans détour : « Dans tout projet qui a une certaine ampleur, il existe des critiques et des résistances au changement et c'est tout à fait normal. Le développement de Marne-la-Vallée date de 1965 dans le cadre du développement de la ville nouvelle de Marne-la-Vallée et qui était créée indépendamment de Disney. Il se trouve que Disney a bénéficié des textes des Etablissements publics d'aménagement et des villes nouvelles pour assurer un développement et un pôle touristique sur le secteur IV de Marne-la-Vallée. Le deuxième parc à thèmes en avril 1995 aura un programme hôtelier complémentaire et un centre de convention. » Quand on lui parle de bureaux, il esquive la question et parle du deuxième parc. La journaliste lâche alors :
« C'est cher ! Et si les Français et Européens boudaient le ghetto américain ? On est un peu abasourdis par vos tarifs hôteliers, à partir de 560 francs la nuit ? »
Bourguignon s'agace : « Ecoutez, les bouderies, nous pouvons les voir derrière. Les gens, ce soir, sont très contents ! »
_ Oui, mais ils sont invités !
_ Mais ils ont tous décidé d'y revenir, même en payant ! Depuis dix jours, nous avons eu 100 000 personnes dans le parc et le taux de satisfaction est très élevé. »

La soirée d'ouverture est diffusée à 20 heures 50 sur TF1. Juste avant, Alain Gillot-Pétré dans *Trafic-Infos* prévient : « Cela [l'inauguration d'Euro Disneyland] va gravement compromettre la circulation sur l'autoroute A4. Sachez qu'il vous faudra éviter la tranche horaire de huit heures à treize heures qui sera de toute façon très chargée [dimanche des Rameaux]. Patience, patience, patience. Le soir entre dix-sept heures et vingt-trois heures, on reprendra les mêmes du matin et on recommencera dans l'autre sens. » Des itinéraires de délestage sont prévus.

Entre la fin du journal de vingt heures et le début de la soirée, on a bien sûr droit à de la publicité : « Quality Street : Offrez la boîte à bonheur, partenaire d'Euro Disney », « Kit-Kat, partenaire d'Euro Disney » et « Kodak, partenaire d'Euro Disney ». Le générique de début commence : « BNP, partenaire d'Euro Disney », « Renault, partenaire d'Euro Disney ». Jean-Pierre Foucault, tout sourire, apparaît à l'écran sous la direction artistique de Dominique Cantien et la réalisation de Gilles Amado, accompagné de David Hallyday qui s'empresse de déclarer : « C'est un parc très, très moderne ! » Foucault annonce que Don Johnson et Melanie Griffith présentent l'émission pour les Etats-Unis et déroule la liste des invités : Claude Lelouch, Christian Morin, Dick Rivers, George Lucas, Rosanna Arquette, Philippe Labro, Patrick Segal, Corinne Bouygues, Michael J. Fox, Yves Mourrousi, Dominique Farrugia, Gina Lollobridgida, Stéphane Collaro, Eddie Barclay, Jean-Claude Vandamme, Candice Bergen, Eddy Murphy, Elizabeth Taylor… Ce mélange de célébrités est censé représenter le mélange des nations. Disney n'est pas seulement un produit américain mais transnational. Juste avant que le début du spectacle en mondovision ne lui coupe la parole, Foucault a le temps de placer que 300 000 arbres ont été plantés et que quarante caméras filment l'inauguration de ce soir…

A vingt et une heure pile, début de la démonstration de force : 60 millions de personnes sont devant leur poste de télévision. Des extraits de dessins animés Disney en multilingue ouvrent le show complétés par une vue aérienne de Paris puis de Marne-la-Vallée. Michael Eisner, qui a porté le projet depuis presque dix ans, commence son discours : « Un jour, le fondateur de notre société a dit : "Ce que je souhaite le plus au monde, c'est que Disneyland soit un endroit où les adultes et les enfants puissent savourer ensemble les merveilles de la vie, de l'aventure et en sortir exaltés". Même si ce rêve, si cher à Walt Disney, est devenu le nôtre pour Euro Disney, nous dédions le château de la Belle au Bois Dormant aux jeunes de corps et d'esprit, à ceux qui croient, qu'en faisant un vœu au passage d'une étoile filante, les rêves deviennent réalité. » Un chœur d'enfants entame alors la chanson de *Pinocchio*, *Quand on prie la bonne étoile* en plusieurs langues européennes. Cher enchaîne avec sa *Shoop Shoop Song* à Videopolis et Mickey vient la saluer à la fin. Foucault fait ensuite un historique de la présence de Disney en Europe. Un petit montage vidéo montre Roy Disney à Isigny-sur-Mer en Normandie sur la terre de ses ancêtres, Walt Disney en France en 1918, Walt Disney en 1935 qui reçoit à Paris une médaille de la Société des Nations, le succès des cartoons Disney en France et, bien sûr, le succès de *Blanche-Neige et les Sept Nains*. Les Gipsy King interprètent *Pida la Me* à Frontierland alors que Paul et Isabelle Duchesnay patinent sur la musique de *West Side Story* devant l'Hôtel New York.

Une page de publicité intervient : Coca-Cola, Mattel, encore Mattel, Chambourcy, Chocapic, Smarties, Esso, Nesquik, Disney Family, Kodak, BNP, Renault, tous « partenaires officiels d'Euro Disney ». Gloria Estefan et Miami Sound Machine interprètent ensuite *Live for Loving You* avant la diffusion d'un reportage sur l'historique du projet, qui prend bien soin de n'évoquer que le parc et les six hôtels, en omettant de parler du volet immobilier du projet. François Feldman chante *Joy* et Jean-Pierre Foucault de s'exclamer : « L'Europe et Disney font-ils bon ménage ? Mais bien sûr ! On se sent chez soi ici ! On s'amuse beaucoup ! C'est un monde merveilleux ! ». Suivent des extraits de *Cendrillon*, *Alice au Pays des Merveilles*, *La Belle au Bois Dormant*, *Peter Pan*, *Dumbo*, *Blanche-Neige et les Sept Nains* et *Pinocchio*. Une petite rétrospective sur Fantasyland et le *Buffalo Bill's Wild*

West Show terminent cette partie. Nouvelle page de publicité : Esso, Kodak, Ricoré, Nestlé, BNP, Renault, tous « partenaires officiels d'Euro Disney »... José Carrera reprend l'antenne avec *Mattinata* et Jean-Pierre Foucault n'oublie pas de dire : « C'est un paradis terrestre ! » Petit reportage sur Adventureland puis à nouveau des extraits de dessins animés *Blanche-Neige* en allemand, *Cendrillon* en français et *La Belle et le Clochard* en italien. Enfin, Angela Lansbury interprète la chanson du dessin animé qui sortira en octobre 1992 en France, *La Belle et la Bête, Beauty and the Beast*. Encore de la publicité ! Kodak, American Express, Esso, Findus, Chambourcy, BNP, Renault, tous « partenaires officiels d'Euro Disney » si vous ne l'avez pas encore compris... Enième mini-reportage, cette fois sur Discoveryland. Foucault évoque les projets : avant la fin de l'année 1992, les travaux vont commencer aux Disney MGM-Studios ; en 1994, *La Petite Sirène* sera une promenade à Fantasyland, le parc sera relié au réseau du TGV français ; en 1996, *Splash Mountain* à Frontierland et un *Voyage dans la jungle* à Adventureland... David Hallyday interprète *Hold on the blue eyes*, suivi d'un reportage sur le chantier. Tina Turner chante *The Best*. La parade électrique, avec vingt-trois chars et 500 000 ampoules, est annoncée, mais comme elle est en retard, on lance Anne et son *1, 2, 3, soleil* avant de couper la chanson pour lancer la parade... La soirée est décidément bien longue... Enfin à 22 heures 55, Michael Eisner déclare : « Le moment est venu de permettre à tous de découvrir Euro Disney ». Roy Disney rend hommage à oncle Walt et Robert Fitzpatrick déclenche le feu d'artifice. Fin de l'émission à 23 heures. L'aventure Euro Disney commence...

PARTIE DEUX

LE ROYAUME DÉSENCHANTÉ

PREMIERS JOURS

La soirée s'est finie tard hier soir. Depuis une semaine, cent mille personnes sont entrées gratuitement dans le parc afin de le tester. Il fait frais en ce dimanche matin 12 avril 1992, jour de l'inauguration et de l'ouverture au public. Quatre degrés au lever du jour annonce la météo, seize degrés en journée, accompagnés de pluie sur Paris. Une véritable armée de policiers, gendarmes, pompiers et CRS est postée le long de la route provoquant une étrange sensation, comme s'en souviennent Jeff Archambault, alors manager finances pour les ressources humaines et Dominique Cocquet, directeur de l'aménagement : « On se serait cru en état de siège ! ». Bison Futé prévoit « rouge » de 8 heures à 9 heures, « noir » de 9 heures à 12 heures, puis à nouveau « rouge » de 12 heures à 14 heures.

Rien que pour le RER, il est prévu, aux heures de pointe, un train toutes les dix minutes pour un parcours reliant la station de Châtelet-les Halles à celle de Chessy-Marne-la-Vallée. La première année sont attendus 2,5 millions de visiteurs auxquels s'ajouteront 950 000 usagers quotidiens de la ligne A. Quant aux embouteillages, les pronostics les plus optimistes estiment le nombre de véhicules qui se rendront à Euro Disney par l'A4, à environ 1 500 par heure. Ils s'ajouteront aux 2 600 qui l'empruntent quotidiennement à cette époque. Le problème, c'est que cette voie est considérée comme saturée à partir de 2 500 véhicules. Ce qui signifie que, à partir du 12 avril, c'est l'asphyxie qui guette les villes avoisinantes du parc. Joinville-le-Pont, Champigny-sur-Marne et Nogent-sur-Marne seront alors en première ligne face aux automobilistes pris au piège. Le constat de la direction régionale de l'équipement est clair et net : « Nous n'appréhendons pas totalement le phénomène Disney, excepté son incidence sur les embouteillages du dimanche vers Paris. » D'après les techniciens, ce n'est que vers l'an 2000 que l'on pourra voir le réseau routier adapté au trafic.

Gilbert et Patricia Le Clercq ont réveillé leurs deux enfants à quatre heures du matin pour leur faire une surprise. Ils les emmènent à Euro Disney. Devant les caméras de télévision, leur fille de 14 ans, Séverine, déclare : « C'est merveilleux. J'adore regarder les dessins animés Disney. » La famille Le Clercq est considérée comme la première à avoir acheté les billets et gagne des entrées à vie.

A huit heures dix, les premiers visiteurs entrent dans le parc. Ils doivent patienter une heure aux guichets. Jacques Chirac est présent. La veille, un attentat à l'explosif contre un pylône électrique qui alimentait le parc a brûlé un bois de cinq hectares sur la commune de Croissy-Beaubourg mais n'a pas empêché le bon déroulement de la soirée. Robert Fitzpatrick avec son éternel accent américain commente cet événement : « J'étais plutôt triste pour la France. C'était bête. C'était ridicule et triste. Il y a des gens malheureux qui veulent faire ça, et c'est la police, c'est l'Etat qui s'occupe de la sécurité publique et j'ai toute confiance dans les pouvoirs publics pour que la sécurité soit maintenue et nos *guests* [visiteurs] parfaitement à l'aise. »

Un journaliste l'interroge sur les débuts du parc et son sentiment pour l'ouverture : « Je suis ravi. Ça fait cinq ans qu'on a vécu avec les plans, les détails, avec les esquisses. Aujourd'hui, c'est le vrai début. » Le journaliste poursuit : « C'est un peu cher l'entrée ? » Fitzpatrick : « Cher ? Ça veut dire que c'est trop cher ? Par rapport aux valeurs ? Je crois que quand vous pensez que les gens vont passer huit, neuf heures dans le parc, c'est très bon marché. C'est moins cher que le cinéma ou les remonte-pentes de ski par exemple, par heure de plaisir. » Et pour ce qui concerne les concurrents : « Le parc Astérix n'a pas de souci à se faire. Les bons parcs attirent les bons parcs. »

La foule est amassée derrière une ficelle sur Main Street et écoute pendant près d'une heure les discours des différents officiels. Au bout du quatrième, l'ambiance se gâte ! Michael Eisner déclare dans un français encore hésitant : « Et maintenant, je déclare EuroDisneyland officiellement ouvert ! » A 10 heures 15, l'ouverture, enfin ! et non pas à 9 heures 01 comme prévue...

A treize heures, les 12 000 places de parking sont presque toutes prises. Bison Futé annonce que la circulation est fluide. Les embouteillages monstres tant redoutés n'ont pas eu lieu. Ce n'est pas la cohue annoncée. Il y a en revanche une ruée de journalistes invités pour l'occasion à voir de vrais mariachis à Frontierland venus spécialement du Mexique, de vrais tam-tams africains du Zaïre, un vrai troupeau de bisons venus des Etats-Unis via un Boeing 747 et une véritable locomotive du Pays de Galles.

L'ouverture se fait plutôt dans le calme. De façon évidente, il y a beaucoup plus d'étrangers que de Français. Robert Fitzpatrick dit regretter le tapage des autorités autour d'éventuels embouteillages et pense que les franciliens ont été découragés de venir. Quinze ans après, Dominique Cocquet se souvient encore : « Il y avait une véritable psychose des embouteillages, on disait que personne ne pourrait circuler. Les médias ont largement diffusé ce sentiment d'inaccessibilité ». Si Euro Disney ne communique pas de chiffres, le nombre de visiteurs en ce premier jour est compris entre 20 et 30 000. Les services de police estiment à environ dix mille (dont 2 500 journalistes et un bon millier d'invités) le nombre de personnes présentes sur le site, dimanche, en début d'après-midi. Trois fois moins que toutes les prévisions. Le même jour, la foire du Trône a accueilli 100 000 visiteurs.

A un journaliste américain, Fitzpatrick déclare : « Nous nous attendions au cauchemar et nous sommes heureux. En plus, c'est probablement la première fois que Disney a ouvert un de ses parcs et que tout a parfaitement fonctionné le jour J. ».

François Mitterrand, réélu Président de la République le 8 mai 1988, intervient le soir même à la radio et à la télévision pour lancer la campagne de la ratification des accords de Maastricht. Ce traité, signé le 7 février 1992, institue l'Union européenne, qui repose sur l'ancienne CEE, mais inclut des domaines nouveaux : politique étrangère de sécurité commune, contrôle des frontières et de l'immigration, coopération policière et judiciaire et surtout le programme d'union économique et monétaire qui pose cinq critères de convergence économique, préalable à l'adoption d'une monnaie commune. Après l'échec des socialistes aux élections régionales et cantonales du mois de mars, Edith Cresson, Premier ministre depuis le 15 mai 1991, dont le taux de popularité est descendu à 22 % de satisfaits, n'a d'autre choix que de présenter sa démission. Elle est remplacée le 2 avril 1992 par Pierre Bérégovoy. 66 % des Français souhaiteraient être consultés par référendum pour la ratification de ces accords. A 20 heures 20, Mitterrand est interrogé, entre autres, par le journaliste Ivan Levaï pour France Inter : « Moi, ma curiosité est un peu triviale, un peu vulgaire, enfin vulgaire pas vraiment d'ailleurs... Est-ce que vous pensez qu'EuroDisneyland menace notre identité culturelle ? » Mitterrand soupire et lâche un « Oh... ». Le journaliste poursuit : « Y'a un débat, y'a une polémique en France... » Mitterrand se résout enfin à répondre : « Je sais bien... J'écoute tout vous savez... Comment dire... Ça va apporter en tout cas... un surgissement d'activité économique considérable dans les régions où il se trouve. Ça va faciliter la multiplication des emplois toujours dans ces mêmes régions. Ça, c'est bien. Quant au mode culturel, moi, je respecte les expressions d'origine étrangère. Disons que ce n'est pas exactement ma tasse de thé, quoi. Mais, ça, c'est mon opinion personnelle. » Opinion personnelle pas tant que cela puisqu'il est Président de la République française, pays qui accueille le parc. En tout cas, le mot est lâché : « Ce n'est pas ma tasse de thé » va faire le tour du monde et être repris dans de multiples articles illustrant le mépris de la France pour Disney et pour l'Amérique en général.

A 20 heures 50 sur Antenne 2, un reportage sur le parc – ou plutôt sur les tarifs du parc – est diffusé. Le journaliste égraine les dépenses : « 30 francs de droit de parking, 45 francs pour le chenil, 225 francs par jour pour les adultes, 150 francs pour les enfants, 30 francs la location de poussette, 25 francs le ballon, 10 francs la glace, 50 francs la casquette... Les objectifs de Disney : faire dépenser soixante-dix francs par personne pour le *merchandising* et soixante-dix francs par personne pour la nourriture. »

Le lendemain, 13 avril 1992, les *Actualités régionales Ile-de-France* de FR3 diffuse un reportage sur l'ouverture du parc : « Hier, on était très loin des 300 000 automobilistes attendus avec la grève du RER. Disney n'a communiqué aucun chiffre. » Mais le reportage revient sur les tarifs du parc : « Pour quatre personnes, deux adultes, deux enfants : l'entrée revient à 750 francs ! Le parc compte 29 attractions, 60 boutiques et restaurants... Comptez 30 francs pour un sandwich, 70 francs pour un repas à la sauce américaine et le double dans un restaurant... »

Le même jour, un nouveau préavis de grève sur le RER A est déposé pour le dimanche suivant par quatre syndicats qui invoquent le refus de dialogue de la RATP et réclament une prime de trois cents francs.

Toujours le 13 avril, un numéro spécial d'*Actuel*, sort dans les kiosques. Jean-François Bizot publie un long article sur Disney dans un dossier intitulé « L'Amérique est-elle devenue con ? ».

La télévision française diffuse le même jour un reportage intitulé « Rendez-vous avec le tiroir-caisse de Picsou ». On rappelle que le parc Astérix fêtait lui-aussi sa réouverture le 12 avril. Il se présente comme le seul concurrent d'Euro Disney après la fermeture de Mirapolis mais son endettement s'élève à 500 millions de francs, et le nombre de visiteurs à un million alors qu'on en avait espéré le double. Le parc Astérix a failli fermer mais quinze millions de francs ont été investis dans de nouvelles attractions. Le parc emploie 850 personnes et le prix d'entrée est fixé à 150 francs la journée. Le reportage filme des visiteurs et l'un d'entre eux déclare : « Ici, on s'amuse français ! » alors qu'à Disney on s'amuse américain... ?

Les traders sont très confiants. Les onze millions de visiteurs attendus seront vraisemblablement dépassés de trois ou quatre millions. L'action de la Walt Disney Company monte en flèche. Quand les Disney-MGM Studios ont ouvert en 1989, l'action avait grimpé de 33 % puis de 44 % dans les six mois suivants. Même en 1982 avec EPCOT, l'action avait gagné 34 % dans les six mois alors que le marché n'avait grimpé que de 26 %. On prévoit que l'ouverture d'Euro Disney fera gagner 0,27 dollar par action à la Walt Disney Company et qu'en 1994, le gain s'élèvera à 0,96 dollar. Pierre Merlin dans *Le Monde* du 15 avril s'insurge : « Les souscripteurs d'actions, les banques plus encore, la société Disney surtout réaliseront d'importants profits ». Il conclut son article : « Permettez à un professeur d'urbanisme de rêver : les Français (et les Européens) ne sont si bêtes. Il n'y aura pas le nombre de visiteurs attendus. Disney retournera à Los Angeles. Et lui fera plancher ses étudiants sur la réhabilitation de la friche Disney. Avec jubilation. »

Le *New York Times* du 13 avril 1992 titre en première page : « Seule l'élite française méprise les débuts de Mickey ». Fitzpatrick est interrogé par le journal et concède : « [EuroDisneyland est] le plus merveilleux parc que nous ayons jamais créé », ce qui est indubitablement le cas. Euro Disney est un succès. Le mot est lancé. Un journal londonien rapporte qu'un groupe de touristes allemands s'est follement amusé. Une famille du nord de l'Europe est heureuse d'avoir enfin un parc Disney sur le continent car un voyage en

Floride ou en Californie était trop onéreux. Une personne âgée envoie une lettre directement à Euro Disney : « J'apprécierais énormément si vous pouviez adresser [à Blanche-Neige] mes plus sincères remerciements pour sa sensibilité, de la part d'une grand-mère qui a fondu en larmes en la voyant. Merci et bravo de nous offrir en chair et en os ces personnages qui peuplaient les dessins animés du monde merveilleux de Disney. »

Le 15 avril 1992, Michael Eisner accorde un long entretien au *Monde*. Claudine Mulard, journaliste, lui demande :

« Existe-t-il, selon vous, un conflit entre la culture française et la culture Disney ?

_ Dans les négociations que nous avons eues avec les instances gouvernementales françaises, qu'elles soient locales, régionales ou nationales, qu'il s'agisse des socialistes ou des conservateurs, les contacts ont été constructifs et les différends résolus sans affrontement. Nous n'avons pas eu de problèmes. Il y a eu dans la presse française quelques articles sur notre code vestimentaire, mais parmi les douze mille *cast members* que nous avons recrutés, nous n'avons pas rencontré d'objections. On a aussi fait état d'entreprises qui voulaient réviser le montant de leur offre initiale. Sur l'ensemble du chantier, c'est une petite fraction. J'ai traité avec beaucoup d'officiels qui ont des enfants ou des petits-enfants et leur attitude à mon égard, et vis-à-vis de Disney a été très positive. Il y a beaucoup de chômage en France, et nous avons embauché plusieurs milliers de personnes ; le parc va attirer des milliers de touristes d'Allemagne, d'Angleterre, d'Espagne, d'Italie…

_ Comment réagissez-vous au qualificatif de « Tchernobyl culturel » par lequel certains ont caractérisé les conséquences de votre installation en France ?

_ Nous savons que cela ne correspond pas à ce que les gens pensent, toutes nos études indiquent le contraire. Il y a toujours un intellectuel extrémiste, qu'il soit Français, Américain ou Anglais pour lancer une petite expression bien journalistique sur l'impérialisme américain, mais regardons la réalité en face : l'impérialisme américain est mort ! Nous ne sommes même plus capables d'exporter des voitures ou de l'acier, la seule chose qui nous reste, ce sont nos produits culturels. Le monde n'est plus centré autour de l'Amérique, nous le savons et les Français le savent aussi. Nous produisons du divertissement, nous vendons du pop-corn, nous embarquons les gens dans des balades et nous leur racontons des contes de fées, alors, quand on nous donne une importance que nous n'avons pas, et qu'on nous accuse de fomenter une destruction culturelle, ça me fait sourire… »

La plupart des personnes qui visitent le parc lors de ses premiers jours trouvent tout ce qu'ils attendent : des attractions, des souvenirs, leurs personnages préférés qu'ils peuvent prendre en photo. D'autres se plaignent des longues files d'attente et surtout, ce qui a été souligné par toute la presse, la cherté d'une telle destination touristique. Michael Eisner reconnaît : « Les tarifs d'entrée, les prix des chambres d'hôtel, ceux de la nourriture et des produits de consommation étaient certes élevés, mais la nouvelle conjoncture économique les rendit exorbitants. Pour ne rien arranger, durant l'année 1992, la valeur du dollar et de plusieurs monnaies étrangères baissa considérablement face au franc. Résultat, les étrangers durent débourser des sommes plus importantes pour séjourner à Euro Disney. » Ainsi, en juillet 1992, Airtours, troisième tour-opérateur britannique annonce-t-il qu'il va réduire le nombre de séjours qu'il propose à Euro Disney faute d'une demande suffisante. Son argument est simple : un week-end à Euro Disney coûte environ 990 francs par jour alors qu'un séjour de deux semaines en juillet à Walt Disney World en Floride revient trois fois moins cher journalièrement. Le directeur d'Airtours, M. Marcall avoue : « Il est difficile de vendre Euro Disney, les réservations sont inférieures à nos attentes. »

D'autres se plaignent – surtout les Américains d'ailleurs – de la « saveur internationale » du parc : « On ne sait si l'on est dans un parc américain, un parc français ou un parc européen. C'est dans l'atmosphère du parc lui-même, et cela passe aussi par le comportement des visiteurs des différents pays d'Europe qui peut être très différent. Des petites choses... telles l'attitude des différentes nationalités vis-à-vis du respect de l'utilisation des poubelles. Le comportement des gens dans les files d'attente est saisissant. Par exemple, les Scandinaves se prêtent de bonne grâce à l'attente aux attractions, alors que certains Européens du Sud semblent courir comme s'ils cherchaient à obtenir un billet pour un événement olympique. » D'autres encore se plaignent que le parc n'est qu'une pâle copie de ses grands frères américains et qu'il n'apporte rien de neuf. Plus grave encore, l'attitude de certains *cast members* est critiquée dans plusieurs journaux internationaux. On trouve que le service est correct mais sans enthousiasme. Les premiers visiteurs américains sont choqués d'un comportement aussi léger. Un journaliste note : « Le style de service Disney est celui avec lequel les Américains ont grandi. Il y a plusieurs styles de service (ou de manque de service) en Europe, l'enthousiasme débridé n'est pas ce qui les caractérise le plus. » Un autre note tout de même : « Même le pire service à Euro Disney sera mieux que le meilleur service que j'ai eu à Paris. » Les restaurateurs, cafetiers, serveurs, personnels du tourisme français sont malheureusement réputés dans le monde entier pour l'extrême médiocrité du service que ce soit envers les étrangers ou les Français. Une certaine prise de conscience de ce problème date d'ailleurs réellement du début des années quatre-vingt-dix. Le manque d'enthousiasme est une chose, la mauvaise volonté en est une autre. Certains *cast members* refusant d'être « disneyifiés » ont cherché à tout prix à casser le mythe. On a rapporté des cas d'employés postés aux attractions et qui demandaient vingt francs pour faire des tours de manèges, alors qu'une fois l'entrée payée tout est normalement gratuit ; d'autres, déguisés en personnages, se moquaient ouvertement des enfants et refusaient d'être pris en photo ; un autre prenait des clichés des visiteurs en leur coupant systématiquement la tête. Un double clash est perceptible. D'une part, des visiteurs testent de façon provocante la patience des employés pour voir où s'arrête leur gentillesse (certains excités vont même aller jusqu'à donner des coups de pied aux personnages Disney ou les piquer à coup d'aiguilles à tricoter...) alors que d'autres attendent le moindre faux-pas de la formation Disney tant réputée dans le monde. D'autre part, certains employés ne sont pas à l'aise et pensent, par exemple, que sourire régulièrement est plutôt niais – ce qui, pour les Européens, est le cas. La mentalité de l'entreprise, le fait de s'appeler par son prénom, le tutoiement de rigueur, la présence permanente des supérieurs, la tâche assignée à laquelle on ne déroge pas, les horaires de travail – les boutiques de Disney Village ferment à une heure du matin et les employés restent jusqu'à deux heures sans aucune compensation de salaire, jamais de samedi ou de dimanche de repos (les jours *off* sont deux jours consécutifs dans la semaine), jamais de vacances en été... pour être payé au SMIC... – sont autant de facteurs négatifs. En mai 1992, *Hollywood Reporter* annonce que trois mille *cast members* (soit 25 % des employés) ont démissionné ou ne sont jamais revenus, principalement à cause de la faiblesse des salaires et des mauvaises conditions de travail. Disney serait-il un oppresseur ? En janvier 1995, une étude de Jong Javis, professeur assistant de communication au Robert Morris Collège, menée durant cette période est publiée. Ses conclusions sont sans appel : outre les salaires, les *cast members* français ne sont pas satisfaits des conditions américaines de travail qui dérogent au droit français. Ils regrettent d'avoir des managers américains qui parlent anglais à toutes les réunions (même si la majorité des participants sont français) et ils rejettent les standards américains concernant la tenue vestimentaire et les règles d'accueil du public. Robert Fitzpatrick dément les chiffres annoncés par *Hollywood Reporter*. Au *Wall Street Journal* du 27 mai 1992, il déclare que seulement mille personnes sont parties et moins de la moitié volontairement, « Les autres, nous leur avons demandé de partir. Nous avons fait la différence entre ceux qui voulait vraiment faire le travail de ceux qui le considérait comme un amusement. » Fitzpatrick dément également une autre rumeur reprise dans *Hollywood Reporter* selon laquelle la fréquentation serait plus basse que prévu. Fitzpatrick déclare simplement que les visiteurs franciliens sont moins nombreux que ce que les prévisions attendaient. C'est tout. Il déclare préférer attendre un an avant de se prononcer. Mais les rumeurs se font de plus en plus insistantes.

Le 12 mai, la direction d'Euro Disney dément les rumeurs qui font état d'un déficit important d'entrées, un mois après l'ouverture du vaste complexe touristique et immobilier de Marne-la-Vallée. « On est très content de la fréquentation », déclare un porte-parole de l'entreprise, sans toutefois donner de chiffres, comme il est de règle chez Disney, en raison, dit-on, des répercussions que pourraient avoir ces informations sur le titre en Bourse. Cette mise au point est intervenue quelques heures après la publication d'un article de *Libération* qui fait état d'un déficit de 40 000 entrées par jour par rapport aux prévisions, sans toutefois apporter le moindre élément permettant de confirmer un tel chiffre. Les seuls faits concrets qui semblent confirmer l'hypothèse de réelles difficultés concernent la fréquentation bien plus faible que celle annoncée de la gare RER de Chessy qui dessert le parc, ainsi que l'absence, jusqu'alors, de trafic autoroutier important aux abords du site.

Le 27 mai 1992, jour de la publication du *Wall Street Journal*, l'action Euro Disney SCA passe de 1 277 livres à 1 250 livres à la bourse de Londres. Deux jours plus tard, elle termine à 1 213 livres. Les collaborateurs de Walibi, déguisés en visiteurs lambda, auraient constaté de mystérieuses mises en sommeil de quelques attractions. En comptant les places de parking occupées, ils auraient situé entre 12 000 et 20 000 le nombre de visiteurs quotidiens. Des collaborateurs du parc Astérix sont encore plus pessimistes : ils évaluent la fréquentation quotidienne entre 7 000 et 12 000 personnes.

Pour mettre fin aux rumeurs selon lesquelles Euro Disney serait en grave difficulté, Robert Fitzpatrick rompt la tradition Disney et publie un communiqué dans la première semaine de juin, déclarant que 1,5 million de personnes ont visité le parc en sept semaines. Si l'on projette cela sur un an, on atteint bien les 11 millions de visiteurs attendus la première année. La fréquentation devrait grimper à l'été. Les étrangers sont plus nombreux que prévu mais les parisiens boudent le parc. Probablement à cause de prévisions un peu trop alarmistes sur les embouteillages. Certains analystes sont déçus. Etant donné que la fréquentation sera certainement bien en deçà des 30 000 visiteurs par jour en hiver, Euro Disney devrait être à 40 000 par jour à ce moment-là. Fitzpatrick prévient : « Après seulement sept semaines d'expérience, il est impossible d'extrapoler quelque chose qui ait du sens de ces résultats ou d'esquisser une conclusion concernant la fréquentation que ce soit pour l'année calendaire ou fiscale. » Pour Visit France, filiale d'Air Inter, qui propose des séjours de trois jours à Euro Disney, le commentaire est sans ambiguïté : « Ça marche très bien ». Les responsables de France-Tourisme assurent que la journée à Euro Disney, en autocar, est l'excursion la plus demandée depuis Paris. Il en est de même pour la visite de la capitale au départ de Marne-la-Vallée. Un produit attractif donc, mais commercialisé dans des conditions qui sont loin de satisfaire des partenaires d'Euro Disney. Dès le mois de mai, le Syndicat national des entreprises de tourisme (SNET) fait part ouvertement de son « mécontentement » face aux contraintes qui sont imposées à ses adhérents. « Disney n'accepte pas les règles en usage sur le Vieux Continent. S'il le faut, nous pourrions conseiller à nos clients d'autres destinations » envisage Patrick

Raynaud, secrétaire général du SNET, en précisant que « la grogne est générale en Europe ».

Michael Eisner se rappelle : « Emportés par l'euphorie, nous avons mis un certain temps à repérer les graves problèmes qui commençaient à se poser. Le prix de revient de ce parc avait suivi une pente inexorablement ascendante mais, comme notre confiance grimpait au même rythme, nous avions revu toutes nos prévisions de bénéfices à la hausse. »

Les coûts de construction d'Euro Disney ont explosé et même si Eisner a toujours insisté pour dire que le projet restait dans le budget, c'était seulement parce que le budget était constamment révisé à la hausse. Comme il le reconnaît lui-même, Eisner a assisté à plus de cinquante réunions avec les imagénieurs et a peaufiné chaque aspect du nouveau parc. Bâtir Euro Disney est le projet de construction le plus ambitieux que Disney n'ait jamais eu à prendre en charge et traduit les idées d'Eisner et des imagénieurs de Burbank sans parler de celles d'une équipe d'architectes internationaux responsables des hôtels.

D'un budget prévisionnel de 7,15 milliards de francs, les coûts avoisinaient les 11 milliards. Après la mise en garde de Mickey Steinberg, Frank Wells et Michael Eisner confient à Judson Green la tâche de sauver l'ouverture et d'accélérer les travaux. C'est Green qui emmène par avion cinq cents employés Disney des parcs américains pour préparer l'ouverture. Les ouvriers travaillent dix-huit heures par jour pendant les quatre derniers mois du chantier. Euro Disney a aussi été victime de l'insistance d'Eisner d'ouvrir le parc à une date précise en avril, comme Walt l'avait fait pour Disneyland et Roy O. pour Walt Disney World. Euro Disney a coûté finalement la somme colossale de 22 milliards de francs, soit, en valeur constante, 45 fois plus que Disneyland en 1955 ! Au terme de la phase I, l'ensemble des investissements est réparti comme suit : 10 milliards dans le parc à thèmes, 5 milliards pour les hôtels et le centre de divertissements, 1,5 milliard pour les terrains, 5,5 milliards pour les frais de pré-ouverture, la formation et les intérêts financiers intercalaires. Quoiqu'on en dise, la phase de construction a plutôt été une réussite, puisque le coût des travaux correspond à ce qui était prévu dans les contrats avec la majorité des partenaires industriels. Sur les 400 entreprises, il n'y a eu que 850 millions de francs de dépassements pour 16 ou 17 sociétés, dus aux surcoûts de travaux imprévus, généralement liés au parc à thèmes plus complexe à construire que les projets immobiliers. Ces surcoûts ont été financés par la ligne *stand-by* prévue à cet effet. Par ailleurs, les investissements directs publics pour les infrastructures ferroviaires et routières sont évalués à 2,7 milliards de francs. Quant aux terrains du secteur IV achetés aux exploitants agricoles au prix de 11,10 francs le mètre carré en moyenne, ils sont revendus viabilisés par l'EPA-France à 530 francs le mètre carré à Euro Disney.

Au cours des mois qui suivent, ce sont les problèmes d'exploitation qui semblent les plus préoccupants. Et des ajustements sont nécessaires. Ainsi, alors que Disney pense que les Français se contenteront d'un petit-déjeuner léger composé de café et de croissants, la grande majorité des clients des hôtels réclament-ils des plats copieux. Faute de pouvoir répondre favorablement, les plaintes s'accumulent. Alors que Disney refuse de servir de l'alcool dans les Royaumes Magiques, les études marketing évaluent une perte de 11 millions de dollars par an en ne servant ni vin ni bière. Jacques Chirac reproche en plaisantant à Michael Eisner « des coutumes puritaines un tantinet barbares. »

Mais ces petits ennuis ne sont rien face aux problèmes fondamentaux qui apparaissent dès l'ouverture. Si la fréquentation correspond, au départ, aux estimations, il n'en est pas de même des autres recettes. En se basant sur les chiffres de Walt Disney

World, Disney avait estimé le taux d'occupation des chambres à 80 ou 85 % alors qu'en réalité, il avoisine plutôt les 60 % voire, pour les mois suivants, les 50 %.

Les habitudes de vacances des Européens sont totalement différentes de celles des Américains. C'est quelque chose qui aurait dû être anticipé. Disney a plaqué tels quels en Europe les chiffres de Walt Disney World. D'une part, la classe moyenne européenne a beaucoup plus de vacances que sa congénère américaine (cinq semaines au lieu de deux). Cela signifie aussi qu'elle dépense beaucoup moins par jour afin de joindre les deux bouts. Les Européens n'ont donc aucune envie de rester dans les très chers hôtels que Disney a construit ni de manger, boire, assister aux spectacles ou acheter des souvenirs au même niveau que les Américains. Les chambres ont été équipées pour quatre personnes et non pour deux comme la plupart des hôtels européens. Les hôtels sont tous de grand standing et c'est également là une maladresse soulevée dès mars 1985 par l'étude de la SETEC pour le gouvernement français dans laquelle on peut lire de façon très explicite : « La proportion de chambres d'hôtels de standing supérieur et de standing économique devrait sans doute être revue afin d'augmenter le nombre des hébergements économiques correspondant mieux à la clientèle touristique familiale européenne. »

Contrairement aux Américains, 75 % des visiteurs d'Euro Disney réservent leurs visites au travers d'agences de voyage. La plupart des Américains appellent directement Disney pour effectuer des réservations. Les frais de commissions des agences qu'Euro Disney est obligé de reverser grève un peu plus le budget.

Fitzpatrick annonce que le projet des Disney MGM-Studios Europe de 12,5 milliards de francs prévu pour 1995 est gelé. Le prix des hôtels passe de 750 à 550 francs pour encourager les séjours plus longs. Un effort particulier est fait pour attirer les Français. Fitzpatrick conclut : « A la lumière des incertitudes opérationnelles, il n'y vraisemblablement aucune assurance que le groupe dégagera un profit durant cette année fiscale. » A la suite de ce communiqué, l'action de la Walt Disney Company à New York perd 5 %. L'action Euro Disney qui avait commencé la semaine à 120 francs se termine, le 5 juin, à 109,5 francs à la Bourse de Paris.

Le 26 juin 1992, cinq cents agriculteurs protestent contre des coupes budgétaires de la CEE dans les subventions et stationnent trois cents tracteurs sur la route qui mène au parc. « C'est une action symbolique », affirme Daniel Deswarde, le dirigeant de la Fédération de Seine-et-Marne des syndicats d'exploitants agricoles (FDSEA). « Disney, poursuit-il, c'est le symbole de la présence américaine sur le territoire français, alors qu'ils veulent éjecter les Européens des marchés mondiaux. » Au même instant, Luc Guyau, le nouveau président de la FNSEA, souligne qu'avec cette initiative « les agriculteurs français ne veulent pas d'une France couverte par des EuroDisneylands ». La presse parle de « Royaume Tragique ». Les visiteurs sont excédés de faire deux kilomètres à pied tandis que d'autres abandonnent. Cela ne pouvait pas tomber au plus mauvais moment !

Le 23 juillet 1992, les dirigeants annoncent qu'Euro Disney accuserait une perte nette lors de sa première année fiscale se terminant le 30 septembre. Ce n'est pas vraiment une surprise. John Forsgren, directeur financier d'Euro Disney regrette que « le marché boursier ait réagi trop brusquement, à l'émotion... D'un point de vue purement objectif, le parc est un réel succès » puisque entre le 12 avril et le 22 juillet, le communiqué annonce un total de 3,6 millions de visiteurs. Un nombre bien plus important que celui enregistré pour les autres parcs à thèmes Disney dans des périodes de démarrages similaires. Ainsi, c'est trente pour cent de plus que le nombre d'entrées enregistré à Tokyo Disneyland durant ses trois premiers mois d'existence. Cependant, cela reste insuffisant pour éviter des suppressions d'emplois. « Nous allons perdre de l'argent mais tout va bien. » En moyenne, ce sont 35 000 visiteurs par jour surtout des Anglais et des Allemands qui parcourent le parc car les Français le boudent toujours.

Paribas Capital Markets Group estime la fréquentation de 15 % inférieure à celle attendue et les dépenses 10 % inférieures. On prévoit qu'Euro Disney perdra 300 millions de francs dans cette première année fiscale. Certains recommandent de vendre leurs actions Euro Disney. L'action perd aussitôt 2,75 %. Depuis l'ouverture, l'action a déjà perdu 31 % de sa valeur.

Pour se rassurer, on évoque le cas des studios Universal en Floride qui ont eu une ouverture catastrophique en juin 1990 avec de multiples difficultés techniques avant que tout n'aille très bien. La mauvaise presse porte un coup sévère à la réputation de Disney. Certains en semblent très satisfaits. A Hollywood, on sourit du demi-échec de Disney en Europe. Pour Michael Eisner, il faut impérativement sauver la réputation de sa société sur le Vieux Continent. Un plan ambitieux est mis en place.

Il s'agit d'inverser la tendance coûte que coûte avant les mois d'hiver. D'abord en augmentant la qualité du service dans le parc : temps dans les files d'attentes réduit, formation des *cast members* améliorée, coûts réduits à l'essentiel. On annonce une baisse des prix de l'hôtellerie en passant à des prix d'hiver plus avantageux et le développement des catégories hôtelières intermédiaires car le taux d'occupation des hôtels atteint péniblement 70 % : l'Hôtel Santa Fe qui a déjà baissé ses tarifs de 36 % à 550 francs, la chambre passera à 450 francs et même pour le Disneyland Hôtel, cinq étoiles, les tarifs passent de 2 050 francs à 1 375 francs en saison basse. Mais pas de baisse de prix d'entrée envisagée pour le moment, toujours 225 francs pour les plus de 12 ans. On annonce la réduction de la masse salariale en mettant fin à des contrats saisonniers et en ne remplaçant pas les démissionnaires. Cinq mille emplois sur 12 500 pourraient être supprimés. Un porte-parole de la direction précise : « Il ne s'agit pas de suppressions d'emplois. (…) Les postes saisonniers ne seront pas reconduits au-delà de la période de haute-saison qui s'achève vers la fin septembre ». Le 6 août, une réunion de négociations a lieu. La CGT la présente comme « faisant suite aux revendications des personnels d'entretien qui ont fait grève dans la nuit du 30 au 31 juillet » alors que la direction du parc parle d'un « processus permanent de négociations sur la définition des classifications et des salaires minima ». Chacun est en tout cas inquiet de l'annonce des suppressions de postes. L'action Euro Disney chute à 97 francs. Ce sera une première année difficile mais pas catastrophique. On renforce le marketing pour attirer le maximum de personnes avant l'hiver : étant donné que 65 à 70 % des visiteurs des parcs Disney viennent durant la période d'avril à septembre, il est vital de miser sur les derniers jours de beau temps qui restent. Rien ne pourra se faire en hiver. Pour lancer le nouveau plan de promotion, une nouvelle campagne publicitaire s'abat sur la France. « La Californie est à seulement 32 kilomètres de Paris » est le slogan choisi. Visites d'entreprises, rendez-vous auprès des collectivités locales, consultations des tour-opérateurs sont menés dans le but d'éveiller l'intérêt pour le parc Disney.

Les efforts portent leurs fruits puisque la fréquentation est forte et qu'en août, le taux d'occupation des hôtels frôle les 100 %. Les Français semblent avoir différé leur voyage au parc. Au 4 septembre 1992, on atteint six millions de visiteurs. Robert Fitzpatrick déclare : « Dans tous nos sondages, les franciliens ont dit "Nous attendons la rentrée, quand il y a un peu moins de touristes de l'extérieur, quand c'est un peu plus calme, quand il y a un peu moins de monde dans le parc." Je crois qu'ils ont tenu leurs promesses parce que nous avons remarqué depuis le début de cette semaine, une très nette augmentation du nombre de visiteurs d'Ile-de-France surtout. » L'objectif de dix millions de visiteurs fin 1992 est maintenu. En ce qui concerne les projets d'extension, Philippe Bourguignon note : « Nous poursuivons actuellement ces discussions. Comme vous le savez, le gouvernement français a donné son feu vert pour l'opération de la deuxième phase, donc actuellement, nous travaillons sur la finalisation du programme détaillé. » Fitzpatrick ajoute : « J'ai reçu la semaine dernière une lettre du Premier ministre indiquant que les discussions pour le deuxième parc et la deuxième phase et les discussions pour les possibilités d'un troisième parc [consacré aux technologies, à la culture, à l'environnement et à l'histoire serait prévu pour 2000/2005] devaient reprendre à la rentrée. »

On invite la presse à saisir l'événement du six millionième visiteur, et heureusement pour Disney, c'est une Française ! A ce moment-là, seulement 1,6 million de Français (un quart du total) ont visité le parc. Fitzpatrick et Bourguignon l'accueillent, elle et sa famille, avec des fleurs à une cérémonie à Town Square et Mickey les conduit personnellement au sein du Royaume Magique.

En août 1992, au siège de la Walt Disney Company aux Etats-Unis, Richard Nanula et Larry Murphy soulèvent la question des estimations financières et Nanula rédige un mémo pour affirmer très clairement qu'une réduction des coûts passe obligatoirement par de sévères compressions budgétaires. Pour la première fois, Eisner prend conscience des risques financiers encourus par le parc car l'étude démontre que les coûts et les remboursements de prêts sont en train de dépasser les bénéfices d'Euro Disney. Sur la base des hypothèses de fréquentation, le groupe prévoyait, pour la phase IA, un *cash flow* d'environ 1,1 milliard de francs dès la première année et un remboursement de la dette de 690 millions de francs. Dans des conditions normales (avec une économie saine), le *cash flow* devait progresser à un rythme soutenu couvrant largement le service de la dette. Pour la phase IB, le *cash flow* de la première année était estimé à 293 millions de francs, légèrement supérieur au service de la dette. Il devait progressivement augmenter pour permettre de nouveaux investissements (maintenance des attractions, augmentation de leur capacité, renouvellement des attractions…). C'est en tout cas ce qui était prévu avant l'ouverture…

Ignorant ce premier signal d'alarme, les plans ne sont pas changés et plus d'un milliard de francs est encore dépensé pour ajouter des attractions et augmenter la capacité d'accueil. Eisner se justifie : « Cela peut paraître étrange, mais c'était par prudence que nous agissions ainsi. » Les 500 premiers millions de francs sont investis dans de nombreux spectacles et de petites animations disséminées à travers le parc pour tenter de juguler les temps d'attente très longs aux attractions durant l'été. Les 500 autres millions sont consacrés à Space Mountain, une attraction à sensation, qui doit créer une seconde vague d'intérêt pour le parc une fois l'enthousiasme de la découverte initiale passé. Space Mountain serait aussi une accroche marketing puissante, capable d'amener de nouveaux clients.

Mais les dirigeants d'Euro Disney savent aussi que la fréquentation chuterait dès le mauvais temps venu. Il est alors décidé de fermer l'hôtel Newport Bay Club de 1 100 chambres pour la saison basse à venir (d'octobre à mars). Officiellement, on déclare que l'hôtel a été conçu avec une thématique estivale. En réalité, les dirigeants d'Euro Disney comprennent bien qu'il n'est pas réaliste de laisser ouvert le plus grand hôtel d'Europe quand on n'est absolument pas certain de le remplir. Environ 20 % de la capacité hôtelière est ainsi temporairement fermée.

Annoncé la première semaine de septembre, un changement dans la direction générale a lieu le 1er octobre suivant, à la fin de la clôture de la première année fiscale. Robert Fitzpatrick prend le titre américain de *chairman* (auparavant, il était *president*), il reste donc président-directeur général d'Euro Disney SA ; Philippe Bourguignon, au sein de la société depuis 1988, avec le titre de directeur général, développement immobilier devient directeur général (*president*). Michael Eisner justifie son choix : « Philippe avait supervisé le développement des hôtels Euro Disney sous les ordres de Peter Rummell. Nous tenions à placer un Français à la tête de l'affaire, un homme qui connaisse bien la culture du pays. Mais avant tout, Philippe nous semblait correspondre parfaitement à ce poste. C'était un bourreau de travail, un chef remarquable, qui savait traiter aussi bien avec son personnel qu'avec les hommes politiques français ou les banquiers. »

Diplômé en économie, Philippe Bourguignon a commencé sa carrière en travaillant pour une entreprise allemande de développement de projets touristiques en Afrique. Il est ensuite engagé à Novotel par Gérard Pélisson, Robert Molinari et Paul Dubrule. Le futur groupe Accor ne compte alors que trente petits hôtels en France de qualité élevée, homogènes et abordables en prix mais non situés en centre-ville ; ils sont à l'extérieur des agglomérations sur des terrains moins coûteux. Les réseaux routiers et l'urbanisation s'accroissant, les hôtels en pleine campagne se retrouveront en ville. Bourguignon devient directeur du développement chargé d'aménager de vastes terrains autour des Novotel et d'y pratiquer des activités immobilières. En France, une grande crise touche le secteur en 1974 et Bourguignon quitte le pays pour une mission de deux mois à l'étranger. Il doit déterminer comment développer des Novotel au Moyen-Orient. Il signe huit contrats d'implantation et devient le directeur général de la filiale de Novotel dans cette région. Il s'installe à Beyrouth en mars 1975 mais quitte la ville un mois plus tard, la guerre ayant éclaté. Il est ensuite envoyé deux mois et demi en Asie pour installer des hôtels et signer des accords. Il reste quatre ans au poste de « développeur », entre 1974 et 1978. Novotel compte désormais entre 150 et 170 hôtels. Puis, Bourguignon se charge de l'expansion de la chaîne en Amérique et s'installe à New York. Il a 30 ans et Novotel gère 250 hôtels. Par la fusion de Novotel, Borel et Sofitel, le groupe Accor se met en place. Bourguignon doit rentrer à Paris : quelle déception ! Il souhaite retourner aux Etats-Unis. Il obtient alors la direction de la zone Asie-Pacifique en s'installant à Los Angeles. La gestion au quotidien des hôtels l'accapare au détriment du développement. Un nouveau patron pour l'international à Paris est nommé et ses liens étroits avec Dubrule et Pélisson se distendent. Bourguignon a 40 ans et l'envie de faire autre chose.

En 1987, à Los Angeles, il fait un exposé du développement des activités touristiques du groupe Accor en complément de l'hôtellerie d'affaires classique devant des investisseurs. Un inconnu s'approche de lui à la fin : « Très intéressant ». Il lui tend sa carte : « Appelez-moi. » Bourguignon la prend et la range distraitement. Ce n'est que le lendemain, en confiant la carte à sa secrétaire qu'il découvre le nom de cette personne : Michael Eisner, président-directeur général de la Walt Disney Company. Bourguignon lui téléphone aussitôt et Eisner lui indique : « Nous avons un parc à thèmes, mais également des studios de cinéma et beaucoup d'immobilier à Los Angeles et dans d'autres endroits. Il faut trouver des idées pour développer ces terrains. Cela vous intéresserait-il d'entrer chez Disney ? ».

Les avocats de Disney préparent son contrat à partir de septembre 1987 alors qu'il apprend qu'il doit être nommé directeur général du tourisme du groupe Accor le 5 janvier 1988 lors de la réunion des cent cadres du groupe présidée par Gérard Pélisson et Paul Dubrule. Le contrat avec la Walt Disney Company est enfin prêt le 23 décembre. Le 26 décembre, Bourguignon démissionne du groupe Accor après quatorze ans de bons et loyaux services. Gérard Pélisson est fou de rage.

Bourguignon débute donc sa carrière chez Disney en janvier 1988. Il est *executive vice president*. Il a la responsabilité de prendre en charge l'ensemble de la politique immobilière et des aménagements de la Walt Disney Company à l'exception des parcs. Habitant déjà Los Angeles, il n'a pas besoin de déménager puisqu'il travaille à Burbank. Il n'a pas vraiment d'instructions sur ce qu'il faut qu'il fasse. Il se retrouve subitement dans un autre monde où plus personne ne parle français. Et même s'il s'exprime convenablement en anglais, les réunions typiquement américaines où vingt personnes sont postées autour de la table en mangeant des pizzas tout en discutant sont éprouvantes et Bourguignon avoue qu'il rentrait souvent chez lui le soir avec une sacrée migraine. Les débuts sont un peu difficiles. Français, Bourguignon a du mal à se faire entendre et les décisions qui doivent lui échoir se prennent sans lui. Au bout d'un mois, Bourguignon commence à en avoir assez de subir la concurrence de jeunes cadres sortis tout récemment d'écoles de commerce. Il se donne trois mois pour réussir à être accepté ou il démissionnera. Il prépare un plan de bataille établissant ce qu'il désire faire. Avec des dossiers mieux préparés, il se décide à parler plus fort et de manière plus concise. Et ça marche ! Un jour, un responsable de la direction financière lui déclare : « Si vous voulez avoir du succès chez Disney, il faudra être arrogant ! » ; il est également stupéfait par la violence de certains échanges lors des réunions durant lesquelles les « fuck you ! » et les « bastard ! » fusent.

En poste à Los Angeles, il participe à une réunion concernant EuroDisneyland. Michael Eisner lui demande s'il peut intervenir auprès des autorités françaises pour implanter au bord de l'autoroute une silhouette géante de dix mètres représentant Mickey destinée à indiquer aux automobilistes la proximité du parc. Au cours d'un bref séjour à Paris, Bourguignon obtient auprès de la DDE et de divers organismes officiels l'autorisation de mettre ce panneau. De retour aux Etats-Unis, il fait part à Eisner de la nouvelle. Ce dernier lui rétorque immédiatement : « Bien ! Eh bien, tu y retournes et tu demandes que notre Mickey puisse mesurer vingt mètres... »

A la fin des années quatre-vingt, Bourguignon se rend fréquemment à Paris dans le cadre du projet EuroDisneyland puisque son équipe a la responsabilité de la conception immobilière du nouveau parc. Accompagné de Robert Fitzpatrick, il rencontre un jour le préfet Christian Blanc. Assis dans un fauteuil, un gros cigare à la main, un cendrier sur pied à ses côtés, il leur indique immédiatement : « Je représente l'Etat. (...) Vous comprenez, certaines de vos équipes ont demandé à la police de peindre leurs voitures d'une certaine couleur pour les mettre dans le thème, et de limiter le bruit des sirènes afin de ne pas perturber la quiétude de vos clients ! » Bourguignon est stupéfait. Il écrit une note à l'attention de Frank Wells pour lui indiquer certains dysfonctionnements. Grand mal lui a pris ! On lui confie aussitôt la mission de se consacrer pour l'essentiel à EuroDisneyland en apportant des suggestions sur la manière de corriger certains problèmes. Bourguignon est très mécontent. Il revient sur Paris d'abord trois semaines par mois, puis trois mois à temps plein avant l'ouverture. Puis encore trois mois après l'ouverture, enfin trois mois de plus en raison des multiples problèmes. Le dernier vendredi, mission accomplie, il doit rentrer chez lui, en Californie, afin de retrouver sa famille. Mais il reçoit un appel de Michael Eisner : « Nous te proposons de prendre la direction générale d'Euro Disney. Tu restes en France. » Bourguignon hésite... « Réfléchis vite, on l'annonce lundi. » Bourguignon accepte. Il prend le poste de Jim Cora (*executive vice president*), retourné aux Etats-Unis. Quatre directeurs généraux (deux *executive vice presidents* et deux *senior vice presidents*) sont nommés ou confirmés dans leurs fonctions : Stephen B. « Steve » Burke pour le parc à thèmes ; John Forsgren pour la finance ; Sanjay Varma pour le complexe hôtelier et Tim Wolf pour les ressources humaines et l'administration.

Tout comme Michael Eisner avait engagé Art Levitt sur un coup de tête, il n'a fallu qu'un instant pour qu'il choisisse Steve Burke en 1985 qui, comme Levitt, est le fils d'un père influent, Dan Burke, président de Capital Cities/ABC, propriétaire de la chaîne de télévision américaine ABC. C'est Tom Murphy, partenaire de Burke, qui introduit le jeune homme auprès d'Eisner : « Je sais que tu reçois ce genre de sollicitation à longueur de journée, mais je crois que Dan ne se décidera jamais à faire lui-même la démarche. Son fils est un garçon bourré d'énergie qui cherche activement à s'insérer dans la vie. Je sais que Dan apprécierait que tu le reçoives ». Récemment diplômé de l'Harvard Business School, il a travaillé quelques années pour General Foods et American Express. Burke est plein d'énergie, bien fait de sa personne et passionné. Son apparence de jeune homme le fait d'ailleurs ressembler à un éternel étudiant. Burke espérait travailler dans le cinéma ou la télévision, mais il lui est proposé un poste en *Consumer Products*, la division qui accorde les licences des personnages Disney (boutiques, jeux interactifs, publications et produits dérivés). En 1984, la Walt Disney Company génère près de 100 millions de dollars de profits annuels dans cette catégorie, une somme certes importante, mais sans commune mesure avec les bénéfices provenant des parcs à thèmes. Le système de la licence est essentiellement passif. Disney ne joue quasiment aucun rôle dans la production, la distribution ou le marketing des produits issus de ces accords. Frank Wells incite Barton Boyd, chef des produits dérivés, à se montrer plus agressif avec les licenciés. Son action débouche sur une amélioration de la qualité des produits Disney mais surtout sur une incroyable augmentation des royalties découlant de ces ventes (en 1994, dix ans après l'arrivée d'Eisner et de Wells, les profits de cette division ont quadruplé atteignant la somme de 425 millions de dollars).

Dans son nouveau poste sans fonction particulière créé spécialement pour lui – *director of business development* – Burke trouve la plupart des employés piégés dans le syndrome du « Qu'est-ce que Walt aurait fait ? » Il décide alors de lancer un concours de nouvelles idées. Le premier prix est un dîner pour deux personnes dans un restaurant choisi dans le monde entier (les gagnants doivent toutefois payer les frais de transport!). Sur cinq cents propositions, il restreint le nombre de finalistes à douze puis les présente à Eisner et Wells. Après cinq heures de présentation, Eisner, enthousiaste, répond : « Laissons-les agir comme ils le sentent ! » Une des idées retenues est un concept de magasins de vente au détail de produits Disney en dehors des parcs à thèmes. Larry Murphy, directeur financier, n'est guère enthousiaste – « une petite affaire avec des marges relativement faibles ». Murphy met chacun en garde. Wells est plutôt du même avis. Eisner et Wells décident alors d'attendre avant de se prononcer. Deux semaines plus tard, Burke et Boyd les convient à une nouvelle présentation. Ils souhaitent ouvrir une boutique à titre d'essai, voir comment elle fonctionne et, si l'expérience se révèle positive, en créer d'autres. Après une heure de débats, il est décidé d'en créer une près du studio et donc près de Disneyland afin de déterminer si les clients sont prêts à acheter aussi des produits Disney en dehors du parc. Le coût de cette première boutique est estimé à 500 000 dollars. Se tournant vers Frank Wells, Eisner déclare : « Je sais parfaitement que, selon les analyses financières les plus sophistiquées, ce projet n'a aucune chance de marcher. Mais une entreprise aussi vaste que la nôtre peut bien se permettre, de temps à autre, de se lancer dans une aventure qui lui semble attirante. Et tant pis si ça rate. Cela ne nous coûtera pas plus qu'un scénario à succès ».

Eisner l'emporte. Burke est ravi que le grand patron prenne un tel risque avec un jeune dirigeant inexpérimenté. Eisner rejette ses deux premiers concepts de magasins mais approuve celui qui ressemble à un plateau de cinéma avec des scènes de dessins animés dans les fenêtres et des extraits de films à venir projetés sur des écrans à l'intérieur. Eisner insiste pour que Burke suive le *cast training* des parcs à thèmes (il est déguisé en Frère Tuck de *Robin des Bois*) et Burke introduit une version de cette formation pour les employés de ces boutiques. Ils peuvent ainsi créer une émulation autour des parcs à thèmes : ils sont appelés *cast members*, ils portent un costume et sur la chemise un *name tag* avec leur prénom, etc.

Construit pour 450 000 dollars, le premier Disney Store est installé en mars 1987 à Glendale Galleria, un centre commercial situé à dix minutes des studios. La boutique connaît un succès spectaculaire, avec des ventes par mètre carré enregistrant des records pour un magasin spécialisé de ventes au détail. Dès la première année, les revenus de la boutique de Glendale s'élèvent à 2,4 millions de dollars, près de 10 000 dollars au mètre carré. Eisner décide que Disney pourrait construire sa propre chaîne de magasins de vente au détail sous la direction de Burke. Ce dernier orchestre une croissance rapide avec l'ouverture de Disney Stores dans toutes les principales villes des Etats-Unis (deuxième Disney Store en juillet 1987 à San Francisco, troisième en novembre à Orange County… fin 1989, 41 boutiques ; fin 1990, 70 ; fin 1991, 125…) y compris sur la Cinquième Avenue à New York. L'ouverture en grande pompe du premier Disney Store de France (le 188ème dans le monde) le 11 novembre 1992 à Vélizy II, un centre commercial à 16 kilomètres à l'ouest de Paris, doit renforcer l'excitation autour d'EuroDisneyland. Le plus grand Disney Store de France ouvre sur les Champs-Elysées en 1993 ; il est à ce jour, celui qui enregistre le plus important chiffre d'affaires de tous les Disney Stores du monde. La chaîne a connu son apogée en 2000, avec 742 boutiques sur toute la surface du globe dont une vingtaine en France. Eisner aimait venir faire un tour de façon inopinée puis, Wells et lui assaillaient Burke de notes contenant des suggestions et des critiques. Exemple : « J'ai cherché vainement une quelconque publicité annonçant cet événement [la reprise de *Cendrillon* au cinéma]. Non seulement, on ne parle pas du film, mais je n'ai vu aucun objet s'y rapportant. Je souhaite que nos boutiques servent à la promotion de nos films, de nos dessins animés surtout, sans parler de nos émissions de télé et de toutes les inaugurations et autres événements touchant nos parcs ». Burke, trente ans à peine, se trouve ainsi subitement propulsé dirigeant à des réunions du conseil d'administration. Il pense avoir trouvé le job parfait. Il adore marcher sur Main Street à Disneyland avec sa femme et ses enfants, sentant qu'il est devenu quelqu'un d'important dans l'entreprise.

Un après-midi à la fin de l'année 1991, Eisner téléphone à Steve Burke : « Je vais à Saint-Louis. Viens avec moi, et nous inspecterons quelques magasins. » Une fois dans l'avion, Eisner demande à Burke ce qu'il aimerait faire par la suite. Burke répond : « Je suis vraiment heureux avec les boutiques. » Mais Eisner persiste : « Après les Disney Stores, qu'est-ce que tu voudrais faire ? ». Burke répond : « Bah… Mon rêve serait de diriger un parc à thèmes. » Eisner prend immédiatement le téléphone et appelle Wells : « Il a dit "parcs à thèmes". Je t'avais dit qu'il dirait "parcs à thèmes". » Eisner raccroche et se tourne vers Burke : « Nous voulons que tu diriges Disneyland [en Californie]. » Burke est évidemment ravi. Il commence à parcourir le parc avec sa femme et ses enfants, cherchant des idées pour le développer. Mais les mois passent et rien n'arrive. Enfin, Frank Wells l'appelle pour lui dire que Dick Nunis n'est pas d'accord avec l'idée de nommer quelqu'un d'extérieur à la division Parks & Resorts qui n'ait aucune expérience dans la gestion d'un parc à thèmes. A la place, ils le veulent pour aider à diriger Euro Disney et travailler en étroite collaboration avec Philippe Bourguignon, le nouveau directeur général du parc. Burke n'a pas très envie de déménager avec sa famille en France mais il accepte tout de même. Wells lui promet de le faire revenir aux Etats-Unis quelques années plus tard. Paul Pressler succède à Burke au sein de la division *Consumer Products*.

Certains sceptiques voient la promotion de Fitzpatrick au poste de *chairman* comme une façon de s'en débarrasser. Lui, déclare que c'est pour faire face aux difficultés financières. Néanmoins, le marché réagit favorablement à cette nouvelle et le prix de l'action Euro Disney qui avait atteint 59 francs après être passé à 165 francs en mars 1992 se clôt le 3 septembre à 75 francs. Quand Steve Burke rencontre Philippe Bourguignon pour la première fois, ce dernier le prévient : « Steve, nous avons près de 2,75 milliards de francs de perte. » Burke est stupéfait. Ni Eisner ni Wells ne l'ont réellement prévenu. Il ne peut pas le croire : « Laisse-moi regarder les chiffres ce week-end » répond-il. Le lundi matin, il se rend à l'évidence : « Tu as raison. »

Les événements spéciaux continuent à Euro Disney dans le but de s'attirer la meilleure presse possible. Le 7 septembre, un lundi, Robert Fitzpatrick, Philippe Bourguignon et Michel Giraud accueillent cinq mille enfants de huit à douze ans qui n'ont pas pu partir en vacances pendant l'été. Sabine Marcon, ambassadrice d'Euro Disney 1991-1992, en profite pour présenter Mickey Mouse à Curro, la mascotte de l'Exposition universelle de Séville 1992.

A l'approche de la basse saison, Euro Disney décide également de faire des concessions aux autocaristes. Menacée un temps de boycottage par les organisateurs français de voyages en autocar pour son intransigeance commerciale, la société adopte un ensemble de mesures en leur faveur. L'accord conclu entre le Syndicat national des entreprises de tourisme (SNET) et Euro Disney, après plusieurs mois de discussions, prévoit des réductions sur la vente de forfaits séjours ainsi que sur la billetterie allant de 10 à 30 % selon les types de clientèle (scolaires, personnes du troisième âge, groupe de plus de 250 personnes). Un commissionnement de 4 % ainsi que des délais de règlement à trente jours pour la billetterie du parc à thèmes en faveur des entreprises adhérentes à la caisse de garantie de la SNET sont également prévus.

A partir du 23 septembre, deux nouvelles publicités de quarante secondes sont diffusées à la télévision française et dans les cinémas, produites sous la direction artistique de Jacques Benoît. Un redéploiement du marketing, avec un meilleur ciblage des campagnes publicitaires sur les plus importants marchés par pays est en cours (bassin de Londres, Italie du Nord, province de Barcelone, région parisienne). Kevin Costner, qui vient d'enchaîner coup sur coup quatre énormes succès pour *Danse avec les loups*, *JFK*, *Robin des Bois*, *Prince des voleurs* et *Bodyguard* ainsi que Clint Eastwood, grand ami de Frank Wells, font une apparition remarquée dans le parc.

Le 24 septembre 1992, un caissier du Disneyland Hôtel est mystérieusement assassiné à l'arme blanche, alors qu'il s'apprêtait à déposer sa recette dans un coffre-fort de l'établissement.

Le 5 octobre, Michael Eisner répond à un nouvel entretien dans les colonnes du *Monde*. La journaliste lui demande :
« Six mois après l'ouverture d'Euro Disney, quel bilan pouvez-vous tirer de l'opération ?
_ Formidable. Et optimiste. Nous sommes satisfaits de la façon dont les choses se sont organisées et satisfaits de l'accueil du public. Les six millions de visiteurs recensés il y a trois semaines battent tous les records enregistrés par nos autres parcs dans le même laps de temps. (…) Euro Disney est en train de surpasser tous nos autres parcs. Du 14 juillet 1992 à la dernière rentrée scolaire, nos hôtels ont connu une fréquentation excellente (…). Il y a même eu un jour où nous avons dépassé le seuil limite des 90 000 visiteurs. Je trouve cela fantastique, très prometteur, vraiment. » Eisner justifie le démarrage en demi-teinte par « ce fameux permis à points qui a bloqué la France une semaine ou deux, en déclenchant la colère des camionneurs. Impossible pendant ce temps-là d'accéder à Euro Disney » Evidemment… Eisner poursuit : « Le cap le plus redoutable, c'est aujourd'hui que nous l'affrontons. Car nous ne pouvons pas laisser s'installer l'idée que nous avons en partie échoué. Il faut que nous arrivions à rectifier l'erreur qui consiste à clamer que nous sommes pleinement ravis, mais tout en s'abstenant de paraître prétentieux ou arrogants. C'est une communication difficile à manier ».

Le 12 octobre 1992, six mois après l'ouverture, le Premier ministre Pierre Bérégovoy décerne le titre de Chevalier de la Légion d'Honneur au président-directeur général de la Walt Disney Company, Michael Eisner. Walt Disney lui-même l'avait reçu 57 ans plus tôt en 1935 avant d'être promu Officier en 1953. Pierre Bérégovoy déclare : « Le rêve, et le plus beau de tous, est bien celui des enfants, qui ne connaît pas les frontières, ni les races ni les religions. De Philadelphie à Bangui, de Paris à Tokyo, vos personnages captivent nos enfants. La France est toujours heureuse de rendre hommage aux artisans de l'enchantement, à quelque pays qu'il appartienne. (…) En vous décernant l'insigne de Chevalier de la Légion d'Honneur, j'affirme la bonne volonté continue du gouvernement, tout d'abord exprimée en 1987 au moment de la signature de la Convention pour la création d'Euro Disney en France. (…) Le parc a d'ores et déjà accueilli sept millions de visiteurs, les résultats parlent d'eux-mêmes. Les avantages économiques escomptés sont maintenant perceptibles ». Eisner accepte l'honneur d'être de ceux qui ont contribué à la mise en œuvre du projet : « Nous avons définitivement fait le meilleur choix en l'installant à Marne-la-Vallée, au cœur de l'Europe (…) L'ouverture d'Euro Disney en avril 1992 a eu un impact positif sur le tourisme français et nous sommes fiers de participer au renforcement de la position prédominante de la France dans ce secteur. »

Mickey semble être vu de façon moins monstrueuse. Le 19 octobre, Euro Disney invite 1 500 *people* de la politique, du monde des arts et du spectacle avec leur famille au parc pour une projection en avant-première de *La Belle et la Bête*. Inspiré d'un conte français, le film ne doit sortir que deux jours plus tard au cinéma. Après quoi, les invités ont droit à une visite des coulisses du parc durant laquelle ils découvrent un nouveau char de la parade dédié au film et sont accueillis par les personnages du dessin animé.

Le 29 octobre 1992, les cadres d'Euro Disney présentent un rapport intitulé « L'impact d'Euro Disney dans l'économie et le tourisme après six mois de fonctionnement » lors d'une réunion à laquelle assistent Christian Cardon, délégué interministériel, et des représentants de divers ministères, de la région Ile-de-France, du département de la Seine-et-Marne, du SAN et de l'EPA-France. Au début du mois d'octobre 1992, ils révèlent que près de sept millions de personnes ont visité le parc : 36 % sont Français et 64 % étrangers (16 % de Britanniques, 14 % d'Allemands et 8 % du Benelux). La plupart des visiteurs étrangers ont indiqué qu'Euro Disney était la raison principale de leur visite en France : les représentants d'Euro Disney annoncent que les touristes ont dépensé 2,5 milliards de francs dans le complexe touristique et 4,3 milliards au dehors. Euro Disney a créé 12 596 emplois. Euro Disney a investi pour loger ses *cast members* dans une région qui souffrait d'un manque de logement en en construisant 1 800 supplémentaires.

Mais c'est la mise en place d'un plan marketing plus ciblé qui semble avoir le plus d'impact auprès des Européens. Cette campagne touche la France, l'Espagne, l'Italie, l'Allemagne, la Belgique, les Pays Bas et le Royaume Uni. Elle submerge l'Europe d'offres spéciales à prix cassés pour les étudiants et les groupes, des aménagements pour les congrès qui permettraient de faire face aux mois d'hiver à venir en maintenant une bonne fréquentation. La campagne est particulièrement intense en France : des spots fréquents à la télévision, de la publicité avant *La Belle et la Bête* dans 234 cinémas, des encarts dans les magazines (*Télé 7 Jours*, *Paris Match*, *Le Figaro*, *L'Express*, *France Soir*, *Géo*), enfin des annonces radios sur NRJ, Europe 2, Chérie FM, Nostalgie, Skyrock, RFM et Fun Radio. Mais aussi des publicités dans les magazines pour enfants comme *Le Journal de Mickey*. A Paris, il est impossible d'échapper à la campagne d'affichage d'Euro Disney. Des publicités apparaissent ainsi dans *L'officiel des spectacles*, *Pariscope* et *7 à Paris* ; elles sont projetées dans soixante cinémas de la capitale, elles décorent les murs des aéroports de Roissy-Charles-de-Gaulle et d'Orly ; et elles sont placardées dans deux cent dix stations de métro à travers la ville.

A l'automne 1992, les Européens sont donc de plus en plus familiers avec l'image d'Euro Disney. Le 11 octobre 1992, le sept millionième visiteur est accueilli. La satisfaction des visiteurs est bonne. Philippe Bourguignon se souvient pourtant : « En 1992, nous nous sommes réveillés le premier lundi de novembre avec un parc dans lequel il n'y avait que huit mille visiteurs, un chiffre extrêmement faible. Des jours plus courts, moins de spectacles, pas de feu d'artifice et puis le froid... Nous nous sommes demandé pourquoi des gens viendraient au mois de novembre alors qu'ils peuvent visiter le parc au mois de juin pour le même prix pratiquement, en bénéficiant d'un temps agréable, d'une soirée beaucoup plus longue, d'un feu d'artifice, etc. Bref, ils avaient peu de raison de venir en hiver... Après réflexion, nous avons pourtant décidé d'aller à contre-courant de cette démarche naturelle. C'était paradoxalement lors de la saison creuse qu'il était nécessaire de concentrer nos efforts ! Pour que des clients viennent en novembre ou en décembre, il fallait leur offrir davantage que pendant les beaux jours. C'est pourquoi nous avons toujours programmé toute une série d'événements au cours de l'hiver : le célébration quotidienne de Noël à partir du 20 novembre, des festivals de fées, des spectacles magiques, des carnavals renouvelés d'année en année. Enfin, nous avons investi dans les feux d'artifice autant en hiver qu'en été. Le 14 juillet est traditionnellement un jour de feux d'artifice, mais de toute façon le parc est plein ce jour-là, alors qu'il ne l'est pas le 15 novembre ou le 10 décembre, et c'est là qu'il faut mettre le paquet ! » Ce qui explique qu'on verra apparaître « Noël et les Lumières de l'Hiver », un « Carnaval de Printemps », les « Nuits d'Été », un « Festival Far West » à l'automne et une « fête africaine sous le signe du Roi Lion » en novembre [1994]. La lenteur du démarrage du parc est mise sur le compte de l'activité saisonnière et de la récession. Suivant les jours, le parc a accueilli entre 90 000 et 5 000 visiteurs. Ajoutons à cela les fluctuations monétaires et l'appréciation du franc par rapport aux autres monnaies européennes...

Le 18 novembre, dans leur lettre aux actionnaires faisant le bilan au 30 septembre 1992 des 172 premiers jours, Robert Fitzpatrick et Philippe Bourguignon soulignent que 1992 a été à la fois pleine de « satisfaction, [de] défi et [de] changement ». Satisfaction d'avoir ouvert le parc ainsi que « six hôtels splendides ». Ils précisent : « Nous avons accueilli 7 millions de visiteurs [en réalité 6,8 millions] pendant nos six premiers mois d'exploitation et atteint un taux d'occupation moyen de nos hôtels de 74 % [toutefois] nos résultats financiers n'ont pas été à la hauteur de nos espérances ». Sans se remettre en question, ils affirment que « la crainte d'importants embouteillages et les grèves de RER pour les parisiens, les blocages des routiers en France pour les touristes étrangers et surtout la conjoncture économique particulièrement difficile » sont autant d'éléments qui ont contribué à ne pas atteindre « nos objectifs plus ambitieux. ». Ils annoncent une réduction du second programme détaillé de développement, « étant donné l'état du marché immobilier (...) la construction de bureaux sera repoussée à une date ultérieure pour nous permettre de mieux nous concentrer sur l'essence même de notre activité. » Sous la pression de Michael Eisner, ils annoncent l'adjonction d'un second parc à thèmes basé sur le cinéma mais cette fois en ne donnant aucune indication de date ainsi qu'un parc aquatique afin d' « attirer un grand nombre de visiteurs supplémentaires et d'allonger de façon très significative la durée du séjour sur notre site. » Un troisième parc à thèmes est annoncé pour le début des années 2000. Ils poursuivent : « Nous sommes passés littéralement en une nuit de l'état de concepteur-bâtisseur à celui d'exploitant d'une destination de vacances. (...) Notre permanent défi consiste en la poursuite de programmes intenses de formation nous permettant d'améliorer sans cesse notre service. » Le changement est illustré par le départ des vétérans Disney qui étaient venus des parcs de Floride et de Californie. Pour le futur, deux objectifs principaux se dégagent : assurer le plus rapidement possible la rentabilité de la société sans compromettre la qualité du service et mieux l'intégrer dans son environnement européen.

Le rapport de gestion du gérant annonce que la société a investi 23,7 milliards de francs dans le projet (budget multiplié par trois !), que la société emploie 12 488 *cast members* et jusqu'à 18 809 en juillet 1992 avec les saisonniers, soit un effectif moyen du 12 avril au 30 septembre de 16 177 personnes. Le chiffre d'affaires d'exploitation s'élève à 3,82 milliards de francs dont 68 % pour le parc à thèmes (2,6 milliards de francs) et 32 % pour le complexe hôtelier (six hôtels, le camping Davy Crockett) et le centre de divertissements (1,22 milliard de francs). Le groupe termine l'exercice avec une perte nette de 188 millions de francs. Au 30 septembre, l'endettement à long terme du groupe s'élève à 6,2 milliards de francs ; et les emprunts des sociétés de financement à 16,6 milliards de francs.

Le rapport de gestion du gérant du 18 novembre est clair : « La situation économique en France et sur les autres grands marchés n'est pas très encourageante actuellement et à l'instar de nombreuses autres sociétés du secteur des loisirs et du tourisme, nous prévoyons un contexte économique difficile pour les prochains mois. (…) Nous voulons rester prudents quant à l'impact de la saisonnalité et la possibilité de dépasser, au cours du prochain exercice, des taux de fréquentation et d'occupation très sensiblement supérieurs à ceux de l'été 1992. (…) Nous prévoyons que le groupe sera déficitaire au cours des six premiers mois de l'année fiscale 1993. (…) Pour l'ensemble de l'exercice, nous ne pensons pas aujourd'hui que le groupe puisse être bénéficiaire. » L'action termine en repli de 6,9 % à 68 francs.

Le week-end du 21 novembre 1992, deux jours après avoir annoncé le rapport financier se terminant le 30 septembre, Euro Disney organise un gala pour la presse afin de lancer sa première saison de Noël. Rien n'est laissé au hasard. Disney doit en mettre plein la vue. Le parc est transformé en un monde merveilleux d'hiver avec des sapins de Noël ornés de sucre d'orge décorant Town Square et chaque hôtel. Les vitrines des boutiques sont parées de chaleureuses couleurs, les *cast members* portent des bonnets rouges du père Noël, Blanche-Neige et les sept nains interprètent des chants de Noël devant le Château de la Belle au Bois Dormant, « Le Noël de Mickey », un nouveau spectacle sur scène, offre sa première représentation à Fantasyland, des personnages Disney font du patin à glace devant l'hôtel New York et un groupe de rennes de Laponie tirent le char du père Noël sur Main Street durant la parade. Enfin, le point d'orgue des festivités est la cérémonie d'illumination durant laquelle un enfant allume le sapin à Town Square.

Ces images circulent dans le monde entier, mais comme seulement deux visiteurs sur sept sont Français, les publicitaires d'Euro Disney portent leurs efforts sur notre pays. Des publicités font leur apparition : « Vous rappelez-vous l'émerveillement de votre premier Noël ? Venez le revivre avec nous. » ; « Pour séjourner à Euro Disney, pas besoin d'écrire au père Noël, un coup de téléphone suffit ! » ou « Noël à Euro Disney : vos nuits seront aussi belles que vos jours ».

Déjà en 1985, la SETEC émettait des doutes sur les chiffres avancés par Disney concernant la fréquentation francilienne et française : « Disney table sur 10 millions de visiteurs par an dès l'ouverture, atteignant 12 millions après cinq ans. (…) Ces chiffres dépassent très largement toutes les statistiques de fréquentation des équipements de loisirs du type parcs d'attractions, fêtes foraines, monuments existant en Europe et en région parisienne (le château de Versailles accueille 2,9 millions de visiteurs dont 1,3 million gratuitement ; le Louvre 2,9 dont 1,6 gratuits ; le Centre Pompidou 7,7 dont 6,5 gratuits ; la Foire du trône 3 pour une durée de deux mois ; le zoo de Vincennes 1,4). Mais s'agissant d'un équipement d'une ampleur encore méconnue en Europe, il est difficile d'apprécier ses perspectives de fréquentation. Le Tokyo Disneyland a effectivement attiré près de 10 millions de visiteurs dès la première année dont seulement 700 000 touristes étrangers pour une population nationale d'environ 115 millions d'habitants. Mais le contexte est totalement différent : concentration de population plus forte, espaces récréatifs rares, résidences secondaires peu répandues. (...) La région Ile-de-France héberge 10 millions d'habitants. Si le parc doit effectivement recevoir 5 millions de visiteurs provenant de cette région, cela signifie que chaque habitant le visitera une fois tous les deux ans ou que la moitié de la population régionale s'y rendra chaque année. La recette par visiteur au parc est évaluée à 24 dollars hors taxes soit entre 260 et 280 francs de dépense par visiteur. Cela signifie qu'une famille avec deux enfants dépensera en moyenne 1 000 francs dans la journée qu'elle passera au Disneyland, plus ses frais de transport. L'importance de cette dépense accentue les réserves que l'on peut émettre sur le nombre de visiteurs de la région parisienne, en particulier dans une perspective durable. Il est possible que l'attrait initial incite à faire l'effort de la dépense, mais il est incertain qu'il se répète régulièrement. (...) Selon l'enquête réalisée en 1982, Paris recevrait plus de cinq millions de séjours de touristes étrangers par an dont 70 % auraient l'agrément et la détente pour seule motivation. (...) On peut penser que l'essentiel de la progression du nombre de visiteurs proviendra de cette clientèle étrangère. » Plus loin, le rapport note : « Selon Disney, le parc devrait recevoir 10 millions de visiteurs dès sa première année de fonctionnement, dont 5 millions provenant de la région parisienne, 1 million de province et 4 millions de l'étranger. Chaque visiteur dépenserait 260 francs hors taxes. (...) En l'absence d'une étude de marché circonstanciée et faute de références françaises ou européennes comparables, ces chiffres doivent être pris davantage comme des objectifs que comme des prévisions. Sous réserve d'une telle étude, ils semblent relativement élevés en ce qui concerne le potentiel de la région parisienne, et plutôt prudents en ce qui concerne le potentiel de la clientèle étrangère. » L'étude de la SETEC émet tout de même de sérieux doutes sept ans avant l'inauguration : « L'exploitation proprement dite du parc à thèmes ne semble pas dégager une marge suffisante pour lui assurer une rentabilité intrinsèque, tout au moins selon des données fournies jusqu'à présent par Disney à ce sujet. Il y aurait donc sans doute lieu d'approfondir ce point avec les responsables de Disney car il conditionne la faisabilité financière et juridique de l'ensemble du projet ».

La création d'un parc de loisirs est une opération de grande envergure qui nécessite des montages lourds et complexes. La décision de se lancer ou non dans un projet repose sur des études de viabilité et de faisabilité. L'étude de viabilité est une étude de cohérence pour permettre aux différents partenaires de juger du caractère viable ou non du projet et de décider ensuite du financement de l'étude de faisabilité. Cette étude préalable d'opportunité consiste principalement à réaliser une analyse de la demande en matière de loisirs, une étude des données naturelles du site, une analyse des projets éventuels d'aménagement et d'urbanisme, ainsi qu'une analyse de l'accessibilité du site grâce aux différents réseaux de transport. Les études de faisabilité permettent d'élaborer le projet et de définir son coût : les études de marché permettent de connaître les types de clientèle (locale, régionale ou autres), les caractéristiques démographiques et socio-économiques, et de réaliser des estimations sur les taux possibles de pénétration du marché, des fréquentations et des fourchettes de prix ; les études de positionnement par rapport aux autres installations du même genre permettent d'identifier la concurrence ; les études de produits permettent de vérifier la conformité des équipements et attractions en termes de dimension et de qualité, leur adaptation aux attentes de la clientèle ; les études financières permettent de prévoir la rentabilité des installations en déterminant par exemple le *cash-flow* prévisionnel et les charges d'exploitation. Il ne faut pas négliger les études juridiques et fiscales, ainsi que l'organisation de l'équipe composée d'acteurs travaillant ensemble sur le projet. Le coût de telles études représente un véritable investissement pour les promoteurs puisqu'il peut atteindre 5 % du coût total du projet.

A la fin des années quatre-vingt, l'optimisme des intervenants au projet se justifie par le potentiel du marché européen dont la population est de moitié plus importante que celle des Etats-Unis, tout en occupant un territoire presque de moitié plus petit. De plus, la force d'attraction de Disney en Europe de l'Ouest est très affirmée. Par ailleurs, la taille du site de Marne-la-Vallée et son emplacement proche de Paris confèrent au parc une position stratégique. Le seul inconvénient est le climat froid et pluvieux de la région parisienne. La fréquentation du parc est par conséquent sujette à des variations saisonnières, étant donné la concentration des périodes de vacances en été. L'équilibre du projet repose sur les revenus de la SCA, liés à l'exploitation du parc, donc du taux de fréquentation. Sur la base des études de marché réalisées en Europe et de l'expérience de Disney (notamment à Tokyo), le niveau des entrées pour la première année d'exploitation est estimé à 11 millions de visiteurs avec un taux de croissance annuel de 2 % à partir de la première année d'exploitation et de 1 % à partir de la dixième année. Le nombre de visiteurs additionnel par nouvelle attraction est estimé à 2,2 millions sur 15 ans.

Les recettes pour la première année de fonctionnement sont estimées à 7 milliards de francs et le chiffre d'affaires à la cinquième année à 12 milliards de francs. Pour la première année d'ouverture, le groupe anticipe un billet d'entrée au parc d'environ 165 francs, une dépense moyenne par visiteur de 58 francs pour la nourriture et de 90 francs pour les marchandises. Le taux de remplissage des 5 200 chambres d'hôtels est estimé à 70 % pour l'année d'ouverture.

Euro Disney continue de mener une campagne de relations publiques agressive. Le 26 novembre 1992, on invite vingt centenaires de la région parisienne à rencontrer Mickey et visiter le parc. Le Club bénévole, un groupe de *cast members* qui s'est donné pour mission d'exaucer les vœux d'enfants malades en phase terminale, redouble d'efforts durant cette saison en vendant des cartes de vœux de l'UNICEF et en menant une collecte de vêtements au profit des enfants yougoslaves nécessiteux. Et Roy Disney fait la Une de plusieurs magazines espagnols en décembre en concourant à une course transatlantique qui retrace la route que Christophe Colomb prit en 1492 pour découvrir le Nouveau Monde : *La Ruta del Descubrimiento*. Malgré une avarie qui les a forcés, lui et ses deux fils, à abandonner la course juste avant l'arrivée à Miami, son navire, baptisé « EuroDisneyland », lui a bien servi, lui permettant de rester en deuxième ou troisième position la plupart du temps de la course.

Le vent semble tourner. Les prévisions de basse fréquentation durant cette période ne sont pas aussi catastrophiques qu'annoncées. Décembre 1992 marche bien et il faut même rouvrir deux étages de l'hôtel fermé. La nuit de la Saint-Sylvestre voit même des milliers de personnes danser dans Main Street jusqu'à cinq heures du matin. Cette période de moindre fréquentation permet à chacun de reprendre son souffle et à Euro Disney de créer sa propre identité : un programme de formation des *cast members*, « Show Time », les incite à occuper différents postes dans le parc et les hôtels afin d'avoir une vue globale sur Euro Disney.

Le 24 novembre 1992, les cinq communes du secteur IV de Marne-la-Vallée qui ont investi dans des équipements collectifs pour accueillir une population nouvelle qui n'est pas encore venue, s'inquiètent. Charles Boetto, président du SAN des Portes de la Brie dénonce l'option « tout-tourisme » présentée par Euro Disney pour la deuxième phase du projet en raison de la conjoncture difficile dans l'immobilier. Un comité de suivi est mis en place par le Conseil général de Seine-et-Marne. Des rencontres ont lieu régulièrement entre les responsables du parc et ceux du département. Jacques Larché, président du Conseil général de Seine-et-Marne, rappelle qu' « il est tout à fait exclu que le développement de Disney soit uniquement touristique. Le climat des négociations n'a plus rien à voir avec celui qui a présidé à la décision d'implantation en France. Aujourd'hui, c'est Disney qui a besoin de nous. » Christian Cardon, délégué interministériel du projet, rappelle qu'un accord sur la phase II du programme était sur le point d'être signé en avril 1992. Le départ d'Edith Cresson de l'hôtel Matignon, la mort de Paul Séramy ainsi que la poussée des écologistes aux élections régionales l'ont remis en cause.

De son côté, Frank Wells confie qu'il appréhende, chaque matin en allant au fax de découvrir les chiffres de fréquentation d'Euro Disney de la veille. De façon plus dramatique, les coûts ont tellement excédé les prévisions qu'Euro Disney, maintenant avec une dette de 16,6 milliards de francs, aura des difficultés à dégager un bénéfice même sous les meilleurs auspices possibles... Wells téléphone chaque matin à Steve Burke mais ce dernier ne lui annonce que rarement de bonnes nouvelles. Quant à Eisner, il veut rester confiant : « à l'automne 1992, nous avions retrouvé confiance dans l'avenir. Les Européens s'habituaient à notre parc. Les taux de satisfaction étaient élevés et ne cessaient d'augmenter. Pour l'été 1993, nous espérions obtenir des résultats encore plus satisfaisants. »

Il faut dire que, grâce en grande partie à l'animation, la Walt Disney Company annonce un bénéfice record de 1,4 milliard de dollars en 1992, de 31 % supérieur à l'année précédente. La division cinéma a généré 3,1 milliards de dollars de revenus et des recettes d'exploitation de plus de 500 millions de dollars, en augmentation de 60 % (Disney devient le premier studio à gagner 500 millions de dollars en une seule année.).

Les éclatants résultats financiers cachent le fait que, pour la première fois depuis qu'ils ont pris la direction huit ans auparavant, le jugement de Wells et d'Eisner s'est révélé inexact. Tous les profits de la division cinéma viennent de l'animation (*La Petite Sirène* (1989) a rapporté 220 millions de dollars dans le monde, *La Belle et la Bête* (1991) 348 millions, *Aladdin* (1992), 502 millions), puisque le studio « films en prises de vues réelles » a, en fait, perdu de l'argent. Dans sa lettre annuelle aux actionnaires, Eisner passe sous silence les problèmes préoccupants d'Euro Disney : « Disneyland était trop cher. Le Royaume Magique de Walt Disney World ouvrit et l'action de la société chuta de moitié (je pourrais ajouter qu'elle s'en est vite remise). Tokyo Disneyland menaça l'existence même de l'Oriental Land Company. Et EPCOT Center fut le plus cher de tous nos parcs à thèmes. Mais, comme dans tous les bons contes de fées, la société ne va pas seulement survivre, elle va vivre heureuse encore longtemps. »

Avant d'annoncer le semi-échec de la division cinéma et les problèmes préoccupants d'Euro Disney, Michael Eisner et Frank Wells prennent bien soin d'exercer leurs stock-options sur 6,6 millions d'actions puis en vendent 5,1 millions. Eisner gagne 197 millions de dollars et Wells 60,3 millions. En ajoutant à cela son salaire annuel, Eisner a gagné plus de 200 millions de dollars cette année-là, faisant à nouveau de lui, le dirigeant le mieux payé des Etats-Unis (Sandy Weill, président de Travelers Group, est en seconde position loin derrière, avec 52,8 millions de dollars). Bien qu'Eisner apparaisse cette année dans le magazine *Forbes* dans la liste des quatre cents Américains les plus riches, la critique demeure muette. Après tout, la capitalisation boursière de Disney – et le montant de l'action – ont alors plus que décuplé, passant de 2 milliards de dollars en 1984 à 22 milliards huit ans plus tard.

Dans sa lettre aux actionnaires, Eisner rend également hommage à l'animation : « Notre société ne possède rien moins que des personnes talentueuses, inventives, créatives, originales, brillantes et pleines de ressources travaillant dans l'animation. Je ressemble sans doute à ce père trop fier qui montre avec beaucoup d'indulgence ses enfants même s'ils sont loin d'être parfaits. Mais *La Petite Sirène* en 1990 et *La Belle et la Bête* en 1992 furent des enfants parfaits, conçus avec amour, durant quatre années de gestation, nés confortablement et s'améliorant avec les années. » Notant que le mois de juin 1993 aurait marqué le centième anniversaire de la naissance du père de Roy E. Disney, Roy O., Michael Eisner poursuit en déclarant : « En plus de tout ce que Roy senior a fait pour la société, son plus grand legs est sans aucun doute son fils, notre Roy, qui n'a rien fait de moins que de sauver l'entreprise en 1984 – de l'extérieur, avec l'aide de Stanley Gold, l'indéfectible partenaire et ami de Roy et de l'intérieur, avec Ray Watson, le président-directeur général de la société. (…) Nous ne remercierons jamais assez Roy [Roy E. Disney est depuis septembre 1984, *chairman* de Walt Disney Feature Animation qui produit les grands dessins animés].»

Le 15 janvier 1993, Robert Fitzpatrick annonce son intention de quitter ses fonctions de président-directeur général afin de rejoindre une firme internationale de consultants à Paris. Il cèdera sa place le 12 avril 1993 pour le premier anniversaire du parc à Philippe Bourguignon : « Il y a six ans, Michael Eisner me demanda de superviser la création et l'ouverture de l'Euro Disney Resort et de mettre en place une solide équipe européenne de management. Cela a été accompli et je suis immensément fier de tout ce que nous avons été capables d'achever ensemble et de la qualité des hommes et des femmes qui constituent l'équipe d'Euro Disney. Concrétiser de nouveaux projets est ce que je fais de mieux. La tâche de diriger et de développer le projet dans les années à venir sera le travail d'équipes compétentes qui sont déjà en place et qui travaillent aux côtés de Philippe [Bourguignon]. » Il assure qu'il reste engagé dans l'entreprise à la fois comme membre du conseil d'administration d'Euro Disney SA et comme consultant pour la Walt Disney Company. L'action Euro Disney gagne aussitôt 3 % par rapport à la veille.

Ce changement en surprend plus d'un. Mais d'autres, qui avaient vu sa promotion de septembre comme le début d'une transition vers une équipe de direction purement européenne, espéraient son départ. C'est le signe d'un revirement stratégique. Cela permet de donner à Euro Disney un visage français. *Le Monde* du 17 janvier note « Le nom du nouveau patron fleure bon la France – semblant ainsi cautionner la volonté affichée d' « européaniser » le parc (…) qui a souffert auprès du public français, notamment, de son image d'enclave de la culture américaine ». Philippe Bourguignon se souvient de ses premiers pas en tant que PDG d'Euro Disney : « Je ne savais pas ce que c'était d'être un homme public avant d'être lancé dans l'arène en 1992, lorsque je suis devenu président d'Euro Disney. Dur de retrouver dans les journaux tout ce que vous avez fait ou décidé la veille. Dur d'être critiqué sur un point sans qu'il soit tenu compte de l'environnement. Dur d'être interpellé au restaurant ou dans la rue quand on voudrait être tranquille. (…) Je repense à mes années Disney, lorsque je dirigeais Disneyland Paris. En 1993, la situation n'avait rien d'un long fleuve tranquille. L'ouverture en fanfare du parc s'était vite transformée en tintamarre pas joyeux du tout. En clair, rien ne marchait comme prévu. Entre le président Mitterrand qui, dès le jour de l'inauguration, avait déclaré à la télévision que « Disney n'était pas sa tasse de thé » (un piètre encouragement pour une entreprise qui devait fournir des milliers d'emplois), les grèves successives de tous les corps de métier appelés à collaborer avec le parc d'attractions, et les couacs inhérents au lancement d'une grosse machine comme Disneyland Paris, on peut dire que, pendant deux ans, les journées se sont résumées à la gestion de problèmes aussi nombreux que variés. A cette époque, je partageais la direction du parc avec Steve Burke, un Américain dont j'ai fait mon numéro deux. Dans mon bureau, j'avais fixé un grand panneau sur lequel, quotidiennement, nous dressions la liste des points à régler en urgence. Dans les restaurants, on affiche le « plat du jour » sur une ardoise ; sur mon tableau, j'inscrivais la « merde du jour ». On la notait au feutre, l'ajoutant à la liste des problèmes. Une façon de mettre un soupçon d'humour et de dérision dans notre travail ! »

Une semaine après cette annonce, le 21 janvier 1993, Robert Fitzpatrick et Philippe Bourguignon signent avec Bernard Attali, président du groupe Air France, un accord qui unit la plus grande compagnie aérienne européenne (plus de trente millions de passagers chaque année) avec la destination de vacances la plus visitée du continent. Les deux sociétés créeront des promotions croisées et organiseront des offres spéciales pour conquérir et développer de nouveaux marchés. L'accord qui doit être mis en place progressivement inclut la France, la Belgique, les Pays-Bas, le Luxembourg, l'Autriche, la Suisse, l'Espagne et le Portugal et sera plus tard étendu à la Grande-Bretagne, l'Irlande, l'Allemagne et l'Italie. Pendant trois mois, des tarifs préférentiels réservés aux franciliens sont appliqués. Les journaux s'en amusent : « Mickey solde ! ». Comme les Français ne représentent que 30 % des visiteurs, les prix d'entrée passent de 225 francs pour les adultes à 150 francs et de 150 francs pour les enfants à 100 francs soit près de 30 % de réduction pour les habitants d'Ile-de-France. Ce recadrage marketing passe par une révision des moyens pour se faire adopter. Ainsi, les parisiens reçoivent-ils dans leur boîte aux lettres des dépliants annonçant ces offres spéciales. Ce qui n'empêche pas un visiteur interrogé sur les tarifs pratiqués dans le parc par les *Actualités régionales d'Ile-de-France* sur FR3 de s'exclamer : « C'est exorbitant ! »

Le coup d'envoi du Mickey's World Tour, spectacle promotionnel destiné aux membres de l'industrie du tourisme, est donné le 21 janvier 1993 à l'Hôtel New York. Les organisateurs se sont arrangés pour visiter seize villes européennes en trois mois. Chaque représentation comprend un programme multimédia avec les différentes attractions de l'Euro Disney Resort (plus celles de Disneyland et de Walt Disney World) et un spectacle musical avec des personnages Disney et des danseurs. Le tour offre aux agences de voyages des idées pour vendre et promouvoir les parcs Disney toute l'année. Une campagne radio est lancée pour annoncer les 30 % de réduction aux franciliens. Steve Burke note que les prix saisonniers sont « quelque chose que nos autres parcs n'ont pas mais qui sont la règle plus que l'exception en Europe ». On annonce qu'à l'instar de Tokyo Disneyland, EuroDisneyland lancera aussi les « Star Nights » (des prix réduits pour les entrées entre 17 heures et 23 heures) à partir de juin 1993. Le but est d'attirer des visiteurs qui ne sont jamais venus, avec l'espoir, qu'en cas de satisfaction, ils reviennent.

FERMER EURO DISNEY ?

Au début de l'année 1993, Richard Nanula, directeur financier de la Walt Disney Company et Larry Murphy, à la tête de la planification stratégique, qui avaient constamment alarmé Eisner et Wells de l'escalade dispendieuse et optimiste du projet Euro Disney, s'envolent pour Paris avec une équipe de Disney pour mesurer la santé financière du groupe. Ce qu'ils voient est encore pire que ce Burke et Bourguignon leur avaient indiqué...

Tous les espoirs que la Walt Disney Company avait placé dans les premières prévisions et qui avaient servi à déterminer le budget volent en éclats. Etant donné les coûts de construction, Euro Disney ne rapportera pas d'argent sur une base opérationnelle qui sert seulement à rembourser sa dette considérable de 16,6 milliards de francs. Pendant deux mois, Nanula et Murphy travaillent d'arrache-pied avec Philippe Bourguignon et Steve Burke à la mise en place d'une stratégie de reprise en main. Malgré un pronostic terriblement sinistre, Michael Eisner reste optimiste : « Nous espérions toujours voir augmenter la fréquentation du parc et l'occupation de nos hôtels durant l'été. En plus, l'économie européenne se redresserait bien un jour. »

Eisner semble avoir raison. Le 14 mars 1993, par beau temps, on enregistre 24 kilomètres de bouchon sur l'A4. Le parc affiche complet dès 10 heures ! 50 000 personnes sont présentes sur le site. Euro Disney ne peut accueillir que ceux qui ont pré-acheté leurs billets. Un automobiliste refoulé sur l'autoroute est fou de rage : « On pleure toute l'année pour dire qu'on est en déficit, on vient et on refuse du monde ! » Des panneaux d'affichage sur l'autoroute clignotent et indiquent « complet » alors que des annonces dans les gares du RER A sont régulièrement lancées pour dissuader les visiteurs potentiels. Une heure d'attente pour Big Thunder Mountain, une heure et demie pour Pirates des Caraïbes, deux heures pour la Maison Hantée : l'affluence est si importante en ce mercredi 24 mars 1993 que le parc a dû fermer ses portes. C'est la première fois qu'une telle décision est prise, en semaine et en basse saison, dans l'histoire des quatre parcs de loisirs de la Walt Disney Company. Plus de 55 000 personnes se sont pressées en même temps ! Le week-end de Pâques voit l'arrivée de 60 000 visiteurs de toute l'Europe. Les temps d'attente sont insupportables et, pour couronner le tout, Big Thunder Mountain tombe en panne, provoquant l'ire des visiteurs qui attendent depuis des heures...

Pour relancer la fréquentation du parc, Euro Disney a lancé une tarification spéciale, très privilégiée pour les franciliens. Trop même puisque les clients doivent faire face à des kilomètres d'encombrement sur l'autoroute et des attentes interminables aux caisses d'entrée. Un client, qui a attendu deux heures aux caisses, écrit à Philippe Bourguignon : « Monsieur, vous croyez diriger le Royaume enchanté, vous dirigez le royaume de l'Absurde. » Des musiciens du parc sont priés de venir jouer dans les zones d'accueil afin d'aider la foule à patienter. « Plutôt que de dépenser de l'argent pour placer des musiciens le long de files d'attente, vous feriez mieux de l'utiliser pour installer plus de tourniquets [il y en a déjà 64] qui permettraient aux clients d'entrer plus vite. » Philippe Bourguignon explique ce qui a été décidé pour faciliter l'accès des clients à Euro Disney en attendant de résoudre définitivement le problème : « Les tickets comportaient de nombreuses informations enregistrées sur la bande magnétique : où et auprès de qui le ticket avait été acheté, la nationalité du client, son âge, etc. autant de renseignements permettant de connaître la clientèle. Moyennant quoi, dans le tourniquet, la lecture magnétique du ticket prenait cinq secondes par personne. Quand vingt mille personnes se succèdent pour « poinçonner » leur ticket, l'engorgement est inévitable. Nous avons donc décidé de nous passer des statistiques et de mettre provisoirement les tourniquets en roue libre ! Et les files d'attente ont quasiment disparu. Personne n'a jamais su que, pendant quelques semaines, les tickets, n'étant pas pris en compte dans les tourniquets, restaient valables indéfiniment. » La conjonction du début des vacances de printemps dans plusieurs pays européens, des derniers jours de tarifs promotionnels en faveur des franciliens et un soleil printanier provoque une fréquentation inattendue du site. A la surprise même des responsables du parc, obligés de gérer avec 11 500 employés une affluence qui est prise en charge, au cœur de l'été, par 4 000 à 5 000 saisonniers supplémentaires. Pendant tous les week-ends du mois de mars, le phénomène s'est reproduit. Sur l'autoroute A4, les forces de l'ordre ont même dû, pour réduire les embouteillages monstres, dissuader les visiteurs non munis de billets de se diriger vers le parc.

Le 12 avril 1993, lundi de Pâques, beaucoup avaient pensé que le premier anniversaire n'arriverait jamais... Le parc a connu des hauts et des bas et commence la saison avec une perte nette de 188 millions de francs pour sa première année d'exploitation, les critiques assassines de la presse, la protestation des syndicats, les blocages des fermiers... Sur 11 millions de visiteurs, le parc a seulement accueilli un tiers de Français (à peine 4 millions) dont un sixième de franciliens. Pour Bourguignon : « Tout est relatif. C'est l'attraction la plus visitée par les Français. » Mais Euro Disney en espérait tout de même beaucoup plus. Les visiteurs sont accueillis avec un panneau de bienvenue écrit en français et un drapeau... bleu blanc rouge !

Pour l'occasion, le château est transformé en un immense gâteau d'anniversaire. Les grandes stars de l'ouverture, Cher ou Tina Turner, ne sont pas présentes. A la place, parmi les invités, l'on compte Hervé Christiani, Yves Duteil, Jeroen Krabbe, Franco Pippo, Lizzy Power, Nagui, Henri Salvador, Pierre Tchernia, Smaïn, Christian Clavier, Paul Young... Quand les « stars » défilent sur Main Street dans des voitures de collection, peu de visiteurs sont capables de savoir qui elles sont... Certains diront que c'est « La Parade des Célèbres Inconnus ».

Au Château, Roy E. Disney et Mickey congratulent les *cast members* de cette « merveilleuse première année », tandis que Robert Fitzpatrick passe le flambeau à Philippe Bourguignon. Quand Eisner nomme Bourguignon à son poste, il l'emmène sur Main Street et lui dit en montrant le parc et les hôtels dans un grand geste : « Maintenant, tout ça, c'est à toi. A partir d'aujourd'hui, tu commets tes propres fautes. »

Le Marsupilami, dont les droits ont été récemment acquis auprès du dessinateur belge Franquin, fait son apparition. La soirée se clôt par un feu d'artifice. Le Marsupilami, plus un nouveau PDG, égal une opération de recentrage pour européaniser le parc ! Et chacun a bien appris sa leçon. Charles Henning, vice-président d'Euro Disney, déclare : « Nous nous sommes un petit peu francisés si vous voulez. Mais nous nous sommes surtout européanisés. » Quant à Yves Cochard, responsable du recrutement, il assure : « Les cadres américains sont retournés en Floride ou en Californie, certains sont partis à Tokyo pour la phase d'extension. Nous sommes actuellement une direction européenne. » Quinze ans après, Jeff Archambault, directeur de la communication, reconnaît que le choix du Marsupilami fut une erreur : « C'était un souci de répondre au défi du moment. On a fait le choix d'introduire un personnage étranger à l'univers de Disney qui n'avait pas sa place. La réponse était ailleurs ».

Deux cent cinquante représentants des médias assistent à la cérémonie. Trois cents articles sont écrits en Europe et dans le monde autour de cette journée. Cinquante journaux et magazines publient la photo officielle du « château gâteau » avec les feux d'artifice derrière. En France, la célébration bénéficie d'une couverture médiatique de quatre-vingt dix minutes aux informations télévisées, une part remarquable étant donné qu'une information de ce genre dure entre une et deux minutes. Vingt bébés, nés le 12 avril 1992, sont invités sur le parc et deviennent les filleuls de Mickey et seront pour toujours associés à Euro Disney.

Au même moment, le parc Astérix fête son cinquième anniversaire. L'année précédente, il a accueilli un million de visiteurs soit 400 000 de moins qu'en 1991. Olivier de Bosredon, PDG du parc, en fait un peu trop : « Nous sommes bien enracinés dans une culture que j'appellerais gallo-française qui nous sert d'inspiration pour tout ce que l'on fait avec les vertus que sont les vertus gauloises : la convivialité, l'humour, l'astuce, la décontraction. Et je crois qu'à part le ciel qui pourrait nous tomber sur la tête, y'a pas grand chose qui me fasse peur. » Contrairement à Euro Disney, 50 % des clients sont des franciliens. Un reportage diffusé sur FR3 le 10 avril 1993 interroge quelques visiteurs : « Ici, c'est français, ça me rappelle mon enfance. C'est trop américain là-bas. C'est plus proche de ma culture. » Le commentateur enfonce le clou : « Seul parc d'attraction français de la région, (…) Astérix est en plus un personnage drôle, têtu, cabochard, revanchard, bref typiquement français. » Le reportage se clôt par le cri d'une visiteuse : « C'est moins cher ! » Ou comment descendre Euro Disney en un reportage de trois minutes !

Philippe Bourguignon se souvient de ses premiers jours en tant que PDG du groupe : « Voilà donc, aux commandes d'Euro Disney un type de quarante-quatre ans, moi, qui n'avait jamais géré une « usine » comme ça, et Steve Burke, trente-quatre ans, qui n'avait jamais vu un parc d'attractions en dehors de ses promenades avec ses enfants ! (…) Nous nous sommes assis, nous demandant comment nous allions faire. » Le premier avantage est que, contrairement à Robert Fitzpatrick et Jim Cora, les deux hommes s'entendent très bien. Bourguignon est même le parrain d'une des filles de Burke. Bourguignon dit de son second : « Avec lui, j'ai trouvé bien plus qu'un collaborateur : un véritable complice, intelligent, loyal, travailleur. »

Pourtant, les premiers jours à la tête de l'entreprise sont tendus avec les membres déjà en place : « Nous avions beau connaître les problèmes, l'équipe en place ne se révélait pas capable d'y remédier. Comme c'était elle qui avait effectué tout le travail d'ouverture, elle avait en même temps généré les problèmes. » Si seulement 10 % des collaborateurs du parc sont américains, tous les managers le sont et refusent de faire évoluer les choses prétextant qu'ils ne changeraient pas et qu'ils prenaient leurs ordres de l'autre côté de l'Atlantique. A son arrivé, Bourguignon se souvient avoir décidé de modifier l'aménagement des bureaux. Il s'adresse logiquement au responsable des services généraux qui s'y refuse. Bourguignon lui en demande la raison : « Je prends mes instructions de quelque part ailleurs. » Bourguignon éclate de colère : « Votre patron est ici et vous faites ce que l'on vous demande ou bien vous considérez que votre patron est ailleurs et vous partez. Si vous partez, c'est demain matin. J'envoie une voiture vous chercher chez vous et vous prenez le premier avion, en classe éco » L'après-midi même, deux autres managers viennent voir Bourguignon pour lui demander ce qui se passe et lui indiquent qu'ils pensent comme le responsable des services généraux. Bourguignon répond : « Très bien. C'est la même chose pour vous. D'ici demain, soit vous décidez que votre poste est ici, soit vous regagnez les Etats-Unis. Pas de problème. » Le lendemain matin, ils partent tous les trois mais Burke et Bourguignon sont inquiets d'être désavoués par la Walt Disney Company. Finalement, les trois managers récalcitrants sont licenciés pour faute grave après leur retour aux Etats-Unis. Bourguignon : « Dès lors, plus personne n'a traîné les pieds. Et nous avons pu commencer à changer ce qui n'allait pas. »

Petit à petit, l'image d'Euro Disney s'améliore. Les critiques se font moins acerbes. *L'Événement du jeudi* note : « Les détracteurs d'Euro Disney sont bien plus grotesques que n'importe quel petit Mickey, leur plus grande peur. Une visite une fois par an avec la famille est infiniment moins grave que les heures passées par nos enfants à regarder les séries violentes à la télé… Aller à Euro Disney n'empêche personne de passer trois jours par semaine le reste de l'année à Beaubourg… Euro Disney, Walt Disney World, Disneyland : bien sûr nos enfants ne vont pas devenir subitement gros et stupides ! »

Jean-Marie Gerbeaux, vice-président de la communication, reconnaît les erreurs commises : « Au début du projet, nous avions la tête dans le guidon ; notre seul objectif était de construire et d'ouvrir. Nous n'avons pas eu assez de temps pour développer des relations, pour expliquer ce que nous faisions. En plus de tout ça, notre introduction en bourse en 1989 nous a obligé à promouvoir notre produit trop tôt. Nous étions trop visible, comme une entreprise bien établie et pleinement opérationnelle qui est sur les rails depuis 50 ans. »

Pourquoi le parc ne dégage pas de profits :
- une fréquentation et un taux d'occupation des hôtels plus faibles que prévus
- des dépenses par visiteur plus faibles que prévues
- des charges financières plus lourdes que prévues
- un marché immobilier morose. Philippe Bourguignon note : « 200 000 m² de bureaux à une époque où il n'y a pas de marché à Paris… Nous décalons nos projets de deux ans. »
- un montage financier inadapté en raison du retournement de la conjoncture
- la situation économique générale défavorable
- un taux d'inflation inférieur à celui que la France a connu
- des taux d'intérêt plus élevés que prévus (à 7 % alors que Disney tablait sur 3 %)
- les Jeux Olympiques de Barcelone
- l'Exposition Universelle de Séville

Quelques jours après le 12 avril 1993, Euro Disney accueille son onze millionième visiteur faisant du parc la première destination touristique de France. Chacun pense alors qu'il faut laisser du temps au parc et ne pas le juger sur sa première année.

Si la population de la commune de Chessy (1 174 habitants) n'a pas explosé depuis l'arrivée d'Euro Disney, par contre, son budget a été multiplié par 5,5 et atteint 26 millions de francs grâce à l'impôt sur le foncier et aux taxes de séjour payées par les clients des hôtels. La mairie en profite pour rénover tous les réseaux et aider les associations locales. Les élus du SAN décident même de diminuer la taxe sur le foncier bâti. Olivier Bourjot, maire de Chessy, s'explique : « Nous pouvions faire ce cadeau, car nous allons bientôt avoir des recettes supérieures à nos dépenses ». La commune de Coupvray attire chaque année deux cents nouveaux habitants. La proximité de la gare d'Esbly, à une demi-heure de la gare de l'Est, a fait passer la population de 1 200 à 2 600 personnes en moins de dix ans. Avec 16 millions de recettes fiscales supplémentaires, Coupvray multiplie elle-aussi les projets de rénovation. François Bentz, maire de la commune, avoue : « Nous allons devenir l'une des communes les mieux équipées de France ». Cela ne veut pas dire que les maires acceptent tout sans broncher. Olivier Bourjot dénonce ainsi les orientations de l'EPA-France : « Avec le parc, on voulait nous imposer 1 200 logements et une zone d'activités de quatre hectares. Nous avons obtenu d'EPA-France que, sur une ZAC de 117 hectares, 40 soient réservés aux espaces verts, que le nombre de logements soit ramené à 750 et que la zone d'activités permette de créer au moins 1 500 emplois ». Son conseil municipal refuse également de voter le budget du SAN des Portes de la Brie. La mairie a également saisi les tribunaux pour limiter les nuisances sonores provoquées par les feux d'artifice tirés régulièrement depuis le parc.

Par contre, Serris, Magny-le-Hongre et Bailly-Romainvilliers ne bénéficient directement d'aucune taxe payée par Euro Disney. Les communes aimeraient bien que les promesses de la convention de 1987 se réalisent. Magny-le-Hongre n'a vu s'installer que deux cents nouveaux habitants et pour l'heure, il n'est plus question de la zone d'activités de cent hectares ni des programmes de logements promis par l'EPA-France. Le maire, Jean-Paul Balcou, compte tout de même sur la commercialisation à terme des 800 logements et ne désespère pas de voir redémarrer la zone d'activités ainsi que le programme immobilier de villas luxueuses autour du golf d'Euro Disney. Le maire de Serris, Philippe Mancel, espère lui-aussi la commercialisation prochaine de la ZAC par l'EPA-France.

Certaines erreurs que Disney a commises partaient aussi parfois de bonnes intentions. Ainsi Euro Disney a-t-il reçu beaucoup de plaintes des visiteurs sur la qualité des hamburgers. Disney voulait que les hamburgers européens soient plus gros et plus sains qu'ailleurs ; pour qu'ils soient plus sains, il faut qu'ils soient moins gras. Mais s'ils sont moins gras, ils sont secs... Les consommateurs ne comprennent évidemment pas pourquoi il faut payer cher un hamburger moins bon. La composition des ingrédients est donc changée et les chaînes de production adaptée. Mais Euro Disney doit dépenser plusieurs millions de francs rien que pour cela. Bourguignon se souvient : « Et puis il y avait les files d'attente, l'insuffisante capacité des restaurants, les agences de voyages qui ne nous connaissent pas, etc. Si nous pouvions améliorer les hamburgers, peut-être pouvions-nous aussi régler d'autres questions plus essentielles ? Comment sauver le parc, par exemple... »

Bourguignon s'enferme donc un week-end pour prendre de la hauteur et réfléchir. Le lundi matin, il fait part à Steve Burke de ses conclusions : « Steve, tu vas me dire que je dramatise toujours, mais là, nous avons un gros problème. Il nous faut quatorze millions de visiteurs par an pour équilibrer les comptes, le parc a une capacité de douze millions et on en fait à peine neuf. » Burke : « Tu exagères ! ». « Non ! J'ai travaillé sur les chiffres tout le week-end. Je t'assure que c'est la vérité ! ». Burke conclut : « Si tu as raison et que nous ne trouvons pas la solution dans les six mois, nous sommes virés ! ». Bourguignon est sans concession dans son autobiographie : « Ce chiffre de quatorze millions de visiteurs par an, personne ne me l'avait dit. De fait, c'étaient deux millions de plus que selon le plan initial. Les détails d'organisation et les soucis de gestion quotidienne avaient masqué les vraies questions structurelles chez les stratèges de Disney qui avaient conçu Euro Disney ! C'est que l'on appelle l'aveuglement des organisations. »

Le communiqué de presse du 8 juillet 1993 résonne comme un coup de tonnerre. On annonce une perte de 500 millions de francs pour la période du 1er avril au 30 juin, on prévoit aussi des pertes pour les trois mois à venir, y compris pour la saison estivale. A cause de la récession économique, moins de visiteurs dépensent dans la nourriture et les souvenirs, l'occupation des hôtels est faible, et la charge des emprunts pèse lourdement sur le parc. Prévue dans un premier temps pour le 13 juillet, la signature de l'accord sur la création d'un deuxième parc est désormais annoncée au plus tard le 10 septembre 1993. Les négociations entre l'Etat, la région Ile-de-France, le département de Seine-et-Marne et la société Euro Disney étaient sur le point d'aboutir au moment où la société annonce, le 8 juillet, « le réexamen de sa stratégie [et] l'adaptation de son programme de développement au contexte économique actuel ». Le montant global des investissements est d'environ

9 milliards de francs soit le tiers des sommes engagées depuis 1987. Mais Euro Disney est en difficulté. Les responsables expliquent les mauvais résultats par plusieurs facteurs : « Le niveau de dépenses par visiteur dans les boutiques et les restaurants a été nettement inférieur aux prévisions. Le taux d'occupation des hôtels s'est avéré également plus faible que prévu. De plus, ces pertes ont été alourdies par le niveau toujours plus élevé des charges financières (intérêts et loyers de crédit-bail) et des charges d'amortissement liées à l'ampleur de l'investissement initial. » La deuxième phase avait été annoncée par les pouvoirs publics dès les négociations. Il paraissait alors vraisemblable qu'un nouveau parc serait construit dans un délai de dix ans. Les dirigeants d'Euro Disney, qui avaient envisagé, un moment, une ouverture en 1995, pensent désormais qu'elle sera possible en avril 1996, mais ils demandent que des assouplissements soient apportés à la convention de 1987. Philippe Bourguignon justifie sa demande : « Je regrette que l'environnement économique actuel ne permette pas de signer dès à présent le programme détaillé [de la deuxième phase] et ce d'autant plus que ce programme a été développé de manière exemplaire avec les pouvoirs publics. Il nous est ainsi paru raisonnable (…) d'être prudents sur le court terme ».

En 1995, L'Observatoire français des conjonctures économiques (OFCE) note que « la France a connu une récession en 1993 et le recul de la production a atteint environ 1 % en francs constants, en moyenne annuelle. C'était la première récession depuis 1975 (…) un repli d'activité pendant plusieurs trimestres consécutifs. La récession de 1993, qui a débuté à la charnière des années 1992-1993, est plus forte que celle de 1975. (…) Ce repli résulte d'une restriction monétaire, en France et en Europe. (…) La récession de 1993 n'était pas spécifiquement française. Elle a concerné toute l'Europe, sauf le Royaume-Uni. (…) La Communauté européenne dans son ensemble a connu un recul du PIB en 1993 et c'est en Allemagne qu'il fut le plus marqué (…) L'Europe a également souffert de la sous-évaluation du dollar à l'égard des monnaies européennes. (…) En France, le repli de la production a accompagné l'évolution conjoncturelle allemande depuis la fin de 1992. » Le rapport de l'OFCE conclut : « En 1993, une faible croissance de la consommation, le recul de l'investissement des entreprises et le déstockage ont comprimé la demande intérieure et le PIB. Dans un contexte de faible progression des revenus privés, la rétention des dépenses a perduré tant que ménages et entreprises ont souhaité ou ont été contraints de se désendetter. L'atonie des achats a été renforcée par la constitution d'une épargne de précaution face aux risques de perte d'emploi. Forte croissance du chômage et gonflement de l'excédent commercial ont caractérisé l'année 1993. » Rien de bon donc pour Euro Disney et sa dette de 16,6 milliards de francs… Les monnaies espagnoles, italiennes et britanniques sont dévaluées : les vacances coûtent 25 % de plus en France. Philippe Bourguignon note qu' « il semble raisonnable pour nous d'être prudents pour le court terme mais la Walt Disney Company et nous-mêmes restons confiants pour le long terme. »

Son optimisme n'est pas partagé par tout le monde. Avec une perte de 500 millions de francs en trois mois, les investisseurs sont terrorisés d'autant plus qu'on ne voit pas d'amélioration même en été. Rebecca Winnington-Ingram, analyste chez Morgan Stanley à Londres, pense même que ces pertes ne sont que le début de ses difficultés financières : « Mon sentiment est qu'Euro Disney va perdre 1,9 milliard de francs pour l'année fiscale 1993 ». La seule façon d'améliorer la situation serait que la Walt Disney Company injecte des liquidités dans Euro Disney afin que le paiement au prix fort des taux d'intérêt soit drastiquement réduit, et par conséquent sa dette. Il aurait fallu faire tous ces efforts pour rien ? Pour tous, il en est hors de question. Le péril financier est pourtant sérieux. On annonce la mise en place de nouvelles stratégies : de nouvelles attractions et des prix variables par saison.

L'annonce du mois de juillet est un choc en Europe. Son premier anniversaire et son onze millionième visiteur semblaient montrer que le parc était sur la voie de la guérison. Mais beaucoup parlent déjà de fermer le parc. Une telle banqueroute créerait bien évidemment un embarras impensable. Nigel Reed, analyste pour Paribas, accuse la Walt Disney Company : « Les Américains n'ont pas suffisamment anticipé les goûts européens. Il semble que la transposition pure et simple des structures, des procédures et des modes d'organisation de la Floride en France ait créé des effets pervers. »

La crise à Euro Disney n'est pas seulement un problème financier mais atteint aussi la fierté de Disney et surtout celle de Michael Eisner, qui a transformé la Walt Disney Company en un empire de 22 milliards de dollars. L'esprit d'invincibilité est remis en cause. Eisner avoue : « Nous avions une génération de dirigeants qui n'avaient jamais connu l'échec. Nous avions le sentiment que cela ne prendrait jamais fin. Nous grimpions cette échelle qui ne semblait pas avoir de fin. » Face à l'arrogance d'Eisner, cet échec apparaît comme une disgrâce publique.

Une météo plus clémente à l'été 1993 n'apporte pas de changements significatifs. Les comptes trimestriels se soldent par une perte de 500 millions de francs pour les trois mois d'avril, mai et juin, qui s'ajoute au 1,081 milliard annoncé pour le premier semestre. Dans ces conditions, la direction s'attend pour l'ensemble de l'exercice qui sera clôturé le 30 septembre 1993 à une perte « encore plus lourde » que celle prévue par les analystes (1,8 à 2 milliards de francs). En avril, mai et juin, le chiffre d'affaires est en recul de 2,4 % par rapport à la même période de l'année précédente. En fait, il devient évident pour Larry Murphy que, même sous les meilleurs auspices possibles, Euro Disney ne gagnerait pas d'argent.

Le 23 juillet, une bonne vingtaine de cadres occupant des postes clés chez Disney (dont Eisner, Wells, Bourguignon et Burke) se rassemblent autour d'une grande table en fer à cheval au Little Nell Hotel d'Aspen, une station de ski du Colorado dans les Rocheuses, afin de donner leurs avis sur l'analyse effectuée par Nanula et Murphy. Le principal actionnaire, Sid Bass a été invité par Eisner « pour nous faire bénéficier de ses précieux conseils en matière de finances. » Déterminé à forcer Eisner à voir la réalité en face, Murphy expose ce qui ne va pas en déclarant de façon abrupte que la cause principale du problème réside dans les dépenses ostentatoires décidées en grande partie à l'initiative d'Eisner qui grèvent le service de la dette et les marges opérationnelles. Murphy et son équipe ont préparé des tableaux qui comparent les budgets prévisionnels aux coûts réels, qui étaient supérieurs de plus de cinq milliards et demi de francs par rapport aux factures pro forma originales. Bourguignon et Burke ajoutent leurs points de vue pessimistes. Ils ont décidé d'être brutalement honnêtes plutôt que de perdre leur emploi quand des chiffres encore plus alarmants viendraient. Bourguignon détaille ainsi « l'énorme erreur de conception initiale d'Euro Disney ». Eisner se tourne vers Nanula et Murphy : « Dites-moi que ce n'est pas vrai ! » puis à nouveau vers Bourguignon : « Et vous, pourquoi n'en avez-vous pas parlé avant ? » Bourguignon ne se démonte pas et rétorque : « Parce que si on s'était contenté de décrire le problème sans même apporter une ébauche de solution, on se serait fait écharper. Là, nous avons fait un énorme boulot pendant tout le trimestre. Nous avons un plan et même un partenaire, le prince Al-Waleed. » Eisner répond : « Votre histoire des quatorze millions de visiteurs, j'ai vraiment du mal à y croire. Tout comme votre plan dont je ne suis absolument pas sûr qu'il soit bon. Et vous avez déjà dépensé deux cent cinquante millions de francs ! »

Au fur et à mesure que la réunion avance, Eisner devient de plus en plus furieux. C'est la première fois que quelqu'un de la société critique aussi ouvertement quelque chose pour laquelle il est directement responsable. A la fin, il explose de colère, en hurlant presque : « Je ne comprends pas tout cela. Les factures pro forma indiquaient qu'on pouvait dépenser ça. » Il est vrai que les factures pro forma ont été révisées à la hausse chaque fois qu'Eisner indiquait qu'il voulait dépenser plus. Murphy lui répond : « C'est parce que les gens ont dit ce qu'ils avaient envie que tu entendes. » C'était la première fois qu'Eisner élevait la voix devant Sid Bass.

Murphy et Nanula préconisent un ensemble drastique de remèdes : baisser les prix des entrées, des hôtels, de la nourriture et des marchandises pour stimuler la demande ; diminuer les coûts opérationnels en licenciant un millier de personnes ; restructurer la direction ; modifier la stratégie de marketing et de vente de manière à rehausser l'image du parc. Dès le 11 août 1993, trois syndicats du parc (CFDT, CGT et CGC), s'appuyant sur les états des effectifs fournis à l'occasion des élections des délégués du personnel, révèlent que 2 346 emplois à durée indéterminée ont été perdus entre le 31 décembre 1992 et le 31 mai 1993. Larry Murphy conclut : « Si nous appliquons cette stratégie avec succès, nous serons en mesure d'augmenter nos revenus d'exploitation de 1,375 milliard de francs. » Mais même avec cela, la dette doit être restructurée ou Murphy prévoit qu'Euro Disney perdrait plusieurs centaines de millions de francs par an en 1994 et 1995.

La Phase II du développement d'Euro Disney qui prévoyait les Disney-MGM Studios Europe et 13 000 chambres d'hôtel supplémentaires doit être suspendue. Bien que les prévisions d'un second parc avec son thème tournant autour du cinéma attirerait huit millions de visiteurs en plus dès la première année, Murphy déclare qu'il est préférable d'attendre. Il fait peu de sens de se lancer dans un autre investissement majeur de près de 16,5 milliards de francs étant donné les difficultés de la Phase I. Cela ne ferait qu'aggraver encore la situation. Le projet n'est pas totalement abandonné, 1996 restant un objectif. Eisner se souvient : « Ce deuxième parc à thèmes occupait une place essentielle dans notre stratégie de prolongation du temps de séjour de nos visiteurs. Mais plus j'entendais les chiffres, plus sa raison d'être m'apparaissait difficile à justifier financièrement. » Le montant total des investissements pour le deuxième parc à thèmes s'élève déjà à 1,12 milliard de francs enregistrés au poste « immobilisations corporelles » d'Euro Disney.

Une fois la présentation de Murphy terminée, chacun se tourne avec anxiété vers Eisner qui semble maussade et abattu. Un des membres de la réunion confie qu' « il apparaissait évident que quiconque essayait de dire la vérité n'était pas le bienvenu. » Bien qu'il ait toujours déclaré vouloir être le premier informé des problèmes, Eisner n'aime pas écouter de mauvaises nouvelles, ou n'a pas l'habitude d'en entendre. Il avait présidé à un nombre incalculable de succès en suivant son instinct. D'une certaine manière, Euro Disney a été son plus grand projet. Depuis le début, c'était comme si Eisner souhaitait ardemment l'acceptation et l'approbation des Européens, ce qui était la cause principale ayant conduit à la quête dispendieuse de la perfection dans la construction du parc. Ne rien faire serait encore pire que le remède proposé. Eisner demande à Burke et Bourguignon de retourner à Paris et de comprimer de façon drastique les coûts. Il donne également son feu vert à une nouvelle série de tentatives auprès des banques finançant Euro Disney. Les négociations s'annoncent difficiles puisque Disney leur demande de reconsidérer la dette du parc. Toute cette agitation n'arrange pas l'image de marque du groupe. Euro Disney – et Disney en général – a de plus en plus mauvaise presse et la fréquentation du parc s'en ressent.

Bien que Eisner trouve « la pilule amère », il démontre néanmoins son sens caractéristique de l'optimisme même en face des pires prévisions. Comme il l'indique : « Ces événements me touchèrent profondément, mais pas une seconde je ne perdis ma foi en Euro Disney. Nous avions toujours un grand parc admirablement situé. Notre crise financière était très préoccupante mais j'en avais connu de semblables – de moins grande envergure peut-être – quasiment toutes les semaines, depuis trente ans. Je sais que cela aurait pu paraître étrange aux autres participants de la réunion, mais au moment de partir je me sentais de nouveau plein d'optimisme. A mon avis, nous avions vécu le pire. »

Mais comme c'était à prévoir, cela n'empêche pas Eisner de reporter sur les autres le fiasco d'Euro Disney. Gary Wilson et Frank Wells concentrent la plupart des critiques. Wilson, qui a quitté la société (bien qu'encore au conseil d'administration) est accusé d'avoir poussé à construire trop de chambres d'hôtels. Il est rendu responsable du montant colossal de la dette. Eisner blâme Wells pour les prévisions optimistes basées sur les chiffres de Walt Disney World.

De façon plus frappante, Euro Disney apparaît comme un point de rupture entre les deux hommes. Eisner accuse publiquement Wells de tous les maux – pour le déficit budgétaire, pour les mauvaises décisions personnelles, pour l'explosion des coûts de construction. Wells mérite sans doute une part des accusations. Euro Disney souffre sans conteste des faiblesses décisionnelles dues à Wells qui sont apparentes à chacun. Mais Eisner l'accuse d'être trop dispersé, de ne pas faire attention aux détails et d'avoir une vision sur le court terme. En fait, il a simplement essayé de mettre en œuvre les principales décisions prises par Eisner et son équipe créative. Et il a toujours tenté d'être juste et de tempérer l'enthousiasme d'Eisner.

Au dîner hebdomadaire qu'il a avec Jeffrey Katzenberg, Michael Eisner évoque de plus en plus les divergences de point de vue qu'il a avec Wells, allant jusqu'à suggérer qu'il serait prêt à le renvoyer s'il ne partait pas le premier pour aller escalader des montagnes ou travailler ailleurs (étant donné que Wells rend des comptes au conseil d'administration et non à Eisner, il ne pourrait pas le renvoyer de façon unilatérale). Eisner se plaint fréquemment de Wells auprès de Michael Ovitz, semblant ignorer qu'Ovitz et Wells sont amis. Une fois, comme le rapporte James B. Stewart dans *Disney War*, alors qu'Eisner, Ovitz et leurs épouses doivent dîner à Palm Springs, Eisner arrive en retard et déclare immédiatement : « Ce putain de Frank. Il est taré. » Jane, son épouse, lui demande : « Qu'est-ce qui se passe encore ? », « Il est tellement dissipé. Je n'arrive pas à obtenir de lui qu'il se concentre. » Eisner se plaint à nouveau de Wells qui n'accepte pas l'entière responsabilité des problèmes d'Euro Disney.

Comme prévu, au cours de l'année 1993, six nouvelles attractions, d'un montant de 521 millions de francs, sont ajoutées afin de renforcer l'expérience des nouveaux et des anciens visiteurs et d'augmenter la capacité du parc pour éviter les trop longues files d'attente aux attractions. Le 20 mars 1993, La Galerie de la Belle au Bois Dormant ouvre dans le château. Elle se présente comme une exposition retraçant la légende de la Princesse Aurore dans le film de 1959. Des tapisseries faites à la main, des vitraux et une série de manuscrits agrémentent le parcours. Les visiteurs verront aussi des colonnes en forme d'arbres, des fontaines sculptées, des armures et même le rouet sur lequel la Belle s'est piquée le doigt. Un balcon surplombant Fantasyland termine la visite. C'est, à l'époque, la première fois qu'une attraction est installée dans un château Disney – à Tokyo Disneyland, l'attraction Mystery Tour a été rajoutée par la suite et à Walt Disney World, un restaurant, le « King Stefan's Banquet Hall » du nom du père de la Belle au Bois Dormant est installé dans le château de Cendrillon… Allez comprendre pourquoi ! On a remédié à ce problème en 1997 en rebaptisant l'endroit « Cinderella Royal Table ».

En mai 1993, Le Pays des Contes de Fées propose une visite à bord du Petit train du Cirque de *Dumbo* (Casey Junior) ou bien en bateau. L'attraction se veut un hommage aux artistes européens qui ont inspiré Walt Disney : les frères Grimm avec *Blanche-Neige, Hansel et Gretel* ou *Raiponce* pour l'Allemagne, Hans-Christian Andersen avec *La Petite Sirène* pour le Danemark, T.H. White avec *Merlin l'Enchanteur* pour l'Angleterre ou Madame Leprince de Beaumont avec *La Belle et la Bête* pour la France. Un petit clin d'œil aux Etats-Unis est inclus avec une scène du *Magicien d'Oz*.

Le 23 juin 1993, Bourguignon nomme Michel Perchet du Club Med au poste nouvellement créé de vice-président *Cast Members*. Enfin, les employés allaient être représentés pour les décisions essentielles les concernant. Il met temporairement fin aux conflits salariaux en remplaçant les pratiques américaines par une approche plus française : l'administration d'Euro Disney reconnaît la classification classique des emplois, met en place une semaine de travail maximum et annualise l'échelle des heures de travail. Perchet déclare : « La chance de cette entreprise, c'est sa crise : un bon moyen de réveiller l'ensemble des talents. » Mais il faut dire qu'Euro Disney n'a pas toujours su bien maîtriser les relations sociales avec ses employés ce qui l'a conduit très régulièrement devant le Conseil de prud'hommes de Meaux. L'intérêt accru des employés sous-syndicalisés (76 % d'abstention aux dernières élections) pour, notamment, la CGT, qui a fini par s'implanter à Euro Disney, pourrait être le signe d'une moins grande acceptation de la flexibilité exigée par l'entreprise.

L'attraction Legends of the Wild West ouvre en juin à Frontierland à Fort Comstock et propose aux visiteurs la découverte d'un poste avancé de la fin du XIXe siècle aux Etats-Unis. Un village d'Amérindiens avec tipi et vrais acteurs Cherokee montre à tous que l'Ouest a été un endroit de rencontre de deux cultures. L'aspect muséal du lieu est censé plaire aux Français, sensibles à la destinée des Indiens d'Amérique.

Toujours en juin, Les Pirouettes du Vieux Moulin, inspiré du court métrage de 1937, *The Old Mill*, ouvre à Fantasyland et a été conçu pour les jeunes enfants comme un grande roue miniature avec huit godets. Après l'attraction Star Tours adaptée de *La Guerre des Etoiles* de George Lucas, L'Astroport (avec IBM) est installé. C'est en réalité une arcade de jeux payants.

Le 30 juillet 1993, Le Temple du Péril ouvre à Adventureland. L'attraction est inspirée des *Aventuriers de l'Arche Perdue*, tout comme l'Indiana Jones Stunt Spectacular aux Disney-MGM Studios de Floride. Les visiteurs ont droit à un tour à 180°, c'est une grande première dans un parc à thèmes Disney. Les imagénieurs s'étaient pourtant jurés de pas entrer dans le jeu des autres fêtes foraines, de faire autre chose, de raconter des histoires. Mais la situation d'Euro Disney est grave et il faut marquer le coup, créer du sensationnel. On espère également décharger Big Thunder Mountain, l'attraction la plus populaire du parc. Cette adjonction compense aussi le peu d'attractions présentes à Adventureland. Malheureusement, le 14 août, huit personnes – dont sept touristes étrangers – sont légèrement blessées par le brusque freinage du système de sécurité de l'attraction. Tous les blessés sont conduits à l'hôpital pour examen.

L'ajout de ces six attractions doit apporter du nouveau aux visiteurs qui sont déjà venus ; augmenter la capacité d'accueil car, en cas de forte affluence, les files d'attente sont trop longues ; enfin, augmenter le nombre d'attractions pour obliger les visiteurs à passer une nuit sur place. Euro Disney investira 65 millions de francs dans de nouvelles attractions pour les deux saisons à venir. A la fin de l'année 1994, la capacité du parc devrait avoir augmenté de 20 %. En plus, les nouvelles attractions sont spécifiques au parc européen et ne sont pas de simples répliques des autres parcs. Il faut pouvoir proclamer qu'Euro Disney est un parc unique : les visiteurs de Californie, de Floride ou de Tokyo peuvent venir le visiter.

En plus des nouvelles attractions, de la baisse des prix d'entrée et des hôtels en basse saison, certaines boutiques et certains restaurants voient leurs concepts modifiés. Des fêtes européennes sont introduites telles que le 14 juillet, l'Oktoberfest, la Saint-Jean, la Saint-Nicolas, la Fête de la musique, Sainte-Lucie pour les Suédois. Malcolm Ross, vice président d'Euro Disney, précise : « Nous adaptons le parc aux goûts européens. » Bourguignon note : « la plupart de nos visiteurs viennent se dépayser dans une atmosphère qu'ils veulent la plus authentiquement américaine. Mais fêter Halloween ne signifie pas grand chose pour eux. Nous avons donc décidé de mettre l'accent sur des événements plus familiers pour les Européens. »

Le 16 août 1993, Euro Disney publie un communiqué jugeant « incompréhensible » un article publié la veille par l'hebdomadaire britannique *Sunday Times* évoquant, parmi d'autres scénarios possibles, une fermeture pure et simple du parc. Un porte-parole d'Euro Disney fait savoir que « parmi les diverses mesures [de restructuration financière] envisagées, aucune ne porte sur une fermeture ».

Le 19 août 1993, Philippe Bourguignon adresse une lettre aux membres de l'équipe de direction : « La réponse à nos problèmes doit aussi venir de l'intérieur. On ne peut pas accuser continuellement l'économie ou simplement espérer la réussite de la restructuration financière si nous ne démontrons pas notre habileté à prouver notre performance… Nous entrons dans une période difficile à la fois individuellement et collectivement. Nous devons nous battre de façon agressive et nous adapter rapidement. Notre avenir est entre nos mains, et dans celles de personne d'autre. » Il en profite pour annoncer la nomination de Steve Burke au poste de directeur général, Euro Disney Resort. Ce changement, qui place Burke en charge du parc à thèmes, des hôtels et du Festival Disney, réduit à l'essentiel la hiérarchie de l'entreprise en nommant une seule personne responsable de secteurs auparavant supervisés par plusieurs directeurs. Cette nomination contribue également à humaniser l'entreprise. La direction se limite à un partenariat entre deux hommes et non plus à une longue liste de noms. Bourguignon et Burke justifient les nombreux changements effectués à Euro Disney comme de simples adaptations au marché et non comme des actes de désespoir. Ce n'est pas un problème culturel mais économique… Il faut trouver le juste milieu entre Ancien et Nouveau Monde et ne pas faire perdre à Euro Disney sa saveur d'Amérique.

Dans un entretien accordé au *Daily Variety* du 20 août, Michael Eisner qualifie de « ridicules » les rumeurs selon lesquelles Euro Disney fermerait : « Euro Disney connaît un grand succès auprès de nos consommateurs et nous ne sommes pas inquiets le moins du monde ». Il reconnaît toutefois que les projets d'extension ont été « évidemment » repoussés. L'action Euro Disney plonge à 56,80 francs le même jour.

Le 1er septembre, Eisner, dans un entretien au *Financial Times*, confirme qu'une injection de liquidités sous forme d'émissions d'actions ou une ouverture du capital à un investisseur étranger sont deux scénarios à l'étude.

Les Américains ont toujours été réticents à l'idée de baisser les prix car cela pourrait dévaloriser le produit. Mais la pratique est courante en Europe et surtout à Paris. Il faut s'adapter et ne pas recopier le modèle américain. On avait prévu beaucoup de service à table pour s'adapter au goût français : mais les visiteurs préfèrent manger rapidement et profiter du parc. Les restaurants haut de gamme tel que Walt's sur Main Street sont loin d'être bon marché. Et en général, la nourriture est trop chère. Au départ, une cuisine internationale est servie mais, très vite, les visiteurs se ruent en masse sur les hot-dogs, frites et autres hamburgers, surtout pour une question de prix mais pas seulement. On ne vient pas à Euro Disney pour manger comme chez soi, on veut du goût américain. Il faut préciser aussi que le pique-nique est interdit chez Disney.

La décision de servir ou non de boissons alcoolisées a fait l'objet de débats bien avant l'ouverture du parc. Le vin est une tradition française. Mais, c'est Walt Disney lui-même, en 1955, qui avait pris la décision, lors de l'ouverture de Disneyland, d'interdire l'alcool afin d'éviter tout débordement et la déambulation de gens éméchés dans le parc. Disneyland devait rester un espace pour la famille. Eisner préfère passer à côté des 11 millions de dollars de profit engendrés par la vente d'alcool. Les vins et autres spiritueux ne seront disponibles que dans les hôtels et au Festival Disney mais pas dans le parc lui-même. En avril 1992, Eisner est ferme : « Nous ne changerons pas d'avis. » Mais en juin 1993, l'interdiction est levée : le vin est servi mais seulement avec un repas. Eisner avoue « cette mesure n'a pas eu le résultat escompté. Comme nous l'avions déjà remarqué au Japon, nos visiteurs changeaient leurs habitudes dès qu'ils franchissaient les portes de nos parcs. (…) Plutôt que de passer des heures autour d'un déjeuner, [les Européens] achetaient des en-cas dans nos fast-foods, mangeaient tout en marchant et préféraient les sodas à la bière ou au vin. »

Au départ, les boutiques sont pleines des marchandises de haute qualité comme au Japon : des vêtements, des bijoux, des objets de collection Disney… Mais le prix de tels souvenirs est trop élevé. Pour autant, le prix n'est pas l'unique responsable. Les vêtements ont été conçus avec goût avec des couleurs pas trop criardes et des motifs discrets. Très vite, on comprend que les visiteurs souhaitent de gros Mickey et de gros Dingo sur leurs T-shirts. Jeff Archambault, directeur de la communication, note : « On s'est plutôt adapté aux goûts européens avec nos équipes basées en France. Nous n'avons pas négligé le haut de gamme, nous avons plutôt étendu notre éventail de produits ». Pour vider les magasins et les remplir de souvenirs plus colorés et moins chers comme dans les parcs américains, Euro Disney décide de brader et l'on voit s'afficher le mot « soldes » sur certaines vitrines. Des journalistes ironisent, certains comparant le parc à ces grands centres commerciaux de banlieues où « tout doit disparaître ». Euro Disney semble bien désespéré… Ce ne serait une surprise pour personne si le parc fermait pour l'hiver (d'octobre à mars) ou pour de bon… On envisage également une journée de fermeture hebdomadaire pour améliorer la gestion des effectifs.

L'analyste de Paribas Capital Market, Nigel Reed, révèle que la fréquentation a grimpé de 8 % au premier trimestre 1993 mais que les dépenses par visiteur ont chuté de 17 %… La baisse des prix dans les hôtels, les restaurants et les souvenirs a comprimé les marges bénéficiaires du parc. Le taux d'occupation des hôtels s'élève à 68,5 % (dix points de plus en un an), un taux comparable à celui enregistré en Ile-de-France. Un visiteur sur deux est Français et 30 % viennent des alentours. Mais la fréquentation, les dépenses par visiteur et le taux d'occupation des hôtels sont encore bien en-dessous des prévisions dix-huit mois après l'ouverture. Alors, le dimanche 26 septembre 1993, Euro Disney décide de s'offrir un coup de pub. A 19h57, Alain Prost apparaît dans un spot publicitaire diffusé sur TF1 et confie à ses admirateurs que son « premier objectif de préretraité » est désormais d' « aller à Euro Disney avec ses enfants ». Quelques heures plus tôt, à 16h30, Prost était sacré champion du monde de Formule 1 pour la quatrième fois sur le circuit d'Estoril au Portugal. Ce coup de pub a été monté à grande vitesse et parfaitement orchestré par l'équipe Renault Sport et la Fédération des organisateurs de courses automobiles (FOCA) d'un côté, TF1 et Euro Disney de l'autre. Les vingt premières secondes du spot ont été enregistrées à l'avance. En revanche, il a fallu attendre la fin du Grand Prix automobile du Portugal pour enregistrer les dix dernières secondes où l'on entend Alain Prost révéler son « premier objectif » de « préretraité ». Les images ont ensuite été transmises à TF1 par satellite à 17h05 précises pour le montage.

La Walt Disney Company décide de faire appel à la banque Lazard Frères pour l'aider à opérer le redressement en utilisant ses relations avec les principaux établissements français du consortium bancaire qui avait contribué au financement d'Euro Disney. La Walt Disney Company décide le principe du versement d'une somme d'argent destinée à couvrir le manque à gagner de l'exploitation du parc sur les six prochains mois tandis que les négociations avec les banques continuent. Cette opération grève par avance les bénéfices 1993 de la Walt Disney Company mais elle a l'avantage de parer au plus pressé. Eisner reste optimiste : « Il nous suffirait d'un seul gros succès pour protéger nos actionnaires. »

A la fin du mois d'octobre 1993, Euro Disney annonce son projet de supprimer 950 emplois administratifs (8,6 % de la masse salariale totale mais 30 % des 2 016 postes de cadres essentiellement administratifs et d'encadrement) pour résoudre le problème de liquidités. L'ensemble des syndicats – même le syndicat maison, la CSL – rejette le plan social. Une coordination sauvage, qui affirme regrouper une trentaine de cadres et administratifs, manifeste et distribue des tracts à l'entrée du RER. Les départs vont être parfois brutaux. Convoqués les 14 et 15 décembre par leurs supérieurs, les partants sont vivement encouragés à plier bagage sur le champ, à la faveur d'un « congé d'attente ». De retour à leur bureau, ils trouvent le téléphone coupé et leur ordinateur déconnecté « par crainte d'une vengeance, d'un sabotage ou d'un virus » déclare un cadre qui se sent « jeté » après avoir été « usé et abusé ».

Le 4 novembre 1993, Frank Wells, Richard Nanula et Michael Eisner décident le versement de 350 millions de dollars dont 150 millions serviraient à couvrir le manque à gagner prévu pour les six prochains mois et les autres 200 millions les coûts initiaux de la seconde phase avortée.

Le 10 novembre 1993, Euro Disney annonce qu'il a perdu la somme colossale de 5,3 milliards de francs (960 millions de dollars) pour l'année fiscale se terminant le 30 septembre 1993 confirmant que la situation était grave. Partout, c'est la consternation, car même les prévisions les plus pessimistes prévoyaient 1,6 milliard de francs (300 millions de dollars) de perte pour cette période.

La perte nette pour l'année 1993 est de 1,7 milliard de francs auquel il faut rajouter 3,6 milliards représentant les coûts de départ du complexe. Clairement, c'est une manœuvre financière : Euro Disney avait prévu d'amortir ces paiements sur une période de plus de vingt ans. En frappant un grand coup, la nouvelle équipe de direction souhaite repartir à zéro, se dissocier des médiocres résultats de ses prédécesseurs et protéger les actionnaires sur le long terme. Ce changement de stratégie offre aussi aux dirigeants d'Euro Disney un atout dans leurs négociations avec les banquiers français. S'ils peuvent montrer que le pire est derrière eux, les créanciers pourraient être plus compréhensifs en acceptant d'échelonner une dette de quelque 21 milliards de francs.

L'année fiscale 1993 est le premier exercice complet portant sur douze mois d'exploitation. La fréquentation du parc à thèmes a été catastrophique avec 9,8 millions d'entrées et un taux d'occupation moyen des hôtels de l'ordre de 55 % pour les 5 777 chambres disponibles. Le rapport annuel d'Euro Disney ne paraît qu'en février 1994. Il n'y a plus aucune photo hormis celle de Philippe Bourguignon mais elle est en noir et blanc. Les premiers mots du président sont sans détour : « Il est des messages difficiles à délivrer. C'est le cas aujourd'hui et je m'adresse à vous avec réalisme et donc avec beaucoup moins d'optimisme qu'avant l'ouverture d'Euro Disney ». Il poursuit néanmoins : « En dépit des sérieuses difficultés financières que connaît l'entreprise, Euro Disney s'est hissé à la première place des destinations touristiques en Europe en moins de deux ans. Aujourd'hui, plus de 18 millions de visiteurs ont donné raison à ceux qui avaient parié sur la réussite populaire de cette destination. (...) De nouvelles initiatives majeures ont été mises en place. (...) Euro Disney est aujourd'hui en train d'être positionné comme la première destination de loisirs en Europe pour les séjours de courte durée. Elle devient également une destination abordable pour tous grâce à l'introduction de tarifs saisonniers, à l'élargissement de la gamme de prix de nos chambres d'hôtels (entre 300 francs et 1 600 francs), à la création de menus enfants et adultes particulièrement compétitifs, enfin à la multiplication d'articles à prix modérés dans nos boutiques. (...) Nous avons décidé de concentrer nos efforts en marketing et ventes sur nos marchés de proximité. Après avoir axé l'année dernière nos campagnes commerciales autour d'objectifs de notoriété, nous sommes aujourd'hui à même de cibler davantage nos efforts, d'adapter nos messages et de renforcer notre pénétration en direction des catégories socio-professionnelles élevées. (...) J'ai tenu à diminuer le nombre des niveaux hiérarchiques, à resserrer, en la renouvelant, l'équipe de direction composée d'Européens et d'Américains, afin de mettre en place tous les éléments d'une gestion plus rationnelle et plus directe. (...) C'est également le souci de peser sur l'ensemble des coûts qui a guidé mon action. (...) Les retombées économiques d'Euro Disney ont été supérieures aux prévisions initiales et l'entreprise, avec notamment la création de 47 700 emplois directs ou indirects, a largement joué son rôle de soutien à l'économie régionale. Enfin, la structure financière profondément déséquilibrée d'Euro Disney est devenue intolérable au point de mettre en danger l'existence même de l'entreprise. A l'origine, nous avions tablé sur des taux d'intérêts moins élevés et une prospérité continue du marché immobilier permettant, en particulier, la vente rapide des terrains et des hôtels. La forte récession a fait obstacle à de telles opérations. De la même façon qu'elle a provoqué une baisse des dépenses de nos clients, elle a accompagné une hausse excessive du coût du crédit devenu insupportable pour cette entreprise. Fidèle aux engagements que j'ai pris de maintenir la magie de cet endroit c'est donc à une restructuration complète d'Euro Disney que je m'attache avec l'ensemble de nos partenaires, créanciers, organismes prêteurs, actionnaires et naturellement The Walt Disney Company. Les perspectives de reprise économique sont trop incertaines pour que des prévisions fiables puissent être formulées à court terme. Pour l'heure, nous allons nous appliquer à améliorer les résultats d'exploitation du projet et réussir une restructuration financière solide. » Plus loin, dans le rapport de gestion, Philippe Bourguignon prévient : « En l'absence de restructuration financière, le Groupe aurait à faire face à un problème de liquidités. »

Au 30 septembre 1993, le montant total des investissements cumulés du groupe et des sociétés de financement pour la Phase I d'Euro Disney ressortent à quelque 23,4 milliards de francs (y compris les frais de pré-ouverture). Le chiffre d'affaires d'exploitation s'établit à 4,8 milliards de francs, 65 % (3,1 milliards) ayant été réalisés par le parc Euro Disney et 35 % (1,7 milliard) par les hôtels, le Davy Crockett Ranch, le centre de divertissements et le golf Euro Disney. La perte nette du groupe s'élève à 1,7 milliard de francs, à peu près ce qui avait été prévu par les analystes financiers. Mais là est la manœuvre de Bourguignon. Car le rapport financier annuel annonce une « perte exceptionnelle de 3,6 milliards de francs (...) Le changement de méthode comptable relatif aux coûts de pré-ouverture adopté par le groupe est rétroactif à compter du 1er octobre 1992. Ces coûts sont maintenant passés en charges au lieu d'être capitalisés et amortis linéairement sur cinq ou vingt ans, comme cela était le cas auparavant. Cette nouvelle méthode (...) reflète mieux la situation financière du groupe. Cette décision s'explique également par le fait que la direction a mis en œuvre de nouvelles initiatives stratégiques et juge cette méthode comptable plus appropriée au contexte actuelle. » La perte nette du groupe pour 1993 s'établit à 5,3 milliards de francs et le montant total de la dette ressort à 20,3 milliards de francs. Depuis le début de l'année 1993, le cours de l'action a perdu 57,4 % de sa valeur et s'affiche au plus bas à 27,20 francs. Antoine Nodet, analyste financier de la société ING Bourse, estime que le projet, conçu dans un contexte économique beaucoup plus favorable, se trouve inadapté à la conjoncture actuelle. Euro Disney est pénalisé par les taux et ne parvient pas à céder ses actifs. En deux ans et demi, le groupe, fortement endetté, a perdu les quatre cinquièmes de ses fonds propres. Pour Nodet, l'augmentation de capital demeure inéluctable et réduira automatiquement le bénéfice par action alors que l'absence de visibilité ne permet pas de savoir quand le parc sera rentable. L'opinion finale de cette étude classe le titre du groupe comme « spéculatif ». Interrogé sur la future évolution du titre, il considère qu'il n'y a pas de plancher à la baisse...

Le *London Independant* surnomme Euro Disney le « Vietnam culturel de l'Amérique. » Chaque jour, près de six millions de francs sont perdus et on ne voit pas comment résoudre le problème. La Walt Disney Company semble avoir perdu son pouvoir magique : films, marchandises, parcs : tout est en baisse ou stagne. La fréquentation de Walt Disney World est la même que l'année précédente, celle de Disneyland en Californie perd 1 % de visiteurs, seul Tokyo Disneyland atteint des records avec plus de 16 millions d'entrées, soit presque le double de celui de Paris ! Des touristes allemands sont tués en Floride. La concurrence des studios Universal se fait durement ressentir. C'est une année bien difficile pour Disney. Aucun grand dessin animé ne sort sur les écrans si ce n'est le film de Tim Burton et Henry Selick, *L'Etrange Noël de Monsieur Jack* qui ne remporte pas un succès spectaculaire. Si le studio sort vingt-sept films, peu connaissent un réel engouement. Citons *Rasta Rocket*, *L'Incroyable Voyage*, *Indiscrétion assurée*, *Tombstone*, *Les Trois Mousquetaires*, *Tina*, *Swing Kids*, *Sister Act 2*, *Hocus Pocus* ou *The Joy Luck Club*. Quant à *Blanche-Neige et les Sept Nains*, le film sort pour la huitième fois sur les écrans.

Malgré toutes ces difficultés, la société-mère annonce en novembre 1993, le projet Disney's America, un parc à thèmes en Virginie de 650 millions de dollars. Il se compose de neuf zones et retrace l'histoire américaine selon Disney du XVIIème siècle jusqu'aux années trente et quarante. Le parc sera entouré d'un parcours de golf et d'un hôtel de 150 chambres. A Euro Disney, près de 5 200 chambres sont inoccupées... autant prévoir petit et s'agrandir par la suite.

Le 15 novembre 1993, les commissaires aux comptes, membres de Price Waterhouse, Pradeep Narain de PSAudit (précédemment appelé Petiteau-Scacchi) et Pascale Chastaing-Doblin préviennent que « si les mesures de restructuration financière envisagées n'aboutissent pas dans des délais suffisants, la Société [Euro Disney] aurait des problèmes de liquidité et pourrait ne pas pouvoir poursuivre ses activités. » En d'autres termes, le parc devra fermer. Euro Disney doit absolument trouver des fonds pour 1994, sans cela, les problèmes de liquidité deviendront intenables.

Grâce au succès colossal des dessins animés et des ventes des films en vidéo, les studios Disney ont gagné la somme record de 622 millions de dollars en 1993 malgré de grosses pertes dans les films en prises de vues réelles et la télévision. Malgré tout, les revenus opérationnels passent brusquement de 817 millions de dollars en 1992 à 300 millions à la fin de l'année se terminant le 30 septembre 1993. A cause de la baisse de l'action Disney, ni Wells ni Eisner ne reçoivent de bonus cette année-là. Il n'est plus possible de cacher les problèmes alarmants d'Euro Disney. Dans sa lettre annuelle aux actionnaires envoyée le 28 décembre 1993, Eisner reconnaît qu'Euro Disney est sa « première grosse déception financière (...) C'est un problème sérieux qui nous a causé beaucoup d'anxiété et de perte de temps et sur lequel Frank Wells – et nous autres – concentrons toute notre attention. » Il dresse également un bilan critique de l'installation à Marne-la-Vallée : « Certains la jugent épouvantable ; sur le plan financier, je ne peux que leur donner raison » mais il estime que le parc et les hôtels sont « superbes » et la fréquentation « acceptable ».

Disney a créé une réserve suffisante pour combler les pertes d'Euro Disney jusqu'au 31 mars 1994 mais Eisner profite du rapport annuel pour déclarer que cela ne continuera pas indéfiniment et que les autres ont à assumer leur « part », signifiant que les créanciers devront abandonner ou restructurer une grande partie de la dette colossale de 20,3 milliards de francs : « Nous sommes naturellement intéressés à aider Euro Disney... Nous rechercherons une solution avec nos amis actionnaires d'Euro Disney SCA et les créanciers.... Je promets à tous les actionnaires de la Walt Disney Company que nous ne prendrons aucune décision qui pourrait mettre en danger la santé financière de Disney lui-même. » Eisner confirme ainsi les rumeurs que Euro Disney pourrait fermer le 31 décembre 1993. La société est également confrontée aux problèmes liés à l'extension de son parc californien dont les premiers travaux auraient dû démarrer à l'automne. Un des animateurs de l'opération vient de démissionner. Un autre, Kenneth Wong, déclare que le groupe devait s'assurer de la viabilité économique d'un investissement estimé à trois milliards de dollars. L'autre projet, Disney's America en Virginie, se heurte à l'opposition d'une partie de la population locale. Le jour de la parution du rapport annuel de la Walt Disney Company, l'action Euro Disney perd 6 % et s'établit à 30,9 francs. Philippe Bourguignon se rend régulièrement auprès du tribunal de commerce de Meaux pour expliquer dans le détail le pourquoi de la moindre décision du groupe. Au début, afin de ne pas alerter les médias, Bourguignon entrait par une porte discrète, à l'arrière du bâtiment pour n'être vu de personne. Mais en décembre 1993, Bourguignon déclare à la presse : « Dans les conditions actuelles, on ne passe pas. A partir d'avril, on ne tient pas nos échéances d'intérêts. »

Cette période très difficile dure des mois et Bourguignon en fait part à Eisner :
« Tu sais Michael, c'est dur en ce moment.
_ Mais non, Philippe, c'est très facile !
_ Ah, bon ?
_ Tu vois, ton collègue de Floride, il gagne cinq cents millions de dollars par an avec son parc. Mais il ne fait rien évoluer. Nous essayons de le faire changer mais nous n'y arrivons pas. Parce que, quand on gagne de l'argent, il est difficile d'accepter d'évoluer. Toi, tu en perds beaucoup, tu es le dos au mur et tu n'as qu'un seul choix : celui de bouger. »

Déjà en novembre 1993, Michael Eisner téléphonait à Antoine Jeancourt-Galignani, membre du conseil d'administration d'Euro Disney et président d'IndoSuez, l'une des deux banques françaises qui finançaient le parc et lui exposait la situation sans détours : « Il va sans dire que nous tenons absolument à redresser Euro Disney, mais nous n'avons pas l'intention d'exposer la Walt Disney Company pour autant. Nous allons avoir besoin de l'appui des banques. » Michael Eisner sous-entend clairement qu'en cas d'échec des pourparlers, la Walt Disney Company est prête à laisser le parc faire faillite et même à le fermer purement et simplement. En un jour, la nouvelle se répand, à la consternation des autres banquiers. « Les négociations avaient commencé » déclare Eisner.

Nouveau coup de bluff de Disney comme il l'avait fait pour le match France/Espagne ? Volonté de dramatisation pour inciter à plus de mansuétude les créanciers avec lesquels les pourparlers sont engagés ? C'est en tout cas ce que pense le syndicat de banques mené par la BNP et IndoSuez qui commandent une étude sur les comptes d'Euro Disney car elles ne disposent que du business plan fourni par la Walt

Disney Company sur l'avenir du parc. Ils veulent savoir si les responsables d'Euro Disney exagèrent ou non le péril du parc pour effrayer les banques et obtenir ainsi plus d'argent. Ils soulignent également que rien n'obligeait Euro Disney à changer sa méthode comptable en faisant supporter, d'un seul coup, à la seule année 1993, les 3,6 milliards de francs d'amortissements relatifs aux frais de pré-ouverture qui devaient à l'origine s'étaler entre cinq et vingt ans. Comme si, tant qu'à être en difficulté, il valait mieux en rajouter pour craindre le pire et, paradoxalement, utiliser cette amplification artificielle de la crise comme moyen de pression. Le syndicat choisit KPMG Peat Marwick, spécialiste en audit et conseil en management, pour éplucher les comptes d'Euro Disney et évaluer son potentiel d'avenir. Le directeur général de la Walt Disney Company, Frank Wells, promet une pleine et entière collaboration avec les consultants… mais en janvier 1994, KPMG dit se heurter à « un refus total de coopérer ». Des représentants du cabinet Price Waterhouse, la société d'audit de la Walt Disney Company sont délégués pour « encadrer étroitement dans leur travail » les membres de KPMG. La Walt Disney Company déclare avoir transmis au cabinet d'audit « toutes les informations qu'elle jugeait utiles sur les finances d'Euro Disney et rien de plus ». Un porte-parole de la société ajoute : « Si leur opinion sur ce qui est utile est différente de la nôtre, nous pourrons en discuter ». La BNP et IndoSuez adressent le 27 décembre 1993 une lettre cosignée par la Caisse des dépôts et consignations à Frank Wells. Elles soulignent dans ce courrier que le cabinet d'audit KPMG n'a pas eu accès à son arrivée à certains documents ni pu rencontrer les personnes souhaitées. Elles protestent contre la « non-coopération de Walt Disney » et s'inquiètent de « l'impact négatif d'une telle attitude ». Un banquier explique : « Si on veut mettre sur pied un vrai plan de redressement, cela suppose une vision complète et exhaustive de la situation, et non des informations fragmentaires ».

  Michael Eisner observe que « la fréquentation du parc n'est pas un échec, loin de là, y compris en basse saison ». Plus de 18 millions de personnes ont visité le parc depuis son ouverture. La fréquentation et le taux d'occupation des hôtels sont meilleurs que l'année précédente. En un an, Euro Disney a eu plus de visiteurs que le Maroc, la Tunisie et la Grèce réunis. Marne-la-Vallée est devenue le premier site touristique de France, loin devant la Tour Eiffel, le Louvre ou Versailles. L'EPA-France annonce que les retombées économiques sur la région ont dépassé toutes les espérances de 30 à 40 %. Les dépenses des visiteurs en dehors du parc, à l'occasion de leur visite à Euro Disney, ont représenté à elles seules 8,7 milliards de francs (de janvier à juin 1993) et ont été effectuées pour près de la moitié dans l'hôtellerie et la restauration, le reste dans les services (transports, télécommunications, commerces). Point négatif : malgré Fontainebleau, Vaux-le-Vicomte ou Provins, la quasi-totalité des clients du parc ne se seraient pas rendus dans le département de Seine-et-Marne. Malgré tout, les secteurs qui ont profité de l'activité propre d'Euro Disney sont la publicité, les services financiers, la sous-traitance, la maintenance et les assurances avec 2,5 milliards de francs de chiffres d'affaires. Vient ensuite l'agroalimentaire avec une production de 1 milliard de francs « consommée » à Euro Disney. Selon Euro Disney, la visite du parc a engendré 20 % de devises étrangères en Ile-de-France. Le SAN des Portes de la Brie a recueilli 90 millions de francs de taxe professionnelle. Inégalement dotées, certaines de ces communes ont perçu plusieurs dizaines de millions de francs de taxe foncière. Les agriculteurs expropriés ont touché 11,10 francs le mètre carré (contre trois francs au prix du marché). Selon le délégué interministériel, Claude Villain qui succède à Christian Cardon, l'investissement de l'Etat (2,9 milliards de francs) sera rapidement couvert par la TVA (1 milliard de francs en dix-huit mois) : « Avec le nombre de chômeurs qui ont trouvé un emploi, on se dit qu'au moins les investissements publics ont servi à quelque chose. » Tout ce dont le parc a besoin pour tenir est un allègement de la dette et une large injection de liquidité.

Dans une interview parue dans *Le Point* du 31 décembre 1993, Michael Eisner réitère ses propos alarmistes et évoque clairement la possibilité de fermer Euro Disney. Au *Minneapolis Star Tribune* du 1er janvier 1994 dans un article intitulé « Jiminy Cricket ! Eisner Says Euro Disney May Close », Eisner déclare : « Si un accord équitable est trouvé entre la Walt Disney Company et toutes les banques et investisseurs, Euro Disney continuera. Ce sera une fin heureuse dans la tradition Disney. Si non, alors il y aura une fin plus difficile » C'est-à-dire la banqueroute. Si les soixante institutions principales ne se mettent pas d'accord, la Walt Disney Company se retirera. Les banques s'affolent, elles ont investi 22 milliards de francs. Sans le nom de Disney et ses personnages, que faire du parc ? Le fermer et vendre les attractions en morceaux ? Mais à qui ? Et qui voudrait du château ?

Après tout, la Walt Disney Company ne perdrait dans l'affaire que 880 millions de francs grâce à son habile montage financier. Ce ne serait pas très dommageable pour la société-mère. Michael Eisner le sait bien : « Comme les banques avaient investi beaucoup plus d'argent que nous dans le parc, elles n'avaient aucun intérêt à le laisser tomber en faillite. Il devait continuer à fonctionner. Pour nous, les risques financiers étaient moindres. (…) Si le sauvetage d'Euro Disney avait reposé sur nos seules épaules, nous aurions été contraints d'en faire payer les frais à toute la société pendant dix ans. Nous n'avions pas l'intention de jouer un tour aussi pendable à nos actionnaires. La seule solution consistait à convaincre les banques de partager les frais de la restructuration. J'avais la réputation – et cela nous fut d'un certain secours – de laisser tomber les accords dont les termes ne me paraissaient pas raisonnables. A mon grand regret, je savais qu'il en serait ainsi pour Euro Disney, si cela s'avérait nécessaire. Mais au fond, j'étais incapable de croire un seul instant que nous en arriverions-là. » De son côté, « ce fameux lundi soir où j'avais le sentiment de vivre un cauchemar, me retrouvant seul face aux affres d'une éventuelle faillite d'Euro Disney », Philippe Bourguignon, en pleine nuit, téléphone à ses amis François Letaconnoux et Paul Lepercq installés aux Etats-Unis. Lepercq lui dit : « C'est très simple. Tu n'as pas d'autre choix que le chantage au dépôt de bilan. Tu vas voir, ça va marcher ! Si tu les laisses faire, vous allez droit à la faillite et cela te sera reproché. Si tu en prends toi-même l'initiative, tu les mets face à leurs responsabilités et les obliges à s'entendre [Disney et les banquiers français]. »

Beaucoup des actionnaires et des créanciers d'Euro Disney regrettent maintenant leur engagement d'avoir soutenu Disney sur ce projet. Malgré les mises en garde publiques d'Eisner selon lesquelles les créanciers devaient accepter leur « part » des pertes, et que Disney envisageait, si nécessaire, la banqueroute d'Euro Disney, les créanciers européens se montrent intransigeants, déclarant que le sauvetage du parc est de l'unique responsabilité de la Walt Disney Company. Après tout, elle n'a pas beaucoup investi dans le parc (en tout, moins de deux milliards de francs), le reste (vingt milliards) étant couvert par des emprunts généreusement accordés. Un premier prêt, mené par la BNP, a porté sur 6,6 milliards de francs pour le Royaume Magique, le Disneyland Hôtel et le golf. Un deuxième, avec IndoSuez comme chef de file, s'est élevé à 2,7 milliards de francs pour les hôtels et le centre de divertissements. 2,8 milliards de francs ont été investis sous formes d'avances par des établissements financiers propriétaires des actifs. La Caisse des dépôts et consignations a consenti un prêt de 4,4 milliards de francs. C'est principalement cette sous-capitalisation qui se retourne contre Disney. Les banques ne veulent plus suivre, elles rejettent l'idée de racheter les créances d'Euro Disney et renâclent à recapitaliser l'entreprise à parts égales avec la Walt Disney Company. Un banquier explique : « Je ne crois pas que la Walt Disney

Company puisse profiter de ce montage pour se désengager. Celui-ci lui a surtout permis d'avancer très peu de capital en espérant gagner beaucoup d'argent ». Un autre analyste estime : « Le parc est un bon produit commercial. Il a atteint ses objectifs de fréquentation et les visiteurs repartent satisfaits. Mais, le projet a dérapé en terme de coûts d'exploitation et d'investissements ». Un observateur note sans détour : « La responsabilité de Disney est considérable dans cet échec. Surdimensionnement des hôtels, frais de gestion trop élevés liés à des effectifs en surnombre, erreur de marketing en sont à l'origine ».

Les banques savent bien que l'échec de Disney empêcherait à tout jamais de rouvrir un jour un parc à thèmes en Europe. Il entacherait durablement la crédibilité de la marque Disney sur le continent alors même que le nouveau dessin animé *Aladdin* (1992), sorti à la fin de l'année 1993, bat tous les records en quelques semaines : 550 millions de francs de recettes en un mois en Europe. Chacun sait, et Eisner l'affirme sans détour, que la Walt Disney Company souhaite maintenir une forte présence en France. Une telle banqueroute ne serait pas tellement catastrophique d'un point de vue financier, mais fort dommageable pour l'image de Disney en Europe. Quant à la France, elle perdrait 40 000 emplois directs et indirects et les banques des milliards de francs.

La crise à Euro Disney ? Allons donc ! En tout cas, face au public, la publicité n'en dit bien évidemment pas un mot : « En séjournant à Euro Disney, le rêve dure plus longtemps. » Une nouvelle politique marketing en faveur des enfants est ajustée. Comme seulement un visiteur sur quatre est un enfant, il faut donc essayer de faire venir des groupes scolaires, des classes vertes et d'y organiser avec les entreprises partenaires des stages (informatique avec IBM, photo avec Kodak). On essaie aussi de séduire les seniors qui rapporterait un million de visiteurs supplémentaires.

Au début du mois de janvier 1994, à trois mois de la date limite de consolidation, Sandy Litvack, principal conseiller de la Walt Disney Company entre en scène. Il est venu à Paris afin de résoudre un problème juridique relativement mineur. Litvack espérait depuis longtemps que Wells consentirait à lui confier de plus larges responsabilités. Jusqu'alors, il avait attendu en vain et décide de se plaindre directement à Michael Eisner. Etant donnée la tendance d'Eisner à accuser systématiquement Wells pour les problèmes d'Euro Disney, Litvack trouve en la personne du PDG de la Compagnie une oreille attentive. Il l'encourage à prendre la tête des négociations à Paris d'autant plus qu'il a fait une forte impression sur les banquiers : « Si quelqu'un semblait capable de débloquer les choses, c'était bien lui. Sandy possédait une vive intelligence analytique mais savait également discuter sereinement de n'importe quel problème » assure Eisner.

Le 31 janvier 1994, une association, Deminor, représentant certains investisseurs (possédant quatre milliards de francs de valeur de bons Euro Disney convertibles), demande à être représentée durant les négociations car ses membres ont peur d'être floués. Si la Walt Disney Company détient 49 % des parts, le reste est entre les mains d'environ deux cent mille petits porteurs. Avec l'annonce des pertes au mois de novembre 1993, le titre a immédiatement plongé à 23,70 francs le 25 novembre.

IL FAUT SAUVER EURO DISNEY

Avec l'aide de Richard Nanula, Sandy Litvack prend en main les négociations. En moins d'une semaine, les banques reviennent sur leurs positions. Elles envisagent à présent un compromis, sans pour autant proposer de projet de redressement. Litvack se trouve dans une position intenable avec d'un côté, les banques et de l'autre, la Walt Disney Company qui n'a aucunement l'intention de se montrer réaliste. Eisner est bien conscient que « cette partie de poker pour milliardaires comporte certains dangers » et que si les participants ne parviennent pas à un accord, c'est la banqueroute assurée. Eisner confie : « La chose était d'autant plus alarmante que la procédure de liquidation aurait lieu dans la petite ville de Meaux. On imagine bien que le magistrat de cette localité n'avait jamais eu à juger ce genre d'affaire – d'autant plus qu'il s'agirait d'une des plus gigantesques banqueroutes de l'histoire de l'Europe moderne » et Frank Wells assure : « Il faut bien comprendre que dans cette procédure, nous tiendrons le rôle des vilains Américains. Il ne faut pas compter sur la clémence du jury. » La presse est en émoi et les rumeurs de fermeture vont bon train. Stéphanie, une petite fille allemande écrit à Philippe Bourguignon : « Mon président bien aimé, de retour en Allemagne, dans la voiture, mon papa m'a dit que c'était probablement la dernière fois que je voyais Mickey puisque le parc allait fermer. Mais si vous fermez, qu'est ce qui va se passer ? Est-ce que Mickey va être mis à la rue ? Est-ce que vous allez le laisser mourir ? »

Le 2 février 1994, Euro Disney annonce une perte de 553 millions de francs au quatrième trimestre finissant en décembre 1993, soit 30 % de plus que l'année précédente. Les banques étudient le « compte-rendu d'avancement des travaux » du cabinet KPMG sur les comptes du parc, les résultats de l'audit lui-même étant retardés d'une quinzaine de jours. Une augmentation de capital serait une des solutions possibles. Les besoins de financement d'Euro Disney osciller aient entre 10 et 13 milliards de francs.

Le 17 février 1994, au matin, la déclaration d'ouverture de la session officielle de négociations à Paris est prononcée par un avocat représentant les banques. Il attaque la Walt Disney Company et l'accuse d'avoir accompli toute une série de manœuvres illégales au cours du projet Euro Disney et affirme : « Nous sommes prêts à fournir la preuve de la fraude et du vol. »

Sandy Litvack n'en revient pas. Il se lève et réfute tout en bloc. Il fait signe à Richard Nanula et déclare : « Nous interrompons les négociations et rentrons chez nous jusqu'à ce que vous nous présentiez des excuses en bonne et due forme. »

Il téléphone immédiatement à Frank Wells pour le mettre au courant. Friand de ce genre d'intrigues, il est persuadé que cette scène dérisoire fait partie de la négociation : « Voilà ce que tu vas faire. Tu quittes l'hôtel, histoire de leur faire croire que tu es vraiment rentré chez toi, et tu t'installes dans un autre. Et je te promets qu'ils ne vont pas tarder à reprendre contact. »

Mais Litvack ne compte pas faire semblant et prend le premier vol pour Los Angeles ! Deux jours plus tard, il est contacté par l'un des banquiers de Lazard Frères représentant les intérêts de la Walt Disney Company : « Ils [les banquiers français] trouvent notre réaction exagérée et ne comprennent pas que nous nous soyons sentis insultés. Ils veulent que nous nous réunissions de nouveau dès que possible. »

Le 21 février, KPMG rend son rapport aux neuf banques mandatées (les autres banques créancières – elles sont soixante au total – recevront le document plus tard) : Euro Disney a besoin de 12 milliards de francs pour survivre. Les projections d'Euro Disney sont jugées quelque peu « optimistes » mais le rapport apporte, en revanche, une appréciation « plutôt bonne » sur la nouvelle stratégie commerciale engagée par Philippe Bourguignon : prix des hôtels revus à la baisse, gamme de produits (souvenirs, restauration) élargie, prix d'entrée modulés.

Pour autant les négociations avec les banques n'aboutissent pas. Alors qu'ils jettent les bases de ce que doit être la restructuration d'Euro Disney, Frank Wells prend Philippe Bourguignon à part à la fin d'un dîner à Beverly Hills : « Maintenant laisse-moi te dire un fait capital. Tu es président d'une société cotée en Bourse, et tu représentes par conséquent tous les actionnaires. Nous, nous te dirons de faire des choses pour défendre l'intérêt de Disney. Il se peut qu'elles ne soient pas dans l'intérêt de l'ensemble des actionnaires et que nous entrions en conflit. Dans ce cas, tu ne suivras pas nos instructions. Tu agiras selon ce que tu penses être conforme à l'intérêt de tous les actionnaires. Et même si je me bats contre toi, je te respecterai toujours pour la décision que tu auras prise. »

La semaine suivante, Litvack et Nanula regagnent Paris. Le 28 février, Litvack, assis près de David Supino, chef de l'équipe new-yorkaise de Lazard Frères, inscrit sur un bout de papier une proposition de règlement répartissant les coûts de la restructuration à égalité avec les banques. Litvack glisse à l'oreille de Supino : « Je n'imagine pas un seul instant que Michael et Frank me permettront d'avancer cette suggestion. » Supino lui répond : « Je pense que ça tient debout. » L'après-midi même, David Dautresme, partenaire de Lazard Frères à Paris les rejoint pour émettre la proposition aux banques françaises : « Notre client n'est pas au courant de l'offre que je vais vous faire. Néanmoins, le temps presse, et nous savons tous ce qui arrivera si nous ne débouchons pas sur un accord. Si vous dites oui, nous partirons sur l'heure afin d'arracher le consentement des patrons de Disney. » Le pari est risqué. De l'autre côté de l'Atlantique, Michael Eisner et Frank Wells ne sont au courant de rien. Les banques françaises peuvent considérer de leur côté que c'est une première offre, préalable à la négociation. Eisner reconnaît d'ailleurs : « Si les choses s'étaient déroulées normalement, il est fort probable que nous n'aurions jamais autorisé Sandy à émettre cette offre. » Plus tard, Frank Wells a confié à Philippe Bourguignon qu'« il ne croyait pas s'en tirer à si bon compte et que leur position intransigeante appartenait à leur technique de négociation. Et qu'il retiendrait la leçon... »

Pendant ce temps-là à Marne-la-Vallée, un Philippe Bourguignon anxieux interrompt Steve Burke en plein milieu d'une réunion et le prend à part dans une petite pièce. Il lui annonce : « Nos téléphones ont été mis sur écoute ! Les bureaux ont été truffés d'appareils ! Le tien et le mieux ont été mis sur écoute ! Nous ne savons pas par qui ni depuis combien de temps, mais ils cherchent à connaître notre position vis-à-vis des négociations en cours. » Burke assiste à une réunion plus tard dans la journée, et s'apprête à partir pour Londres, quand la secrétaire de Wells l'appelle et lui dit qu'il doit le rappeler d'une cabine téléphonique dès qu'il aura atterri à Londres. Quand Burke a enfin Wells au téléphone à l'aéroport d'Heathrow, Wells lui dit : « Désolé de faire ça, mais nous pensons que tu es sur écoute à ton bureau, ils peuvent te mettre sur écoute ailleurs. » Il déclare que le gouvernement français possède une technologie permettant la reconnaissance vocale et l'écoute discrète d'une conversation privée, et le gouvernement français est l'un des principaux créanciers d'Euro Disney. En réalité, c'est la diffusion d'une information confidentielle dans la presse qui inquiète les dirigeants de Disney... « Va voir Sandy [Litvack] à l'hôtel Bristol, emmène-le dans la rue et explique-lui que nous pourrions dire des choses que nous ne pensons pas vraiment. » Litvack et Nanula se transforment alors en agents secrets amateurs. Ainsi, afin de pouvoir téléphoner sans témoins gênants, sortent-ils de leur hôtel en tenue de jogging, au beau milieu de la nuit, pour appeler Wells d'une cabine téléphonique et lui communiquer quelque information de première importance. La situation tourne à la paranoïa. Lorsque Litvack ou Nanula joignent Wells ou Eisner au téléphone, ils se gardent de manifester un quelconque enthousiasme sur l'accord auquel ils s'estiment sur le point d'aboutir. Eisner est très sérieux quand il déclare : « Si jamais les banques avaient eu vent de notre impatience, elles auraient sans doute renforcé leurs exigences à la dernière minute. »

La situation tourne à la farce quand un accord de principe est trouvé le 3 mars 1994. Litvack utilise une cabine téléphonique pour appeler Eisner et Wells avec des nouvelles. Il est 20 heures à Paris, 11 heures à Los Angeles. Wells, persuadé qu'ils sont écoutés, lui répond : « C'est trop généreux » et Eisner ajoute : « Le conseil d'administration ne l'approuvera jamais et dans aucun cas, on ne pourra faire avaler ça à Sid Bass ». Litvack est furieux. Il rappelle Wells plus tard dans la soirée : « Nous sommes arrivés à un accord équitable et vous ne trouvez rien de mieux à faire que de le critiquer ! ». Wells ne répond rien. Litvack est encore plus en colère lorsqu'il raccroche. Wells appelle Steve Burke à Londres et lui demande de profiter de son prochain retour sur Paris pour rendre visite personnellement à Litvack et tout lui expliquer. Burke arrive à l'hôtel, rejoint Litvack et Nanula, insiste pour qu'ils sortent se balader dans les rues de Paris et, une fois sur le trottoir, il leur dévoile enfin le fond de l'affaire.

Le 14 mars 1994, soit exactement deux semaines avant la date limite du 31 mars que la Walt Disney Company s'était fixée, le plan de restructuration d'Euro Disney est présenté à quatre cents actionnaires lors de l'assemblée générale. Le plan attend encore l'approbation de l'ensemble des établissements créanciers du groupe mais il est soutenu et recommandé par le comité conjoint de pilotage des banques : BNP, IndoSuez, Deutsche Bank, Barclays Bank, Caisse des dépôts et consignations, Long Term Credit Bank of Japan, Natwest, Crédit agricole et Crédit national. L'accord est très complexe. En simplifiant, la restructuration comprend une augmentation de capital de 5,95 milliards de francs, des abandons d'intérêts par les prêteurs (de l'ordre de 1,6 milliard de francs – les banques acceptent de remettre les versements d'intérêts pendant seize mois et de reporter le paiement du principal sur trois ans), l'abandon de redevances par la Walt Disney Company sur les cinq prochaines années (de 1994 à 1998) et un pourcentage d'entre eux sur les cinq années suivantes (de moitié entre 1999 et 2003), la réduction de la rémunération de base du gérant – Euro Disney SA (la Walt Disney Company accepte d'abandonner la rémunération du gérant dont Euro Disney SCA est redevable pour la période du 1er octobre 1991 au 30 septembre 1998. A compter du 1er octobre 1998, la rémunération de base du gérant sera établie à 1 % de l'ensemble des produits nets et sera progressivement portée au taux maximum de 6 % d'ici au 1er octobre 2018) et une vente d'actifs avec option d'achat ainsi que d'autres accords financiers avec la Walt Disney Company (souscription d'obligations subordonnées remboursables en actions, annulation de créances, cession-bail de certains actifs, ouverture d'une ligne de crédit…). La dette totale a été réduite d'environ 20,3 milliards de francs à environ 15,5 milliards. Si les banques, la Walt Disney Company et Euro Disney semblent satisfaits du dispositif financier qui, selon Philippe Bourguignon va permettre au groupe « de rebondir et de redémarrer sur des bases extrêmement solides », les actionnaires minoritaires redoutent la forte dilution de la valeur de leurs actions qui va intervenir. En effet, le plan de restructuration prévoit un « coup d'accordéon », c'est-à-dire une réduction du nominal des actions Euro Disney, suivie d'une émission à un prix voisin du nominal actuel, qui est de dix francs. Deminor, qui regroupe certains actionnaires minoritaires d'Euro Disney, examine le dossier depuis la mi-février. Pour ces actionnaires, les modalités de la restructuration envisagées, qui prévoient ce « coup d'accordéon » pour réduire la valeur nominale des actions actuelles, ne feront pas faire le même sacrifice à tous les actionnaires, puisqu'en 1989, la Walt Disney Company a souscrit des titres à dix francs que le marché a payés soixante-douze francs. Les actionnaires approuvent quand même l'apuration du montant du report à nouveau débiteur au 30 septembre 1993 par imputation sur le poste « primes d'émission » et la réduction du capital social de 1,7 milliard de francs à 850 millions de francs, par réduction de la valeur nominale des actions de 10 francs à 5 francs. La réserve spéciale de 850 millions de francs résultant de cette réduction de capital et une partie de la prime d'émission provenant de l'augmentation de capital seront utilisés pour absorber les dettes de l'exercice clos au 30 septembre 1994.

Le plan prévoit en effet deux émissions de titres : une émission d'obligations réservées à la Walt Disney Company et ses créanciers, assorties de bons de souscription d'actions à quarante francs pendant dix ans ainsi qu'une émission d'obligations remboursables en actions réservées à la Walt Disney Company. Deminor relève notamment qu'il est anormal que le marché soit exclu de cette souscription, qui entraînera une dilution potentielle de quelque 70 millions de titres. L'association déplore également que les actionnaires n'aient pas eu la possibilité d'examiner en détail ce plan avant l'assemblée générale pour en tenir compte dans son vote. En début de journée, le titre gagne près de 8 % mais après avoir atteint 39,75 francs, il retombe en clôture à 33,85 francs. Au total, ce sont près de six millions de titres (3,45 % du capital) qui ont été échangés alors qu'habituellement les échanges se chiffraient à cinq cent mille quotidiennement. Le lendemain, le 15 mars, à l'ouverture des cours, le titre perd encore 9,9 % et les échanges sont déjà supérieurs à un million d'actions. A Londres, l'action perd 6,7 % et à Bruxelles 1,8 %.

Selon les dirigeants de la Walt Disney Company, le plan de restructuration doit prendre effet « aussi rapidement que possible ». Jusqu'à sa ratification et à sa mise en œuvre, la Walt Disney Company et les banques acceptent de maintenir Euro Disney en activité en lui offrant des liquidités sans avoir à réduire son service. Ce financement transitoire de janvier à mars 1994 a coûté à la Walt Disney Company 698 millions de francs. La Compagnie et certaines de ses filiales ont également abandonné des créances dues par Euro Disney SCA relatives à l'assistance technique et administrative fournie pour un montant d'environ 1,2 milliard de francs. Un analyste de Salomon Brothers note que l'accord a nécessité que toutes les parties fassent des concessions : « les deux côtés – les banques françaises et Walt Disney – ont clairement capitulé. » Après la mise en route du plan, la Walt Disney Company se retrouve beaucoup plus impliquée qu'avant dans le parc et une banqueroute deviendrait beaucoup plus difficile pour la société-mère.

Après la restructuration financière, Frank Wells demande à Philippe Bourguignon :
« As-tu envie de faire un break ?
_ Des vacances ?
_ Non, je veux dire un vrai break, long, pendant lequel tu pourrais faire autre chose.
_ Pourquoi pas ?
_ Et, as-tu un rêve ? Quelque chose que tu aurais toujours voulu faire sans avoir pu le réaliser ?
_ Oui, j'avais un rêve en tête. Participer au rallye Paris-Pékin organisé par René Metge, un ancien vainqueur de Paris-Dakar. Mais comment trouver le temps de se préparer, de chercher des sponsors et de partir au bout du monde pendant des semaines ?
_ Philippe, non seulement tu fais le break, mais tu vas participer au Paris-Pékin. Je te l'offre. *It's my personal gift.* »

Wells libère Bourguignon de ses obligations, lui fait cadeau du Paris-Pékin et de la voiture pour y participer avec son propre argent.

Le 14 mars 1994 est également le jour de la réunion annuelle de la Walt Disney Company. Michael Eisner peut rassurer les actionnaires américains. Dans son autobiographie, il confie : « Pour la première fois en deux ans, nous pouvions respirer tranquillement. Les rumeurs annonçant la fermeture du parc nous avaient déjà porté préjudice. Notre public nous boudait et les réservations pour la saison prochaine étaient au plus bas. Néanmoins, la réorganisation du complexe se présentait au mieux. Nous comptions diminuer les tarifs de toutes les installations : droits d'entrée, chambres d'hôtel, nourriture. Plus de neuf cents emplois avaient été supprimés et, pour Philippe et Steve, ce fut de loin la partie la plus pénible de l'opération. Le pire était à présent derrière nous. Nous pouvions désormais focaliser notre attention sur l'agrandissement et l'embellissement d'Euro Disney. »

Il s'agit donc de le faire savoir. A peu près un mois avant l'annonce de la restructuration financière, les dirigeants d'Euro Disney prennent une importante décision marketing. Le contrat avec l'agence de publicité Ogilvy and Mather qui a fait le gros du travail depuis l'inauguration est reconduit. Mais c'est une décision qui n'est pas allée de soi. Afin d'apporter un nouvel élan à leur campagne publicitaire, les cadres d'Euro Disney ont invité un panel d'agences à leur soumettre de nouvelles idées : D'Arcy Massius Benton and Bowles, DDB Needham, Euro RSCG, TBWA de Plas et Ogilvy and Mather sont sur les rangs. C'est cette dernière qui est sélectionnée.

Comme depuis l'ouverture et ce jusqu'en février 1994, l'agence de publicité Ogilvy and Mather a simplement mis à exécution les campagnes préparées en interne par Euro Disney, et n'a donc joué qu'un rôle limité dans la stratégie marketing du groupe. Euro Disney passe un appel d'offre assez laconique. Puis, si l'agence obtient la campagne, Euro Disney les appelle pour leur dire ce que leur équipe interne de communication a décidé de leur laisser faire. Une agence de publicité ne peut pas fonctionner de cette sorte. Soit la communication interne d'Euro Disney décide de faire elle-même ses publicités soit elle laisse les spécialistes s'en charger.

Les dirigeants d'Euro Disney adoptent une autre alternative : une partie de l'équipe de communication d'Euro Disney ira chez Ogilvy and Mather afin d'intégrer une équipe de vingt créatifs et de dix membres du personnel du budget travaillant sur les campagnes d'Euro Disney.

Sa première tâche est de concevoir une campagne publicitaire plus appropriée au public européen. Frank Merkel, PDG de WOB Marketing, une agence à Viernheim en Allemagne, trouve que la médiocre publicité – télévisée, sur papier, à la radio – explique en partie les difficultés du parc : « Toute la stratégie marketing d'Euro Disney est responsable de ce fiasco ». La première publicité télévisée date du printemps 1992 et dure 47 secondes : « Maintenant, Disneyland est en Europe. Un monde fabuleux d'aventures. Venez découvrir le royaume de l'imaginaire. Euro Disney, les vacances les plus magiques. Pour recevoir gratuitement votre brochure ou réserver votre hôtel, appelez dès aujourd'hui. » Le clip commence sur l'image de la lune, trois étoiles scintillent puis descendent avec, au-dessus, Mickey, Donald et Dingo. Ils rentrent tous les trois par le château dans le parc en survolant les installations. Ce sont des images de Walt Disney World avec un montage pour faire croire au Disneyland Hôtel. Il n'y a que des images du parc accompagnées de deux parades. La deuxième publicité date de l'automne 1993 et dure 39 secondes : « Quand vous aurez passé la plus brillante des étoiles, vous trouverez un monde magique et enchanté : Euro Disney. Un carnaval de couleurs et de musiques où les contes de fées prennent vie tous les jours de l'année. De stupéfiantes attractions à vous couper le souffle. Et vous pourrez même prolonger le rêve en séjournant au cœur de la magie. Il y a tant à faire, tant à voir que vous aurez envie de rester pour toujours à Euro Disney. Le pays des merveilles qui vous emmène ailleurs. » Ce sont les mêmes images que la première publicité sauf qu'on a coupé le début lorsque les étoiles brillent et descendent du ciel ; on entre directement par les portes du château. On a ajouté des séquences sur les hôtels avec des vues du Newport Bay Club, de la patinoire de l'Hôtel New York sur laquelle Mickey et Minnie effectuent des figures, enfin d'une piscine où un père de famille soulève sa fille hors de l'eau. A la fin, un groom ouvre la fenêtre de la chambre d'hôtel avec vue sur… le château de Floride ! Le bandeau « ouvert 365 jours par an » a été ajouté. La troisième publicité date elle aussi de l'automne 1993 et dure 53 secondes : « Lorsque les contes de fées se réalisent, quand vous avez de la magie plein les yeux, vous savez que Disney y est pour quelque chose… La magie a maintenant son royaume : Euro Disney. Découvrez le vrai pays de l'imaginaire au cœur de l'Europe. Euro Disney Resort. Le pays des merveilles qui vous emmène ailleurs. » Des images du parc, des attractions, de tous les lands, des personnages (Mickey, Minnie, Donald, Pluto), du Disney Village, du Buffalo Bill's Wild West Show, des hôtels et du golf. Bref ! Rien n'est oublié ! La quatrième publicité date du début d'année 1994 (39 secondes). C'est en fait une reprise de la deuxième publicité. Encore à l'automne 1994, lors de la cinquième publicité (34 secondes) présente sur les vidéo-cassettes Disney, la même thématique revient : « A trente kilomètres de Paris, au cœur de l'Europe, bienvenue à Disneyland, le royaume de la féerie et de l'aventure qui emporte petits et grands dans un tourbillon d'inoubliables sensations trois cent soixante-cinq jours par an. Heigh-ho, Heigh-ho… Jour et nuit, vous et votre famille sifflerez d'émerveillement. Et vous pourrez même prolonger le rêve en séjournant au cœur de la magie dans l'un de nos six hôtels à thèmes. Détente, loisirs, émotion. Un jour, votre rêve deviendra réalité au parc Disneyland Paris, le royaume où tous les souhaits se réalisent. » Ce sont les mêmes images que la première publicité soit les images du parc de Floride (deux ans après l'ouverture d'Euro Disney !) mais avec l'ajout, au départ, d'une vue de Paris la nuit, puis de la Tour Eiffel illuminée. La fée clochette est elle-aussi toujours présente avec sa baguette magique. On a seulement ajouté des images de la nouvelle attraction Indiana Jones.

Quel est le problème de ces publicités qui se ressemblent toutes ? Euro Disney semble insulter les Européens avec ses images de grandeur toute américaine. Des vues aériennes du parc et des panoramiques sur les milliers de chambres d'hôtels ont porté l'emphase sur la très grande taille du complexe touristique, le rendant presque écrasant. Les gros plans du château de la Belle au Bois Dormant illuminé par des lumières scintillantes et de la poussière d'étoile (une image familière à la plupart des Américains depuis les débuts de l'émission télévisée *Disneyland*) sont perçus en Europe comme clinquant et tape-à-l'œil. Dennis Speigel, directeur général de Consultants International Theme Park Services à Cincinnati, ne dit pas autre chose. De telles publicités ont concouru à ce que les Français voient Euro Disney comme « de l'impérialisme américain – le toc dans ce qu'il a de pire. » Philippe Bourguignon concède : « En 1992, il n'y avait pas de charge émotionnelle lorsqu'on parlait d'Euro Disney. On évoquait le chantier et les rapports difficiles avec les entreprises, les quarante millions de mètres cubes de terre remués, les cinquante mille arbres plantés, les quarante attractions, les soixante mille visiteurs par jour, les heures d'attente, le cours de l'action. Et l'émotion ? Pour la créer, j'avais demandé à notre agence de publicité de ne pas montrer le parc lui-même ni les chambres d'hôtel. De l'émotion ! » On passe alors progressivement d'un marketing de produit à un marketing projectif.

Au printemps 1994, on décide donc de changer de cap et de se recentrer sur ce que Disney peut offrir de meilleur : le parc. Pour atteindre le maximum de monde, on adopte une double stratégie marketing. D'une part, des publicités télévisées destinées aux enfants comprennent des personnages Disney et d'autre part, une série d'affiches publicitaires pour adultes met l'accent sur les nouvelles attractions, les événements spéciaux et les offres tarifaires. Surfant sur le succès du film *Aladdin*, les héros du dessin animé deviennent le point de mire de la campagne télévisée et sur papier. Un porte-parole du groupe précise : « Nous sommes en train de positionner Euro Disney comme la première destination européenne de séjours de courte durée, de un ou trois jours. (...) L'un de nos principaux messages est, qu'après tout, Euro Disney est abordable pour chacun. » Mais pour les Anglais, la livre est tellement dévaluée par rapport au franc, que cela coûte presque moins cher d'aller directement aux Etats-Unis à Walt Disney World... Cette campagne marketing doit montrer qu'Euro Disney, c'est autre chose, afin de rendre la comparaison des prix inutile. En réalité, le véritable changement de cap n'intervient qu'à l'été 1996 avec la campagne publicitaire « Mon grand-père... et moi » (27 secondes) : « 100 et 2, 79, 61, 53... Je sais pas quel âge il a grand-père... Aujourd'hui, il a l'air plus jeune. Disneyland, une journée de rêve. Prix basse saison : 120 francs pour les enfants, 150 francs pour les adultes. Rien que d'y penser ça fait rêver. » Le spot est accompagné de la douce chanson *So This Is Love* de *Cendrillon*. Il montre un grand-père avec nœud-papillon, incarné par la réalisateur Jean Becker, marchant au milieu de ballons en forme de Mickey accompagné d'une petite-fille modèle (serre-tête, jupe écossaise rouge, chemise blanche, col claudine). Le grand-père baise la main de Minnie qui fait une révérence en retour. Le spot voit se succéder des sourires, des gros-plans du grand-père et de sa petite-fille dans l'attraction des tasses d'*Alice au Pays des Merveilles*. En adoptant un ton radicalement différent, ce nouveau spot publicitaire a été déterminant dans le redressement d'Euro Disney. Cette campagne publicitaire ouvre la voie à une série de portraits d'enfants sages... En 1997, à l'occasion du cinquième anniversaire de l'ouverture du parc, une nouvelle campagne intitulée « Alors, Disneyland Paris, c'était comment ? » voit le jour. Deux publicités différentes sont tournées. La première commence par une vue sur un garçon modèle dans les jupes de sa maman. La voix off demande : « Alors, raconte, c'était comment Disneyland Paris ? » Sa mère répond à sa place : « Vous savez, il est très timide... ». La voix off insiste : « C'est vrai qu't'es timide ? » On voit alors le garçon s'amuser follement lors du Carnaval des Fous et le spot se conclure par : « Disneyland, rien que d'y penser, ça fait rêver ». La deuxième débute par une vue d'une grand-mère, d'un grand-père et de leurs petite-fille et petit-fils assis sagement dans un salon cossu en train de boire leur thé. La voix off demande : « Alors, Disneyland Paris, c'était comment ? ». La grand-mère pose sa tasse sur la soucoupe et répond : « Oh... Vous savez, ce n'est plus de notre âge » Et de montrer le papi et la mamie s'amuser lors du Carnaval des Fous. L'insistance d'Euro Disney sur les liens intergénérationnels grands-parents / petits-enfants n'est évidemment pas fortuite. Elle doit montrer que le parc sait s'adapter aux goûts de tous les âges. Une troisième publicité datant de 1997 ne s'inscrit pas à proprement parler dans la même campagne. Elle nous montre très furtivement une image de Big Thunder Mountain avant de nous raconter une histoire d'un jeune garçon et d'une jeune fille qui s'observent avec insistance pendant l'attraction. Ils se croisent à nouveau sur Main Street puis, à la fin, courent pour se rencontrer, tendent les bras, se passent devant l'un de l'autre, et se jette respectivement dans les bras de Mickey et de Minnie pour la jeune fille et le jeune garçon. Disneyland n'est plus le personnage central des campagnes publicitaires mais simplement le décor dans lequel évoluent les personnages principaux des spots.

Les années passent et le ton change quelque peu. Au printemps 1998, un garçon « tête à claques » et capricieux échappe son ballon Mickey qui s'envole... Aussitôt, Blanche-Neige accourt pour lui en donner un autre. Le spot égraine quelques images des activités proposées dans le parc puis montre la famille de quatre personnes dans leur chambre d'hôtel. On ouvre le boîtier de l'appareil photo quand on s'aperçoit qu'il n'y a pas de pellicule à l'intérieur. Le garçon en a caché un plein tiroir... Le chien de la famille, doué de la parole, note : « Oh, vous allez encore y retourner »... A l'automne 2000, un spot montre un garçon désirant faire signer un autographe par Mickey quand sa mine de crayon se brise. Heureusement, une grand-mère arrive, lui tend un autre crayon, Mickey signe et... la grand-mère embarque l'autographe ! Cependant, Mickey et le garçon rient de bon cœur. L'année 2000 voit aussi l'apparition d'une publicité qui n'a pas convaincu. Elle dure seulement dix-neuf secondes. Il n'y a aucun être humain et juste l'image du château avec une voix off : « Retrouvez votre personnage Disney préféré... Ici... Disneyland Paris ».

En 2005, Euro Disney a changé d'agence de communication et s'est attaché les services de BETC Euro RSCG. L'agence est venue présenter le concept assorti d'une nouvelle signature de marque : « Croire plus fort en ses rêves ». La campagne s'offre un budget de 12 millions d'euros net en 2005 sachant que le budget marketing d'Euro Disney s'établit à environ 30 millions d'euros par an. Réalisés par BETC Euro RSCG avec une fraîcheur et une authenticité inattendues, deux nouveaux spots diffusés simultanément en mars 2006 en France, en Grande-Bretagne et aux Pays-Bas, puis en Espagne et en Allemagne en avril 2006, annoncent une nouvelle offensive de communication d'Euro Disney. C'est la fin de la stratégie précédente, axée sur la « magie » de Disney, qui fonctionne de façon efficace aux Etats-Unis mais qui ne prend pas en Europe. Pour Bruno Casanova, directeur associé, et Olivier Courtemanche, directeur de création de BETC Euro RSCG, le concept de parc à thèmes Disney existant seulement depuis 1992 en Europe « n'est pas vécu comme crédible ». Ils ont choisi de faire place à l'émotion et à l'authenticité. Casanova et Courtemanche avouent d'ailleurs : « Le casting a été très difficile, car nous recherchions des enfants qui aient gardé en eux un peu de fragilité et de spontanéité et n'aient pas déjà des réflexes de petits comédiens... ». Euro Disney se présente comme un lieu où l'enfant peut réaliser des rêves universels et éternels : devenir une princesse ou voler. Bruno Casanova et Olivier Courtemanche concluent : « On a voulu transformer une expérience qui était de l'ordre de la magie et du frisson en nous déplaçant vers le territoire de l'enrichissement personnel et intellectuel de l'enfant ». BETC Euro RSCG se voit ainsi confier la mission de mieux prendre en compte la sensibilité européenne en insistant sur le rôle de « structuration psychique » de l'enfant que peut offrir le parc. Pour la première fois, voilà l'enfant héros de l'histoire, filmé seul, chez lui, comme un acteur du jeu, et non plus comme un élément décoratif de Disneyland, perdu au milieu des figurants et des attractions.

***

En 1994, les négociations entourant la restructuration financière sont à peine terminées que survient un drame. Le 27 mars 1994, Frank Wells, directeur général de la Walt Disney Company se tue dans un accident d'hélicoptère en revenant d'un séjour de ski dans les montagnes du Nevada. Un seul passager a survécu. D'autres membres du voyage, dont les fils de Wells, Dick Bass, son partenaire d'escalade, et l'acteur Clint Eastwood étaient dans un hélicoptère différent. Malgré les critiques qu'Eisner formulait à son égard, ce dernier est bouleversé. Les deux formaient une solide équipe, Eisner à la création, Wells, plus discret, aux opérations. Ensemble, ils ont fait passer les revenus de la Walt Disney

Company de 1,5 milliard de dollars à 8,5 milliards et la valeur des actions a augmenté de 1 500 % en dix ans. Sans son partenaire à ses côtés, Eisner craint que l'empire du divertissement qu'ils ont reconstruit pierre après pierre ne s'écroule. Roy et Patty Disney sont eux-aussi effondrés. Tout comme Stanley Gold qui était le meilleur ami de Wells. Le numéro trois de la Compagnie, Jeffrey Katzenberg, est évincé du poste de directeur général : « Wells est irremplaçable. » Michael Eisner décide de cumuler les titres de président-directeur général, de président du conseil d'administration et de directeur général de la Walt Disney Company. Philippe Bourguignon se souvient : « Cela a été un choc terrible. Avec lui, j'aurais vécu des moments intenses. Paris-Pékin j'aurais dû le faire. En son honneur. »

Les funérailles ont lieu le 8 avril suivant. Seule une centaine d'amis et de parents y assistent, et son fils, Kevin, prononce un vibrant hommage. Eisner se souvient : « Frank lui-même n'aurait pas souhaité de grande cérémonie publique, mais Luanne estimait qu'il était important d'offrir à son vaste cercle d'amis et de collègues l'occasion de se rassembler et de pleurer ensemble sa disparition ». La messe de souvenir a lieu trois jours plus tard, le 11 avril. Il est décidé de fermer la Walt Disney Company pour la journée. Plus de cinq mille personnes sont présentes dans l'enceinte des studios. Michael Eisner, bouleversé, ouvre la messe : « Je connais Frank aussi bien que moi-même. Nous avons passé ces dix dernières années à discuter. Je crois avoir été son principal interlocuteur. Luanne, Briant, Kevin, la mère de Frank, Betty, ses frères et ses sœurs, sa belle-famille, ses neveux et ses nièces vivaient et jouaient avec Frank. Mais moi je parlais avec lui, je vivais et réfléchissais avec lui, du lever du jour au coucher du soleil – non, du lever au lever du soleil – presque chaque jour de l'année. (…) Plus que quiconque, Frank possédait l'audace du créateur. Il se portait toujours vers les idées les plus inventives, les plus spectaculaires. Cet homme ne connaissait ni la jalousie, ni la basse rivalité, ni l'ambition mesquine. Il vouait tout son temps au service de la Compagnie. Chaque minute de chaque jour, Frank s'est consacré aux intérêts de la Walt Disney Company. Sa rigueur morale le poussait à rechercher la vérité et seulement la vérité. (…) Le sommeil était l'ennemi de Frank. Il voulait utiliser son temps à cent pour cent. Il y avait toujours une réunion à laquelle il tenait à assister. Selon lui, le sommeil était un obstacle au travail. Il ne cessait de le combattre. Mais le sommeil… l'ennemi de Frank… a fini par gagner ». Les orateurs qui prennent la suite d'Eisner témoignent des vastes intérêts de Frank Wells : Clint Eastwood, son ancien client et compagnon d'aventure ; Bob Daly, PDG de la Warner compare Wells à Clark Kent : « Un homme grand et modeste, affublé d'une paire de lunettes. Mais sous ce complet sombre, se cachait un Superman » ; Warren Miller, un vieux compagnon de ski et Robert Redford dont Wells partageait la passion de l'écologie. Enfin, le plus jeune fils de Frank Wells conclut les interventions : « Papa, j'aurais tant aimé que nous ayons plus de temps devant nous. Tu es mon héros ».

* * *

La situation en France n'est pas très encourageante. Le 12 avril 1994, Euro Disney fête son deuxième anniversaire et les pertes continuent. Le parc a presque accueilli vingt millions de visiteurs entre ses murs mais c'est en-dessous de ce qui avait été prévu, tout comme les dépenses par visiteur ou le taux d'occupation des hôtels. Michel Colombe, maire de Bailly-Romainvilliers, analyse la situation : « Disney est venu ici en conquérant, sachant tout… ne voulant de conseils de personne. Ils avaient un produit qu'ils estimaient parfait et qui pourrait être transposé tel quel en Europe. Ils ne savent pas comment s'adapter. »

L'arrogance aveugle de Disney n'a pas pris en compte deux paramètres : Disney ne peut pas toujours réussir et l'économie peut connaître une récession. Ce n'est évidemment pas l'avis de Disney. Certes, des erreurs ont été commises mais cela est « normal » sur un projet de cette ampleur. Steve Burke remarque : « La chose la plus surprenante pour moi est l'hypothèse selon laquelle on aurait pu faire ça sans commettre d'erreurs. Quand vous avez un projet de cette importance… vous êtes très concentré, vous comptez sur ce que vous avez fait avant… et vous n'avez simplement pas le temps de regarder derrière vous. Je ne pense pas que l'équipe initiale ait été aussi arrogante qu'on ait pu la décrire. » Force est de constater que Disney joue désormais profil bas en ce qui concerne Euro Disney. La direction décide de donner plus d'initiative et de responsabilité à son personnel sans en référer sans cesse à son superviseur comme c'était le cas jusqu'à maintenant. Les managers des boutiques connaîtront leurs coûts de main-d'œuvre et leur chiffre d'affaires. Les hôtels seront responsables des factures impayées… Pour un parc Disney, c'est un vrai changement de culture ! Et cela nécessite bien évidemment une formation des *cast members* et l'élaboration des outils de leurs responsabilités nouvelles. Et donc du temps…

Eisner déclare tout de même qu'il est facile de pointer les erreurs commises dans le passé plutôt que de noter celles qui ont été évitées : « Peut-être suis-je obstinément optimiste ou insensiblement arrogant sur la partie créative mais je pense que le parc est le produit le plus fantastique jamais conçu par la Compagnie. Dans cent ans les gens se demanderont comment cela a pu être construit. » Il poursuit : « Nous étions en train de nous remettre en question avant la mort de Frank mais cette tragédie nous a forcés à accélérer le processus. Je pense qu'on doit se remettre en question tous les sept ans, quand les affaires atteignent leur maturité et que la situation change. Durant les dix premières années dans ce métier, nous nous sommes surtout concentrés sur la croissance du marché domestique. Nous devons maintenant conquérir des pays comme la Chine ou l'Inde en développant de nouveaux produits. »

La Walt Disney Company a trois grandes divisions – parcs à thèmes, studios de cinéma et produits dérivés – qui doivent participer à cette expansion. Disney a déjà seize bureaux dans le monde desservant cinquante-cinq pays. Ses dessins animés sont traduits en vingt-cinq langues. Et l'on compte trente-cinq émissions télévisées *Disney Club* de par le monde. La division *Consumer Products* est en pleine expansion : 26 % de croissance en 1993 soit 356 millions de dollars de recettes dus en grande partie au succès des Disney Stores. On prévoit d'ouvrir soixante-dix nouvelles boutiques chaque année. En 1994, cent nouveaux Disney Stores ouvriront en Angleterre, en France, en Espagne, à Singapour, à Hong Kong, au Japon, au Canada et aux Etats-Unis. Mais la télévision, le cinéma et les parcs à thèmes n'ont pas dit leur dernier mot. On prévoit un autre parc dans la zone Pacifique. Euro Disney doit servir de leçon et l'on doit en tirer les conséquences. Le projet Disney's America est toujours sur les rails, un parc animalier en Floride et une compagnie de croisière également. Il semble pourtant difficile à la Walt Disney Company d'atteindre l'objectif des 20 % de croissance annuelle. Le premier trimestre 1994 annonce une baisse de 3 % du chiffre d'affaires en Floride (152,3 millions de dollars). Le parc de Californie n'accueille en 1994 que 10,3 millions de visiteurs soit 10 % de moins que l'année précédente et les trois parcs de Walt Disney World avec 28,9 millions sont en baisse de 2 % et même Tokyo Disneyland, malgré ses 15,5 millions d'entrées, perd 3 % par rapport à l'année précédente. Est-ce le début d'un effritement ? A Euro Disney, la fréquentation a baissé de 10 % dans sa seconde année, à 9,8 millions de visiteurs et on ne prévoit pas d'augmentation avant 1996. Le plan de sauvetage du parc va prendre du temps. Ce sera même pire puisque à la clôture de l'exercice 1994, au 30 septembre, la fréquentation s'établit à un niveau catastrophique, de 10 % inférieure à l'année précédente, avec 8,8 millions de visiteurs. Jusqu'où va-t-on aller ?

Le 19 mai 1994, la nouvelle gare TGV reliant le site aux principales villes d'Europe entre, comme prévu il y a plusieurs années, en exploitation.

Le 20 mai 1994, Euro Disney SCA, la Walt Disney Company, Euro Disneyland SNC, Centre de Divertissement SNC, Cheyenne Hôtel SNC, Hôtel New York SNC, Hôtel Santa Fe SNC, Newport Bay Club SNC, Sequoia Lodge SNC (soit sept sociétés de financement de la phase I) et certaines institutions financières et sociétés créancières d'Euro Disney SCA et des sept sociétés de financement concluent des accords relatifs à la restructuration financière, soumis à l'approbation des actionnaires.

Le 29 mai 1994, Michael Eisner annonce dans un entretien au *Journal du dimanche*, la création prochaine à Washington d'un parc consacré à l'histoire des Etats-Unis puis de nouveaux parcs au Japon et en Floride, ce dernier devant voir le jour « dans les deux ans à venir ». Au Japon, le projet de Disney, baptisé DisneySea, est de créer une « aire à l'environnement exclusivement marin ». En France, Eisner envisage l'ouverture d'un second parc mais seulement dans « dix ou vingt ans », Euro Disney n'étant « qu'à ses débuts ». Le PDG de la Walt Disney Company se dit « extrêmement confiant » en ce qui concerne le développement de Disney en France.

Le 1ᵉʳ juin 1994, les dirigeants d'Euro Disney font une annonce importante. Son Altesse royale, le prince Alwaleed ben Talal ben Abdulaziz al-Saoud, neveu du roi Fahd d'Arabie Saoudite, va investir entre 1 à 1,9 milliard de francs dans le parc. Agé de trente-sept ans, le prince Alwaleed détient de nombreuses participations à l'étranger et dans son pays où il a monté une société de BTP, Kingdom Establishment. En 1988, il a pris une participation significative dans l'USCB. En 1991, il est devenu le principal actionnaire privé de la Citicorp en prenant une participation de 800 millions de dollars (14,88 % qu'il ramène à 10 % deux ans plus tard en réalisant un joli profit). En 1993, il a acheté 11 % du grand magasin new-yorkais Saks Fifth Avenue. C'est à la fin de cette même année que Steve Norris, l'un des financiers de Wall Street qui avait travaillé sur le fabuleux contrat de la Citicorp, le contacte pour lui parler de Disney. Norris essaie de faire coïncider les moyens du prince avec les besoins de Disney. Alwaleed se met à étudier l'affaire avec Mustafa al-Hejailan, son plus proche conseiller économique. Début 1994, sa conviction est faite : la crise d'Euro Disney lui semble moins chronique que ponctuelle. Al-Hejailan est chargé de prendre contact pour un projet de participation. Selon ce dernier, c'est l'affaire la plus compliquée qu'il ait jamais eu à traiter. On organise même un entretien par satellite entre Michael Eisner et le prince. Malgré les nombreuses interruptions techniques et le refus d'Eisner d'appeler Alwaleed « Votre altesse royale », tous les détails sont réglés.

L'assemblée générale extraordinaire se tient la semaine suivante, le 8 juin. Les actionnaires approuvent la restructuration financière et le 10 août, ces accords sont signés. En novembre 1989, divers contrats avaient été signés entre Euro Disney SCA et Euro Disneyland SNC pour la construction et le financement du parc à thèmes. Conformément au contrat de crédit-bail initial, tous les actifs du parc à thèmes existant à l'ouverture et le terrain sur lequel ils sont situés ont été vendus par Euro Disney SCA à Euro Disneyland SNC puis ont été loués à Euro Disney SCA. Dans le cadre de cette restructuration financière, Euro Disney SCA dénonce le contrat initial avec Euro Disneyland SNC et conclut de nouveaux accords. En vertu de ces derniers, Euro Disneyland SNC loue la presque totalité des actifs du parc à thèmes à Euro Disney Associés SNC, une filiale indirectement détenue à 100 % par la Walt Disney Company qui, à son tour, les sous-loue à Euro Disney SCA. En janvier 1995, Euro Disney Associés SNC devient partie à la Convention du 24 mars 1987.

Quel est l'intérêt de cette restructuration fiscale ? L'objectif du nouveau montage est de permettre à la Walt Disney Company d'amortir le parc aux Etats-Unis, et donc de bénéficier d'économies fiscales. Le parc est donc à la fois amorti en France par Euro Disney et aux Etats-Unis par la Walt Disney Company selon un montage connu sous la dénomination *double dip* (double amortissement). Le nouveau montage consiste à intercaler, entre la SCA et la SNC, une société nouvellement formée, Euro Disney Associés SNC, détenue indirectement à 100 % par la Walt Disney Company. Ce montage implique la mise en place d'un nouveau contrat de crédit-bail conclu le 30 juin 1994 entre Euro Disneyland SNC (le bailleur) et Euro Disney Associés SNC (le preneur), ainsi qu'un contrat de sous-location entre Euro Disney Associés SNC et Euro Disneyland SCA. L'intérêt du montage *double dip* repose sur une approche juridique américaine de la comptabilisation des opérations de *leasing* différente de l'approche française. Euro Disneyland SNC, en tant que bailleur soumis au droit français, pourra amortir le parc en France, tandis que Euro Disney Associés SNC, société de droit américain et locataire du parc, pourra l'amortir également en assimilant l'opération à un *capital lease*. Le contrat de sous-location, d'une durée de 12 ans non résiliable, offre une option d'achat à l'échéance. En effet, à l'issue de cette période de 12 ans, Euro Disney SCA a la possibilité de devenir le locataire direct en se substituant à Euro Disney Associés SNC par rachat du nouveau contrat de crédit-bail moyennant le versement d'un prix de 516 millions de francs.

La Walt Disney Company et les prêteurs garantissent la souscription de l'intégralité des 595 millions d'actions nouvelles pour un montant brut de 5,95 milliards de francs. La Walt Disney Company souscrit à l'augmentation de capital en numéraire à hauteur de 49 % d'actions nouvelles émises. Les 51 % restants sont souscrits conformément à une garantie de souscription mise en place par un syndicat bancaire composé essentiellement des prêteurs. A cette occasion, approximativement 114 millions d'actions sont acquises par la United Saudi Commercial Bank (USCB) et son président, le prince Alwaleed ben Talal ben Abdulaziz al-Saoud. Le produit de l'émission, net de frais, s'élève à 5,8 milliards de francs dont 1,5 milliard de francs sont affectés au remboursement par anticipation d'une partie de la dette senior d'Euro Disney SCA. Les 4,3 milliards de francs restants sont directement prêtés aux sociétés de financement de la phase I pour leur permettre de rembourser par anticipation une partie de leurs emprunts. En octobre 1994, le prince Alwaleed acquiert 74,5 millions d'actions supplémentaires d'Euro Disney SCA auprès de EDL Holding Company, une filiale indirectement détenue par la Walt Disney Company. Cette opération a pour effet de réduire le pourcentage de participation de la Walt Disney Company dans le capital d'Euro Disney SCA de 49 % à environ 39 %, et de porter le pourcentage de participation du prince Alwaleed à environ 24 %. La United Saudi Commercial Bank et le prince Alwaleed se sont également engagés, dans ces accords, à ce que leur participation ne dépasse pas la moitié de la participation détenue directement ou indirectement par la Walt Disney Company dans Euro Disney SCA, ceci un an après la conclusion de l'émission d'actions. Aucun autre actionnaire ne détient plus de 5 % du capital de la société. La United Saudi Commercial Bank a, par la suite, cédé ses actions d'Euro Disney SCA au prince Alwaleed.

L'idée du deuxième parc réapparaît alors que le projet était gelé depuis juin 1992. C'est un signe positif : quelqu'un a confiance en l'avenir du parc. Alwaleed note : « Tout souscripteur d'actions Euro Disney aura des raisons de se réjouir d'ici trois à cinq ans ». Certains sont surpris. Les problèmes d'Euro Disney ne sont pas seulement dus à une mauvaise structuration financière mais bien à une faible fréquentation et à un haut niveau de frais de fonctionnement. Cet accord permet néanmoins de donner deux ans de répit et de dégager un profit au moins en 1995 ou 1996.

Alwaleed déclare : « Je ne ferais pas de commentaire. Mais si vous en voulez un, ce sera celui-ci : il y a quatre ans, certains ont dit que l'investissement dans Citicorp ne semblait pas être judicieux. Il fut fantastique. Pour Disney, ce sera la même chose ». Le prince s'est également engagé pour une période de trois ans à apporter à Euro Disney un montant maximum d'environ 560 millions de francs pour le développement et la construction d'un centre de congrès sur le site afin d'attirer un plus grand nombre de visiteurs dans le parc et surtout de remplir les hôtels dans la semaine et en basse saison. Un analyste du *Middle East Economic Digest*, une revue spécialisée traitant du monde arabe, déclare : « Alwaleed est un financier très avisé. Il est clair qu'il ne peut que poursuivre dans cette voie ». Le *Wall Street Journal* écrit : « Le geste du prince montre clairement qu'un investisseur étranger – et de plus un homme ayant fait la preuve de sa finesse en affaires – peut croire au succès de cette entreprise ». D'autres ne partagent pas ce point de vue positif. Un banquier de la City de Londres commente : « Je doute qu'il ait les fonds disponibles. Sa technique est celle d'un banquier d'affaires à l'affût d'opérations très médiatiques destinées à impressionner des bailleurs de fonds arabes potentiels, toujours à la recherche d'un placement rémunérateur et prestigieux et auprès desquels il va placer les titres ».

En juin 1994, un mouvement de grève au sein de l'équipe de nettoyage d'Euro Disney éclate. Les grévistes réclament un salaire de 7 500 francs brut contre 6 000 francs actuellement et une revalorisation de la prime d'ancienneté. Le mouvement de grève est animé par la CGT qui s'oppose plus largement au plan social prévoyant 843 suppressions de postes. Le 9 juin, le tribunal de grande instance de Meaux désigne un médiateur à la demande de l'organisation syndicale. La CGT tente de remettre en cause l'accord, signé en septembre 1993 par la direction d'Euro Disney et les autres syndicats, qui comporte un gel des salaires jusqu'à la fin septembre 1994. Les cégétistes posent un ultimatum et dénoncent pêle-mêle « les départs aussitôt remplacés par du personnel sous-payé, le licenciement de salariés de plus de cinquante-cinq ans (…), la vacuité des formules de reclassement ». Roger Dupont, le secrétaire de l'union locale CGT de Noisiel, menace : « S'il le faut, nous ferons entrer gratuitement les visiteurs ». La direction exclut de « négocier séparément avec la CGT alors que des négociations sont prévues en septembre ». Les responsables d'Euro Disney considèrent avoir fait tout leur possible pour atténuer les conséquences du plan social : mise en place d'antenne-emploi, prime d'aide à la réduction du temps de travail, à la mobilité, un congé d'attente et des aides à la formation et à la création d'entreprise. Euro Disney s'est engagé à présenter deux propositions d'emploi à chaque *cast member* licencié et à rembourser, pendant six mois, les charges sociales des entreprises acceptant de les embaucher.

A l'été 1994, Philippe Bourguignon reçoit un coup de téléphone d'un assistant du président américain : « C'est George Bush. Il veut vous parler. » Bourguignon est stupéfait. Bush : « Avec ma femme, Barbara, et tous mes petits-enfants, je vais passer des vacances en Grèce. Nous aurions plaisir à nous arrêter au retour à Paris et à passer un jour ou deux à Disneyland. Je sais que ce n'est pas facile pour vous en ce moment. Y-a-t-il à cette occasion, quelque chose que je puisse faire pour vous ? » Bourguignon reste interloqué quelques secondes : « Nous vous accueillerons avec plaisir avec votre famille. Si vous le permettez, je vais réfléchir à votre proposition et vous rappellerai… » Bourguignon raccroche, sort de son bureau et court voir Steve Burke pour lui raconter la discussion qu'il vient d'avoir. Il faut dire qu'il y a quelques mois, Bourguignon est passé à côté de la visite de Mikhaïl Gorbatchev : « J'imaginais déjà la photo de Gorbatchev devant le château de la Belle au Bois Dormant à la une de tous les journaux ! » Mais pour des raisons d'emploi du temps, la visite ne s'est jamais faite. Bourguignon et Burke trouvent très vite en quoi George Bush pourrait les aider. Ils souhaitent qu'il invite François Mitterrand qui n'est encore jamais venu…

Le 24 juillet 1994, la dernière étape du Tour de France se déroule entre Main Street USA et les Champs-Elysées.

Le 29 juillet 1994, George Bush invite François Mitterrand à déjeuner à l'auberge de Cendrillon près du Château de la Belle au Bois Dormant. A la sortie du repas, Bush dit à Mitterrand : « Souriez. Venez, François. Souriez ! ». L'événement fait bien entendu la une de la presse le lendemain. Pour Euro Disney, c'est un signe important. Le jour suivant, Bush accepte de participer à une séance de questions-réponses avec le comité de direction, et il leur explique sa vision de toute une série de faits : l'Amérique, la France, les relations trans-atlantiques, etc. Selon Bourguignon : « C'était passionnant ! ».

Depuis la fin avril 1994, Michael Eisner cherche à remplacer Frank Wells. Le 2 mai, il assiste à un dîner de bienfaisance présidé par Stanley Gold. L'invité d'honneur est George Mitchell, sénateur du Maine, qui préside alors le groupe majoritaire au Sénat et qui vient d'annoncer son intention de se retirer vers la fin de l'année. En l'écoutant parler, Eisner est impressionné par « sa remarquable personnalité ». Il se souvient : « Il était à la fois serein et passionné, réfléchi et courtois. Lorsqu'il évoqua la question de l'éthique dans la vie publique, son auditoire resta suspendu à ses lèvres. Et je songeai tout à coup que cet homme-là ferait un solide directeur général pour la Walt Disney Company ». Le plus surprenant est que Mitchell n'a jamais dirigé de société et ne connaît pas grand chose à l'industrie cinématographique… « Mais il possédait d'autres talents » note Eisner : « Sa stature, sa classe, son jugement et son grand talent de médiateur ». Les discussions durent deux mois avant que Mitchell ne rejette l'offre. Il ne souhaite pas abandonner définitivement la politique et ne veut pas déménager de la côte Est. Il accepte néanmoins d'entrer au conseil d'administration. Pour autant la Walt Disney Company n'a toujours pas de directeur général. Eisner porte alors son dévolu sur Michael Ovitz, agent artistique renommé, dirigeant la CAA (Creative Artists Agency) depuis 1975 et ami personnel de la famille. Eisner confie à son épouse, Jane : « Je pense qu'Ovitz est assez solide pour me décharger de pas mal de soucis. De plus, je crois que la communauté des affaires apprécierait de traiter avec lui. Reste à savoir s'il acceptera de devenir numéro deux et s'il jouera le jeu au sein de notre équipe. Tu comprends bien que je n'ai pas l'intention d'entrer en compétition avec quiconque. Mon travail génère déjà suffisamment de pression sans que j'aie, en plus, à m'inquiéter des humeurs de mon plus proche collaborateur. Or, je crains que Michael n'ait tendance à me piquer le volant. Et je ne suis pas sûr d'avoir envie de me battre avec lui pendant dix ans pour l'empêcher de s'asseoir à ma place ». Jane s'inquiète de l'état de santé de son mari et du surmenage qui l'affecte depuis la mort tragique de Frank Wells : « Moi, je ne vois qu'une seule chose. Je souhaite que ta vie soit plus tranquille. La solution se présente, il faut la saisir, tu ne crois pas ? » Lorsque Eisner évoque le sujet avec Michael Ovitz, ce dernier n'est guère enthousiaste à l'idée d'être le numéro deux. Les discussions n'aboutissent pas. Eisner est alors pris d'un nouveau malaise respiratoire et subit dans la foulée un quadruple pontage. Lorsque Jeffrey Katzenberg, numéro trois du groupe, lui rend visite à l'hôpital, Eisner ressent de sa part une certaine gêne, une maladresse. Pour Eisner, « après des années de tension et de tentatives de réconciliation, nos rapports s'étaient détériorés » principalement par le fait que Katzenberg aspirait à devenir le numéro deux du groupe. Le 21 juillet 1994, Eisner sort de l'hôpital et regagne sa maison de Bel Air. Le 24 août, Katzenberg annonce son intention de ne pas renouveler son contrat au sein de la Walt Disney Company. Son départ secoue tout Hollywood. A la tête des studios Disney depuis dix ans, il est à l'origine des plus grands succès de la société à la fois en dessins animés et en prises de vue réelles. Le 1er octobre, il prend sa voiture garée à côté de celle d'Eisner et quitte le parking Disney. Il ne reviendra plus jamais.

Le même mois, Katzenberg annonce la naissance du studio DreamWorks en association avec Steven Spielberg, David Geffen et Paul Allen, co-fondateur de Microsoft. Katzenberg compte bien se venger et produire lui-aussi des films et des dessins animés. Une lutte féroce s'engage. En 1998, le premier long métrage animé est terminé. Il s'agit du très réussi, *Prince d'Egypte* suivi de réalisations moins inspirées telles que *La Route d'Eldorado* ou *Sinbad, la Légende des Sept Mers*. Katzenberg se lance surtout dans la production de films en images de synthèse dont les premiers titres rappellent ceux produits par Pixar-Disney… En 1998, *Fourmiz* sort quelques mois avant le film concurrent *1001 Pattes*. Il est suivi du colossal succès de *Shrek* en 2001 à l'humour corrosif, de *Shrek 2* et de *Gang de Requins* en 2004, de *Madagascar* en 2005, de *Nos voisins, les hommes* et de *Souris City* en 2006. Ces derniers films manquent par ailleurs totalement d'originalité et se répètent tous plus ou moins d'une réalisation à l'autre, à l'instar des autres studios qui manquent eux-aussi d'imagination et de créativité. Le 31 janvier 2007, DreamWorks Animation SKG et Aardman Animations Ltd. annoncent officiellement la fin de leur partenariat exclusif de production. Ensemble, les deux sociétés ont collaboré sur trois films : *Chicken Run* (2000) et *Wallace et Gromit : le mystère du lapin garou* (2005) qui utilisaient la technique de la pâte à modeler typique de Aardman, et *Souris City* qui a marqué leur première collaboration dans le domaine de l'animation en 3D mais qui fut un échec commercial. « J'ai eu le plaisir et le privilège de travailler avec Peter Lord, David Sproxton, Nick Park et toute l'équipe de Aardman pendant presque dix ans et je respecte grandement leurs talents de conteurs et de réalisateurs, déclare Jeffrey Katzenberg. Je suis très fier du travail que nous avons accompli ensemble et j'admire également grandement la passion et l'habileté de Aardman pour leurs réalisations en pâte à modeler et leurs brillantes histoires. Aujourd'hui, DreamWorks Animation s'attache à produire deux films en images de synthèse par an avec des projets jusqu'en 2010. Bien que j'aie toujours été un fan et un admirateur du travail de Aardman, nos objectifs de production n'étaient plus compatibles. » L'accord entre les deux sociétés datait de 1999 et prévoyait que Aardman réalise cinq films pour DreamWorks Animation. Leurs trois collaborations ont reçu un accueil critique enthousiaste et ont récolté de nombreuses récompenses, notamment l'Oscar du meilleur film d'animation pour *Wallace et Gromit : le mystère du lapin garou*. Avec aucune nouvelle co-production en développement et l'annonce de DreamWorks d'un plan sur plusieurs années, DreamWorks Animation et Aardman ont décidé de mettre fin à leur accord. « Nous avons eu une relation riche et pleine de succès avec Jeffrey et DreamWorks Animation, notent Lord et Sproxton, co-propriétaires de Aardman Animations, mais nos deux sociétés se sont rendues compte que nos ambitions avaient évolué et il semblait à chacun qu'il était l'heure de se séparer. Aardman a un ambitieux programme de projet de films en développement et nous annoncerons prochainement nos plans futurs de production et de distribution. » Katzenberg annonce, de son côté, la sortie de *Shrek 3* le 18 mai 2007 et de *Bee Movie* le 2 novembre de la même année.

A la suite du départ de Katzenberg, Eisner nomme Joe Roth à la tête des studios Disney et Roy Disney en charge de la division films d'animation. Sa démission n'a pas réellement d'effets sur l'action de la Walt Disney Company dont le cours est assez morne depuis quelques mois, le titre enregistrant une perte de 25 cents le lundi 29 août. Il est vrai que Michael Eisner, dans sa lettre trimestrielle aux actionnaires vient de confirmer les bénéfices du dernier trimestre, en hausse de 3 %. Il faut dire que le succès colossal du *Roi Lion* est venu à la rescousse des secteurs moins porteurs. Le bilan trimestriel confirme que les parcs à thèmes de Floride et de Californie pâtissent d'un « déclin du tourisme international et d'un ralentissement persistant du tourisme en Californie ». Pour Raymond Katz, spécialiste des industries du spectacle à la maison de courtage new-yorkaise Lehman Brothers, « C'est ce qui explique la performance terne de l'action Disney. Mais nous prévoyons une reprise des visites des touristes européens, et actuellement, nous recommandons le titre. (...) Une chute d'un franc de l'action Euro Disney à la bourse de Paris se traduit par la baisse d'un huitième de dollar du titre Walt Disney Company à Wall Street, il n'y a pas de quoi éternuer ! Les investisseurs regardent d'abord le potentiel de l'entreprise en terme de progression des bénéfices et du *cash flow* ».

Pour autant, le 29 août 1994, l'analyste financier britannique de Paribas Capital Market, Nigel Reed, estime que l'action d'Euro Disney ne vaut pas 10 francs mais 1,60 francs notamment en raison d'une fréquentation insuffisante du parc. Aussitôt, l'action plonge à son plus bas niveau historique à 7,55 francs avant de se redresser le 30 août pour terminer à 9,10 francs après une volte-face spectaculaire. L'importance des fluctuations oblige les autorités boursières à suspendre les cotations à quatre reprises. Philippe Bourguignon s'étonne de telles fluctuations puisque « le marché avait entériné le prix de 10 francs pour une action à l'occasion de l'augmentation de capital close le 12 juillet. A cette occasion, nous avions annoncé, tout comme la Commission des opérations de Bourse, que la fréquentation d'EuroDisneyland avait reculé de 6 % du 1er octobre 1993 au 31 mars 1994, que nous réaliserions un déficit pendant cette période et qu'il ne fallait pas attendre de bénéfices avant l'exercice 1996. C'était clair et net. »

Alors que Philippe Bourguignon réfléchit aux moyens de développer les activités du parc, un dîner est organisé à Paris avec la famille Trigano du Club Méditerranée et l'équipe dirigeante de la Walt Disney Company afin d'envisager un éventuel rapprochement. Bourguignon regrette : « L'affaire ne s'est pas faite, les stratèges américains estimant notamment l'image du Club trop sexy par rapport aux valeurs familiales de Disney. De plus, les Trigano souhaitaient une participation financière significative, mais sans rôle actif de la part de Disney. J'en ai été déçu, persuadé que l'on était passé à côté d'un rapprochement intéressant. »

Quelques mois plus tard, lors d'une réunion organisée à Aix-en-Provence par le Rotary Club, Philippe Bourguignon et Gilbert Trigano participent tous les deux à la même table ronde et en viennent évidemment à parler du Club Med et de Disney. Gilbert Trigano lui dit : « Moi, il y a quelque chose que je ne comprends pas. Quand on a la chance d'être à Paris et de s'appeler Disney, je ne saisis pas pourquoi on s'appelle Euro Disney et pas Disney Paris ou Disneyland Paris. » Pour Philippe Bourguignon, c'est le déclic. En septembre 1994, on annonce un changement de nom. Le 1er octobre 1994 Euro Disney devient Disneyland Paris. La décision a été prise après des mois de discussions internes. Eisner se souvient : « Depuis de longs mois, nous envisagions de le débaptiser, et cette décision prenait à présent toute sa valeur symbolique. En tant qu'Américains, nous avions cru que le mot « Euro » placé devant celui de Disney ferait un effet fantastique. Or, pour les Européens, ce terme était associé aux affaires, à la monnaie, au commerce. Renommer le parc « Disneyland Paris » était pour nous une manière de l'identifier non seulement à la création originale de Walt mais à l'une des villes les plus romantiques et les plus excitantes du monde ». C'est un nouveau départ après des mois de controverses et de mauvaises nouvelles. Le nouveau nom est petit à petit accolé à l'ancien en diminuant la taille du mot

Euro, en élargissant le mot Disneyland et en y ajoutant Paris. Le nom de la société qui gère le parc demeure toutefois Euro Disney SCA. Dans sa lettre aux actionnaires, Philippe Bourguignon s'explique : « Certains ont voulu nous pousser à être différent parce que « l'âme européenne » serait différente. Nos visiteurs, eux, ont toujours exigé que nous restions nous-mêmes. Nous sommes Disney, rien d'autre. Nous ne sommes pas un « Euro concept ». Nous sommes Disneyland et nous sommes situés à Paris. C'est pour cela, seulement pour cela, que nous avons changé le nom de notre parc : Disneyland Paris. » Jeff Archambault, directeur de la communication, rappelle : « Disneyland était une marque, un concept fort. En accolant le terme « Paris », les gens étaient sûrs de savoir où se trouvait le parc car, auparavant, beaucoup de personnes ne savaient pas où en France il se situait ».

Le concept de Paris, ville lumière, revêt indubitablement plus de sens. Elle offre également au parc un symbole culturel. Victor Scardigli dans *L'Europe et la diversité. La dynamique des identités régionales* (1993) rappelle : « L'Ile-de-France se résume à une ville-aimant, une ville qui domine et accapare. De façon peut-être plus marquée que pour toute autre métropole, Paris a développé un « effet boule de neige » : elle est devenue très tôt, pour toute la France, le seul centre de la vie politique et administrative ; le foyer majeur de la vie intellectuelle et culturelle, [elle attire à elle] comme un aimant les classes aisées, les élites économiques et intellectuelles, au détriment des villes de province. (...) En somme, son identité est inscrite dans des lieux : monuments cités dans les manuels d'histoire et sites remarqués par les touristes. » Peut-être peut-on y lire une revanche culturelle dans la bataille intello-culturelle entre les Américains et les Français en s'appropriant ainsi l'identité « Paris » ?

En novembre 1994, trois cents voyagistes américains sont invités au parc. On a d'abord ciblé la France, puis l'Europe puis le reste du monde. Pour Disneyland Paris, il faut faire de la publicité aux Etats-Unis même si ce n'est pas un marché prioritaire. Au lieu de présenter le parc comme une destination de vacances en soi, on le présente comme un lieu dans lequel, bien sûr, on ne va pas rester cinq jours, mais comme la première ou la dernière étape d'une visite à Paris. Faut-il rappeler qu'Euro Disney est proche des aéroports parisiens ? Le parc possède même ses propres autobus pour les desservir. Euro Disney est présenté comme le point de départ ou d'arrivée pour commencer ou terminer un séjour en France ou en Europe. Plutôt que de faire directement de la publicité pour le centre de convention du Colisseum de l'Hôtel New York, Euro Disney décide de concentrer ses efforts sur la promotion du Festival Disney et plus particulièrement du Buffalo Bill's Wild West Show. On peut désormais louer tout ou une partie du parc à des groupes privés pour des soirées spéciales. Le centre de convention connaît un très grand succès qui dépasse toutes les espérances. Tout n'est donc pas noir. Mais Philippe Bourguignon décide de commencer la conférence de presse du 3 novembre 1994 par : « Longue et douloureuse l'année 1994 (...) Notre objectif est toujours de parvenir à l'équilibre en 1996 par une série de mesures. Nous montrerons cette année notre capacité à remonter la fréquentation du parc (...) 1994 est derrière nous. » Dans le rapport annuel 1994 clos le 30 septembre et publié en janvier 1995, Philippe Bourguignon n'évoque pas la fréquentation catastrophique de la saison (8,8 millions de visiteurs) dans sa lettre aux actionnaires. Il pointe plutôt ce qui va. Ce qui est, après tout, logique... « Les faits parlent d'eux-mêmes. Depuis notre ouverture, nous avons accueilli près de 28 millions de visiteurs. De fait, Disneyland Paris a été plébiscité par les Français (10 millions d'entre eux nous ont rendu visite depuis deux ans et demi), de même que les Allemands, les Belges et les Hollandais. (...) L'année dernière, 20 % de nos visiteurs revenaient pour la deuxième fois. C'est la meilleure preuve de l'engouement de nos visiteurs pour la qualité de notre parc. (...) Le Buffalo Bill's Wild

West Show (...) fêtera bientôt sa 2 000ème, un exploit pour la scène parisienne. Il a déjà reçu plus d'1,2 million de spectateurs. »

Philippe Bourguignon énumère ce qui a été entrepris pour améliorer la situation :

- une restructuration financière massive
- de nouvelles méthodes de travail et d'action
- un processus de décision simplifié grâce à un nouveau management décentralisé en deux cents « Small Worlds » ou unités de gestion (réduction des niveaux hiérarchiques et des charges)
- une évolution de la restauration et des boutiques
- une tarification saisonnière et une nouvelle politique des prix plus agressive
- un repositionnement complet de l'ensemble de l'hôtellerie rendant les hôtels plus accessibles
- une évolution des méthodes de vente, de publicité et de communication
- une capacité accrue de 25 % assurée pour moitié par la création de dix nouvelles attractions
- des nouveaux spectacles renouvelés au rythme des saisons
- une amélioration du niveau de qualité et de service du parc
- un programme de formation qui vise à former chaque employé pour au moins deux emplois différents
- une amélioration de la productivité grâce à la flexibilité de la gestion du personnel (développement du temps partiel et meilleure planification du temps de travail)

Euro Disney reprend « modestement et prudemment » son activité immobilière grâce à l'accord conclu avec le groupe George V Habitat pour la création de six cents logements sur l'emprise Disney. La filiale ED Resort Services SA change de nom pour prendre celui de Val-d'Europe Promotion SA avec pour objet le développement immobilier, ceci afin de faciliter les « activités potentielles futures » d'Euro Disney SCA dans ce domaine.

Dans le rapport du gérant, Philippe Bourguignon est, par contre, sans langue de bois : « Le groupe a vécu un exercice 1994 difficile. La direction pense que les rumeurs de fermeture qui ont couru pendant les négociations et la mise en œuvre de la restructuration financière, ajoutées à une économie générale toujours faible, ont eut un impact négatif sur la fréquentation du parc à thèmes [8,8 millions de visiteurs soit 10 % de moins que l'année précédente] et le taux d'occupation des hôtels [60 % contre 55 % durant l'exercice 1993, grâce à la baisse des prix]. » Le chiffre d'affaires du parc à thèmes a baissé de 15 % : la fréquentation de 10 %, les revenus des hôtels de 6 % et les dépenses par visiteur de 4 %. Euro Disney annonce une perte de 1,8 milliard de francs.

La Walt Disney Company a traversé deux années difficiles marquée par la mort de son directeur général, Frank Wells, par les intrigues shakespeariennes au sein de l'entreprise (le départ de Jeffrey Katzenberg), par les problèmes de santé de Michael Eisner, par la récession économique en Europe, par des incendies et des tremblements de terre en Californie du Sud, par le meurtre de touristes en Floride, par l'abandon, face à l'opposition grandissante, du projet Disney's America annoncé le 28 septembre 1994 sans parler d'Euro Disney qui est le premier parc Disney de la planète à ne pas être rentable.

Au niveau des succès, évoquons la première de la comédie musicale *Beauty and the Beast* à Broadway et la sortie le 15 juin 1994 du *Roi Lion* au Radio City Music Hall de New York et à l'El Capitan d'Hollywood. Dédié à la mémoire de Frank Wells, budgété à hauteur de 79,3 millions de dollars, *Le Roi Lion* est le plus gros succès d'animation de tous les temps avec 783,4 millions de dollars de recettes engrangées à travers le monde. Avec 328,4 millions de dollars de recettes sur le sol américain, *Le Roi Lion* est le plus gros succès de l'histoire des Etats-Unis. En France, le dessin animé a terminé en tête du box office avec plus de 10 millions d'entrées. C'est le plus gros succès mondial de l'industrie vidéo avec plus de 55 millions d'unités vendues en VHS ou DVD. Un analyste de Wall Street qualifie *Le Roi Lion* « de film le plus rentable de toute l'histoire d'Hollywood ». L'expression *Hakuna Matata* signifie en swahili « des ennuis, je n'en ai pas ». A la fin de sa lettre aux actionnaires dans le rapport 1994, Bourguignon note : « Je souhaiterais terminer cette lettre sur une note d'optimisme et un message de confiance que des dizaines de millions d'Européens ont entendu en allant voir *Le Roi Lion* : HAKUNA MATATA ! »

Avec les énormes succès du *Roi Lion*, de *Pulp Fiction* et de *Super Noël*, Disney est le premier studio à gagner un milliard de dollars en une année. *Pulp Fiction*, à lui tout-seul, rapporte 108 millions de dollars aux Etats-Unis, bien plus que le coût d'acquisition du studio Miramax qui l'a produit et conforte la réputation des frères Weinstein en tant que découvreurs de talents, notamment du réalisateur Quentin Tarentino qui remporte l'Oscar du meilleur scénario original. Le comédien Tim Allen, la star de *Super Noël*, joue également dans la série télé à succès *Papa bricole* produite par Touchstone (unité des studios Disney) pour la chaîne ABC et l'autobiographie d'Allen, *Don't Stand Too Close to a Naked Man*, se hisse au premier rang des ventes d'Hyperion, la maison d'édition Disney. Allen sera également la voix de Buzz l'Eclair dans le film de Pixar, *Toy Story*. Le rêve de synergie d'Eisner prend vie ! Enfin, *Blanche-Neige et les sept nains* sort finalement en vidéo-cassette et se vend à dix millions d'exemplaires en une semaine. Cette année 1994, la Walt Disney Company a gagné près de 2 milliards de dollars pour un chiffre d'affaires record de plus de 10 milliards. Dans sa lettre annuelle aux actionnaires, Eisner écrit avec une note de triomphalisme. Tout en évoquant les « secousses et les désordres » de l'année avec la mort de Wells, ses ennuis de santé et le départ de Katzenberg (qu'il qualifie comme étant de la « volonté [de Katzenberg] de ne pas renouveler son contrat »), il conclut que « Disney est plus fort que ce que certains ont bien voulu dire… Ces critiques ne nous arrêteront pas. La mort de Frank ne nous arrêtera pas. Mon attaque cardiaque ne nous arrêtera pas. La réorganisation de notre studio ne nous arrêtera pas. » Ce qu'Eisner oublie de dire c'est qu'à la fois *Le Roi Lion*, *Super Noël* et *Papa bricole* ont tous été mis en développement par Katzenberg à qui l'on doit aussi l'acquisition de Miramax. Il est cependant vrai que, comme l'explique John Dreyer, chargé de communication de la Walt Disney Company, « le gâteau est mieux partagé. Nous ne dépendons pas d'un seul secteur ». Le 14 août 1995, un communiqué de presse annonce la nomination de Michael Ovitz au poste de directeur général (*president*) de la Walt Disney Company. La veille de cette annonce, Michael Eisner déclare en privé : « Je pense que je viens de commettre la plus grosse erreur de ma carrière ». Pendant deux ans, la vie de Michael Ovitz sera un enfer.

SPACE MOUNTAIN

De manière à rendre Disneyland Paris plus abordable et afin d'améliorer la perception du rapport qualité/prix, Euro Disney annonce le 14 décembre 1994, une baisse moyenne d'environ 17 % du prix d'entrée du parc à thèmes qui entrera en vigueur le 1er avril 1995. Le nombre de saisons est réduit de trois à deux. A partir de l'exercice 1996, la haute saison est fixée de début mars à la fin septembre et inclut également la période de Noël. La basse saison comprend la période comprise entre le début octobre jusqu'à la fin février. Le prix d'entrée d'un adulte en haute saison est de 195 francs contre 250 francs et 225 francs précédemment et le prix d'entrée en basse saison est de 150 francs contre 225 francs et 175 francs précédemment. Cependant, les prix d'entrée pour enfant sont ajustés de manière moins significative. Les prix d'un certain nombre de boissons et plats servis dans le parc sont également réduits pour les rendre plus abordables.

Le 24 janvier 1995, le groupe annonce les résultats du premier trimestre (du 1er octobre au 31 décembre 1994) : certes, c'est une perte de 109 millions de francs mais en diminution d'environ 80 % par rapport au même trimestre de l'exercice 1994. Le chiffre d'affaires du parc à thèmes et des hôtels est en hausse de 3 % pour le trimestre comparable à l'exercice précédent. La fréquentation du parc et l'occupation des hôtels augmentent au cours du trimestre. Cependant la hausse de la fréquentation du parc et de l'occupation des hôtels est en grande partie compensée par la diminution des dépenses par visiteur liée essentiellement à la baisse des tarifs hôteliers survenue en janvier 1994.

Le 12 avril 1995 est un jour comme un autre à Disneyland Paris. Sauf pour les petits Français nés entre 9 heures et 9 heures 30, trois ans plus tôt, qui sont invités à se rendre gratuitement au parc. Un troisième anniversaire fêté dans la discrétion alors que cette année aurait dû voir l'achèvement de la deuxième tranche du projet et l'ouverture des Disney-MGM Studios Europe. Pour l'heure, les 1 943 hectares réservés à Euro Disney pour ses développements futurs restent, pour l'essentiel, en friche. Pour tous, le projet est une déception en matière d'aménagement du territoire. Les cinq communes du secteur IV de Marne-la-Vallée, regroupées dans le SAN des Portes de la Brie se voient certes dotées de généreuses ressources fiscales, mais le développement économique marque le pas. Avec le gel de la phase II, en novembre 1994 et les incertitudes persistantes sur l'avenir du groupe, le développement des villages s'est, lui aussi, figé. Déjà, en septembre 1993, un document publié par le SAN s'inquiétait : « L'arrêt de tout développement laisserait le secteur IV dans une situation étrange où se côtoieraient, sans avenir commun, des communes déséquilibrées et un parc de loisirs parachuté sur un site périurbain, symbole d'une monoactivité synonyme d'un avenir bloqué ». On parle bien d'un deuxième pôle de l'université René-Descartes, de l'ouverture d'une nouvelle station RER à Serris, d'un centre commercial régional de 90 000 m²... Mais quand ? Les maires ont, par ailleurs, décidé de refuser les permis de construire pour les programmes de logement qui leur seront présentés s'ils ne sont pas accompagnés d'implantation d'activités. Le SAN refuse que le secteur IV ne devienne une cité-dortoir. L'exigence est de maintenir un développement équilibré. Ce centre fédérateur tant espéré paraît à chacun bien éloigné dans le temps. Le SAN s'est lourdement endetté et a investi 300 millions de francs dans des travaux d'intérêt général : réhabilitation des réseaux, adduction d'eau potable, traitement des eaux usagées et pluviales, voirie, construction d'un groupe scolaire, etc. On attendait 15 000 habitants pour 1995, il y en a seulement eu 7 500. Les équipements sont alors complètement disproportionnés par rapport à la population. Les retombées fiscales du parc permettent cependant à chacune des cinq communes de profiter de moyens considérables. La seule taxe professionnelle perçue par le SAN atteindra en 1995, 101 millions de francs. Chessy et Coupvray touchent en moyenne, au titre du bâti foncier, quarante fois plus que n'importe quelle autre commune d'Ile-de-France. Pourtant, les touristes ne s'aventurent que rarement dans ces villages et les *cast members* logés par Euro Disney sur place ne participent guère à la vie locale. Le parc n'a pas apporté non plus les nuisances tant redoutées (embouteillages, pollution, trafic de drogue…). Restent les nombreux feux d'artifice auxquels il a bien fallu s'habituer.

L'impact de Disneyland sur l'activité économique francilienne et nationale affiche un net recul en 1994. Dans une étude présentée le 11 janvier 1996 par Claude Villain, délégué interministériel au projet Euro Disney, la production directe et indirecte suscitée par le parc se chiffre à 17,6 milliards de francs, soit une baisse de 6,4 % par rapport à 1993. Un résultat qui s'explique en grande partie par la baisse de fréquentation du parc en 1994. Les emplois directs et indirects ont baissé de 10 % passant de 42 306 à 37 718. A lui seul, le parc a perdu plus de 2 000 emplois sur un an. Il continue cependant à donner du travail à 3,4 % des salariés du secteur privé de Seine-et-Marne. En 1994, les 2,87 millions d'étrangers venus visiter Disneyland ont changé lors de leur séjour en France pour 7,1 milliards de francs de devises.

Dans le paragraphe « Perspectives d'avenir : prévisions sur l'exploitation » du rapport annuel 1994, Philippe Bourguignon déclare : « sur la base des taux actuels de satisfaction des visiteurs et des taux de revisite, la direction reste confiante dans le produit et dans ses perspectives. La direction du groupe concentrera ses efforts sur l'augmentation du nombre des visiteurs venant pour la première fois. » Pour cela, les efforts marketing vont être plus importants que l'année précédente et se concentrer sur les marchés principaux : France, Royaume-Uni, Allemagne et Benelux. Ces efforts se font de plus en plus spécifiques pour chacun de ces marchés. Euro Disney compte bien utiliser au maximum l'ouverture et le lancement de Space Mountain le 1er juin 1995. 1995 ce sera « l'année de la renaissance » selon les termes de Philippe Bourguignon.

Ce dernier souhaite ainsi fédérer l'entreprise et le personnel autour d'un projet symbolique : Space Mountain. L'idée date de 1993. Bourguignon demande à tous de garder le secret, en particulier vis-à-vis du directeur financier de la Walt Disney Company, car, connaissant la situation de la trésorerie d'Euro Disney, il risque de bloquer le projet qui nécessitera l'investissement de 650 millions de francs au final. Bourguignon demande à ses collaborateurs de travailler le plus vite possible afin de présenter à la société-mère un projet clé en main.

Lors du rapport annuel 1994, Bourguignon déclare « Space Mountain, de la terre à la lune, notre prochaine attraction, ouvrira le 1er juin prochain. C'est une aventure fantastique, totalement inédite que nous proposerons à nos visiteurs. Vous pourrez en être fiers car elle constituera pour nous, non seulement une attraction de plus, mais aussi le symbole d'un nouveau départ. »

Si Space Mountain doit être le symbole de la renaissance d'Euro Disney, sa future inauguration doit être l'horizon porteur d'espoir. Tous les jours, le parc fait tirer des coups de canon lors d'un spectacle. Après une discussion avec Jean-Luc Choplin, Christian Thévenet et Pierre-Yves Gerbeau, Philippe Bourguignon a l'idée d'organiser la tournée mondiale d'Elton John. L'idée est de produire sa tournée qui s'appellera Space Mountain et qui débutera le jour de l'inauguration de l'attraction le 1er juin 1995. Le coût de la tournée serait intégré dans le budget de relance du parc. Steve Burke trouve l'idée complètement farfelue et rappelle à Bourguignon qu'Euro Disney a de grosses difficultés financières… Bourguignon insiste et rencontre finalement Elton John afin de négocier avec lui. Chaque soir, après un coup de canon, Elton John commencerait par quelques mots sur Disney et sa chanson *Rocket Man*… Elton John accepte d'autant plus qu'il a terminé son travail sur *Le Roi Lion* et qu'il projette de retravailler avec Disney et Tim Rice sur une comédie musicale intitulée provisoirement *Elaborate Lives : The Legend of Aida*.

Les imagénieurs avaient laissé de la place dans Discoveryland pour une attraction : Space Mountain, mais des difficultés diverses n'avaient pu permettre sa construction. Les imagénieurs sont eux-aussi persuadés que l'attraction donnera au parc un attrait renouvelé et une saveur spécifique puisque l'attraction est unique : elle est plus grande et plus spectaculaire que les autres Space Mountain des autres parcs Disney. L'attraction aurait dû s'appeler Discovery Mountain mais cette dénomination ne plaît pas à Philippe Bourguignon. Elle est changée en Space Mountain (si vous observez les sièges, vous verrez les initiales DM qui avaient déjà été incrustées dessus). La nouveauté, c'est le roman de Jules Verne *De la terre à la lune* (1865) qui sert d'inspiration aux imagénieurs. « Opportune caution hexagonale » pour certains mais aussi habile façon de répondre aux critiques pour d'autres. Jean-Luc Choplin insiste : « L'univers Disney est fondé non sur une culture nationale, mais sur les grandes légendes, les grands mythes, les grandes aventures. Mickey, comme Cendrillon, sont des personnages universels. Avant Walt Disney, plus personne ne racontait les contes de fées. Quant aux adolescents d'aujourd'hui, ils ne lisaient plus Jules Verne. Ainsi, Disney permet aux jeunes Français de retrouver leur propre culture. Chapeau Disney ! »

Rarement innovation aura bénéficié d'une telle mise en scène médiatique. Quarantième attraction de Disneyland Paris, les visiteurs sont maintenus sur le siège du vaisseau-fusée, puis acheminés dans le fût d'un canon incliné à 32 degrés vers l'espace. Lentement, la culasse du canon se referme. Quelques secondes d'attente. Et c'est le départ avec jets de vapeur et détonation par propulsion par catapulte et sonorisation synchrone avec les mouvements du véhicule. Selon la fiche technique, les visiteurs sont catapultés à la vitesse d'un jet sur un porte-avions, soit 1,8 seconde pour atteindre l'extrémité du canon puis une course d'un kilomètre à travers des astéroïdes, des étoiles filantes, des météorites puis la lune avec des pointes à 70 kilomètres à l'heure avec looping à 360 degrés, une vrille et un fer à cheval à 180 degrés… L'attraction dure deux minutes trente et propulse chaque heure 2 600 visiteurs dans l'espace… pour un coût de 650 millions de francs et deux ans de travaux. Le 31 mai 1995, au journal de 20 heures de France 2, Bourguignon revient sur les mois difficiles qu'Euro Disney vient de traverser : « Tous les chefs d'entreprise ont appris ce qu'était la prudence, ce que c'était de gérer une entreprise dans des mouvements monétaires importants, dans une crise économique importante, etc. On l'a appris comme les autres, au même moment que les autres. Peut-être de manière un tout petit peu plus violente et donc on continuera d'être prudents ».

Le jour de l'inauguration, le 31 mai, parmi les 6 000 invités, l'on voit défiler, pêle-mêle, Elton John, Yves Mourousi, Alain Madelin, Claudia Schiffer, David Copperfield, Buzz Aldrin, Jean Reno ou Michel Chevalet (et plus tard Michael Jackson)… Le 3 juin 1995, Elton John célèbre l'ouverture de l'attraction avec un grand concert devant le Newport Bay Club autour du lac Disney : les 40 000 tickets ont tous été vendus pour l'occasion et tous les hôtels Disney sont complets. Au final, la tournée d'Elton John va même rapporter de l'argent à Disneyland Paris !

Du 1er juin au 13 juillet, un forfait spécial « Space Mountain » comprenant notamment deux nuits d'hôtels et un accès prioritaire (une heure avant l'ouverture des portes) à la nouvelle attraction doit créer un effet « locomotive » pour le parc. La publicité diffusée à la télévision (38 secondes) à la même époque est en rupture totale avec les mièvreries du départ dans un registre plus mystérieux, plus silencieux et surtout plus sobre : « Votre destination : l'espace infini… Votre vitesse : astronomique… Votre type de rencontre : des astéroïdes… Entre la terre et la lune commence l'aventure… Space Mountain… La plus grande attraction de la galaxie est à Disneyland Paris. [Rien que d'y penser, ça fait rêver.] » Du 26 août au 5 novembre, le Festival de l'espace permet aux visiteurs d'admirer de vrais équipements spatiaux. Le 7 octobre, 600 enfants européens entrent en communication avec la station orbitale russe MIR en direct de Disneyland.

Dans son autobiographie, Philippe Bourguignon déclare : Space Mountain a ouvert « et le parc a été définitivement sauvé » mais le jour même de l'inauguration, l'action Euro Disney est cotée à la baisse… Pour autant, fin juillet, il peut annoncer les premiers profits trimestriels du parc : 170 millions de francs de bénéfice net pour le troisième trimestre (avril, mai, juin) 1995 contre une perte de 546 millions de francs sur la période correspondante de l'exercice précédent. La direction observe : « Cette amélioration du résultat est due à l'augmentation du chiffre d'affaires et des marges opérationnelles et à l'impact positif de la restructuration financière ». Mi-août, la barre des dix millions de visiteurs est franchie. Bourguignon précise : « Notre nouvelle politique marketing, des prix d'entrée au parc réduits et l'ouverture de notre dernière aventure, Space Mountain, de la terre à la lune, a été un succès ».

Le 9 novembre 1995, un accord cadre d'entreprise est signé par quatre organisations syndicales (CFDT, CFE-CGC, CFTC, CSL) et institue la valorisation des compétences. Cet accord reconnaît une évolution professionnelle selon les compétences d'emploi, de confirmé ou d'expérimenté. Il s'en suit un certain nombre de négociations par métier et de multiples accords fixant notamment la méthode de reconnaissance, la valorisation salariale et les objectifs d'évolution professionnelle. Mais avec le temps, les organisations syndicales ont fait le bilan de la non-application des dispositions de cet accord. Cette prise de conscience date de 1998 avec les premiers conflits sociaux importants de l'entreprise.

Pour l'heure, le 15 novembre 1995, Philippe Bourguignon publie les résultats pour l'exercice clos le 30 septembre. Euro Disney atteint, un an plus tôt que prévu, son premier résultat bénéficiaire depuis l'ouverture : 114 millions de francs pour un chiffre d'affaires de 4,6 milliards de francs en progression de 10 %. Le nombre de visiteurs a fait un bond spectaculaire de 21 % pour atteindre 10,7 millions de visiteurs (contre 9,8 en 1993 et 8,8 en 1994). En trois ans et demi, le parc a accueilli plus de 36 millions de personnes. Cette augmentation significative s'explique par la réduction des prix d'entrée du parc à thèmes à compter du 1er avril, des réductions de certains prix pratiqués dans les restaurants et bien sûr de Space Mountain. Philippe Bourguignon se souvient : « La baisse des tarifs a été la décision la plus difficile que j'aie eu à prendre. C'était un pari monumental, et si nous perdions, la situation aurait été très grave. Une seule chose nous rassurait : les études montraient qu'en dessous de 200 francs, l'élasticité de la fréquentation au prix était très importante ». Par contre, le chiffre d'affaires lui-même n'a progressé que de 8 % principalement en raison de la baisse des prix d'entrée et ce malgré l'augmentation de la fréquentation. Les dépenses totales ont, elles-aussi, baissé de 10 % pour les mêmes raisons. Motif de satisfaction supplémentaire, le chiffre d'affaires des hôtels, du Festival Disney et du Ranch Davy Crockett a augmenté de 16 % et le taux d'occupation est passé de 60 à 68,5 % devenant ainsi supérieur à la moyenne nationale (64 %). Xavier de Mézerac, directeur financier du parc, assure : « Il y a encore deux ans, les établissements du parc n'étaient pleins que dix jours par an. Aujourd'hui, ils le sont cent jours dans l'année ».

Philippe Bourguignon, fort de cette « dynamique positive » veut améliorer l'exploitation de la société car cette dernière « va devoir faire face à un alourdissement de ses charges financières au cours des exercices à venir. » Xavier de Mézerac rappelle : « Par rapport à 1995, les intérêts vont augmenter de 120 millions en 1996, de 350 millions en 1997 et de 470 millions de francs en 1998. » A compter d'octobre 1998, la Walt Disney Company prélèvera sur Euro Disney une redevance égale à 5 % des entrées et à 2,5 % des ventes de marchandises, nourritures et boissons auquel s'ajoutera un prélèvement de 1 % sur les produits du groupe soit environ 240 millions de francs pour l'exercice 1999. Euro Disney, pour ne pas retomber dans le rouge, doit absolument continuer d'augmenter son chiffre d'affaires sans alourdir ses charges, ce qui n'est pas acquis... La société reste très endettée puisqu'elle doit encore rembourser 15,1 milliards de francs, soit plus de trois fois son chiffre d'affaires. Plus que jamais, Euro Disney reste un projet financé par l'endettement. Quant à la fortune des actionnaires, elle est loin d'être assurée malgré ce redressement, les actions étant cotées à 16,5 francs lors de la remise du rapport 1995 et la distribution d'aucun dividende n'étant à l'ordre du jour. Autre point noir, le nombre d'employés a encore baissé de 8 % passant de 10 172 en 1994 à 9 319 en 1995.

L'amélioration du chiffre d'affaires passe aussi par un certain nombre de projets prévus sur plusieurs années. Euro Disney a ainsi signé un accord avec Gaumont prévoyant la construction, au Festival Disney, d'un cinéma contenant huit salles dont l'ouverture est prévue à l'automne 1996 et avec Planet Hollywood, enseigne parrainée par Arnold Schwartznegger, Silvester Stallone, Bruce Willis, Demi Moore et Gérard Depardieu prévoyant l'ouverture de son deuxième restaurant en France à l'été 1996. Ces deux investissements, d'un montant de 150 millions de francs, seront financés par Gaumont et la chaîne de restauration américaine. Par ailleurs, un nouveau centre de convention jouxtant l'hôtel Newport Bay Club sera construit au cours de l'exercice 1997 pour 200 millions de francs. Il offrira une capacité à peu près équivalente à celle du centre de convention de l'hôtel New York (11 000 m^2), et permettra de positionner encore davantage Disneyland Paris comme l'un des tous premiers sites proposant une gamme complète de services dans ce domaine. En mai 1996, divers contrats sont signés avec Centre de Congrès SAS, filiale indirectement détenue à 100 % par la Walt Disney Company, pour la construction et le financement de ce second centre de congrès. Conformément à un contrat de cession-bail, les actifs du Centre de Congrès Newport Bay Club sont vendus au fur et à mesure de leur construction par EDL Hôtels SCA (filiale détenue à 99,9 % par Euro Disney SCA) au Centre de Congrès Newport SAS. Ce centre de congrès est loué en retour à EDL Hôtels SCA qui en est l'exploitant. Pour Bourguignon : « Une seule chose est certaine : il ne faut pas actionner toutes les manettes en même temps ». Tout est une question d'adaptation. La recette Disneyland Paris ayant fait ses preuves, nul n'envisage maintenant de la « franciser » : pas question d'attractions plus européennes ou de mode de restauration plus français.

Depuis l'achèvement de la restructuration financière, Steve Burke estime qu'il a fait ce qu'il avait à faire et commence à s'ennuyer à Paris. Ses enfants vont bientôt être en âge d'aller à l'école et il souhaite rentrer au pays. Il ne perd donc aucune occasion pour rappeler à Eisner la promesse qui lui a été faite selon laquelle son poste à Marne-la-Vallée n'était que temporaire. En mai 1995, Gilles Pélisson le remplace au poste de directeur général d'Euro Disney.

Philippe Bourguignon conclut prudemment son rapport de gestion en indiquant : « Néanmoins, la direction continue de considérer qu'il existe certaines incertitudes du fait de la faible croissance de la consommation européenne, de la volatilité des taux d'intérêt et de l'instabilité du marché des changes. » En tout cas, les efforts n'ont pas été vains puisqu'un sondage IPSOS révèle que Disneyland Paris est l'un des dix produits dont les Français rêvent le plus. Les études internes au parc sont elles aussi encourageantes : 26 % de l'ensemble des visiteurs étaient déjà venus dans les années précédentes, 83 % se déclarent très ou totalement satisfaits de leur visite, 95 % ont l'intention de recommander Disneyland Paris à leurs proches et 92 % d'y revenir. Le chiffre le plus surprenant demeure celui-ci : 60 % des visiteurs étrangers viennent en France exclusivement pour Disneyland Paris.

L'EPA-Marne et l'EPA-France estiment que les résultats de 1995 sont « annonciateurs de bonnes retombées » et ressortent des projets d'investissement censés amorcer la deuxième phase du développement du centre urbain de Val-d'Europe : un centre commercial régional, un programme de 600 logements, 15 à 30 000 m² de bureaux, une antenne universitaire et une nouvelle gare RER. Pourtant, beaucoup sont sceptiques. Antoine Guiral, dans *Libération* du 12 janvier 1996 écrit : « Reste qu'en liant étroitement ces réalisations aux très aléatoires performances économiques de Disney, les aménageurs risquent de garder plus longtemps que prévu dans leurs cartons leurs projets de développement ».

CINQ ANS

Afin d'attirer le maximum de touristes tout au long de l'année, Disneyland Paris poursuit sa stratégie de renouvellement saisonnier des festivités. Ainsi, du 8 janvier au 4 avril 1996, « Le Festival des Contes de Fées » rend-il hommage aux grands auteurs de contes de fées européens en faisant revivre quotidiennement le mariage de la Belle au Bois Dormant avec le Prince Philippe devant le Château ou en installant la maison de pain d'épice de Hansel et Gretel à Fantasyland. Ainsi du 12 avril au 23 juin 1996, « Le Festival du Far West » revêt-il Frontierland d'une atmosphère de petite ville pionnière du grand Ouest américain dans laquelle, chaque matin, les visiteurs sont accueillis par d'authentiques cow-boys et de véritables danseurs indiens qui les conduisent au gré de la parade « Howdy Main Street » jusqu'aux portes du Fort Comstock dans lequel, tout au long de la journée, les visiteurs peuvent assister à du maniement de lasso, du revolver ou du fouet, aux musiques, mimes, danses et chants traditionnels. Ainsi du 16 au 8 septembre 1996, le spectacle *Pocahontas* est-il donné chaque jour au Chaparral Theater de Frontierland. Enfin, d'avril à septembre 1996, la « Toy Story Parade » fait découvrir l'univers de *Toy Story* en faisant participer les enfants à la « première parade interactive au monde sur Main Street, USA ». En tout, les parades occupent 425 *cast members* et 52 chars. *Toy Story* est le premier film de long métrage en images de synthèse réalisé en partenariat avec Pixar Animation Studios. Sorti le 22 novembre 1995, *Toy Story* connaît un très grand succès et rapporte près de 355 millions de dollars dans le monde. Ce film, sorti en France le 27 mars 1996 a enregistré 2,4 millions de spectateurs. Cette parade permet à la Walt Disney Company de promouvoir son film à moindre frais et à Disneyland de surfer sur le succès du film. C'est ce qu'on appelle une parfaite synergie.

Afin de faire face à l'augmentation de l'activité, le 10 février 1996, Euro Disney SCA annonce la création de mille emplois cette année. Pour la saison 1996, 1 152 artistes du spectacle ont travaillé pour Disneyland alors que le nombre d'employés a augmenté de 6 % pour atteindre 9 838.

Le 29 juin 1996, Eurostar inaugure sa liaison directe entre Waterloo et Ashford en Angleterre et Marne-la-Vallée. L'été 1996 voit également l'inauguration du deuxième restaurant en France de Planet Hollywood à Disney Village. Son architecture unique en forme de globe terrestre peut accueillir jusqu'à 450 clients dans 2 000 m². Enfin, les professionnels du tourisme élisent Disneyland Paris, première entreprise de son secteur pour la qualité de ses services. L'équipe de direction a d'ailleurs multiplié les efforts en ce domaine : diminution des niveaux hiérarchiques dans l'entreprise donnant davantage d'initiatives sur le terrain, meilleur aménagement du temps de travail, augmentation des investissements en matière de formation, mise en œuvre de l'intéressement aux bénéfices et plan d'épargne entreprise.

Le 19 novembre 1996, Euro Disney SCA présente les résultats de son exercice 1996 achevé le 30 septembre. Le groupe de loisirs, qui continue de tirer profit de la restructuration financière de 1994, annonce un bénéfice net de 202 millions de francs, soit une progression de 77 % par rapport au résultat précédent. Le chiffre d'affaires croît de 8,6 % à 4,9 milliards de francs. Le nombre de visiteurs a continué de progresser à 11,7 millions contre 10,7 millions un an plus tôt en hausse de 9,3 %.

Philippe Bourguignon, président d'Euro Disney, et depuis le 21 octobre 1996 vice-président exécutif de la Walt Disney Company pour l'Europe, a deux motifs particuliers de se réjouir : « avec 11,7 millions de visiteurs et un taux d'occupation des hôtels de 72 %, Disneyland Paris affirme sa position de premier site touristique payant en Europe [50 millions de visiteurs en quatre ans et demi]. Qui plus est, ces volumes se répartissent mieux au cours de l'année : en attirant plus de visiteurs d'octobre à mars, nous avons diminué de façon significative l'impact des fluctuations saisonnières sur notre activité. » Le manque à gagner engendré par la baisse du coût d'entrée qui reste le même pour l'année 1997, doit être compensé à la fois par la hausse de la fréquentation et par une légère augmentation des dépenses par visiteur, dans la restauration et dans les boutiques : « Plusieurs facteurs nous interdisent une réévaluation importante de nos prix : la force du franc par rapport à d'autres monnaies, le contexte général de compression des dépenses touristiques et la sensibilité de nos volumes aux prix. » Comment alors faire face à la prochaine étape qui s'avère particulièrement difficile puisque la charge financière va s'alourdir de 200 millions de francs supplémentaires en 1997 (la situation du marché reste difficile et les loyers de crédit-bail et les charges financières augmentent du fait de la réduction attendue des taux d'abandon d'intérêts prévue par la restructuration financière de 1994) ? Et de 120 millions de francs supplémentaires en 1998 ?

Le rapport annuel 1996 nous livre également quelques chiffres intéressants pour la première fois : Disneyland Paris est le huitième groupe hôtelier en France, un poids lourd de la distribution spécialisée avec 49 boutiques, 21 millions d'articles vendus chaque année, 30 000 articles référencés dont 93 % de moins de 100 francs, une des dix premières entreprises de restauration en France avec 60 lieux de restauration et 25 millions de repas servis en 1996, 5 800 chambres, 1,5 million de chambres occupées en 1996 pour un séjour moyen de deux nuits pour trois personnes, 6 millions de chambres occupées depuis l'ouverture, 5 milliards de francs de chiffres d'affaires, 1,9 milliard de francs d'achats de biens et services en 1996 auprès de plus de 4 000 fournisseurs, 20 % des recettes en devises du tourisme en Ile-de-France, 4 millions de francs de transactions en espèces chaque jour, 150 000 actionnaires dans le monde, 8 000 salariés permanents, 4 000 saisonniers recrutés chaque année, 800 métiers différents, une entreprise internationale de 50 nationalités représentées (67 % de Français et 33 % d'autres nationalités), une moyenne d'âge de 29 ans, une université ayant dispensé 37 000 jours de formation durant l'exercice 1996, 11,7 millions de visiteurs en 1996 dont 41 % de Français, 20 % de Hollandais, de Belges et de Luxembourgeois, 15 % d'Allemands, 10 % d'Anglais et 5 % d'Italiens et d'Espagnols, plus de 30 % des Franciliens et plus de 17 % des Français sont déjà venus à Disneyland Paris au moins une fois, 84 % des visiteurs se déclarent très satisfaits ou totalement satisfaits de leur visite, 97 % ont l'intention de recommander la visite de Disneyland Paris, 30 % des visiteurs étaient déjà venus à Disneyland Paris, trente-cinq trains rapides venus de la France entière, de Londres ou de Bruxelles amènent chaque jour les visiteurs aux portes du parc, une liaison directe à Paris par le RER en 40 minutes, l'autoroute A4, aux portes de Disneyland Paris assure la liaison Est/Ouest entre la France et l'Allemagne, la Francilienne permet de rejoindre toutes les autoroutes de Paris ainsi que les aéroports de Roissy-Charles-de-Gaulle et Orly, 1 300 hectares de terrains destinés à être exploités dans l'avenir. Des projets de développement touristique et urbain majeurs d'ici l'an 2000. Cette avalanche de chiffres est bien sûr destinée à montrer le succès du parc malgré une dette de 15 milliards de francs. L'équipe de direction sait aussi qu'elle peut compter sur le trésor qui l'entoure : les terrains à viabiliser et à vendre.

Philippe Bourguignon se garde de tout triomphalisme : le plan de redressement d'Euro Disney a été conçu pour s'étaler sur cinq ans : « Ce qui est important, c'est que structurellement et opérationnellement, nous soyons sur les rails. Nous ne sommes plus une société en crise, nous sommes une société normale. » Bourguignon sait que l'une des principales difficultés d'Euro Disney consiste à corriger dans les esprits l'image d'arrogance que traînent les équipes Disney depuis le lancement du projet. Il cherche ainsi à améliorer ses rapports avec l'environnement local et national. Par exemple, à la suite d'une rencontre avec Allain Bougrain-Dubourg, Bourguignon décide d'utiliser des chevaux percherons pour tirer les voitures sur Main Street : « Ce qui a fait extrêmement plaisir aux éleveurs français. »

En novembre 1996, débute « Le Carnaval des Fous », directement inspiré de la tradition du Moyen-Age et du *Bossu de Notre-Dame* qui sort dans les salles françaises le 27 du mois. Plus de 150 danseurs, acteurs et personnages costumés invitent chaque jour les visiteurs à participer à cette grande parade.

En janvier 1997, le Château de la Belle au Bois Dormant se métamorphose en Château Fou. Pour les réjouissances du cinquième anniversaire, il est coiffé de gigantesques bonnets à grelots aux motifs bariolés. Central Plaza devient la Place des Gargouilles et Main Street est également décorée. La chanson du cinquième anniversaire, interprétée par la troupe de Disneyland Paris, est éditée sur CD et diffusée durant toute l'année dans le parc.

* * *

Les festivités pour le cinquième anniversaire se préparent donc quand la nouvelle tombe à la stupéfaction générale : Philippe Bourguignon démissionne de son poste de président-directeur général d'Euro Disney le 17 février 1997.

Après la mort de Frank Wells, le rachat de ABC par Disney et le retour de Steve Burke aux Etats-Unis, l'on demande à Bourguignon d'étudier si l'on peut intégrer les diverses activités de Disney en Europe (parc, studios, télévision, vidéo, produits dérivés...). Il doit aussi développer des activités de production et de diffusion d'émissions télévisées y compris en s'associant avec des partenaires, avant de retourner aux Etats-Unis pour prendre la direction de l'Europe au sein de la Walt Disney Company puis, éventuellement de l'international. Bourguignon se rappelle de cette époque : « Les négociations avec les chaînes européennes se sont révélées très difficiles. La disparition de Frank Wells avait laissé un grand vide et les décisions du groupe s'appliquaient mal sur le terrain. Un jour, un banquier m'a demandé si le Club Med pouvait m'intéresser... »

Comme le raconte Bourguignon, la séparation d'avec Michael Eisner est tumultueuse. Il lui explique la raison de sa démission : « On me propose le Club. Quand on est Français, le Club Méditerranée est quelque chose de mythique. Si on m'avait dit un jour que l'on me proposerait la présidence, je ne l'aurais pas cru. Il semble y avoir des difficultés, mais le challenge est passionnant. » La réaction d'Eisner est brutale : « Si tu annonces ton départ, je te tue ! Le Club, vous êtes morts aux Etats-Unis, j'y veillerai personnellement. Tu n'existes plus. Salut. » Philippe Bourguignon annonce officiellement sa démission le 17 février. Il est remplacé par Gilles Pélisson alors directeur général d'Euro Disney depuis 1995. Quelques mois plus tard, succédant à la famille Trigano à la tête du Club Med, il est invité par Michael Eisner à une réception durant laquelle ils se réconcilient.

Gilles Pélisson est tout le contraire de Philippe Bourguignon. Le premier est timide et réservé alors que le second est accro aux médias. Les deux hommes s'apprécient. Philippe est même le parrain d'un enfant de Gilles. Issu d'une famille bourgeoise lyonnaise pure souche – son grand-père paternel était directeur général de Billon & Cie, une grande maison de soyeux – Gilles Pélisson a fait ses études aux lycées Saint-Exupéry et du Parc (classes préparatoires) et a obtenu en 1983 à Harvard, son master of business administration. A sa sortie de l'ESSEC, il part lancer le Novotel de Douala au Cameroun en tant que night-manager stagiaire. Il faut dire que son oncle n'est autre que Gérard Pélisson, co-fondateur du futur groupe Accor. Gérard Pélisson est donc furieux en mai 1995 quand son neveu quitte le groupe pour rejoindre Disneyland Paris, débauché de surcroît par Philippe Bourguignon, un ancien de la maison ! Gérard Pélisson ne mâche pas ses mots : « Il a intérêt à négocier un paquet de stock options chez Disney car il vient de perdre des centaines de millions de francs d'héritage ! ». Gilles se souvient : « Je n'en menais pas large. Sur le coup, je me suis fait engueuler. J'étais scotché au fond du bureau. » Ce jour-là, encouragé par Paul Dubrule, il a pourtant déjà pris sa décision d'aller se faire un prénom ailleurs. Mais rassurez-vous pour Gilles, la brouille ne fut que passagère... Faut-il rappeler que l'oncle Gérard n'a pas d'enfant ?

Le 26 mars 1997, Gilles Pélisson déclare devant l'assemblée générale des actionnaires : « Le plus dur sera passé pour Euro Disney au-delà de 1997 ». Succédant à Bourguignon, Pélisson a la lourde tâche de transformer l'essai. 1997 sera vraisemblablement une année « difficile » poursuit-il. Pour ne pas retomber dans le rouge, Euro Disney doit continuer à augmenter son chiffre d'affaires sans accroître ses charges. Si aucune attraction nouvelle n'est prévue cette année, Gilles Pélisson mise sur des événements comme l'ouverture du complexe cinématographique Gaumont en mai et l'étape du Tour de France en juillet pour attirer de nouveaux clients. Gilles Pélisson reconnaît : « L'obsession dans le monde des parcs à thèmes, c'est de se dire : s'il n'y a pas de nouvelle attraction, qu'est-ce qui va se passer ? Chez Disney, on le voit bien avec l'expérience des parcs américains, le spectacle est d'une telle force, avec un univers et un capital de personnages à exploiter, que l'on peut réinventer des parades, créer de nouveaux spectacles qui sont eux mêmes des attractions ». Pélisson assure que la politique de prix bas continuera dans les mois suivants, mais certains prix pourraient être réévalués en 1998, notamment ceux de l'entrée du parc. Il existe de futures sources de profits : les loyers et plus-values foncières liées au développement d'un complexe commercial de 90 000 m² qui devrait voir le jour en l'an 2000 et pour lequel Euro Disney a reçu fin 1996 l'approbation des autorités locales. Avec l'ouverture d'un second centre de congrès prévu en octobre 1997, ce complexe « marque le démarrage de ce que j'appelle le cercle vertueux de notre développement » déclare Pélisson devant ses actionnaires. « Le futur de l'entreprise repose en bonne partie sur cette logique de développement ».

Le 12 avril 1997, date anniversaire de l'ouverture de Disneyland Paris, une parade géante constituée de plus de mille acteurs, danseurs et musiciens venus de toute l'Europe défile dans Main Street avec la présence de Michael Eisner et de Roy Disney. En final, Barbara Hendricks est venue chanter le traditionnel *Joyeux Anniversaire*. « Le Festival des Fleurs » permet aux artistes horticoles du parc de couvrir Main Street Train Station de fleurs et de disposer autour de Town Square des topiaires de personnages Disney enrobés de fleurs. En mai 1997, « Disney Classics : The Music and the Magic » est un nouveau spectacle qui rend hommage aux grands classiques : *Peter Pan, Mary Poppins, La Petite Sirène...* avec, au final, les personnages des derniers films Disney, *Aladdin, Le Roi Lion* et *Le Bossu de Notre-Dame*.

En juin 1997, se déroule un mois de « Fêtes de la Musique » au Disney Village. Durant ce mois de juin, le centre de divertissements est dédié aux musiques du monde. Chaque week-end étant consacré à un style bien différent : country, flamenco, classique et disco. Le 21 juin, jour du 15ème anniversaire de la Fête de la Musique, est le « jour de toutes les fêtes de la musique ». Disney Village accueille à cette occasion des groupes sur toutes ses scènes, couronnant le tout par un concert géant. En juillet 1997, le Tour de France fait une halte à Disneyland Paris pour la deuxième fois, lors de la vingtième et avant-dernière étape de l'édition 1997. Tout l'été, matin et soir, Mickey, Minnie et toute la troupe sont venus accueillir les visiteurs. En août 1997, le « Carnaval des Feux » offre aux visiteurs un spectaculaire feu d'artifice composé de multiples effets spéciaux. En septembre 1997, le « Disney's California Dream » fait défiler tous les jours dans la parade californienne des voitures « cool », des stars de demain, des « roller-bladers » ou des « beach boys ».

Tous ces efforts n'auront pas été vains. « 1997, c'était l'année de toutes les fêtes » est un très bon cru pour Disneyland Paris. Gilles Pélisson peut annoncer une augmentation du résultat net en 1997 de 7,5 % pour atteindre 217 millions de francs, malgré une hausse importante des loyers de crédit-bail et des charges financières nettes. Il faut dire que 1997, c'est l'année de tous les records ! La fréquentation du parc est encore en hausse de 8 % pour atteindre 12,6 millions de visiteurs en 1997. Les dépenses moyennes par visiteur du parc à thèmes ont augmenté de 1 % pour atteindre 251 francs, le taux moyen d'occupation des hôtels gagne 5,8 points pour atteindre 78 % et les dépenses moyennes par chambre, en hausse de 2 %, atteignent, elles aussi, des records avec 1 042 francs. Pour Gilles Pélisson : « Les difficultés de départ sont loin derrière nous et le rééquilibrage du bilan aura lieu à court terme. Ce qui signifie qu'il sera moins difficile pour les banquiers et les actionnaires de se mettre autour d'une table pour voir quelles sont les bonnes solutions d'évolution ». Le PDG se félicite : « Nous avons obtenu une forte augmentation de la fréquentation avec en même temps une croissance des dépenses par client sans casser les prix ». Les prix d'entrée sont même repartis à la hausse entre 5 et 10 francs de plus par billet suivant les saisons tout en restant sous le seuil des 200 francs.

La clé de voûte de ce succès est la performance de la stratégie marketing et commerciale d'Euro Disney. Alors que les marchés émetteurs traditionnels – la France, l'Allemagne et le Benelux – se sont stabilisés, les marchés qui restaient jusqu'à présent en retrait – le Royaume-Uni, l'Italie et l'Espagne – ont très fortement progressé. La répartition de l'origine géographique des visiteurs s'en trouve ainsi modifiée : 39 % de Français, 20 % du Benelux, 14 % d'Allemagne (contre respectivement 41 %, 20 %, 15 % l'année précédente), 12 % du Royaume-Uni, 7 % d'Espagne/Italie (contre respectivement 10 % et 5 %). En d'autres termes, entre 1996 et 1997, le nombre de visiteurs britanniques a progressé de 29 % passant de 1,17 à 1,51 million et le nombre de visiteurs espagnols et italiens a fait un bond spectaculaire de 49 % passant de 590 000 à 880 000. Plusieurs facteurs expliquent cette évolution : la politique d'intégration du transport dans une même offre, le succès des liaisons directes par Eurostar et Thalys, la bonne santé de l'industrie du tourisme ou encore des taux de change favorables. Si le cœur de cible reste les familles européennes, Euro Disney souhaite attirer d'autres publics. Le redéploiement du Disney Village avec l'ouverture du multiplex Gaumont en mai 1997 et une programmation variée de concerts permettent de séduire à la fois le marché local et les jeunes adultes. Comme prévu, le second centre de congrès attenant à l'Hôtel Newport Bay Club est inauguré en octobre 1997. Avec le centre de congrès de l'Hôtel New York, il constitue un ensemble réunissant sur un même site un hébergement de haute qualité, une capacité d'accueil de 5 000 participants par jour et un environnement unique de détente et de loisirs. Disneyland Paris devient ainsi le premier site intégré de tourisme d'affaires en France. Gilles Pélisson annonce lors de la remise du rapport 1997 au mois de novembre que l' « objectif est d'accroître notre activité congrès de 50 % dans les trois ans qui viennent. »

Pélisson confie : « C'est important pour nous de bien réussir le développement parallèle de la destination court séjour la plus attrayante d'Europe. On veut développer autour de nous un environnement agréable qui soit à mi-chemin entre la modernité et la qualité architecturale, et l'on veut que les gens s'y sentent bien. Il reste 1 300 hectares à développer pour arriver à la création de Val-d'Europe, nouveau pôle urbain, et plus tard, pourquoi pas ? à la création d'un second parc ».

En 1997, les salariés et les visiteurs de Disneyland Paris ont dépensé 12,1 milliards de francs dans la région. La société a payé 1,12 milliard de TVA à l'Etat et 262,9 millions de francs en taxes (foncières, professionnelles, de séjour) aux collectivités locales. En tout, chaque année, Disneyland Paris fait bénéficier les pouvoirs publics d'un retour d'environ 2 milliards de francs en taxes et impôts divers pour un investissement de départ de 2,7 milliards.

Afin d'améliorer l'efficacité et la cohérence du fonctionnement, la structure opérationnelle d'Euro Disney évolue. On passe d'une organisation géographique par site – le Parc, les Hôtels et Disney Village – à une organisation matricielle. En d'autres termes, cette nouvelle organisation permet le développement transversal des grandes lignes d'activités, telles que les boutiques, la restauration ou les spectacles en confiant à une seule et même équipe la totalité de la filière, de la création à la gestion des opérations sur le terrain. L'organisation opérationnelle est donc marquée par la double appartenance de chacune de ses unités, soit géographique avec le thème de ses implantations, soit technique avec la nature de ses activités. L'oscillation entre ces deux pôles, demeure, y compris dans le mode d'organisation matricielle, où cohabitent une coordination verticale associée à chaque lieu et une animation fonctionnelle par grand métier. Disneyland Paris s'organise au plan opérationnel selon trois grands secteurs d'activités :

- administration (administration, achats, communication, comptabilité, développement immobilier, finance, marketing et ventes, ressources humaines, informatique)
- opérations (accueil, attractions, convention, événements spéciaux, *guest entry*, *merchandise*-boutiques, restauration, *show operations*)
- support opérationnel (*costuming*, entrepôts, horticulture, logement, maintenance, sécurité et prévention, services généraux, transport)

Cette organisation opérationnelle reste complexe en raison des relations techniques multi-secteurs. Chaque secteur a connu au moins une réorganisation durant les premières années d'existence du parc. Elles sont le résultat de l'arrivée de nouveaux acteurs (directeurs, *Small World managers*…) ou bien encore le fruit de réflexions des comités de direction ou de division. L'entreprise est donc en perpétuelle mobilité structurelle. En témoigne le nombre incalculable de communiqués et de mémorandums diffusés chaque année par la Communication interne au sujet des nominations et des organisations.

En coulisses, par la réorganisation des équipes de support opérationnel et administratif, le programme « Support 2000 », entrepris en 1996, se poursuit afin d'améliorer la façon de travailler de chacun, de redéployer l'outil informatique et de redéfinir la politique d'achats. Cette démarche consiste bien sûr à faire une économie sur les frais fixes de support. L'objectif est de réduire en quatre ans les coûts de 15 à 20 %. Mais ce plan suscite des externalisations ou des fusions d'activités ainsi que la renégociation de différents accords ou contrats. Sur le plan social, ce programme, essentiellement piloté par la direction financière, produit des déstabilisations qui participeront aux mouvements sociaux de 1998 et 1999.

Euro Disney emploie près de 12 500 *cast members* dont 3 000 sont étrangers provenant de 95 nationalités différentes répartis en 725 métiers. L'organisation de la société en 230 *Small Worlds*, des petits centres d'animation à taille humaine et fonctionnant en réseau, permet de favoriser l'autonomie, la responsabilisation et le sens de l'initiative. Ces unités d'activité (qu'il s'agisse d'une attraction, d'un restaurant...) regroupent chacune une cinquantaine de salariés et sont dirigées par un manager. A l'échelon supérieur, les *partners* (spécialisés en finance, en ressources humaines...) apportent leur expertise aux *Small World managers*, un peu à la manière de consultants et font le lien avec le comité de direction générale composé de neuf membres. D'après Michel Perchet, cette organisation à la française, beaucoup plus décentralisée, fonctionne si bien que « le parc de Californie l'a adopté aussi ! » Euro Disney encourage la polyvalence et la mobilité dans les différents métiers et les différents sites afin « d'élargir l'expérience de nos *cast members* mais aussi de permettre une plus grande adaptabilité de l'entreprise ». En d'autres termes, la flexibilité des emplois doit permettre de s'adapter à la fluctuation journalière ou saisonnière de la fréquentation.

Euro Disney est reconnu pour la gestion extrêmement suivie de ses coûts qui sont budgétés à chaque exercice et qui font l'objet d'un suivi quotidien et dont le paramètre central est celui de la fréquentation. Toute variation à la baisse par rapport aux objectifs déclenche en quelques jours des fermetures de restaurants, de magasins ou partiellement d'attractions. Il s'ensuit des mutations, des mobilités, des *cross-sheduling* (poste ou activité partagé entre deux entités, voire deux métiers, dans une même journée). Un service appelé *Labor Strategy*, service-clé de l'entreprise, affecte au jour le jour, les ressources humaines en fonction de la fréquentation et des données budgétaires. Suivant les époques, ce service dépend du secrétariat général ou d'une direction opérationnelle. Ces ajustements journaliers développent dans le secteur opérationnel un certain nombre de frustrations et de sentiments de perte de repères.

En dix ans d'existence (entre 1992 et 2002), l'entreprise aura mis en place trois systèmes d'évaluation, quatre projets éthiques ou de valeurs Disney et six modes d'organisation. L'organisation matricielle s'exerce elle-même dans un schéma opérationnel en constante modification saisonnière. Ajoutons à ces observations que les acteurs de la direction des ressources humaines ont une ancienneté moyenne qui ne dépasse pas vingt-quatre mois.

Ces éléments ne relèvent pas d'un désordre subi mais font partie de ce que certains dirigeants, comme Philippe Bourguignon, définissent comme étant « le management par le chaos productif ». Cette approche, cette école de management des organisations, repose sur l'animation et la gestion d'une instabilité à tous les niveaux qui est de nature à développer les capacités d'innovation, d'adaptation et d'engagement. Le 14 janvier 1996, Philippe Bourguignon déclarait dans *Les Echos* dans un article intitulé « Les nouvelles règles de management » : « La meilleure façon de se préparer au changement, c'est de lui laisser toujours la porte ouverte et de l'affronter avec audace. Nous avons adopté cet état d'esprit en temps de crise, et souhaitons le conserver à présent. Nous avons érigé le changement en système de société, cette volonté de ne jamais rien prendre pour acquis, de changer tout, tous les jours. Ils l'appellent le management par chaos productif. C'est notre manière d'aborder le futur, de transformer les incertitudes en atouts. Pas de fatalité : rien n'est jamais écrit. Tout est affaire de choix. Si ce n'était pas le cas, Disneyland Paris n'existerait plus. Cette civilisation du changement permet d'évoluer avant d'y être forcé. »

Au cours de l'exercice 1997, l'Université Disney se targue d'avoir organisé près de 50 000 journées de formation pour ses employés. Mais si l'on regarde les chiffres de plus près, en l'occurrence ceux de 1998, on s'aperçoit qu'il y a bien eu 26 000 stagiaires dans l'année, qu'Euro Disney dépense bien 4 % de la masse salariale dans la formation professionnelle mais 61,32 % de ces stagiaires soit 16 378 personnes ont suivi les formations « Tradition » des nouveaux embauchés et des saisonniers. Il faut dire qu'Euro Disney reçoit chaque année 40 000 demandes d'embauche pour trois mille postes de saisonniers et un millier de postes en CDD. Euro Disney ne participe donc que très peu à la formation de ses employés pour qu'il progresse dans la société. Le parcours de développement est alors du ressort de l'évaluation managériale et non d'une formation professionnelle structurée.

Parallèlement se développe l'évaluation des *cast members* « pour veiller à ce que les progrès soient mesurés et appréciés à leur juste valeur, et ce, à tous les niveaux », qui est vécue par certains comme de la surveillance permanente, du « flicage ». En 1995, la grille de notation *cast member* rappelle aux salariés : « Nous sommes un groupe d'aigles volant en formation » avant d'énumérer quelque grands principes : « We smile », « We never say no », « We're impeccable » ou encore « We're a team ». Roger Dupont de la CGT Marne-la-Vallée déclare : « Ils ont essayé de modifier leur image, mais dans l'entreprise, c'est toujours dur pour les salariés. On n'a pas fini de se battre pour que ça devienne une entreprise comme les autres. » Remontons à 1994.

Le 8 décembre 1994, trois anciens dirigeants d'Euro Disney comparaissent devant la dix-septième chambre correctionnelle de Créteil pour délit d'entrave au fonctionnement du comité d'entreprise. Sont en cause les règles esthétiques et vestimentaires imposées par la société à ses salariés. Marc Brisset-Foucaut, substitut du procureur, s'interroge : « La présence de trois ou quatre millions de chômeurs en France justifie-t-elle qu'on jette au panier le code du travail ? » avant de requérir 10 000 francs d'amende contre Robert Fitzpatrick, ancien président-directeur général, Pierre Janier, ancien directeur des relations humaines et Jean-Yves Dubreuil, ancien directeur des affaires sociales. Au cœur de l'affaire, le « Disney Look », le code des apparences que chaque salarié doit s'engager à respecter lors de son embauche. Le 19 février 1991, l'inspecteur du travail du Val-de-Marne, alerté par les employés, dressait un procès-verbal constatant que le document n'avait pas été soumis au comité d'entreprise ni au comité d'hygiène et de sécurité. Près de quatre ans plus tard, la procédure arrive seulement devant la juridiction de jugement. Me Paul Bouaziz, avocat de la CGT qui s'est portée partie civile, plaide : « Sous le couvert de culture d'entreprise (...), des atteintes extrêmement graves ont été portées aux libertés individuelles. Ce document dépassait les normes de ce qu'on pouvait admettre en France ». Le jugement, mis en délibéré, est rendu le 19 janvier 1995. Le tribunal correctionnel de Créteil ne retient pas le délit d'entrave au fonctionnement du comité d'entreprise. En fait, les juges ne se sont pas prononcés sur le fond. Ils ont juste suivi l'avis de l'inspecteur du travail du Val-de-Marne qui avait estimé que le « Disney Look » devait figurer dans le règlement intérieur et non dans les contrats de travail. C'est uniquement sur ce point que Jean-Yves Dubreuil est condamné à 3 000 francs d'amende et à 2 000 francs de dommages et intérêts au profit de la CGT. Pour Dubreuil, le « Disney Look » n'a rien de coercitif : « Ce document était le reflet de la culture d'entreprise (...), son non-respect constituait un motif de rupture du contrat de travail ». Le 8 décembre, le bâtonnier Lafarge, défenseur d'Euro Disney, affirmait : « Tout cela a cessé, on plaide sur quelque chose qui est passé » et annonçait que depuis janvier 1994, plus aucun salarié n'était embauché sur la base de ce code des apparences contesté. Sur le terrain, nombre de délégués syndicaux font néanmoins observer que le règlement intérieur précise toujours que les salariés sont tenus de respecter le « Disney Look ». En 1998, Michel Andrianaivo, membre FO du comité d'entreprise, estime : « Aujourd'hui, la pression est plus sournoise. Si un *cast member* en contact avec le public se laisse pousser les cheveux, par exemple, il s'expose à des mesures de rétorsion, c'est-à-dire qu'il sera mis sur la touche, en *backstage* ». Manuel Gonzalez, élu CFDT, renchérit : « Même si le management est français, disons européen, je ne suis pas sûr que, dans les faits, les exigences quant à l'apparence physique aient beaucoup évolué ».

Les *Disney basics* (les attentes du métier dans un parc Disney : harmonie du spectacle, qualité du service, costume, apparence, attitude et langage) et leurs exigences comportementales, l'extrême sollicitation de service qui y est associée sont autant d'éléments qui développent une pression environnementale forte. Le tout est réalisé dans un contexte de fort volume qui use les capacités humaines (en haute saison estivale, la fréquentation s'établit entre 50 000 et 80 000 visiteurs par jour) avec une répétition psychologique et gestuelle. Sans parler de la mise en œuvre de la magie au quotidien qui confère un esprit d'enfance à son métier. Bref, l'infantilisme préside parfois à l'ensemble des activités.

Le défi social le plus fondamental réside sûrement dans la réception par les salariés des éléments culturels Disney, des valeurs que le management et les ressources humaines se doivent d'animer. En 2000, neuf valeurs ont été déterminées autour de trois objectifs :

- créer la magie Disney : créativité ; initiative ; humour
- partager la magie Disney : écoute ; confiance ; entraide
- progresser : exemplarité ; réalisme ; excellence

La difficulté relationnelle de ce système de valeurs d'entreprise dans un contexte culturel aussi spécifique que Disney est qu'il s'adresse essentiellement au savoir-être, à la dimension comportementale des salariés. Mais le corps social de l'entreprise est extrêmement difficile à gérer : données culturelles propres aux différentes provenances des salariés, jeunesse de l'encadrement dont c'est souvent la première expérience d'appréciation des performances, lien fait entre les résultats opérationnels et les valeurs immatérielles, et de façon plus générale, population qui marque de plus en plus son autonomie face à l'entreprise, son manque de solidarité avec les autres salariés ainsi que son besoin d'équilibre entre vie privée et vie professionnelle. L'histoire sociale mouvementée d'Euro Disney est à rechercher dans la composition même de son corps social ainsi que dans le mode d'animation de l'entreprise qui en découle. C'est un corps social complexe de près de 12 500 employés au plus fort de la saison, 725 métiers, 95 nationalités, une moyenne d'âge plutôt jeune de 32 ans, plus des salariés en CDD par milliers pour la haute saison. Euro Disney doit donc jongler avec deux populations de *cast members* : ceux qui ont plus de six ans d'ancienneté et les autres : 100 000 saisonniers en dix ans (entre 1992 et 2002). Cette situation contrastée fait cohabiter au cœur de l'entreprise des salariés qui veulent se développer et faire leur métier dans ce secteur d'activité, avec de jeunes étudiants qui privilégient une expérience culturelle et ludique plutôt qu'une activité professionnelle.

L'intuition initiale voulait une gestion des ressources humaines qui escomptait bâtir l'essentiel de son corps professionnel sur le recours à des salariés saisonniers et à des temps partiels. Devant la réalité de certaines situations, il a fallu composer en recherchant notamment de nouvelles sources de recrutement. Il a fallu également créer des doubles ou multi-activités afin de proposer des contrats à temps complet qui conditionnent le trajet pour venir travailler à Marne-la-Vallée, à plus de trente kilomètres de Paris. Il a fallu mettre, au cours de l'année 2001, de véritables parcours professionnels afin de donner un peu de perspectives à ce jeune corps social qui, devant le succès de l'entreprise, formule des attentes d'autant plus fortes. Si Euro Disney n'a pas connu d'importants mouvements sociaux depuis son ouverture, les années 1998 et 1999 marquent, sur ce point-là, un changement important.

CONFLITS SOCIAUX A EURO DISNEY

La saison 1998 est consacrée à « l'année des Grands Classiques Disney ». La Walt Disney Company, créée en 1923, fête son 75ème anniversaire et Mickey Mouse souffle ses soixante-dix bougies. En juin, sort au cinéma le film *Mulan* dont le scénario est inspiré d'une vieille légende chinoise, puis *1001 Pattes* (*A Bug's Life*) des créateurs de *Toy Story* (réalisation Disney-Pixar) qui engrange la plus grosse recette jamais réalisée lors de Thansgiving. Disneyland Paris souhaite renforcer sa politique d'événements saisonniers et lance « La Parade du Monde Merveilleux de Disney » qui fait revivre certaines scènes d'anthologie des classiques de la maison. Pour Gilles Pélisson, cette parade « aura permis à nos visiteurs de participer à la première grande parade interactive jamais produite dans le parc ». En avril 1998, le spectacle « Winnie l'Ourson et ses Amis », Tigrou, Porcinet et Bourriquet fait son apparition au Théâtre du Château. En été, la parade électrique de Main Street s'enrichit de nouveaux chars dédiés à *Pinocchio* et *Blanche-Neige*. La soirée a pour bouquet final « Les Feux de la Fée Clochette », un spectacle de feux d'artifice en musique. Les événements saisonniers se multiplient dans le parc à thèmes avec les soirées d'été ou Halloween.

Dans un environnement économique appelé à devenir de plus en plus concurrentiel, en raison de l'introduction de la monnaie unique et de l'émergence de nouveaux acteurs sur le marché des parcs à thèmes, Disneyland Paris multiplie les initiatives visant à maintenir son pouvoir d'attraction dans l'Europe des loisirs. Après six années d'exploitation, Euro Disney a acquis une plus grande maîtrise dans la gestion des flux importants de visiteurs et elle sait mieux anticiper les pointes d'activités. La société est ainsi davantage en mesure de pratiquer à tout moment les prix les plus appropriés. L'ambition est désormais de nature qualitative en offrant les prestations les mieux adaptées aux attentes très variées des clients. Euro Disney est bien consciente que la qualité et la diversité des services proposés sont déterminants pour convaincre les visiteurs de revenir régulièrement (le taux de revisite atteint alors 36 %). Plusieurs projets importants sont lancés en 1998 pour se concrétiser en 1999 : récemment couverte, la scène de Chaparral Theater permet de disposer en hiver d'un théâtre supplémentaire de 1 200 places, capable de proposer quotidiennement cinq représentations du nouveau spectacle musical « Mickey et la magie de l'hiver ». La scène de Videopolis est agrandie de plus de 100 m² et dotée de nouveaux écrans géants pour accueillir le nouveau spectacle « Mulan, la Légende » inspiré des arts et traditions de la Chine ancestrale lors de sa première le 28 novembre 1998 avec en vedette les acrobates chinois de la troupe Hebei. Disneyland prépare aussi activement l'ouverture, à la fin du mois de mars 1999, de « Chérie, j'ai rétréci le public ! », une nouvelle attraction en remplacement de « Captain Eo » avec Michael Jackson, première attraction majeure dans le parc depuis 1995.

En 1998, Gilles Pélisson et son équipe continuent de se concentrer sur l'amélioration des différentes prestations offertes dans le parc. Plusieurs axes sont privilégiés : l'augmentation du nombre de *cast members* de différentes nationalités européennes afin qu'un plus grand nombre de visiteurs soient accueillis dans leur langue maternelle ; l'adaptation des heures d'ouverture du parc en fonction d'événements spécifiques, des vacances scolaires ou des saisons ; la mise en place d'initiatives visant à réduire les temps d'attente aux attractions. Entre le 1er octobre 1997 et le 30 septembre 1998, Euro Disney a consacré 4,6 % de la masse salariale à la formation. L'Université Disney a dispensé 42 000 journées de formation avec 80 programmes différents dont une majorité consacrée aux métiers du tourisme. Les campagnes de recrutement européen sont intensifiées et de nouveaux systèmes informatiques sont mis en place. Une plus grande mobilité des compétences au sein de l'entreprise et une mesure plus fine des performances de chacun favorise une organisation du travail plus souple. Pour Gilles Pélisson : « Le développement des compétences est d'autant plus important que Disneyland Paris connaît actuellement une phase d'expansion considérable ». La structure opérationnelle, complètement repensée depuis deux ans selon un mode matriciel permet de gagner en cohérence et en réactivité. Cette réorganisation s'accompagne d'un large redéploiement de l'outil informatique, de la redéfinition de la politique d'achats et de nombreuses initiatives visant à favoriser les synergies avec les autres entités Disney et les grands groupes partenaires du parc. La performance opérationnelle s'améliore grâce au contrôle très strict des coûts. L'exercice 1998 est le premier exercice bénéficiant pleinement des efforts entrepris par Euro Disney depuis 1996 dans deux domaines : son organisation et la définition de sa politique des achats. De ce fait, les charges d'exploitation, hors activité de développement immobilier, ont augmenté deux fois moins vite que le chiffre d'affaires. Il en résulte une hausse de 21 % du résultat avant loyers de crédit-bail et charges financières.

La saison 1998 est marquée par l'ouverture du second centre de congrès, attenant à l'Hôtel Newport Bay Club. Les équipements ultra-modernes des cuisines du nouveau centre permettent de servir un nombre important de repas chauds en un minimum de temps. Le taux d'occupation des hôtels bat des records pour atteindre 80,9 % (2,9 points de plus que l'année précédente) notamment grâce à l'élargissement de la capacité d'accueil des congressistes et au tourisme d'affaires, particulièrement actif au moment de la Coupe du monde de football. Deux nouveaux bars sont ouverts : le Café Fantasia au Disneyland Hôtel et le Captain's Quarters au Newport Bay Club. De plus, la simplification du processus d'enregistrement dans les hôtels est renforcée par la distribution de nouveaux guides et l'élargissement des services proposés dans les hôtels. Des coins enfants sont créés afin de permettre aux parents de profiter de leur séjour, pendant que les enfants s'adonnent à toutes sortes d'activités.

Disney Village accueille un nombre encore plus élevé de concerts, festivals de musique et autres animations (Guy Fawkes, les festivals de musique française, celtique et latina). Pour accompagner la hausse du taux d'occupation des hôtels et du nombre de visiteurs, la capacité d'accueil des terrasses est augmentée de 600 places. En janvier 1998, la salle de spectacle *La Légende de Buffalo Bill – Buffalo Bill's Wild West Show* est réaménagée, notamment avec l'amélioration de la qualité du son multi-directionnel. Le centre de divertissements connaît l'amorce d'une nouvelle phase d'expansion. Un McDonald's d'un genre nouveau est inauguré en janvier 1999. Un restaurant Rainforest Café doit ouvrir ses portes en avril 1999 en partenariat avec le groupe Flo : « Il s'agira de la toute première implantation en France d'un concept qui connaît déjà un grand succès dans le monde, notamment à Walt Disney World en Floride » note Pélisson. Le multiplexe du Disney Village ayant enregistré au cours de sa première année d'exploitation un nombre d'entrées supérieur de 30 % aux prévisions initiales, la société Gaumont décide de construire sept salles supplémentaires. A partir de l'automne 1999, la capacité totale passera ainsi à quinze salles et 3 700 fauteuils. La Coupe du monde de football est l'occasion d'organiser des soirées spéciales « Musique et Foot » mêlant concerts live et retransmission des matchs de football sur écrans géants. Le chiffre d'affaires des hôtels et du Disney Village enregistre une hausse significative – 10 % de plus que l'année précédente – pour s'établir à 2,4 milliards de francs.

La diversité et la qualité de l'offre de restauration sont améliorées par le renouvellement des cartes dans les restaurants et par la variété accrue des buffets pour les petits-déjeuners dans les hôtels. Dans le parc, plusieurs terrasses sont couvertes afin d'augmenter la capacité d'accueil des restaurants. La politique de la société consiste à augmenter les ventes en proposant un équilibre optimal entre la gamme des menus et la capacité d'accueil des points de vente.

Le succès des nouvelles lignes de produits telles que les collections « Mickey Magic » sur le thème des grands classiques Disney ou encore « Winnie l'Ourson » fait progresser les dépenses dans les boutiques. Ainsi, les dépenses moyennes par visiteur (entrée comprise) s'élèvent-elles à 258 francs, en hausse de 2,8 % par rapport à l'année précédente. Gilles Pélisson voit dans cet excellent résultat « le fruit de plusieurs années d'efforts pour améliorer la qualité et la diversité de l'offre, tout en continuant à garantir une véritable unité dans la qualité de service à travers tout le site ». Le lancement de ces nouvelles lignes de produits, une présentation des articles et une décoration des boutiques plus attractive doivent bien évidemment stimuler l'accroissement des dépenses par visiteur. Le programme de rénovation des boutiques se poursuit ainsi avec, en particulier, l'agrandissement de la boutique Sir Mickey à Fantasyland.

En ce qui concerne le marketing et les ventes, l'événement prépondérant est la mise en place d'un nouveau système informatique permettant aux agents de réservation d'avoir un accès direct aux systèmes de réservation des compagnies aériennes et ferroviaires. De ce fait, les ventes de forfaits incluant le transport continuent de progresser. Le nombre de visiteurs en provenance d'Ile-de-France augmente sensiblement grâce au programme des passeports annuels « franciliens » ou des passeports d'été « Soirées Etoilées » valables à partir de 18 heures. Les visiteurs ne s'en sont peut-être pas rendu compte mais, après trois ans de stabilité, les prix d'entrée ont augmenté à partir du 1er octobre 1997.

Si le bilan de la Coupe du monde de football s'est avéré globalement très positif pour la France et son rayonnement international, l'impact immédiat sur l'industrie touristique est plus nuancé. La plupart des groupes de loisirs et parcs d'attractions en France ont, en effet, subi un ralentissement de leur activité dû à la concurrence d'un mois de compétition sportive – Gilles Pélisson parle à ce propos d'un bien « long mois » – et à des conditions météorologiques peu favorables notamment en avril et en juillet.

Dans ce contexte contrasté, Disneyland Paris confirme sa place de première destination touristique en Europe. Après trois années de forte progression, la fréquentation du parc se stabilise à 12,51 millions de visiteurs. Le chiffre d'affaires a augmenté de 8 % pour atteindre 5,9 milliards de francs. Cette croissance du chiffre d'affaires, associée à un strict contrôle des coûts, permet d'améliorer la marge opérationnelle compensant ainsi l'augmentation prévue des loyers de crédit-bail et des charges financières nettes. En 1998, le résultat net a augmenté de 34 % pour atteindre 290 millions de francs. Quant à la dette totale, elle s'élève toujours à la vertigineuse somme de 15,9 milliards de francs (les premiers remboursements significatifs de la dette sont prévus pour l'exercice 2000). L'objectif premier pour 1999 reste la poursuite de l'amélioration de la performance opérationnelle : « Cependant, nous devrons également relever de nouveaux défis, déclare Gilles Pélisson, [car] parallèlement à une nouvelle augmentation des loyers de crédit-bail, nous commencerons à verser à The Walt Disney Company des redevances de licence et la rémunération due au gérant. Le respect des engagements pris en 1994 est déterminant pour asseoir notre crédibilité financière. Nous pouvons désormais porter notre regard sur le Millénaire et vers un nouveau cap, 2002, le dixième anniversaire du Parc à Thèmes. La traversée est déjà bien engagée. J'ai pleinement confiance dans la solidité du bateau et l'expérience de l'équipage. Nous travaillons tous ensemble pour continuer de réserver aux visiteurs un accueil à la fois compétent, chaleureux et toujours étonnant, en un mot, magique ! »

En cette fin d'année 1998, Euro Disney doit aussi faire face au problème du passage à l'an 2000, le fameux « bug » tant redouté. Les principaux systèmes utilisés par la société et qui sont concernés par ce « problème » (certains programmes informatiques traitant des données comprenant des dates pourraient lire l'année « 00 » comme étant l'année 1900 au lieu de 2000, ce qui pourrait donner lieu à des dysfonctionnements ou des erreurs) comprennent les systèmes de réservation des hôtels, de gestion des entrées, des attractions ou des parades, les systèmes de communication, les systèmes comptable et financier et la gestion technique des bâtiments (système de sécurité, ascenseurs, système de prévention d'incendie...). Le rapport annuel note à cet effet, « ces conséquences, ainsi que l'effet potentiel sur l'économie locale de la propagation du problème du passage à l'an 2000, pourraient engendrer une dégradation significative des résultats financiers du groupe. » Pour résoudre le problème, Euro Disney élabore et met en place un plan d'action en trois volets : la mise en conformité des logiciels et des systèmes, l'association à chaque fournisseur actuel d'un fournisseur éventuel de substitution en cas de défaillance et enfin un plan d'urgence. Tout cela pour la somme de 40 millions de francs. Somme à laquelle il faut ajouter les 30 millions de francs dépensés pour le passage à l'euro.

Les saisons 1998 et 2000 sont aussi pour Euro Disney une période de trouble social, la première véritable depuis 1992. Le mouvement social de 1995 n'avait réuni que quelques dizaines de militants syndicaux mais était resté célèbre dans l'entreprise car il s'était terminé dans la violence, avec des blessés.

Le premier accord d'entreprise date du 14 septembre 1990 et concernait la participation des *cast members* aux résultats. Au-delà, il n'y a jamais eu de négociations sur d'autres formes d'épargne salariale ou d'association des salariés aux résultats de l'entreprise. A l'ouverture du parc en 1992, il est décidé que certaines œuvres sociales ne seraient pas confiées à la gestion des organisations syndicales via le comité d'entreprise mais à une structure interne gérée par la direction et baptisée « Disney Cast ». Par ailleurs, la contribution au budget du comité d'entreprise reste dans des niveaux proches du seuil légal. Sur le plan syndical, la Walt Disney Company, lors de l'ouverture, imaginait une acceptation de la vie syndicale dans une bipolarisation bien connue en certains modèles américains mais également bien ancienne en regard de l'évolution du syndicalisme français du début des années quatre-vingt-dix. Le comité d'entreprise n'a jamais réussi à s'entendre sur un projet commun de gestion et, dans la mesure où aucune organisation syndicale n'avait la majorité, cette instance n'a pas été en mesure d'assurer l'ensemble de ses missions tant économiques que sociales.

Après des positions arbitrales fortes de la CSL, de la CGT ou de la CFDT entre 1992 et 1997, le paysage syndical au moment du conflit de 1998 est plus contrasté et correspond à un équilibre des forces autour de 20-25 % pour la CGT, CFTC et CFDT et autour de 8-9 % pour les autres organisations syndicales. Cette plus grande répartition syndicale n'est pas un facteur de modération sociale mais constitue un facteur d'accélération, chaque organisation entrant, en effet, en compétition dans l'animation ou la résolution du conflit. L'Unsa a profité du conflit de 1998 pour se lancer et, d'une certaine manière, se légitimer par lui en acquérant devant les salariés et les médias les attributs de la représentativité.

En ce qui concerne Euro Disney, ce n'est pas l'effectif de grévistes, de pétitionnaires ou d'absentéistes volontaires qui donne la mesure du mouvement sur l'échelle des conflits mais son impact médiatique, la perception que la société civile – par médias interposés – donne aux événements. Si l'on considère le conflit de juillet 1998 (18 jours) et de décembre 1999 (4 jours) sous l'angle de la participation, on obtient des résultats qui, dans d'autres contextes, n'auraient pas été reconnus comme significatifs : pour le mouvement de 1998, les syndicats parlent de 150 participants, les journaux de 80 à 130 et la direction des ressources humaines de 70 ; pour le mouvement de 1999, les syndicats évoquent de 500 à 800 participants, les journaux de 200 à 300 et la DRH de 200, dont moitié de représentants syndicaux.

Il est difficile pour les grévistes de trouver des thèmes communs de mobilisation. Les tracts syndicaux ont beau proclamer : « Tous solidaires à Disneyland Paris », chacun des métiers du parc a des revendications propres. Les acteurs de la parade demandent l'application de la convention collective « parc de loisirs » qui leur garantirait le statut et la rémunération des artistes-interprètes, alors que les techniciens préfèrent conserver la convention Disney qui leur garantit le treizième mois. La direction multiplie donc les réunions pour chaque catégorie réduisant d'autant les troupes susceptibles d'alimenter le piquet de grève. La direction assure : « Le cas des techniciens pourrait être réglé » mais l'Unsa prévient : « Si la direction pense qu'elle peut faire reprendre le travail aux techniciens de maintenance, elle se trompe. Ils ne reprendront pas tant que les animateurs n'auront pas obtenu gain de cause » : erreur… Les animateurs en grève réclament le statut d'artiste-interprète pour tous les animateurs costumés de manière permanente et non ponctuelle qu'ils soient dans la parade ou sur scène. Les représentants de la CFTC considèrent que lors de la parade « ils sont amenés aussi à faire de la chorégraphie et des prestations artistiques ». Mais la direction du parc explique : « Dans la parade, tout le monde n'a pas le même niveau technique » et elle n'entend pas leur donner satisfaction sur ce point.

Les revendications des mouvements sociaux de 1998 et 1999 s'articulent autour de trois thèmes :

- la revalorisation des salaires / le versement d'une prime majorée
- le statut et l'application de la Convention collective nationale des espaces de loisirs, d'attractions et culturels
- la valorisation des compétences

Pour ce qui est de la première revendication, le plan salaires prévoit en 2000, 2001 et 2002 une revalorisation des salaires de 1,5 à 2 % chaque année, le versement d'une prime mensuelle d'ancienneté (accord spécifique du 17 mai 2002 ratifié par trois organisations syndicales), la revalorisation des minima salariaux Euro Disney au-delà de la Convention collective, la non-revalorisation de la prime de 700 francs pour le passage à l'an 2000, enfin, la généralisation de la prime pour des circonstances exceptionnelles (par exemple, 1 000 francs pour l'ouverture du parc Walt Disney Studios). Pour la seconde revendication, l'arrêt du 23 février 2000 de la Cour d'Appel de Paris confirme la nécessité d'application de la Convention nationale. C'est l'aboutissement de démarches engagées par les organisations syndicales lors du conflit de 1998. Six organisations syndicales, CFDT, CFE-CGC, CFTC, FO, CSL et Unsa (la CGT réservant sa réponse), ratifient ainsi la Convention collective d'adaptation à Disneyland Resort Paris le 26 avril 2001. Pour la troisième revendication, la Convention collective d'adaptation reconnaît la prise en compte des statuts, de l'ancienneté et éventuellement des diplômes et elle instaure des parcours de développement et de qualification.

En 1998, le départ des salariés est ressenti comme une défiance à l'égard de l'entreprise. L'un des signes expressifs de cette situation est le nombre très significatif d'accident du travail et de journées perdues dans un contexte qui comporte peu de risques.

L'année 1998 marque un tournant social. Après six ans d'existence, la société semble traverser une crise de confiance de la part de ses salariés. Les accidents de travail augmentent de 11,5 %, le nombre de journées perdues consécutives à ces accidents de travail de 58,7 %. L'année 1998 marque également un changement de palier dans l'ampleur des départs de l'entreprise. Alors que les démissions se situaient en moyenne en-dessous d'un millier par an, elles progressent brusquement de 50,1 % pour atteindre 1 488 démissions et ne plus quitter ce niveau les années suivantes. Les départs anticipés de contrats à durée déterminée progressent de 62,3 % entre 1997 et 1998 et progressent encore les années suivantes. L'absentéisme progresse de 18 % toujours pour la même période. Ces chiffres illustrent bien le désenchantement des salariés par rapport à l'entreprise.

Les ressources humaines travaillent à partir de ces constats sur les questions d'aménagement du temps de travail avec la signature de l'accord sur les 35 heures le 15 avril 1999. L'accord entre en vigueur le 6 juin 1999 après six mois de négociations et quatre-vingts réunions de travail. Cette réduction du temps de travail permet la création de 600 emplois, deux ans avant que la loi ne devienne obligatoire. La direction propose également l'élaboration d'un parcours professionnel autour du projet « Hôte d'Accueil Touristique » (HAT). Mis en place en juin 2001, ce système de contrat de qualification professionnelle reconnu par l'Etat propose une formation en alternance dans le cadre d'un cursus de quinze mois. Le programme HAT permet aux jeunes d'acquérir la qualification qui leur est nécessaire pour travailler dans le secteur du tourisme. Enfin, le mouvement social de 1998 permet une progression de près de 58 % des promotions (et encore de 59 % en 1999). Pour une population jeune, la promotion représente une reconnaissance attendue de sa hiérarchie.

L'adhésion syndicale reste cependant très modeste à Disneyland Paris à l'exception de secteurs traditionnellement syndicalisés (maintenance et spectacles) : 400 adhérents à la CGT, 250 à la CSL. Le taux de participation aux élections ne dépasse pas 20 %. L'explication réside sans doute dans la jeunesse des salariés et dans leur origine parfois étrangère. La CGT se tient constamment en retrait des négociations pour ne pas se compromettre. En effet, elle semble parfois vouloir la perte d'Euro Disney (symbole américain par excellence), ce qui explique sa franche hostilité vis-à-vis de la CSL qui prône la viabilité et la performance économique de l'entreprise. Pour la CGT, la CSL n'est qu'un « soi-disant syndicat, prêt à faire le jeu de la direction ».

Un certain nombre de militants développent de véritables journaux d'un à plusieurs feuillets avec une périodicité de parution très souple. Les propos qui y sont tenus n'engagent souvent que leurs auteurs et le sigle syndical n'apporte souvent qu'une caution (et protection) pour leur diffusion ainsi que pour leurs rédacteurs. Les « tracts » ou les journaux syndicaux véhiculent des informations qui se positionnent satiriquement par rapport à la communication officielle et au journal d'entreprise en n'hésitant pas à nommer les managers, en révélant les coulisses des projets, en recourant à l'humour parfois très caustique et en se plaçant sur le terrain éthique de la culture, de la solidarité ou des valeurs. Devant l'impact favorable auprès des salariés de ces publications syndicales et en l'absence de droit de réponse possible, la direction des ressources humaines a dû, à plusieurs reprises, faire distribuer son propre tract « Cast Member's News » à l'entrée de l'entreprise ou dans les bâtiments afin de s'assurer de la diffusion et de la bonne réception de sa communication.

Tous les conflits sociaux à Euro Disney se cristallisent autour de trois thèmes récurrents : une reconnaissance des compétences par l'adaptation à la Convention collective de branche, une augmentation des salaires et une reconnaissance de l'ancienneté à travers une rétribution financière. En 1999, l'application du statut d'interprète tel qu'il existe dans la Convention collective du spectacle et des loisirs est revendiquée par les employés jouant le rôle des personnages. La grève des personnels de la parade dure cinq semaines. En 2000, le personnel de la maintenance revendique la prime d'ancienneté. Au début de l'année 2001, le climat d'incertitudes amène les organisations syndicales à menacer de bloquer l'ouverture du second parc. Le 26 avril 2001, un accord d'adaptation de la Convention de la branche à Euro Disney est trouvé. La Convention collective nationale des espaces de loisirs, d'attractions et culturels du 5 janvier 1994 est applicable aux salariés à compter du 1er mai 2001. L'accord précise les modalités d'application de la Convention au personnel et met un terme à la phase judiciaire du conflit. Euro Disney estimait depuis mars 1992 et la signature de son accord interentreprises que son personnel était, par essence, hors du champ d'application de toute convention collective.

Selon l'analyse de la direction d'Euro Disney, « outre le maintien des avantages actuels, cette signature permet aux salariés de bénéficier des avantages plus favorables issus de la Convention collective nationale du 5 janvier 1994 tout en conservant les avantages d'Euro Disney ». Ainsi, le personnel conserve-t-il une rémunération sur treize mois qui s'accompagne d'une revalorisation des bas salaires. Les prestations de prévoyance sont améliorées ainsi que les congés pour événements familiaux (les trois jours d'absence pour enfants malades sont rémunérés et une demi-journée d'absence sans diminution de salaire est prévue). S'agissant des salaires, et comme prévu par l'accord de branche sur les 35 heures du 1er avril 1999, la grille (sur la base de 39 heures hebdomadaires) est appliquée pour 35 heures de travail au sein d'Euro Disney. De plus, les minima des premiers coefficients sont réévalués, ce qui entraîne une revalorisation de certains salaires. L'ancienneté est enfin reconnue ainsi que la polyactivité avec le bénéfice de coefficients plus élevés pour les intéressés. La condition d'ancienneté pour bénéficier d'une indemnité de départ à la retraite est ramenée de dix ans à un an. La prévoyance et la couverture santé font l'objet d'un accord spécifique qui améliore certaines prestations et prévoit un nouveau taux de répartition des cotisations avec une augmentation progressive de la part de financement à la charge de l'employeur de 50 à 60 %.

Philippe Laflandre, directeur du parc, explique en décembre 1999 : « Il y a eu 3,4 % d'augmentation de la masse salariale de décembre 1998 à août 1999. Nous avons ensuite signé un accord sur les 35 heures payées 39. Nous attendrons les modalités d'application de la deuxième loi sur les 35 heures avant de décider de notre politique salariale pour 2000 ».

En mars 2002, le péage du parking du parc est bloqué, quelques dizaines de visiteurs entrent gratuitement et la parade de 15 heures est annulée. Telles sont les conséquences de la grève des techniciens du parc dix jours avant l'ouverture des Walt Disney Studios. Au plus fort du mouvement, 250 employés de la maintenance manifestent sur 1 200 personnes que compte le service. La direction recense 200 grévistes, réunis aux abords du parc. Dès 7 heures du matin, des employés distribuent des tracts devant la grille d'entrée. Patrick Maldidier de l'Unsa explique : « Notre principal cheval de bataille, c'est la reconnaissance de l'ancienneté par une prime d'environ 35 euros mensuels, ainsi qu'une véritable augmentation des salaires, de l'ordre de 152 euros. Certains travaillent ici depuis l'ouverture du premier parc, il y a dix ans, et ils n'ont eu que 60 euros d'augmentation. » Cela fait un an et demi que les techniciens sont insatisfaits. Ils doivent être disponibles et flexibles 24 heures sur 24, 7 jours sur 7 pour un salaire moyen de 1 524 euros brut. Certains sont encore à 1 143 euros après dix ans d'ancienneté. Les techniciens de maintenance du parc huent les propositions salariales faites par la direction et une pétition a recueilli 500 signatures. Patrick Maldidier poursuit : « Les délégués syndicaux, toutes tendances confondues, ne font qu'encadrer au mieux le mouvement ». Les raisons du malaise sont étroitement liées aux Walt Disney Studios. « Dans toutes les divisions de l'entreprise, ils ont pris des gens pour le second parc en donnant des promotions, explique un des salariés de la maintenance. Sauf pour nous, les techniciens ! Nous sommes censés faire les deux parcs, point. Cela représente une énorme charge de travail en plus et nous ne voulons pas le payer de notre personne. » Le *turn-over* est important du fait des nombreux départs (dans les six premiers mois de 2001, 1 377 titulaires, tous services confondus, ont quitté Euro Disney). Caroline Raulet, porte-parole de Disney, indique qu'il y a effectivement des « revendications spécifiques des salariés de la maintenance » pour lesquels aucune décision n'a été prise mais « le dialogue social reste ouvert. »

Le 26 avril 2002, la CGT dénonce une « atteinte au droit syndical » et écrit une lettre au Premier ministre entendant protester contre ces « graves atteintes au droit syndical qui se sont déroulées au sein de la société, le 16 mars lors de l'inauguration du nouveau parc et contre la procédure de licenciement d'un de ses représentants du personnel en violation de l'article L412-17 du code du travail. Le licenciement a été refusé par le comité d'entreprise par 12 voix sur 15 et il est désormais entre les mains de l'inspection du travail. La direction de Disney explique que c'est un cas disciplinaire normal dû à ses absences multiples et injustifiées. »

La Convention collective prévoyait pour l'exercice du droit de grève des dispositions restrictives. Une telle clause se retrouve fréquemment dans les conventions américaines mais demeure très inhabituelle en droit français : les parties étaient dans l'obligation de négocier devant une commission de concertation (commission paritaire saisie à l'occasion d'un conflit collectif par la direction dans un délai de trois jours). La rupture du contrat de travail connaissait elle-aussi des dispositions inhabituelles. Ainsi, au cas où le bilan de performance était défavorable, une procédure de licenciement pouvait-elle être engagée. Enfin, l'article 23 de la convention collective stipulait : « tous les *cast members* peuvent être appelés indifféremment à travailler de jour ou de nuit » pour une prime journalière de 20 francs…

Le 23 avril 2002, Jay Rasulo déclare dans *Libération* : « Notre réputation n'est pas la meilleure, c'est vrai, mais c'est vraiment une injustice. Il est vrai que nous embauchons des salariés jeunes et souvent sans qualification. Mais aujourd'hui, 50 % de ces *cast members* ont plus de cinq ans d'ancienneté. C'est donc que nous sommes un vrai intégrateur social. L'ascenseur social fonctionne aussi : nous comptons 50 000 jours de formation par an. Et nous avons ainsi formé 80 % de nos managers. » Une enquête d'opinion réalisée en 2002 auprès des *cast members* intitulée « Parlons-en » dévoile d'ailleurs que 80 % des salariés ont une opinion favorable de leur condition de travail et de l'environnement multiculturel et international dans lequel ils évoluent. Grâce aux conclusions de ces enquêtes, des plans d'action sont mis en place. Le « Casting interne », programme de mobilité interne sur lequel une équipe a travaillé pendant un an, est l'une de ces actions. Enfin, les premiers « Hôtes d'Accueil Touristiques » ont terminé leur formation et ont reçu leurs quatre certificats d'aptitude en tant qu' « agent de loisirs » (90 % des candidats ont réussi).

* * *

Le 28 mars 1999, la nouvelle attraction, Chérie, j'ai rétréci le public est inaugurée. Depuis Space Mountain en 1995, c'est la première grande nouveauté du parc Disneyland.

Et il en avait bien besoin. Il n'empêche que la fréquentation se stabilise à 12,5 millions de visiteurs dans l'année malgré plus de 60 000 passeports annuels vendus. Pour la cinquième année consécutive, Disneyland Paris connaît une forte croissance de sa marge opérationnelle. Le chiffre d'affaires est en hausse de 2,5 % par rapport à 1998 (6,4 milliards de francs – 975,7 millions d'euros) en partie généré par l'augmentation des dépenses moyennes des visiteurs et une hausse du taux d'occupation des hôtels puisque la fréquentation est restée stable. Par contre, le résultat net est de 155 millions de francs, en diminution par rapport à 1998 car la saison 1999 est marquée par la reprise des paiements des royalties et de la rémunération du gérant à la Walt Disney Company. Le taux d'occupation des hôtels atteint 82,6 %, un nouveau record (1,7 point de plus que la saison précédente). Depuis 1994, le taux d'occupation des hôtels a augmenté de vingt points. Il faut dire que Disneyland Paris est devenu l'un des leaders européens du tourisme d'affaires. L'activité convention a généré 1 200 événements dont 200 avec une privatisation de tout ou partie du parc. Cette activité permet d'occuper les chambres dans la semaine et dans les périodes de basse activité touristique.

Afin d'attirer les jeunes adultes et les habitants de la région, une Marina est inaugurée sur le lac à Disney Village. Comme prévu, les restaurants Mc Donald's et Rainforest Café ouvrent leurs portes et le cinéma Gaumont de 15 salles est agrandi. On lance enfin « Crescend'O », un nouveau spectacle de Muriel Hermine sur la magie de l'eau et du cirque sous un chapiteau proche du Village.

Dans le parc, deux nouvelles boutiques sont créées : l'une entièrement consacrée à Winnie l'Ourson et la seconde, Lilly's, consacrée à la maison et aux arts de la table. Les gammes de produits dans les boutiques sont modifiées en proposant plus d'articles à prix modérés et un nombre plus important d'articles nouveaux pour les visiteurs qui viennent régulièrement visiter le site. Des spectacles différents ponctuent les saisons : « Mulan, la Légende », « Mickey et la magie de l'hiver », « Winnie l'Ourson et ses Amis » se jouent toute l'année et l' « Halloween Festival » uniquement en octobre.

Euro Disney mène des campagnes de promotion et de publicité de plus en plus ciblées dans dix pays européens. Les équipes de marketing sont réorganisées avec, en plus des bureaux européens, la mise en place d'un bureau France dont les équipes sont entièrement dédiées au marché hexagonal. Le logiciel Mozart est définitivement mis en place. Il a été développé sur mesure pour unifier l'ensemble des systèmes de réservations et prévoir le lancement de la commercialisation de l'offre sur internet au premier semestre 2001.

Malgré tous les efforts déployés, la fréquentation fait du sur-place depuis 1997. Le gouvernement français fait alors la demande expresse à la Walt Disney Company de lancer le second parc prévu à l'origine. Le gouvernement s'engage à solliciter le secteur bancaire pour financer les travaux. Le 29 janvier 1999, Gilles Pélisson confirme la création d'un deuxième parc d'attraction à Marne-la-Vallée lors d'un entretien au *Monde* : « La convention de 1987 (…) nous laissait jusqu'en 2011 pour construire un deuxième parc. Nous avons seulement décidé d'anticiper sur cette date pour engager la troisième phase de notre développement. (…) Aujourd'hui, concernant le deuxième parc, il y a plusieurs éléments qui ont commencé à se mettre en place : une réelle volonté de Disney d'une part, et des pouvoirs publics, d'autre part. Ce projet a trouvé un véritable appui tant du côté du Premier ministre et de son équipe que du Ministre des finances, Dominique Strauss-Kahn, ainsi que de la part de Jean-Claude Gayssot, Ministre de l'équipement, des transports et du logement. (…) L'idéal serait de pouvoir ouvrir ce deuxième parc le 12 avril 2002 pour le dixième anniversaire de Disneyland Paris. (…) Compte-tenu du succès commercial et populaire de Disneyland Paris et à partir du moment où les infrastructures majeures sont en place comme la gare TGV ou le RER, et que le projet de nouveau parc n'en nécessite pas d'autres, n'est-ce pas le moment idéal pour passer à un objectif supérieur ? Le nouveau parc, tel qu'il est prévu aujourd'hui, pourra recevoir dès la première année 4,5 millions de personnes, en plus de nos 12,5 millions de visiteurs actuels. De plus, on assiste à un très net développement de parcs régionaux en Europe, avec l'ouverture d'un parc Lego en Grande-Bretagne et d'un parc Warner en Allemagne ; Universal vient de racheter une partie de Port Aventura en Espagne. Il est donc fondamental pour nous que Disneyland Paris, qui est aujourd'hui leader européen en la matière, le reste. (…) Nous avons relancé le projet il y a un an, compte-tenu des bons résultats obtenus depuis 1995. A la fin de l'année 1997, j'ai pensé qu'il était important pour l'entreprise et ses collaborateurs de remettre un projet de cette ampleur sur la table. Depuis, des équipes créatives et des analystes financiers ainsi que les responsables du marketing ont travaillé sur l'équation économique du projet. [Un deuxième parc va nous apporter] très clairement de la diversité. Si le parc actuel séduit les enfants et leurs parents, le nouveau parc devrait plus séduire les adolescents et les jeunes adultes. Ils seront donc très complémentaires ».

Le 29 septembre 1999, Gilles Pélisson annonce la construction des Disney Studios d'une superficie de 25 hectares à côté du parc Disneyland dont l'ouverture est prévue le 12 avril 2002, dix ans après son aîné. Le thème retenu est celui des coulisses du cinéma. L'objectif est à la fois ludique et pédagogique. L'action Euro Disney est alors cotée à 8,99 francs (1,37 euro). Le budget de construction est de quatre milliards de francs (610 millions d'euros) financés par le produit net de l'augmentation de capital et par un nouvel accord de financement contracté auprès de la Caisse des dépôts et consignations le 30 septembre 1999 et portant sur des emprunts subordonnés d'un montant total de 2,5 milliards de francs (380 millions d'euros) destinés à financer une partie des coûts de conception et de construction des Disney Studios. La dette du groupe Euro Disney demeure à 15,9 milliards de francs (2,4 milliards d'euros).

Le 2 novembre 1999, l'Assemblée générale extraordinaire autorise l'émission de nouvelles actions. Il est donc décidé de procéder à une augmentation du capital d'Euro Disney SCA par l'émission d'environ 288 millions d'actions avec maintien du droit préférentiel de souscription. Le prix de souscription est de 5,25 francs (0,80 euro) par action, ce qui générera un produit d'émission brut d'environ 1,5 milliard de francs (230 millions d'euros). Ce produit est destiné à financer une partie des coûts de conception et de construction des Disney Studios.

Disneyland Paris affiche complet pour le réveillon 1999 et attend 45 000 personnes pour le 31 décembre au soir. Le prix d'entrée est de 499 francs pour un enfant, 999 francs pour un adulte. Une chambre pour quatre personnes en basse catégorie coûte 8 400 francs. Et il faut dépenser 2 450 francs pour réveillonner chez Walt's, un restaurant sur Main Street.

La tempête du 26 décembre 1999, à cinq jours de l'an 2000, saccage Euro Disney alors que la fréquentation est au maximum. Le Ranch Davy Crockett de 800 places est partiellement détruit et sera fermé pendant quatre mois, ce qui entraîne une réduction de la capacité hôtelière de 10 %, le toit d'un hôtel est très fortement endommagé et la plupart des décors des spectacles sont mis à bas dont celui de Muriel Hermine, en larmes. Gilles Pélisson se souvient : « J'ai fermé le parc une journée complète pour bricoler un réveillon en urgence. Cela ne s'était jamais vu chez Disney ». Après plusieurs nuits sans sommeil, Pélisson peut enfin célébrer le passage à l'an 2000 durant lequel trois parades inédites font leur apparition dont la nouvelle « Parade Disney ImagiNations » et ses chars de onze mètres de haut. Un compte à rebours exceptionnel le 31 décembre est installé et un feu d'artifice à 360° entourant Disneyland Paris est tiré. On compte bien 45 000 personnes dans le parc. Le 1er janvier 2000 est une journée symboliquement consacrée aux enfants.

On annonce quelques nouveautés pour cette nouvelle année : à Chaparral Theater, « Tarzan, la rencontre » débute au printemps. Entre le 1er avril et le 31 octobre 2000, ce spectacle de 25 minutes s'est joué 915 fois devant 1 153 000 spectateurs soit un taux d'occupation de la salle de 90 %. En avril 2000, l'attraction Indiana Jones et le Temple du Péril... à l'Envers ! est reprogrammée en augmentant en plus sa capacité. Les visiteurs ont désormais droit à une course de 600 mètres et à un looping à 360°. Toujours dans Adventureland, deux petites nouveautés sont à signaler : une aire de jeux pour les enfants, La Plage des Pirates et un nouveau restaurant, Agrabah Café, qui sert des plats orientaux. Le printemps 2000 voit l'apparition du nouveau système FastPass. Pour commencer, cette nouvelle approche consistant à prendre un ticket et à revenir faire une attraction plus tard à une heure convenue et sans attente, concernera Peter Pan's Flight, Space Mountain et Indiana Jones et le Temple du Péril... à l'Envers ! En 2001, le FastPass est peu à peu étendu à Big Thunder Mountain et à Star Tours. Le temps d'attente moyen est ainsi réduit de 45 %.

Le 4 mai 2000, Gilles Pélisson démissionne de son poste et quitte Euro Disney. Il rejoint le groupe Suez-Lyonnaise des eaux pour devenir président-directeur général du consortium Suez-Lyonnaise des Eaux/Telefonica. Il est également président du conseil d'administration de Lyonnaise Communications. Il est remplacé par James « Jay » Rasulo. Agé de 44 ans, ce dernier occupe ses fonctions de directeur général au sein d'Euro Disney depuis août 1998 et évolue depuis quatorze ans au sein de la Walt Disney Company. Il a notamment eu en charge le développement et le lancement de nouveaux concepts de divertissements. On lui prête en interne de « très grandes qualités de leader et de dirigeant ». Sa nomination marque le retour d'une présidence américaine à Marne-la-Vallée. Si on assure officiellement que le départ de Gilles Pélisson ne va rien changer, en coulisse, on murmure que l'arrivée de Jay Rasulo pourrait « ramener un peu de sérénité ». Un ancien cadre d'Euro Disney explique : « Sur l'année écoulée, les trois quarts du comité de direction générale, soit une demi-douzaine de directeurs, ont démissionné. Gilles Pélisson était un financier, mais la gestion du parc au quotidien l'ennuyait profondément. Et beaucoup de gens ne souhaitaient plus travailler avec lui ». De sources internes, Gilles Pélisson aurait été invité à « trouver autre chose le plus tôt possible » après bouclage du dossier sur le second parc. La nomination de Jay Rasulo au poste de directeur général en août 1998 préparait en quelque sorte la succession. Depuis deux ans, l'Américain gérait déjà en grande partie la vie de Disneyland et était considéré par beaucoup comme le vrai patron. Les cadres du groupe trouvent d'ailleurs Rasulo « beaucoup plus présent ». L'un d'entre eux souligne à cet effet : « Il connaît vraiment très bien Disneyland Paris et le groupe Disney en général, cela va peut-être détendre les relations sociales ».

* * *

Le 30 septembre 2000, quatre mois après sa nomination, Jay Rasulo évoque « L'Euro Disney du futur » dans le rapport annuel. Une fois encore, la fréquentation ne progresse toujours pas et se fixe à 12 millions de visiteurs. Plus grave, la nouvelle augmentation du prix d'entrée (en hausse de 2,4 %) a fait baisser la fréquentation de 4 %. Par contre, un nouveau record est atteint pour ce qui concerne le taux d'occupation des hôtels : 82,9 %. Mais le plus important est la hausse de 64 % du résultat net à 39 millions d'euros (254 millions de francs). Le chiffre d'affaires a, de son côté, augmenté de 4 % dont celui du Disney Village de 9 %. Euro Disney a déjà engagé 168 millions d'euros (1,1 milliard de francs) sur les 610 millions (4 milliards) du projet du parc Walt Disney Studios. L'augmentation de capital a été souscrite à 90 % par les actionnaires. Jay Rasulo en est persuadé : « De nouveaux niveaux de fréquentation et d'occupation des hôtels devraient être atteints. » On attend en effet 17 millions de visiteurs pour 2002 : 12,5 millions pour le parc Disneyland et 4,5 millions pour le parc Walt Disney Studios.

Le bilan a priori positif du résultat net est difficile à interpréter. Depuis 1997, le nombre de visiteurs n'a que très peu varié : 12,6 ; 12,5 ; 12 et 12 millions pour respectivement l'année 1997, 1998, 1999 et 2000. Si la fréquentation est en baisse, la dépense moyenne par visiteur ne cesse d'augmenter. Le jugement des investisseurs financiers est clair : c'est une entreprise arrivée à maturité et qui a atteint sa vitesse de croisière. Personne n'a encore trouvé de relais de croissance. Jay Rasulo est persuadé que le parc Walt Disney Studios en est un. Une question demeure pourtant : le nouveau parc ne va-t-il pas faire baisser la fréquentation du premier ? Les spécialistes répondent par la négative. Les parcs Disney américains fonctionnent selon le même processus et sont complémentaires et non concurrents.

Euro Disney adopte une nouvelle stratégie marketing qui repose sur quatre principes : une marque Disney forte, une meilleure communication par l'intermédiaire d'une nouvelle agence de publicité, le renforcement des efforts de vente et de marketing par le biais d'alliances commerciales avec les principaux acteurs du voyages parisiens et européens et les ventes directes et la gestion des relations avec les visiteurs via Internet. Rasulo affirme : « Nos actionnaires doivent être assurés que notre cœur d'activités touristiques combiné aux développements résidentiels et de bureaux de Val-d'Europe ainsi qu'au succès constant des centres de convention formeront les bases solides d'une croissance durable dans l'avenir. » Au cours des trois dernières années, Euro Disney a engagé presque 152 millions d'euros (1 milliard de francs) dans la mise en place, la modernisation et le support des systèmes d'information, de réservation et de *yeld management* (créé en 1999 pour une meilleure gestion des chambres disponibles et l'optimisation de la fréquentation du parc).

Sur le plan managérial, plusieurs questions restent posées. L'entreprise en est à son quatrième PDG en sept ans. L'alternance de dirigeants français et américains traduit les difficultés de la Walt Disney Company à trouver un mode de management pérenne. Certains relèvent d'ailleurs qu'un rythme de croisière n'est pas fait pour attirer les grands talents ennuyés par la gestion quotidienne d'une entreprise bien installée. Selon les proches de Gilles Pélisson, ce dernier avait fini par se lasser. Quant à Jay Rasulo, il a quatorze ans d'ancienneté et une longue expérience chez Disney. Ce n'est donc pas lui qui va révolutionner le genre.

Le 10 janvier 2001 à 10h15, Jay Rasulo, Mickey et Minnie accueillent le cent millionième visiteur d'Euro Disney. Il s'agit de Stefan Seyffardt, un vigneron allemand. Il est accompagné de son épouse Andrea et ses deux filles Lisa, 6 ans et Marie, 4 ans. On leur remet un passeport à vie pour le parc Disneyland.

Du 31 mars au 30 septembre 2001, le spectacle « Disney's Toon Circus » connaît un grand succès et la saison enregistre un nouveau record du taux d'occupation des hôtels en 2001 : 86 %. Le chiffre d'affaires poursuit sa croissance et augmente de 4,8 %. Pour la saison 2001, la fréquentation est en hausse. Le résultat net pour 2001 s'établit à 30,5 millions d'euros en baisse de 21,2 % du fait d'un accroissement des loyers de crédit-bail et des charges financières nettes ainsi que des charges et coûts exceptionnels (dont 5,3 millions d'euros de coûts de pré-ouverture liés au parc Walt Disney Studios). L'endettement du groupe s'élève désormais à 2,6 milliards d'euros. Jay Rasulo dévoile la date d'ouverture des Walt Disney Studios. L'ouverture aura lieu le 16 mars 2002 avec un mois d'avance et dans le budget imparti (350 millions d'euros pour les coûts de construction). Rasulo confirme : « Grâce à ce second parc, notre site va changer de dimension et attirer des visiteurs pour de plus longs séjours, en augmentant particulièrement son attrait pour les pays européens les plus éloignés ». La stratégie marketing est une nouvelle fois redéployée. Pour exprimer cette nouvelle dimension de destination touristique, un nouveau nom est donné : Disneyland Resort Paris. Le Resort comprendra deux parcs (le parc Disneyland et le parc Walt Disney Studios), le Disney Village et les hôtels.

DISNEY'S CALIFORNIA ADVENTURE ET TOKYO DISNEYSEA

L'année 2001, centenaire de la naissance du fondateur, est difficile pour la Walt Disney Company. Débutée par le naufrage d'Internet, elle se termine dans les affres du 11 septembre. Entre 1999 et 2001, les bénéfices nets du groupe ont fondu de 90 %, à 158 millions de dollars. En même temps que l'audience de la chaîne de télé ABC s'écroule (la lente descente aux enfers d'ABC la fait passer, en trois ans, du premier rang des réseaux américains au quatrième), les revenus de la division *Consumer Products* continuent leur chute inexorable passant de 900 millions de dollars en 1997 à 386 millions en 2000. Disney engage alors Andy Mooney, d'origine écossaise et ancien directeur du marketing chez Nike pour tenter de renouveler la marque Disney qui souffre d'un manque de produits dérivés par le fait du succès modéré des derniers dessins animés, *Fantasia 2000*, *Dinosaure*, *Atlantide, l'empire perdu* ou *Kuzco, l'Empereur mégalo*. En réalité, la Walt Disney Company n'a pas enregistré de gros succès depuis *Le Roi Lion* en 1994. Les seuls le sont en partenariat avec les Pixar Animation Studios : *Toy Story, 1001 Pattes, Toy Story 2, Monstres & Cie., Le Monde de Nemo, Les Indestructibles* ou *Cars – Quatre Roues*.

Eisner insiste pour que Mooney rencontre Roy, soulignant qu'il est le gardien de l'image Disney. Il pousse Mooney à travailler en étroite collaboration avec lui. A l'automne 2000, Mooney demande à Roy de prendre la parole devant les créatifs de la division *Consumer Products*, alors en retraite au California Adventure, le nouveau parc Disney, pas encore ouvert au public. Mooney parle le premier, soulignant l'importance de la marque Disney. Mais, Roy le contredit immédiatement : « Les marques, c'est pour le bétail ! ». Pour Roy, l'important est de créer de bonnes histoires (et donc de bons films) ; les produits dérivés dépendent uniquement d'elles.

A Noël 2000, Mooney a l'idée de créer une montagne de peluches toutes blanches pour les Disney Stores. Cela veut dire que Disney devra créer une version « blanche » de Mickey. Les managers des boutiques évoquent une véritable hérésie ; Mickey est noir, point. Mooney pense que c'est ridicule. Roy se plaint immédiatement à Michael Eisner et Bob Iger (nouveau directeur général depuis 2000, successeur de Frank Wells et Michael Ovitz) qui laissent néanmoins faire Mooney.

A partir de ce moment-là, Andy Mooney et Roy Disney se disputent sur tout ce que le premier propose. Quand il veut lancer une ligne de produits « Princesses », Roy pense qu'il n'est pas acceptable de représenter et de vendre des personnages comme Blanche-Neige ou Cendrillon ensemble alors que dans les contes de fées, elles habitent dans deux univers séparés et ne se sont jamais rencontrées. Pour Roy, la dernière offense se profile quand Mooney commence à vendre des tee-shirts vintage sur le thème Disney dans des boutiques de vêtements comme Fred Segal et Barneys ou la chaîne de vêtements à la mode, Hot Topic. Sur un des tee-shirts qui représente Blanche-Neige, est écrit en-dessous : « J'traîne avec sept p'tits hommes ». Un autre montre un dessin de la Fée Clochette regardant ses fesses dans un miroir. Roy envoie une note manuscrite à Mooney : « Vous avez fait de la Fée Clochette une prostituée ». Les tee-shirts sont tous retirés à la hâte et Iger pousse Mooney à s'excuser. Bob Iger est de plus en plus gêné avec Roy, qui a même instamment demandé à ce que Mooney soit limogé sur le champ. Mais ces disputes sur des points de détails, apparemment sans importance, sont les symptômes évidents d'un malaise plus profond entre une équipe de direction déterminée à augmenter son chiffre d'affaires et ses bénéfices et Roy Disney qui sent que la société Disney abandonne peu à peu l'héritage créatif qu'il a passé sa vie à défendre.

Malgré ces signes inquiétants, la Walt Disney Company profite d'une bonne année fiscale avec un chiffre d'affaires supérieur à 25 milliards de dollars pour la saison 2001. Les parcs à thèmes ont beaucoup contribué à ce bon résultat notamment grâce aux célébrations du passage à l'an 2000 et à la bonne santé de l'économie en général qui a permis de soutenir une forte fréquentation toute l'année. Contrairement aux premières années d'Eisner à la tête de Disney pendant lesquelles les parcs à thèmes étaient les moteurs de croissance du chiffre d'affaires, notamment avec l'augmentation du prix d'entrée et la construction de nouveaux hôtels, la division Parks and Resorts a atteint désormais sa pleine maturité. Si les parcs à thèmes affichent une croissance de 2,86 % (la plus forte croissance de tous les secteurs), c'est un effet purement mécanique lié à l'ouverture du nouveau parc à thèmes Disney's California Adventure à côté de Disneyland en Californie et de DisneySea à côté de Tokyo Disneyland car en réalité Disneyland et Walt Disney World voient leur fréquentation chuter après les attentats du 11 septembre. Paul Pressler, président de la division Parks and Resorts, note : « L'état de l'économie et l'ampleur dramatique de la réduction du trafic aérien à la suite des attaques du 11 septembre ont rendu nos affaires incroyablement difficiles ». Orlando affiche même 10 à 15 % de chute de fréquentation. Tom Brocato, porte-parole de Disney's California Adventure, a beau flagorner : « Notre histoire est une série de succès », le nouveau parc californien connaît un lancement désastreux.

Inauguré le 8 février 2001, ce nouveau parc connaît une véritable crise identitaire. Il a été accueilli par une pluie de critiques. L'idée originelle de la Walt Disney Company était de construire WestCOT, une version côte-ouest d'EPCOT Center sur l'emplacement du parking de Disneyland. On a aussi l'intention de construire un parc marin DisneySea à Long Beach mais il aurait fallu pour cela prolonger le monorail de plusieurs dizaines de kilomètres. Face aux critiques de plus en plus vives, ce dernier projet est mis en sourdine. Finalement, il est décidé de choisir le thème de la Californie en en proposant une « version miniature ». Ainsi, le visiteur ayant franchi les portes du parc voit-il le Disney Monorail passer devant une réplique du Golden Gate Bridge. La Walt Disney Company met un grand espoir dans ce parc de 650 millions de dollars, mais elle va vite déchanter. Très rapidement, le bouche-à-oreille très négatif concernant le manque d'attractions et la pauvreté de celles-ci découragent les visiteurs. Un article du *Los Angeles Times* daté du 14 janvier 2001 dévoile que Disney prévoit une perte de 500 000 visiteurs pour le parc Disneyland, soit une fréquentation s'établissant à 13,3 millions de visiteurs, mais qu'il compte sur 7 millions de visiteurs pour le nouveau Disney's California Adventure. En 2002, l'*Amusement Business Magazine* dévoile que le petit-nouveau n'a accueilli que 4,7 millions de visiteurs lors de sa première année de fonctionnement. En 2003, le parc accueille 13 % de visiteurs supplémentaires mais pendant neuf mois une entrée payée à Disneyland permettait d'avoir accès gratuitement au second parc… En 2004, la fréquentation s'accroît à nouveau de 6 % à 5,6 millions de visiteurs. Cette augmentation s'explique par l'ouverture de l'attraction à sensation Tower of Terror. Pour autant, de sources non-officielles, les ventes réelles de tickets ne représenteraient que 20 % des entrées, le reste étant des offres plus ou moins gratuites. Enfin, le taux de revisite du parc est bien inférieur à ses grands frères californien et floridien. Le 10 mars 2006, lors de la réunion annuelle des actionnaires, une personne interroge Bob Iger sur l'éventualité d'un troisième parc en Californie. Iger lui répond : « Nous travaillons pour l'instant à ce que le second parc soit un succès. En toute sincérité, nous sommes mis face à un véritable défi ». Beaucoup de visiteurs critiquent le thème choisi : la Californie. Etant donné que 60 % des visiteurs de Disneyland viennent de cet Etat, ce n'était peut-être pas très judicieux d'avoir conçu un parc pour les touristes visitant la Californie… qui, eux, préfèrent voir les choses en vrai ! Les imagénieurs devaient en outre travailler à partir d'un thème limité (l'état californien) au risque d'être historiquement ou géographiquement faux. On reproche également au parc de ne pas être assez « Disney » tout comme, on l'avait fait à l'époque avec EPCOT Center. Si la Walt Disney Company a dépensé 1,4 milliard de dollars pour convertir la zone entourant le parc Disneyland en complexe touristique, elle a surtout dépensé 750 millions de dollars pour construire le centre commercial Downtown Disney, le Grand Californian Hotel et d'autres infrastructures secondaires. Pour Jim Cora, alors vice-président en charge du développement touristique lors de la construction du Disney's California Adventure, la grande priorité de l'époque était de maintenir les coûts du parc au plus bas : 20 % de moins que les premières prévisions ! Du coup, le parc offre moitié moins d'attractions que son grand frère pour exactement le même prix. Disney semble avoir passé plus de temps à concevoir les restaurants et les boutiques que les attractions. Non seulement ces dernières sont peu nombreuses, mais en plus, elles déçoivent énormément de par leur manque d'originalité. Plusieurs ont même fermé au bout d'un an : une première chez Disney !

La deuxième ouverture de l'année est Tokyo DisneySea, inauguré le 4 septembre 2001. Contrairement au Disney's California Adventure, ce nouveau parc connaît un extraordinaire succès. Neuvième du genre, il a accueilli près de 12 millions de visiteurs en 2005 soit une fréquentation annuelle de près de 25 millions de personnes pour les deux parcs japonais. Le seul problème (ou sa chance), c'est que le parc appartient à l'Oriental Land Company et non à la Walt Disney Company. Les difficultés récurrentes d'Euro Disney à son ouverture ont empêché le projet du même nom situé à Long Beach aux Etats-Unis de se concrétiser. L'Oriental Land Company a donc décidé de prendre à sa charge les coûts de construction de ce parc aquatique destiné plus volontiers aux adolescents et aux adultes. Chacun s'accorde pour dire qu'il est l'un des parcs d'attractions les plus réussis dans le monde. Les attractions y sont nombreuses (vingt-trois au total), recherchées et uniques, le décor soigné. Il a, en outre, bénéficié des nombreux concepts de projets abandonnés tels que Disney's America, Discovery Bay ou Mysterious Island (ce dernier ayant été développé pour Disneyland Paris). Masatomo Takahashi, président de l'Oriental Land Company depuis 1978, considéré comme le « père » du Tokyo Disneyland n'a pas eu le temps de voir achevé son petit-dernier. Il est décédé d'une crise cardiaque en février 2000 à l'âge de 86 ans mais il avait lancé le projet en novembre 1997. Si la Walt Disney Company a consacré 650 millions de dollars pour son Disney's California Adventure, Oriental Land Company a dépensé 2,4 milliards de dollars pour la phase I de Tokyo DisneySea. Si la Walt Disney Company a consacré 1,4 milliard de dollars en tout, Oriental Land Company a dépensé 3,2 milliards de dollars pour développer la baie de Tokyo (en incluant les coûts de construction du parc, de l'hôtel MiraCosta et de la zone commerciale Ikspiari). Si la Walt Disney Company a consacré seulement 46 % du budget total à la construction du parc, Oriental Land Company en a dépensé 75 %.

Evidemment tous les regards se tournent vers Michael Eisner, PDG de la Walt Disney Company et Paul Pressler, *chairman* de la division Parks and Resorts. Entré dans la société en 1987 en tant que *senior vice president* des produits licenciés Disney, il remplace Steve Burke en tant que *president* des Disney Stores, avant de devenir *president* de Disneyland en Californie en novembre 1994. Il est assisté de Cynthia Harriss, responsable marketing. En raison des économies réalisées grâce à ses méthodes, il est nommé *president* de Walt Disney Parks and Resorts en 1998 avant d'être promu *chairman* en juillet 2000. Pour lui, ces différences budgétaires ont une explication simple : « Il y a une chose que vous devez bien comprendre en ce qui concerne l'économie aux Etats-Unis et au Japon. Il y a deux principes fondamentaux de base : le visiteur moyen dépense sensiblement plus en marchandises à Tokyo qu'aux Etats-Unis. Grâce à cette dépense supplémentaire, l'investissement peut être bien supérieur. Et puis, la différence fondamentale réside indubitablement au niveau des taux d'intérêt. Les taux d'intérêt sont de l'ordre de 1 à 2 % à Tokyo alors qu'ils sont de 7 à 8 % aux Etats-Unis. Ainsi, le retour sur investissement attendu par les actionnaires est sensiblement différent au Japon et aux Etats-Unis. On peut donc investir davantage d'argent au Japon ». A la tête de Disneyland en Californie, Paul Pressler est accusé d'avoir recherché le profit à tout prix. Traditionnellement, les boutiques de Main Street et des autres lands offraient des produits spécifiques uniquement vendus dans un ou deux magasins du parc. Pressler décide de diminuer la gamme afin d'augmenter la marge sur les autres produits achetés en plus grandes quantités, ce qui a eu pour effet direct de voir exactement les mêmes produits d'une boutique à une autre (problème qu'on retrouve à Disneyland Paris). Beaucoup d'habitués et d'employés remarquent également que la fréquence de l'entretien courant du parc (petits travaux de peinture, changement d'ampoules) est de plus en plus longue. Afin de faire des économies en frais d'entretien, il est également décidé de faire tourner les attractions à 60 % de leur capacité. Cette réduction allongeant les files d'attente, on crée le FastPass. Afin d'occuper les visiteurs entre les attractions, les stands de nourritures et les boutiques voient leur nombre croître de façon importante. Si la fréquentation et les bénéfices de Disneyland en Californie ont augmenté de façon flagrante sous la direction de Pressler, il n'en demeure pas moins qu'il est resté très impopulaire parmi les fans des parcs à thèmes Disney. Sans compter qu'entre son arrivée à la tête du parc et son départ, le prix d'entrée est passé de 31 à 45 dollars...

Depuis le milieu des années quatre-vingt-dix, la Walt Disney Company a multiplié les acquisitions et les développements dans la télévision (en reprenant le réseau ABC en 1996, puis la chaîne Fox Family pour 3,2 milliards de dollars, rebaptisée ABC Family en 2001), sur Internet (en rachetant le moteur de recherche Infoseek ou le site de jouets en ligne Toysmart) ou dans la presse (en acquérant 50 % du magazine de loisirs US Weekly). En janvier 2001, l'effondrement de la publicité en ligne et le dégonflement de la bulle boursière obligent la Compagnie à fermer son portail Go.com qui a englouti 1 milliard de dollars en pure perte (c'est la dernière d'une série de tentatives toutes plus lamentables les unes que les autres de créer un portail Disney d'accès au web). Eisner laisse toutefois entendre qu'il pourrait racheter le portail Yahoo !

La chaîne de magasins Disney Stores est en pleine déconfiture : trop nombreux, trop chers et passés de mode. En 1999, 747 boutiques sont ouvertes dans le monde. En raison de la baisse du chiffre d'affaires, la Walt Disney Company commence par fermer de nombreuses boutiques (entre 1999 et 2002, 250 sont fermées aux Etats-Unis et au Canada) et à rechercher un partenaire ou même un repreneur. En 2001, les cinquante boutiques japonaises sont vendues à l'Oriental Land Company. En 2002, Children Place reprend l'ensemble des 313 boutiques nord-américaines (sauf celle de New York). Disney se contente désormais de toucher des royalties. Disney remplace la chaîne des Disney Store par un autre concept, les World of Disney tandis que le site internet www.disneystore.com est redirigé vers Disney Direct, la version électronique du Disney Catalog en attendant que Children Place rachète les droits sur le site. Toutefois, le catalogue reste dans le giron de la Walt Disney Company. Reste le problème des boutiques européennes. Les 105 Disney Stores du Vieux Continent appartiennent toutes à des sociétés nationales (une par pays), filiales de Walt Disney International basé à Londres. La Walt Disney Company n'a pas réussi à trouver d'acquéreur. Un partenariat est annoncé en septembre 2005 mais au début de l'année 2006, la Compagnie annonce qu'elle arrête ses recherches.

En mars 2001, Michael Eisner se voit obligé d'annoncer un plan d'économie de 2,5 milliards de dollars par an et la suppression de 4 000 emplois dans le groupe sur

114 000 (une première dans l'histoire de l'entreprise depuis 1923). De façon plus anecdotique, il est contraint de renoncer à sa prime annuelle de 11,5 millions de dollars votée par les actionnaires en avril 2001. Eisner reste imperturbable. En 2002, il déclare : « Quand vous regardez comment nous nous sommes développés au cours des cinq dernières années, les problèmes sont repérables, minimaux, guère substantiels. (…) Notre compagnie est en pleine forme ». Selon Bob Iger : « Nous sommes une entreprise substantiellement différente et en bien meilleur état » par rapport à il y a cinq ans. Mais depuis 1996, l'action fait du surplace, alors qu'entre août 1984 et août 1995, l'action avait été multipliée par seize. Au lendemain du 11 septembre, l'action est même tombée au-dessous de 17 dollars. La brouille avec Jeffrey Katzenberg et Michael Ovitz et la mésentente d'Eisner et de Steve Jobs, d'Apple, n'arrangent rien aux affaires.

La peur d'une OPA se profile. La Walt Disney Company est, en effet une proie tentante : elle est à la tête d'une des marques les plus célèbres du monde, elle a réduit de 500 millions de dollars ses dépenses courantes et dégage un *cash flow* annuel de 3 milliards de dollars.

Afin de redresser la barre, il faudrait que le groupe se débarrasse d'une culture effroyablement lourde et bureaucratique, qu'il retrouve l'imagination, la créativité et l'audace qui lui ont manqué ces dernières années. Il faudrait surtout qu'Eisner change sa façon d'exercer le pouvoir, faite de micro-managements poussés jusqu'à l'absurde, de complots de couloirs et de révolutions de palais.

WALT DISNEY STUDIOS, VULCANIA, CAP'DÉCOUVERTE

Au cours de l'exercice 2001, les dépenses de marketing d'Euro Disney SCA progressent sensiblement pour mettre l'accent sur les Walt Disney Studios. Deux nouveaux contrats de partenariat sont même signés avec General Motors Europe et Kellog's pour la saison 2002. L'offre de divertissements du parc Disneyland doit s'étendre au cours de l'exercice 2002 et comprendra notamment « La Parade du Monde Merveilleux de Disney », « La Parade Electrique de Main Street », les spectacles « Tarzan, la Rencontre » et « Mulan, la Légende » et une amélioration des décorations et des festivités du « Noël sous la Neige ». Du 10 novembre 2001 au 6 janvier 2002, le parc Disneyland accroît son offre de spectacles et d'animation notamment la « Forêt Enchantée » et la « Maison du Père Noël » tandis que des spectacles traditionnels et à vocation familiale tels que la « Parade de Noël », la « Cérémonie d'Illumination du Sapin » et les « Carolers » apportent une animation quotidienne tout au long de la période.

Le 5 décembre 2001, Jay Rasulo est l'invité des « Quatre vérités » de Françoise Laborde pour évoquer les cent ans de Walt Disney :
« Le concept de Disneyland était-il trop américain ?
_ Le plus important était l'adaptation de l'environnement du parc : la restauration ou les deux-trois ans de construction pour le deuxième parc. La stratégie est la croissance, l'amélioration de l'offre et le recrutement de 3 000 personnes.
_ La crise du 11 septembre 2001 a-t-elle eu un impact ?
_ Pour l'instant aucun. D'ailleurs 98 % des visiteurs sont Européens et 90 % se rendent au parc par voie terrestre. George W. Bush demande d'ailleurs aux Américains de se rendre aux parcs Disney ».

La construction du deuxième parc a débuté en juillet 1999 et a nécessité mille cinq personnes travaillant sur le chantier pendant deux ans, plus de 70 % des marchés pour la construction du second parc ont été conclus avec des entreprises régionales ou départementales pour un montant de 380 millions d'euros. Près de 1,6 million de mètres cubes de terre a été retourné pendant les travaux, 5 000 tonnes d'inox et 45 000 m^2 de béton ont été utilisés, ainsi que 422 kilomètres de câblages radio. Le projet concernant les collectivités locales, l'échangeur de Jossigny et la réalisation de la pénétrante Ouest, a coûté 36 millions d'euros, dont 5 millions ont été financés par le Conseil régional et le reste par l'Etat. Quant au projet concernant Val-d'Europe, il devrait créer, d'ici 2005, quatre mille emplois pour un investissement de 610 millions d'euros. Entre 1992 et 2002, près de 5 milliards d'euros d'investissements privés et plus de 500 millions d'euros de fonds publics ont été injectés pour le développement d'Euro Disney. Les taxes versées au SAN atteignent 36 millions d'euros chaque année. Les taxes de séjour versées aux communes du secteur représentent près de 4 millions d'euros chaque année, soit la troisième rentrée fiscale de ce type, après celles reçues par les villes de Paris et de Nice.

Le deuxième parc de 25 hectares constitue le dernier volet de la phase II du programme de développement. Plus de trois cents imagénieurs ont travaillé sur la conception des attractions du parc s'inspirant du patrimoine du cinéma européen et américain, sans négliger les effets spéciaux et les scènes de cascades et d'action. Il est une version plus petite des Disney-MGM Studios de Floride et n'utilise pas le nom MGM puisque les deux sociétés sont en désaccord depuis 1988... à propos du contrat de 1985 qui les unit pour vingt ans.

Dans le ciel se profile un réservoir d'eau qui rappelle ceux qui ont fait la légende d'Hollywood, excepté qu'il est décoré de deux oreilles géantes de Mickey. D'imposantes portes dans l'esprit des grands studios accueillent le visiteur qui se retrouve sur une place de style hispanique, où les palmiers sont balancés par le vent. On entre ensuite par Front Lot, Disney Studio 1. Sur la gauche, se trouve Production Courtyard avec Television Production Tour où l'on peut assister au tournage de l'émission *Zapping Zone* de Disney Channel. De plus, CinéMagique, une aventure cinématographique unique, fait pénétrer les spectateurs au cœur des films : dans une salle de cinéma Art déco de 1 100 places, digne de l'âge d'or d'Hollywood, on vous projette un best-of des plus grands moments de cinéma : *La sortie des usines Lumières, Naissance d'une nation, Les Parapluies de Cherbourg, La règle du jeu, Mary Poppins, Vingt mille lieues sous les mers, Tombstone, Titanic, Star Wars...* tandis qu'une mise en scène donne l'illusion qu'un spectateur de la salle entre littéralement dans l'écran. Enfin, troisième attraction, Studio Tram Tour propose de partir à la découverte de la magie des coulisses du cinéma en faisant un crochet par Catastrophe Canyon, attraction au cours de laquelle 265 000 litres d'eau déferlent sur vous. Au fond du parc, Backlot, propose Rock'n'Roller Coaster avec Aerosmith : on embarque dans des véhicules prototypes, les Sound Trackers, équipés chacun, de cinq haut-parleurs qui diffusent la musique du groupe de Steve Tyler avant d'être projeté de 0 à 100 km/h en 2,8 secondes sur un parcours avec vrilles et loopings ; Moteurs... Action ! spectacle de cascades mis en scène par Rémy Julienne accueille 3 000 visiteurs pour un incroyable divertissement avec motos, voitures, explosions... ; Armageddon : les effets spéciaux propose de monter à bord de la station spatiale russe Mir du film de Michael Bay alors qu'on signale l'arrivée de morceaux d'astéroïdes. Pour finir, Animation Courtyard propose Animagique, « un spectacle tout en illusions, traité en lumière noire, et utilisant des techniques d'effets spéciaux avant-gardistes » et Art of Disney Animation (L'art de l'animation selon Disney), sous un immense chapeau d'apprenti sorcier identique à celui que porte Mickey dans *Fantasia* (1940). Les visiteurs sont alors invités à découvrir les secrets de l'animation. Après avoir assisté à une projection des meilleurs moments des classiques qui ont marqué la mémoire collective, les spectateurs suivent la genèse d'un personnage de dessin animé, en l'occurrence Mushu, le petit dragon de *Mulan* (1998), raconté par l'un de ses créateurs, Chris Sanders. Des « stations d'animation » attendent ensuite le public qui peut s'essayer aux diverses techniques : dessin, coloriage, animation, bruitage et doublage. La visite se termine par Flying Carpets over Agrabah – Les Tapis Volants, un manège pour enfants inspiré d'*Aladdin* (1992).

Euro Disney n'a pas lésiné sur les moyens pour faire connaître le nouveau parc Walt Disney Studios, situé à quelques mètres du parc Disneyland. La stratégie adoptée est celle du *cluster* : le rassemblement de plusieurs entités dans un même lieu clos. Selon Jay Rasulo : « En Europe, cette industrie en est à ses balbutiements. Nous avons devant nous une marge de manœuvre immense et des possibilités considérables en termes d'accroissement du nombre de visiteurs. (...) Nous visons la progression de la fréquentation, pas de la consommation individuelle. (...) Nous sommes comme un groupe hôtelier et notre objectif est de faire passer de deux à trois jours la durée moyenne du séjour des *guests* à Euro Disney. (...) Pour l'instant, nous sommes totalement concentrés sur l'ouverture du parc Walt Disney Studios, mais il y aura très certainement un troisième parc, même s'il n'est pas à l'ordre du jour ». *Studio Magazine*, mensuel consacré au cinéma, joint à son numéro de mars 2002 un cahier spécial gratuit de vingt pages consacré au « making-of du parc Walt Disney Studios » ; tout comme *Télé 7 Jours* en douze pages ou le supplément de *Paris Match* de pas moins de trente-deux pages. Des milliers d'articles sont publiés dans quasiment tous les journaux et magazines européens. Euro Disney s'offre également un tiré à-part de quatre pages dans la plupart des grands quotidiens nationaux. Rien n'est laissé au hasard. Il faut dire que l'objectif est ambitieux. Euro Disney pense qu'avec l'ouverture du parc Walt Disney Studios, son chiffre d'affaires connaîtra une croissance annuelle de 15 à 20 %. Ce fameux relais de croissance qui manquait tant au groupe est enfin opérationnel !

Jay Rasulo est arrivé en 1999 « sans un mot de français » selon sa propre expression. L'homme maîtrise désormais parfaitement notre langue dans le cadre de cours particuliers pris à l'Université Disney : « C'était indispensable pour comprendre la culture française et son environnement et pour comprendre toutes les subtilités d'une langue où les nuances sont parfois aussi importantes que des choses évidentes. » Rasulo a conduit le projet des Walt Disney Studios pendant deux ans sous le nom de code *Sésame* : « les studios Disney sont le mariage réussi des cinémas américain et européen. Ils reflètent ce que nous voulons être : ouverts, créatifs, multiculturels. » Un visiteur dépense 43 euros en moyenne – ticket d'entrée compris – et passe deux jours et demi sur place. L'objectif est d'augmenter cette durée d'une journée grâce aux Walt Disney Studios, sachant que la recette journalière par client dans les hôtels est de 186 euros. Un dirigeant du groupe affirme : « L'ouverture des Walt Disney Studios va nous permettre d'élargir notre clientèle à de jeunes adultes et d'allonger la durée des séjours ».

Le 16 mars 2002, l'inauguration peut avoir lieu. Le nombre d'invités est sensiblement inférieur au nombre relevé pour la première du Disney's California Adventure et peu de stars du cinéma ont répondu favorablement. Sont toutefois présents, Roy E. Disney, son fils, Roy Patrick, Michael Eisner, Tom Staggs, directeur financier, Paul Pressler, Marty Sklar ou encore Jay Rasulo. La cérémonie se déroule sous un beau ciel bleu illuminé par un brillant soleil. Une telle météo pour Paris en mars est si exceptionnelle que Patti Disney, l'épouse de Roy, déclare : « L'événement est béni avec le temps de Walt ! ». La fête commence avec des danseurs vêtus de blancs (robes, manteaux et même boas) aux refrains de *Hooray for Hollywood* ou *That's Entertainment*. Jay Rasulo monte ensuite sur scène. Il accueille ses invités par un discours en français rappelant les développements passés et futurs de Disneyland Resort Paris et de Val-d'Europe. Il salue également la présence de Roy Disney, beaucoup plus présent que lors de l'inauguration du Disney's California Adventure. Ce dernier prend ensuite la parole et déclare que l'ouverture des Walt Disney Studios est pour la Compagnie un « retour à la maison », puisqu'à la fois l'animation et les effets spéciaux sont nés en France. Roy rappelle que son père, Roy et son oncle, Walt, ont trouvé l'inspiration de la plupart de leurs films en Europe et qu'ils ont passé de nombreuses vacances sur le continent. Il conclut en affirmant : « En nous installant au cœur de la France, nous dédions ce parc au cinéma. C'est ici que nous trouvons nos racines et c'est ici que nous trouverons notre avenir ». Michael Eisner prend ensuite la parole en saluant la météo plus que clémente. Cela lui rappelle le soleil du 12 avril 1992 : « En ouvrant ce deuxième parc, nous poursuivons notre objectif de développement de Disneyland Resort Paris… Nous avons créé un lieu dans lequel les visiteurs pourraient prendre de véritables vacances Disney au cœur de l'Europe. Tout est loin d'être achevé. Comme Disneyland, ce complexe touristique ne sera pas achevé, puisque nous continuerons de l'enrichir de nouvelles expériences… Vous pouvez déjà voir ce que nous avons accompli depuis 1992. Imaginez ce que nous ferons d'ici 2012 ». Roy et Jay sont ensuite invités à rejoindre Michael pour le « grand moment ». Jay demande : « Tous les *cast members* sont-ils prêts derrière le rideau ? » Une déchirure est alors faite au centre du rideau principal alors qu'apparaissent

Fab Five et Tic et Tac qui invitent les enfants à venir danser. En conclusion, Jay Rasulo lit la dédicace en français, aussitôt reprise en anglais par Michael Eisner : « A tous ceux qui entrent dans le studio des rêves, bienvenue. Walt Disney Studios est dédié à notre fascination et à notre affection éternelles pour le cinéma et la télévision. Ici, nous célébrons l'art et le talent de conter, venus d'Europe et du monde entier, créant la magie de ce lieu particulier, à travers nos propres souvenirs du passé et de nos rêves d'avenir ». Dingo tend enfin à Roy, Jay et Michael trois claps avec imprimés dessus les mots « Walt » « Disney » « Studios » avant de hurler « Silence, moteur, action ! » et qu'une série de feux d'artifice de jour n'éclate. Les rideaux blancs tombent enfin laissant passer des dizaines de *cast members*. Un haut-parleur invite les *guests* à visiter les Walt Disney Studios alors que Michael, Roy et Jay regagnent leur siège. Cette cérémonie n'a rien de la grandeur de celle ayant eu lieu lors de l'ouverture du parc Tokyo DisneySea ou de la merveille artistique déployée au Disney's California Adventure. Cette retenue s'explique sans aucun doute par un manque de budget mais elle convient également à un parc plus petit, plus « intime » que ses deux prédécesseurs. C'est en tout cas, la version officielle…

Eisner assistant à l'ouverture, il a invité le conseil d'administration de la Walt Disney Company à un dîner de pré-ouverture le vendredi soir et aux cérémonies d'ouverture du samedi. Au lieu de dîner avec le reste des membres du conseil à Disneyland Paris le vendredi, Andrea van de Kamp, Stanley Gold et son épouse Ilene préfèrent se retrouver dans une brasserie à Paris.

Le lendemain, quelques membres du conseil visitent le nouveau parc avec Eisner. Il les rassemble ensuite pour un cocktail et un buffet dans l'un des nouveaux restaurants. Van de Kamp discute avec Bob Iger et déclare qu'elle a quelques réserves à formuler : « Je ne suis pas sûre qu'il y ait assez à faire ici, dit-elle. Il n'y a pas assez d'attractions pour occuper les gens une journée entière. Les gens sont déjà en train de partir alors que le parc n'a ouvert que depuis quelques heures. » D'autres personnes arrivent. La conversation s'arrête. Ils se mélangent alors avec les autres invités de la réception.

Quelques minutes plus tard, Eisner aperçoit van de Kamp et marche à grands pas vers elle : « Je crois savoir que vous vous plaignez » dit-il d'un ton glacial.

Van de Kamp reste d'abord sans voix, premièrement parce qu'Iger a déjà rapporté quelque chose qu'elle pensait lui avoir dit en toute confidence, et deuxièmement parce qu'Eisner semble en colère. Van de Kamp lui répond :
« J'exprimais simplement quelques réserves et observations.
_ Nous sommes ici pour regarder. Nous avons investi beaucoup d'argent dans ce parc.
_ En tant que membre du conseil d'administration, je pense qu'il est de mon ressort de faire part de mes observations ».

Quand elle raconta l'échange qu'elle venait d'avoir avec Eisner à Stanley Gold et son épouse, elle se demanda pourquoi elle avait paru sur la défensive. Après tout, c'est Eisner qui s'était comporté d'une façon incorrecte selon elle. Plus tard, Eisner se plaint à Gold que ni Van de Kamp ni lui n'ont assisté au dîner du vendredi soir. Gold lui répond sèchement : « La plupart des membres du conseil ne sont pas venus du tout ».

Le 28 janvier 2003, sous la pression d'Eisner, Andrea van de Kamp est démise de ses fonctions par les autres membres du conseil d'administration de la Walt Disney Company (sauf Stanley Gold et Roy Disney). Elle avait osé critiquer indirectement Michael Eisner.

Si le gala d'ouverture du samedi soir n'est pas retransmis à la télévision comme ce fut le cas le 11 avril 1992, Jay Rasulo et son équipe marketing menée par Guy Vassel sont bien déterminés à recréer la magie et le spectacle de l'ouverture d'Euro Disney dix ans plus tôt. Vassel a essayé de recréer le glamour, l'excitation et le spectacle qui entourent habituellement une grande première d'un film à gros budget. Mais, cette grande première se doit d'avoir un air européen tout comme l'emplacement de ce nouveau parc. Des stars de la musique, du cinéma et de la télévision venues de toute l'Europe doivent être présentes. L'équipe marketing souhaite que les *guests* vivent l'expérience d'une grande première avec tapis rouge, projecteurs et divertissement. A midi, les ouvriers terminent d'installer les écrans géants en dehors du parc afin de retransmettre aux curieux des images de l'intérieur des Walt Disney Studios. Des rouleaux géants de tapis rouge sont déroulés, reliant Disney Village à Studio 1. A 19h30, les premiers convois de voitures officielles s'arrêtent devant le cinéma Gaumont. Beaucoup d'invités sont attendus à un cocktail de pré-ouverture au Planet Hollywood tandis que les dirigeants d'Euro Disney accueillent les hôtes de marque et les officiels de l'Etat à un cocktail au Steakhouse. A 20h30, la plupart des invités sont entrés et discutent sous la tente dressée à cette occasion après Studio 1 en dégustant des litres de champagne gracieusement mis à disposition par Taittinger. Parmi ceux-là, citons la présence de toute la famille de Roy, de Phil Collins, Peter Gabriel, Tim Rice, David Hasselhof ou Tina Arena. A l'intérieur de Studio 1, tout au long d'une re-création d'Hollywood Boulevard, des sculptures de glace retracent les plus grands moments de cinéma parmi lesquels figurent Charlie Chaplin, John Wayne, James Bond et Mickey. Les invités ont ensuite la possibilité de tester les attractions jusqu'à 23 heures. Les lumières du parc s'éteignent alors pour laisser place à un spectacle son et lumière durant lequel Tina Arena interprète *When You Wish Upon a Star* et pendant que sont projetées sur les façades de Studio 1 des images animées de quelques héroïnes Disney : la Fée Bleue, Pocahontas et Mulan. La chanson *Come with Me* écrite spécialement pour l'inauguration de Tokyo DisneySea est enfin réutilisée avec des paroles modifiées. La soirée se termine par le tir d'un très beau feu d'artifice. Alors que les derniers invités quittent Studio 1 vers minuit, l'équipe de nettoyage s'active afin de préparer l'ouverture au public huit heures plus tard.

* * *

En plus de l'ouverture des Walt Disney Studios le 16 mars 2002, un autre parc à thèmes français fait son apparition la même année. Il s'agit de Vulcania à Saint-Ours-les-Roches à quinze kilomètres de Clermont-Ferrand. « C'est le plus beau spectacle en plein air depuis 8 000 ans et la dernière éruption d'un volcan en Auvergne » déclare Valéry Giscard d'Estaing le 22 juin 2002 devant l'embrasement du Puy-de-Dôme lors de l'inauguration de Vulcania, le « parc européen du volcanisme ». Le projet date de 1992 et de l'ouverture d'Euro Disney. Vulcania se présente comme un parc de loisirs scientifique, la parfaite synthèse, selon ses promoteurs, de l'esprit ludique de Disneyland Paris et de l'esprit pédagogique du Futuroscope. Le Conseil régional d'Auvergne, présidé par Valéry Giscard d'Estaing jusqu'en mars 2004, a investi 118 millions d'euros dans le parc, trois fois le budget initial. La région Auvergne détient désormais le record de l'endettement régional avec 300 euros par habitant. Valéry Giscard d'Estaing a refusé le projet de Jean-Michel Wilmotte pourtant choisi par le comité de sélection et a imposé les plans de l'autrichien Hans Hollein : un cône symbolisant un volcan planté dans un musée souterrain, creusé dans une coulée de lave de 30 000 ans. Le coût des travaux a alors explosé et le projet a rencontré une vive opposition chez les défenseurs de la nature. Du coup, seulement 10 % de la facture ont été consacrés aux films et maquettes. Grâce à un impressionnant battage médiatique, Vulcania dépasse ses objectifs de fréquentation l'année de son ouverture. En 2002, le parc accueille 628 000 visiteurs et réalise un chiffre d'affaires de 14 millions d'euros. Giscard d'Estaing promet 800 000 entrées pour 2005. L'activité est gérée par la Société d'économie mixte Volcans. Face à ce succès, on dépense 1,5 million d'euros soit 10 % du chiffre d'affaires de 2002 dans un troisième restaurant. Seulement voilà, le bouche-à-oreille est extrêmement négatif et Vulcania s'attire très vite une mauvaise réputation : visite ennuyeuse du parc et cuisine médiocre dans les restaurants. En 2003, la fréquentation baisse de 7 % et s'établit à 584 000 visiteurs. En 2004, elle baisse encore de 28 % à 420 000. Le chiffre d'affaires a dégringolé de 34 % en deux ans et s'établit péniblement à 9,13 millions d'euros. La perte nette annoncée est de 2,3 millions d'euros, soit près d'un quart du chiffre d'affaires. Pour Pierre-Noël Bonté, successeur de Valéry Giscard d'Estaing, l'explication est simple : « Les enfants trouvent le temps long et les amateurs de volcans n'apprennent rien ». Ajoutons à cela la gestion maladroite de la SEM Volcans composée d'une équipe de fidèles à Valéry Giscard d'Estaing sans aucune expérience dans les parcs de loisirs. Les solutions proposées par la nouvelle direction sont de cibler prioritairement la clientèle d'Auvergne et de Rhône-Alpes et surtout de renouveler les attractions (dont la Terre en mouvement et le simulateur de séismes). Pour la saison 2006, il est décidé d'ouvrir de Pâques à mi-octobre pour éviter de payer le dessalage du site... Pourtant rien n'y fait. En 2005, Vulcania n'accueille que 355 000 visiteurs en baisse de 15 %. Face à la diminution de l'activité, la SEM Volcans procède à une réduction de moitié de ses effectifs. En 2006, la fréquentation baisse encore de 40 % pour s'établir à 210 000 visiteurs et ce malgré les efforts accomplis. En quatre ans, le nombre total de visiteurs a baissé de 66 %... Le 21 mars 2007, un « Nouveau Vulcania, plus ludique et plus sensationnel » ouvre ses portes. La saison de la dernière chance.

Le 23 juin 2003, le parc de loisirs Cap'Découverte est inauguré à Carmaux dans le Tarn. Le projet a été porté à bout de bras par Paul Quilès, député maire de Cordes-sur-Ciel et président du syndicat intercommunal de la Découverte. Le SID est le gestionnaire du parc et regroupe les communes de Carmaux, Saint-Benoît-de-Carmaux, Blaye-les-Mines, Le Garric, Taïx et Cagnac-les-Mines.

Le problème était de savoir que faire de l'immense site naturel qui entourait la mine à ciel ouvert (1 300 mètres de diamètre, 230 mètres de profondeur, avec un lac de 8 hectares) après l'arrêt des activités charbonnières dans le bassin de Carmaux. Des élus locaux y ont réfléchi pendant près de quatre ans. Un projet original et audacieux est né. L'ouverture est alors prévue pour juillet 2002. Cap'Découverte se présente comme « le premier pôle européen du multiloisirs ». L'ambition est de recevoir de 500 000 à 1 million de personnes par an sur un vaste espace de 650 hectares, réunissant tout au long de l'année une multitude d'activités sportives, culturelles et musicales. Paul Quilès insiste sur le caractère inédit de cet aménagement qui correspond, selon des enquêtes réalisées, à une nouvelle demande de loisirs et de vacances en famille : « Cap'Découverte n'est pas un parc de loisirs comme les autres, son accès sera gratuit (excepté certaines activités et spectacles), et chacun, au gré de ses envies, organisera sa journée et créera son propre programme de loisirs ». Trois pôles essentiels d'activités se répartiront dans l'espace naturel de vallons boisés et de collines. Les sports, avec du ski et du snowboard sur des pistes synthétiques, un skate-park couvert de 1 000 mètres carrés, du nautisme et des espaces de remise en forme... Cap aussi sur les spectacles, avec un centre de pratiques musicales qui intégrera onze studios d'enregistrement, des lieux de répétitions et de concerts. Sont également proposés un espace Grands Festivals, capable d'accueillir 80 000 personnes, et un théâtre de verdure. Cap sur la mémoire avec le musée de la Mine (exploration inédite et interactive de 450 mètres de galeries et une rétrospective de la mémoire de la région carmausine), le parc des Titans, les jardins du Jurassique et son parcours initiatique et ludique sur 12 hectares pour découvrir la formation du charbon à travers les temps géologiques...

Les premiers chiffres de fréquentation sont plutôt prometteurs. « Nos estimations prévoyaient 50 000 visiteurs entre janvier et avril 2003. Nous avons effectivement atteint ce chiffre fin avril », se félicite Bernard Jimenez, directeur de l'office du tourisme du site, une tendance qui, promet-il, permettra d'atteindre l'objectif fixé pour 2003 (300 000 entrées), puis pour les années suivantes (500 000 visiteurs). Le journaliste Michel Revol dans *Le Point* du 23 mai 2003 s'interroge : « La projection dans l'avenir est-elle aussi évidente ? (...) Une fois l'effet de curiosité passé, les habitants de la région reviendront-ils à Cap'Découverte pour skier sur des pistes synthétiques ou se baigner dans un lac, alors qu'ils sont aux portes des Pyrénées et de la mer ? Les touristes voudront-ils passer leurs vacances sur un ancien site minier ? Bref, ce site hors du commun sera-t-il rentable, alors que la plupart des parcs de loisirs, comme le Futuroscope de Poitiers, connaissent de graves difficultés financières ? »

Paul Quilès connaît ces critiques, mais n'en a cure : « Il y a un malentendu : Cap'Découverte n'est pas comparable avec un parc de loisirs classique. Nous n'aurons pas besoin, comme au Futuroscope, d'investir des sommes colossales chaque année pour continuer à attirer du public. A l'inverse, nous pouvons fonctionner longtemps avec les mêmes installations, comme une station de ski, et les gens reviendront parce que l'entrée est gratuite. » Pour autant, il faudra bien rembourser l'emprunt contracté par les six communes du SID qui se monte à plus de 6 millions d'euros, et financer le budget de fonctionnement du site (4,7 millions d'euros par an).

Plus de 60 millions d'euros d'argent public ont été dépensés, dont 6 millions par le Conseil général, auxquels s'ajoutent 40 millions d'euros d'investissements privés consacrés à l'hébergement. Cela constitue une somme très importante comparée aux promesses d'emplois créés (1 000 directs et indirects, selon Paul Quilès).

Paul Quilès se défend : « N'en déplaise aux grincheux, Cap'Découverte plaît. Selon nos enquêtes, 94 % des gens qui viennent à Cap'Découverte se disent satisfaits. (...) C'est vrai qu'il y a un problème financier à régler. Une partie de l'investissement réalisé n'a pas été couverte par les subventions. Il manquait au Smad [propriétaire du site] 9 millions d'euros. Quant au SID [gestionnaire], il a emprunté 6 millions d'euros. Cela donne un total de 15 millions d'euros à rembourser, soit un million par an en frais financiers. C'est structurel, on ne peut incriminer le site. »

Quelles solutions apporter ? Paul Quilès répond à *La Dépêche du Midi* : « Des négociations sont très avancées avec un partenaire privé qui serait prêt à racheter les 130 hectares de la ZAC autour du site pour y faire de l'habitat permanent et de tourisme et des activités commerciales et de services. (...) Les magasins d'usine ont un immense succès à Troyes et à Romans. Pour Cap'Découverte, le projet est plus limité : il s'agissait de vendre des articles de sports. Si on peut amener des centaines de milliers de visiteurs, cela mérite réflexion. (...) On en revient au projet d'éoliennes, qui suscite des polémiques avec le maire d'Albi. Je crois pourtant que c'est sur la bonne voie et que cela va aboutir ».

N'est-il pas plus simple de fermer Cap'Découverte ? Selon la Chambre régionale des comptes, une telle fermeture coûterait 38 millions d'euros car il faudrait rembourser les subventions. Pour Paul Quilès, « C'est inimaginable ». Le 28 novembre 2005, Paul Quilès annonce sa démission de la présidence du SID et du SMAD. L'un des chefs de file des opposants au parc, Philippe Folliot, le député de Castres-Montagne (ap.UDF), se montre très critique : « L'annonce de la création d'un directoire avec un représentant du Conseil régional, du Conseil général et des communes était déjà un désaveu de la part de ses amis socialistes. Paul Quilès en a tiré les conséquences [il est comme un] capitaine qui quitte la galère, laissant les contribuables ramer pendant longtemps... »

Avec la démission de Quilès et avant la saison 2006, il reste quatre mois et tout le monde est plongé dans le flou le plus total. Personne ne sait ce qui fonctionnera. Cap'Découverte est à un tournant de son existence. Le concept tel qu'il a été imaginé huit ans plus tôt a vécu.

En 2006, Cap'Découverte affiche un déficit cumulé de 8,2 millions d'euros et n'a jamais atteint la fréquentation escomptée. Il a accueilli 90 000 visiteurs payants en 2005 contre 110 000 en 2004, pour un seuil d'équilibre de plus de 200 000.

Le rapport de la Chambre régionale des comptes sur le Smad, syndicat mixte d'aménagement, propriétaire de Cap'Découverte, est accablant pour le pôle multi-loisirs. Il pointe une succession de surcoûts :

- envol du coût des travaux. La CRC révèle que le coût des investissements atteint 56,1 millions d'euros (hors dépenses administratives), soit un dépassement de 7,9 millions d'euros par rapport à la somme initialement prévue (soit + 16 %).
- frais de gestion. Le rapport souligne que les frais de gestion du syndicat mixte restent élevés (377 000 euros par an) bien que tous les travaux aient été réalisés et que son activité soit qualifiée de « résiduelle ».
- les factures des entreprises. Cinq entreprises attributaires de marchés ont porté réclamation pour des travaux qui se sont rajoutés en cours de chantier, mais n'ont pas été payés. Le montant total réclamé est de 2,3 millions d'euros.
- Parc des titans déplacé. La Chambre pointe le coût de ce parc où ont été regroupées d'anciennes machines qui ont servi à la mine. Celles-ci devaient se retrouver à l'origine près du musée. Elles ont été déplacées et installées près du pôle multi-loisirs. Coût de ce transfert : 250 000 euros.
- des travaux non prévus au départ ont aussi été réalisés au jardin botanique pour 240 000 euros.
- activités coûteuses. Par rapport à ce qui était prévu au lancement du chantier, la tyrolienne a coûté 30 % plus cher, et le dévalkart 22 % de plus.
- le système de billetterie a dû être changé pour plus de 330 000 euros.

Pour la saison 2007, deux options s'offrent pour Cap'Découverte : soit une gestion privée soit une fermeture définitive. Deux sociétés privées seraient prêtes à assurer le fonctionnement du parc de loisirs carmausin. L'entreprise reprendrait la gestion des activités de loisirs sous forme de délégation de service public, une solution qui obligerait quand même le conseil général et la région Midi-Pyrénées à participer au fonctionnement du parc de loisirs. Cette option permettrait de soulager les six communes carmausines impliquées dans la gestion de Cap'Découverte et qui doivent supporter pour 2006 plus de 5 millions d'euros en fonctionnement. Une fermeture de Cap'Découverte aurait elle aussi un coût chiffré dans un rapport de la Chambre régionale des comptes : près de 47 millions d'euros, incluant le remboursement des subventions européennes (Feder) et d'exonérations de TVA.

S'il est encore trop tôt pour juger le Bioscope d'Alsace, « parc de loisirs et de découvertes » ouvert le 1er juin 2006, le sort du Futuroscope de Poitiers paraît bien inquiétant. En 1997, le parc européen de l'image a accueilli 2,7 millions de visiteurs. En 1998, René Monory déclare : « le Conseil général n'a pas vocation à gérer un site commercial ». Il cherche alors un gestionnaire privé. LVMH, Premier Parks et Parc Astérix déclinent l'offre. La raison en est simple : rentabiliser un parc en province ouvert toute l'année avec 900 salariés est impossible. En février 2000, le groupe Amaury rachète pour 42,2 millions d'euros l'exploitation du Futuroscope pour 25 ans. L'objectif est fixé à trois millions de visiteurs dès 2001. Jean-Pierre Courcol, PDG d'Amaury, déclare : « Nous allons nous développer plus vite que Disneyland ! », mais en 2001, c'est la douche froide. Le Futuroscope a accueilli moins de 2 millions de visiteurs. Le parc a accueilli en 2001, 900 000 visiteurs de moins par rapport à 1997, année record. L'inauguration d'une gare TGV sur le site en juin 2000 n'a rien changé. En 2000, les pertes s'élèvent à 7,6 millions d'euros pour un chiffre d'affaires de 92 millions. Entre 2000 et 2001, la perte d'exploitation cumulée s'élève à 15,24 millions d'euros.

Le taux de revisite du Futuroscope n'est que de 42 % contre 60 % pour Astérix. Il faut dire qu'il n'y a pas eu de nouveautés. Depuis 1994, le parc n'a pas réellement investi dans de nouveaux films. La marge de manœuvre est limitée : les étrangers (surtout Espagnols et Britanniques) ne représentent que 12 % des visiteurs. On annonce 200 licenciements. Le Conseil général de la Vienne décide de diviser le loyer par deux : 2,7 millions d'euros par an au lieu de 5,5 millions. On décide également de baisser le prix d'entrée, car l'on a peur de la concurrence de Vulcania et du parc Walt Disney Studios : les scolaires représentent en effet 19 % des entrées payantes.

En 2004, le Futuroscope accueille 1 355 000 visiteurs, soit 200 000 de plus que l'année précédente, cela représente une augmentation de 17 %. Dominique Hummel, président du directoire du Futuroscope, a adopté une formule, celle du « 10-20-60 » : « Nous investissons 10 % du chiffre d'affaires pour renouveler 20 % des attractions, ce qui génère 60 % de nouvelles visites de personnes déjà venues dans le parc. C'est un élément indispensable pour notre succès ».

Finalement, celui qui semble tirer son épingle du jeu, c'est indubitablement le parc Astérix. Avec 1,8 million de visiteurs par an et 67,3 millions d'euros de chiffres d'affaires en 2005, le parc Astérix, créé en 1989, dégage un résultat net de 7 millions d'euros. Le parc à thèmes s'est ressaisi en pariant sur la simplicité. Pour Alain Trouvé, PDG : « Ce qui compte, c'est l'expérience en famille, et pas d'en mettre plein les yeux ». Coût de l'entrée moins élevée (34 euros contre 43 pour Disneyland), charges moindres, Astérix est géré « en paysan » plaisante Alain Trouvé. Alors que la reprogrammation de Space Mountain aura coûté 5 millions d'euros, l'attraction la plus chère du parc Astérix vaut à peine le double. Le parc peut donc investir plus souvent et encourager les revisites : tous les trois ans en moyenne contre deux fois dans une vie pour Disneyland. Fort de plus de 12 millions de visiteurs par an dont 60 % d'étrangers, de ses sept hôtels (5 800 chambres), de ses 12 300 employés et de son chiffre d'affaires d'un milliard d'euros par an, Disneyland domine largement le parc Astérix. Ce dernier attire sept fois moins de clients (surtout des franciliens), ne dispose que d'un hôtel de 100 chambres, n'emploie que 165 permanents pour 1 200 saisonniers et réalise un chiffre d'affaires quinze fois inférieur à celui d'Euro Disney. Et pourtant ! Sa marge nette – 10 % du chiffre d'affaires chaque année – laisse songeur son voisin de Marne-la-Vallée. Pour Didier Arino, consultant au cabinet Protourisme : « C'est une belle affaire, gérée au centime près, sans folie des grandeurs ». Serge Naïm qui a travaillé chez Euro Disney pendant onze ans est, depuis 2005, le directeur général de Grévin & Cie qui gère le parc Astérix : « La magie Disney repose, entre autres, sur un luxe de détails, qui peut créer *in fine* une certaine distance avec le visiteur. A Plailly, nous jouons davantage sur la convivialité et la bonne humeur. (…) Nous pouvons devenir un grand parc européen en cinq ans ». Le parc Astérix ouvre ainsi pour la première fois ses portes à la Noël 2006, il annonce une nouvelle attraction en 2007, une grosse animation en 2008 autour du film *Astérix aux Jeux Olympiques* et, pour les vingt ans du site, en 2009, la construction probable d'un deuxième hôtel et d'un complexe aquatique. Dans un article du magazine *Capital* d'avril 2006, Alain Trouvé déclare : « Quand on s'attaque à plus gros que soi, il faut être un peu plus malin ».

VAL-D'EUROPE

Christopher Finch dans *The Art of Walt Disney* rappelle que la principale raison qui a poussé Walt Disney à construire le site de Floride est le projet EPCOT. Pour Disney, EPCOT doit être une véritable communauté. Lorsqu'il présente son projet en 1966, il décrit ainsi les principaux objectifs qu'il a en tête : « Je ne crois pas qu'il y ait un défi plus important dans le monde que de trouver des solutions aux problèmes qui affectent nos cités. Mais par où, et comment commencer pour relever ce grand défi ? Eh bien, je suis convaincu que nous devons commencer par les besoins du public. Et ils ne consistent pas seulement à guérir nos vieilles villes de leurs maux (...) EPCOT sera (...) une communauté prototype expérimentale en devenir permanent. Elle ne cessera jamais d'être un vivant projet du futur. (...) Nous n'avons pas la prétention de connaître toutes les réponses. En fait, nous comptons sur la coopération de l'industrie américaine pour intégrer les meilleures idées dans notre projet. (...) Mais surtout, une fois EPCOT devenue réalité, nous espérons que si le besoin de technologies encore inexistantes se fait sentir, elle incitera l'industrie américaine à trouver des solutions qui iront dans le sens des désirs des habitants de cette communauté expérimentale ».

Walt Disney a toujours été fasciné par la façon dont les gens vivaient. Ce n'est pas un hasard si ce que l'on voit en premier à Disneyland est Main Street USA. Cette reconstitution romantique de la grande rue de Marceline, Missouri, où Walt a passé son enfance, est devenue le symbole d'un certain bien-être américain aujourd'hui disparu. John Hench, un des concepteurs du parc, s'explique : « Si vous regardez bien Main Street et le reste du Royaume Magique, vous vous apercevrez que le visiteur est pris par la main, pas à pas, tout au long d'une séquence de découvertes successives. On ne le brusque jamais, on le conduit simplement, en essayant de rendre la promenade aussi agréable que possible ». Au milieu des années soixante-dix, Mel Kaufman, constructeur d'audacieux bureaux à Manhattan, pense que tout architecte, paysagiste, urbaniste, bâtisseur ou dessinateur devrait étudier avec soin les parcs Disney. Il note toutefois : « Qu'est-ce que Main Street ? C'est un centre commercial où l'on vend des souvenirs, des photos, où on loue des voitures d'enfant et des fauteuils roulants, où l'on distribue des glaces et des choses à manger, et où se trouve un cinéma, tout comme dans un centre commercial ordinaire. A part une chose : c'est un décor qui représente la rue principale d'une ville 1900. N'est-ce pas de l'architecture, cela ? (...) En gros, la politique de Disney consiste à fournir au public le loisir et le bien-être. Pourquoi ne pas en faire un centre commercial avec des façades factices et amusantes ? A quoi bon la « logique architecturale » pour une chose aussi stupide qu'un centre commercial ? »

Marty Sklar, de Walt Disney Imagineering, déclare dans le documentaire de Katherine et Richard Greene, *Walt Disney : L'Homme au delà du Mythe* : « Il aimait... la nostalgie [et] il aimait la technologie ». Par conséquent, dès les études préliminaires à Disneyland à la fin des années quarante, Walt vise plus loin que le simple amusement. Il souhaite changer la façon de vivre des Américains dans leur quotidien et pas seulement leur façon de s'amuser. Il souhaite créer un autre futur. Le sentiment d'être déconnecté de ses racines transparaît clairement tout au long du vingtième siècle avec l'expansion urbaine des années cinquante et soixante. Pour chacun, ces villes tentaculaires qui s'étendent sur des kilomètres deviennent le symbole de la déshumanisation. Les bandes dessinées des années cinquante montrent des salariés partant de bonne heure le matin et rentrant tard le soir de leur travail dans un quartier où chaque maison ressemble à s'y méprendre à celle d'à côté. En 2001, Paul Goldberger, célèbre critique, spécialiste de l'architecture au *New Yorker*, voit en Disneyland le remède aux maux de la société de l'époque. Pour lui, Walt Disney fut un visionnaire et son parc à thèmes le précurseur du néo-urbanisme.

Pour EPCOT, Walt Disney aurait tiré son inspiration principale des écrits de Victor Gruen dont l'ouvrage, *The Heart of Our Cities*, propose un certain nombre de solutions à la crise urbaine des années soixante, crise directement liée, selon lui, à l'automobile et à son cortège de banlieues sans âme et de centres-villes dégradés. Repris sur les projets de Gruen, le plan d'EPCOT reste subordonné au principe de *zoning*, montrant différentes sections bien individualisées les unes par rapport aux autres, le tout étant organisé selon un principe radial autour d'un centre-ville réservé à des gratte-ciels de bureaux. D'autres esquisses montrent une ville surmontée d'un dôme, inspiré à la fois de l'œuvre d'urbanistes visionnaires, tels que Richard Buckminster et des visions populaires du futur telles qu'on peut les trouver dans les bandes dessinées de Buck Rogers. Le projet réutilise également des systèmes de transport futuristes mis au point par les imagénieurs ; l'une des inventions les plus célèbres de cette recherche en matière de transport reste certainement le *people-mover*, construit en collaboration avec Good-Year, sorte de tapis roulant horizontal destiné à servir de transport en commun au sein de la ville d'EPCOT. En 1993, James Howard Kunstler note : « Le projet que l'on entrevoit ici était un pur produit des années soixante : un scénario grandiose façon Cité Radieuse, plein de tours et de monorails tout droit tiré du *Petit Le Corbusier illustré* ». L'idée de départ de Walt Disney est de construire réellement une ville parfaite, sans criminalité et avec un cadre de vie agréable.

Après la mort de Walt, les Walt Disney Productions lancent un nouveau projet en juin 1973 autour de la ville Lake Buena Vista (ancienne Reedy Creek). Quatre communautés doivent voir le jour chacune sur un thème ludique : le golf, le tennis, le nautisme et l'ouest américain. Elles sont regroupées en villages. Durant plusieurs années, Walt Disney World et les résidents rencontrent de nombreux points de désaccords, dont les taxes et les droits de vote au sein de la communauté. En 1985, la société décide d'exproprier les résidents et d'intégrer les bâtiments à un complexe hôtelier, le Walt Disney World Village Resort.

Au milieu des années soixante-dix, Card Walker reprend le projet EPCOT. Parfaitement conscient que les financiers ne sont pas prêts à accepter le dossier dans sa formulation originelle, il demande aux imagénieurs de reprendre l'idée sous la forme d'un parc à thèmes qui serait « une vitrine pour concepts expérimentaux » et « une tribune permanente du futur ». EPCOT Center ouvre ses portes en 1982.

En 1984, sous l'impulsion de la nouvelle équipe de direction rassemblée autour de Michael Eisner, les vieux projets d'urbanisme de Walt Disney, abandonnés après sa mort, refont surface. Pour Eisner : « Si Walt avait vécu plus longtemps, je suis sûr qu'EPCOT aurait abouti, comme tout ce à quoi il travaillait. (...) Ce qu'il nous a laissé (...) n'est qu'une première formulation d'une idée qu'il n'a pas eu le temps de développer ». En 1988, la Walt Disney Company charge deux grandes maisons d'architectes de l'élaboration du *MasterPlan* (l'équipe de Robert Stern et l'équipe Robertson & Cooper) sur une portion de 2 000 hectares dans la partie sud du domaine de Walt Disney World, au sud-ouest de l'agglomération d'Orlando, dans le comté d'Osceola.

A partir de 1992, le projet entre dans sa phase active :

- l'ensemble du centre-ville reste le domaine réservé de la Walt Disney Company, de même que certains équipements de loisirs et l'organisation générale de la ville.

- Les marchés de construction et de logements sont attribués sur concours à des entreprises immobilières travaillant en partenariat avec la Walt Disney Company sur la question de la conception des unités d'habitations.
- Certaines infrastructures semi-privées telles que l'hôpital ou l'école sont construites en coopération avec les groupes chargés de les faire fonctionner.

Après huit ans de planification, la première tranche de travaux aboutit en août 1995 à une phase de prévente de 352 premiers logements, construits sur un total futur de 8 000. Un point de vente est installé en centre-ville pour expliquer aux acheteurs potentiels les conditions d'achat ou de locations de logements. Plus de 21 000 personnes passant par le stand en quatre mois, il est décidé d'un tirage au sort des acheteurs en novembre 1995. Le 4 juillet 1996, la ville nouvelle de Celebration est inaugurée. Elle marque l'achèvement des infrastructures du centre-ville.

Du point de vue de l'organisation générale, Sophie Didier dans *Disney urbaniste : la ville de Celebration en Floride* rappelle que l'ensemble de l'espace urbain est séparé de la réserve naturelle extérieure par une ceinture verte paysagée de 1 900 hectares, véritable zone-tampon destinée à assurer la transition entre la ville et son environnement immédiat. Le couple d'architecte/planificateur Andrés Duany et Elizabeth Plater-Zyberk, à qui l'on doit la ville nouvelle de Seaside, est considéré comme le principal promoteur de la planification néo-traditionnelle. Celebration reprend l'essentiel des principes mis en œuvre : référence à une ville du passé perçue comme idéale, sens de la communauté favorisé par la structure même de la ville, édification d'un code d'urbanisme très strict destiné à préserver l'intégrité du projet.

Pour son organisation interne, la ville se pose comme une application du principe de mixité des usages du sol, à l'opposé des principes de *zoning* des activités et des types de résidences utilisés d'habitude dans ce genre de projet de communauté planifiée : ainsi, au centre-ville, par exemple, les immeubles abritent-ils boutiques et restaurants au rez-de-chaussée et des appartements à l'étage. Le mélange est, par ailleurs, prôné en matière de logements, appartements et maisons de plus ou moins grand prix se trouvant représentés au sein de Celebration. Ce retour à des densités plus élevées constitue la marque essentielle d'appartenance du projet au mouvement néo-urbaniste. Pour la direction de Disney au début des années 1990, l'idée maîtresse est de revenir à la petite ville traditionnelle, à l'opposé des grands centres urbains du pays. Tout est fait pour qu'une ambiance amicale règne entre tous les habitants. Tous les commerces ainsi que l'école et les différents loisirs sont accessibles à pied. Cette idée est lancée par Michael Eisner qui souhaite également l'émulation des résidents au travers du Disney Institute, en prenant exemple sur certaines communautés méthodistes. L'urbanisme est lui aussi particulièrement soigné. Le plan principal prend comme point de départ un lac autour duquel sont placés parcs, commerces et zones résidentielles (chaque maison ne devant pas être à plus d'un kilomètre et demi du centre). La Walt Disney Company poursuit clairement l'édification d'une véritable communauté de vie pour les résidents. La question de la recréation d'une participation active à la vie publique de la communauté est ainsi au cœur de la promotion de Celebration. Le symbole de cette harmonie reste la ville d'avant les années quarante, mais ce sans plus de précision. Les habitations suivent toutes un modèle d'architecture prédéfini. Il y a en tout cinq styles architecturaux « acceptés », tous pré-approuvés par la Walt Disney Company et s'inspirant des maisons coloniales, méditerranéennes, françaises, victoriennes ou encore de Nouvelle-Angleterre. Ces modèles se déclinent en sept tailles différentes qui sont mélangées dans les quartiers de la ville. Si l'architecture des maisons réemploie un mélange de styles du passé, c'est plus une référence globale à un passé révolu qu'une référence à une période historique précise. Cette référence est également volontairement associée à l'enfance. Une brochure de promotion n'évoque-t-elle pas « un quartier où l'on joue à la marelle et au chat-perché, un quartier que l'on peut apprécier depuis la balancelle suspendue sous le porche de sa maison » ? Daryl Lease dans les colonnes du *The Free-Lance-Star* note à ce propos : « Il est facile de s'imaginer Norman Rockwell ici, assis devant son chevalet, son pinceau à la main ». De son côté, *USA Today* commente avec ironie la vidéo projetée au centre de prévente : « Ce qu'on voit est moitié Norman Rockwell, moitié tarte aux pommes et 100 % Disney ».

Sophie Didier relève que la référence historique joue dès lors un rôle de valeur-refuge par rapport à l'évolution récente des villes américaines. Dans le récréation de ce passé, la Walt Disney Company offre la qualité et la renommée de ses services en la matière : Celebration s'apparente finalement à la Main Street des parcs à thèmes dans son procédé de réduction du passé à une série d'images fortes.

La cohésion architecturale de l'ensemble est assurée par le style Disney. L'accent est donc mis sur l'aménagement des espaces publics. Les techniques de mise en scène et d'animation largement éprouvées dans les parcs à thèmes se retrouvent dans les rues commerçantes qui reprennent l'esprit de Main Street. La Walt Disney Company a fait appel à des architectes renommés pour les bâtiments publics. Ainsi, Philip Johnson a-t-il conçu l'Hôtel de Ville, Michael Graves le bureau de poste, Charles Moore le Preview Center, Cesar Pelli le cinéma, Robert Venturi et Denise Scott Brown la banque. Celebration se veut également une ville « complète ». Elle abrite à cet effet un parc industriel d'une quarantaine d'hectares prévu pour accueillir des bureaux et un complexe de santé.

La Walt Disney Company souhaite recréer l'esprit d'un village. Ainsi, la plupart des pavillons ont-ils un porche surdimensionné tourné vers la rue et sont tous proches les uns des autres afin d'encourager les résidents à renouer le contact avec leurs voisins « qui vous amèneront de quoi dîner le jour où vous emménagerez », dixit la brochure de présentation de Celebration. La ville est régie par des règles très strictes. Le comportement à avoir envers ses voisins est réglementé, le gazon doit être tondu régulièrement, il est interdit de se garer devant sa maison plus de quelques heures. Le garage est relégué à l'arrière des lots à la différence du modèle pavillonnaire classique de banlieue où il occupe traditionnellement les deux-tiers de la façade sur la rue. La place de la voiture est ainsi clairement minimisée, la marche à pied devant favoriser la sociabilité entre voisins. La conception de Celebration reprend à ce titre certaines idées de Victor Gruen telles que la dénonciation de l'effet pernicieux de la voiture.

Disney a un droit de regard sur la vente des maisons. Les nains de jardin sont interdits et si un résident veut repeindre sa maison, il doit en aviser la Walt Disney Company qui choisira alors la couleur. Même si officiellement Celebration devait être ouverte à toutes les classes sociales et à toutes les communautés, il n'y a pas de pauvres et très peu de minorités dans cette ville. Il y a 94 % de blancs pour seulement 3 % d'asiatiques et 2 % de noirs et ce, malgré les efforts déployés par Disney pour attirer des résidents appartenant à différentes communautés. Une campagne de publicité a même été lancée dans des magazines s'adressant à la communauté noire. Aux dires des journalistes ayant assisté au tirage au sort de novembre 1995, il semble que les acheteurs soient essentiellement des familles de l'*upper-middle class* blanche. *Time Magazine* note ainsi : « Le jour de la loterie étaient présents des célibataires, des familles et des couples, des jeunes et des vieux, quelques Asiatiques, un homme portant un turban. Tout de même, c'étaient surtout des Blancs qui avaient fait le déplacement ». Quant aux familles aux revenus modestes ou aux classes moyennes, elles ne peuvent pas s'installer à Celebration, les prix allant de 150 000 dollars pour les appartements à plus de 800 000 dollars pour les plus grosses maisons (les modèles intermédiaires étant vendus autour de 400 000 dollars). Les prix pratiqués à Celebration seraient ainsi de 20 à 30 % supérieurs à ceux observés dans la région. Archer dans *Economic Geography* avance une valeur médiane de 75 700 dollars pour le comté d'Osceola.

Du fait de son urbanisme néo-traditionnel, Celebration provoque des réactions très tranchées, soit un amour inconditionnel, soit un rejet. Des visiteurs comparent souvent la ville à celle du *Truman Show*, faussement traditionnelle. La structure même du plan révèle le caractère isolationniste de la communauté. S'il n'existe pas de véritable barrière physique, la zone arborée de 1 900 hectares la remplace de fait. Pourtant le directeur des ventes de Celebration s'en défend : « Nous avions la volonté bien consciente de ne pas faire une *gated-community*. Allez donc dans une petite ville du sud, vous ne verrez pas de grille à l'entrée ».

A l'évidence, l'administration de Celebration pose des problèmes légaux. Comment garantir des droits démocratiques dans un endroit, qui, nécessairement, fonctionne sous le contrôle d'une entreprise ? La ville reste une portion du comté d'Osceola sans statut de municipalité et donc sans maire ni conseil municipal élu par les résidents. C'est la Celebration Company qui fixe les règles. En théorie, une fois tous les logements vendus, le contrôle devrait revenir à une association de propriétaires. Toutefois, la Celebration Company « se réserve un droit indéfini de désapprouver certaines actions, règles ou programmes de l'association »…

Très vite, des résidents ont émis des protestations concernant l'occupation de certaines boutiques de Celebration. En effet, les magasins du centre-ville étaient au départ tous réservés par Disney, ce qui faisait que les résidents pouvaient trouver toutes sortes d'objets collectors de Disney, mais qu'il n'y avait, en revanche, ni de station essence ni de vidéos-clubs. Disney s'est finalement décidé à louer ces magasins à des tiers.

Quatre ans après l'inauguration de Celebration, la ville compte 2 736 habitants. En 2004, on en recense 9 500. Elle doit accueillir à terme 20 000 personnes. Au fil des années, la Walt Disney Company se désengage petit à petit de la gestion de Celebration. Le 30 avril 2002, Disney revend pour 22 millions de dollars les 850 hectares (achetés 14 millions de dollars dix ans plus tôt) situés à quelques kilomètres de Celebration à Karl Corp., une société de développement immobilier de West Palm Beach. Fin septembre 2003, Disney revend les 65 hectares du terrain de golf à C.S. Golf Partners. En janvier 2004, Disney vend la gestion d'une partie du centre-ville de Celebration, Market Street, au fonds d'investissement new-yorkais Lexin Capital. La transaction concerne une surface de 73 000 m² comprenant seize boutiques, six restaurants, 30 000 m² de bureaux, 105 appartements et trois terrains. Metin Negrin, directeur général de Lexin Capital, est confiant dans l'avenir : « Nous renforcerons la position de Market Street au sein de Celebration en devenant un membre actif de la communauté ».

La Walt Disney Company s'est également fait remarquer par la réhabilitation de Hollywood Boulevard et de la 42ème rue à New York. C'est Robert Stern qui, le premier, souhaite convaincre Eisner de participer, au travers de la Walt Disney Company, à la rénovation de Times Square. De sordides librairies porno ont envahi le quartier et les élégants cinémas de jadis diffusent des films X. Disney se propose de racheter et de restaurer le New Amsterdam Theater pour 34 millions de dollars en vue de la production future de sa comédie musicale *La Belle et la Bête*. Construit en 1903, il était autrefois considéré comme le joyau de la 42ème rue et abrita les Ziegfeld Follies pendant quinze ans avant de tomber à l'abandon. En 1994, Disney exige que deux autres grandes sociétés au moins s'installent dans la rue afin de ne pas laisser le New Amsterdam isolé. Le pari était risqué. Il est remporté brillamment : de très nombreuses compagnies emboîtent le pas à Disney contribuant ainsi à ressusciter l'une des plus grandes artères du monde.

Celebration transcende la ressemblance entre la ville et le parc à thèmes, puisque c'est le parc qui produit la ville, répondant ainsi aux attentes des Américains en matière d'aménagement urbain. En 2004, Jaquelin T. Robertson et Robert A.M. Stern, les deux architectes responsables du plan d'ensemble notent : « Dix ans après l'annonce du projet, Celebration est un succès. Elle marque une étape importante pour le développement futur de communautés, une démonstration convaincante qu'il est possible de faire et de vendre une ville. Celebration a été entreprise avec beaucoup d'espoirs par son maître d'œuvre, la Walt Disney Company, dont le dirigeant, Michael Eisner, poussa à sa concrétisation. Celebration contribuera à l'amélioration de la qualité de vie des Américains. Les objectifs de Celebration, convivialité, pérennité et fort esprit de cohésion communautaire, trouvent un écho favorable auprès d'un large public : des consommateurs, des éducateurs, des fonctionnaires, des politiciens et des professionnels de la santé. Dans les années à venir, les noms des architectes et des planificateurs de Celebration auront probablement été oubliés par beaucoup. Mais la ville demeurera un témoin précieux de la résistance de la tradition et de l'attrait des villes américaines ».

A la reprise du projet Celebration en 1994, Marty Sklar déclarait : « Les idées originelles de Walt sont toujours extrêmement vivantes. Nous ne les avons jamais réellement oubliées. Nous les avons simplement gardées en réserve pour les ressortir au bon moment ».

* * *

Le 15 juin 1989, Jean Poulit, directeur de l'EPA-Marne annonce l'investissement de 55 milliards de francs pour la ville nouvelle sur une période de dix ans (1984-1994). Un programme qui place à l'époque Marne-la-Vallée en tête des grands chantiers d'aménagement européens devant l'Eurotunnel (52 milliards), l'Exposition Universelle de Séville (32 milliards) et les Jeux Olympiques de Barcelone (24 milliards). Un mois plus tard, Michel Rocard, alors Premier ministre, rappelle les grandes orientations ministérielles et déclare que l'Etat assurera à court terme la maîtrise foncière de certains secteurs stratégiques, dont la zone déjà appelée « Val-d'Europe ».

Les difficultés du départ ont empêché aux projets immobiliers de Disney de se concrétiser. Le schéma directeur d'Ile-de-France de 1994 prévoit de créer 22 000 emplois pour attirer 12 000 habitants nouveaux dans le nouveau centre urbain de Val-d'Europe « à l'horizon 2015 ». Il est donc prévu la construction de 500 000 m² de bureaux et d'activités, 100 000 m² de commerces, 4 000 logements et 1 000 chambres d'hôtels dans les vingt prochaines années. Les investissements privés nécessaires sont officiellement évalués à 8 milliards de francs (1,21 milliard d'euros). Cet aménagement devrait être complété par le développement d'un pôle d'enseignement supérieur et d'un site destiné à la recherche. Val-d'Europe est ainsi appelé à devenir le deuxième centre urbain de Marne-la-Vallée, après celui de la Porte-de-Paris à Noisy-le-Grand. A l'été 1994, avec la fin de la restructuration financière d'Euro Disney, Dominique Cocquet se souvient des atermoiements bien légitimes du départ : « La question était de savoir comment enclencher le système du cercle vertueux… et pas aventureux ».

En 1995, le nombre de création d'emplois liés à l'installation du parc est estimé à trente-sept mille, dont 90 % sont occupés par des résidents d'Ile-de-France et plus particulièrement par des résidents de Seine-et-Marne (36 % du total). Une étude de l'EPA-

France montre que le parc est à l'origine de la venue de plus de 6 % des 60,5 millions de touristes accueillis en 1995 en France. Les visiteurs étrangers, qui représentent 62 % des soixante millions de visiteurs accueillis depuis l'ouverture, ont laissé 8,2 milliards de francs de devises dont 4,8 milliards dépensés hors du parc. Grâce à la restructuration financière de 1994, le groupe Euro Disney dégage ses premiers bénéfices en 1995. Entre 1995 et 1997, l'équipe de direction analyse ce pourrait contenir une deuxième phase.

Dès 1996, les projets immobiliers de Disney font à nouveau parler d'eux. En introduction du rapport annuel 1996, Euro Disney rappelle que « le groupe contrôle 1 300 hectares de terrains non encore développés, situés à 32 kilomètres du centre de Paris et dotés de moyens de transport et d'infrastructures exceptionnels récemment renforcés par des liaisons directes en train rapide avec Londres, Bruxelles et l'ouest de la France. (...) En coordination avec les autorités locales, le groupe a décidé de mettre en œuvre une nouvelle phase de développement, principalement financée par des tiers. Ce programme permettra tout d'abord d'affirmer la présence de Disneyland Paris en tant que destination de loisirs grâce au doublement de la capacité de Disney Village. En outre, il permettra d'amorcer la construction du centre urbain de Val-d'Europe. (...) Un espace commercial international, des logements, des bureaux ainsi que d'autres infrastructures publiques figurent parmi les développements envisagés dans le cadre du nouveau programme. »

Durant le creux d'activités entre 1992 et 1997, l'EPA-France continue de négocier avec Disney sur la seconde phase et l'on prévoit à l'époque un très grand deuxième parc, abandonné à la dernière minute en 1994. L'EPA a développé les parcelles hors de l'emprise Disney et a effectué des études de chalandises pour un hypothétique centre commercial sur le secteur IV.

Le 30 septembre 1996, Jean-Jacques Ivain, président de la Chambre de commerce et d'industrie de Meaux, s'abstient lors de l'examen par la Commission départementale d'équipement commercial (CDEC) du projet de centre commercial du Val-d'Europe annoncé par Disneyland Paris et la CGC-Segece, une filiale de la Compagnie bancaire. Le vote favorable de la CDEC ouvre la voie à la réalisation de l'ensemble commercial prévu à la convention de 1987. Situé à moins de trois kilomètres du parc à thèmes, le projet prévoit l'ouverture, dès l'an 2000, d'un complexe commercial de 90 000 m² ainsi que la construction de 1 000 logements, d'un pôle universitaire, d'une nouvelle gare RER et de diverses infrastructures routières pour un montant total de 5 milliards de francs dont un peu plus de deux milliards pour le seul centre commercial. Euro Disney annonce la création de 2 500 emplois supplémentaires. Dès 1987, le centre commercial Val-d'Europe est prévu sur le tracé du TGV. Ce projet interrégional pris par décret impose une forte pérennité des sols. Pourtant, Disney n'est guère enthousiaste. Il souhaiterait pouvoir l'installer près de l'autoroute. Si l'EPA insiste auprès de Disney pour que le centre commercial passe par-dessus les lignes de TGV et de RER, c'est qu'on veut éviter une rupture entre les deux espaces. Ces deux tracés constituent de véritables tranchées en plein milieu de Val-d'Europe. Or, chacun attend un centre commercial ouvert sur la ville et donc à cheval sur le TGV. Les idées structurantes de l'EPA consistent à créer une ville qui bénéficie d'une certaine animation avec ses places accueillantes.

Philippe Ravanas, l'un des porte-parole d'Euro Disney, s'explique : « L'espace commercial international n'est que l'ossature d'une ville à venir. Pendant cinq ans, nous nous sommes concentrés sur notre mission touristique. Aujourd'hui, il est temps de passer à la seconde phase : la constitution d'un véritable pôle urbain ».

Michèle Welinski, présidente de l'association Lagny commerces, qualifie les mesures compensatoires de « poudre aux yeux. (...) Nous sommes déjà cernés par les grandes surfaces de Pontault, Torcy, Chelles et Meaux. L'ouverture du Val-d'Europe signera l'arrêt de mort du commerce indépendant. Les prêts bonifiés pour refaire nos façades et les études pour revitaliser les centres-villes n'y changeront rien ».

Euro Disney notifie officiellement aux pouvoirs publics son intention de lancer le développement urbain du Val-d'Europe. Diverses autorisations administratives doivent être obtenues d'ici mai 1997. Ce projet comprend, outre la construction d'un centre commercial, la création de magasins d'usine haut de gamme appelés provisoirement « Pavillon de la Mode ». Les développements immobiliers sont également bien avancés : la première phase de développement autour de la ville de Bailly-Romainvilliers est maintenant achevée. La prochaine étape concerne le développement résidentiel autour du terrain de golf ainsi que le centre urbain.

Le 11 avril 1997, Philippe Ravanas déclare pour le cinquième anniversaire de Disneyland Paris : « On a la place de se développer et d'envisager d'autres produits. Aujourd'hui, l'objectif, c'est surtout de s'assurer que l'existant finit de trouver ses marques et sa viabilité économique ».

Le 13 septembre 1997, le conseil d'administration de l'EPA-France approuve le programme détaillé de la nouvelle phase de développement.

Le 9 décembre 1997, l'ensemble des autorités publiques françaises concernées entérinent officiellement le programme de la phase II prévoyant un investissement de 4,5 milliards de francs dont 758 millions d'investissements publics, la création de 3 800 emplois hors BTP et de 6 000 à 8 000 emplois par an pendant trois ans dans les BTP, la réalisation du deuxième échangeur sur l'autoroute A4, la construction de 16 000 logements collectifs et individuels, de nouveaux équipements publics (deux écoles primaires et un terrain de sport), de 30 000 m² de bureaux, d'équipements et de services. Le centre urbain de Val-d'Europe dispose d'une Zone d'aménagement concerté (ZAC) prévue pour 8 100 logements, d'un parc d'activités international de 33 hectares et d'un espace commercial international de 90 000 m².

La Convention avec l'Etat signée en 1987 prévoit le droit d'Euro Disney SCA, sous réserve de certaines conditions, d'acquérir les terrains nécessaires à la réalisation du projet. L'exercice par Euro Disney de ses droits d'acquisition de terrains est soumis à certaines échéances de développement qui, si elles ne sont pas respectées, entraîne l'extinction de ces droits fonciers. Pour Dominique Cocquet, directeur du développement chez Euro Disney, la convention de 1987 est « géniale » dans le sens où elle crée une tension créatrice permettant l'amélioration par l'écoute et le défi. La convention implique la notion de « meilleurs efforts » et une obligation de moyens. « On a inventé un partenariat public/privé. On ne peut pas se délocaliser ! On doit toujours se projeter sur le long terme » note-il. Disney propose les parcelles, l'EPA contre-propose puis cède les terrains lot par lot et édicte des directives d'architecture et d'urbanisme. Disney répercute ensuite le dossier, choisit les promoteurs et les architectes. Au 31 décembre 1997, toutes les échéances de développement minimal ont été satisfaites et aucun droit foncier n'a expiré faute d'utilisation. L'échéance suivante est le 31 décembre 2007. En 1997, le premier tiers des terrains a été urbanisé sans problème. Pour 2007, le deuxième tiers a été ramené de 1 200 à 1 000 hectares. Les dernières opérations doivent être effectuées avant le 31 décembre 2017. Pour Bertrand Ousset, directeur général de l'EPA, les retards pris par Disney ne seront pas rattrapés. Si les échéances ne sont pas respectées, l'EPA reprendra les terrains à son compte. M. Ousset pense qu'il faut revoir les règles de partage très rapidement. Une fois les trois phases achevées, Euro Disney aura réalisé la totalité des logements prévus à la convention sur une surface deux fois moins grande. Les constructions ont été plus denses que celles envisagées en 1987. Il faut dire, que sous l'influence du mouvement néo-traditionnel, les architectes américains de Disney pensent qu'une plus grande concentration de population favorise la convivialité des lieux.

En contrepartie de ces droits fonciers, Euro Disney SCA et Euro Disneyland SNC ont l'obligation de payer annuellement à l'EPA-France les frais de portage financier concernant les 1 300 hectares de terrain non aménagés autour du site. Ces paiements se sont élevés à environ 14 millions de francs au titre de chacun des exercices 1993 à 1997 et à environ 13 millions de francs au titre de l'exercice 1998. En outre, en vertu de la Convention, Euro Disney SCA, Euro Disneyland SNC, Euro Disney Associés SNC et l'Etat français ont garanti un minimum de ressources fiscales au département de la Seine-et-Marne. Si les ressources du département sont inférieures au montant des fonds supportés par lui au titre des infrastructures primaires et secondaires au cours de la période s'étalant de 1992 à 2003, l'Etat, d'une part, et Euro Disney SCA, Euro Disneyland SNC, Euro Disney Associés SNC, d'autre part, devront rembourser à parts égales au département la différence entre les ressources perçues et les fonds engagés, jusqu'à concurrence d'un montant global de 200 millions de francs (valeur 1986). Ces paiements seraient effectués en 1999 et 2004.

Euro Disney ne peut décider seul des grandes orientations, ni des équipements, ni du style architectural de la ville. Si Disney a l'entière liberté en ce qui concerne ses parcs à thèmes et ses hôtels, il n'en est pas de même pour l'opération d'urbanisme de Val-d'Europe. Disney tente d'éviter d'être accusé, à nouveau, de « colonialisme culturel ». Michel Drech, président de l'EPA-Marne/EPA-France, souligne : « Même si Euro Disney veut réaliser une opération en cohérence avec le parc de loisirs, elle est obligée d'imaginer une ville qui devra être gérée par les élus des communes ou leurs représentants ». Dominique Cocquet est très clair : « Nous n'allons surtout pas chercher à faire une ville à la Disney. Nous voulons, au contraire, rester dans le style de la région. L'architecte américain Jaquelin Robertson, un amoureux de la France, nous a beaucoup aidés. En tout, ce sont près de cinquante architectes qui se sont relayés sur Val-d'Europe depuis 1995. Ce n'est pas une ville disneyisée, ni un univers protégé. Ce n'est pas non plus une opposition entre le yin et le yang, entre une ville imaginaire et une ville réelle. On n'a jamais voulu faire une ville Disney. C'était impensable ! Nous avons peu communiqué sur Val-d'Europe exprès. Nous n'avons rien à voir avec une *gated-community* ! ». Il est vrai que, contrairement à Celebration, il n'y a pas de zone tampon séparant Val-d'Europe du reste des villages alentour. Dominique Cocquet le répète : « Nous n'avons aucun contrôle sur les villages. Mais, c'est fondamental. Ces villages sont les témoins, les racines de ce qu'a été cette terre de Brie. La fiscalité étant bonne, les communes ont pu restaurer des églises, des lavoirs, des anciennes fermes. C'est un devenir qui n'est pas nostalgique, mais vivant. C'est une autre façon de montrer le monde vivant. Les élus sont en plus très attachés à leurs bourgs ». Euro Disney doit donc assurer la cohérence entre les projets des promoteurs et des industriels pour les programmes du centre urbain et les souhaits de l'EPA. L'architecte américain Robert A.M. Stern a lui aussi travaillé sur le projet Val-d'Europe : « On nous a laissé beaucoup de latitude. On n'a pas exporté un modèle. On est en France pour des Français ».

L'EPA-Marne et l'EPA-France emploient près de 130 personnes : professionnels de l'urbanisme et de l'aménagement, mais aussi du développement économique, des travaux d'infrastructures et superstructures. EPA-Marne et EPA-France sont liés dans leur mission qui est d'aménager et d'impulser le développement de Marne-la-Vallée. En partenariat étroit avec les collectivités locales, ils interviennent dans tous les domaines de l'aménagement urbain : bureaux et activités, logements et équipements publics, réseaux routiers et espaces verts. Ces interventions prennent des formes multiples : conception de projets et pilotage de leur mise en œuvre, lancement d'études et programmation des financements, réalisation de travaux et accompagnement des collectivités locales, commercialisation de terrains et promotion du territoire.

L'événement le plus important de l'année 1998 pour Euro Disney SCA ne se situe pas au cœur du parc mais à trois kilomètres à peine. En octobre 1998, la pose de la première pierre du nouveau pôle d'activités du Val-d'Europe marque symboliquement sa naissance, « un projet appelé à devenir le premier catalyseur pour nos futurs projets de développement » selon les termes de Gilles Pélisson. En association avec les pouvoirs publics et les élus locaux, Euro Disney contribue à développer une ville à taille humaine, « privilégiant la qualité de vie et le respect de l'environnement » précise le PDG du groupe. Pour autant, le centre urbain Val-d'Europe n'a pas d'existence administrative propre : il est à cheval sur trois communes, Chessy, Serris et Montévrain. La difficulté principale consiste à rendre naturel et homogène le passage entre la destination touristique et la nouvelle ville. Elle sera dotée « d'une forte identité, mêlant la tradition briarde à une dimension internationale, servie par une architecture soignée et mûrement réfléchie » ajoute enfin Pélisson. Bertrand Ousset concède que « Disney a certainement pesé lourdement dans le fait qu'on s'oriente dans une architecture néo-haussmannienne ». Pour Dominique Cocquet, l'exotisme à Val-d'Europe réside dans la quête du génie du lieu, dans un dialogue, une intuition. Ainsi, « la gare RER à la Guimard et la médiathèque couverte de marbre dialoguent-elles afin d'empêcher la pensée unique ». Pour M. Cocquet, Val-d'Europe s'inscrit dans une architecture de l'enracinement, « c'est une ville d'ici ». Disney et l'EPA ont cherché une continuité culturelle (la culture gréco-latine), la mise en place de repères et un urbanisme familier tout en le réinventant. L'architecture classique doit subir l'épreuve du temps. A cet égard, le style du Centre commercial international est directement inspiré des halles Baltard. Les activités de développement immobilier, dont la majeure partie est liée au projet Val-d'Europe, contribuent ainsi au résultat de l'exercice 1998 à hauteur de 112 millions de francs grâce à Val-d'Europe Promotion SA, filiale détenue à 99,8 % par Euro Disney SCA. Outre ce centre commercial (avec un hypermarché, une galerie marchande, des boutiques haut de gamme vendant à des prix réduits), le centre urbain de Val-d'Europe inclut également une seconde gare RER et près de 1 600 logements ainsi qu'un centre d'affaires, l'ensemble devant être achevé pour l'an 2000.

Au 30 septembre 1999, 727 hectares de terrains sont développés ou font l'objet d'engagements de développement (sur les 1 300 restants). Pour Marty Sklar, de Walt Disney Imagineering : « Comme toutes les grandes idées, le projet était simple : créer au cœur de l'Europe un lieu unique, à la fois maîtrisé et ouvert sur le monde. Le site : les abords d'une vallée verdoyante d'Ile-de-France, à trois heures seulement de Londres, Amsterdam et Bordeaux, à deux heures de Lyon, à heure et demie de Bruxelles et à 35 minutes de Paris (…) Nous avons la volonté de faire de ce site un lieu de complémentarité et d'énergie créatrice entre les loisirs, les activités économiques et la vie de tous les jours. Cette vision, nous l'appelons la Ville de l'Imagination ».

La Walt Disney Company a imposé son architecte américain, Jaquelin Robertson qui a réalisé Celebration pour coordonner l'ensemble des travaux d'aménagement. L'Américain est secondé par un Français de l'EPA-France. Le cœur de cette ville « Imagination » est donc un immense centre commercial. Son cœur est alimenté par deux quartiers d'habitations livrés en 2002 et 2008. Le centre commercial se présente comme le trait d'union entre les quartiers ouest et est de Val-d'Europe.

On attend 14 millions de visiteurs par an au centre commercial qui est conçu selon un modèle inspiré de l'architecture de Baltard, du musée d'Orsay et des halles de

Paris : des halles Baltard pour le mail ouest ; des passages parisiens pour son mail central ; des Grands Magasins pour sa partie est ; des jardins des serres d'Auteuil pour l'espace restauration. Il est unique en son genre de par son organisation intérieure avec ses passages parisiens, qui assurent la cohérence de l'ensemble du quartier. Tout comme Celebration, Val-d'Europe est imprégné de néo-urbanisme et propose même un nouveau concept en France à mi-chemin entre le centre commercial traditionnel et le parc d'attractions : le *shoppentertainment* : faire ses courses en se divertissant. Le centre se présente comme la synthèse architecturale parfaite de deux tendances : américain dans sa philosophie et français dans ses thèmes. Le centre commercial s'inspire de la phrase de Wing Chao de Walt Disney Imagineering : « Construire, c'est comme dans un film, une seule scène à la fois ». Pour la demande de culture des habitants de Val-d'Europe « c'est aux édiles locaux de le faire, par contre, notre préoccupation essentielle est la convivialité » note Dominique Cocquet. « L'homme doit être au centre des choses. Nous enregistrons 15 millions de passages au centre commercial de Val-d'Europe et 5 millions au Disney Village. Les gens viennent de très loin. Le centre commercial mesure 700 mètres de long. C'était un pari audacieux. Il se présente comme une séquence, une évocation de l'enracinement parisien, une émotion. » Tout comme à Disneyland, tout est ici thématisé. Les lieux doivent avoir une histoire (un *spiel*) et la raconter. L'ensemble du centre commercial est conçu comme un parcours de promenade à partir d'un centre ville (galerie marchande) vers un village rural (reconstitution d'une rue traditionnelle nommée La Vallée Outlet Shopping Village).

La Vallée a ouvert ses portes en juin 2001. Elle se présente comme un faux village briard de Seine-et-Marne. Cette enclave de 15 000 m² propose à la vente les surplus de 54 marques de prêt-à-porter de luxe. Après avoir imité les bourgades de la campagne anglaise près de Londres, les maisons flamandes aux environs de Bruxelles et les haciendas à Madrid ou Barcelone, Scott Malkin, PDG de la société américaine de villages commerciaux Value Retail (chiffre d'affaires de 350 millions d'euros) s'est intéressé à la France. Cette cinquième version est censée « promouvoir l'architecture et les sites historiques d'Ile-de-France » selon Emmanuelle Delanoë, directrice générale du marketing. Un sixième village est déjà prévu en Italie près de Florence en juin 2003, un septième près de Francfort en décembre 2003 et un huitième près de Munich à l'été 2004. Le touriste consommateur est immergé dans le « folklore local », sans franchir les limites du centre commercial Val-d'Europe. La plupart des visiteurs ignorent d'ailleurs qu'il y a les vrais châteaux de Vaux-le-Vicomte, Fontainebleau, Ferrières-en-Brie ou Champs-sur-Marne à proximité. Après des débuts modestes, La Vallée Outlet Shopping Village reçoit 40 000 clients chaque semaine dont 40 % d'étrangers.

Le centre commercial Val-d'Europe tout entier baigne dans un parfum de luxe (un pianiste joue régulièrement des morceaux) et une profusion de services (hôtesses, bagagistes, cireurs, voituriers, navettes… un service de steward à la caisse permet également de récupérer ses courses à sa voiture). En plus des cent trente boutiques, les visiteurs ont droit à dix moyennes surfaces de renommée internationale, à des boutiques de luxe, à l'aquarium Sea Life, à un centre de fitness, à des espaces de détente, à des animations culturelles et à des activités gratuites pour les enfants. L'hypermarché Auchan de 16 000 m² est probablement le dernier du genre avant longtemps en France. La loi Raffarin de 1995 instaure, en effet, un contrôle administratif tatillon lors de la création de toute surface commerciale supérieure à 300 m², cherchant ainsi à bannir ce genre de construction au nom de l'harmonie entre les différentes formes de commerces. L'ouverture de cet hypermarché apparaît à certains comme anachronique. Pour le groupe de la famille Mulliez, il s'agit plutôt du début d'une nouvelle ère. Auchan Val-d'Europe se veut porteur d'un nouveau concept d'hypermarché, au moment même où il est remis en cause par la loi et par les consommateurs.

Le 24 octobre 2000, le centre commercial Val-d'Europe ouvre au public : 445 000 franciliens ont accès au site en moins de 45 minutes en transport en commun. Cette inauguration s'accompagne du lancement d'une nouvelle phase de développement hôtelier, du début des travaux du centre urbain de Val-d'Europe, de la finalisation d'un accord général de développement du parc d'entreprises, de l'augmentation constante du chiffre d'affaires des centres de convention et de Disney Village pour Disneyland Paris et surtout des développements immobiliers avec des programmes résidentiels et de bureaux. Le centre commercial Val-d'Europe qui s'étend sur 24,5 hectares étant considéré comme un site stratégique, Euro Disney bénéficie d'un bail emphytéotique, mais il n'est pas exclu que le groupe le revende un jour. Disney garde également le contrôle du terrain des hôtels. Pour tout le reste, Disney les vend à des promoteurs privés.

Pour le projet Val-d'Europe, trois promoteurs immobiliers Féréal-CGIS, Meunier Promotion et Bouygues Immobilier commencent la construction d'un ensemble de 600 appartements de qualité dans le Quartier de la Gare, près de la gare RER. Ce quartier s'organise autour d'une vaste place urbaine avec ses restaurants, bars et commerces. A terme, il comprendra 900 logements, un hôtel 3 étoiles de 150 chambres, 100 000 m² de bureaux et de services, ainsi que l'entrée principale du centre commercial. Bertrand Ousset rappelle que « l'idée était de créer une image forte, immédiatement crédible pour le public. Les acheteurs doivent être assurés qu'en payant cher, ils investissent dans des logements qui vont prendre de la valeur et qui ne vont pas se dévaloriser. On voulait vraiment faire des choses de standing. Il est évident que l'architecture moderne, en tout cas pour tout ce qui est résidentiel, est considérée aujourd'hui comme du logement social et apparaît à beaucoup comme obsolète. Les choix que nous avons faits sont validés par le marché puisqu'on a réalisé un premier quartier, le Quartier de la Gare, où l'on vend en accession des logements d'architecture néo-haussmanienne aux environs de 15 000 francs le mètre carré, un chiffre élevé sur Marne-la-Vallée. C'est d'ailleurs le chiffre le plus élevé que nous ayons pour des logements collectifs. Ils se sont vendus comme des petits pains et ils continuent à se vendre très bien ». M. Ousset rappelle également que le secteur IV Val-d'Europe possède entre 20 et 25 % de splendides logements sociaux. Il souligne en substance que les couches supérieures n'ont pas été attirées par les secteurs I et II de Marne-la-Vallée. Les secteurs I, II et III sont de toute façon des marchés de seconde main.

Ces deux secteurs, historiquement les plus anciens, car les plus proches de Paris, sont caractérisés par une politique d'aménagement marquée par l'innovation et la valorisation de l'espace. Le secteur I, Porte-de-Paris, est marqué par l'urbanisme des années soixante-dix, mettant en avant la modernité et les choix novateurs. Les idées du Corbusier sont reprises : beaucoup d'immeubles collectifs, parfois sur dalle, de grands espaces piétonniers et la voiture à l'extérieur. On crée de l'architecture sur de grands terrains en excluant les rues et les places. Les bâtiments s'imposent et sont très différenciés les uns des autres. Mais, les audaces architecturales, dont le théâtre de Bofill ou « les Camemberts » de Nunez sont aujourd'hui très critiquées. Pour Bertrand Ousset, « les gens n'apprécient pas habiter dans un monument ». Le secteur II, le Val-Maubuée, s'est voulu aéré, semé de parcs et de plans d'eau, à la manière anglo-saxonne. L'EPA a repris le concept de cité-jardin et les idées d'Howard. La centralité n'a ici aucune importance. Il s'agit de vivre en relation avec la nature. Pourtant, ce manque de densité de population engendre un manque d'animations et un certain manque de convivialité.

Les années quatre-vingt marquent un retour d'expérience. L'approche urbanistique de la ville se veut plus traditionnelle avec ses îlots de population, ses places, ses voitures qui stationnent plus facilement. Lors de l'aménagement des secteurs I et II, l'EPA pensait bien faire. Avec le recul, ce n'est pas toujours le cas. Après quinze ans, on change de paradigme de valorisation et l'EPA adopte une approche patrimoniale naturelle et historique. Il s'agit de créer de la valeur. Le secteur III, Val-de-Bussy, autour de Bussy-Saint-Georges revient à une idée classique de la ville. François Tirot, urbaniste à Marne-la-Vallée, se souvient : « Nous avons été très attentifs à l'aménagement des espaces publics, avec des places, presque trop, et des rues ». Bertrand Ousset note que l'inspiration vient de la Cité utopique de la Renaissance, conférant à l'ensemble une architecture néo-traditionnelle. La logique de mitoyenneté prime. La composition architecturale qui se doit d'être très maîtrisée et très homogène s'avère lassante pour les habitants du fait de règles géométriques abstraites.

L'arrivée d'Euro Disney en 1992 a stimulé l'urbanisation du secteur IV, Val-d'Europe. Le parc à thèmes y imprime sa marque et impose son goût. Si la ville de Celebration en Floride tire son inspiration de Main Street, Val-d'Europe choisit pour modèle Discoveryland. De façon évidente, les mêmes formes architecturales, les mêmes tons et les mêmes matériaux se retrouvent à la fois dans ce « land » du parc et dans le centre urbain. Bertrand Ousset s'en défend. Si Disney fait de l'architecture pastiche dans ses parcs, l'EPA fait du néo pour le centre urbain. L'EPA a réalisé ses choix avec Disney. Val-d'Europe n'est « pas une vision à l'américaine mais, au contraire, une vision très européenne ». Val-d'Europe joue avec les références des grandes agglomérations européennes. Avec la même logique qu'à Bussy-Saint-Georges, l'EPA et Disney s'inspirent de Paris, de Londres, de la Toscane et de Vienne. Un thème est choisi pour chaque quartier. M. Ousset se réjouit que le savoir-faire perdu des places soit enfin retrouvé. Il rappelle que l'EPA et Disney avaient eu de graves divergences de point de vue sur la place d'Ariane à la sortie de la gare RER. Disney voulait une petite place rectangulaire très banale. L'EPA a insisté pour qu'elle ait plus de cachet et l'a finalement emporté. En cas de désaccord entre les deux, le recours est le délégué interministériel. Ils sont condamnés à s'entendre. Pour M. Ousset, leur collaboration donne beaucoup de valeur ajoutée à Val-d'Europe. Ainsi, pour ce qui est des espaces pavillonnaires de Bailly-Romainvilliers, l'EPA et Disney ont-ils choisi un style briard néo-traditionnel plutôt réussi. Dominique Cocquet va dans le sens de Bertrand Ousset : « Il y a eu des moments de tension mais elles furent bonnes et fécondes. Ce sont deux animaux territoriaux avec chacun des responsabilités. Les tensions furent créatrices. Le projet a connu la transcendance dans la discussion avec toujours cette notion de meilleurs efforts ».

Et puis, sans l'arrivée de Disney au début des années quatre-vingt, le centre urbain n'aurait peut-être jamais vu le jour car la tentation était alors grande de recéder les terrains. En 1982, dix ans après sa création, la ville nouvelle de Marne-la-Vallée semble en effet plutôt mal partie... En 1983, une lettre interministérielle signée par Pierre Mauroy encourage les entreprises du secteur public à s'installer à Marne-la-Vallée dont il souligne la vocation tertiaire. Les résultats médiocres des premières années s'expliquent en partie par le choix d'implanter, d'abord, les principaux axes de communication. Sur les 25 kilomètres de la ville nouvelle, les rails du RER ont poussé sur la prairie. Avant les immeubles d'habitations et les locaux d'activités. Le grand projet de rééquilibrage de l'agglomération parisienne voulu par Maurice Doublet semble voué à l'échec. Avec le temps, cinq centres urbains au caractère très affirmé sont venus se greffer sur cette épine dorsale qui court parallèlement à la Marne (Noisy-le-Grand, cité Descartes, Val-Maubuée, Val-de-Bussy, Val-d'Europe). Le développement linéaire de Marne-la-Vallée correspond aussi à une sorte de dilution des implantations dans l'espace : du béton de Noisy-le-Grand avec ses immeubles dessinés par Bofill et Nunez aux espaces verts de Disneyland. Dès 1989, Daniel Vachez, maire PS de Champs-sur-Marne, président du SAN du Val-Maubuée, constate : « Disney nous assure une notoriété, une crédibilité inestimable auprès des chefs d'entreprise internationaux. Mais, si Disney a choisi Marne-la-Vallée, c'est en fonction de critères précis et qui correspondent à ceux des autres entreprises. C'est la ville nouvelle la plus proche de Paris, elle bénéficie d'un réseau de communications unique et dispose d'un espace immense : 15 000 hectares ». Toutefois, seules quelques grandes entreprises se sont déjà installées au début des années quatre-vingt-dix : Control Data, Conforama, Honda, Yamaha ou Bull.

En 2001, quatre mois après l'ouverture du centre commercial Val-d'Europe, Euro Disney et Etoiles d'Europe SAS signent un accord pour la construction de trois immeubles de bureaux. Euro Disney conclut également un accord général portant sur le développement et la commercialisation du Parc International d'Entreprises de Val-d'Europe avec la société britannique Arlington Securities Plc., spécialisée dans la gestion de parcs d'entreprises. S'étendant à terme sur 150 hectares (et 650 000 m² de bureaux), une première tranche occupera 40 hectares. Euro Disney paraphe enfin une lettre d'intention avec la société française de tourisme Pierre & Vacances pour la construction d'une résidence de tourisme 3 étoiles de 210 chambres à Val-d'Europe.

Et ce n'est pas terminé ! Alors que Disneyland Paris propose déjà 5 800 chambres d'hôtels, on prévoit d'ici à 2003, de 1 000 à 1 500 chambres supplémentaires. C'est ainsi que pour accompagner cet extraordinaire développement, Euro Disney conclut des accords avec quatre grandes chaînes hôtelières en février 2001 : Airtours, Envergure, Six Continents et Marriott Vacation Club International. Chacun de ces groupes doit construire un nouvel établissement sur le site d'ici à 2003 dont trois nouveaux hôtels. Six Continents assure la construction d'un Holiday Inn de 400 chambres, Airtours UK Leisure Group d'un établissement de 400 chambres et Envergure celle d'un hôtel Kyriad de 300 chambres. Ces trois hôtels sont dotés d'une architecture inspirée des demeures et châteaux d'Ile-de-France situés dans un nouveau quartier hôtelier appelé « Val-de-France ». Le thème de l'Americana avait été choisi pour les premiers hôtels du site en 1992. Il ne s'agit donc pas de singer Disney mais il est pour autant hors de question de faire « suburbain ». Le thème « Val-de-France » est retenu : il s'agit d'offrir aux étrangers un bout de France qui domine la vallée du Morin. Disney n'a pas la main sur l'architecture et l'on ne peut que se féliciter qu'il n'y ait pas eu de répétition de l'univers Disney ou bien d'une vulgaire architecture d'hôtellerie de chaînes. Un compromis a été trouvé entre ces deux extrêmes.

Ces chambres supplémentaires doivent contribuer à répondre à une demande en nette augmentation et qui devrait s'accroître avec l'ouverture des Walt Disney Studios au printemps 2002. En 2003, deux résidences de vacances nouvelles : « Pierre & Vacances Paris, Val-d'Europe » au centre-ville et le « Marriott's Village d'Ile-de-France » implanté sur le golf 27 trous de Disneyland Resort Paris doivent également ouvrir.

En plus de la signature de tous ces accords, l'année 2001 voit l'inauguration de la Vallée Outlet Shopping Village, de la nouvelle gare RER Val-d'Europe (Serris-Montévrain) le 8 juin, du lancement de la construction d'un échangeur reliant le centre-ville de Val-d'Europe et l'autoroute A4 dont l'achèvement est prévue au printemps 2002 (le boulevard circulaire de la nouvelle agglomération est achevé en 2001 ; il doit ensuite être relié à un axe majeur, l'autoroute A4, par le nouvel échangeur de Jossigny). Le site se voit ainsi doté de trois échangeurs autoroutiers, de deux gares RER et d'une gare TGV.

Le centre-ville de Val-d'Europe doit être terminé au printemps 2002. L'université de Marne-la-Vallée doit accueillir ses premiers étudiants à l'automne de la même année. Pour montrer l'exemple, la Walt Disney Company (France) annonce qu'elle déménagera une partie de ses bureaux de Paris (avenue Montaigne notamment) à Val-d'Europe en 2003 pour occuper une superficie de 10 000 m².

En septembre 2001, la première pierre du Parc International d'Entreprises « Arlington Business Park – Paris Val-d'Europe » est posée. En 2001, Val-d'Europe franchit une nouvelle étape vers l'accomplissement de son objectif : devenir un pôle économique majeur de la région parisienne. Son cœur de ville animé, le Quartier de la Gare, est quasiment achevé.

Euro Disney SCA lance alors le Quartier du Parc, nouveau quartier résidentiel en centre-ville, situé près d'un parc urbain et comprenant 750 logements ainsi qu'une résidence de tourisme Pierre & Vacances. Quatre nouveaux programmes résidentiels démarrent au début 2002 lancés par les promoteurs Capri, Marignan, Kaufman/Haussman et CFH. L'objectif est de créer une ville à échelle humaine. Le Groupe Euro Disney a utilisé, fin 2001, 900 hectares sur un total de 1 943. La moitié du parcours est presque atteint.

Pour la saison 2001, les revenus liés aux activités de développement immobilier ont contribué pour un montant record de 23,8 millions d'euros à l'augmentation de la marge opérationnelle à comparer aux 2,9 millions d'euros de l'exercice précédent. En l'espace de quarante ans, le département de Seine-et-Marne, qui totalise à lui seul 49 % de la surface d'Ile-de-France, a doublé sa population. De 1,2 million d'habitants en 1999, il devrait atteindre, selon les prévisions, 1,5 million d'habitants d'ici à 2015. Essentiellement rurale, la Seine-et-Marne dispose encore d'énormes réserves foncières pour accompagner la poursuite de l'urbanisation de l'agglomération parisienne. Mais pour certains nouveaux résidents, le rêve attendu vire parfois au cauchemar. Celui, quotidien, des heures passées dans les transports en commun bondés ou dans les embouteillages permanents de l'autoroute A4 ou de la RN104. Pour l'essentiel, la majorité de ses habitants continue de travailler à Paris. La proportion d'habitants salariés dans le département n'a cessé de diminuer. En réalité, la majorité des emplois créés concernent le secteur tertiaire du commerce, du tourisme et des plates-formes logistiques, qui salarie une main-d'œuvre peu qualifiée. Le projet Val-d'Europe lui-même est controversé. La journaliste Lucie Geffroy dans Le Monde 2 du 13 janvier 2007 dans un article intitulé « J'habite la cité idéale » rappelle : « Beaucoup d'observateurs lui reprochent son parti pris architectural, le recours systématique au pastiche, la création artificielle d'un esprit village, la confusion permanente entre ce qui relève du tourisme et ce qui relève proprement de l'urbain ». Ericc Lapierre, architecte et critique en architecture, fustige les valeurs que cela sous-tend : « Val-d'Europe incarne une idée de bien-être consumériste, primaire et réactionnaire : une survalorisation des loisirs, pas de pauvres, et une convivialité qui se résume à quelques barbecues entre gens identiques, des jeunes cadres avec enfants, riches mais pas trop. C'est la victoire de la classe moyenne dans ce qu'elle a de pire ».

* * *

En 2002, le secteur IV de Marne-la-Vallée fournit près de douze mille emplois pour une population totale d'environ douze mille habitants en 2002. Entre 1998 et 2002, plus de 1,65 milliard d'euros d'investissements privés a été consacré à la construction de Val-d'Europe pour 150 millions d'euros de fonds publics (réseaux d'assainissement, gare RER de Serris-Montévrain et échangeur de Jossigny sur l'autoroute A4).

A la fin de l'année 2002, Euro Disney SCA a conclu des accords en vue de l'ouverture de 1 900 chambres d'hôtel ou résidences de vacances dans les 18 mois suivants (dont 1 450 doivent ouvrir avant l'été 2003). Une fois cette étape franchie, la capacité hôtelière du site sera de 7 800 chambres soit une augmentation de 35 %. A terme, il est prévu 300 000 m² de bureaux dans le centre ville et 660 000 m² dans le Parc International d'Entreprises développé par Arlington, 150 000 m² de commerces (dont 130 000 m² pour le centre commercial). C'est également une ville qui prend vie avec 5 400 logements, 2 400 résidences de vacances et 13 000 chambres d'hôtel. Dans les quinze années suivantes, Val-d'Europe devrait générer 40 000 emplois, dont la moitié est d'ores et déjà atteinte. Val-d'Europe a triplé son nombre d'habitants depuis 1992. Ils sont aujourd'hui 15 000 et seront près de 40 000 à l'horizon 2017.

Comme prévu, entre les printemps 2003 et 2004, un nouveau quartier hôtelier ouvre ses portes : « Val-de-France ». Quatre nouveaux hôtels gérés par Six Continents, MyTravel UK Leisure Group, Envergure et LTI International Hotels, et des résidences de tourisme développées par Pierre & Vacances et Marriott Vacation Club viennent renforcer l'ensemble. Au printemps 2003, les trois nouveaux « hôtels conseillés Disneyland Resort Paris » sont inaugurés avec une capacité de 1 080 chambres : MyTravel's Explorers Hotel est une demeure du légendaire Sir Archibald de Bacle, hôtel 3 étoiles de 380 chambres rempli d'objets glanés aux quatre coins du globe. Cinq restaurants à thèmes sont à la disposition des résidents de l'hôtel. Le Kyriad Hotel est construit dans le style traditionnel français de la Brie. Cet hôtel 2 étoiles offre une vue panoramique sur les bois environnants et se trouve à quelques pas d'un lac. L'Holiday Inn est un hôtel 4 étoiles, de 400 chambres et 23 suites Junior conçu dans le style des grands manoirs de la campagne française.

En juillet 2003, Euro Disney SCA et EPA-Marne/EPA-France signent un accord portant sur le programme de développement de la troisième phase de Val-d'Europe. Cette troisième phase d'aménagement comprend trois axes complémentaires qui doivent contribuer au renforcement de ce pôle économique. Le premier axe est la poursuite de l'impulsion donnée dans le développement urbain, et particulièrement des projets qui augmenteront la capacité de Val-d'Europe à accueillir, en centre-ville et dans les quartiers avoisinants, de nouveaux habitants, entreprises et particuliers. Le deuxième axe porte sur la poursuite du développement touristique notamment l'expansion du Disney Village et le renforcement du secteur du tourisme d'affaires. Quant au troisième axe, il consiste en la recherche de concepts touristiques innovants, y compris l'initiative « Les Villages Nature ». En évoquant ce dernier projet, Gilles de Robien, Ministre de l'équipement et des transports, a souhaité aux dirigeants d'Euro Disney « la poursuite de [leur] aventure ». Les « Villages Nature » sont des projets touristiques basés sur les valeurs de la relaxation, du respect de l'environnement, du sport et des loisirs. Ce projet, toujours à l'étude, serait développé à partir de 2008 sur 560 hectares situés au sud de l'autoroute A4, et constituerait une offre touristique complémentaire à celle de Disneyland. Selon le projet, quatre villages seraient développés en synergie autour des thèmes de l'Eau, de la Terre, du Sport et de la Forêt. Une attention particulière serait portée à la protection des sites « Villages Nature » : la surface construite serait de l'ordre de 10 %, les 90 % restants demeurant des espaces naturels, préservés ou confortés dans leur vocation naturelle. Le projet est officialisé le 12 février 2007 et comprend 7 000 appartements.

Cette troisième phase de développement de Val-d'Europe doit créer environ 8 500 nouveaux emplois et représente de 810 millions à « 1,2 milliard d'euros d'investissements privés et 100 millions d'euros d'investissements publics en matière d'infrastructures » souligne Gilles de Robien. Elle prévoit également la construction de

1 700 nouveaux logements avant 2010 dont des appartements et des maisons individuelles mise en location ou en vente. Une place piétonne doit être créée et sera bordée de restaurants et de services (la Place de Toscane, inaugurée le 6 décembre 2006, est une extension du centre commercial avec 1 000 m² de restaurants sous verrière, 2 400 m² de restaurants en plein air, des boutiques ainsi que 150 nouveaux logements). Un nouveau quartier, le Quartier du Lac, sera développé et comprendra 330 logements, des bureaux, des résidences de tourisme et l'Hôtel de Ville de Serris. D'autres développements sont prévus pour le Quartier résidentiel du Golf, Val-de-France et le Quartier du Parc.

Cette phase de développement augmentera la capacité de Val-d'Europe en termes de parcs de bureaux périurbains avec la création de 100 000 m² de bureaux en centre ville et dans le Parc d'Entreprises Arlington. De par la crise économique, 2001-2005 ont été des années plates en ce qui concerne la vente de bureaux. Pour ce qui est du parc d'entreprises Arlington, Dominique Cocquet « n'est pas du tout déçu. En neuf, on a construit entre 2001 et 2005, deux fois plus de mètres carrés de bureaux occupés que les trois autres secteurs de Marne-la-Vallée : 50 000 m² contre 19 000 m². (…) Ce sera plus long que l'on ne l'imaginait au départ. Il est difficile de faire changer les mentalités. Nous sommes à 32 kilomètres de Paris, du Triangle d'or, de la Défense, de la petite couronne… On a encore du chemin à faire ! »

Enfin, un effort est fait pour doter Val-d'Europe d'équipements structurants : extension de l'université de Marne-la-Vallée, ouverture d'une médiathèque, d'un nouveau lycée en 2009, et de l'hôpital de Marne-la-Vallée (585 lits) en 2010.

En ce qui concerne le développement touristique, la troisième phase du développement de Val-d'Europe prévoit l'extension du Disney Village avec l'ouverture de nouveaux lieux de loisirs et de restauration ainsi que d'une salle IMAX au Gaumont, un parking de 1 400 places développé avec Vinci.

On étudie également la possibilité d'un troisième centre de congrès de 30 000 m². Le programme d'extension prévoit l'ouverture de deux nouveaux hôtels et d'un site de résidence de tourisme, représentant un total de 2 000 chambres et résidences supplémentaires.

En septembre 2003, Euro Disney SCA, Rezidor SAS Hospitality et Orion signent un accord portant sur la construction d'un nouvel hôtel Radisson SAS à Disneyland Resort Paris. L'hôtel sera situé sur le terrain de golf Disneyland (27 trous), à côté des parcs à thèmes Disney et des centres de congrès (Disneyland Resort Paris avec 10 500 m² d'espaces dédiés aux événements professionnels est le cinquième espace de convention de France, 1 200 événements y sont organisés chaque année). L'hôtel, classé 4 étoiles, disposera de 250 chambres et fera partie des hôtels associés de Disneyland Resort Paris. Il ouvre ses portes à l'été 2005 et s'inspire du style architectural des fermes françaises des XVIIème et XIXème siècle. Mövenpick Hotels & Resorts annonce qu'il ouvrira en juin 2004 un nouvel hôtel à thèmes et classé 4 étoiles à Val-de-France. Inspiré par les châteaux-forts du Moyen-Age, l'hôtel Mövenpick « Château de Rêves » est doté de 400 chambres, de deux restaurants et d'un restaurant en terrasse, tous offrant la cuisine Mövenpick. L'ouverture de cet hôtel cible plutôt une clientèle d'origine allemande et fait monter à 8 000 le nombre de chambres d'hôtels et de résidences de tourisme de Disneyland Resort Paris, dont 1 500 chambres à Val-de-France. En juin 2003, Marriott Vacation Club International annonce l'ouverture de son premier site de résidences de tourisme gérées en co-propriété en France. « Marriott's Village Ile-de-France à Disneyland Resort Paris » est situé sur le terrain de golf de Disneyland Resort Paris et à proximité des parcs Disney et du Disney Village. Le site est construit autour du concept d'un village rural français et comporte six phases de construction d'appartements et de maisons individuelles, tous inspirés des résidences de peintres impressionnistes français renommés. Les quarante-quatre premières maisons individuelles sont construites selon le modèle de la résidence et des jardins de Monet à Giverny. Le site s'adresse aux visiteurs dont la durée du séjour dépasse une semaine. A la fin des six phases de construction, le site comprendra 190 maisons individuelles, chacune ayant la capacité de loger six personnes. Au printemps 2003, le groupe Pierre & Vacances ouvre la Résidence Paris Val-d'Europe en centre-ville, un ensemble de 290 appartements proposés aux visiteurs de Disneyland en location. Au 30 septembre 2003, environ 1 000 hectares de terrains sont développés ou sont l'objet d'engagements de développement.

Le montant total des investissements se répartit comme suit :
* Phase I (1989/1997) : 3,5 milliards d'euros privés / 412 millions d'euros publics
* Phase II (1998/2003) : 1,5 milliard d'euros privés / 122 millions d'euros publics
* Phase III (2004/2010) : 800 millions à 1,2 milliard d'euros privés / 100 millions d'euros publics.

Les retombées fiscales depuis 1992 sont évaluées à 864 millions d'euros dont 461 millions d'euros à l'Etat et 403 millions d'euros versés aux collectivités locales. Disneyland Resort Paris est la première destination touristique d'Europe, le troisième tour-opérateur français en nombre de clients et génère 43 000 emplois directs et indirects. En seulement trois ans, Val-d'Europe a développé 65 000 m² de bureaux et quarante entreprises se sont installées. En dehors de l'emprise Disney, on a crée à Magny-le-Hongre des maisons individuelles avec poutres apparentes, terrasses et jardin clos inspirées de l'architecture traditionnelle de la région briarde. En 2003, sur les 850 hectares d'ores et déjà achetés par Euro Disney, l'entreprise en a gardé un peu plus de la moitié. Tout le reste a été cédé à des promoteurs moyennant une confortable plus-value pour bâtir des immeubles de bureaux, des lotissements et un centre commercial. Euro Disney achèterait 150 euros le mètre carré viabilisé par l'EPA-France et le revendrait 450 euros aux promoteurs qui eux-mêmes pratiquent des prix aux alentours de 2 500 euros le mètre carré en bout de chaîne. Ces opérations immobilières arrondissent les résultats du groupe et permettent de pallier, en partie, les défaillances de ses parcs. En 2002, la vente et la location de terrains ont généré un chiffre d'affaires de 27,3 millions d'euros et dégagé une marge de 44 %. Ainsi, Euro Disney ferait-il un profit de 3 millions d'euros par hectare de terrains vendus. Euro Disney dispose encore de mille hectares... soit un potentiel de vente évalué à 3 milliards d'euros... En 2017, à l'expiration du contrat de trente années, signé en 1987, l'EPA disparaîtra. Bertrand Ousset est-il heureux du travail de l'EPA à Val-d'Europe ? « Oui. Très satisfait. On a crée une ville à l'identité très forte. Je suis fier d'avoir participé aux négociations de l'installation de la station touristique. Nous avons atteint les objectifs poursuivis : la ville nouvelle de Val-d'Europe a vu le jour. Elle a une certaine maturité. C'est une ville qui fait référence et qui est agréable à vivre ». Dominique Cocquet regrette-il un aménagement à Val-d'Europe ? « Pas trop. Je me sens privilégié. C'est une expérience rare, rarissime même. Nous avons bâti une ville à partir d'un champ de betteraves. C'est une responsabilité énorme. J'ai dans les yeux, le couple avec enfants qui vient élire domicile à Val-d'Europe. Je suis plein d'humilité et de modestie pour ces gens qui nous font confiance. On peut leur offrir ce qui, à nous, nous fait plaisir. On ne fait pas des choses normatives : on raconte une histoire. Deux sentiments se mélangent : privilège et humilité. On a le trac. Comment les gens vont-ils s'approprier les choses ? L'ouverture du centre commercial a été pour nous tous une révélation : ce qui fait vivre un lieu, c'est ce que les gens en font. Il nous reste quinze ans. Mais il faut laisser la place aux autres ! Pour ma part, ça fait 17 ans que je travaille à ce projet. Il nous faut rester vigilants et ne pas nous reposer sur nos lauriers. »

NOUVEL ÉCHEC

Le PDG d'Euro Disney, Jay Rasulo, note dans le rapport d'activité 2002 : « Malgré un climat général défavorable, en particulier dans le secteur du tourisme, le lancement de ce parc [les Walt Disney Studios] a été un réel succès (...) La fréquentation combinée de nos deux parcs s'est accrue de 900 000 visiteurs pour atteindre aujourd'hui 13,1 millions ». Plus loin, on peut également lire : « L'ouverture du parc Walt Disney Studios est un succès. Au cours des six premiers mois d'exploitation, plus de 2 millions de visiteurs ont pu découvrir notre nouveau parc. Cette fréquentation fait du parc Walt Disney Studios le deuxième parc à thèmes le plus visité de France après le parc Disneyland ». Depuis son ouverture, Disneyland Resort Paris a accueilli plus de 120 millions de visiteurs. Le taux d'occupation des hôtels atteint 88,2 %. Et de mars à septembre 2002, le taux d'occupation atteint même 95 % et en août les 5 800 chambres ont presque toutes été occupées toutes les nuits. Le parc Walt Disney Studios doit marquer la relance du groupe.

Mais, en réalité, le parc Walt Disney Studios enfonce Euro Disney dans la crise. Surendetté (2,1 milliards d'euros au 30 septembre 2002), en perte de vitesse et incapable de séduire un nouveau public, le groupe annonce une perte de 33,1 millions d'euros en résultat net. Les comptes retombent dans le rouge pour la première fois depuis 1994. Le parc Walt Disney Studios de vingt hectares n'a attiré que 2,2 millions de visiteurs en six mois contre 4 millions prévus à l'origine (8 millions en année pleine). Même les concurrents ne s'attendaient à un tel revers. Olivier de Bosredon, président de Grévin & Compagnie : « En 2002, nous avons reçu 1,75 million de visiteurs au Parc Astérix, soit 100 000 de plus que nos prévisions faites après l'ouverture du nouveau parc Disney. »

Depuis 1997, la fréquentation du parc Disneyland fait du sur-place, à 12 millions d'entrées, et depuis 1999 et l'inauguration de « Chérie, j'ai rétréci le public », aucune attraction importante n'a ouvert dans le premier parc. Tous les investissements se sont concentrés sur le second. Le taux de revisite atteint péniblement 40 %. La musique de la parade (et la parade) est la même depuis des années ! A l'ouverture du parc, en mars 2002, Jay Rasulo déclare : « Notre activité génère des frais fixes élevés et mobilise beaucoup de capitaux. Pour améliorer les résultats, il faut faire de la croissance ». Le parc Walt Disney Studios, « ce sont 3 à 5 points de marge en plus sur le chiffre d'affaires » assure-t-il. Un impératif ! En 2004, les royalties prélevées par la Walt Disney Company passeront de 3 à 6 % soit deux fois le bénéfice net de l'exercice 2001. Euro Disney doit rembourser sa dette qui atteint trois fois la capitalisation de l'entreprise et les actionnaires attendent toujours des dividendes. Virginie Blin, analyste chez Fideuram Wargny, concède : « Euro Disney n'avait pas le choix. L'entreprise était dans une impasse financière et devait absolument trouver de nouvelles ressources. »

Le relais de croissance que doit être le parc Walt Disney Studios déçoit. Pour le même prix que Disneyland (27 euros en basse saison, 37 euros en haute), le visiteur a droit a cinq fois moins d'attractions... Pour Daniel Rovedo, délégué CFDT : « C'est une hérésie. Walt Disney Studios est un lieu inachevé, ouvert à la va-vite, et les gens n'en ont pas pour leur argent ».

	Tarif d'entrée (euros)	Durée de la visite (heures)	Prix par heure (euros)
Disneyland Paris	39	9.4	4.15
Walt Disney Studios	39	5.6	6.96
Parc Astérix	31	7	4.29
Moyenne (principaux parcs européens)	27.24	6	4.21

Le parc compte effectivement seulement une petite dizaine d'attractions. Ces dernières mais aussi, les thèmes, et même l'ambiance déçoivent. Résultat : un très mauvais bouche-à-oreille. Dominique Cocquet, directeur du développement, se défend : « La réussite d'un parc ne dépend pas seulement du nombre d'attractions. Nous faisons aussi beaucoup d'efforts sur l'ambiance, l'état d'esprit et les spectacles ». Or, les allées du parc goudronnées sont très larges, monotones et monochromes. On se croit parfois sur un parking vide de supermarché un dimanche après-midi pluvieux. Les spectacles proposés ne sont pas forcément de haute tenue et les visiteurs s'arrêtent à peine quelques secondes pour assister aux animations de rue. La parade en elle-même n'a rien non plus d'exceptionnel (le 1er juin 2002, le nouveau spectacle, « Disney Cinéma Parade », est conçu en collaboration avec le directeur artistique Franco Dragone). En une demi-journée, le tour du parc est fait. Conscient de ce problème, la direction d'Euro Disney permet aux visiteurs des Studios d'avoir accès au parc Disneyland trois heures avant sa fermeture. On crée également le billet « passe-partout », lancé pour 49 euros. Il permet de passer d'un parc à un autre librement.

Le plus catastrophique, c'est que le parc Disneyland a perdu 1,3 million de visiteurs en 2002, le nombre d'entrée passant de 12,2 millions en 2001 à 10,9 millions. C'est un désastre. Le cours de l'action dévisse de 50 % en un an à 0,5 euro (contre 12,4 euros en 1989).

En millions	Fréquentation 2002	Résidents	Touristes	Total	Taux de pénétration
Walt Disney World	37,7	1,6	33,4	35,0	108 %
Tokyo Disneyland	25,0	33,4	21,8	55,2	45 %
Disneyland (Californie)	17,4	16,8	18,0	34,8	50 %
Disneyland Paris	13,1	19,2	21,8	41,0	32 %

Comme les parcs de Tokyo et de Californie, Disneyland Paris attire une clientèle à la fois de résidents et de touristes. Avec une estimation de la profondeur du marché à 41 millions de personnes, le taux de pénétration atteint par le parc (32 %) est très inférieur à celui des autres parcs Disney. La fréquentation n'a augmenté que de 7 % entre 2001 et 2002 avec l'ouverture du nouveau parc, alors qu'elle a connu une augmentation significative au Japon (32 %) et en Californie (25 %) lors de l'ouverture de leur second parc respectif. Ce n'est donc pas un problème lié à la taille du marché en Europe puisque celle-ci est supérieure à celle de Floride ou de Californie, mais à la qualité de l'offre proposée par le parc Walt Disney Studios et à sa perception par le public.

Pour ne rien arranger, les relations se font de plus en plus pesantes entre Euro Disney et la Walt Disney Company. Entre 1996 et 2000, Gilles Pélisson a toujours traité directement avec Michael Eisner ce qui avait pour effet une rapidité de réaction et une confiance partagée. Puis, il est décidé que Pélisson ne rende plus compte directement à Eisner mais à Paul Pressler, directeur-général de la division Parks & Resorts. Fini le traitement particulier, place à la « corpocratie » américaine. En ce qui concerne l'idée du deuxième parc, un cadre d'Euro Disney ne mâche pas ses mots : « Nous avons vu débarquer des expatriés américains qui n'avaient aucune idée des spécificités d'un tel parc en France ». Comme en 1992… Il n'est pas pour autant question de construire de nouvelles attractions dans les mois suivants. Serge Naïm, directeur financier : « Ce ne serait financièrement pas sage. Aujourd'hui, la priorité est de rentabiliser les attractions existantes ».

Euro Disney lance un plan sur trois ans, dénommé les « 5 P » pour concentrer la société sur cinq domaines dans lesquels elle doit exceller pour réussir :

- la Performance pour générer de meilleurs résultats – dans tous les secteurs (immobilier et tourisme) tous les efforts doivent viser à générer des revenus additionnels ;
- la Productivité pour contrôler les coûts – la marge opérationnelle doit être constamment améliorée, car de cette marge dépend le *cash-flow* de la société ;
- le Produit dont il faut maintenir la qualité pour conserver l'avantage concurrentiel – la qualité du produit est un élément fondamental de la compétitivité de la société qui doit être améliorée en offrant continuellement des événements spéciaux attrayants (Halloween, Noël, Nouvel An chinois, Carnaval du Livre de la Jungle…) ;
- le Partenariat, la collaboration avec d'autres leaders industriels pour offrir une gamme complète de produits et de services – tour opérateurs, chaînes d'hôtels, la Ville de Paris, les principales enseignes de distribution ;
- le Professionnalisme et le Développement Personnel des *cast members* – nouveau programme de formation pour toutes les équipes d'encadrement afin de concentrer les énergies sur l'optimisation des revenus et le retour sur investissement.

* * *

A la fin du mois de septembre 2002, Jay Rasulo est nommé président de la division Parks & Resorts de la Walt Disney Company en remplacement de Paul Pressler, devenu PDG de Gap (il a été limogé le 22 janvier 2007 pour cause de mauvais résultats). Le poste de PDG d'Euro Disney est donc « vacant » depuis cette date et cette étrange situation dure des mois, pendant lesquels une « recherche internationale » est en cours. Il est précisé que le nouveau PDG du groupe doit être présenté aux actionnaires de la société lors de l'assemblée générale mixte qui est reportée début mai 2003 dans l'attente d'une annonce. Le vendredi 28 mars 2003, Jay Rasulo annonce la nomination d'André Lacroix, 43 ans, qui n'entre toutefois pas en fonction immédiatement. André Lacroix, diplômé de l'Ecole supérieure de commerce de Paris, est alors directeur général de Burger King International. Le profil d'André Lacroix semble correspondre aux critères recherchés. Avant de rejoindre Burger King en 1996 pour s'occuper de l'Allemagne et de l'Europe du Nord puis du développement de la marque en dehors de l'Amérique du Nord, il était manager marketing international chez Pepsi Cola International. Cette nomination s'accompagne de celle de Yann Caillère qui devient directeur général délégué d'Euro Disney après avoir occupé les fonctions de directeur général adjoint opération.

Le 1er juillet 2003, André Lacroix est officiellement nommé président-directeur général de Euro Disney SA. Il exprime ses objectifs : « Ma première priorité a été d'écouter tous les employés de notre société pour développer une stratégie de croissance basée sur un principe d'organisation que j'utilise depuis de nombreuses années : la pyramide inversée. C'est un principe de management très simple qui consiste à écouter et à donner un rôle clé à ceux qui sont les plus proches de nos visiteurs. (...) De là est née l'idée des *summers camps*, qui se sont tenus en septembre [2003] et auxquels 4 000 *cast members* ont participé. Ils ont généré plus de 4 000 idées, actuellement analysées ou mises en œuvre. (...) Parallèlement, j'ai fait appel à toutes nos ressources internes pour analyser et bien comprendre notre marché potentiel en Europe, nos visiteurs, nos concurrents et, bien sûr, nos partenaires commerciaux. » André Lacroix, cinquième président en dix ans, arrive en effet dans un contexte très troublé.

Dès mars 2003, Euro Disney avertit la Walt Disney Company qu'il ne serait pas en mesure de lui verser ses royalties. A la fin du mois de juillet 2003, les analystes de CDC-Ixis – dont la maison-mère, la Caisse des dépôts et consignations est créancier d'Euro Disney – dressent un état des lieux sans complaisance de la gestion du complexe de loisirs. Si la direction met en avant « les difficultés actuelles des industries du tourisme et du voyage en Europe et les récents arrêts de travail et grèves en France, cumulés avec le contexte économique général défavorable sur les principaux marchés » pour expliquer la baisse de son chiffre d'affaires pour les trois premiers trimestres de la saison 2003, les analystes de CDC-Ixis ne sont pas du même avis. Ils notent sans détour : « Au-delà des conditions générales, certes défavorables, nous considérons que le groupe paie une stratégie désastreuse, matérialisée notamment par l'échec confirmé du second parc de loisirs (...). Malgré un optimisme de façade, le groupe se trouve désormais dans une situation très tendue et dépend désormais de la bonne volonté de ses créanciers ».

Le vendredi 1er août 2003, André Lacroix donne rendez-vous aux mille cadres du groupe à Videopolis. Il s'agit de commenter les très mauvais comptes trimestriels d'Euro Disney. La veille, le jeudi 31 juillet, tard dans la soirée, un communiqué de presse alarmiste est publié. Non seulement le parc enregistre une baisse de 7 % de son chiffre d'affaires au troisième trimestre de son exercice (avril, mai, juin 2003) mais le communiqué annonce qu'Euro Disney n'est plus « en mesure de respecter certains engagements envers ses banques » et précise avoir « entamé des discussions pour obtenir des dérogations ou modifications de ses engagements bancaires ». Les rumeurs vont bon train, ramenant les plus anciens cadres dix ans en arrière... On évoque la crise de liquidité ou un hypothétique dépôt de bilan. André Lacroix tente de tempérer : « Actuellement, on n'est pas en situation de crise de liquidité » et fait la promesse qu'il n'y aura pas de plan social à la rentrée de septembre. Daniel Rovedo, secrétaire CFDT du comité d'entreprise, reste sceptique : « A tous les coups, la direction va nous dire : "Maintenant, vous êtes responsables de la survie de l'entreprise. Nous, on a négocié avec la Walt Disney Company, maintenant à vous de faire un effort" ».

Chacun a remarqué depuis des semaines une fréquentation anormalement moyenne alors qu'on est en pleine haute saison (30 000 visiteurs par jour). La direction évoque la crise du tourisme mondial, le ralentissement économique européen, le traumatisme du 11 septembre... Cependant, Euro Disney n'a pas pu être atteint par la crise du transport aérien puisque 40 % des visiteurs sont Français, 21 % Anglais et 15 % viennent du Benelux et que presque tout le monde vient visiter le parc en voiture ou en train. Euro Disney évoque également les grèves de fonctionnaires du mois de mai 2003 pour justifier ses médiocres performances. Mais, le parc Astérix annonce en même temps une augmentation de 5 % de sa fréquentation en juillet par rapport à l'année précédente. Olivier de Bosredon se réjouit : « Nous, on fait une bonne année ! »

Quel est donc le problème ? Daniel Rovedo estime : « Le second parc, Walt Disney Studios, inauguré en mars 2002, est une grosse déception. On attendait 20 000 personnes par jour, on plafonne à 10 000 ». Ou plutôt entre 7 000 et 8 000. Un professionnel du secteur confirme : « Le second parc a phagocyté la clientèle du premier sans attirer de nouveaux visiteurs ». Comme certains le craignaient, les deux parcs se cannibalisent.

Virginie Blin de Fideuram-Wargny souligne : « Il faut changer de politique commerciale, cibler un bon cœur de clientèle, mieux sensibiliser les franciliens, faire connaître ce second parc qui, en priorité, s'adresse à de jeunes adultes. S'adapter à la consommation des loisirs des Français. Chez Walt Disney, ils continuent à être surpris par le comportement de nos concitoyens : les Américains consomment beaucoup plus ». En dix ans, ils n'ont tiré aucune leçon...

Euro Disney continue sa politique d'événements réguliers afin d'attirer des visiteurs tout au long de l'année. Les 30 et 31 janvier 2003, les Walt Disney Studios célèbrent le Nouvel An chinois. Du 1er février au 9 mars 2003, le « Carnaval du Livre de la Jungle » coïncide avec la sortie du film *Le Livre de la Jungle 2*. En juin 2003, le King Ludwig's Castle, un nouveau restaurant servant des spécialités bavaroises dans un décor de contes de fées ouvre ses portes au cœur de Disney Village ! Quel rapport avec la thématique d'origine ? Aucun... Le décor est partiellement inspiré du château de Neuschwanstein, imaginé et édifié au XIXème siècle par le roi Louis II de Bavière, château dont s'était d'ailleurs déjà inspiré Walt Disney dans les années cinquante pour édifier le château du parc californien. Le restaurant s'étend sur deux niveaux et dipose de 296 places assises, d'une terrasse extérieure et d'une nouvelle boutique. Le King Ludwig's Castle est exploité par le groupe Flo, sous la franchise du prince Luitpold de Bavière, descendant de Louis II. A partir de juillet 2003, la parade Disney Fantillusion fait son apparition. Ce nouveau spectacle nocturne conçu comme « une cascade de lumière qui traverse le parc Disneyland » utilise la fibre optique, les effets stroboscopiques, les diodes luminescentes et la lumière « noire ». En octobre 2003, CinéMagique se voit attribuer le prix de la meilleure attraction 2003 au cours du 10e gala annuel de remise des Thea à Los Angeles couronnant la réalisation, le talent et l'excellence des équipes dans l'industrie des spectacles à thèmes. Pendant tout le mois d'octobre, Disneyland propose une large gamme de nouveautés Halloween. Main Street USA se transforme pour la première fois en « Rue des Frissons ». Le 25 et 31 octobre, deux soirées spéciales sont organisées et Frontierland se transforme en Halloween Land. Pour Noël 2003, un sapin de Noël de 25 mètres de haut est disposé sur Town Square et éclairé de 7 000 ampoules et de plus d'un kilomètre de guirlandes. « Mickey et la Magie de l'Hiver », un nouveau spectacle musical, fait son apparition.

Pour autant, les résultats financiers de l'exercice 2003 sont catastrophiques et affichent une perte nette de 45,3 millions d'euros et une baisse du chiffre d'affaires de l'ordre de 2,1 % pour atteindre 1,05 milliard d'euros. La fréquentation est retombée à 12,4 millions de visiteurs soit une baisse de 5 % par rapport à l'année précédente et le taux d'occupation des hôtels a baissé de 3,1 points pour atteindre 85,1 %. Tout avait pourtant bien commencé. Le premier semestre 2003 enregistrait des revenus en hausse de 8 % grâce à une augmentation de la fréquentation des parcs et du taux d'occupation des hôtels, ainsi qu'à une augmentation des dépenses par visiteur. Mais au cours de la seconde moitié de l'année, une dégradation de la situation commune à tout le secteur du voyage et du tourisme a vu les revenus baisser de 7 % pour le troisième trimestre et même 11 % pour le quatrième. Il est vrai que l'année 2003 a vu se combiner un certain nombre de facteurs négatifs : la guerre en Irak, les menaces terroristes au niveau mondial, l'épidémie de SRAS, des mouvements sociaux marqués et une vague de chaleur paralysante. Ajoutons à cela le climat économique défavorable dans tous les principaux marchés européens, France incluse.

En 1994, Euro Disney s'était engagé auprès de ses banques créancières à respecter un certain nombre de garanties, dont un certain montant de résultat brut d'exploitation (RBE). N'y étant pas parvenue pour l'exercice 2003, l'entreprise a virtuellement frôlé la faillite, puisque les banques étaient en droit de demander le paiement anticipé de leurs créances.

Des réunions tendues se tiennent en septembre et octobre avec les principaux créanciers au premier rang desquels la Caisse des dépôts et consignations dont l'encours de prêt atteint 940 millions d'euros. Le reste de la dette (2,2 milliards d'euros) est réparti entre deux syndicats bancaires : l'un mené par la BNP, l'autre par le Crédit agricole.

La préparation d'une nouvelle structure financière pour répondre aux besoins de liquidité d'Euro Disney est, une nouvelle fois, une tâche complexe. Le 3 novembre 2003, le groupe obtient de ses prêteurs une renonciation valable jusqu'au 31 mars 2004, à certains de ses engagements bancaires dont une réduction de certains dépôts de garantie. L'objectif de cet accord est de donner à la direction, aux prêteurs et à la Walt Disney Company le temps de trouver une solution à la situation financière du groupe. Euro Disney a d'ailleurs préparé ses états financiers pour l'exercice 2003 en faisant l'hypothèse que ces négociations aboutiraient favorablement. Dix ans après, on a l'impression d'avoir déjà entendu cela… André Lacroix déclare : « Si une solution n'était pas trouvée à l'expiration de cette période, la renonciation prendrait fin et la direction estime que le Groupe ne serait plus alors en mesure d'honorer l'ensemble de ses obligations liées au service de la dette. »

Pour Virginie Blin, analyste chez Fideuram-Wargny, au-delà de la négociation financière, « il est impératif de trouver une solution opérationnelle (…) Tout le monde compte désormais sur André Lacroix pour relancer le marketing » car Euro Disney n'a pas les moyens d'investir dans de nouvelles attractions. Il faut donc que la société adopte une stratégie nouvelle. Une étude de PricewaterhouseCoopers de mai 2003 prévoit une croissance du chiffre d'affaires annuel du marché des parcs à thèmes en Europe de 4,1 % par an pour les quatre années à venir. Disneyland possède encore de nombreuses opportunités de croissance en Europe puisqu'il y a 329 millions de visiteurs potentiels. Disneyland Resort Paris est certes le leader, mais avec un taux de pénétration cumulé de 16 % seulement. Par conséquent, la réelle opportunité de croissance d'Euro Disney consiste à persuader les Européens qui ne sont jamais venus à Disneyland Resort Paris de faire leur premier voyage. André Lacroix en est persuadé : « De plus, nous savons qu'une fois venus sur notre Resort, ils reviendront plusieurs fois, compte tenu des hauts niveaux de satisfaction. » La mise en place d'une nouvelle stratégie marketing et ventes est l'une des priorités. Il s'agit donc de gagner des *First Timers*, c'est-à-dire les Européens qui ne sont jamais venus. André Lacroix propose de capitaliser sur ce qui rend le parc unique : « la magie Disney ». Euro Disney doit innover pour améliorer l'offre « produits » et motiver les consommateurs grâce à une approche publicitaire européenne forte et innovante. Lacroix propose la mise en œuvre d'une politique commerciale décentralisée en mobilisant tout le réseau commercial européen autour d'une nouvelle politique de vente. Les bureaux européens obtiennent plus d'autonomie et de responsabilités ; en contre-partie, ils doivent apporter de meilleures réponses aux attentes spécifiques exprimées par leurs propres clients. Fin 2003, une campagne de communication européenne intitulée « Envie de Mag?e » se veut « fraîche, directe et humoristique ». La campagne s'adapte à chaque culture dans un souci de proximité avec tous les publics européens. André Lacroix s'explique : « La démarche « Envie de Mag?e » est née d'une volonté d'entrer en interaction d'une manière nouvelle avec les visiteurs potentiels et entend faire évoluer leur perception de la marque et leur expliquer que Disneyland Resort Paris est la seule destination magique en Europe. » Les *cast members* sont invités à participer à l'enregistrement d'une chanson de soutien à l'UNICEF et à une photographie de groupe au pied du château « Need Mag?c ». Le rapport annuel 2003 note à ce propos « c'est comme si les 12 200 *cast members* ouvraient leurs bras en signe d'invitation à tous nos clients potentiels en Europe. »

Le mois de décembre 2003 voit la mise en route du début de la campagne publicitaire « Envie de Mag?e » destinée principalement aux Européens n'étant encore jamais venus à Disneyland. Elle présente la destination comme un moyen d'échapper au stress de la vie quotidienne. La campagne de publicité paneuropéenne est accompagnée d'un large éventail de promotions et de nouvelles initiatives marketing. Un nouveau site web « enviedemagie.com » est créé à cette occasion permettant de découvrir et de partager la magie avec un jeu exclusif, MagiCasting. Ce jeu offre la possibilité aux internautes de devenir la star d'un jour en rejouant la scène d'un film Disney.

Des promotions sont également organisées avec des sociétés de transport européennes comme Eurostar et Air Europa et tout un TGV est décoré avec des personnages Disney. De nombreux événements sont organisés dans les plus grandes villes d'Europe.

* * *

Le 20 novembre 2003, le dimanche avant Thanksgiving, Roy Disney écrit la lettre qu'il fera parvenir à Michael Eisner par porteur, alors dans son appartement de l'hôtel Pierre à New York. Des copies de cette lettre sont faxées au *Wall Street Journal*, au *New York Times*, au *Los Angeles Times* et à d'autres journaux ainsi qu'à tous les membres du conseil d'administration de la Walt Disney Company. La guerre a commencé.

A New York, Eisner s'est pris un jour de repos quand il reçoit un e-mail urgent de sa secrétaire : « Urgent. Appelez-moi. Que devons-nous faire de la démission de Roy ? » Démission ? Mais de quoi parle-t-elle ? Eisner entend alors quelqu'un frapper. On lui glisse une enveloppe sous la porte.

« Cher Michael,

C'est avec beaucoup de tristesse et de regret que je vous envoie cette lettre de démission de la Walt Disney Company à la fois en tant que directeur général de la division films d'animation et en tant que vice directeur général du conseil d'administration.

Nous savons bien que vous et moi avons de sérieuses divergences d'opinion concernant la direction et le style de management de la Compagnie au cours des années récentes. Pour je ne sais quelle raison, vous avez creusé un fossé entre moi et ceux avec qui je travaille, allant jusqu'à demander à certains de mes associés de vous rapporter mes conversations et mes activités. Je trouve cela intolérable.

Enfin, vous avez évoqué avec le comité de nomination du conseil d'administration la décision de rayer mon nom de la liste des directeurs à élire pour l'année prochaine, m'enlevant toute possibilité de m'exprimer au conseil – tout comme vous l'avez fait l'an dernier avec Andrea van de Kamp [le conseil d'administration a en effet décidé d'appliquer la limite d'âge (72 ans) et donc de ne pas reconduire le mandat de Roy, âgé de 73 ans].

Michael, je crois que votre conduite a été dictée par ma prise de position claire et sans ambiguïté à votre égard et à l'égard des autres membres du conseil d'administration. Après 19 ans passés à la tête de la Walt Disney Company, vous n'êtes plus la bonne personne pour diriger cette société. Vous avez eu dix premières années pleines de succès en partenariat avec Frank Wells pour lesquelles je vous rends hommage. Mais depuis la mort tragique de Frank en 1994, la Compagnie a perdu ses objectifs, son énergie créatrice et son héritage. »

Roy Disney identifie ensuite en quoi Michael Eisner a « échoué » : le mauvais score d'audience de la chaîne ABC, le rachat dispendieux de Family Channel ; un micro-management qui démoralise les employés ; la « timidité des investissements dans les parcs à thèmes » ; « une fuite des talents » ; les mauvaises relations avec les partenaires de Disney tels Pixar et Miramax ; l'incapacité du PDG à choisir et à former son successeur. Eisner est accusé d'être responsable de la perception que « la compagnie est rapace, sans âme et cherchant l'argent facile ».

« Michael, je crois sincèrement que c'est vous qui devriez partir et non moi. Par conséquent, j'en appelle une nouvelle fois à votre démission ou à votre mise en retraite. La Walt Disney Company mérite une direction renouvelée et énergique à cette période charnière de son histoire comme ce fut le cas en 1984 quand je pris la tête d'une restructuration qui a conduit à votre recrutement au sein de la société.

J'ai et j'aurai toujours une fidélité et un respect sans borne pour cette société, fondée par mon oncle, Walt et mon père, Roy, à tous les employés dévoués et aux actionnaires loyaux. Je ne sais pas si vous et les autres membres de la direction pouvez comprendre combien il est difficile pour moi et pour toute ma famille de prendre cette décision…

Avec mes regrets les plus sincères,
Roy E. Disney. »

La démission fracassante de Roy Disney est officialisée le 1er décembre 2003. Son ami de longue date, Stanley Gold, annonce lui aussi, le même jour, sa démission « immédiate » du conseil d'administration en espérant que son geste va « servir de catalyseur pour le changement chez Disney ». Le même jour, le 1er décembre, les détenteurs des droits de *Winnie l'Ourson* annoncent que le célèbre avocat Johnnie Cochran les représenterait dans le procès qui les oppose à la Walt Disney Company. Le 3 décembre, Roy Disney envoie une lettre à tous les employés du groupe. Le site internet savedisney.com est mis en ligne et présente les lettres de démissions de Roy et de Stanley Gold. Jusqu'à sa fermeture le 7 août 2005, le site, commandé par Roy et Gold, pointe les différentes erreurs d'Eisner et sert de puissant lobby. Le but du site est de persuader les actionnaires de renverser Eisner lors de la prochaine assemblée générale. C'est une véritable campagne du « non » à l'actuel PDG qui s'organise. Roy et Gold ne pensent pas obtenir assez de voix pour faire basculer radicalement les choses. Ils espèrent toutefois rallier entre 10 à 20 % des suffrages, ce qui permettrait, au moins, de peser sur le conseil d'administration.

Eisner oppose à ses détracteurs la croissance des résultats financiers du groupe. Lors du trimestre achevé le 30 septembre 2003, il a doublé son bénéfice net (400 millions de dollars) grâce au succès des dernières productions cinématographiques (*Pirates des Caraïbes*, *Le Monde de Nemo*...), à une vraie amélioration des résultats de la télévision (le réseau ABC, la chaîne sportive ESPN...) et de bonnes ventes de DVD qui compensent l'érosion de la rentabilité des parcs à thèmes. La vente de l'équipe de base-ball Anaheim Angels permet d'enjoliver un peu plus les bénéfices. La Walt Disney Company décide de lancer une campagne de publicité dans les journaux américains déclarant : « Notre avenir est en de bonnes mains. Notre dynamique est réelle et grandit. Notre héritage inspire tout ce que nous faisons ».

Malgré cela, les problèmes récurrents persistent : les bénéfices de 2002 sont inférieurs de 30 % à ceux de 1997. Les parcs à thèmes ont sombré, ABC est passé de la première à la quatrième place dans le palmarès des audiences télé et les studios Disney encaissent des échecs comme *La Planète au Trésor* (la moitié des bénéfices de la branche cinéma est assurée par Pixar). En juillet 2003, *The Economist* note : « Il est difficile de trouver quelqu'un, dans le monde des médias, qui ne considère pas qu'Eisner est devenu un problème pour le groupe ». Comme le note avec humour Pascal Riche dans *Libération* du 2 août 2003 : « Depuis des mois, sa tête attend le billot. L'ex-patron prodige avait depuis quelques années perdu la Baraka ».

Au cours de la première semaine de janvier 2004, Steve Burke, désormais président de Comcast, Brian Roberts, PDG, des cadres et un groupe d'investisseurs et de conseillers financiers se réunissent près de l'aéroport de Philadelphie. Le but de cette réunion consiste à évoquer la « direction stratégique » de Comcast, premier câblo-opérateur américain, comptant près de 20 millions d'abonnés. Cette rencontre n'a pourtant rien d'ordinaire. Comcast est une simple entreprise de « distribution » de programmes qu'elle ne produit pas. L'idée est d'acquérir un studio afin de pouvoir tout contrôler. Comcast vient d'acquérir AT&T et elle est prête à aller de l'avant. Les options sont limitées : Fox, Time Warner, Viacom, Sony, Universal et Disney. Aucun n'est à vendre et tous posent d'importants obstacles à une fusion – sauf peut-être Disney. Evidemment, c'est une société que Burke connaît bien et il s'interroge sur la division des parcs à thèmes. Comcast n'en a que faire. Pourtant, l'instabilité qui règne au sein de la Walt Disney Company éveille plus particulièrement son intérêt.

Le 27 janvier 2004, les nominations pour les Oscars sont annoncées. *Le Monde de Nemo* en reçoit quatre – meilleur film d'animation, meilleur scénario original, meilleure musique originale et meilleur montage du son. Roy Disney est lui aussi nominé pour le court métrage animé *Destino*, une reprise d'un projet de collaboration entre Salvador Dali et Walt Disney. *Le Monde de Nemo* fait exploser tous les records en rapportant près d'un milliard de dollars, éclipsant ainsi de la première place de film d'animation le plus rentable *Le Roi Lion*. Pour autant, ce succès est à double tranchant pour Eisner car le film a été réalisé par les Pixar Animation Studios et le PDG de Disney ne craint que Steve Jobs ne soit plus exigeant lors de la renégociation des accords de partenariat. Les cinq premiers films prévus dans l'accord de 1995 ont rapporté collectivement 2,5 milliards de dollars. Bien que profitable pour les deux parties, Pixar se plaint par la suite que l'accord n'est pas équitable. Pixar est responsable de la création et de la production et Disney du marketing et de la distribution. Les profits et les coûts de production sont répartis à 50/50 mais Disney détient tous les droits des histoires, des personnages et des suites éventuelles. Il perçoit aussi les marges lors de la distribution des films. Il est pourtant vrai que lors de la signature des premiers contrats en 1995, Pixar manquait de crédibilité en tant que studio, alors que Disney bénéficiait du succès de ces dernières créations. En réalité, Pixar et Disney sont en désaccord depuis la production de *Toy Story 2* qui aurait dû sortir directement en vidéo. En cours de production, il est décidé de faire profiter le film d'une sortie cinéma. Pixar demande alors à ce que *Toy Story 2* compte parmi les cinq films prévus aux contrats, ce que Disney refuse catégoriquement.

En 2004, Pixar souhaite un nouveau contrat concernant uniquement la distribution. Pixar veut contrôler la production, détenir la propriété des films, financer intégralement ses longs métrages et percevoir 100 % des profits en payant seulement à Disney 10 à 15 % de frais de distribution. Pour Disney, c'est inacceptable. Pixar ne veut rien céder. Eisner et Jobs se détestent cordialement. Les négociations sont rompues. Pixar annonce qu'il recherche un autre partenaire.

Le 11 février 2004, Comcast annonce le déclenchement d'une OPA inamicale de 66 milliards de dollars à l'encontre de la Walt Disney Company, dernier studio américain indépendant depuis 1923. Cette acquisition ferait de Comcast le plus grand conglomérat médiatique du monde. Diane Disney Miller, la fille de Walt, sort de sa réserve et écrit une lettre ouverte aux membres du conseil d'administration de la Walt Disney Company. Après avoir exprimé son opposition à l'offre de Comcast, elle déclare : « J'ose espérer que l'indépendance de cette société est aussi importante à vos yeux qu'elle ne l'est aux nôtres. Je ne peux pas croire que quelqu'un puisse vouloir voir notre société subir le même sort que les autres victimes des méga-fusions médiatiques. Comcast, plus particulièrement, ne semble pas du tout convenir à Disney, une entreprise qui a toujours été dédiée aux divertissements familiaux de qualité. Nous espérons que le conseil d'administration agira au mieux des intérêts de la société. L'une des plus grandes faiblesses de la société fut l'incapacité de Michael Eisner à choisir et à former un successeur. Nous serions soulagés, tout comme les actionnaires Disney, d'avoir une personne très qualifiée pour diriger la société en remplacement de M. Eisner à l'expiration de son contrat en 2006. Nous pensons que la Walt Disney Company est l'entreprise de divertissements la plus magnifique que le monde ait jamais connue et qu'elle ne sera jamais égalée. C'est une entreprise pleine de personnes talentueuses et créatives dignes de l'héritage laissé par mon père et mon oncle. C'est une entreprise qui mérite de rester autonome, indépendante comme elle l'a toujours été ». Diane Disney Miller ne reçoit aucune réponse des membres du conseil d'administration.

Le 3 mars 2004, des milliers d'actionnaires et un nombre incalculable de journalistes convergent vers le Centre de Convention de Philadelphie. Des personnages Disney se tiennent dans le hall d'entrée, alors que la chanson *Sifflez en travaillant* est diffusée dans des hauts-parleurs. A l'extérieur, des centaines de manifestants protestent, dénonçant Comcast ou la sous-traitance et les mauvaises conditions de travail en Asie. A l'intérieur, la vaste salle de réunion est pleine à craquer dès 10 heures. Il y a de l'électricité dans l'air. Eisner monte sur le podium et prend la parole dans un silence total : « Bonjour tout le monde. Je suis Michael Eisner ». Il promet une croissance de 30 % des bénéfices par action dès 2004 et une progression à deux chiffres jusqu'en 2007. Tout en reconnaissant que les performances de la chaîne de télévision généraliste ABC sont « décevantes », Eisner affirme que « les dirigeants ont la compétence et le talent créatif nécessaire pour poursuivre notre développement. (…) Nous avons traversé et surmonté la période la plus difficile pour les Etats-Unis depuis la Seconde Guerre mondiale. Nous sommes prêts maintenant à repartir de l'avant ». Il évoque ensuite le cas de Pixar. Le dimanche précédent, *Le Monde de Nemo* a remporté l'Oscar devant le dessin animé de Disney, *Frère des Ours*. Eisner insiste : « Personne plus que moi ne souhaitait un accord, mais les conditions économiques n'étaient pas dans l'intérêt de nos actionnaires ». Il conclut son intervention en déclarant : « J'aime cette entreprise. Le conseil d'administration aime cette entreprise et nous sommes tous concernés par l'avenir de cette entreprise ». Il annonce ensuite que le conseil d'administration a accordé quinze minutes à Roy Disney et Stanley Gold afin qu'ils puissent s'exprimer.

Sous un tonnerre d'applaudissements, Gold monte sur scène : « Roy Disney et moi-même avons une mission. La mission de sauver notre entreprise ». Après avoir évoqué la longue liste des échecs et des compromissions de l'équipe de direction, il déclare : « C'est l'histoire que Roy Disney et moi avons racontée lors de notre périple à travers tout le pays pendant un mois afin de rencontrer les petits et les gros actionnaires… Que ce soit bien clair. Pas de demi-mesure, pas d'excuse, pas de chaise musicale. Michael Eisner doit partir maintenant ». Gold rappelle : « Après avoir tenté de l'intérieur du conseil de changer les choses, nous avons dû nous résoudre à le faire publiquement… En tant qu'actionnaires, nous avons connu plusieurs années difficiles et M. Eisner, à en juger par les rémunérations et les primes obtenues, n'a jamais connu une mauvaise année. Il doit partir et le conseil ne peut plus tolérer que les promesses de performances ne soient jamais tenues. Cette journée est la première étape du sauvetage de la société ». En 1999, les revenus d'Eisner font jaser. Il prend la première place sur la liste *Forbes* des chefs d'entreprise les mieux payés avec 631 millions de dollars (salaire fixe de 1 million, bonus indexé sur les bénéfices, stock options…). Entre 1998 et 2003, il aurait reçu en moyenne 122 millions de dollars par an, toujours selon le magazine *Forbes*. Gold termine son réquisitoire en se tournant alors vers Eisner et en s'adressant directement à lui : « Vous avez compromis votre âme et perdu votre intégrité ». Eisner tente de rester impassible.

Roy Disney apparaît soudain sur scène. Les applaudissements redoublent d'intensité. Il déclare : « Disney n'est pas seulement une marque, mais une société construite sur la créativité, la liberté et le sentiment des employés et des clients de participer à quelque chose d'unique ». Il réclame le départ des dirigeants « défaillants » qui ont « trahi les idéaux de l'entreprise ».

Après que Stanley Gold et Roy Disney se soient livrés à cet impitoyable réquisitoire sous les applaudissements pendant une demi-heure, Eisner les remercie, provoquant un éclat de rire général qui fait basculer un instant la salle en sa faveur. Les deux heures suivantes sont consacrées aux présentations des différents dirigeants des divisions de la Walt Disney Company.

A la fin de l'après-midi, les résultats du vote sont dévoilés : 43 % des actionnaires (sur 3 000 présents) ont voté contre la réélection du PDG de la Walt Disney Company à la présidence du conseil d'administration, une première dans l'histoire du capitalisme américain. Un tel vote est unique dans une société américaine a fortiori lorsque, comme Disney, elle est rentable, que son bilan est solide, que son action a regagné 60 % en un an et qu'elle n'a commis aucune irrégularité comptable. Pat McGurn d'Institutional Shareholder Services, un groupe de défense des actionnaires, explique : « Il s'agit pour le management et les administrateurs du pire scénario ». Réuni après l'assemblée, le conseil d'administration a eu du mal à se mettre d'accord. Il est finalement décidé de séparer les fonctions de président et de directeur général. George Mitchell, ex-sénateur républicain, prend la première, Michael Eisner conserve la seconde. Dans un communiqué, le conseil reconnaît : « Certains actionnaires ont voté pour un changement immédiat à la tête de la société et au conseil. Cependant, nous pensons que la décision prise aujourd'hui est la meilleure dans l'intérêt à long terme des actionnaires ».

Après le conseil du 3 mars, le câblo-opérateur Comcast renouvelle son offre sur Disney. Le conseil la rejette mais se dit « prêt à étudier toute proposition raisonnable ».

Dès le soir du 3 mars, Sean Harrigan, président du puissant fonds de pension des fonctionnaires de Californie, CalPERS, réitère son appel au départ du PDG « avant la fin de l'année » demandant au conseil d'administration de « rapidement mettre en place une transition ordonnée ». Le 25 février, CalPERS avait annoncé avoir « perdu toute confiance en M. Eisner ».

C'est que Stanley Gold et Roy Disney ont réussi à entraîner avec eux nombre d'investisseurs institutionnels. Outre CalPERS, les fonds de pension des états du New Jersey, du Connecticut, du Massachusetts se joignent au mouvement. Même New York et la Floride, états dans lesquels la présence de Disney est très forte, ôtent leur soutien à Eisner. Le fonds commun de placement T. Rowe Price, quatorzième plus gros actionnaire de Disney avec 19 millions d'actions, appelle lui-aussi au départ d'Eisner. Alan Hevesi, directeur et contrôleur du fonds de retraite de l'état de New York qui détient 8,7 millions d'actions, publie un communiqué appelant « au remplacement de M. Eisner aussi tôt que possible ».

Devant le refus catégorique de la Walt Disney Company, le scepticisme des investisseurs et le lever de bouclier des Américains contre l'OPA de Comcast, l'offre est retirée en avril 2004.

* * *

Les soubresauts que connaît la Walt Disney Company s'ajoutent à une conjoncture peu propice à Euro Disney. Les résultats du premier trimestre de l'exercice 2004 (octobre, novembre, décembre 2003) sont encourageants. Euro Disney réalise un chiffre d'affaires consolidé en hausse de 1 % par rapport à la même période de l'exercice précédent après deux trimestres consécutifs de baisse. Cependant, à partir de 2004, selon les termes de la restructuration financière de 1994, Euro Disney doit reprendre le versement de la totalité des royalties à la Walt Disney Company, soit près de quarante millions d'euros supplémentaires par an. Le groupe a également jusqu'en 2006 pour rembourser une partie de ses dettes à hauteur de 274 millions d'euros.

En janvier 2004, Euro Disney assure que « les négociations [concernant la restructuration financière] se poursuivent avec les différentes parties prenantes ».

Du 4 janvier au 1er avril 2004, les enfants de moins de 11 ans bénéficient d'une entrée gratuite dans chacun des parcs. Trois spots publicitaires « Envie de Mag?e » adoptent une tonalité résolument nouvelle basée sur « la fraîcheur et la modernité du propos ». Chacun de ces spots présente des offres spéciales. La campagne s'appuie sur un plan média très puissant, particulièrement en télévision, dans les six principaux marchés européens : France, Grande-Bretagne, Pays-Bas, Belgique, Allemagne et Espagne.

Du 7 février au 7 mars 2004, Disneyland présente un « Carnaval Roi Lion ». En avril, afin de célébrer Pâques, Euro Disney installe sur Main Street USA, un immense parterre de fleurs et un immense œuf de Pâques. Une grande chasse aux œufs est organisée à Pocahontas Indian Village où des centaines d'œufs ont été cachés. Le 26 juin 2004, « La Légende du Roi Lion », spectacle sur la scène de Videopolis, offre sa première et fera salle comble à chaque représentation. Le nouveau spectacle « Peter Pan à la rescousse » met en scène Peter affrontant le Capitaine Crochet sur le pont du bateau pirate d'Adventureland. Les personnages Lilo et Stitch font leur apparition au parc Walt Disney Studios. Et en juin, les premiers NRJ Ciné Awards se déroulent dans le parc.

Manchester United Soccer Schools s'installe à Disneyland Resort Paris. Située non loin du Sequoia Lodge, cette nouvelle structure comprenant un terrain synthétique et des vestiaires, offre aux footballeurs de toute l'Europe l'occasion de se prendre pour leurs idoles de Manchester United, en apprenant leurs techniques de jeu et leur maîtrise du ballon rond avec des entraîneurs professionnels. Ces activités peuvent être ajoutées en option à un forfait lors de la réservation d'un hôtel à Disneyland Resort Paris. La société est associée une nouvelle fois au Tour de France, sponsorisant une opération exceptionnelle appelée « Cadets-Juniors », permettant à de jeunes coureurs cyclistes prometteurs de la France entière de participer à la grande boucle pendant un jour. Ils portent les couleurs de Disneyland Resort Paris que l'on peut retrouver sur huit véhicules de la caravane publicitaire du Tour. Après les Jeux Olympiques d'Athènes, une vingtaine de médaillés français sont invités sur le Resort pour se divertir.

En 2004, Disneyland reçoit le Worldwide Hospitality Award pour son engagement dans la formation de ses employés et pour son programme intitulé « Hôte d'Accueil Touristique ». En juin 2004, l'association Tourisme et Handicap décerne le label Tourisme et Handicap à Disneyland Resort Paris. C'est le seul parc à thèmes français à avoir reçu le label garantissant la meilleure accessibilité pour chaque type de handicap : physique, visuel, auditif et mental. Chaque année, 40 000 personnes handicapées visitent les parcs qui lui-même en emploient 285. En juin 2004, mille enfants de cinq associations soutenues par l'Open du Cœur sont invités une journée au parc.

Le lundi 2 août 2004, Euro Disney annonce que la totalité des prêteurs n'a pas ratifié, à la date du 31 juillet comme prévu, le protocole d'accord pour assurer la restructuration financière de sa dette. Les prêteurs ont cependant accepté de prolonger du 31 juillet au 30 septembre « la renonciation à se prévaloir du non-respect de certains engagements financiers ». Les banques créditrices n'exigeront pas d'ici là le remboursement des 1,7 milliard d'euros représentant le montant des sommes dues au titre de la dette. Il n'est bien évidemment dans l'intérêt de personne que la restructuration échoue. Pour autant, la fréquentation de Disneyland Resort Paris est toujours décevante et sur les neufs premiers mois de l'exercice 2004 arrêté au 30 juin, le chiffre d'affaires est en baisse de 1 %. Euro Disney anticipe d'ores et déjà « une augmentation significative de la perte nette » pour l'exercice annuel clos le 30 septembre 2004.

L'accord intervient finalement le 28 septembre 2004 après des négociations très difficiles. Le dépôt de bilan semblait inenvisageable jusqu'à l'irruption, au dernier moment dans la discussion, de Black Diamond, un fonds spéculatif détenteur d'une partie de la dette principale de la société. Après avoir fait monter la pression, ce fonds a finalement signé avec les autres créanciers. Il a obtenu en contrepartie le relèvement du taux d'intérêt d'une partie de la dette.

En octobre 2004, l'équipe du film *Les Choristes* est invitée dans le parc et prend part à la parade, invitant les visiteurs à chanter les airs du film. Pour les 70 ans de Donald Duck, une fête est organisée au parc Disneyland. Karl Lagerfeld dédidace à cette occasion un tee-shirt vendu exclusivement à Disneyland Resort Paris. Les billets « Soirées

Magiques » donnent aux visiteurs la possibilité de venir en soirée pour profiter de Disney Fantillusion et des feux d'artifice de la Fée clochette. Les partenariats marketing avec de grandes marques permettent de développer différents produits exclusifs dont un « Happy Meal Halloween » avec Mc Donald's, une collection « Magic Cards » avec Nestlé aux Pays-Bas et des CD vidéos pour les enfants avec Kellogg's en France. Euro Disney met en place le billet « Passe-Partout » qui représente un quart des ventes de billets en 2004. De nouvelles infrastructures sportives et de loisirs sont proposées dans les hôtels. Ainsi, le Ranch Davy Crockett se dote-il d'un grand parcours acrobatique forestier aérien (tyroliennes, ponts de singe, balançoires…). André Lacroix explique : « Notre stratégie vise à nous adapter constamment aux changements des modes de consommation et à toujours faire vivre une expérience inoubliable. » En décembre 2004, le Téléthon rassemble les communes du Val-d'Europe, les associations et les clubs sportifs avoisinants et le Club Bénévole de Disneyland Resort Paris pour organiser le premier Centre de promesses télévisé de Seine-et-Marne.

Le 25 mars 2004, l'Assemblée générale des actionnaires d'Euro Disney autorisait le gérant à procéder à une réduction de la valeur nominale de chacune des actions de la société. Le 9 juillet 2004, la valeur nominale de chacune des actions de la société est réduite de 0,76 à 0,01 euro. Au 30 septembre 2004, le capital social d'Euro Disney SCA s'élève à 10 826 802,92 euros divisé en 1 082 680 292 actions d'une valeur nominale de 0,01 euro chacune. En septembre 2004, Euro Disney SAS est nommé gérant d'Euro Disney Associés SCA. Euro Disney SAS est responsable de la gestion et de la direction d'Euro Disney SCA et EDL Hôtels SCA.

En septembre 2004, Euro Disney SCA signe un protocole d'accord avec les prêteurs du groupe et la Walt Disney Company sur une restructuration globale des engagements financiers. La restructuration vise à apporter au groupe de nouvelles ressources financières, à réduire ou rééchelonner certaines de ses dettes et à lui donner davantage de flexibilité pour investir dans de nouvelles attractions et dans le développement du site et des environs. Les principaux éléments du protocole d'accord sont les suivants :

- Réalisation d'une augmentation de capital de la société d'un montant brut minimum de 250 millions d'euros (avant déduction des commissions et frais liés à l'augmentation de capital) qui est partiellement souscrite par la Walt Disney Company ou une de ses sociétés affiliées, le solde devant faire l'objet, sous certaines conditions, d'un engagement de prise ferme par un syndicat bancaire.
- Octroi par la Walt Disney Company à Euro Disney SCA d'une nouvelle ligne de crédit renouvelable d'une durée de dix ans d'un montant de 150 millions d'euros jusqu'au 30 septembre 2009 et de 100 millions d'euros après cette date.
- Report du remboursement de la dette financière du groupe, en partie de façon inconditionnelle et en partie de façon conditionnelle et suppression de l'obligation de constituer des dépôts de garantie, les dépôts existants étant utilisés pour rembourser par anticipation certaines dettes. En contrepartie de ce report, les taux d'intérêt applicables à une partie importante de la dette du groupe seront augmentés.
- Report du paiement d'une partie de la rémunération de la gérance et des redevances de licence dues à des sociétés affiliées à la Walt Disney Company, en partie de façon inconditionnelle (125 millions d'euros) et en partie de façon

conditionnelle (200 millions d'euros) en fonction des performances financières de la société.
- Réalisation d'une économie globale par la société de 292,1 millions d'euros (auxquels s'ajoutent 16 millions d'euros d'intérêts) de paiement à Euro Disney Associés SCA, une société détenue indirectement par Disney. Ces paiements auraient été nécessaires pour que la société puisse conserver ses droits sur le parc Disneyland et certaines de ses attractions clés faisant l'objet de contrats de crédit-bail entre elle et Euro Disney Associés SCA. A la place, Euro Disney SCA acquerra indirectement les droits des actifs appropriés en faisant l'acquisition de 82 % du capital d'Euro Disney Associés SCA en contrepartie d'un apport d'Euro Disney SCA à Euro Disney Associés SCA de la quasi-totalité de ses éléments d'actif et de passif.
- Octroi au groupe des autorisations nécessaires à la mise en place d'un plan de création de nouvelles attractions pour un montant de 240 millions d'euros et à la poursuite des investissements liés à l'entretien et à l'amélioration des actifs existants.

La mise en œuvre de la restructuration financière est subordonnée à la réalisation de l'augmentation de capital et de la réorganisation juridique au plus tard le 31 mars 2005. Cette restructuration a pour vocation de permettre au groupe de dégager d'importantes liquidités, de bénéficier de mécanismes de protection visant à atténuer l'impact négatif des fluctuations d'activités (par le report conditionnel de certaines charges) et de disposer des ressources nécessaires pour investir dans de nouvelles attractions.

Le mardi 9 novembre 2004, Euro Disney publie ses résultats financiers annuels. Malgré une fréquentation stable (12,4 millions), le chiffre d'affaires a légèrement augmenté. Pour autant, ils font apparaître une perte nette de 145,2 millions d'euros. André Lacroix se montre confiant : « On a bien résisté dans une conjoncture difficile pour l'industrie du tourisme européen. Nous avons réussi à enrayer la chute du chiffre d'affaires et la dépense moyenne par visiteur est en hausse, même si la fréquentation des hôtels a légèrement baissé. (…) Nous sommes devenus une véritable destination avec des parcs à thèmes, des hôtels, un centre commercial, un village. Nous voulons être une destination de vacances à part entière, comme la mer ou la montagne ».

Dix ans après le sauvetage de 1994, Alwaleed possède encore 17 % de l'entreprise. Les journalistes sont perplexes. Pourquoi le prince persiste-t-il dans son engagement ? Alwaleed s'en explique : « Euro Disney est un investissement qui a une très grande valeur pour moi. Je considère que c'est une attraction touristique majeure, non seulement en France mais aussi en Europe. Près de 13 millions de visiteurs y séjournent chaque année. Je continue de penser que ce concept est en avance sur son temps. Mais il y a trop de dettes. Nous avons déjà procédé à des restructurations et, s'il le faut, il y en aura d'autres. Les beaux jours d'Euro Disney sont encore à venir ». Son optimisme ne fléchit pas : « Nous avons fait face à la crise numéro un, nous devons maintenant faire face à la crise numéro deux ». En proie à de multiples difficultés, Michael Eisner déclare à propos d'Alwaleed : « Il a été loyal et royal ». En janvier 2004, à un journaliste qui le harcèle pendant ses vacances à Jackson Hole dans le Wyoming, le prince déclare : « Je suis un ami et un allié d'Eisner. Pas de Roy Disney ».

La restructuration financière de 2004 débouche sur une augmentation de capital de 250 millions d'euros afin d'investir dans le futur. Pour l'année 2003, Lacroix trouve la performance d'Euro Disney « relativement bonne dans un contexte difficile ». Si la fréquentation est stable à 12 millions de visiteurs, Lacroix note : « Nous souhaitons faire progresser chaque année le chiffre d'affaires et l'EBITDA de la société, tout en gardant à l'esprit qu'il faudra plusieurs années pour qu'elle retrouve sa rentabilité. Pour cela, nous devons conquérir de nouveaux *First Timers*. » Disneyland Resort Paris réalise un certain nombre d'investissements et d'actions marketing destinés à convaincre ces *First Timers* de faire le voyage. Pour atteindre cet objectif, de nombreuses initiatives sont lancées basées sur cinq axes stratégiques :

- revitaliser l'expérience du parc Disneyland (reprogrammation de Space Mountain en 2005)
- renforcer l'expérience du parc Walt Disney Studios (accroissement de l'attrait pour les jeunes enfants et leurs familles : nouvelles attractions)
- renforcer le développement des événements saisonniers et des spectacles populaires (nouvelles saisons en plus d'Halloween et de Noël ; spectacle « La Légende du Roi Lion »)
- recentrer la spécificité des hôtels Disney
- mettre l'accent des ventes et du marketing sur les nouveaux visiteurs et les nouveaux moyens de distribution.

André Lacroix est confiant : « Il y a quinze ans, par la signature d'une convention entre The Walt Disney Company et les pouvoirs publics français, nous avons créé un marché jeune, porteur et qui dispose d'un fort potentiel de croissance. Dans le futur, nous continuerons à nous développer et resterons la première destination touristique européenne. »

En 2004, l'équipe marketing et ventes mène une enquête très complète dans le but d'approfondir sa connaissance des différents marchés européens. Le défi majeur réside dans l'existence de six marchés principaux : la France, le Royaume-Uni, le Benelux, l'Espagne, l'Allemagne et l'Italie, sans oublier certains pays émergents disposant chacun d'une approche culturelle différente en termes de loisirs. Les conclusions de cette étude permettent d'adopter une approche plus précise et efficace en matière de ventes et de marketing. Camille de Lorean, directeur de la communication : « En matière de publicité ou de marketing, chacune de nos créations a pour but de faire réaliser aux Européens que Disneyland Resort Paris est réellement un lieu où se réalisent les rêves... pour les jeunes et les jeunes de cœur ! » Cette démarche conduit à identifier plusieurs catégories différentes de futurs visiteurs. La cible traditionnelle composée de familles avec enfants s'est enrichie de segments de marché plus précis. L'une des caractéristiques majeures de ces segments tient tout d'abord à leur importante affinité avec la marque Disney, les parcs à thèmes et par conséquent leur connaissance de Disneyland Resort Paris en tant que destination touristique. Ils ont en grande majorité l'envie de séjourner sur le site. L'objectif est donc de les motiver à passer à l'acte. Ce marché présente le potentiel de croissance le plus important. Ces visiteurs cherchent véritablement une expérience Disney : l'art de raconter des histoires selon Disney, les sensations et l'émotion des attractions Disney et la rencontre avec les personnages Disney. Les parents souhaitent se détendre et partager des moments uniques en famille, voir leurs enfants transportés par la magie Disney et profiter ensemble d'activités nouvelles. La stratégie globale est, selon Euro Disney, une source de confiance. Le large éventail de cibles à fort potentiel révélé par ces études ouvre d'intéressantes perspectives de croissance en termes de ventes. La stratégie de croissance positionne « idéalement » les parcs « en vue de répondre aux attentes de ces futurs clients. » Les efforts sont basés sur les saisons et les nouvelles attractions.

Ces recherches ont montré que les médias au plus fort potentiel sont l'Internet, le marketing direct et une utilisation plus ciblée de la synergie via les médias Disney. Il est donc décidé de développer la réservation par l'Internet via leur propre tour opérateur, mais aussi leur centrale de réservation. Ils testent également de nouveaux canaux tels que les magasins grand public où les clients peuvent acheter désormais leurs séjours. Euro Disney travaille en collaboration avec les deux ou trois tours opérateurs ou chaînes de magasins les plus importants dans chaque pays en s'appuyant sur leur professionnalisme et leur expertise. Il combine de plus en plus les produits et films Disney avec ceux de ses partenaires stratégiques dans le cadre d'opérations de promotion. Il s'adapte également aux nouveaux comportements des consommateurs en renforçant ses partenariats avec des agents de voyage en ligne tels que Lastminute ou Expedia. Dans ce contexte, Euro Disney développe de nouveaux forfaits incluant des visites à Paris.

* * *

Le 23 février 2005, Euro Disney SCA finalise une augmentation de capital par le biais d'une émission d'actions. La restructuration est ainsi achevée et 240 millions d'euros seront consacrés de 2005 à 2009 pour les nouvelles attractions.

En 2005, Disneyland Resort Paris poursuit sa stratégie d'enrichissement des saisons et donne un nouveau souffle à l'une de ses attractions phares, Space Mountain : Mission 2. C'est le point de départ d'un développement du site dans les trois années suivantes. De 2006 à 2008, de nouvelles grandes attractions ouvriront chaque année : en 2006, Buzz Lightyear's Laser Blast inspiré de *Toy Story 2* ; en 2007, Toon Studios à Animation Courtyard et en 2008, la Tower of Terror.

Désormais, Disneyland Resort Paris propose cinq saisons par an. Il s'agit d'innover saison après saison pour séduire plus de visiteurs :

- Halloween. Célébrée en octobre.
- Noël. Illumination du sapin lors de la Cérémonie des Contes et Lumières.
- Magie Illimitée. Célébrée en janvier. Les visiteurs peuvent refaire certaines attractions sans avoir à refaire la file d'attente : Star Tours, Indiana Jones et le Temple du Péril, Phantom Manor, Rock'n'Roller Coaster, Studio Tram Tour : Behind the Magic, Les Tapis Volants – Flying Carpets over Agrabah.
- Le Carnaval des Enfants. Célébré en février. Town Square devient Carnaval Square. Présence des personnages du *Livre de la Jungle* et de *La Petite Sirène*. DJ lors d'une « Carnival Dance Party ».
- Pâques. Parterres fleuris, jardinières, compositions florales. Atelier de décoration des œufs de Pâques. Cent œufs cachés dont un Œuf Doré.

En été, le spectacle « Wishes », feu d'artifice au-dessus du Château de la Belle au Bois Dormant, est inspiré du spectacle de Walt Disney World Resort. Le spectacle reprend les chansons Disney les plus populaires. « Wishes » débute le 17 juillet 2005, jour du cinquantenaire de Disneyland en Californie. Ce spectacle sons et lumières venu des Etats-Unis inclut des projections vidéo, des feux d'artifice, de la musique et les voix de célèbres personnages Disney. Ces célébrations du cinquantenaire proposent des ouvertures croisées d'attractions à travers le monde. Le spectacle de cascades français « Moteurs… Action ! »

est ainsi reproduit à Walt Disney World en Floride. Euro Disney ayant quelque problème de liquidité, il s'est contenté d'une reprogrammation de Space Mountain. Le 12 septembre 2005, la Walt Disney Company ouvre son premier parc en Chine : Disneyland Hong Kong. Si le parc à thèmes diffère de ses prédécesseurs sur certains points (seuls figurent Main Street USA, Adventureland, Fantasyland et Tomorrowland... mais pas Frontierland), Disneyland Hong Kong ne dépayse pas vraiment les fans, même si quelques nouveautés sont à noter. Les puristes sont, pour le moins, déçus lorsqu'ils constatent à quoi ressemble ce parc. Il évoque immanquablement le Disneyland original avec son Jungle Cruise, sa Main Street épurée (loin des fastes de son homologue de Marne-la-Vallée) ou encore son Château de la Belle au Bois Dormant, copie conforme de celui de Californie. Paul Pressler déclare officiellement qu'il faut y voir un retour aux sources, cinquante ans en arrière... Nous y verrons surtout, une fois de plus, une réelle volonté d'économies de moyens et de capitaux. Seuls les deux hôtels, le Hong Kong Disneyland et le Disney's Hollywood Hotel, semblent avoir bénéficié d'investissements conséquents... exactement comme pour le second parc de Californie.

Le développement d'Euro Disney est un programme essentiel pour offrir toujours plus aux visiteurs :

- Un complexe IMAX de 570 places ouvre à Disney Village au multiplex Gaumont et porte le nombre total de salles à quinze et offre plus de 3 900 places. Ce nouvel écran mobile de 26 x 15 m pesant 12 tonnes est le plus grand de France. Le nouveau système Imax DMR dont la salle est équipée pour la première fois en France permet la projection de longs métrages au format géant en haute définition.
- Un ballon captif géant, PanoraMagique, est amarré sur le Lac Disney. Il s'élève à plus de 100 mètres. Il mesure 73 mètres de circonférence pour 1 600 m² de tissus. Herb Ryman avait dessiné une ébauche de Disneyland sur lequel figurait un ballon captif au-dessus du parc de 1955. PanoraMagique est un hommage au cinquantième anniversaire du parc.
- Un nouveau parking est construit à Disney Village pour remplacer les anciennes structures. Derrière leur façade de style Art Déco, les 1 370 places de ce parking Vinci facilitent l'accès de Disney Village aux visiteurs.

Afin d'améliorer ses taux de pénétration, Disneyland travaille en étroite collaboration avec les acteurs de l'industrie du tourisme et du voyage, les tour-opérateurs : développement de nouveaux outils pour les centres d'appels et l'Internet pour permettre aux agences de voyage de répondre à la demande croissante de flexibilité de leurs clients. Les visiteurs peuvent réserver des formules complètes incluant l'hébergement sur le site, les entrées et des options (spectacles, repas avec des personnages Disney, mode de transport...) ; développement des forfaits et des partenariats avec la SNCF, Air France et les compagnies aériennes à bas prix car la facilité d'accès et le coût du transport sont des facteurs déterminants dans la prise de décision des visiteurs. Les partenariats avec des acteurs de l'industrie du tourisme et des transports ainsi que les alliances stratégiques permettent de développer des produits uniques et attractifs pour les différents marchés. Euro Disney vise également de nouveaux pays : la Chine, la Russie et l'Inde. Ces trois pays constituent un potentiel de développement. Il s'agit d'attirer ces visiteurs étrangers qui vont à Paris et de les persuader de faire un crochet par Marne-la-Vallée.

Tous les efforts entrepris en 2004, 2005 et 2006 n'ont pas apporté grand changement du point de vue de la fréquentation. Au 30 septembre 2005, les deux parcs avaient accueilli 12,3 millions de visiteurs. Au 30 septembre 2006, 12,8 millions. Il n'y a toujours aucun sursaut flagrant.

En mai 2005, André Lacroix, 45 ans, démissionne alors qu'il était arrivé en juillet 2003. David Charpentier, délégué CFDT : « On n'y comprend rien. En avril, lors de la présentation des résultats semestriels, il nous avait répété qu'il travaillait dans la durée ! » Pas de pot d'adieu, un communiqué de presse lapidaire. Tout cela fait penser à un limogeage. Pourtant, deux semaines après son départ, on l'annonce chez l'anglais Inchape, un distributeur de voitures haut de gamme pour un salaire annuel de 920 000 euros. Il est remplacé par Karl Holz, 54 ans, américain d'origine allemande chez Disney depuis neuf ans. Proche d'Eisner, Holz est arrivé en septembre 2004 à Euro Disney à la place de Yann Caillère. Il ne parle pas un mot de français. « Il va s'y mettre » déclare ses proches. Un cadre demeure désabusé : « Les patrons valsent et on navigue toujours à vue ».

* * *

Face à une situation intenable, le 13 mars 2005, Michael Eisner annonce son départ anticipé de la Walt Disney Company. Le 30 septembre 2005, il démissionne à la fois de son poste de directeur général et de membre du conseil d'administration. Il est remplacé par Bob Iger. Le 8 juillet 2005, Roy Disney rejoint le conseil d'administration de la Walt Disney Company en tant que membre émérite. Le 23 janvier 2006, la Compagnie rachète Pixar Animation Studios pour 7,4 milliards de dollars par échange d'actions (une action Pixar contre 2,3 actions Disney). Steve Jobs qui possède 50,1 % de Pixar devient le principal actionnaire individuel de Disney avec 8 % des actions. Le deuxième est Michael Eisner avec 1,7 % des actions et Roy Disney, troisième, avec 1 %. Le jour même de l'annonce de l'acquisition de Pixar, le conseil d'administration de la Walt Disney Company décide de rebaptiser les quartiers généraux de la société « The Michael D. Eisner Building ». Le 5 mai 2006, l'acquisition est totale. John Lasseter prend en charge l'animation des studios Disney et Pixar et devient conseiller à Walt Disney Imagineering. La division des longs métrages est en bien piteux état. *La Ferme se Rebelle* en 2004 a été le dernier réalisé de façon traditionnelle. Disney s'est jeté avec bêtise dans l'animation en images de synthèse en produisant ou distribuant des films aussi insignifiants et indigestes que *Chicken Little* ou *The Wild*. La société a également été prise au piège en distribuant en vidéo ses films. Les reprises au cinéma permettaient de générer de confortables revenus annuels en l'absence de nouveautés. Eisner et la nouvelle équipe du début des années quatre-vingts ont voulu augmenter les cadences et sortir un nouveau film chaque année à partir de 1992. La société a ruiné sa réputation d'excellence en produisant à bas prix des suites de ses films qui sont une honte pour tout cinéphile. A partir de 1994 et la sortie du *Roi Lion*, la division cinéma d'animation entre dans une longue période de déclin et tous les autres studios Disney ouverts de par le monde ferment les uns après les autres. Une nouvelle génération d'enfants apprécie l'humour de *Shrek* ou des Pixar. Disney semble déconnecté du marché. Au lieu de se recentrer sur ce que la société sait faire de meilleur, elle suit ses concurrents, alors que pendant des décennies, elle avait dominé le marché. On voit apparaître dans les dessins animés de l'humour salace, des blagues vulgaires, des références contemporaines à répétition que les enfants ne saisissent pas. Et ne parlons pas des personnages créés spécialement pour le *merchandising* ! Au lieu de viser à l'atemporel comme Walt Disney l'avait fait avec succès, les films déroulent leur action dans un présent qui ne fait pas rêver les enfants et qu'ils voient déjà à longueur de journée à la télévision. Quand, comme dans *Le Bossu de Notre-Dame*, l'histoire se passe au Moyen-Age, les gargouilles ramènent le spectateur dans un présent d'opérette. Ce film de 1996 aurait certainement pu être le plus beau Disney de tous les temps, si l'épilogue de Victor Hugo avait été respecté (la mort d'Esméralda puis de Quasimodo) et les trois stupides gargouilles disneyennes supprimées car les décors, l'animation et l'ambiance générale du film sont magistrales. C'est enfoncer une porte ouverte que d'évoquer la « trahison » des histoires par les scénaristes des studios mais, dès *La Belle au Bois Dormant* en 1959, Walt Disney avait évoqué la possibilité de tourner un dessin animé tragique. Bien entendu, Disney n'a jamais eu la prétention de faire de l'art mais seulement de fabriquer des produits luxueux pour une consommation de masse. Il ne voulait pas sortir le plus de films possibles mais maintenir une certaine qualité ; seulement, le fait de produire pour le plus grand nombre possible risque d'amener à un affadissement général de la production. Pour pouvoir plaire au plus grand nombre, il faut éliminer autant que possible les aspects originaux qui plairont à certains mais qui feront fuir d'autres spectateurs. Le designer Raymond Loewy appelait cela le « système maya », *Most Advanced Yet Acceptable* qu'on pourrait traduire par « le plus original possible mais tout en restant acceptable ». De plus, le produit, pour se vendre, doit ressembler à son public donc en adopter les canons esthétiques : cela a pu amener à des illustrations assez mièvres. Il est dommage que l'exposition au Grand Palais à Paris en 2006-2007 n'est pas soulevée ce point.

Le pire est qu'Eisner ordonne l'abandon du métier premier de Disney, c'est-à-dire le dessin animé traditionnel pour se consacrer à l'image de synthèse. Erreur d'appréciation évidente ! Il eut fallu plutôt trouver de meilleures histoires à raconter ! Le choix de Lasseter pour diriger l'animation Disney ne semble pas très judicieux. Au fil des années, les films Pixar se ressemblent tous les uns avec les autres : *Toy Story, 1001 Pattes, Monstres & Cie, Toy Story 2, Les Indestructibles, Cars* ou *Ratatouille* ne feront pas partie de la mémoire collective du cinéma. Le demi-succès de *Cars* au cinéma ne présage rien de bon et les futurs Disney ne semblent pas très prometteurs. La traversée du désert n'est donc pas terminée.

* * *

Pour Karl Holz, « 2005 restera dans l'histoire de notre société comme une année de transition. (…) Disneyland Resort Paris a bâti de solides fondations pour l'avenir. Tous les fondamentaux sont réunis pour assurer le succès de notre plan de croissance. Les chantiers des trois nouvelles attractions ont commencé et nous avons entrepris de modifier Disney Village pour améliorer l'expérience de nos visiteurs. Val-d'Europe poursuit également son développement, tant en termes de résidences individuelles que d'immobilier d'entreprise. »

Plusieurs actions dans les parcs à thèmes sont entreprises à partir de 2005 :

- revitaliser l'expérience des visiteurs dans le parc Disneyland (nouvelle dimension interactive avec l'attraction Buzz Lightyear Laser Blast).
- améliorer l'expérience des visiteurs dans le parc Walt Disney Studios (ajout de couleurs et d'atmosphères supplémentaires, création de nouvelles attractions en 2007 et 2008).
- augmenter les événements saisonniers et les spectacles pour encourager les visiteurs à revenir.

Buzz Lightyear Laser Blast a ouvert en 1998 dans le Royaume Magique de Walt Disney World. Peter Mc Grath, imagénieur : « Jeux vidéos, internet : notre quotidien est de plus en plus interactif. Grâce à Buzz Lightyear Laser Blast, nous allons offrir à nos visiteurs une expérience qui ne sera jamais deux fois la même. Ils seront les vrais héros de cette histoire. »

Afin de rendre la visite des Walt Disney Studios plus vivante, les aménagements prennent des formes très variées. Les rues s'animent grâce aux tournages improvisés et aux spectacles tandis que les murs se parent d'affiches colorées. Kat de Blois, directrice du spectacle précise : « Les *Streetmosphères* donnent vie aux coulisses du cinéma. En un instant, vous devenez un acteur ou un technicien. Tout peut arriver, c'est ça la magie du 7ème art. » Les 38 pylônes qui bordent la route de la parade sont décorés d'images issues des films et dessins animés Disney.

Disney Village est à nouveau amélioré : nouveau parking, éclairage rénové et végétation enrichie. Certaines colonnades sont supprimées, ouvrant ainsi la partie centrale. Une nouvelle arcade de jeux ouvre près du cinéma Gaumont.

En 2005, Euro Disney poursuit son programme de mécénat : DisneyHand. L'association a pour but la collecte de fonds, le soutien aux associations locales, les visites d'enfants malades ou déshérités en hôpital ou dans les parcs. En 2005, en partenariat avec l'association Vaincre la Mucoviscidose, Euro Disney a organisé Les Virades de l'Espoir. Les Disney VoluntEars proposent des activités ludiques aux participants des quatre courses caritatives organisées à Paris et en Seine-et-Marne. Pour la onzième fois, Disneyland participe au Téléthon au profit de l'Association française des Myopathies. En 2005, un village Téléthon est installé au centre de Val-d'Europe. En soutien à la fondation française Make-A-Wish, nouvellement créée, Disneyland organise en mai 2005 l'Ekiden DisneyHand. Cette course en relais par équipe, importée du Japon, accompagnée d'une course pour enfants et de deux autres destinées aux adultes permet de collecter des fonds et d'exaucer les vœux d'enfants gravement malades qui désirent venir sur le site. En juillet 2005, en partenariat avec le Secours Populaire, 50 enfants déshérités sont invités au lancement du spectacle Wishes.

En novembre 2005, Euro Disney reçoit le « Grand Prix for Business Intelligence » reconnaissant l'optimisation des performances opérationnelles en temps réel. Un jury de professionnels de l'industrie, de consultants et de commerciaux a reconnu l'amélioration de la productivité dans les boutiques, la restauration et les attractions. Ce succès est lié au taux de satisfaction des visiteurs, à la diminution des temps d'attente aux caisses mais aussi au nombre de transactions effectuées dans chaque point de vente.

Il n'empêche que le 29 décembre 2005, quelques 300 à 400 salariés d'Euro Disney manifestent devant les grilles du parc pour informer les visiteurs « de la réalité sociale qui se cache derrière la magie » explique Pierre Brossard, délégué CFDT. Les grévistes se plaignent d'une trop grande flexibilité (planning arrêté de plus en plus tard, réduction ou augmentation de la durée quotidienne du travail au dernier moment en fonction de l'affluence), de la faiblesse des salaires (la CGT dénonce le fait que certains employés présents depuis 14 ans soient toujours payés au SMIC) et de la suppression de la prime exceptionnelle d'intéressement de fin d'année de 100 euros brut (en raison des difficultés financières du groupe). Les syndicats dénoncent en bloc les 50 millions d'euros de bonus versés aux cadres alors que la direction demande à l'ensemble des *cast members* de faire des efforts... Le 12 janvier 2006, Euro Disney soumet de nouvelles mesures relatives à l'aménagement du temps de travail et aux salaires. La direction souhaite négocier un avenant sur les 35 heures de 1999 qui permettrait de rallonger la durée du temps de travail en supprimant, entre autres, dix jours de RTT aux cadres (13 jours au lieu de 23) et de faire varier le temps de travail des salariés opérationnels en fonction de l'affluence. En contrepartie, la direction propose 0,5 % d'augmentation de salaire et un forfait de 15 euros par mois pour les salariés gagnant moins de 1 400 euros. Le 13 janvier 2006, la direction se veut rassurante et publie un communiqué par lequel elle s'engage à « aménager, par la négociation, l'organisation du temps de travail sur un certain nombre de points ». En mars 2006, les organisations syndicales rejettent l'accord en bloc.

Fin mars, Disneyland Resort Paris présente ses résultats pour le premier semestre 2005-2006. Un désastre : 101 millions d'euros de pertes, contre 29 millions pour la même période de l'exercice précédent. En six mois, la quasi-totalité des pertes de l'exercice 2005 (du 1er octobre 2004 au 30 septembre 2005) est inscrite. L'action ne vaut plus que 0,08 euro et n'intéresse plus que les spéculateurs guettant le moindre mouvement de quelques cents qui peuvent rapporter gros. Le chiffre d'affaires stagne à 1 milliard d'euros depuis cinq ans, tout comme la fréquentation autour de 12 millions. Les charges ne baissent pas. En 2005, Euro Disney a déboursé 88 millions d'euros de frais financiers et la dette de 2 milliards d'euros persiste.

Dans la restructuration conduite en 2004, une enveloppe de 250 millions d'euros est dégagée pour financer d'autres investissements. En 2006, Federico Gonzalez, vice-président marketing, promet : « D'ici à 2008, il y aura trois nouvelles attractions : Buzz l'Eclair qui a ouvert en avril, Toon Studios en 2007 et la Tour de la Terreur en 2008. On ne règle pas un business en quelques mois ». En 2005, la Walt Disney Company a ponctionné 65 millions d'euros en redevance. Sans les parcs parisiens, la visibilité de la marque Disney en Europe s'effondre. Les parcs permettent de faire la promotion gratuite des films.

Finalement, le 6 juin, la CGT, la CFE-CGC et le Sipe – syndicats non-majoritaires – paraphent un accord prévoyant davantage de flexibilité des horaires ainsi qu'une diminution des jours de RTT pour les cadres. Le nombre maximum d'heures travaillées dans la journée passe de 10 à 12 mais avec un plafond de 25 jours par an et le paiement des heures supplémentaires intervient au-delà de la 36ème heure et non plus de la 37ème comme le prévoyait le premier accord. Au lieu de perdre 10 jours de RTT, les cadres n'en perdent que 8.

En août, les photographes se mettent en grève et demandent une revalorisation des salaires et obtiennent gain de cause après seize jours de conflit. En septembre 2006, un nouveau mouvement de grève se déclenche. On réclame une augmentation de salaires de 200 euros. Après sept jours de conflit, les salariés de la maintenance d'Euro Disney votent la reprise du travail. Pour autant, aucune organisation syndicale n'annonce son intention de signer le protocole de fin de conflit : les négociations avec la direction n'ont pas abouti, cette dernière ne proposant « qu'une prime de 100 euros bruts et l'engagement d'anticiper le début de la négociation annuelle des salaires dès le mois d'octobre 2006 ». Selon la direction, cette négociation devrait s'ouvrir le 28 septembre.

Suite à la signature de l'avenant sur les 35 heures introduisant davantage de flexibilité, les quatre autres syndicats d'Euro Disney – CFDT, CFTC, FO et Unsa – décident d'exercer leur droit d'opposition pour faire annuler cet avenant, comme les y autorise la loi Fillon sur le dialogue social adoptée en mai 2004.

La première audience a lieu le 8 septembre 2006. L'avocat de la direction d'Euro Disney, Me Gilles Bélier, conteste la validité formelle de cette opposition sur trois points. Il fait valoir que les syndicats non signataires ne sont pas en mesure de prouver qu'ils sont majoritaires lors du premier tour des élections syndicales ainsi que l'exige la loi. En second lieu, que le courrier des syndicats n'a pas été adressé à la bonne personne. Enfin, et surtout, qu'il n'a pas été reçu par Euro Disney dans les délais légaux. La loi Fillon donne en effet huit jours aux syndicats pour signifier leur opposition à un accord. Une circulaire - qui n'a pas force de loi - a précisé que ce délai de huit jours concernait la réception par la direction de l'opposition des syndicats. De leur côté, les avocats des syndicats argumentent que, dans l'esprit de la loi, ce délai de huit jours est un délai de réflexion accordé au syndicat, et que seule importe donc la date de départ du courrier. Le 6 octobre, le tribunal de grande instance de Meaux donne raison aux organisations syndicales, considérant que le délai de huit jours est le délai durant lequel la décision des syndicats doit être exprimée, et qu'il ne peut être amputé par le temps nécessaire à la réception de cette décision. Noël Barbier, responsable CFTC d'Euro Disney, premier syndicat de l'entreprise, indique au *Figaro* que « Disney devra verser 1 500 euros à chaque syndicat non signataire au titre des frais de justice. Nous demandons le paiement des heures supplémentaires dès la 36e heure. »

Enfin, le 7 décembre 2006, après plusieurs mois de négociation avec les partenaires sociaux, la direction d'Euro Disney annonce la signature de « deux accords d'importance pour l'entreprise » : un accord sur la politique salariale 2007, signé à l'unanimité des sept organisations syndicales (CFDT, CFTC, CFE-CGCT, CGT, CGT-FO, Sipe, Unsa) lequel entre pour partie en application le 1er janvier 2007 ; un accord sur l'aménagement de son accord 35 heures signé par CFTC, CFE-CGC, CGT, Sipe, Unsa et lequel entre en vigueur à la fin de l'année 2006 pour certaines de ses mesures. FO indique ne pas être signataire de l'accord ; la CFDT, quant à elle, réserve sa position. Euro Disney note que « ces deux accords permettent de contribuer en partie à l'amélioration du pouvoir d'achat des salariés et d'autre part, à un aménagement du temps de travail mieux adapté aux spécificités de l'activité de Disneyland Resort Paris. La direction d'Euro Disney se réjouit de la conclusion de ces accords qui témoignent de l'implication constantes des parties prenantes, et souligne son attachement à un dialogue social constructif et responsable ».

* * *

Le 14 juillet 2006, l'action Euro Disney atteint son plus bas niveau historique : 0,06 euro. Le 18 septembre, l'action tombe à 0,05 euro... Existe-t-il un niveau sous lequel l'action ne peut plus descendre ? Non, il n'existe aucun seuil. Cela est impossible étant donné que ce sont des statistiques boursières. Une fois qu'une cotation est lancée sur le marché de la Bourse, rien ne peut empêcher l'action de grimper ou de chuter. Par contre, si le cours ne remonte pas, il peut se poser un gros problème. Ainsi le regroupement d'actions ne pourra-t-il se faire, car il est stipulé que ce dernier ne peut s'effectuer que si la valeur de l'action regroupée est supérieure ou égale à 10 euros.

Une cotation ne peut pas avoir une valeur négative. Toutefois, si le titre vient à s'enregistrer à 0 euro, cela engendre un retrait et une radiation des titres suivie d'une indemnisation auprès des actionnaires. Bien évidemment, la Walt Disney Company veille. Elle tenterait de trouver un moyen de remanier l'affaire. Quoi qu'il en soit, Euro Disney fonctionne et le risque de fermeture est quasiment inexistant. Le seul problème demeure la gestion de la société. Il lui faudra vraisemblablement trouver d'autres opportunités.

Le 20 septembre 2006, Karl L. Holz, président d'Euro Disney SAS, envoie une lettre aux actionnaires pour les rassurer suite à la baisse de valeurs de l'action : « Je saisis l'opportunité qui m'est donnée ici de vous exprimer ma gratitude pour votre soutien constant à l'égard de notre Société, et vous entretenir des évènements auxquels nous avons dû faire face ces derniers jours. Je souhaiterais réaffirmer que la mise en place de notre stratégie de croissance et l'avenir de la société demeurent la priorité de notre équipe de Direction. Comme nous vous l'avions communiqué en juillet, le chiffre d'affaires du Groupe a augmenté de 4 % au cours des neuf mois clos le 30 juin, grâce à une fréquentation et un taux d'occupation de nos hôtels en hausse sur le troisième trimestre. Ces résultats encourageants traduisent la stratégie de croissance du Groupe qui repose sur une politique Marketing et Ventes innovante ainsi que sur notre programme d'investissement pluriannuel. Je tiens à exprimer ma reconnaissance aux milliers de *cast members* qui font de la qualité de service et d'accueil des visiteurs leur première priorité, afin de leur offrir la meilleure expérience possible, et ce malgré le fait que nous ayons été récemment mis à l'épreuve de mouvements sociaux. Alors que nous mettons tout en œuvre pour préserver la qualité de notre produit, la Direction a entamé des discussions afin de parvenir à une issue favorable pour chacune des parties. Par ailleurs, le cours de notre action traverse actuellement une période de volatilité, particulièrement prononcée ces derniers jours. La Société n'a pas d'information particulière sur les raisons de ces mouvements boursiers, mais soyez assuré que nous suivons avec beaucoup d'attention l'évolution du cours de l'action Euro Disney, et que nous continuons à concentrer tous nos efforts sur l'amélioration de la performance financière de la Société. Nous sommes déterminés à honorer la confiance que vous nous avez témoignée au cours de ces années. »

Le Monde du 29 novembre 2006, daté du lendemain, publie un court article intitulé : « Un mystérieux investisseur vise Euro Disney ». On y apprend que « selon un courrier électronique envoyé – semble-t-il par erreur – mardi 28 novembre, au *Monde*, la société Center-Tainment s'apprête à lancer jeudi une OPA hostile sur le parc d'attractions ». L'offre est présentée en anglais. Les actionnaires individuels d'Euro Disney se verraient offrir des actions Center-Tainment à 0,11 euro l'action. Le dirigeant du groupe, Ulf H. Werner se dit prêt à rencontrer les journalistes à l'hôtel Littré, dans le 6ème arrondissement à Paris. La rumeur enflamme aussitôt l'internet. Qui est ce mystérieux investisseur ? Basé dans le canton suisse de Zoug, là où la législation est la plus conciliante avec les structures opaques, Center-Tainment AG est coté au marché libre de la Bourse de Francfort depuis fin septembre 2006. Très sommaire, son site internet présente l'entreprise comme étant spécialisée dans les loisirs. Mais la société ne publie pas de rapport annuel et n'indique pas où elle aurait déjà investi. Center-Tainment apparaît officiellement pour la première fois en mai 2006 dans le registre suisse du commerce. Elle portait auparavant le nom d'Orca et était enregistrée dans la ville de Bâle. La société a changé de nom, mais aussi d'objet social : elle vise désormais à prendre des participations « dans d'autres entreprises, en particulier dans le domaine des loisirs ». La société ne dispose que d'une adresse, à Zoug, la capitale du plus petit des cantons suisses, et apparemment pas du téléphone. Son capital-action est de 100 000 francs suisses (63 000 euros), répartis en 10 millions d'actions nominatives à 0,01 FS. Le nom d'Ulf H. Werner, un Allemand qui se présente comme le président du conseil d'administration, apparaît pour la première fois le 27 juillet 2006. Depuis le 10 novembre, Ulf Werner est associé à deux Suisses : Jack Kaeser et Hermann Wattenhofer. Le nombre de transactions sur son titre semble très limité. Néanmoins, introduite à 1,25 euro, l'action de Center-Tainment valait 18 euros le 28 novembre. L'entreprise vaudrait donc plus de 100 millions d'euros. Entreprise très endettée, l'action Euro Disney ne vaut, elle, que 0,07 euro. Sa capitalisation boursière ne dépasse guère 272,84 millions d'euros. Depuis début novembre, Center-Tainment indique aux marchés qu'elle s'apprête à lancer une OPA : « La cible est une installation connue en Europe et très fréquentée ».

La direction d'Euro Disney publie immédiatement un communiqué faisant savoir qu'elle démentait avoir été contactée par son éventuel assaillant et affirmait qu' « il n'y avait pas eu de discussions sur les modalités de l'offre ».

Après l'annonce du *Monde*, 168 millions de titres Euro Disney s'échangent en une journée et l'action termine sur un bond de 28,57 % en clôture à la Bourse de Paris, à 0,09 euro. Mercredi 29 novembre, 340 millions de titres sont échangés.

Jeudi 30 novembre 2006, 11 heures, hôtel Littré à Paris. L'établissement ne dispose que de deux petites salles de réunions : « le salon Blaise (15 m²) et le salon Littré (52 m²), calmes et confortables, baignées par la lumière du jour, elles offrent une capacité d'accueil de 8 à 20 personnes. Parfaitement équipées : *paperboard*, rétroprojecteur, écran, eau minérale » indique la brochure de l'hôtel. Radios, télés, journaux : tout le monde est là. Cinq messieurs s'installent. Il y a là Ulf H. Werner, président-directeur général de Center-Tainment, inconnu des milieux d'affaires suisses, Claus Wirth, financier dont on ne saura rien, Kurt W. Andeersen, prétendument *investment banker*, Paul Nautsch, autre financier qui gardera le silence tout au long de la conférence de presse et enfin, Tom von Hagen, en bras de chemise, hirsute, ahuri et débraillé, présenté comme l'éventuel futur directeur du parc, le *project manager*.

Ulf H. Werner prend la parole dans un anglais approximatif. Il se contente, en fait, de lire un communiqué dont tous les journalistes connaissent déjà la teneur : Center-Tainment veut lancer une OPA hostile sur Euro Disney SCA. Il rappelle son offre : « 11 centimes en actions Center-Tainment contre une action Euro Disney ». D'une voix peu assurée, il dit s'attendre « à une résistance très dure de la part de la direction actuelle et de l'actionnaire majoritaire ».

Les questions fusent. Tom von Hagen répond simplement : « Euro Disney n'a jamais fait de profit. Cela n'est pas correct pour les actionnaires. Nous devons changer cela. Si nous avons la majorité du capital, nous convoquerons une assemblée générale. Nous annulerons le contrat avec Disney, tout en coopérant avec eux pour la licence ».

L'un des dirigeants poursuit : « Nous ne voulons pas en dire plus sur les investisseurs qui nous soutiennent. Nous réservons la primeur de ces informations aux actionnaires ». Center-Tainment serait soutenu par un actionnaire allemand et épaulé dans son OPA par une banque suisse. La société affirme être « conseillée par des dirigeants très expérimentés et influents de l'industrie du loisir ». On ne saura rien non plus des 45 actionnaires de Center-Tainment si ce n'est que l'un d'eux est un « joueur de football allemand connu ».

Un journaliste demande :
« Avez-vous contacté la Walt Disney Company ?
_ Oui, mais ils ne nous ont pas répondu. En revanche, Karl Holz nous a appelés hier.
_ Que vous-a-t-il dit ?
_ Ce ne fut pas très long ».

Kurt W. Andeersen, qui dit avoir fait une partie de sa carrière chez Commerzbank et Chase Manhattan, se lance dans une explication : « Nous détenons un concept ». Bafouillant, peu sûr de lui, et encore moins de ses chiffres, il indique laborieusement que le groupe « a pris contact » avec la Walt Disney Company pour prendre le contrôle de 50,01 % d'Euro Disney SCA. Nathalie Paul du journal *La Tribune* note avec sarcasme : « En revanche, on en saura pas plus sur le « concept » salvateur et révolutionnaire visant à développer le parc à thèmes français ». Le financier se réfère ensuite à son unique schéma PowerPoint, intitulé « Profil de l'organisation pour le futur », visant à détailler l'opération : Euro Disney est contrôlée à 39,78 % par la Walt Disney Company et à 10 % par le prince saoudien Al-

Waleed. « Notre objectif est de prendre 50,01 % du capital de la société (…) » Le groupe suisse indique vouloir financer l'acquisition d'Euro Disney par échange d'actions. La parité, quant à elle, semble des plus aléatoires. Interrogé sur la question, Andeersen parle de 200 actions Euro Disney contre 1 action Center-Tainment. Mais rien n'est sûr ! Le financier rappelle : « Le cours de Center-Tainment aujourd'hui n'est pas celui de demain »… Dans la salle, on commence à croire à une vaste fumisterie. « Les actionnaires d'Euro Disney ne peuvent qu'accepter » conclut Andeersen. Le prix proposé représente une valorisation de 80 % par rapport au cours de l'action Euro Disney. Andeersen déclare enfin qu'il y aurait peut-être une offre en cash si l'offre d'échange ne marchait pas… L'AMF (Autorité des marchés financiers) laisse effectivement entendre que Center-Tainment devrait libeller son éventuelle offre en cash et non en actions du fait de l'absence de cotation de ses titres sur un marché réglementé. A quoi bon de toute façon lancer une OPA sur une société dont Center-Tainment n'aurait pas le contrôle effectif ? Faut-il rappeler qu'Euro Disney est une Société en Commandite par Actions et que même si la Walt Disney Company ne possède que 39,8 % du capital, c'est elle qui détient le pouvoir car elle est gérante ? En outre, Euro Disney dépend de sa société-mère qui lui accorde sa licence d'exploitation.

En tout état de cause, le groupe doit encore régler les problèmes légaux de communication auprès de l'AMF. Les dirigeants de Center-Tainment confirment certes leur projet mais annoncent un report de quelques jours de l'opération car, note Andeersen, « malheureusement, notre principal conseiller juridique est malade et nous devons reporter ce projet de quelques jours. L'offre officielle sera annoncée dans les jours qui viennent ».

Armés en tout et pour tout de trois diapositives, ces cinq inconnus ont présenté en à peine quelques minutes un dossier sans consistance. Une heure plus tard, la séance des questions et réponses a éventé l'affaire.

La Tribune du 30 novembre commente cette conférence de presse : « C'est à la limite du surréalisme (…) oscillant entre le burlesque et la mascarade ». *Challenges* note : « "les assaillants" n'ont pas vraiment convaincu, faisant même parfois pouffer l'assistance, pas loin de penser qu'il s'agissait d'une blague ». *L'Expansion* parle d'une « OPA loufoque (…) une mascarade qui n'a trompé personne » et *Libération* note : « L'initiateur semble totalement bidon » et Christophe Alix du même quotidien titre un autre article « Des mickeys veulent se payer Mickey ».

En Bourse, après avoir flambé de 28 % mercredi, le titre Euro Disney baisse jeudi matin de 11 % avant d'être suspendu de cotation. L'action Center-Tainment chute, quant à elle, de 65 % à 7 euros. Certains évoquent une possible manipulation de cours. Ce que réfute Andreesen : « Nous n'avions pas d'actions Euro Disney quand nous avons annoncé cette offre ». Est-ce alors une opération plus sérieuse de déstabilisation avant une attaque contre Euro Disney ?

Le jeudi soir, un porte-parole de l'AMF précise : « Nous n'avons toujours pas reçu d'offre sur Euro Disney. Nous avons, en revanche, ouvert une enquête ». Le régulateur du marché boursier français somme Center-Tainment de passer à l'acte lundi 4 décembre au plus tard sous peine de devoir y renoncer. Le président de l'AMF, Michel Prada, prévient, à nouveau, que si Center-Tainment veut déposer une offre, celle-ci doit être libellée en numéraire, et non en actions Center-Tainment, dans la mesure où cette société est cotée sur le marché libre de Francfort et non sur un marché réglementé.

Le mardi 5 décembre, faute de s'être déclaré officiellement en temps et en heure, le suisse Center-Tainment ne pourra lancer aucune offre sur Euro Disney pendant six mois, conformément à l'article 225-25 de l'Autorité des marchés financiers. L'AMF précise « prendre acte de l'absence de dépôt par la société Center-Tainment AG d'un projet d'offre publique visant les titres de la société Euro Disney ». Ulf H. Werner s'est évaporé. Disparu.

Le mercredi 6 décembre 2006, au matin, Andeersen déclare à *Challenges* : « Notre cours de bourse est trop bas, nous ne sommes plus en situation de lancer une offre d'échange ». Il faut dire qu'en une semaine, le titre est passé de 20 euros mercredi à 0,53 euro le lundi suivant, puis à 0,19 euro le mardi matin, soit une dégringolade de 98 % ! Assurément, les dirigeants de Center-Tainment, incapables d'expliquer leur stratégie, n'ont pas convaincu les marchés... Toutefois, dans l'après-midi, le journal *Les Echos* annonce que la société Center-Tainment n'a pas renoncé au rachat d'Euro Disney et que ses dirigeants sont d'ores et déjà à la recherche de nouveaux moyens de financement, notamment auprès des banques... Le 10 décembre, une porte-parole de la Bundesanstalt für Finanzdienstleistungsaufsicht (BaFin, les autorités boursières allemandes), annonce qu'une enquête est lancée en raison de ces soupçons, revenant sur des informations du magazine *Spiegel* et du quotidien *Frankfurter Allgemeine Zeitung*. On reproche à Center-Tainment d'avoir tenté de manipuler les cours de Bourse.

ÉPILOGUE

Le 25 janvier 2007, Euro Disney SCA annonce ses résultats du premier trimestre de l'exercice 2007. Le chiffre d'affaires est en hausse de 6 % et s'établit à 284,1 millions d'euros pour le premier trimestre clos le 31 décembre 2006. Le chiffre d'affaires des parcs à thèmes est en hausse de 10 % pour atteindre 153,6 millions d'euros, traduisant une augmentation de 8 % de la fréquentation des parcs à thèmes et de 2 % de la dépense par visiteur. L'augmentation de la fréquentation des parcs à thèmes traduit en partie l'impact favorable des offres marketing et ventes lancées au début de l'exercice 2006 et dédiées au marché français. L'impact de ces offres s'est notamment fait sentir pendant les périodes d'Halloween et de Noël. Le chiffre d'affaires des hôtels et du Disney Village est en hausse de 8 % pour atteindre 108,7 millions d'euros du fait de l'augmentation du taux d'occupation des hôtels (ce dernier augmente de 5,6 points par rapport au premier trimestre de l'exercice précédent). Karl L. Holz se félicite bien entendu de ces résultats : « Nous sommes satisfaits de l'amélioration continue de nos résultats avec, à la fois, une solide fréquentation de nos parcs à thèmes, et un fort taux d'occupation de nos hôtels, ainsi qu'une hausse de la dépense par visiteur. Cette progression est en ligne avec la tendance relevée au cours des trois derniers trimestres. Les résultats de ce trimestre sont encourageants pour l'exercice 2007 et nous sommes impatients de célébrer le quinzième anniversaire de l'ouverture au public de Disneyland Resort Paris. Nous le célébrerons en dévoilant de nouveaux divertissements et de nouvelles attractions, tels que la spectaculaire *Parade des Rêves Disney* dans le parc Disneyland et deux nouvelles attractions dans le parc Walt Disney Studios, *Cars Quatre Roues Rallye* et *Crush's Coaster.* » En toile de fond de cette célébration, le Château de la Belle au Bois Dormant du parc Disneyland sera décoré de sculptures de personnages Disney et de quinze bougies d'anniversaire. Chaque soir, les bougies scintilleront durant la cérémonie d'anniversaire *Bougillumination* avec les personnages Disney les plus connus. Le nouveau *Petit Train des Personnages Disney* circulera plusieurs fois par jour de Main Street vers le château de la Belle au Bois Dormant et d'autres lieux du parc Disneyland.

Le 24 mars 2007 marque le vingtième anniversaire de la signature de la *Convention pour la création et l'exploitation d'Euro Disneyland en France* entre les pouvoirs publics français et la Walt Disney Company. Le 12 avril 2007, Disneyland Resort Paris fête le quinzième anniversaire de son ouverture. Rarement parc de loisirs aura autant suscité le débat en France. Les passions se sont émoussées en vingt ans et Disney est profondément associé à Marne-la-Vallée dans l'esprit de nombreux Français. Pourtant, le parc n'a pas connu l'extraordinaire succès de ses prédécesseurs. Euro Disney est clairement un désenchantement pour la Walt Disney Company. L'ironie du sort veut que le parc à thèmes qui marche, ne lui appartienne pas (Tokyo Disneyland) et que celui qui ne marche pas, lui appartienne (Disneyland Paris) ! En guise de conclusion, peut-être, peut-on essayer d'énumérer les causes de cet échec :

- un budget multiplié par trois qui s'établit finalement à 22 milliards de francs.
- une sous-capitalisation de la part de la Walt Disney Company.
- un montage financier inadapté en raison du retournement de la conjoncture.
- des charges financières plus lourdes que prévues.
- un endettement de départ trop important.
- des méthodes de travail inadaptées.

- des candidats à l'embauche moins nombreux que prévus.
- l'aspect salarial. Les coûts salariaux sont moindres aux Etats-Unis et au Japon.
- les *cast members* n'ont eu que de très faibles augmentations de salaire depuis 1992. Le dévouement des salariés vis-à-vis de l'entreprise est extraordinaire. Mais, d'après de nombreux témoignages, l'esprit Disney n'y est plus, les gens s'épuisent. Il existe un fort contraste entre les salaires des « divas » comme certains appellent les imagénieurs et les cadres d'Euro Disney et les salaires des opérationnels sur le parc.
- un management à l'américaine qui passe mal auprès des salariés.
- un changement de stratégie tous les trois ans environ. L'alternance de PDG français et américain empêche toute projection à long terme. Le comité de direction change souvent.
- une culture d'entreprise mal perçue sur le continent européen.
- un marché immobilier morose.
- la situation économique générale défavorable.
- un taux d'inflation inférieur à celui que la France a connu.
- des taux d'intérêt plus élevés que prévus.
- des prix d'entrées du parc et des hôtels trop élevés.
- des dépenses par visiteur plus faibles que prévues.
- les Européens qui peuvent se payer un séjour à Disneyland préfèrent passer leurs vacances à la mer ou à la montagne.
- une culture européenne très hétérogène : les Européens n'ont tous pas la même conception des vacances. Ils mangent à certaines heures (de 11 heures à 15 heures) des plats aux saveurs totalement différentes, contrairement aux Américains qui mangent tout au long de la journée.
- les Européens possèdent de nombreuses résidences secondaires, la France étant parmi les premiers pays du monde en la matière.
- une zone de chalandise moins large que prévue. Elle se limite pour l'essentiel à la France et aux régions proches (ouest de l'Allemagne, sud de l'Angleterre, Benelux, Catalogne).
- Le nom même du parc « Euro Disney ». Le terme « euro » devient synonyme d'ennui et de confusion.
- l'opposition d'une partie des intellectuels européens et surtout français.
- un certain antiaméricanisme de la part des Français en général.
- une franche arrogance de la part de la Walt Disney Company.
- un climat inadapté (forte variation saisonnière). L'automne, l'hiver et le printemps sont propices aux *short break* (courts séjours) mais non à la venue à Disneyland, d'autant plus que les prix sont les mêmes tout au long de l'année... La Floride et la Californie sont de véritables destinations de vacances alors que Marne-la-Vallée est presque perçue comme une « punition ». Disneyland Paris reçoit trop de monde pendant les vacances scolaires et les visiteurs en gardent une mauvaise expérience. Les Américains n'hésitent pas à faire rater une semaine d'école à leurs enfants pour partir en vacances, ce qui n'est pas dans la culture européenne. De nombreux Américains séjournent à Walt Disney World pendant une semaine et effectuent le trajet par avion le week-end, ce qui permet d'avoir une fréquentation lissée.
- des vacances plus longues en Europe qu'aux Etats-Unis et donc des dépenses par jour plus faibles. Les Américains ont généralement 15 jours de vacances par an.

S'ils restent une semaine dans un parc à thèmes Disney, ils peuvent dépenser 50 % de leur budget vacances durant leur séjour. L'Européen ne doit pas trop dépenser afin de pouvoir financer les RTT et les autres destinations.
- une inadaptation culturelle (transplantation telle quelle d'un modèle américain)
- une culture européenne élitiste (les Européens apprécient moins que les Américains le côté artefact de Disneyland. Pour beaucoup de Français, Disneyland est kitsch. Le manichéisme fait partie de la culture américaine alors que les Européens ne croient pas à l'innocence. Les Français demeurent sceptiques.)
- le manque de réelles attractions à sensation contrairement au Parc Astérix notamment. Roger Caillois dans *Les Jeux et les hommes* (1967) distingue quatre catégories dans les jeux : l'aléa (le hasard), l'agôn (la compétition), la mimicry (le simulacre) et l'illinx (le vertige) : « L'illinx relève des jeux qui reposent sur la poursuite du vertige et qui consistent en une tentative de détruire pour un instant la stabilité de la perception et d'appliquer à la conscience lucide une sorte de panique voluptueuse. Dans tous les cas, il s'agit d'accéder à une sorte de spasme, de transe ou d'étourdissement qui anéantit la réalité avec une souveraine brusquerie »
- l'absence d'attractions interactives qui conduit à la passivité du visiteur
- le manque d'attractions pour les tout petits (certaines sont trop effrayantes)
- l'absence de renouvellement des attractions, des spectacles ou des parades
- un aspect trop lisse, trop « propre », qui conduit à mettre une distance entre les visiteurs et le parc
- la médiocrité du parc Walt Disney Studios
- le réflexe « parcs de loisirs » n'est pas encore automatique. En 2006, lorsqu'on demande à des Américains ce qu'ils souhaiteraient faire pour leurs vacances, 25 % évoquent un parc à thèmes, alors qu'ils ne sont que 2,5 % en Europe. Les trois quarts du cœur de cible en Europe n'ont pas fait la démarche de venir découvrir le parc, certains demeurant persuadés que l'enfant ne peut pleinement en profiter qu'à neuf ou dix ans révolus. Les Américains se rendent de façon répétée dans un parc à thèmes (une fois par an environ). Le taux de répétition pour Disneyland Paris est compris entre 54 et 70 mois pour les Européens.
- un élément culturel est enfin à relever. Euro Disney reste une société gouvernée par des créatifs. Les imagénieurs – Américains, pour la plupart – font la pluie et le beau temps. Selon certains cadres, la société dépense de fortes sommes pour remplacer des choses « inutiles ». D'après les études internes, faire une nouvelle parade ne fait pas venir un seul visiteur supplémentaire. Or, tous les deux ou trois ans, 30 millions d'euros sont dépensés dans ce domaine pour un résultat, au niveau de la fréquentation, nul. Sur Main Street, tous les lampadaires ont été changés : mais quel visiteur l'a remarqué ? Au lieu de réutiliser des attractions dont le succès a déjà été éprouvé aux Etats-Unis, on en fait de nouvelles. Pourquoi ? Pour occuper les imagénieurs de Glendale, bien sûr !

* * *

Quelles solutions peut-on apporter ? Evidemment, si celles-ci étaient évidentes, le parc serait un succès ! Dans tous les cas, un dépôt de bilan est tout simplement inimaginable. Mettre 30 000 personnes au chômage, du jour au lendemain, serait une catastrophe nationale. Le demi-succès du parc est-il vraiment gênant pour la Walt Disney

Company ? D'après nos calculs, Euro Disney « coûte » 100 millions d'euros par an à la firme multinationale (pour un chiffre d'affaires de 25 milliards de dollars…). Depuis Michael Eisner, la société joue profondément sur la synergie. Disneyland Resort Paris est une vitrine publicitaire en Europe pour la Walt Disney Company. Sans le parc, Disney perd toute visibilité sur le Vieux Continent. Certains s'interrogent pourtant. La Walt Disney Company étant détenue par des fonds de pension américains, ces derniers ne vont-ils pas, dans les années à venir, demander à la direction de se débarrasser de cette branche morte ? Comment leur résister ?

Cinq pistes de réflexion peuvent être avancées afin d'augmenter la fréquentation du parc (même s'il paraît illusoire de penser passer de 12 millions à 18 millions de visiteurs par an, à la vue des causes évoquées plus haut) :

- rétablir un équilibre qualité / prix. Il existe indubitablement un décalage entre le prix des hôtels et leur standing. Certains prix frôlent ceux d'un hôtel quatre étoiles parisien ! Il faut également baisser le prix des restaurants.
- baisser les investissements superflus (tels ceux consacrés aux décorations délirantes d'Halloween)
- rétablir la saisonnalité. Les prix haute et basse saison ont été supprimés depuis quatre ans, ce qui est une abérration. Les visiteurs payent le même prix en novembre qu'en juillet !
- attirer les seniors par des offres marketing idoines (« emmener vos petits-enfants si leurs parents n'ont pas le temps… ou pas envie ! »). Le parc doit séduire les *First Timers*, les visiteurs potentiels qui n'ont encore jamais mis les pieds à Disneyland Resort Paris.
- améliorer de façon urgente les attractions des Walt Disney Studios.

Pour les années futures, la priorité absolue demeure le développement du parc Walt Disney Studios, par la création, le 9 juin 2007, des Toon Studios qui doivent ouvrir et fusionner avec Animation Courtyard, ceci afin de dynamiser le parc. Ils contiendront plusieurs nouvelles attractions et animations, dont celles évoquées plus haut par Karl Holz. *Crush's Coaster* est une montagne russe type *spinning coasters* avec Crush, la tortue du film *Le Monde de Némo* des Studios Pixar. L'attraction est hébergée dans le Studio 5. Les wagons en forme de tortues tournent sur eux-mêmes pendant le parcours qui contiendra une partie *dark ride* et une partie montagnes russes, les deux étant axées sur le thème des profondeurs de l'océan et du courant Est australien. *Cars Quatre Roues Rallye* est une attraction avec des plateaux tournants où les véhicules passent de l'un à l'autre. *Cars* est également un long métrage des Studios Pixar. L'attraction se situera dans un décor semblable à la ville du film, *Radiator Springs*, située dans le désert américain. La Walt Disney Company accumulant échecs sur échecs en ce qui concerne ses dessins animés, se voit contrainte de s'appuyer sur Pixar pour la thématisation de ses attractions… En novembre 2007, *Stitch Encounter* devrait compléter le tour des Walt Disney Television Studios en étant placé sur un ancien plateau inutilisé. Toujours dans Production Courtyard, The Twilight Zone Tower of Terror, ou Tour de la Terreur, devrait ouvrir en janvier 2008. Cette tour de 56 mètres propose aux visiteurs une vertigineuse chute en ascenseur. Euro Disney SCA a dépensé 170 millions d'euros à la création de ces nouvelles attractions dont environ 75 millions d'euros pour la seule Tour de la Terreur. Ces investissements visent bien évidemment à allonger la durée des séjours et à augmenter la fréquentation dramatiquement faible des Walt Disney Studios qui ne dépasse pas deux millions de visiteurs par an.

Un troisième parc était, à l'origine, prévu. Ce devait être une sorte d'EPCOT Center européen. La Convention de 1987 évoque également la présence d'au moins un parc aquatique sur le site de Disneyland Resort Paris. Qu'en est-il ? Dominique Cocquet, directeur de l'aménagement d'Euro Disney, nous répond : « Ce n'est certainement pas pour tout de suite ! Mais on a conservé la place... ».

Lorsque j'ai demandé à Jeff Archambault, vice-président, communication et alliances stratégiques d'Euro Disney, s'il regrettait quelque chose par rapport à Disneyland Resort Paris, il m'a répondu : « Je ne regrette rien. Si ce n'est d'avoir pu accélérer le temps. D'avoir la connaissance. D'apprendre plus vite, d'apprendre à se connaître. Les années 1993-1994 ont été dures à vivre. Il y a quinze ans, une partie des élites françaises ont fait preuve de scepticisme et de sarcasme. Pourquoi n'accueille-t-on pas plus facilement les choses ? Les critiques formulées à notre égard étaient fausses et injustes ».

De quoi est-il le plus satisfait ? « Pour paraphraser Robert Combas dans son œuvre éponyme de 1979 qu'on a pu voir aux Galeries nationales du Grand Palais lors de l'exposition *Il était une fois Walt Disney : aux sources de l'art des studios Disney*, c'est que "Disneyland Paris n'est plus la propriété de Walt : il appartient à tout le monde". Disneyland Paris, grâce à ses quinze ans, appartient un peu à tous les Français et à tous les Européens. Un effet générationnel va se créer. Si vous êtes venu jeune au parc et que l'expérience vous a marqué, vous aurez envie de revivre avec vos propres enfants ce que vous aviez ressenti. »

Le catalogue de l'exposition de la Réunion des Musées Nationaux le rappelle fort justement : « Les créations de Walt Disney ont une telle notoriété désormais qu'elles symbolisent, malgré elles et malgré la complexité et la diversité de leurs origines, les valeurs prêtées au pays qu'elles représentent, les Etats-Unis. Rançon d'une prodigieuse popularité, Disney peut, tour à tour, être stigmatisé comme représentant de l'impérialisme américain ou loué comme le plus grand conteur du XXème siècle. »

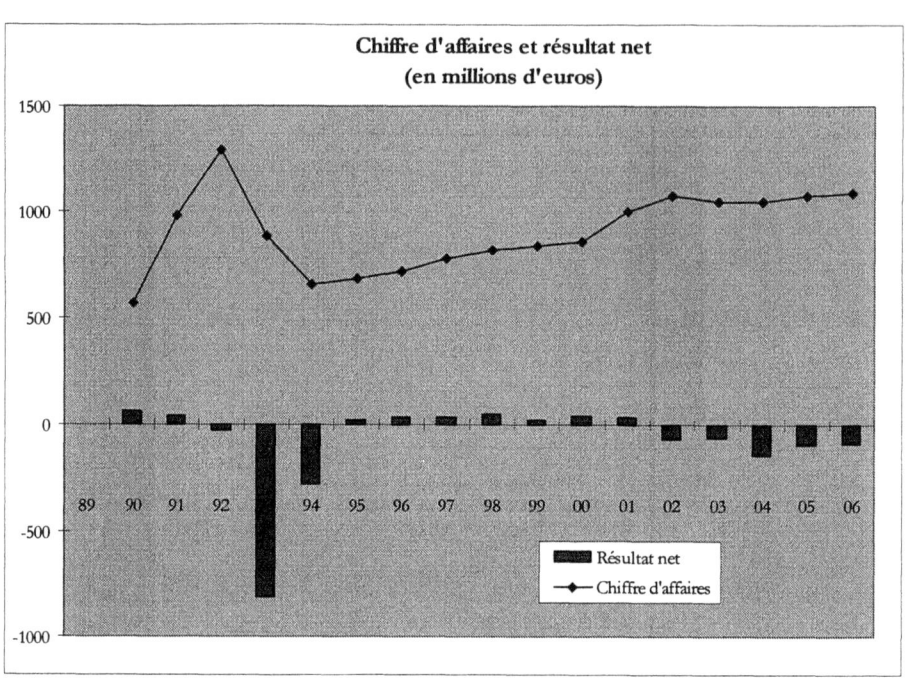
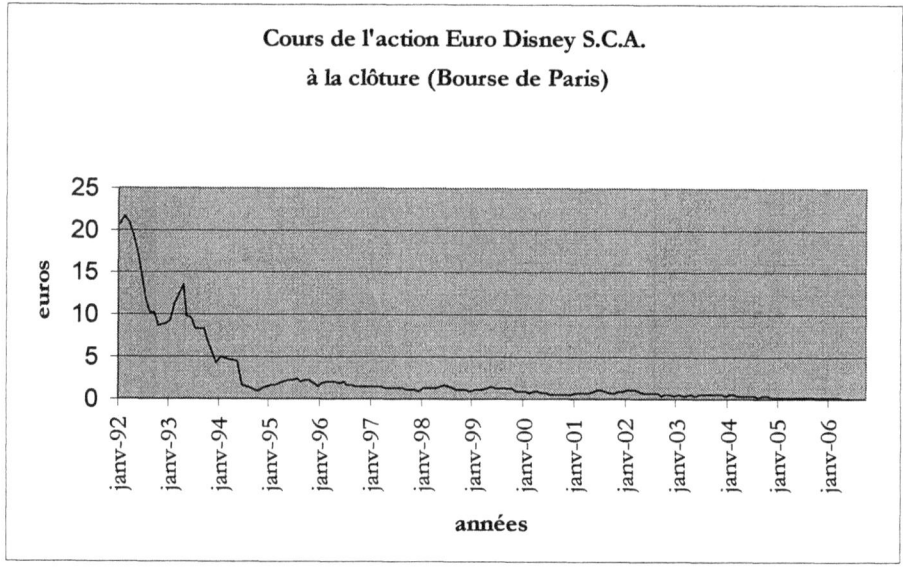

SOURCES ET BIBLIOGRAPHIE

Les archives des villes nouvelles
Au moment de la fermeture des EPA, l'ensemble de leurs archives (y compris études, plans, maquettes, esquisses de projets, photos, brochures publicitaires) doit être versé aux archives départementales. Pour les travaux dits de maîtrise d'ouvrage déléguée, les originaux des marchés sont versés aux archives départementales, les collectivités locales disposant de copies pour leur usage propre. Une grande partie des archives administratives sont communicables au public sur simple demande. Dans certains cas, le délai de communicabilité est de trente ans. Néanmoins, il est généralement possible de les consulter en déposant une demande de dérogation.

ARCHIVES HISTORIQUES DU MINISTÈRE DE L'ÉQUIPEMENT
- versées aux Archives nationales (CARAN), en principe avant 1958 (sous-série F14 « Travaux publics » et sous-série F2 2953 à 2956 Comité supérieur de l'organisation générale de la région parisienne : 1928-1942)
- versées au Centre des Archives Contemporaines de Fontainebleau (CAC), en principe après 1958 (y sont versées les archives du Ministère de l'Equipement, des services du Premier Ministre, de l'Intérieur, de la Culture, de l'Education nationale, de la Jeunesse et des Sports, de la DATAR et du Commissariat du Plan). Les versements du Ministère de l'Equipement concernant les villes nouvelles et leurs antériorités (SARP, CARP, DGEN, PADOG) ont été répertoriés, analysés et indexés, parmi lesquels le très important versement des archives du Groupe Central des Villes Nouvelles (1963-1983). Au-delà de 1990, les archives de la DATAR et du Commissariat général du Plan sont conservées à leurs sièges respectifs à Paris.

MISSION DES ARCHIVES DU MINISTÈRE DE L'ÉQUIPEMENT
Il s'agit des archives intermédiaires du Ministère, concernant des affaires en cours, à usage interne. Elles contiennent, entre autres, les archives du Secrétariat Général des villes nouvelles (1970-1988) postérieures à 1980-1985.

ARCHIVES DE LA RÉGION ÎLE-DE-FRANCE
Archives du District de la région de Paris (1961-1976), du Comité consultatif économique et social, du Conseil régional, du Conseil économique et social régional, de l'IAURP et de l'IAURIF.

ARCHIVES DE PARIS
Archives de la Préfecture de la Seine puis de la Préfecture de la Région.

ARCHIVES DE LA DIRECTION RÉGIONALE DE L'ÉQUIPEMENT (DREIF) – ÎLE-DE-FRANCE
Études réalisées pour le District de la région parisienne, puis pour la Préfecture de région de 1956 à 1985 (aménagement de la Région parisienne, villes nouvelles, préparations des Ve, VIe, VIIe Plans, transports de la région parisienne…)

ARCHIVES DE L'AFTRP (AGENCE FONCIÈRE ET TECHNIQUE DE LA RÉGION PARISIENNE
Pour tout ce qui concerne la gestion du foncier dans les villes nouvelles, la gestion des missions d'aménagement (précédant des EPA)

ARCHIVES DU MINISTÈRE DES FINANCES
Fonds « Budget » (B 25 087 à B 25 090) ; Fonds « Trésor » (B 51 111 à B 51 131).

ARCHIVES DE L'EPA DE MARNE-LA-VALLÉE
Elles concernent EPA-Marne (les trois secteurs de Porte-de-Paris, Val-Maubuée et Val-de-Bussy) et EPA-France (quatrième secteur de Val-d'Europe) et sont classées et informatisées. Aucun versement n'a encore été fait aux Archives départementales de Seine-et-Marne. L'EPA dispose également d'un très important centre de documentation.

ARCHIVES DES COLLECTIVITÉS LOCALES ET SERVICES DÉPARTEMENTAUX DE L'ETAT
Le SAN des Portes de la Brie et les collectivités locales (Bailly-Romainvilliers, Chessy, Coupvray, Magny-le-Hongre et Serris) sont associés à la réalisation du secteur IV de Marne-la-Vallée. Ces collectivités disposent d'archives propres correspondant aux domaines de leurs prérogatives spécifiques. Il en est de même pour les services départementaux de l'État (préfecture et DDE).

AUTRES SOURCES DOCUMENTAIRES
Centre de Documentation de l'Urbanisme (CDU) du Ministère de l'Équipement (La Défense), Association et Institut Paul Delouvrier (Paris), Médiathèque de l'Institut d'Aménagement et d'Urbanisme de la Région Île-de-France (Paris), Centre de Documentation du Commissariat Général du Plan (Paris).

Rapports et études :
* BAUER (Frank), *Les parcs récréatifs*, DATAR, 1986, 87p
* BURLET (Gérard), *Eurodisneyland : du rêve à la réalité*, Conseil général de Seine-et-Marne, avril 1987, 68p
* CAZES (Georges), *Les grands parcs de loisirs en France. Réflexions sur un nouveau champ de recherches*, Travaux de l'Institut de géographie de Reims n°73-74, 1988
* CELLULE ECONOMIQUE D'ILE-DE-FRANCE, *La réalisation de l'Eurodisneyland entraînera-t-elle des problèmes particuliers de formation dans le B.T.P. ?*, octobre 1987, 4p
* CONSEIL ECONOMIQUE ET SOCIAL DE LA REGION ILE-DE-FRANCE, *Projet de création du parc de loisir d'Eurodisneyland*, séance du 20 juin 1986
* CONSEIL ECONOMIQUE ET SOCIAL DE LA REGION ILE-DE-FRANCE, *Communication sur le projet Eurodisneyland*, séance du 13 novembre 1986
* CONSEIL REGIONAL D'ILE-DE-FRANCE, *Projet d'implantation d'Eurodisneyland à Marne-la-Vallée*, C.R. n°46-86, juin 1986
* CHAMBRE DE COMMERCE ET D'INDUSTRIE DE PARIS, aménagement régional, *Les grandes opérations d'aménagement et d'urbanisme en région parisienne. La ville nouvelle de Marne-la-Vallée*, février 1971, 8 feuillets.
Convention pour la création et l'exploitation d'Eurodisneyland en France, 24 mars 1987
* DEBS (Habib), *Impact de l'Eurodisneyland sur le secteur IV de Marne-la-Vallée*, Noisiel, EPA-Marne, 1987

* DOREL (Gérard), *Les parcs Disney aux Etats-Unis : un impact considérable. Le cas de Disney World (Floride)*, Travaux de l'Institut de géographie de Reims n°73-74, 1988
* EPA-FRANCE, *Enquêtes publiques : Z.A.C. du parc et du centre touristique. Permis de construire du Magic Kingdom*, décembre 1988, 20p
* EPA-MARNE, *Parc de loisirs et de culture de Marne-la-Vallée*, Noisiel, 1981, 71p
* EPA-MARNE, *Etude de l'impact de l'Eurodisneyland sur le secteur IV de Marne-la-Vallée*, 1987, 5 tomes
* EPA-MARNE, *Etude d'impact : Z.A.C. du parc et du centre touristique*, septembre 1988
* EYSSARTEL (Anne-Marie), ROCHETTE (Bernard), *Luna Park High Tech : rhétorique des parcs à thème*, LAREE-Plan urbain, 1988, 193p
* J.L.M. ETUDES, *Impact de l'implantation d'Eurodisneyland chez les entreprises. Synthèse*, février 1988, 11p
* LEVAUX (Philippe), *Ile-de-France horizon 2000 : Eurodisneyland, Marne-la-Vallée*, fédération régionale des travaux publics, 1988
* MERLIN (Pierre), *Tourisme et Loisirs*, « Aménager la France des vacances », préparation du IXème plan 1984-1988, Paris, La Découverte, 1983. Secrétariat d'Etat auprès du Premier ministre, Commissariat général du plan, contribution au groupe de travail
* MESTRALLET (Gérard), *Le financement des grands projets d'infrastructures*, « Le projet d'Eurodisneyland en France », ENPC/AENPC/AIPC, 9-10 décembre 1987
* PREFECTURE DE SEINE-ET-MARNE, *L'Eurodisneyland à Marne-la-Vallée*, 1988, 12p
Projet d'intérêt général relatif au secteur IV de Marne-la-Vallée et à Eurodisneyland, 24 mars 1987
* POULIT (Jean), *Marne-la-Vallée et Eurodisneyland, les moteurs du rééquilibrage à l'Est*, IAURIF, 1989
* RAGU (Denise), *Le tourisme étranger en Ile-de-France*, Paris, IAURIF, 1985, 42p
* RAGU (Denise), BERTHET (Joseph), *Le Compte des Mille et Une Nuits*, IAURIF, 1986
* RAGU (Denise), DUGNY (François), *Effets prévisibles de l'Eurodisneyland dans son environnement de Seine-et-Marne. Synthèse*, « Etat des lieux et perspectives tendancielles » (juillet 1987), « Délimitation des secteurs sensibles en matière d'urbanisation » (septembre 1987), « Le marché du logement dans l'environnement de l'Eurodisneyland » (janvier 1988), « Eléments de réflexion sur les projets immobiliers d'entreprise » (janvier 1988), « Perspective de développement de la ville nouvelle de Marne-la-Vallée et réflexions sur le programme de l'Eurodisneyland » (mars 1988), IAURIF, 1988
* SETEC ECONOMIE, *Projet Eurodisneyland : impact macro-économique de l'implantation du projet à Marne-la-Vallée*, 1987 (actualisation des études de mars 1985)
* SOGELERG, *Etude de l'impact socio-économique des chantiers de construction ouverts à Marne-la-Vallée pendant la période 1988-1992*, 1988, 28p
* VITTE (Pierre), *Le pôle urbain Val-d'Europe : Disneyland Paris dans l'aménagement de l'est francilien*,

Travaux universitaires :
* AUCHÈRE (Véronique), *Les prouesses de Mickey à Euro Disney*, Droit, Limoges, 1999
* CHESNEAU (Véronique), *Ambivalence d'un modèle culturel dans une perspective socio-anthropologique : le cas de Disneyland Paris*, Thèse Sociologie, Paris X – Nanterre, 2004, 541p
* FERNANDES Y FREITAS (Daniéla), *Disneyland et Palace : le loisir et le ludique dans les parcs de divertissement réels et virtuels*, Thèse Sciences sociales, Université Paris V, 2003, 635p
* HAMEL (Gérard), *Evolution d'une entreprise vouée à la communication et aux nouvelles technologies : Walt Disney Productions*, Thèse Communication, Paris XIII, 1986, 560p
* HEREDIA (Emmanuel), *Euro Disney : ou le grand enchantement*, Mémoire Sciences politiques, IEP Grenoble, 1994, 159p

* LAMARCHE (Sylvaine), *Petits Mickey et gros contrats : Euro Disneyland, un nouveau concept historique ?*, DEA Urbanisme, Paris XII, 1989
* LE MERDY (s.dir.), *Les loisirs et la ville : le grand frisson des parcs à thèmes*, IUP, rapport d'atelier, 1987
* MERDRIGNAC (Corinne), *Parc récréatif et développement local : mythe et réalités*, DEA Sociologie urbaine, Paris X – Nanterre, 1987, 100p
* RATTANI (Al-Karim), *Impact immédiat d'Euro Disneyland sur les communes de Marne-la-Vallée et ses abords : ses aspects physiques, socio-économiques et les comportements communaux*, Géographie, Institut de géographie, 1991
* TAPONAT (Gérard), *Les nouveaux mouvements sociaux dans les entreprises à partir de l'exemple de Disneyland Resort Paris*, DEA Droit, Paris I, 2002, 173p
* TERCIC (Manuel), *Réinventer la ville : le partenariat public-privé dans le projet Disneyland / Val-d'Europe*, Mémoire Sciences politiques, IEP Grenoble, 2001, 85p
* TRAN (Mai Anh), *Le financement de projet : le cas d'Euro Disney*, Master 2 Banque et Finance, Paris V, 2005

Ouvrages concernant les villes nouvelles :
* ANTONI (Robert-Max), DELLUS (Jean), *Villes nouvelles d'Ile-de-France. L'art urbain pour la ville de demain ou la prise en compte de l'éthique professionnelle du cadre de vie*, La Documentation française, 2002
* COLLECTIF, *Villes nouvelles : le tournant du politique*, La Documentation française, 2004
* COLLECTIF, *Espaces et sociétés : les villes nouvelles, 30 ans après*, Erès, 2004
* FOUCHIER (Vincent), *Les densités urbaines et le développement durable. Le cas de l'Ile-de-France et des villes nouvelles*, La Documentation française, 1998, 212p
* GRIDAUH, *Trente ans d'intercommunalité dans les villes nouvelles : enquête sur la législation et ses pratiques*, Cahiers du GRID, 2005
* HAUMONT (Nicole), *Villes nouvelles et villes traditionnelles : Une comparaison internationale*, L'Harmattan, 2000, 341p
* MERLIN (Pierre), *Les villes nouvelles : Urbanisme régional et aménagement*, PUF, 1969, 311p
* MERLIN (Pierre), *Les villes nouvelles en France*, PUF, QSJ ?, 1991, 127p
* MURARD (Lion), FOURQUET (François), *La naissance des villes nouvelles : Anatomie d'une décision (1961-1969)*, Presses Ponts et Chaussées, 2004, 291p
* VADELORGE (Loïc) (s.dir.), *L'action culturelle dans les villes nouvelles : Actes de la journée d'études du 3 juin 2004*, La Documentation française, 2005, 302p
* VADELORGE (Loïc) (s.dir.), *Eléments pour une histoire des villes nouvelles*, Le Manuscrit, 2005
* VADELORGE (Loïc) (s.dir.), *Habiter les villes nouvelles*, Le Manuscrit, 2005
* VADELORGE (Loïc) (s. dir.), *Gouverner les villes nouvelles : le rôle de l'Etat et des collectivités locales (1960-2005)*, Le Manuscrit, 2005

Ouvrages concernant les parcs à thèmes :
* BRAUN (B.M.), « Theme park competitive strategies », *Annals of Tourism Research* vol. 26, n°2, 1999, p438-442
* CAHIERS D'ESPACES, « Parcs à thème », *Cahiers d'Espaces* n° 59, décembre 1998
* CAZES (Georges), « Les grands parcs de loisirs en France », *Travaux de l'Institut de Géographie de Reims* n° 73-74, 1998, p57-89
* CLARY (Daniel), *Le Tourisme dans l'espace français*, Paris, Masson, Coll. Géographie, 1993, 358p

* DOREL (Gérard), « Les parcs Disney aux Etats-Unis : un impact considérable. Le cas de Disneyworld (Floride), *Travaux de l'Institut de Géographie de Reims* n°73-74, 1988, p91-101
* DREYFUS-SIGNOLE (Catherine), *Structures et organisation du Tourisme en France*, Paris, Bréal, coll. BTS Tourisme et Loisirs, 1993, 189p
* DUHAMEL (P.), SACAREAU (I.), *Le Tourisme dans le Monde*, Paris, Armand Colin, coll. Prépas Géographie, 1998
* EYSSARTEL (Anne-Marie), ROCHETTE (Bernard), *Luna Park high-tech : rhétorique des parcs à thème*, 1988, 193p
* EYSSARTEL (Anne-Marie), ROCHETTE (Bernard), *Des mondes inventés. Les parcs à thème*, Paris, Editions de La Villette, 1992, 130p
* KNAFOU (Rémy) (s.dir.), Tourisme et Loisirs *in* SAINT-JULIEN (Thérèse) (s.dir.), *Atlas de France*, vol.7, RECLUS, La Documentation Française, 1997, 126p
* LANQUAR (Robert), *Les parcs de loisirs*, Paris, PUF, coll. « Que-sais-Je ? », 1991, 125p
* LEWY (R.), BECHLER (E.), *Parc 91, étude sur les parcs de loisirs en France et en Europe*, 1991, Paris, 78p
* MESPLIER (Alain), *Le Tourisme en France*, Paris, Bréal, coll. Histoire et Géographie économiques, 1995
* MESPLIER (Alain), BLOC-DURAFFOUR (Pierre), *Le Tourisme dans le Monde*, Paris, Bréal, coll. Histoire et Géographie économiques, 1997
* MONAGHAN (Kelly), *Universal Orlando, 2006 Edition : The Ultimate Guide to the Ultimate Theme Park Adventure*, The Intrepid Traveler, 2005, 256p
* MONORY René (s. dir.), *Le Futuroscope. Le parc européen de l'image. Un lieu pour apprivoiser le Futur*, Paris, Editions du Moniteur, 1992, 167p
* PY (Pierre), *Le Tourisme : un phénomène économique*, Paris, *La Documentation française*, coll. Les Etudes de la Documentation Française, 1992, 156p
* SAMUELSON (AJP), *The American Amusement Park*, MBI, 2001, 156p
* URBANOWICZ (Steven), *The Roller Coaster Lover's Companion : A Thrill Seeker's Guide to the World's Best Coasters*, Citadel, 2002, 146p

Ouvrages concernant The Walt Disney Company :
* ALLAN (Robin), *Walt Disney and Europe : european influence on the animated feature films of Walt Disney*, Bloomington and Indianapolis, Indiana University Press, 1999, 304p
* ANSELMO (Tony), *The Disney Poster Book*, Disney Editions, 2002, 96p
* ANTHONY (Robert), *Euro Disney : The First 100 Days*, Harvard Business School, 1993, 23p
* ANTHONY (Léonard), NEKKAZ (Rachid) et al., *Splendeurs et misères des petits actionnaires : La Bourse, Euro Disney, Eurotunnel*, Fixot, 1997, 195p
* ANTIER (Edwige), *Pourquoi votre enfant est fan de Disney*, 1998, Hachette, 95p
* ARIES (Paul), *Disneyland : le royaume désenchanté*, Villeurbanne, Editions Golias, 2002, 284p
* BALLARD (Donald W.), *Disneyland Hotel : The Early Years 1954-1988*, Ape Pen Publishing, 2005, 136p
* BARRETT (Steven), *Hidden Mickeys, 2nd Edition : A Field Guide to Walt Disney World's Best Kept Secrets*, The Intrepid Traveler, 2005, 168p
* BIRNBAUM, *Birnbaum's Walt Disney World Without Kids 2006: Expert Advice for Fun-Loving Adults*, Disney Editions, 2005, 224p
* BIRNBAUM, *Birnbaum's Walt Disney World 2006: Expert Advice from the Inside Source*, Disney Editions, 2005, 246p
* BLITZ (Marcia), *Donald Duck*, Harmony Books, 1979, 256p

* BRIEST (Francis), *Mickey dans tous ses états*, catalogue de l'exposition, Hôtel Dassault, Paris, 2006
* BRIGHT (Randy), *Disneyland : Inside Story*, Harry N. Abrams, 1987, 240p
* BRODE (Douglas), *Multiculturalism and the Mouse: Race and Sex in Disney Entertainment*, University of Texas Press, 2006, 312p
* BRODE (Douglas), *From Walt to Woodstock: How Disney Created the Counterculture*, University of Texas Press, 2004, 286p
* BRYMAN (Alan E.), *The Disneyization of Society*, Sage Publications Ltd., 2004, 200p
* BUDD (Michael), *Rethinking Disney : Private Control, Public Dimensions*, Wesleyan University Press, 2005, 360p
* BYRNE (Eleanor), McQuillan (Martin), *Deconstructing Disney*, Pluto Press, 2000, 224p
* CANEMAKER (John), *Treasures of Disney Animation Art*, New York, Abbeville Press Publishers, 1982, 319p
* CANEMAKER (John), *Before the Animation Begins : the Art and Lives of Disney Inspirational Sketch Artists*, New York, Hyperion, 1996, 209p
* CANEMAKER (John), *Paper Dreams : the Art & Artists of Disney Storyboards*, New York, Hyperion, 1999, 272p
* CANEMAKER (John), *Walt Disney's Nine Old Men and the Art of Animation*, New York, Disney Editions, 2001, 308p
* CANEMAKER (John), *The Art and Flair Of Mary Blair : An Appreciation*, Disney Editions, 2003, 128p
* CANGEMI (Robert R.), *Euro Disney (A) (1987)*, Case studies / Center for Applied Research. Lubin School of Business. Pace University, 1994, 30p
* CAPODAGLI (William), JACKSON (Lynn), *The Disney Way : Harnessing the management secrets of Disney in your company*, McGraw-Hill, 1998, 221p
* CAPODAGLI (William), JACKSON (Lynn), *The Disney Way Fieldbook: How to Implement Walt Disney's Vision of "Dream, Believe, Dare, Do" in Your Own Company*, McGraw-Hill, 2000, 408p
* CONNELLAN (Tom), *Inside the Magic Kingdom : Seven Keys to Disney's Success*, Bard Press, 1997, 194p
* COTTER (Bill), *The Wonderful World of Disney Television*, Disney Editions, 1997, 640p
* CRAFTON (Donald), *Before Mickey : the animated film (1898-1928)*, Chicago and London, The University of Chicago Press, 1993, 410p
* CRAWFORD (Holly), *Attached to the mouse : Disney and contemporary art*, University Press of America, 2006, 212p
* CULHANE (John), *Walt Disney's Fantasia*, New York, Abradale Press/Harry N. Abrams, Inc., Publishers, 1983-1999, 222p
* DISNEY INSTITUTE, *Be Our Guest : Perfecting the art of customer service*, Disney Editions, 2003, 208p
* DUNLOP (Beth), *Building a Dream : The Art of Disney Architecture*, Abrams, 1996, 208p
* EASTERLING (Anne S.), *EZ Fun Guide to Walt Disney World 2006 Edition*, ASE Media, 2006, 162p
* EISNER (Michael), *Profession magicien : la passion Disney*, Paris, Grasset, 2000, 492p
* FIELD (Robert D.), *The Art of Walt Disney*, London and Glasgow, Collins, 1942, 290p
* FINCH (Christopher), *The Art of Walt Disney : from Mickey Mouse to the Magic Kingdoms*, New York, Harry N. Abrams, Inc. Publishers, 1973, 458p
* FINCH (Christopher), *Notre Ami Walt Disney : son art et sa magie de Mickey à Walt Disney World*, Paris, Le Livre de Paris-Hachette, 1977, 458p

* FINCH (Christopher), *The Art of Walt Disney from Mickey Mouse to the Magic Kingdoms*, New York, Harry N. Abrams, Inc. Publishers, 1995, 451p
* FINCH (Christopher), *L'Art de Walt Disney de Mickey à Mulan*, Paris, Editions de la Martinière, 1999, 160p
* FINCH (Christopher), *Walt Disney's America*, New York, Abbeville Press, 1978, 302p
* FINCH (Christopher), *The Art of The Lion King*, Disney Editions, 1994, 192p
* FINNIE (Shaun), *The Disneylands That Never Were*, Lulu Enterprises, 2006, 248p
* FJELLMAN (Stephen M.), *Vinyl Leaves: Walt Disney World and America*, Westview Press, 1992, 516p
* FLOWER (Joe), *Disney : les managers du rêve. De Walt Disney à Michael Eisner...*, Paris, Maxima, 1992, 314p
* FOGLESONG (Richard E.), *Married to the Mouse : Walt Disney World and Orlando*, Yale University Press, 2003, 274p
* FRANTZ (Douglas), COLLINS (Catherine), *Celebration U.S.A. : Living in Disney's Brave New Town*, Henry Holt and Co., 1999, 352p
* GHEZ (Didier), *Disneyland Paris : de l'esquisse à la création*, Nouveau Millénaire Editions, 2002, 317p
* GHEZ (Didier), *Walt's People: Talking Disney With the Artists Who Knew Him*, Xlibris Corporation, 2005, 376p
* GIROUX (Henry A.), *The Mouse that Roared*, Rowman and Littlefield Publishers, 2001, 208p
* GIRVEAU (Bruno), *Il était une fois Walt Disney : aux sources de l'art des studios Disney*, RMN, 2006, 354p
* GRANT (John), *Encyclopedia of Walt Disney's Animated Characters. From Mickey Mouse to Hercules*, New York, Hyperion, 1998, 460p
* GREENE (Amy Boothe), GREENE (Howard E.), *Remembering Walt : Favorite Memories of Walt Disney*, Disney Editions, 1999, 224p
* GROVER (Ron), *The Disney Version*, Homewood, Business One Irwin, 1991, 315p
* HAAS (Lynda), BELL (Elizabeth), SELLS (Laura), *From Mouse to Mermaid: The Politics of Film, Gender, and Culture*, Indiana University Press, 1995, 280p
* HACK (Richard), *The Rise and Fall of Michael Eisner*, Phoenix Books, 2007, 288p
* HAKE (Ted), *The Official Price Guide to Disney Collectibles*, House of Collectibles, 2005, 800p
* HAMILTON (Rich), *Disney Magic: Business Strategy You Can Use at Work and at Home*, SellBetter Tools, 2003, 112p
* HEIDE (Robert) et GILMAN (John), *Mickey Mouse : the evolution, the legend, the phenomenon !*, New York, Disney Editions, 2001, 191p
* HEIDE (Robert) et GILMAN (John), *Disneyana : Classic Collectibles 1928-1958*, Disney Editions, 2002, 200p
* HENCH (John), *Designing Disney : Imagineering and the Art of the Show*, Disney Editions, 2003, 151p
* HIAASEN (Carl), *La souris aux dents longues*, Paris, Buchet Chastel, 2002, 121p
* HOLLIS (Richard) et SIBLEY (Brian), *Mickey Mouse : sa vie et ses oeuvres*, Paris, Hachette Edi-Monde, 1986, 93p
* HOLLIS (Richard) et SIBLEY (Brian), *The Disney Studio Story*, London, Octopus, 1988, 256p
* HOLLIS (Tim) et Ehrbar (Greg), *Mouse Tracks : the Story of Walt Disney Records*, University Press of Mississippi, 2006, 221p
* ICON GROUP, *Euro Disney SCA: Labor Productivity Benchmarks and International Gap Analysis (Labor Productivity Series)*, Icon Group International, 2000, 17p

* ICON GROUP, *Euro Disney SCA: International Competitive Benchmarks and Financial Gap Analysis (Financial Performance Series)*, Icon Group International, 2000, 21p
* IMAGINEERS (The), *The Imagineering Field Guide to Magic Kingdom at Walt Disney World*, Disney Editions, 2005, 128p
* IMAGINEERS (The), *The Imagineering Field Guide to Epcot at Walt Disney World*, Disney Editions, 2006, 128p
* INGERSOLL (Douglas S.), *Plan Your Walt Disney World Vacation In No Time*, Que, 2005, 240p
* JOHNSTON (Ollie) et THOMAS (Frank), *Les Méchants chez Walt Disney*, Paris, Dreamland Editeur, 1995, 248p
* KENWORTHY (John), *The Hand Behind the Mouse : An Intimate Biography of Ub Iwerks*, Disney Editions, 2001, 272p
* KNOWLES (Justin) (s.dir.), *Dingo, le chic type*, Paris, Hachette, 1985-1987, 96p
* KOENIG (David), *Mouse Tales : A Behind-The-Ears Look at Disneyland*, Bonaventure Press, 1995, 254p
* KOENIG (David), *Mouse Under Glass : Secrets of Disney Animation and Theme Parks*, Bonaventure Press, 2001, 286p
* KOENIG (David), *More Mouse Tales: A Closer Peek Backstage at Disneyland*, Bonaventure Press, 2002, 237p
* KRAUSE (Martin) et WITKOWSKI (Linda), *L'Art du Dessin Animé : Blanche-Neige et les Sept Nains*, Paris, Disney Hachette Edition, 1994-1995-1997, 191p
* KURTTI (Jeff), *Since the World Began : Walt Disney World The First 25 Years*, Disney Editions, 1996, 192p
* KURTTI (Jeff), *The Art of Disneyland*, Disney Editions, 2006, 144p
* KURTTI (Jeff), *Walt Disney's Legends of Imagineering and the Genesis of the Disney Theme Park*, Disney Editions, 2007, 160p
* LAINSBURY (Andrew), *Once Upon an American Dream : the Story of Euro Disneyland*, University Press of Kansas City, 2000, 292p
* LAMBERT (Pierre), *Pinocchio*, Rozay-en-Brie, Démons & Merveilles, 1995, 235p
* LAMBERT (Pierre), *Mickey*, Rozay-en-Brie, Démons & Merveilles, 1998, 299p
* LAMBERT (Pierre), *Blanche Neige*, Rozay-en-Brie, Démons & Merveilles, 2000, 245p
* LAMBERT (Pierre), *Walt Disney : l'âge d'or*, Démons & Merveilles, 2006, 295p
* LANQUAR (Robert), *L'empire Disney*, Paris, PUF, QSJ?, 1992-1997, 127p
* LAQUA (Carsten), *Wie Micky unter die Nazis fiel : Walt Disney und Deutschland*, Hamburg, Rowohlt, 1992, 250p
* LASSELL (Michael) (s.dir.), *Disney on Broadway*, Disney Editions, 2002, 190p
* LASSELL (Michael), *Celebration : The Story of a Town*, Disney Editions, 2004, 160p
* LEEBRON (Elizabeth) et GARTHY (Lynn), *Walt Disney : a guide to references and resources*, Boston, G.K. Hall and Co., 1979, 226p
* LEONARD (Gary), *Symphony in Steel : Walt Disney Concert Hall Goes Up*, Angel City Press, 2003, 128p
* LESLIE (Esther), *Hollywood Flatlands : Animation, Critical Theory and the Avant-Garde*, Verso, 2004, 344p
* LEVIN (Bob), *The Pirates and the Mouse : Disney's War Against the Counterculture*, Fantagraphics Books, 2003, 270p
* LONGEST (David), *The Collector's Encyclopedia of Disneyana*, Collector Books, 1992, 221p
* LONGFELLOW ANDERSON (Philip), *The Gospel in Disney : Christian Values in the Early Animated Classics*, Augsburg Fortress Publishers, 2004, 232p
* MALTIN (Leonard), *The Disney Films*, New York, Disney Editions, 2000, 422p

* MANDRY (Michel R.), *Happy Birthday Mickey ! 50 ans d'histoire du Journal de Mickey*, Chêne, 1984, 237p
* MANNHEIM (Steve), *Walt Disney and the Quest for Community*, Ashgate Publishing, 2004, 224p
* MARKEY (Kevin), *Secrets of Disney's Glorious Gardens*, Disney Editions, 2006, 144p
* MARLING (Karal Ann), *Designing Disney's Theme Parks : The Architecture of Reassurance*, Flammarion, CCA, 1997, 223p
* MASTERS (Kim), *Keys to the Kingdom : The Rise of Michael Eisner and the Fall of Everybody Else*, Collins, 2001, 512p
* MERLOCK JACKSON (Kathy), *Walt Disney : Conversations*, University Press of Mississippi, 2006, 143p
* MERRITT (Russel) et KAUFMAN (J.B.), *Walt in Wonderland : the Silent Films of Walt Disney*, Baltimore, Maryland, The Johns Hopkins University Press, 1993, 164p
* MILLER (Laura Lea), *Frommer's Walt Disney World & Orlando 2006*, Frommers-Book&Map, 2005, 372p
* MILLER (Laura Lea), *Walt Disney World and Orlando for Dummies*, For Dummies, 2005, 408p
* MILLER (D.M.), *What Would Walt Do ? An Insider's Story About the Design and Construction of Walt Disney World*, Writers Club Press, 2001, 124p
* MONGELLO (Louis A.), *The Walt Disney World Trivia Book: Secrets, History & Fun Facts Behind the Magic*, The Intrepid Traveler, 2004, 224p
* MONGELLO (Louis A.), *The Walt Disney Trivia Book, Volume 2 : More Secrets, History & Fun Facts Behind the Magic*, The Intrepid Traveler, 2006, 224p
* MUNSEY (Cecil), *Disneyana : Walt Disney Collectibles*, Hawthorn Books, 1974, 385p
* MURRAY (R. Michael), *The Golden Age of Walt Disney Records 1933-1988: Murray's Collectors' Price Guide and Discography : Lps/45 Rpm/78 Rpm/Eps*, Antique Trader Books, 1997, 246p
* O'BRIEN (Flora), *Donald Duck, 50 years of happy frustration*, Londres, Ebury Press, Three-Duck Editions, 1984, 96p
* O'NEILL (Cynthia), *Disney : the Ultimate Visual Guide*, DK Children, 2002, 128p
* PETERSON (Monique), *The little big book of Disney*, New York, Disney Editions, 2001, 352p
* PINSKY (Mark I.), *The Gospel According to Disney : Faith, Trust, and Pixie Dust*, Westminster John Knox Press, 2004, 286p
* PRICE (Harrison), *Walt's Revolution : By the Numbers*, Ripley Entertainment, 2004, 336p
* RAWLS (Walton), *Disney Dons Dogtaps : the best of Disney military insigna from World War II*, New York, Abbeville Publishing Group, 1992, 96p
* RAZ (Aviad E.), *Riding the Black Ship : Japan and Tokyo Disneyland*, Harvard University Asia Center, 1999, 264p
* RENAUT (Christian), *De Blanche-Neige à Hercule, 28 longs-métrages d'animation des Studios Disney*, Paris, Dreamland Editeur, 1997, 342p
* RENAUT (Christian), *Les Héroïnes Disney dans les longs-métrages d'animation*, Paris, Dreamland Editeur, 2000, 207p
* RIDGWAY (Charles), *Spinning Disney's World : Memories of a Magic Kingdom Press Agent*, The Intrepid Traveler, 2007, 240p
* ROFFAT (Sébastien), *Animation et Propagande : les dessins animés pendant la Seconde Guerre mondiale*, Paris, L'Harmattan, 2005, 325p
* SAMMOND (Nicholas), *Babes in Tomorrowland: Walt Disney and the Making of the American Child, 1930-1960*, Duck University Press, 2005, 488p

* SCHWEIZER (Peter), *Disney : The Betrayed. Greed, Corruption and Children at Risk*, Regnery Publishing, 1998, 352p
* SHALE (Richard Allen), *Donald Duck joins up : the Walt Disney Studio during World War II*, The University of Michigan, 1976, 307p
* SHALE (Richard), "L'effort de guerre aux Studios Walt Disney", *Banc Titre*, n°5/6, 1978
* SHERMAN (Robert B.), SHERMAN (Richard M.), *Walt's Time. From Before to Beyond*, Camphor Tree Pub, 1998, 252p
* SMADJA (Gilles), *Euro Disneyland : Mickey l'arnaque*, Paris, Messidor, 1988, 199p
* SMITH (Dave) (s.dir.), *The Quotable Walt Disney*, Disney Editions, 2001, 272p
* SMOODIN (Eric), *Disney discourse, producing the Magic Kingdom*, London and New York, 1994, 268p
* SMOODIN (Eric) (s.dir.), *Disney Discourse : Producing the Magic Kingdom*, Routledge, 1994, 270p
* SOLOMON (Charles), *Les Inconnus de Disney : cinquante ans de projets de films inachevés enfin dévoilés*, Paris, Dreamland Editeur, 1996, 224p
* SMITH (Dave), *The updated official encyclopedia : Disney A to Z*, New York, Hyperion, 1998, 633p
* SMITH (Dave) et CLARK (Steven), *Disney : the First 100 Years*, New York, Hyperion, 1999, 197p
* SMITH (Dave) et CLARK (Steven), *Walt Disney : 100 ans de Magie*, Paris, Michel Lafon, 2001, 204p
* SPENCER (Earl P.), *Euro Disney : What happened ? What next ?*,Working papers / Center for Applied Research, Lubin School of Business, Pace University, 1995, 5p
* STEFF (Thierry), *Bon Anniversaire, Mickey !*, Dreamland Editeur, 1998, 127p
* STEWART (James B.), *Disney War*, Simon & Schuster, 2005, 572p
* TAYMOR (Julie), *The Lion King : Pride Rock on Broadway*, Disney Editions, 1997, 190p
* THOMAS (Bob), *The Art of Animation : the story of the Walt Disney Studios contribution to a new art*, New York, Simon and Schuster, Inc., 1958, 181p
* THOMAS (Bob), *L'art du dessin animé : histoire du Studio Walt Disney et de sa participation au développement d'un art nouveau*, Paris, Librairie Hachette, 1960, 188p
* THOMAS (Bob), *L'Art de l'Animation : de Mickey à la Belle et la Bête*, Paris, Disney Hachette Edition, 1993, 208p
* THOMAS (Bob), *Building a Company : Roy O. Disney and the Creation of an Entertainment Empire*, Disney Editions, 1998, 352p
* THOMAS (Frank) et JOHNSTON (Ollie), *The Illusion of Life : Disney Animation*, New York, Hyperion, 1981-1995, 575p
* TIEMAN (Robert), *Quintessential Disney: A Pop-Up Gallery of Classic Disney Moments*, Disney Editions, 2005, 5p
* TIEMAN (Robert), *The Disney Treasures*, Disney Editions, 2003, 64p
* TIEMAN (Robert), *The Disney Keepsakes*, Disney Editions, 2005, 64p
* TRAHAN (Kendra), *Disneyland Detective: An Independent Guide to Discovering Disney's Legend, Lore, & Magic*, Permagrin Publishing, 2004, 248p
* WARD (Annalee), *Mouse Morality : The Rhetoric of Disney Animated Film*, University of Texas Press, 2001, 200p
* WASKO (Janet), *Understanding Disney : the Manufacture of Fantasy*, Polity Press, 2001, 272p
* WATTS (Steven), *The Magic Kingdom : Walt Disney and the American Way of Life*, Houghton Mifflin, 1998, 526p
* WILLS (Deb) MARTIN KOMA (Debra), *PassPorter's Walt Disney World for Your Special Needs: The Take-Along Travel Guide and Planner!*, PassPorter Travel Press, 2005, 404p

* WILLIAMS (Pat) avec DENNEY (Jim), *How to Be Like Walt: Capturing the Disney Magic Every Day of Your Life*, HCI, 2004, 384p
* WORK ON DISNEY, *Inside the Mouse : Work and Play at Disney World*, Duke University Press, 1995, 264p
* YEE (Kevin), *Magic Quizdom: Disneylandia Minutiae Semper Absurda*, Zauberreich Press, 2004, 239p
* YEE (Kevin), *101 Things You Never Knew About Walt Disney World : An Unauthorized Look at Tributes, Little Touches, And Inside Jokes*, Ultimate Orlando Press, 2006, 117p
* YEE (Kevin) avec SCHULTZ (Jason), *101 Things You Never Knew About Disneyland: An Unauthorized Look At The Little Touches And Inside Jokes*, Zauberreich, 2005, 140p
* ZIBART (Eve), *Inside Disney : the Incredible Story of Walt Disney World and the Man Behind the Mouse*, Frommers, 2002, 192p
* ZIBART (Eve), *Today in History : Disney*, Emmis Book, 2006, 400p

* BOURGUIGNON (Philippe), *Hop!*, Anne Carrière, 2005, 229p
* KHAN (Riz), *Alwaleed : Homme d'affaires, milliardaire, prince*, Le Cherche Midi, 2006, 266p

Biographies de Walt Disney :
* BARRIER (Michael), *The Animated Man : A Life of Walt Disney*, University of California Press, 2007, 424p
* BESSY (Maurice), *Walt Disney*, Paris, Seghers, Cinéma d'aujourd'hui, 1970, 185p
* BURNES (Brian), VIETS (Dan), BUTLER (Robert W.), *Walt Disney's Missouri : the Roots of a Creative Genius*, Kansas City Books, 2002, 194p
* COTTOM (J.V.), *Walt Disney, mon ami*, Braine-l'Alleud, Editions J.M. Collet, 1989, 94p
* DISNEY MILLER (Diane), *L'histoire de Walt Disney*, Paris, Hachette, 1960, 206p
* DUCHÊNE (Alain), *Walt Disney n'est pas mort !*, Paris, Favre, 1989, 292p
* EISENSTEIN (Serguei), *Walt Disney*, Strasbourg, Circé, 1991, 127p
* ELIOT (Marc), *Walt Disney : la face cachée du prince d'Hollywood*, Paris, Albin Michel, 1993, 373p
* FEINSTEIN (Stephen), *Read About Walt Disney*, Enslow Elementary, 2005, 24p
* GABLER (Neal), *Walt Disney : The Triumph of the American Imagination*, Knopf, 2006, 800p
* GOURDIN (Henri), *Walt Disney : bâtisseur de rêves*, Pézenas, Domens Editions, 1995, 243p
* GREENE (Katherine), GREENE (Richard), *The Man behind the Magic : The Story of Walt Disney*, Viking Juvenile, 1998, 208p
* GREENE (Katherine), GREENE (Richard), *Inside the Dream : The Personal Story of Walt Disney*, Disney Editions, 2001, 192p
* HAMMONTREE (Marie), *Chilhood of Famous Americans : Walt Disney, Young Movie Maker*, Aladdin, 1997, 192p
* MARY (Bertrand), *Walt Disney et nous : plaidoyer pour un mal-aimé*, Paris, Calmann-Lévy, 2004, 191p
* MOSLEY (Leonard), *Disney's World*, New York, Scarborough House Publishers, 1985-1992, 330p
* PINKERTON JOSEPHSON (Judith), *Walt Disney : Genius of Entertainment*, Enslow Publishers, 2006, 128p
* PONCET (Marie-Thérèse), *Le génie de Walt Disney : un Walt Disney vivant*, Voiron, édité à compte d'auteur, 1995, 271p
* PRESZLER (June), *Walt Disney : A Photo-Illustrated Biography*, Bridgestone Books, 2003, 24p

* SCHICKEL (Richard), *The Disney Version : the Life, Times and Commerce of Walt Disney*, New York, Simon and Schuster, 1968, 384p
* SELDEN (Bernice), *The Story of Walt Disney: Maker of Magical Worlds*, Yearling, 1989, 96p
* SIMON (Charnan), *Walt Disney : Creator of Magical Worlds*, Children's Press, 2000, 48p
* THOMAS (Bob), *Walt Disney : un Américain Original*, Paris, Dreamland Editeur, 1976-1999, 287p
* WATTS (Steven), *The Magic Kingdom: Walt Disney and the American Way of Life*, University of Missouri Press, 2001, 568p

Les sites internet
* DLRP.fr (http://www.dlrp.fr) le meilleur site internet sur Disneyland Resort Paris, très régulièrement actualisé.
* Imagineering's Files (http://imagineeringfiles.free.fr/cartons.html).
* DLRP.co.uk (http://www.dlrp.thedisneyfamily.com/) qui n'a pas de section actualités mais qui présente bien le resort.
* LaughingPlace.com (http://www.laughingplace.com/Info-ID-Features-ParisUpdates.asp) qui a de bons reportages sur l'inauguration des Walt Disney Studios, notamment.
* DLRPfans.be (http://www.dlrpfans.be/forum/) qui est parmi les plus gros et plus fournis des sites sur Disneyland Paris.
* Disney Central Plaza (http://disneycentralplaza.aceboard.fr/) l'un des plus importants forums de discussions sur Disney avec une section sur le parc.

Retrouvez des compléments d'information sur notre site internet
www.cellulo.net

ANNEXE
Convention pour la création et l'exploitation d'EuroDisneyland en France

CLAUSES GÉNÉRALES
ARTICLE 2. INTERVENTION DE DISNEY
- **Garantie financière** fournie par The Walt Disney Company aux contractants publics français, à la RATP et à l'Etablissement public d'aménagement du secteur IV de Marne-la-Vallée. Le jour de la signature, The Walt Disney Company dépose 100 millions de francs sur un compte bancaire bloqué. The Walt Disney Company déposera à nouveau 100 millions de francs au bout d'un an, 50 millions de francs au bout de deux ans, ou à défaut une garantie de The Walt Disney Company ou une lettre de crédit bancaire pour ces montants. Cette garantie financière, destinée à couvrir dans certaines conditions les responsabilités contractuelles de The Walt Disney Company, sera maintenue jusqu'à ce que soient réalisées les conditions suivantes :
1) La Société pivot aura été constituée.
2) Elle aura reçu des engagements irrévocables de ses actionnaires ou associés d'un apport en fonds propres représentant 25 % du coût estimatif de la phase I pour cette société.
3) La Société pivot aura recueilli de ses bailleurs de fonds publics et privés des engagements définitifs de prêts correspondant à la différence entre, d'une part :
- Le coût total estimatif de la phase I pour cette société
et d'autre part :
- les prêts bonifiés de l'Etat et les fonds propres.
4) La Société pivot aura conclu avec The Walt Disney Company des conventions, valables au minimum trente ans, pour l'utilisation des licences, brevets, droits de propriété intellectuelle et industrielle, nécessaires à la réalisation et à l'exploitation du projet.
5) La Société pivot aura conclu avec The Walt Disney Company des conventions de gestion du projet pour une durée minimale de cinq ans à compter du jour d'ouverture.
6) La Société pivot aura ratifié et signé la présente convention.
La bonne exécution des conditions ci-dessus sera matérialisée par la remise à l'Etat d'une attestation émanant d'un Cabinet d'audit indépendant. Dans le cas où l'attestation ne serait pas remise à l'État dans un délai de trois ans à partir de la signature de la convention, l'État pourra s'il estime que The Walt Disney Company n'a pas fait ses meilleurs efforts pour constituer la société pivot, engager un arbitrage dans un délai de trente jours. Si l'État ne le fait pas, The Walt Disney Company pourra mettre fin à la garantie financière. En cas d'arbitrage, The Walt Disney Company pourra mettre fin à la garantie financière soit après exécution d'une sentence arbitrale définitive rendue contre The Walt Disney Company, soit dans un délai d'un mois suivant le quatrième anniversaire de la date de la signature de la convention. Dans cette dernière hypothèse, The Walt Disney Company devra fournir en substitution la garantie de la société mère, The Walt Disney Company. Le début des travaux de construction de l'extension du RER et des échangeurs n'interviendra qu'après la remise à l'État de l'attestation. Toutefois, les études ainsi que les travaux de l'échangeur provisoire devront être engagés par les contractants publics français avant cette attestation.
ARTICLE 3. SUBSTITUTION DE THE WALT DISNEY COMPANY
La société The Walt Disney Company peut céder, dès la signature de la convention, l'ensemble de ses droits, obligations et responsabilité à une filiale dont elle détient la majorité du capital.
ARTICLE 4. INTERVENTIONS DES PERSONNES MORALES DE DROIT PUBLIC FRANÇAISES
L'Etat, la Région, le Département, la RATP, l'EPA et l'EPA-Marne interviennent individuellement au titre de la présente convention, chacun sur le fondement et dans la limite de ses compétences.
ARTICLE 5. RATIFICATION DE LA CONVENTION PAR L'EPA ET GARANTIE FINANCIÈRE FOURNIE PAR L'ÉTAT
L'État garantit une bonne exécution par l'EPA qui a vocation à devenir partie à la convention, de ses obligations en matière de cession de terrains équipés.
RÉALISATION DU PROJET
ARTICLE 6. NORMES DE QUALITÉ ET ADAPTATION CULTURELLE
Le Parc sera conçu, réalisé, entretenu et exploité selon des normes de qualité au moins équivalentes à celles des Parcs existants. Afin de permettre au public étranger de mieux connaître la France, la Société pivot prendra en compte, lors de la conception et de la réalisation du parc, les thèmes du patrimoine et de l'héritage culturels et historiques français et européens. A cet effet, en plus des attractions classiques, le parc comprendra, soit une attraction, soit à la discrétion de la Société pivot seule, plusieurs attractions mettant en scène les civilisations françaises et européennes, dont le thème sera choisi par la Société pivot après consultation de personnalités indépendantes, françaises et autres. Cette

attraction ou ces attractions sera (ou seront) une attraction « Circle Vision - 360 degrés », ou d'un autre type. L'une au moins de ces attractions, tout comme certaines autres parties du parc sélectionnées par la Société pivot diffusera de la musique française. La langue française sera utilisée de façon prédominante à l'intérieur du Parc, plus particulièrement pour la signalisation. Les textes en langue française pourront être complétés par une ou plusieurs versions en d'autres langues. Il est entendu cependant que les noms en langue anglaise des attractions célèbres ne nécessiteront pas de traduction. La langue utilisée dans les attractions sera le français, étant entendu que d'autres langues pourront également être utilisées.

ARTICLE 7. DÉTERMINATION DU JOUR D'OUVERTURE DU PARC ET RÉALISATION DU PROJET

A la signature de la convention, la date approximative d'ouverture du chantier du parc et un calendrier prévisionnel général des travaux sont annoncés. A la plus tardive des deux dates ci-après :
Date de délivrance de l'attestation prévue à l'article 2, ou date du deuxième anniversaire de la signature de la convention, les signataires annoncent le jour d'ouverture du chantier.
. Au jour d'ouverture du chantier, ils annoncent l'année d'ouverture du parc au public.
. 18 mois après l'ouverture du chantier, ils annoncent la période de trois mois dans laquelle aura lieu l'ouverture du parc.
. Enfin, la Société pivot fait connaître aux contractants publics français, après concertation et au moins neuf mois à l'avance, le jour d'ouverture du parc au public.
La Société pivot a l'obligation d'ouvrir le parc et de commencer la réalisation du développement périphérique de la phase I. Elle fera ses meilleurs efforts pour la terminer conformément au programme détaillé de la dite phase.

ARTICLE 8. CONSTITUTION DE LA SOCIÉTÉ PIVOT ET RÉPARTITION DE SON CAPITAL

La Société pourra être constituée soit sous forme de société en nom collectif soit sous forme de société anonyme, le passage de l'une à l'autre étant possible à tout moment dans les conditions du droit commun. Au moment de la délivrance de l'attestation, le capital de la société sera réparti de la manière suivante :
. Plus de 50 % par des personnes physiques ou morales françaises ou ressortissant d'un autre Etat membre de la C.E.E.,
. Au moins 16,67 % par The Walt Disney Company ou une filiale dans laquelle The Walt Disney Company détient la majorité.
The Walt Disney Company a le droit de constituer au plus deux Sociétés pivots ayant des objets différents pour la réalisation et l'exploitation du projet. The Walt Disney Company ou ses filiales devront garder cette part minimale jusqu'au troisième anniversaire du jour d'ouverture ou du cinquième anniversaire si deux sociétés pivots sont constituées. Les deux Sociétés seront solidaires pour l'exécution de toutes les obligations de la Société pivot sauf pour les remboursements des prêts à conditions particulières de la Caisse des Dépôts et Consignations pour lesquels des dispositions spéciales sont prévues. Chacune des deux Sociétés devra avoir un capital minimum initial de 800 millions de francs.

ARTICLE 9. HEURES D'OUVERTURE

Les Contractants Publics Français feront de leur mieux pour apporter, si cela s'avère nécessaire, leur concours à la Société pivot afin qu'elle puisse, dans le respect des dispositions législatives et réglementaires applicables, fixer librement les heures d'ouverture du parc, du deuxième parc à thèmes et de toutes autres aires de tourisme et de loisirs.

ARTICLE 10. CONDITIONS GÉNÉRALES DE LA PROMOTION, DE LA PUBLICITÉ ET DES DÉNOMINATIONS SE RAPPORTANT AU PROJET

Les Contractants publics français, l'EPA et EPA-Marne feront de leur mieux pour coopérer avec The Walt Disney Company et la Société pivot à des campagnes publicitaires et promotionnelles concernant le projet. Le nom officiel du projet sera EURO DISNEYLAND EN FRANCE. Toutefois, à l'occasion de toutes campagnes promotionnelles et publicitaires et à toutes autres occasions, décidées par la Société pivot, les Parties retiendront l'appellation du Projet choisi par la Société pivot. Tous logos, œuvres artistiques et autres supports incorporant cette appellation ou identifiant ou se rapportant de toute autre manière du Projet, seront choisis et approuvés par la Société pivot, et à sa seule discrétion et sous sa seule responsabilité avant toute diffusion. Toutes les marques et noms commerciaux utilisés se rapportant au Projet seront choisis par la Société pivot à sa seule discrétion et sous sa seule responsabilité. La Société pivot, de concert avec les Contractants Publics Français, s'efforcera d'encourager les touristes étrangers venus visiter le parc ou séjournant dans les hôtels et les campings gérés par la Société pivot, à découvrir les autres richesses touristiques, culturelles et artistiques françaises. Dans l'intérêt du projet, les Contractants Publics Français, la RATP, l'EPA et EPA-Marne sont d'accord pour que tout élément se référant au projet dans toutes campagnes de publicité et de promotion qu'ils décident, soient soumis à l'accord préalable de Disney, qui ne le refusera pas sans motif raisonnable. La Société pivot fera ses meilleurs efforts pour promouvoir l'accès du projet par le RER. Ainsi, notamment, tout support promotionnel distribué par la Société pivot et fournissant des informations sur l'accès du projet depuis Paris ou vice-versa, mentionnera l'accès au projet par le RER de la même façon que seront mentionnés l'accès par route ou le stationnement des véhicules. Par ailleurs, la Société pivot apportera le concours demandé par la RATP pour toutes campagnes promotionnelles décidées par la RATP en rapport avec le projet, dès lors que ce concours peut être fourni dans des conditions raisonnables.

Les stipulations du présent Article 10 :
- ne font pas échec aux droits des Contractants Publics Français, de la RATP, de l'EPA ou d'EPA-Marne, de faire

publier des communiqués de presse ou autres déclarations officielles concernant le projet ;
- ne constituent pas une autorisation ou reconnaissance par The Walt Disney Company ou par la Société pivot à quiconque d'un quelconque droit d'utiliser ou d'user de quelque marque ou nom commercial, copyright ou autre droit de propriété intellectuelle ou industrielle. The Walt Disney Company et ses sociétés apparentées ne refuseront pas, sur demande des Contractants Publics Français et/ou de la RATP et/ou de l'EPA et/ou d'EPA-Marne, jugée raisonnable par The Walt Disney Company, d'autoriser l'utilisation à titre gratuit, et dans des conditions raisonnables de tel droit de propriété intellectuelle ou industrielle, à des fins publiques telles que les campagnes publicitaires ou promotionnelles visées au présent Article 10. En particulier pour faciliter l'accès du public, The Walt Disney Company s'engage à accorder à la RATP une licence gratuite, pour que le nom de toute station du RER située dans l'emprise puisse être suivi du nom du projet et/ou du parc et/ou de leurs logos placés entre parenthèses et précédés d'une préposition sous réserve du droit pour The Walt Disney Company de donner, au cas par cas, une autorisation préalable écrite sur cet usage du nom du projet et/ou du parc et/ou de leurs logos. Cette autorisation pourra être retirée à tout moment si, après consultation entre The Walt Disney Company et la RATP, il apparaît à The Walt Disney Company qu'un tel usage diminue la valeur de ces noms et/ou logos, ou si, en application des lois existantes à la date de cet usage, cet usage pouvait conférer un droit aux tiers d'utiliser le nom du projet et/ou du parc et/ou de leurs logos, ou encore pouvait faire tomber l'un de ces noms et/ou logos dans le domaine public. Il est convenu que les noms des stations RER situées dans l'emprise seront choisis par la RATP à sa seule discrétion.

LA RATP ET L'EPA
ARTICLE 11. EXTENTION DU RER-TGV
L'Etat et la Région s'engagent à financer, à faire construire, achever et mettre en service normal, par la RATP, pour le jour d'ouverture, les équipements publics suivants et à faire assurer leur exploitation pendant trente ans :
- une extension de la ligne A du RER depuis la gare de Torcy jusqu'au parc,
- une gare terminale distante de 150 mètres au maximum des guichets d'entrée du parc.
. Pour la gare terminale, la RATP lancera un concours d'architecture, dont le lauréat sera choisi par un jury de dix membres (trois désignés par la RATP, trois par la Société pivot, trois par l'Etat, la région, l'EPA, le dixième, président, par accord mutuel). Si la Société pivot décide d'assister à une séance de commission d'appel d'offre, ni la Société pivot ni l'un de ses actionnaires, ni aucune société apparentée ne pourra soumissionner au marché examiné lors de cette séance. La Société pivot supportera tous les coûts afférents à une éventuelle couverture de l'arrière gare et tous les surcoûts entraînés par des demandes dépassant les stricts besoins déterminés par la RATP.
. La gare ouest comprenant son parking et une gare routière sera réalisée dans un délai de deux ans :
- Soit après que la Société pivot aura levé des options de promesses de vente représentant l'aménagement de 250 000 m² de surfaces de planchers dans un rayon de 700 mètres autour de la gare ouest.
- Soit, après que la Société pivot l'aura demandé. Dans ce cas, la Société pivot préfinance l'investissement et verse à la RATP un forfait annuel définitif d'exploitation et d'entretien.
. Garantie de recettes

Niveau	Trafic réel en % du trafic estimé (9 130 000 voyages aller simple)	Montant de garantie de trafic
A	75 % - 100 %	0
B	50 % - 74,9 %	Nombre de voyages aller simple inférieur à 75 % de l'estimation multiplié par 4 francs
C	25 % - 49,9 %	Nombre de voyages aller simple inférieur à 50 % de l'estimation multiplié par 5 francs, plus 9 130 000 francs
D	0 – 24,9 %	Nombre de voyages aller simple inférieur à 25 % de l'estimation multiplié par 7 francs plus 20 542 000 francs

Pendant cinq ans à compter du jour d'ouverture, si le trafic réel constaté à la gare terminale du RER est inférieur de 25 % au niveau prévu de 9 130 000 voyages aller simple par an, la Société pivot devra verser à la RATP une indemnité forfaitaire compensatoire pour insuffisance de trafic. Le montant de cette garantie sera indexé sur la base de « l'indice des prix transports » publié par l'INSEE. Au cas où le trafic annuel excéderait de 25 % le nombre de 9 130 000, la RATP affecterait, pendant cinq ans, à la promotion du projet quatre francs par voyage aller simple, pour chaque voyage excédant de 25 % ce nombre de 9 130 000 (somme indexée sur l'indice des prix transports).
Promotion du trafic RER
Les tarifs des parkings visiteurs, fixés par la Société pivot, en référence à ceux pratiqués dans les autres parcs

Disney, ne seront pas inclus dans le prix d'entrée. L'autorité organisatrice française fixera unilatéralement la tarification applicable sur l'extension du RER. Le tarif du ticket RER depuis Paris ne sera pas supérieur de deux fois le tarif qui résulterait de l'application de la tarification du Syndicat des Transports Parisiens pour une liaison équivalente. La Société pivot n'organisera pas de services privés de voyageurs entre Paris et le projet, sauf interruption partielle ou totale du service RER.

Service sur le RER
Le service sera défini et mis en œuvre par la RATP suivant ses règles habituelles d'exploitation de l'ensemble de la ligne. Le service ainsi défini doit permettre aux visiteurs quittant le parc, d'attendre au plus, une demi-heure pour emprunter le RER. La RATP pourra organiser des services spéciaux à la demande de la Société pivot.

TGV
Une emprise pour la ligne de TGV et la gare de correspondance avec le RER sera réservée dans l'emprise du projet. La partie française devra confirmer ou infirmer la décision d'utiliser cette réservation au plus tard 39 mois avant le jour d'ouverture.

ARTICLE 12. ÉCHANGEURS AUTOROUTIERS
L'Etat et la Région s'engagent à ce que deux échangeurs autoroutiers soient achevés et mis en service normal au plus tard au jour d'ouverture. Si un deuxième parc est réalisé, l'Etat et la Région feront en sorte que soit construit un nouvel échangeur plus à l'ouest. Un échangeur de chantier sera réalisé pour permettre l'accès de l'A4 au CD231.

ARTICLE 13. INFRASTRUCTURES PRIMAIRES
Les contractants publics français s'engagent à participer au financement et à réaliser ou à faire réaliser les infrastructures primaires de l'emprise, après accord entre l'EPA et la Société pivot sur les caractéristiques de ces infrastructures. L'entretien et l'exploitation relèveront de la responsabilité du propriétaire.

. **Voirie primaire** : les contractants publics français prennent en considération le schéma indicatif de voirie primaire annexé à la convention et s'engagent à en assurer ou en faire assurer le financement et la réalisation en fonction des phases d'aménagement. Ils s'engagent, pour la phase I, à assurer ou à faire assurer le financement du réseau de voirie primaire annexé. Le Département de Seine-et-Marne participe à hauteur de 250 millions de francs (H.T.) à une partie de la voirie primaire de la phase I.

. **Autres infrastructures primaires** : L'Etat prend en considération les différents schémas (assainissement, eau potable, gaz, électricité, téléphone). Il apportera, conformément aux règles fixées pour chaque type d'infrastructure son concours financier aux maîtres d'ouvrage concernés.

La Société pivot apportera une contribution de 25 millions de francs hors taxes à la mise en souterrain du réseau électrique à très haute tension. Pendant dix ans à compter du jour d'ouverture, le projet sera uniquement chauffé par le gaz et l'électricité, la Société pivot s'engageant à ne pas créer de réseau de chauffage urbain. La Société pivot s'engage à payer à l'EPA 20 millions de francs hors taxes pour le déplacement hors de l'emprise des réseaux de gaz et d'électricité à très haute tension.

ARTICLE 14. INFRASTRUCTURES SECONDAIRES
L'EPA s'engage à réaliser ou à faire réaliser les infrastructures secondaires desservant les îlots de l'emprise selon les stipulations des articles 14, 15 et 16. L'EPA et la Société pivot se mettront d'accord sur les études préliminaires et les avant-projets. Les marchés sont passés conformément aux articles 97 et 300 au Code des Marchés Publics. Si la Société pivot en exprime le souhait, la société pivot et l'EPA se mettront d'accord sur un prix plafond. Dans un tel cas, un représentant de la Société pivot pourra assister en tant qu'observateur à toute séance de la commission des marchés de l'EPA avec les mêmes conséquences que celles définies à l'article 11. La responsabilité et le coût de la charge de l'entretien des infrastructures secondaires sont supportés par leur propriétaire au moment où l'entretien est nécessaire. Le Département de Seine-et-Marne contribuera à hauteur de 200 millions de francs au coût de la voirie secondaire de la phase I.

PROGRAMME – AMÉNAGEMENT ET CESSION DE TERRAINS
ARTICLE 15. AMÉNAGEMENT DE L'EMPRISE ET DÉROULEMENT DES PHASES D'AMÉNAGEMENT
La superficie de l'emprise est de 1 945 hectares.

. **Phases d'aménagement- îlots - Programmes détaillés.**
L'aménagement de l'emprise sera exécuté par phases d'aménagement engagées à l'initiative de la Société pivot. Chaque phase fait l'objet d'un programme détaillé correspondant à l'aménagement de parties des différents quartiers (8) du plan d'ensemble. Les parties d'un quartier correspondant à une même phase d'aménagement constituent un îlot. A l'intérieur d'un îlot, chaque lot fait l'objet d'une promesse de vente.

. **Aménagement dans le temps**
Les objectifs minimaux à atteindre en terme d'aménagement sont les suivants :
- 600 hectares au 31 décembre 1997
- 1 250 hectares au 31 décembre 2007

Si ces objectifs ne sont pas atteints, la Société pivot perdra une partie de ses droits sur un tiers en 1997, deux tiers en 2007 de la différence entre l'objectif fixé et le total des surfaces incluses dans les programmes détaillés. Exemple : si au 31.12.1997, la Société pivot n'a aménagé que 510 hectares, elle perd ses droits sur 30 hectares.

Si au 31.12.2007, elle n'en a aménagé que 1 100 hectares, elle perd ses droits sur 100 hectares. Dans ce cas, la Société pivot déterminera quels terrains redeviendront librement commercialisables par l'EPA. Ceux-ci devront constituer un ou plusieurs blocs homogènes.

. **Engagement d'une phase d'aménagement**

La Société pivot pourra à tout moment proposer l'étude d'une nouvelle phase d'aménagement, avec deux impératifs :
. respect des documents d'urbanisme applicables à l'ensemble du secteur IV,
. délai minimum de deux ans entre les dates de signature de deux programmes détaillés successifs.

. **Condition de réalisation des infrastructures primaires**

. La construction des infrastructures primaires nécessaires à la desserte d'une nouvelle phase d'aménagement ne commence pas tant que le taux d'engagement de la phase précédente est inférieur à 50 % ou tant quel le solde définitif du dernier îlot de la phase précédente n'a pas été arrêté conformément à l'article 16.
- Si le taux d'engagement de la phase précédente est compris entre 50 % et 70 %, la Société pivot: préfinance la construction de ces infrastructures primaires et s'engage à en supporter le coût d'exploitation et d'entretien, jusqu'à ce que le taux d'engagement atteigne 70 %.
- Si le taux d'engagement est supérieur à 70 %, aucun préfinancement n'est demandé à la Société pivot.

. **Terrains réservés aux équipements publics de superstructure**

- Une surface globale de 40 hectares est réservée à l'intérieur de l'emprise pour l'implantation d'équipements publics (scolaires, sociaux, de sécurité) dont l'implantation sera arrêtée en concertation avec les collectivités concernées. Les terrains d'assiette de ces équipements seront aménagés et mis par l'EPA à la disposition des collectivités publiques maîtres d'ouvrage. Les coûts d'acquisition de ces terrains et la part des infrastructures qui leur est imputable seront à la charge de la Société pivot.

. **Déroulement d'une phase d'aménagement.**

1) Mise au point

- **Proposition d'une nouvelle phase**

La Société pivot peut, quand elle le décide, notifier à l'EPA une proposition de nouvelle phase d'aménagement, comportant :
. un plan général d'aménagement localisant les îlots,
. un programme général d'aménagement précisant les coûts approximatifs de construction par îlot,
. La date prévisionnelle de signature du programme détaillé. Cette proposition sera établie en concertation avec l'EPA. Celui-ci aura deux mois pour vérifier la compatibilité de cette proposition avec le plan d'ensemble et les documents d'urbanisme et demander à la Société pivot des informations supplémentaires ou des modifications éventuelles.

- **Élaboration d'un programme détaillé.**

La Société pivot remet à l'EPA un dossier d'informations complémentaires comportant notamment un plan masse de chaque îlot, les orientations architecturales, un échéancier prévisionnel de signature des promesses de vente, lot par lot. Sur ces bases, l'EPA prépare un avant-projet de programme détaillé, qu'il adresse à la Société pivot; dans les six mois suivant la notification du dossier d'informations complémentaires. La Société pivot fait connaître son accord dans les trois mois.

- **Contractualisation du programme détaillé**

Dans les neuf mois suivant cet accord, l'EPA établit et transmet à la Société pivot, pour signature, un projet de programme détaillé. Cette signature constitue la contractualisation de la phase d'aménagement correspondante. Elle intervient dans les trois mois de la transmission du projet par l'EPA à la Société pivot. Le programme détaillé précise, en particulier, le calendrier de levée des promesses de vente lot par lot, avec une grille indicative de prix pour chaque lot.

- **Etablissement du prix définitif des lots de chaque îlot d'une phase d'aménagement**

A la date de signature de la première promesse de vente de chaque lot, l'EPA et la Société pivot arrêteront d'un commun accord le montant prévisionnel des dépenses de l'îlot et le prix de vente définitif de chaque lot d'un îlot.

2) Mise en œuvre d'une phase d'aménagement

. **Remise du dossier de commercialisation d'un lot**

Deux mois avant la date prévisionnelle de signature par l'EPA de la promesse de vente d'un lot, l'EPA remettra un dossier de commercialisation de ce lot à la Société pivot.

. **Examen préalable des permis de construire**

- Si le permis de construire est demandé par la Société pivot, il ne sera pas soumis à l'accord préalable de l'EPA.
- S'il est demandé par un substitué de la Société pivot, il sera soumis, avant son dépôt officiel, à l'accord de l'EPA.

. **Commercialisation des lots par la Société pivot**

La Société pivot peut se substituer un tiers et céder ses droits sur les lots compris dans un programme détaillé dans les conditions prévues à l'article 16.

. **Report des délais**

En cas de raison valable, dûment justifiée par la Société pivot, les dates limites figurant dans un programme détaillé signé, pour la levée au plus tard des options des lots seront reportées au maximum de neuf mois.

. Commercialisation par l'EPA des lots dont les options n'ont pas été levées
Dans le cas où l'option d'un lot n'a pas été levée, à la date prévue, par la Société pivot ou son substitué, l'EPA peut vendre le lot à un tiers de son choix, à un prix qu'il détermine librement sous les réserves soit de respecter les programmes prévus par ce lot, soit de respecter les règles définies par l'article 17 pour les terrains situés au sud de la RN34.

. Dispositions propres à la phase I
Le programme général d'aménagement et le plan général d'aménagement de la phase I figurent en annexe de la convention et sont approuvés par les parties. L'EPA et la Société pivot feront les meilleurs efforts pour signer le programme détaillé de la phase I dans les 18 mois à dater de la signature de la convention.

. Cas particulier : non réalisation de la deuxième attraction majeure
Si au 1er janvier 2011, la Société pivot n'a pas engagé les travaux correspondant à la réalisation d'une extension majeure du parc ou d'une seconde attraction majeure (parc à thèmes) susceptible d'attirer chaque année des millions de visiteurs supplémentaires, l'EPA pourra commercialiser les terrains affectés au deuxième parc, non utilisés, en les proposant à un tiers ou à la Société pivot. Dans ce cas, le prix de vente proposé à la Société pivot sera égal au plus bas des deux termes suivants :
. Le prix offert par le tiers, s'il existe,
. 4 fois le prix du terrain tel que défini à l'article 16 ou 5 fois ce prix, si The Walt Disney Company a, à cette date, passé contrat pour aménager ou donner une licence d'exploitation d'un autre parc à thèmes en Europe d'une capacité égale de moitié ou plus à celle du parc.

. Modification du projet
En cas de difficultés majeures, non prévues au moment de la signature de la convention, résultant par exemple de la nature du sol ou de changements de conditions du marché, l'EPA ou la Société pivot pourra proposer des modifications du projet à condition qu'elle respectent les documents d'ensemble et les schémas d'infrastructures primaires. Sous ces deux conditions, l'EPA et la Société pivot pourront, par accord mutuel apporter des modifications du programme détaillé d'une phase d'aménagement ainsi qu'au plan ou programme général d'ensemble. A défaut d'accord, un expert sera désigné soit par accord mutuel, soit par le Président de la Cour d'arbitrage de la Chambre de Commerce International. Les conclusions de l'expert s'imposeront aux parties. Les contractants publics français informeront la Société pivot des modifications de documents d'urbanisme susceptibles d'affecter la réalisation du projet.

ARTICLE 16. CONDITIONS GÉNÉRALES DE CESSION DES TERRAINS
- Cession des lots de terrains à la Société pivot
Aux dates prévues dans le programme détaillé de chaque phase d'aménagement, l'EPA consentira à la Société pivot ou à son substitué des promesses de vente portant sur les différents lots composant cette phase. Chacune de ces promesses sera assortie d'une date limite de levée d'option. A cette date, la vente sera constatée par acte notarié. Si à cette date, l'option n'est pas levée, l'EPA reprend la disposition du lot concerné.

- Substitution et cession
La Société pivot n'est pas tenue de mener à bien, seule, la totalité de l'aménagement prévu dans chaque programme détaillé : elle peut transférer ses droits et obligations, sur un ou plusieurs lots, à des tiers.

- Prix d'un lot
Le prix d'achat d'un lot par la Société pivot ou son substitué comprend le coût du terrain nu, fixé forfaitairement, et des infrastructures secondaires s'y rapportant, ainsi qu'une quote-part des frais généraux de l'EPA (fixée à 25 % du coût du terrain et des infrastructures secondaires) et des frais financiers relatifs aux terrains de l'îlot (estimation fixée à 8 % du coût du terrain et des infrastructures secondaires). Au plus tard deux ans après l'acceptation de la dernière promesse de vente d'un îlot, l'EPA et la Société pivot procéderont au calcul du solde provisoire de cet îlot (différence entre les dépenses engagées par l'EPA et les recettes versées par la Société pivot au titre de l'îlot). Si les dépenses de l'EPA dépassent les recettes versées par la Société pivot, celle-ci versera immédiatement le solde à l'EPA ; dans le cas contraire, l'EPA remboursera immédiatement le solde à la Société pivot. Deux ans au plus tard après le calcul de ce solde provisoire, le solde définitif de l'îlot est établi et donne lieu, le cas échéant, à un versement définitif dans les mêmes conditions. En octobre de chaque année, l'EPA et la Société pivot se réuniront pour se mettre d'accord sur une prévision d'un montant estimé du règlement final pour chaque îlot en cours d'aménagement. Le prix d'achat de chaque lot sera payable comme suit :
. 1 % lors de l'acceptation de la promesse de vente par la Société pivot,
. 24 % lors de la levée d'option, au plus tard six mois après l'acceptation de la promesse de vente,
. 30 % à l'obtention du permis de construire,
. 30 % douze mois après la levée d'option,
. Le solde à l'achèvement des travaux d'infrastructures secondaires relatifs au lot, au plus tard 18 mois après la signature de l'acte de vente.

- Paiement des frais financiers pour les terrains qui ne sont pas en cours d'aménagement

A compter du 1er avril 1988 et jusqu'à la date d'expiration de la convention, la Société pivot paiera à l'EPA un montant annuel au titre des frais financiers relatifs aux terrains de l'emprise non encore imputés à un îlot.
- **Comptabilité spécifique**
Une comptabilité annexe applicable uniquement aux opérations réalisées à l'intérieur de l'emprise sera instaurée au sein de la comptabilité de l'EPA.
ARTICLE 17. HARMONISATION DU DÉVELOPPEMENT AUX ALENTOURS DU PROJET
- **Terrains situés au Nord de la RN 34 dans le secteur IV**
Sur ces terrains, et jusqu'au 30 juin 2000, la réalisation par l'EPA de programmes entrant dans le cadre défini ci-dessous fera l'objet d'une concertation entre l'EPA et la Société pivot et sera soumise à l'accord préalable et express de cette dernière : (sont exclus de cette disposition les équipements sportifs, récréatifs ou culturels qui pourraient prendre place dans le château ou la ferme de Coupvray) :
- Campings-caravanings 1, 2 et 3 étoiles : toute implantation au-delà d'un contingent global de 300 places,
- Parcs de loisirs payants, d'une surface hors parking de plus de deux hectares,
- Tous hôtels au-delà d'un contingent global de 150 chambres,
- Tout équipement sportif dont la fréquentation n'est pas principalement scolaire ou locale.
A compter du 1er juillet 2000, et jusqu'à l'expiration de la convention, aucun des terrains propriété de l'Etat ou de ses établissements et situés dans la zone concernée ne sera vendu à des tiers pour la construction d'hôtels 4 étoiles de plus de 50 chambres ou pour la réalisation de parcs de loisirs payants, d'une surface supérieure à 10 hectares.
- Terrains situés au Sud de la RN34 dans le secteur IV hors de l'emprise.
Le château de Chessy, la ferme de Chessy et la ferme du donjon à Bailly-Romainvilliers peuvent recevoir des équipements sportifs, récréatifs ou culturels ne dépassant pas respectivement 5 000 m², 9 000 m² et 6 000 m² hors œuvre. En dehors de ces trois opérations, l'EPA et la Société pivot devront se concerter, et la Société pivot donner son accord express et préalable pour la réalisation de :
- Tout camping-caravaning,
- Tout parc de loisirs payant d'une surface hors parking de plus de deux hectares,
- Tout hôtel au-delà d'un contingent de 300 chambres comprenant un hôtel 4 étoiles de 100 chambres lié à la réalisation du golf de Chessy Montévrain,
- Tout équipement sportif dont la fréquentation n'est pas principalement scolaire ou locale.
ANNEXE RELATIVE À LA COMPLÉMENTARITÉ ET A L'HARMONISATION DU DÉVELOPPEMENT ENTRE LE SECTEUR III ET L'EURODISNEYLAND EN FRANCE :
La Société pivot exerce notamment un droit de préférence :
. Jusqu'au 30 juin 2000 sur :
- Les campings-caravanings 4 étoiles,
- Les parcs de loisirs payants d'une surface hors parking de plus de deux hectares,
- Tout hôtel de 3 étoiles et au-dessus, et de plus de 30 chambres,
- Tout équipement sportif dont la fréquentation n'est pas principalement scolaire ou locale.
. Du 1er juillet 2000 jusqu'au terme de la convention sur :
- Tout hôtel de 4 étoiles et au-dessus et de plus de 50 chambres,
- Les parcs de loisirs payants d'une surface hors parking de plus de 10 hectares.
Demeurent toutefois exclus de ce droit de préférence les 13 projets déjà approuvés au 1er janvier 1986.
A – Parc de loisirs
* Extension du parc de loisirs de Torcy
B – Hôtel 3 étoiles et plus
* 100 chambres sur Saint-Thibault-des-Vignes.
* 550 chambres (en quatre opérations) sur Bussy-Saint-Georges.
* Extension (100 chambres) du Novotel de Collegien.
* 100 chambres sur Montévrain.
C – Equipements sportifs
C – 1 Golf
* Un 18/27 trous sur Bussy-Saint-Georges
* Un 18 trous sur Montévrain
* Un 18/27 trous sur Bussy-Saint-Martin (à cheval sur Bussy-Saint-Georges)
C – 2 Résidences hôtelières avec équipements sportifs importants
* Un sur Bussy-Saint-Georges
* Un sur Ferrières-en-Brie
D – Camping caravaning
* 300 emplacements sur Montévrain
# CONDITIONS FINANCIÈRES
ARTICLE 18. PRÊTS À CONDITIONS PARTICULIÈRES
(définis dans une annexe de la convention)
Le montant global des prêts à conditions particulières sera égal à 40 % du coût de la phase I sans pouvoir excéder

3 850 000 francs valeur 1er janvier 1986. 60 % de ce montant seront consentis sous forme de prêts participatifs, 40 % seront considérés comme des prêts ordinaires. Les prêts seront remboursés en vingt ans, avec cinq ans de différé d'amortissement. Le taux d'intérêt sera de 7,85 %.

ARTICLE 19. FINANCEMENT COMPLÉMENTAIRE
A l'occasion de l'obtention de financements complémentaires, la Société pivot pourra consentir l'inscription d'hypothèques, nantissements ou autres sûretés sur ses biens.

ARTICLE 20. GARANTIE DE RESSOURCES FISCALES DU DÉPARTEMENT
(définie dans une annexe de la convention)
Si le montant des recettes fiscales réelles du département engendrées par le projet s'avère inférieur aux montants supportés par le département au titre de sa participation financière aux voiries primaires et secondaires, l'Etat et la Société pivot rembourseront au département une somme dont le montant est limité à 200 millions de francs (valeur 1er janvier 1986 indexée sur l'indice TPOI). Cette garantie sera supportée à parts égales par l'Etat et par la Société pivot.

ARTICLE 21 - ACCÈS AU MARCHÉ FINANCIER
L'Etat fera de son mieux pour que la Société pivot puisse accéder au marché financier français dès qu'elle répondra aux conditions prévues par la législation et la réglementation applicables.

INSERTION ÉCONOMIQUE DU PROJET

ARTICLE 22. ENTREPRENEURS-FOURNISSEURS-PARRAINAGE
Pour réaliser le Parc et assurer son approvisionnement, ainsi que pour réaliser ou faire réaliser le développement périphérique, la Société Pivot s'engage, à condition de prix équivalents, à faire appel à des entrepreneurs et fournisseurs de la Communauté Économique Européenne (CEE), qui répondent aux spécifications, dates de livraison, disponibilité, prix et normes de qualité de la Société pivot et autres normes conformes à de saines pratiques commerciales, y compris l'évolution normale de bonnes relations d'affaires avec The Walt Disney Company ou la Société pivot. Les objectifs sont les suivants :

Types d'entrepreneurs ou de fournisseurs	% en coûts France ou autre CEE
Ingénierie ou architecture	60 %
Construction ou fabrication d'équipement pour les attractions du parc	80 %
Construction des bâtiments du Parc	90 %
Approvisionnement du Parc (autres que marchandises vendues au détail)	90 %
Réalisations périphériques	90 %

La Société pivot s'engage également à utiliser en priorité des produits locaux, des produits régionaux et d'autres pays européens pour la nourriture et les boissons servies ou vendues à l'intérieur du projet dans la mesure où ces produits sont disponibles sur une base concurrentielle et correspondent aux spécifications, dates de livraison, disponibilité, prix et normes de qualité de la Société pivot et autres normes conformes à de saines pratiques commerciales, y compris l'évolution normale de bonnes relations d'affaires avec The Walt Disney Company ou la Société pivot. La Société pivot informera chaque année le comité de suivi prévu à l'article 25 de la réalisation de ces objectifs. S'il est fait appel à des parrainages pour les attraction du parc, la Société pivot fera appel en priorité à des personnes ou société françaises ou ressortissant d'un autre État de la CEE, en compatibilité avec de bonnes pratiques commerciales, y compris l'évolution normale des bonnes relations d'affaires avec The Walt Disney Company ou avec la Société pivot.

ARTICLE 23. CRÉATION D'EMPLOI
Dans le mesure où les objectifs de fréquentation seront atteints, le Projet emploiera normalement, directement ou indirectement, à l'intérieur de l'emprise et dans les entreprises participant directement à la réalisation et à l'exploitation du projet et, à la fin de la phase I et à l'achèvement du projet, le nombre de personnes figurant à l'annexe 2. Il est prévu de recourir en priorité, dans le cadre de la législation et de la réglementation en vigueur, au marché local et régional. Cependant, les parties reconnaissent qu'il sera nécessaire d'employer un certain nombre de personnel étranger spécialisé, cadre, technique ou expérimenté, et l'État, dans le cadre de la législation et de la réglementation en vigueur, fera ses meilleurs efforts à cet égard. La Société pivot adressera ou fera adresser au comité de suivi prévu par l'Article 25 ci-après un compte-rendu trimestriel indiquant le nombre d'emplois réellement créés en rapport avec les activités directement gérées par ou pour le compte de la Société pivot, et l'évolution des effectifs des salariés, en distinguant les employés à temps plein et à temps partiel et, selon l'estimation la plus proche possible de la réalité, les saisonniers et autres employés sous contrat à durée déterminée. Les premiers rapports seront transmis six mois avant le jour d'ouverture.

ARTICLE 24. RETOMBÉES ÉCONOMIQUES
Les parties entendent faire bénéficier l'environnement national et local de retombées économiques favorables, tant au stade de la construction du projet qu'au cours de la période de son exploitation.

ARTICLE 25. COOPÉRATION ET CONCERTATION PERMANENTES ENTRE LES PARTIES
Les parties se fourniront aide et coopération mutuelles afin de faciliter la bonne exécution des engagements souscrits aux termes de la convention, ainsi que l'accomplissement des objectifs qui y sont contenus. Dans cet esprit, elles constitueront un comité de suivi au sein duquel l'État, la Région, le Département, la RATP, l'EPA, l'EPA-Marne, The Walt Disney Company et la Société pivot, pourront chacun se faire représenter par toutes personnes de leur choix. Le comité de suivi se réunira aussi souvent que cela sera nécessaire et opportun. Il devra suivre la réalisation du projet et s'efforcera de contribuer à résoudre les difficultés susceptibles de se présenter. En particulier, il examinera les statistiques concernant les créations d'emplois, les appels aux entrepreneurs et fournisseurs, l'utilisation des produits.

ARTICLE 26. EXÉCUTION DE BONNE FOI
Les parties s'engagent à exécuter de bonne foi les obligations qui leur incombent aux termes de la convention.

ARTICLE 27. OBLIGATIONS ESSENTIELLES
Au cas où l'un des contractants manquerait à l'une de ses obligations essentielles, les autres contractants seraient autorisés à suspendre immédiatement, à la condition que la mesure de suspension soit raisonnable, leurs engagements contractuels en le notifiant aux autres parties. Dans les 120 jours suivant cette notification, la partie défaillante devra remédier à son manquement ou rechercher une solution de substitution acceptable par les autres parties. A défaut, les autres parties pourront, dans un délai de 120 jours, recourir à l'arbitrage.

Obligations essentielles incombant à l'État, à la Région, au Département, à la RATP, à l'EPA et à l'EPA-Marne
- Les promesses de vente des terrains d'assiette du parc et des autres lots cessibles seront consenties dans les conditions et les délais définis aux articles 15 et 16. La propriété de chaque lot, équipé et desservi,
sera transférée conformément aux normes de ces promesses de vente.
- L'extension du RER et la gare terminale seront achevées et mises en service au plus tard le jour d'ouverture et exploitée pendant trente ans à compter du jour d'ouverture.
- Les échangeurs seront achevés et mis en service au plus tard au jour d'ouverture.
- Les prêts à conditions particulières auront été mis à la disposition de la Société pivot.
- Le département versera sa part aux infrastructures primaires (250 millions de francs hors taxes) et secondaires (200 millions de francs).
- Les contractants publics français feront leurs meilleurs efforts pour que toute mesure et autorisation nécessaire à la réalisation et l'exploitation du projet soit prise et délivrée par les administrations compétentes dès lors que les conditions conformes à la législation et à la règlementation en vigueur seront remplies.

Obligations essentielles incombant à The Walt Disney Company et à la Société pivot
- The Walt Disney Company donnera et maintiendra la garantie financière conformément à l'article 2.
- The Walt Disney Company fera ses meilleurs efforts pour constituer la Société pivot et réunir son financement en fonds propres et emprunts conformément à l'article 8.
- La Société pivot devra ouvrir le parc au jour d'ouverture.
- La Société pivot entamera la réalisation du développement périphérique de la phase I et fera ses meilleurs efforts pour la terminer conformément à la convention.

ARTICLE 28. RÉSILIATION OU RÉSOLUTION POUR JUSTES MOTIFS
L'inexécution de l'une des obligations essentielles constituera pour la partie à qui est due cette obligation un motif lui donnant le droit de demander au tribunal la résiliation de la convention, aux torts de la partie défaillante.

ARTICLE 29. RÉPARATIONS
En cas de manquement par l'une des parties à l'une quelconque de ces obligations au titre de la présente convention, la ou les parties ayant subi un dommage du fait de ce manquement sera/seront en droit de réclamer des réparations à la partie défaillante. Ainsi, le tribunal arbitral pourra prononcer toute sentence accordant des dommages et intérêts. The Walt Disney Company et la Société pivot auront droit à être indemnisés dans les cas pour lesquels, en droit français, une indemnisation pourra être accordée par application de la théorie du « fait du prince » ou pour tenir compte des conséquences dommageables importantes entraînées, par certaines mesures prises par l'État. La résiliation pourra également être demandée par The Walt Disney Company ou la Société pivot si l'une des conditions préalables à l'entrée en vigueur de la convention venait à disparaître, entraînant des conséquences dommageables importantes ou si l'économie générale de la convention était bouleversée par certaines mesures prises par l'État.

ARTICLE 30. FORCE MAJEURE
Aucune des parties ne pourra être tenue pour responsable d'un retard quelconque dans l'exécution d'une de ses obligations si elle démontre que ce retard est dû à un cas de force majeure.

ARTICLE 31. DROIT APPLICABLE
Le droit applicable à la convention est le droit français.

ARTICLE 32. ARBITRAGE
Tous les différends liés à l'application ou à l'interprétation de la convention seront tranchés définitivement par la voie de l'arbitrage suivant le règlement de la Chambre de Commerce International par trois arbitres. Le (ou les) demandeur(s) et le (ou les) défenseur(s) désigneront chacun un arbitre. Les deux arbitres ainsi désignés auront 45 jours pour choisir le président du tribunal. A défaut, celui-ci sera désigné par la cour

d'arbitrage de la Chambre de Commerce International. Le président du tribunal ne pourra être ni citoyen américain ni citoyen français. Le siège de l'arbitrage sera à Paris, la procédure sera conduite en langue française et la sentence rendue en français.

ARTICLE 33. RENONCIATION
Toute renonciation à des engagements, conditions ou accords résultants de la convention ne pourra intervenir que suivant un acte écrit de la partie qui y renonce.

ARTICLE 34. INTITULÉS
Les intitulés des articles et des titres ne correspondent qu'à une commodité et ne pourront affecter la signification ou l'interprétation de la convention.

ARTICLE 35. INTÉGRALITE DES ACCORDS
La convention se substitue à tout texte précédent, y compris aux propositions du 18 décembre 1985.

ARTICLE 36. AVENANTS ET MODIFICATIONS
La convention ne pourra être amendée ou modifiée que par un acte écrit, signé par toutes les parties directement concernées.

ARTICLE 37. LANGUE
Deux versions sont signées, l'une en français, l'autre en anglais, chacune d'elles faisant foi. En cas de divergence de fond, la version en français prévaudra.

ARTICLE 38. NOTIFICATIONS
Toutes notifications ou communications requises aux termes de la convention le seront par écrit.

ARTICLE 39. ENTRÉE EN VIGUEUR DE LA CONVENTION
La convention entre en vigueur le jour de sa signature. La totalité des obligations de The Walt Disney Company ne prendra effet que lorsque les conditions suivantes seront remplies :
- Création d'un périmètre d'agglomération nouvelle et d'un projet d'intérêt général sur le secteur IV,
- Création de l'EPA qui deviendra partie à la convention,
- Précision, par un décret en Conseil d'état des clauses-types à insérer dans les cahiers des charges annexés aux actes de vente des terrains,
- Révision partielle du SDAURIF permettant de classer en zone d'intérêt récréatif la zone située au sud de l'autoroute A4.

Ces conditions doivent être satisfaites dans un délai de 14 mois à compter de la signature. A défaut, The Walt Disney Company pourra mettre fin à la garantie prévue à l'article 2.

ARTICLE 40. DURÉE
La convention est conclue pour une durée de 30 ans à compter de la date de la signature, sauf résiliation anticipée.

ARTICLE 41. DÉCLARATIONS
Chacune des parties déclare avoir la capacité de signer.

ARTICLE 42. DIVERS
La convention est signée dans chaque langue en deux exemplaires dont l'un est remis à The Walt Disney Company et l'autre au Secrétariat Général du Gouvernement de la République Française.

Version abrégée de la *Convention pour la création et l'exploitation d'EuroDisneyland en France* signée le 24 mars 1987 et publiée en novembre de la même année par le Conseil général de Seine-et-Marne à l'attention de ses administrés.

ANNEXE 1. COÛT ESTIMATIF DE LA PHASE I POUR LA SOCIÉTÉ PIVOT
(exprimé en millions de francs du 1ᵉʳ janvier 1986)

Parc	7 184
Intérêts intercalaires	1 056
Charges foncières	443
Coûts généraux et dépenses préalables à l'ouverture	711
Investissement pour le développement périphérique	126
Stock	105
Total	9 625

ANNEXE 2. NOMBRE ESTIMATIF DE SALARIÉS (HORIZON 1992)

Société pivot	A titre permanent plein temps	A titre permanent temps partiel	A titre saisonnier	Total brut	Total net
Parc	2 060	1 960	1 980	6 000	3 535,0
Spectacles, restauration, commerces	530	270	80	880	685,0
Camping, caravaning, bungalows	130	70	50	250	177,5
Parcours de golf	70	20	0	90	80,0
Total	**2 970**	**2 360**	**2 130**	**7 460**	**4 682,5**
Tiers					
Hôtels 3/4/4L étoiles	3 060	680	340	4 080	3 485,0
Hôtels 2/3 étoiles	860	170	90	1 120	967,5
Bureaux	1 000	0	0	1 000	1 000,0
Parc d'activités	840	0	0	840	840,0
Total	**5 760**	**850**	**430**	**7 040**	**6 292,5**
Total global	**8 730**	**3 210**	**2 560**	**14 500**	**10 975,0**

ANNEXE 2. NOMBRE ESTIMATIF DE SALARIÉS À TERME

Société pivot	A titre permanent plein temps	A titre permanent temps partiel	A titre saisonnier	Total brut	Total net
Parc	2 890	2 800	2 810	8 500	4 992,5
Extension majeure du parc ou 2ᵉᵐᵉ attraction majeure	1 700	1 650	1 650	5 000	2 937,5
Parc aquatique	15	5	20	40	22,5
Spectacles, restauration, commerces	1 440	720	240	2 400	1 860,0
Hôtel et club de golf	180	40	20	240	205,0
Résidence et multipropriété	900	300	0	1 200	1 050,0
Camping, caravaning, bungalows	560	280	210	1 050	752,5
Parcours de golf	140	40	0	180	160,0
Total	**7 825**	**5 835**	**4 950**	**18 610**	**11 980,0**
Tiers					
Hôtels 3/44L étoiles	9 900	2 200	1 100	13 280	11 275,0
Hôtels 2/3 étoiles	3 770	755	375	4 900	4 241,25
Centre de Congrès	20	20	20	60	35,0
Bureaux	23 500	0	0	23 500	23 500,0
Centre commercial régional	1 080	540	180	1 800	1 395,0
Commerces en quartier résidentiel	60	30	10	100	77,5
Parc d'activités	12 600	0	0	12 600	12 600,0
Total	**50 930**	**3 545**	**1 685**	**56 160**	**53 123,75**
Total global	**58 755**	**9 380**	**6 635**	**74 770**	**65 103,75**

Formule d'équivalence utilisée pour le total net : 1 salarié à temps plein ; 2 salariés à temps partiel ; 4 saisonniers.

ANNEXE 3

Désignation	Programme général d'aménagement de la phase I par quartier (horizon 1992)		Programme général d'aménagement (à terme) par quartier (horizon 2010)	
	Unités	Surface approximative (ha)	Unités	Surface approximative (ha)
Terrains aménageables (lots, infrastructures secondaires et équipements publics de superstructure)				
1. Quartier des Attractions				
Parc				
Esplanade				
Extension majeure du parc ou deuxième attraction majeure				
Total quartier		160		260
2. Quartier du Centre				
Spectacles / Restauration / Commerces	22 000 m²		60 000 m²	
Hôtels 3-4-4L étoiles	2 400 chambres		5 800 chambres	
Hôtels 2-3 étoiles	1 200 chambres		4 100 chambres	
Centre de Congrès			40 000 m²	
Bureaux	30 000 m²		140 000 m²	
Habitat collectif	300 u		500 u	
Total quartier		35		100
3. Quartier du Lac				
Hôtels 3-4-4L étoiles	1 000 chambres		5 200 chambres	
Hôtels 2-3 étoiles	400 chambres		2 900 chambres	
Total quartier		43		186
4. Quartier d'Affaires				
Centre commercial régional			90 000 m²	
Bureaux			520 000 m²	
Habitat collectif			2 500 u	
Total quartier		0		154,5
5. Quartier Nord				
Bureaux			4 000 m²	
Résidence en multipropriété			1 350 u	
Habitat individuel			1 000 u	
Commerces			5 000 m²	
(l'ensemble de ces opérations pourra être localisé sur une voirie primaire)				
Total quartier		0		198
6. Quartier Est				
Hôtel et club de golf	200 chambres		200 chambres	
Golf	1 terrain		2 terrains	
Résidence en multipropriété			1 050 u	
Habitat individuel	200 u		1 400 u	
Total quartier		91		346,5
7. Quartier des Bois				
Camping / caravaning / Bungalow	500 emplacements		2 100 emplacements	
Parcs aquatiques				
Total quartier		33		179
8. Quartier des Activités				
Parc d'Activités	50 000 m²		750 000 m²	
Golf (du Quartier Est)				
Centre d'information				
Total quartier		54		318
Total terrains aménageables		416		1 742

Des terrains aménageables des quartiers seront affectés aux Equipements Publics de superstructure jusqu'à un plafond global de 40 hectares. Il est prévu qu'environ dix hectares seront affectés dans la Phase I.

655884 - Mai 2016
Achevé d'imprimer par